Elmar Neuß

Das Monschauer Land im Mittelalter

v|rg

Beiträge zur Geschichte des Monschauer Landes

herausgegeben vom
Geschichtsverein des Monschauer Landes

Nr. 22

Elmar Neuß

Das Monschauer Land im Mittelalter

Verlag für Regionalgeschichte

Diese Publikation wurde vom Landschaftsverband Rheinland
mit einem Zuschuss gefördert.

Titelbild:
Schöffensiegel des Hochgerichtes Monschau
aus den Jahren 1476/78, siehe S. 215.

Bibliografische Information der Deutschen Nationalbibliothek:
Die Deutsche Nationalbibliothek verzeichnet diese Publikation
in der Deutschen Nationalbibliografie; detaillierte bibliografische
Daten sind im Internet über dnb.d-nb.de abrufbar.

www.regionalgeschichte.de
www.gv-mon.de

ISSN 0939-0340
ISBN 978-3-7395-1422-2

Satz und Layout: Verlag für Regionalgeschichte / jk

Gedruckt auf alterungsbeständigem Papier
Printed in Germany

Inhaltsverzeichnis

Vorwort

Als im Jahre 1998 des 800-jährigen Jubiläums der Burg Monschau und des 75-jährigen Bestehens des Geschichtsvereins des Monschauer Landes zu gedenken war, konnte dank der 1992 vorgelegten Ergebnisse der Bearbeitung der Mappe ›Monschau‹ im ›Rheinischen Städteatlas‹ in kurzer Zeit eine ausführliche Abhandlung zur Burg Monschau vorgelegt werden. Ähnlich hat die Herausgabe der Weistümer und weiterer Rechtsquellen des Landes im Jahr 2019 eine weitere Grundlage bereitgestellt und die Gelegenheit geboten, die hier vorgelegte Darstellung zur Geschichte des ganzen Monschauer Landes im Mittelalter folgen zu lassen. Nach fast sieben Jahrzehnten weitergeschrittener Forschung erschien eine Neubearbeitung der letzten Zusammenfassung des Themas vom Jahr 1955 geboten. Ihr Erscheinen trifft glücklich mit den Feiern zum 100-jährigen Bestehen des Geschichtsvereins als Herausgeber der Schriftenreihe zusammen.

Großer Dank gebührt dem Geschichtsverein des Monschauer Landes für die Aufnahme der Arbeit in seine Schriftenreihe und dem Landschaftsverband Rheinland für seine großherzige finanzielle Förderung.

Ein ganz besonderer Dank aber geht an die Herren Dr. Hans J. Domsta, Hans Martin Hörnchen, Klaus Dieter Klauser und Dr. Toni Offermann. Sie haben erste Versionen und Kapitel gelesen und mit ihren Fragen und Hinweisen mit dafür gesorgt, dass am Ende ein einigermaßen lesefreundlicher Text geboten wird. K. D. Klauser hat sich überdies um die Illustrierung, insbesondere durch Zeichnung einer Reihe von Karten, verdient gemacht.

Oktober 2022 Elmar Neuß

Einleitung

Aufgabe dieses Buches ist es, die Herausbildung des Monschauer Landes im Mittelalter als einer geographisch-historischen Einheit am Rande des Hohen Venns zu beschreiben und dabei auch die Lebenswelt seiner Bewohner vorzustellen. Dazu greift die Darstellung vornehmlich auf das Zeugnis ländlicher Rechtsquellen (Weistümer u.ä.) zurück, die zwar in Teilen schon lange veröffentlicht, gleichwohl nur recht wenig ausgewertet worden sind.[1] Allein Heinrich Pauly hatte die Bedeutung dieser Überlieferung erkannt und für seine Untersuchungen[2] herangezogen, wie überhaupt seine Arbeit als die erste ernsthafte Geschichtsschreibung der Region immer noch erwähnt zu werden verdient.

a. Der Raum ›Monschauer Land‹

›Monschauer Land‹ entsprach lange Zeit im allgemeinen Sprachgebrauch dem Landkreis gleichen Namens, der zum Jahresende 1971 im Zuge der Kommunalreform des Landes Nordrhein-Westfalen aufgelöst worden ist. Anders als manch andere kommunalen Gebilde konnte dieser Landkreis auf eine ungewöhnlich lange, räumlich kaum veränderte Tradition zurückblicken. Denn als im preußisch gewordenen Rheinland 1816 im Regierungsbezirk Aachen neben anderen auch ein Landkreis *Montjoie* eingerichtet wurde, setzte dieser, allein vermindert um die Siedlungen Hetzingen, Brück und Zerkall an der Rur unterhalb Nideggens, den vorangegangenen französischen Kanton und das Amt *Monjoye* im Herzogtum Jülich fort.[3] Verfolgt man die Geschichte noch weiter zurück, dann führt diese territorialstaatliche Organisationseinheit schließlich bis auf einen etwa gleich großen frühmittelalterlichen Forstverwaltungsbezirk um einen Königshof aus den Tagen Karls des Großen († 814) zurück. Dieser Forsthof hatte seinen Sitz in Konzen, und die zugehörige Kirche hatte Karl der Große seiner Aachener Pfalzkapelle geschenkt; sie war dem bei der Pfalzkirche eingerichteten Stift ›inkorporiert‹ – so der kirchenrechtliche Fachausdruck. Die so begründete enge Beziehung nach Aachen mit seiner Karlstradition hat bis zum Ende des Alten Reiches (1794) Bestand gehabt. Das Schöffenkollegium des Landgerichts *Monjoye* hat diese Tradition dadurch zum Ausdruck gebracht, dass es a.1476/79 zu seinem Siegel das Bild Karls des Großen in seiner Eigenschaft als Stifter der Marienkirche wählte.

Die Kapitel des Buches werden die wichtigsten Wegstationen behandeln und Kontinuität wie auch Veränderungen dieser Einheit durch die Jahrhunderte nachverfolgen lassen. In diesem langen Zeitraum hat sich durchaus ein gewisses Bewusstsein von Zusammengehörigkeit und gemeinsamer Tradition der Einwohner herausgebildet, zumal im Gegensatz zu manch anderen Gegenden die Vielfalt kleinadliger Unterherrschaften ausblieb. Dieses Einheitsbewusstsein ist auch ein halbes Jahrhundert nach der Auflösung als kommunale Einheit durchaus noch lebendig. Die Folgen der erwähnten Auflösung seit 1972 berührten das Alltagsleben vieler Bewohner und veränderten – wenn auch in unterschiedlichem Maße – langvertraute Orientierungen. So ordnete die Neugliederung am nordöstlichen Rand die Dörfer Vossenack und Schmidt den Gemeinden Hürtgenwald bzw. Nideggen und damit dem Kreis Düren zu. Das verbliebene Gebiet fügte sie in einen Landkreis Aachen ein (heute unter dem Namen »Städteregion Aachen«). Zweifall an der Vicht, am Nordzipfel der alten Kreisgrenze, blieb damit zwar im Landkreis Aachen, fiel aber durch Eingliederung in die Stadt Stolberg ähnlich Vossenack und Schmidt aus dem alten Monschauer Verband heraus. Im Innern des Altkreises blieben als Gemeindesitze kommunaler Selbstverwaltung die Stadt Monschau (mit Höfen, Imgenbroich, Kalterherberg, Konzen, Mützenich, Rohren und Widdau), Roetgen (mit Rott und Mulartshütte) und Simmerath (mit Bickerath, Dedenborn, Eicherscheid, Erkensruhr, Gerstenhof, Hammer, Hirschrott, Huppenbroich, Kesternich, Lammersdorf, Paustenbach, Rollesbroich, Rurberg, Steckenborn, Strauch, Witzerath und Woffelsbach) zurück. Einruhr am Obersee der Rurtalsperre, zwar eng benachbart, aber jenseits der uralten Rurgrenze jahrhundertelang für das Amt Monschau »Ausland«, kam aus dem ebenfalls aufgelösten Kreis Schleiden als Ortsteil zur Gemeinde Simmerath hinzu. Der Geschichtsverein des Monschauer Landes sieht u.a. in seinen historischen Forschungen auch eine wesentliche Aufgabe darin, mit Hilfe seiner Jahrbücher und seiner Schriftenreihe,[4] das Bewusstsein dieser jahrhundertealten Zusammengehörigkeit lebendig zu erhalten und zu fördern. Als ein Reflex dieser Einstellung im alten Kreisgebiet kann nicht zuletzt die rege Nachfrage nach dem wieder zugelassenen, früheren Autokennzeichen MON des Altkreises gelten.

b. Der Zeitrahmen und seine Kennzeichnung als ›Mittelalter‹

Die Darstellung umfasst den Zeitraum von den Anfängen des fränkischen Forstbezirks Konzen, sicher bezeugt im 9. Jahrhundert (Erstbeleg a.888), bis zum Amt im Herzogtum Jülich unter der letzten Dynastie der Vereinigten Herzogtümer Kleve-Jülich-Berg. Ein Einschnitt soll damit gesetzt sein, als kurz nach dem Jahrhundertwechsel mit dem Tod des zuletzt regierungsunfähigen Herzogs Johann Wilhelm a.1609 das Jülich-Klevische Herzogshaus im Mannesstamm erlosch und der Länderkomplex der Vereinigten Herzogtümer schließlich geteilt an zwei verschiedene Nachfolgestaaten fiel. Der endgültigen Einfügung als Amt in das Herzogtum a.1435 war vom ausgehenden 11. Jahrhundert an die Ausbildung einer Burgherrschaft im Forst durch die Familie der Grafen/Herzöge von Limburg vorangegangen. Sie hatte von zwei Burgen, zunächst Reichenstein, dann endgültig Monschau ihren Ausgang genommen, war auf längere Sicht aber nicht bei den Limburgern verblieben. Zunächst unter ihrer Herrschaft, dann der nachfolgenden der Herren von Valkenburg-Monschau wurde im Forst im größeren Umfang gerodet, und es entstanden Dorfsiedlungen über die drei älteren, vorkarolingischen Siedlungsflecken hinaus. Rodung und Siedlung sind bis zum Ende der hier behandelten Zeit ständig vorangeschritten. Zuletzt wurden im Zuge der aufblühenden Eisenverhüttung und -verarbeitung die größeren Täler von Rur, Kall und Vicht erschlossen. Durch die vergleichsweise späte Aufsiedlung des Forstes nach Roderecht und das Ausbleiben von anderen Adelsherrschaften im gleichen Raum bildeten sich gemäß den Rechtsverhältnissen und der Wirtschaftsweise charakteristische Lebensformen aus, die über die langdauernde räumliche Konstanz hinaus die Eigenart des Monschauer Landes grundlegten.

Wenn diese Zeitspanne hier unter dem Epochenbegriff ›Mittelalter‹ erfasst wird, scheinen einige Erläuterungen darüber angebracht, wie diese Einordnung sinnvoll (bzw. auch nicht) zu verstehen ist. Vor allem ist seine Verwendung im vorliegenden Rahmen mit keinerlei Wertung verbunden: weder im beliebten alltagssprachlich-abschätzigen Sinn eines rückschrittlichen, nicht aufgeklärten, glücklich überwundenen »finsteren Mittelalters«, noch schwärmerisch-verklärend als Zeitalter der großen Kathedralen und vergangener Kaiserherrlichkeit. Beide Sichtweisen von ›Mittelalter‹ haben eine eigene lange Tradition,[5] sind im vorliegenden Themenkreis aber beide nicht angebracht. Mit solcherart verschiedenen Lesarten von ›Mittelalter/mittelalterlich‹ (neutral: ›Geschichtsepoche‹ gegenüber abwertend: ›überholt, rückschrittlich‹) spielte Ernst Schubert in seinem grundlegenden Buch ›Alltag im Mittelalter‹, als er das Schlusskapitel überschrieb »Wie ›mittelalterlich‹ war das Mittelalter?«[6] Im vorliegenden Buch ist allein ein nüchterner Epochenbegriff gemeint, der sinnvoll auf West- und Mitteleuropa zu beziehen ist, wo auf den Überresten des sich in der sog. »Völkerwanderung« auflösenden lateinischen Weströmischen Reiches des 5. Jahrhunderts die Grundlagen für die heute in diesem Raum bekannten Staaten gelegt wurden. Als einzige übergreifende Einrichtung aus der antiken Welt mit ihrer hochentwickelten Zivilisation war nur die römisch-lateinische Kirche erhalten geblieben. Die jetzt am Rhein tonangebenden germanischen Völker hatten ihre eigenen Bräuche und Vorstellungen mitgebracht und entwickelten in der Folgezeit in Auseinandersetzung mit den Resten der antiken Traditionen und der römischen Kirche ihre eigene, neue Lebensweise. Vieles davon muss dem heutigen Verständnis fremd und unverständlich erscheinen, so dass für eine Darstellung dieser Zeit einiger Erklärungsbedarf bleibt. Dem soll nach Möglichkeit in aller Kürze in der Darstellung Genüge getan werden. Es ist nicht allein ständig zu bedenken, dass die Menschen des Mittelalters nicht über die den Heutigen selbstverständlich gewordenen technischen Hilfsmittel wie fließendes Wasser und elektrischen Strom verfügten, die das tägliche Leben vereinfachen. Das wird wohl noch allgemein bewusst sein; schon weniger dürfte dagegen geläufig sein, dass derartige Einrichtungen auf dem Lande nur wenig mehr als 100 Jahre alt sind. Die Fremdheit dieser Epoche aber reichte erheblich tiefer und muss ständig deutlich gemacht werden. Insbesondere gab es in dieser Zeit keinen Staat im heutigen Verstande mit dauerhaften Einrichtungen einer Verwaltung, die sich um Dinge kümmerte, die heute »Infrastruktur« eines Landes und »Daseinsvorsorge« heißen. Es gab vor allem keine Polizei zur Sicherung öffentlicher Ordnung, ganz zu schweigen von einem Gesundheitswesen oder Feuerwehr und Katastrophenschutz. Die meisten Institutionen dieser Art, die den Heutigen selbstverständlich erscheinen, sind tatsächlich erst im Lauf des letzten Jahrhunderts als Lebenshilfen aufgekommen. Die damals Lebenden waren daher in viel höherem Maße auf sich allein, ihren Familienverband und die Nachbarschaften gestellt. Das tägliche Leben im Mittelalter war nicht nur ständig von äußerer Gewalt bedroht, sondern beim Landbau als der grundlegenden Erwerbsquelle auch ganz der Natur ausgeliefert ohne irgendwelche Versicherung. Trotz alledem war das Mittelalter nicht eine rechtlose Zeit. Auch unter den damaligen Verhältnissen galten eigene Herrschafts- und Rechtsordnungen, die zu ihrem Verständnis in der heutigen Welt einiger Erläuterung bedürfen. Zur Veranschaulichung der heutigen Lesern fernen Welt des Mittelalters sind immer wieder auch Formulierungen aus den Quellen selbst in Kursivdruck eingefügt. Verächter einer heutigen Orthographienorm mögen im Blick auf die Variantenvielfalt der Schreibungen, gerade auch der Eigennamen, den Fortschritt ermessen, den allgemeine Schulpflicht und Schreibnormen erbracht haben.

Nach allgemeiner Übereinstimmung in der Geschichtsforschung lässt man das Mittelalter als westeuropäische Geschichtsepoche mit dem 15. Jahrhundert enden. Bis dahin hatten sich Staatsgebilde neueren Zuschnitts ausgebildet (sog. Territorien). Seit dieser Zeit brachen europäische Entdecker zur Erkundung bis dahin unbekannter Welten auf, in den Ereignissen der Reformation löste sich die bis dahin als Einheit verstandene lateinische Christenheit in Konfessionen auf. Diese Beispiele und ein Blick auf die bildende Kunst und die Musik an Fürstenhöfen der Zeit rechtfertigen den Ansatz einer neuen Epoche, die man üblicherweise unter ›frühe Neuzeit‹ fasst. Dabei ist aber der Blick auf die doch recht kleine adlige Oberschicht und das Stadtbürgertum führender Handelsstädte gerichtet. Macht man dagegen die Welt der alltäglichen Lebensverhältnisse in einem entlegenen Gebiet fern vom Durchgangsverkehr zum Thema wie in diesem Buch, dann wird sichtbar, wie wenig verändert die über Jahrhunderte gewachsenen Traditionen weiterwirkten, auch wenn im letzten Jahrhundert der hier behandelten Zeit schon deutlichere Anzeichen eines gewandelten Verständnisses von Herrschaft und Staatlichkeit hervortreten. Da im Zentrum der Darstellung aber gerade diese ländliche Lebenswelt fern der Stadt steht, soll der gesamte hier behandelte Zeitraum noch unter ›Mittelalter‹ erfasst sein.

c. Themen der Darstellung und Anlage des Buches

Das vorliegende Buch soll eine ausführliche Geschichte des Monschauer Landes im Mittelalter und der frühen Neuzeit nach dem heutigen Stand der Quellenerschließung bieten. Nach Lage der Dinge kann es dabei nicht um die Schilderung großer Herrscherpersönlichkeiten und außerordentlicher politischer Ereignisse gehen – auch wenn eine Gestalt wie Karl der Große in der Erzählung vorkommt. Er hat allerdings mit der Schenkung der Konzener Kirche an seine Aachener Pfalzkirche die grundlegende Entscheidung zu Ausbildung und Bestand der Einheit des Landes durch die Zeit getroffen. In einem entlegenen Gebiet wie dem hier thematisierten Landstrich am Hohen Venn, der als königlicher Forstbezirk in das Licht der Geschichte eingetreten ist, haben durchweg schlichtere Vorkommnisse das Leben der Menschen bestimmt. Das Buch soll, erheblich ausführlicher als frühere Darstellungen, zu einem großen Teil von den eher alltäglichen Lebensumständen des Landes und seiner Bewohner handeln, soweit zeitgenössische Quellen das erkennen lassen. Voraussetzung für die Entwicklung war, dass der dichte Forst auf Initiative adliger Herrschaft durch Rodung aufgesiedelt wurde. Deshalb werden in einem ersten Teil die Adelsdynastien behandelt, die von der Burgherrschaft Monschau aus den politischen Rahmen geschaffen und die Siedlungserschließung des Landes vorangetrieben haben. Daher folgen auf eine einleitende Behandlung des Königshofes Konzen im 9. Jahrhundert Kapitel über die Adelssippen der Grafen/Herzöge von Limburg und die aus ihr hervorgegangenen Herren von Monschau (12./13.Jahrhundert), die nachfolgenden Herren von Valkenburg-Monschau (13./14. Jahrhundert) und die auf den Valkenburger Erbfolgestreit anschließenden Jahre. Während der noch unentschiedenen Rechtsansprüche von Jülich und Brabant saßen die Herren von Schönforst als Burggrafen auf der Burg Monschau. In diese Abfolge sind Abschnitte zu Rodung und Siedlung eingefügt. Da bis zur endgültigen Eingliederung des Landes in das Herzogtum Jülich (a.1435) die wesentlichen Grenzveränderungen abgeschlossen waren, ist – gleichsam als »Gelenkstück« in der Mitte – ein Kapitel zur Ausbildung der Grenzen eingefügt. Als zweiter Teil folgen dann, seit der Zugehörigkeit des Landes zum Jülicher Territorialstaat, eher systematisch angelegte Kapitel zur Forstverwaltung, zum Gerichtswesen, über die Dienstleistungen und Abgabepflichten der Bewohner samt Mühlenwesen, zur Situation auf den Dörfern und der Wegeverhältnisse sowie abschließend der kirchlichen Verhältnisse. Darin wird bezüglich der Entstehung und Grundlegung einzelner Sachverhalte auf die Kapitel des ersten Teils zurück verwiesen, so dass die beiden Teile ständig aufeinander zu beziehen sind. Die Kapitel des zweiten Teils können aber auch jeweils für sich und in anderer Reihenfolge gelesen werden. Dabei ist ständig bewusst zu halten, dass sie wegen der vergleichsweise spät einsetzenden Quellenüberlieferung vor allem für die beiden letzten Jahrhunderte der behandelten Zeit Gültigkeit haben.

Da im gesamten Zeitraum bis etwa 1600 ein intensiverer Kontakt oder Austausch zwischen dem Kloster Reichenstein und den Dörfern im Land nicht zu erkennen ist – erst nach dem Einzug eines Männerkonvents 1487 und den Ereignissen des Geldernschen Krieges 1543 änderte sich dieses Bild –, wird die Klostergeschichte nicht als eigenes Kapitel behandelt.

Die äußere Anlage des Buches orientiert sich an dem Verfahren, das sich bei der ausführlichen Geschichte der Burg Monschau von 1998 bewährt hat.[7] Es richtet sich an landesgeschichtlich interessierte Leser ohne spezielle Vorkennnisse zum Mittelalter und versucht daher, schon im laufenden Text möglichst viel an Erläuterung zu geben bei Themen, die dem heutigen Verständnis eher fern liegen. Zusätzlich ist im Anhang ein Glossar mit Erklärung unumgänglicher Fachbegriffe angefügt. Am Ende eines jeden Kapitels sind in Anmerkungen alle Quellennachweise und Übernahmen aus der Literatur zu den Fakten nachgewiesen für diejenigen, die sich über die Grundlagen der Darstellung kundig machen und an entsprechenden Stellen weiter arbeiten möchten. Die Anmerkungen eröffnen jedoch über diese Nachweise hinaus möglichst keine »Nebenschauplätze«, etwa mit Erörterung abweichender Forschungsmeinungen oder ihrer Kommentierung. Den Lesern, die allein am Fluss der Darstellung interessiert sind, entgeht daher nichts, wenn sie die Anmerkungen übergehen. Für diejenigen, die sich tiefer informieren oder weiter arbeiten möchten, sind die zugrunde gelegten archivalischen und gedruckten Quellen sowie die beigezogene Fachliteratur in Verzeichnissen zusammengestellt. Zusätzlich findet sich zur allgemeineren Orientierung und zur Weiterarbeit ein

Kommentar zu vorliegenden Literaturmeinungen. Auf sie wird vor allem dann näher eingegangen, wenn die Darstellung ihnen nicht folgt. Wie beim Literaturkommentar im Buch über die Burg Monschau von 1998 sind auch hier Stellungnahmen und Bewertungen zu den älteren Arbeiten versammelt.

Anmerkungen

1 Neuedition E. Neuß (Hg.): Die Weistümer des Amtes Monschau und der Herrschaft Hetzingen, 2019 (= Publikationen der Gesellschaft für Rheinische Geschichtskunde. XVIII. 4. Abt., Bd. 2).

2 H. Pauly: Beiträge zur Geschichte der Stadt Montjoie und der Montjoier Lande, 1862 -1876.

3 M. Bär: Die Behördenverfassung der Rheinprovinz seit 1815, S. 175, 230, 234ff.

4 Jahrbuch »Das Monschauer Land« (ML), 50 Bände seit Jg. 1973 in Fortsetzung der älteren Zeitschrift »Der Eremit am Hohen Venn« (EHV), 43 Jahrgänge seit 1925, und Buchreihe »Beträge zur Geschichte des Monschauer Landes«, 20 Bände 1990–2021.

5 Dazu O. G. Oexle: Das entzweite Mittelalter, in: G. Althoff (Hg.): Die Deutschen und ihr Mittelalter, S. 7–28.

6 E. Schubert: Alltag im Mittelalter, S. 272.

7 E. Neuß: Die Burg Monschau 1198–1998. Bauentwicklung und Rolle in der Geschichte des Monschauer Landes, 1998 (= Beiträge zur Geschichte des Monschauer Landes. 4).

[illegible]

1. [illegible]
2. [illegible]
3. [illegible] Zeitschrift [illegible]
4. [illegible]
5. [illegible]
6. [illegible]
7. [illegible] Die Burg [illegible] 1198–1998 [illegible]

1. Die Anfänge des Monschauer Landes in karolingischer Zeit (9. Jahrhundert)

a. Zur vorkarolingischen Geschichte des Königshofes Konzen

Am 13. Juni des Jahres 888 bestätigte der ostfränkische König Arnulf in der Pfalz zu Frankfurt eine Schenkung, die sein älterer Verwandter, König Lothar II., Urenkel Karls des Großen, an die Marienkirche zu Aachen getätigt hatte. Zu dieser Zeit war das riesige Reich Karls des Großen, das zu seinen Lebzeiten († 814) fast ganz Westeuropa – abgerechnet die britischen Inseln, Skandinavien und die spanische Halbinsel – bis zur Elbe umfasst hatte, seit a.843 in Verdun unter den

(Abb. 1) Karte der Dreiteilung des Karlsreiches vom Jahr 843 (Vertrag von Verdun) unter den Enkeln Karls des Großen. Aachen als der bevorzugte Zentralort Karls war dem Mittelreich des Ältesten, Lothar I. zugefallen, der auch die Kaiserwürde weiterführte.

drei Enkeln Karls aufgeteilt worden. Dieses Verfahren entsprach fränkischer Rechtsgewohnheit, wonach die Königsherrrschaft eine Art von Familienbesitz darstellte. Nach der Kaiserkrönung Karls des Großen zu Weihnachten 800 in Rom hatte zwar zunächst die Vorstellung von der Unteilbarkeit des Reiches Raum gewonnen, so dass Karls überlebender Sohn und Nachfolger Ludwig (der Fromme) a.817 dieses neue Prinzip in einem Reichsgesetz, der *ordinatio imperii,*[1] zur Wahrung der Reichseinheit festschreiben ließ. Nach der Geburt seines Sohnes Karl (des Kahlen) aus zweiter Ehe und einer Empörung der älteren Söhne mit zeitweiliger Absetzung des Kaisers setzten sich jedoch nach dem Tod des Kaisers a.840 die traditionellen Vorstellungen durch und es kam zur erwähnten Dreiteilung in Verdun. Das dabei gebildete Teilreich in der Mitte von der Nordsee bis Italien, das Lothars II. Vater Lothar I. zusammen mit der Kaiserwürde des Großvaters erhalten hatte, war wenig später beim erneuten Erbfall († Kaiser Lothar I., a. 855 in Prüm) weiter aufgeteilt und mit seinem nördlichen Anteil und dem Hauptort Aachen an Lothar II. (855–869) gefallen. Das war der Ort, an dem mit der Marienkirche, der Pfalzkapelle Karls des Großen, und ihren anschließenden Bauwerken der Palastaula (Kern des heutigen Rathauses Aachen) und dem Granusturm (Wohnturm des Herrschers) die Karlstradition noch unmittelbar lebendig war. Nach dem Namen seines Herrschers führte dieses (Teil) reich noch lange Zeit den Namen ›Lotharingien‹, heute noch erhalten in der (räumlich geschrumpften) geographischen Bezeichnung ›Lothringen‹.

Die originale Ausfertigung der Urkunde über diese Schenkung ist nicht erhalten geblieben, so dass ein exaktes Datum des Vorgangs nicht überliefert ist und man die Schenkung nur allgemein in die Herrschaftszeit Lothars II., die Jahre 855–869, einordnen kann. Empfängerin der reichen königlichen Zuwendung war die von Karl dem Großen erbaute Marienkirche, bei der ein geistlicher Konvent von Chorherren (sog. ›Kanoniker‹) angesiedelt war. Für diese Einrichtung wurde später nach dem Patrozinium die Bezeichnung ›Marienstift‹ geläufig. Allgemein war es üblich, dass sich geistliche Einrichtungen als Empfänger von königlichen Schenkungen beim Herrschaftsantritt eines neuen Königs zur Sicherung ihrer Rechtsansprüche die Schenkungen der Vorgänger in jeweils neuen Urkunden bestätigen ließen. Einem solchen Anlass verdankt die eingangs genannte Urkunde ihre Aufzeichnung. Sie enthält neben der Bestätigung der Lotharstiftung noch eine zweite, nämlich die über die noch nicht lange vorher a.887 erfolgte Schenkung der *villa Bastonica* (Bastogne) an die Marienkirche durch Kaiser Karl III. (den Dicken). Bei der gleichen Gelegenheit in Frankfurt bestätigte König Arnulf noch weitere Urkunden, und zwar für Bremen, Corvey und Prüm.[2] Das Stück war auch den nachfolgenden Amtsträgern beim Aachener Marienstift so wichtig, dass sie bei späteren Königen mehrfach um erneute Bestätigung eingekommen sind. Doch auch die Bestä-

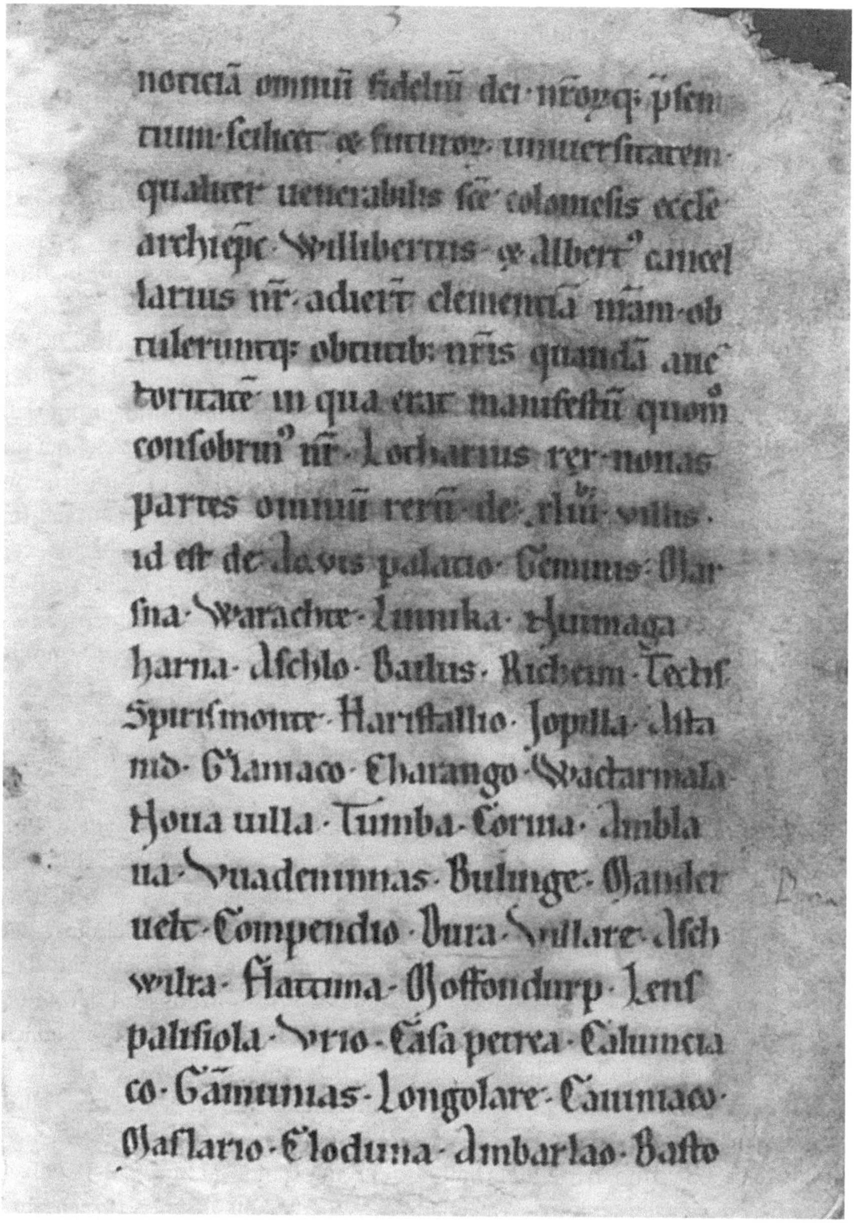
notitiā omniū fideliū dei nr̄orumq; p̄sen
tium scilicet & futuror uniuersitatem
qualiter uenerabilis sc̄e coloniensis eccle
archiep̄c Willibertus & Albert⁹ cancel
larius nr̄ adierūt clementiā nr̄am ob
tuleruntq; obtutib; nr̄is quandā auc
toritatē in qua erat manifestū quomō
consobrin⁹ nr̄ Lotharius rex nonas
partes omniū rerū de xliiii villis
id est de his palatio Gemunis Mar
sna Warachre Linnika Niumaga
harna Aschlo Baclus Richeim Textis
Spirismonte Haristallio Jopilla Ala
nid Glamaco Charango Wactarmala
Noua uilla Tumba Corna Ambla
na Vuadenmunas Bulinge Mander
uelt Compendio Dura Villare Asch
wilra Flattina Moffondurp Lens
palisiola Vrio Casa petrea Calumnia
co Gammunas Longolare Cammaco
Maslario Elodima Ambarlao Basto

(Abb. 2) Ausschnitt aus der als Abschrift (12. Jahrhundert) überlieferten Urkunde König Arnulfs vom Jahr 888 mit der Erstbezeugung von Konzen als Königshof (5. Zeile von unten: *Compendio*, es folgen *Dura* ›Düren‹, *Villare* ›Derichsweiler‹, *Aschwilra* ›Eschweiler‹).

tigung König Arnulfs ist nur in einer Abschrift erhalten geblieben. Die Reihe solcher Bestätigungen setzt sich fort bis zu einer umfangreichen Urkunde Kaiser Friedrich II. vom Juni 1226, in der die vorangegangenen Schenkungsakte an das Marienstift einzeln aufgezählt sind.[3]

König Lothar hatte mit dieser Schenkung den Neunten (*nonas partes omnium rerum* ›den neunten Teil aller Dinge‹, d.i. der erwirtschafteten Erträge – daher kurz ›Nonenschenkung‹), also einen zweiten Zehnt über den regulären Kirchenzehnten hinaus, an das Marienstift übertragen,[4] der aus den Einkünften und Erträgen von 44 namentlich genannten königlichen Wirtschaftshöfen/Domänen (*villae)* zusammenkam, die in weitem Rund um Aachen lagen. Die Urkunde kündigt zwar ausdrücklich 43 solcher Höfe an, doch da bei ihrer Aufzählung zwei Ortsnamen zu einem zusammengeschrieben sind, ergibt sich die tatsächliche Zahl von 44. Unter ihnen war auch Konzen (aufgezeichnet im lat. Ablativ *Compendio*). Als einige weitere Beispiele seien als bekanntere von ihnen aus der näheren Umgebung genannt, ausgehend von Aachen aus im Uhrzeigersinn (mit der lateinischen Namensform in Klammern): Eschweiler (*Aschwilra*), Derichsweiler (*Villare*), Düren (*Dura*), Vlatten (*Flattuna*), Büllingen (*Bulinge*), Amel (*Amblaua*), Neundorf (*Nouauilla*), Thommen (*Tumba*), Manderfeld (*Manderuelt*), Bastogne (*Bastonio*), Esneux (*Astanid*), Jupille (*Iopilla*), Herstal (*Haristallio*), Sprimont (*Spirismonte*), Theux (*Tectis*), Baelen (*Bailus*), Gemmenich (*Geminis*) und Walhorn (*Harna*). (Hinweis zur Lesehilfe: Je nach Umgebung im Wort stehen die Buchstaben <u/v> wechselnd mit vokalischem oder konsonantischem Lautwert.)

Aus der Tatsache, dass diese Orte als Wirtschaftshöfe (lateinisch *villae* [Pl.], auch mittellateinisch *curtes* genannt) der fränkischen Könige bezeugt sind und eine Reihe von ihnen im heute romanischen Sprachgebiet liegt, lassen sich einige Folgerungen für die Zeit vor der Schenkung und der Aufzeichnung der Urkunde (9. Jh.) ableiten. Das eher zufällige Datum der Aufzeichnung darf nicht dazu verleiten, die tatsächliche Entstehungszeit Konzens und der anderen Höfe mit der schriftlichen Bezeugung gleichzusetzen; sie sind erheblich älter, wie sich auch in Einzelfällen durch Schriftzeugnisse nachweisen lässt.

Beim vermehrten Vordringen der germanischen Franken seit dem 5. Jahrhundert in den zur römischen Zeit durchaus mit Siedlungen erschlossenen Raum von Eifel und Ardennen hatten Teile der galloromanischen Bevölkerung, die durchweg regionale Varietäten des Vulgär-Lateinischen sprach, ihre Wohnsitze aufgegeben, insbesondere im Umkreis staatlicher Domänen. Ein anderer Teil jedoch war sehr wohl geblieben, wie das Fortleben romanischer Siedlungsnamen bis zum heutigen Wallonischen hin erweist (vgl. beispielsweise oben: Jupille, Sprimont oder Theux). Der weit überwiegende Teil der aufgelisteten Höfe liegt auf derartig römerzeitlich erschlossenen Grund, wenn auch einmal in der Umgebung zusätzlich vorhanden gewesene Siedlungen untergegangen sein mögen. Gerade das Weiterbestehen von Siedlungsnamen, die ihrer sprachlichen Herkunft nach als nicht-germanisch in Siedlungsräumen anzusprechen sind, die im Laufe der Zeit zum deutschen Sprachgebiet gekommen sind, weist auf denselben Sachverhalt. Denn nur von der ansässigen Vorbevölkerung konnten germanische Franken solche Namen übernehmen. In unbesiedelt vorgefundenen Gebieten vergaben sie selbstverständlich eigene gebräuchliche Ortsnamen. Im Monschauer Land sind solche weiter überlieferten Fälle allein die Siedlungsnamen Konzen (*Compendium*), Kesternich (**Castriniacum*) und Mützenich (**Muttiniacum*), wobei das Sternchensymbol <*> traditionell als Hinweis dafür gesetzt ist, dass eine so markierte Namenform nicht schriftlich belegt, sondern nach sprachwissenschaftlichen Regeln rekonstruiert ist. Lateinisches *compendium* kann im vormittelalterlichen Gebrauch u.a. ›Abkürzung(sweg)‹[5] bedeuten und ist dann ein sinnvoller Ortsname, wenn man die Lage von Konzen an einer Verbindung zwischen zwei römischen Hauptstraßen, die eine südlich der Rur, die andere auf dem Hohen Venn, in Rechnung stellt. Im Zusammenhang mit den Verkehrsverbindungen ist auf diese Wegeverläufe später zurückzukommen. Die Art der Benennung Konzens steht nicht allein; parallel dazu ist dasselbe Benennungsmotiv im Falle des Pfalzortes Compiègne (Nordfrankfreich) in einer vergleichbaren Situation gegeben. Dieser Name ist ebenfalls von *compendium* abgeleitet.[6] Die beiden anderen Namen dagegen tauchen schriftlich erst recht spät a.1334 und a.1361 als *Kesternich* bzw. *Muetzenich* verschriftet auf, weitgehend schon in heutiger Lautgestalt. Ihre ältere Form und Bildungsweise lässt sich aber gesichert erschließen. Die linksrheinischen Siedlungsnamen mit dem Ausgang *-ich*, die sich vor allem auf den fruchtbaren Böden des niederrheinischen Tieflandes finden wie der Zülpicher Börde, gehen in der Regel auf Bildungen aus einem gallorömischen Personenamen und einem Suffix *-acum* zurück. Dieses Suffix markierte die Zugehörigkeit eines Grundbesitzes zur genannten Person, beispielsweise PN *Julius* > ON *Juli-acum* > *Jülich* (›Besitztum des Julius‹). Der in der Form *-(i)acum* abgetrennte Wortausgang wurde im fränkischen Rheinland meistens zu *-ich*.[7] Die Namen dieses Typs müssen demnach von der romanischen Vorbevölkerung an später dort auftauchende Franken weiter vermittelt worden sein und sind insofern ein Indiz für eine (im einzelnen unbestimmbare) Siedlungskontinuität. Die namenkundlichen Beobachtungen sind für Konzen und Kesternich auch durch archäologische Bodenfunde bestätigt,[8] so dass auch für Mützenich über kurz oder lang solche Funde erwartet werden dürfen, zumal der Fund eines römischen Helms im Torfmoor bei Hattlich die römische Anwesenheit in der Nähe belegt.[9] Da die Erschließung des Konzener Forstes erst einige hundert Jahre später richtig in Gang gekommen ist, muss man sich diese Siedlungsflecken von recht bescheidener Größe vorstellen, gleichsam als Stationen an den älteren Wegverbindungen. Zur Überlieferung der Namen reichten denn auch einige wenige Bewohner aus.

In römischer Zeit muss allerdings das klimatisch recht unwirtliche Monschauer Land insgesamt erheblich dichter erschlossen gewesen sein, als man vor Jahrzehnten noch angenommen hat. Das geht aus dem in seinem Umfang nicht erwarteten archäologischen Fundmaterial hervor, wie es seit den 1960er Jahren nach und nach bekannt geworden ist. Bei dem rauhen Klima und den kargen Böden wird allerdings niemand eine Funddichte erwarten, wie sie auf den fruchtbaren Böden des Dürener und Zülpicher Raumes belegt ist. Doch ist beispielsweise im Rurtal, auf den breiteren und auch klimatisch günstigeren Talböden der heutigen Rurtalsperre Schwammenauel, oder auf der Hochfläche von Schmidt beachtlich Vieles ans Licht gekommen, darunter u.a. eine römische *villa* im Buhlert, die über eine typisch römerzeitliche Fußbodenheizung (Hypokausten) verfügt hat. Die systematischen Geländebegehungen, wie sie Heinrich Tichelbäcker im nordöstlichen Bereich des Monschauer Landes im Raum Vossenack unternommen hat, haben eine unerwartet große Zahl an Fundstellen ans Licht gebracht. Dazu zählen vor allem auch Verhüttungsplätze für Eisenerze im Bereich der Wehetalsperre.[10] Aufs Ganze gesehen nimmt die Funddichte zur Vennhöhe hin mit ihren klimatisch ungünstigeren Verhältnissen ab. Für das Weitere ist die folgende Beobachtung von Wichtigkeit: Die Fundstellen lassen sich generell in zwei Gruppen einteilen. Zum einen finden sie sich an Plätzen mit bewahrten gallorömischen Ortsnamen, wo sie denn auch zu erwarten sind und wo der Name eine zusätzliche Bestätigung der zeitlichen Einordnung darstellt (Beispiel Kesternich). Zum anderen liegen sie vielfach im Wald. Dann bestätigen sie die Wiederbewaldung des Landes in nachrömischer Zeit. Wenn sie dagegen auf heutigem Kulturland zum Vorschein kommen, sind diese Stellen eindeutig erst in mittelalterlicher Zeit erneut gerodet worden. Entsprechend kann dann über die ehemaligen römerzeitlichen Ortsnamen nichts gesagt werden. Ein geradezu klassisches Beispiel dafür ist das im Jahr 1958 ergrabene römische Anwesen in der Flur *im Bongert* in Eicherscheid beim heutigen Sportplatz. Denn das Dorf Eicherscheid ist nachweislich erst um die Mitte des 15. Jahrhunderts als Neurodung entstanden, nachdem die ältere Vorgängersiedlung Fronrath (a.1334 *Vroinrodt*) nahe der heutigen Straßenkreuzung *Am Gericht* aufgegeben worden war.[11] Ähnlich hat sich herausgestellt, dass der mittelalterliche Hof der Jülicher Erbmarschälle von Jülich in Vossenack auf einer schon römerzeitlich besiedelten Stelle gestanden hat.[12]

Befunde wie diese verweisen demnach darauf, dass mit der Auflösung der römischen Herrschaft in entlegeneren Regionen der Eifel und der Ardennen eine größere Zahl von Siedlungen aufgegeben wurde und in umfangreichen Landstrichen der Wald wieder emporgewachsen ist. Hinweise auf diesen Zustand des Gebietes geben einerseits die Königshöfe selbst (oft genug mit nichtgermanischen Namen), deren Vorkommen die königliche Besitznahme anzeigen, zum anderen Nachrichten, die durch die Urkunden der Gründung des Klosters mit den zwei Standorten Stavelot (heute Stablo) – Malmedy in der Nähe (um a.648 oder wenig später) überkommen sind. Der oft gebrauchte Ausdruck ›Doppelkloster‹ für Malmedy zielt hier nicht wie sonst meistens auf gleichzeitige Konvente von Männern und Frauen, sondern auf diese beiden Standorte, für die sich die Besonderheit ergab, dass Stavelot in das Bistum Lüttich fiel, Malmedy aber zu Köln gehörte, was im hohen Mittelalter zu allerlei Streitereien führte. Nach fränkischem Recht fiel herrenloses, nicht bewirtschaftetes Land (sog. ›Unland/Ödland‹) unter die Verfügungsgewalt des Königs. Die hier genannten Höfe waren auf solcher Grundlage entstandenes Krongut. Sie waren nicht einfach königliches Privateigentum, standen aber dem König zur Verfügung und konnten zu verschiedensten Herrschaftszwecken genutzt werden. Ein häufig vorkommender Fall war etwa die Ausstattung von Kirchen, wie das Beispiel der Stiftung Malmedys oder auch die Schenkung König Lothars II. zeigen. Zum anderen konnten die Könige durch Übertragung von solchem Grundbesitz an Gefolgsleute auch Unterstützer ihrer Politik zu gewinnen suchen. Ob und wieweit der Status dieser Orte den Siedlungsausbau beförderte, muss jeweils nach den örtlichen Bedingungen untersucht werden.

Darüber hinaus aber taucht in den frühen Malmedyer Urkunden erstmals der Rechtsbegriff *forestis* ›Forst‹ auf (ca. a.648 *in foreste nostra nuncupante Arduinna*/a.670 *de foreste dominica*[13] ›in unserem Forst, Ardennen genannt‹ bzw. ›vom Forst des Herrschers‹). Damit war ein jeweils umgrenzter Bezirk solchen ›Unlandes‹ gemeint; überwiegend, aber nicht ausschließlich, ist damit Wald bezeichnet, der einen eigenen Rechtsbereich darstellte und dessen Nutzung das Königtum für sich beanspruchte. Es stand unter seinem besonderen Schutz, dem ›Königsbann‹. Man spricht auch von ›Einforstung‹ der betreffenden Gebiete. ›Förster‹ (*forestarii*), denen die Aufsicht dieser Forsten oblag, sind ebenfalls schon in der Urkunde von a.670 genannt. Wenn auch für die Könige unter den vielfältigen denkbaren Forstnutzungen zweifellos die Jagd die dominierende Rolle spielte und die Jagd auf das Hochwild anderen Personen streng verboten war, so ergibt sich aus späteren Quellen, dass unter das Forstrecht insgesamt verschiedenste Nutzungsweisen wie Rodung und Holzeinschlag, Waldweide der Rinder und Schafe und Eichelmast von Schweineherden, Fischfang, Vogelfang, Zeidlerei (Wildbienennutzung), dann auch Steinbruch und Bergbau gehörten.[14] In den ersten Jahrhunderten, für die historische Quellenüberlieferung greifbar ist, war das spätere Monschauer Land vorwiegend bestimmt als königlicher Forstbezirk mit Sitz beim Königshof Konzen.

Die ältere der Malmedyer Urkunden von ca. a.648 berichtet auch von der Lage der beiden Neugründungen in entlegener »Einsamkeit, wo eine Schar wilder Tiere haust« (*in locis vaste solitudinis, in quibus caterva bestiarum germinat*). Dazu ist jedoch einschränkend zu bemerken, dass es zur literarischen Tradition des Mönchtums gehörte, Klostergründungen in die Wildnis und in die Einsamkeit zu verlegen; diese Nachrichten müssen nicht wörtlich genommen werden. Denn immerhin mussten die neuen Klosterinsassen die Plätze auch erreichen können. Ähnliches gilt für die genannten Königshöfe: Wenn König Lothar II. der Aachener Marienkirche den zweiten Zehnten übereignete, dann mussten die dazu bestimmten Hoferträge auch nach Aachen geschafft werden können. Zu den Höfen haben also, ohne dass die älteren Verläufe im einzelnen immer bekannt sind, frühe Wegeverbindungen bestanden. Über die Menge an Gütern, die durch die Schenkung zusammenkam, verlautet nichts; sie muss aber so beachtlich gewesen sein, dass sie geeignet war, den Vorsteher des Konvents in Versuchung zum Missbrauch zu führen. Der König schärfte ihm ein, das Angelieferte nicht wie Eigentum mit Beschlag zu belegen. Vielmehr sollten all die Dinge zum Lebensunterhalt, zur Kleidung und zur Beleuchtung für alle Mitglieder des Stifts dienen. Gleichwohl wird die Zahl von Menschen, die sich im Forstbezirk Konzen aufhielt, überschaubar klein gewesen sein.

Für Konzen, das hier vor allem interessiert, ist schließlich noch eine Nachricht aus der zweiten Malmedyer Urkunde (a.670) von Bedeutung: Mit dieser Urkunde wurde das ursprünglich der Klostergründung zugedachte Gebiet verkleinert. Unter den Orientierungspunkten für dieses Vorhaben tauchen auch Namen der erwähnten Königshöfe auf wie das nahe bei Malmedy gelegene Amel (*Amblava*). Andere frühere Bezeugungen als für Konzen liegen in weiteren Quellen vor, so etwa für Amberloup (a.687), Bastogne (a.737), Düren und Paliseul (a.747), Gouvy (a.780), Theux und Thommen (a.814), Eschweiler (a.828) oder Vlatten (a.839).[15] Die Annahme eines höheren Alters der Höfe einschließlich Konzen gegenüber dem Zeugnis von a.888 ist also keineswegs willkürlich.

Schließlich liefert das Beispiel der Klostergründung von Malmedy-Stavelot den Hinweis, dass im ausgehenden 7. Jahrhundert das Kernland des Frankenreichs auch auf dem Lande schon weitgehend christianisiert war. Die Unternehmungen angelsächsischer Missionare wie Willibrord (um 657/58–739), Swidbert (†713) und Winfrid/Bonifatius (um 672/75–754) des folgenden Jahrhunderts, die von den frühen Karolingern unterstützt wurden, zielten bevorzugt in rechtsrheinische Gebiete und richteten sich an die Hessen, Thüringer, Sachsen und Friesen. Die fränkische Königssippe und die führenden Adelsfamilien waren in der Annahme der christlichen Lehre im Gefolge der Taufe Chlodwigs[16] längst vorangegangen. Daher werden die Königshöfe als Einrichtung des Königtums auch über jeweils eine, wenn auch nach den örtlichen

Umständen bescheidene, Kirche aus Holz verfügt haben. Jedenfalls ist in der Urkunde vom Oktober 814, mit der Kaiser Ludwig der Fromme dem Doppelkloster Stablo-Malmedy die vorangegangenen Schenkungen an Forstbesitz in eigens aufgezählten Orten bestätigte, die zu einem großen Teil dem Königsgut der Lotharschenkung entsprechen, die Rede *de decimis et capellis* (›von Zehnten und Kapellen‹).[17]

b. Der Königshof Konzen in karolingischer Zeit

Wie die Verwaltung der königlichen Höfe zur Zeit der merowingischen Könige und der frühen Karolinger gehandhabt worden ist, darüber sind kaum Einzelheiten zu erfahren. Das Bild ändert sich mit der Herrschaft Karls des Großen (768–814). Nicht allein wegen der langen Dauer seiner Königsherrschaft, sondern auch aufgrund seiner intensiveren, jetzt auch – im Vergleich mit seinen Vorgängern – verstärkt schriftlich unterstützten Herrschertätigkeit, liegen seitdem reichhaltigere Quellennachrichten vor.

Die karolingischen Könige des 8. Jahrhunderts übten ihre Herrschaft nicht von einem ständigen Regierungssitz aus. Die voraufgegangene Dynastie der Merowingerkönige, die vorwiegend im Westen des Frankenreichs (auf heute französischem Boden) ansässig war, hatte sich noch eine Zeitlang an die in den Städten durch die Kirche überlieferten römischen Verwaltungsstrukturen anlehnen können. Mit der neuen karolingischen Königssippe des 8. Jahrhunderts, deren Besitzschwerpunkte im Mosel- und Maasraum mit viel geringer erhaltenen antiken Traditionen lagen, hatte sich der Schwerpunkt des Reiches nach Osten auf Maas und Rhein hin verlagert. Da es eine fest etablierte Verwaltung nicht mehr gab, schriftliche Regierungsführung zunächst nur recht eingeschränkt auf das königliche Urkundenwesen vorkam, war die persönliche Anwesenheit des Königs an wechselnden Stellen in seinem Reich geboten. Das galt besonders für seine Rolle als Heerführer und oberster Richter. Als Standquartiere bei dem dadurch unumgänglichen Umherziehen im Lande dienten die sog. Pfalzen (aus lat. *palatium* nach dem Kaiserpalast des Augustus auf dem Palatin-Hügel in Rom). Im Grundsatz waren solche Pfalzen nicht viel anderes als die schon genannten *villae* (Königshöfe); sie mussten aber in der Lage sein, den umfangreichen Tross des Königs über längere Zeit beherbergen und verpflegen zu können oder größere Versammlungen von Amtsträgern und Adelsgruppen zu ermöglichen.[18] Diese Art des »Reisekönigtums« ist bis weit ins Mittelalter ausgeübt worden. Einige der schon genannten Höfe sind auch als Pfalzen bezeugt wie Herstal, Aachen oder Düren. Ein von Karl dem Großen gern gewählter Aufenthaltsort war bis a.784 die Pfalz von Herstal unweit von Lüttich.[19] Danach aber wird offenkundig, dass Karl für längere Aufenthalte, insbesondere Überwinterungen, seit a.794 Aachen bevorzugte und mit entsprechenden Bauwerken ausstattete, voran die bekannte, wohl nicht lange nach a.803 fertiggestellte Marienkirche. In dieser Kirche, die dem noch bestehenden zentralen Baukörper der heutigen Aachener Bischofskirche entspricht, befindet sich sein Thronsitz; hier ist er a.814 beigesetzt worden. Ein wesentlicher Grund für die Beliebtheit Aachens beim Kaiser waren die Thermalquellen dort, wie sein Biograph Einhard ausdrücklich hervorgehoben hat.[20] Auf diese Weise gewann Aachen für eine kurze Zeit den Rang einer Art »Residenz«. Nach a.822 hat die Pfalz Aachen allerdings ihre Bedeutung als ständiger Sitz des Königs wieder verloren und die karolingischen Herrscher kehrten zur Praxis des Reisekönigtums zurück. Endgültig mit dem Herrschaftsende der beiden Lothare (Lothar I., † 855; Lothar II., † 869) im Mittelreich war die Sonderstellung Aachens weitgehend an ein Ende gelangt. Erst mit der Anknüpfung an die fränkisch-karolingische Tradition und Königskrönung des Sachsen Otto I. in Aachen a.936 gewann der Ort wieder allmählich Anschluss an die frühere Stellung.

Zu den Maßnahmen Karls des Großen zum Ausbau seiner Pfalz Aachen gehörte auch, dass er die Kirche des Hofes Konzen als Ausstattung an die Aachener Marienkirche übertrug.[21] Das bedeutete, dass die Einkünfte aus dem Zehnten dieser Kirche, die in der Folgezeit auch zur Pfarrkirche des Konzener Hofgebietes wurde, der Marienkirche zuflossen. Die Regelung hatte bis zum Ende des Ancien Régime a.1794 Bestand. Auf diesen Sachverhalt nahmen die Schöffen des Landgerichts Monschau Bezug, als sie sich in den 1470er Jahren ein eigenes Siegel zulegten. Das Siegelbild zeigt nämlich den Kaiser mit Krone und Zepter und einem Kirchenmodell auf dem linken Unterarm, das ihn als den Stifter der Marienkirche ausweist. Durch die Schenkung König Lothars II. kam dann noch der Neunte hinzu. Eine weitere wichtige Folge war, dass dem Marienstift als Eigner der Kirche das Patronatsrecht zukam, also die Pfarrer an der Konzener Kirche auszuwählen und einzusetzen.[22] Die Entwicklung von Kirche und Pfarre in ihrem Verhältnis zum Marienstift, wie sie sich im Lauf der folgenden Jahrhunderte herausgebildet hatte, sind in dem ausführlichen Weistum der Pfarrkirche von a.1553 niedergelegt.[23] Einzelheiten dazu kommen weiter unten bei den kirchlichen Verhältnissen zur Sprache (Kap. 13.b). Erst einmal ist auf zwei andere wichtige Punkte im Rahmen dieser Karlsschenkung aufmerksam zu machen: (1) Aus der oben erwähnten späten Bestätigung von a.1226 durch Kaiser Friedrich II. schien sich zu ergeben, dass die gesamte *villa* Konzen einschließlich Grundbesitz vom Kaiser der Marienkirche übertragen worden sei, denn unter den Einzelaufzählungen älterer Schenkungsakte steht u.a. die Wendung *Conpendium, quam Carolus magnus cum suis appenditiis et nonis et decimis dedit* (›Konzen, das Karl der Große mit seinen Zu-

behören sowie den Neunten und Zehnten gegeben hat‹). Die Aussage ist aber äußerst zweifelhaft. Eine hierzu gehörige Schenkungsurkunde liegt nicht vor, die Übertragung des Neunten geht mit Sicherheit auf Lothar II. zurück und die im gleichen Wortlaut Karl dem Großen zugesprochene Schenkung von Bastogne geht nachweislich auf Kaiser Karl III. zurück (s.o.). Es spricht alles dafür, dass die im Jahr 1226 in Aachen Handelnden sich unter einem Kaiser Karl nur den mittlerweile zur Ehre der Altäre erhobenen Lokalheiligen vorstellen konnten. Es kommt hinzu, dass über Grundbesitz des Marienstiftes in Konzen zu keiner Zeit etwas bekannt geworden ist, während die Rechte des Stifts an der Kirche und ihren Zehnten jahrhundertelang in Geltung geblieben sind.[24]
(2) Der zweite zu erwähnende Punkt reicht bis in die Gegenwart: Diese frühe Kirche der Schenkung an die Marienkirche muss nach allen noch greifbaren Indizien mit den ältesten Bauteilen identifiziert werden, die an der Pankratiuskapelle auf dem Friedhof in Konzen feststellbar sind. Bei Baumaßnahmen an der Kapelle im Jahre 1904 stellte sich nämlich heraus, dass der Bau nicht allein die Sühne- und Begräbniskapelle für die Gefallenen gewesen sein kann, die in einem Gefecht von a.1400 zwischen einem Aufgebot des Abtes von Malmedy, Walram von Schleiden, und Leuten des Johann II. von Schönforst, Burggrafen von Monschau, ums Leben gekommen waren.[25] Das war die bis dahin geläufige Meinung. Vielmehr erwies sich der Bau als zweiteilig aus Mauerwerk unterschiedlichen Alters. Der Chorraum im Osten aus dem besseren und stabileren Mauerwerk wurde der ursprünglichen Kapelle des Königshofes zugeordnet, der westlich anschließende, jüngere einem Um- bzw. Ausbau nach a.1400. Ausgrabungen im Folgejahr brachten schließlich Fundament-Mauern von 1 m Breite in einem Geviert von 10x10m zum Vorschein, die dem Ursprungsbau zugrunde gelegen haben. Nun ist aber das Vorkommen einer Kapelle in Steinbauweise in so früher Zeit im entlegenen Forst keineswegs als Selbstverständlichkeit anzusehen, als Bauwerke aus Stein nördlich der Alpen allein schon wegen der notwendigen technischen Kenntnisse und den hohen Kosten nur von Fürsten und Bischöfen veranlasst werden konnten. Daher drängt sich der Gedanke auf, die Errichtung dieser Kapelle mit der Schenkung Karls des Großen und den Bauarbeiten an seiner neuen Pfalz im nahen Aachen in unmittelbare Verbindung zu bringen. Zu weiterer Klärung wären deshalb ausführliche Bauuntersuchungen an dem noch sichtbaren Mauerwerk des Chörchens in Konzen dringend geboten, wie sie ähnlich am Zentralbau des Aachener Münsters in den letzten Jahren ausgeführt worden sind. Aus dem Vergleich mit diesen Ergebnissen wäre in den offenen Fragen um die Pankratiuskapelle zu größerer Klarheit zu kommen, auch wenn im Falle von Bruchsteinmauerwerk kaum zwingend eindeutige Indizien zu gewinnen sind. Die bislang vertretene Ansicht, nach der die Pankratiuskapelle als Bau König Arnulfs aus den

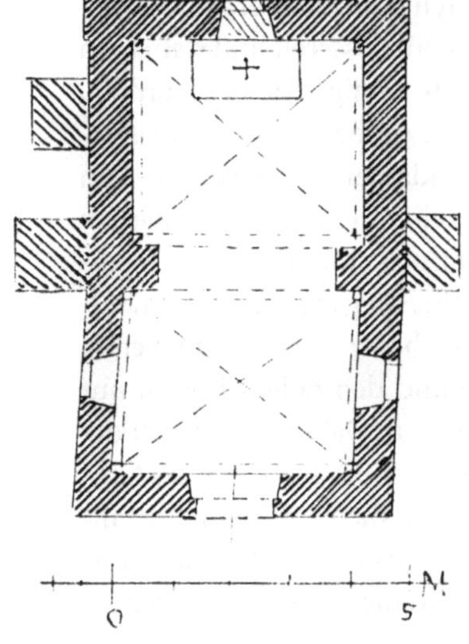

(Abb. 3) Die Pankratius-Kapelle auf dem Friedhof Konzen. Das Foto zeigt den Zustand bis zum Herbst 1944 nach der Restaurierung von 1904/05.

(Abb. 4) Grundriss der Pankratius-Kapelle. Die leicht abweichenden Winkel des Westteils weisen auf das jüngere Alter dieses Bauabschnittes hin.

880er Jahren stammen soll, kann jedenfalls nicht aufrecht erhalten werden. In dem von ihm als Herrschaftsschwerpunkt bevorzugten Donauraum mit dem Pfalzort Regensburg geht zwar die Stiftung einer Pankratiuskirche auf ihn zurück, außer mehreren Feldzügen zur Abwehr der Normannengefahr in den 880er Jahren ist aber kein weiteres Engagement Arnulfs im karolingischen Kernraum Lotharingiens zu erkennen; vielmehr lag der Schwerpunkt seiner Herrschaft im Südosten, wo er mit Regensburg seine wichtigste Pfalz hatte.[26] Aachen hat er allem, was die Überlieferung zu erkennen gibt, anscheinend nie besucht. Die Pfalz hatte zu dieser Zeit ihre frühere Bedeutung auch schon eingebüßt.

Aus dem gleichen Zeitraum um a.800 sind nun reichlichere Nachrichten über die Königshöfe überliefert. Ein grundlegendes Herrschaftsinstrument Karls des Großen war der Erlass schriftlich gefasster, lateinischer Verordnungen, der ›Kapitularien‹ (aus mlat. *capitulare),*[27] zu deren Durchführung und zur Kontrolle ihrer Einhaltung sog. ›Königsboten‹ (*missi dominici*) vom König ausgeschickt wurden. Aufgaben dieser Art übernahmen hohe Adlige aus der Königsnähe, dem ›Reichsadel‹, wie es in der Fachliteratur heißt. Für die Verhältnisse auf den Königshöfen galt spezifisch das *Capitulare de villis et curtis imperialibus,* die ›Verordnung über die Villen und kaiserlichen Höfe‹.[28] Es liegt im Charakter der Textsorte begründet, dass nicht ein bestimmter Hof oder ein Zustand beschrieben wird, sondern ein idealer Sollzustand verlangt ist. Daher konnte eine solche Verordnung auch nicht allen örtlichen Besonderheiten im einzelnen gerecht werden, brauchte es aber auch nicht. Das wird mit Blick auf Konzen unmittelbar einsichtig, wenn von Weinbergen und ihrer Pflege (Nr. 8, 22)[29] die Rede ist oder als Gartenpflanzen Lilien und Rosen, Gurken und Melonen oder eine umfangreiche Liste der verschiedensten Kräuter, sowie Obstbäume von vielerlei Sorten zum Anbau angeraten werden (Nr. 70). In solchen Ausführungen schlug sich das in der Umgebung Karls des Großen zunehmende gelehrte Wissen aus der antiken Tradition, hier besonders über Gartenbau und Landwirtschaft nieder. Es versteht sich von selbst, dass solche Anbauerwartungen beim üblichen Klima am Hohen Venn ausgeschlossen waren. Am Rande sei erwähnt, dass eine Auswahl der wichtigsten dieser im Kapitular aufgezählten Heil- und Gewürzpflanzen im Rahmen der lange nachwirkenden Karlsausstellung des Europarates in Aachen von 1965 auf der Domseite des Aachener Rathauses, der karolingischen Königshalle, in einem gesonderten Beet angepflanzt worden ist.[30] Auffällig ist die Regelung vieler Einzelheiten, die verraten, dass sich der Verordnungsgeber in der Sache genau auskannte; stellenweise kann man den Eindruck gewinnen, den König selbst sprechen zu hören. Aus einer Reihe von Anordnungen in insgesamt 70 Paragraphen ist zu vermuten, dass sie teilweise Reaktionen auf frühere angemahnte Vorkommnisse darstellen. Aber insgesamt sind die Grundstrukturen der Einrichtung »Königshof« gut erkennbar.

Die gründlichsten Untersuchungen dazu hat Wolfgang Metz geliefert. Die Bauausstattung betreffend führte er aus: »Vorhanden ist regelmäßig die ummauerte oder umzäunte *curtis* mit einem oder zwei Toren aus Holz oder Stein, darin das steinerne oder hölzerne Königshaus (*sala, domus* oder *casa regalis*) mit einer oder mehreren Kammern (*camerae*) und dem *cellarium* genannten Vorratsraum im Untergeschoß; außerdem lagen in der *curtis* weitere Behausungen (*casae, mansiones*) aus Holz.«[31] Die gesamte zum Hof gehörige Gebäudegruppe, einschließlich einzelner Sondergebäude, waren mit Flechtzäunen umgeben, deren ständige Pflege eingefordert wurde (Nr. 41, 49). Ein solcher Zaun war weniger als Schutz gegen unerwünschte Eindringlinge gedacht, sondern markierte vielmehr als Rechtssymbol den Bereich des Hausfriedens, den die dort Lebenden zu respektieren hatten. Noch im Anfangsteil der Verordnung ist bestimmt, dass ein ständiges Herdfeuer zu unterhalten war (Nr. 27), das eine Feuerwache zu beaufsichtigen hatte. Da ein solcher Hof über zweckmäßig eingerichtete Ställe, Küchen. Backhäuser und Keltern (Nr. 41) sowie über Vorräte an Betten, Matrazen, Kissen, Bettleinen, Tischtüchern, Bankpolstern und Küchengerät aller Art verfügen musste, steht der Annahme nichts im Wege, dass der Kaiser hin und wieder den Hof in Konzen mit kleinerem Gefolge zu Jagdzügen aufgesucht haben wird. Aus der Vorschrift Nr. 6, wonach der Kirchenzehnt ausschließlich an die Kirche des jeweiligen Fiskus zu entrichten war (*ad ecclesias, quae sunt in nostris fiscis*), bestätigt sich die oben vertretene Annahme, dass die Königshöfe in der Regel über eine Kirche verfügten.

Gleich zu Beginn (Nr. 1) wird klargestellt, dass die Einrichtung der königlichen Hofhaltung dient und keinem sonst. Die Leitung lag bei einem Amtmann (*iudex*), dessen Verantwortung für alle Arbeiten, Erträge, Abrechnung und Lieferungen an den königlichen Hof in vielerlei Einzelregelungen niedergelegt ist. Gleich zu Beginn wurde ihm eingeschärft (Nr. 2, 3), die Hofleute (*familia nostra*) ordentlich zu versorgen und keinesfalls zu eigenen Arbeiten heranzuziehen. Die Annahme von Geschenken wie »Pferd, Ochse, Kuh, Schwein, Hammel, Ferkel oder Lamm« war strikt verboten, zulässig dagegen war die Annahme von »Gemüse, Obst, Hühnern und Eiern«. Der Amtmann war auf die Anwendung gleicher Maßeinheiten verpflichtet, wie sie auch in der Pfalz galten. Ob es immer zu den an vielen Stellen verlangten Rapporten, Einholung von Instruktionen und einer schriftlichen Rechnungsführung gekommen ist (Nr. 55), darf bezweifelt werden. Immer wieder wird dem Amtmann am Beispiel vieler Einzelheiten besondere Sorgfalt eingeschärft. Das galt vor allem für die Lieferungen für die königliche Tafel, die er persönlich zum königlichen Hof begleitete, wo er dann mehrere Tage im Hofdienst verbrachte. An den Tagen des Hofdienstes hatte er täglich drei Pfund Wachs und 8 Sester Seife zu liefern (Nr. 59). Umfangreichere landwirtschaftliche Produktion als von Konzen wird man von den Höfen Seffent, Richterich, Würselen und Eilendorf des unmittelbar um Aachen gelegenen Reichsgutes annehmen dürfen, die der Nahversorgung der Pfalz Aachen dienten.[32]

Weitere Ämter beim Königshof (Nr. 10) waren die der Meier (*maiores*), der Förster (*forestarii*), der Gestütsvorsteher (*poledrarii*), der Kellermeister (*cellerarii*), der Vögte (*decani*) und der Zolleinnehmer (*telonarii*); sie waren in der Regel zu ihrem eigenen Unterhalt mit einer Hufe (ahd. *huoba* ›Bauernstelle‹, lat. *mansus*) ausgestattet. Die Meier waren vor allem in der Aufsicht der

Dienstleute in der Landwirtschaft eingesetzt. Sie sollten aber (Nr. 26) nicht für mehr Leute zuständig sein, als sie bei einem Tagewerk beaufsichtigen konnten. Zu diesem Amt sollten keine Leute vom Adel, sondern Angehörige eines »mittleren Standes« herangezogen werden (Nr. 60). Ob unter den klimatischen Bedingungen am Hohen Venn in Konzen eine nennenswerte Produktion von Getreide betrieben wurde, ist eher unwahrscheinlich. Auf die Pflege des Saatgutes und seiner ordentlichen Verwahrung wurde jedenfalls hingewiesen (Nr. 32, 51). An einem Standort wie Konzen dürfte die Fleischproduktion im Vordergrund gestanden haben. Der Paragraph 23 verlangt ausdrücklich, eine große Anzahl von Kühen, Schweinen, Schafen, Ziegen und Böcken zu halten; »fehlen darf dieses Vieh niemals«. Hierher gehört auch die Sorge um Fischteiche (Nr. 21); denn ausreichende Versorgung mit Fisch war zur Einhaltung der Fastenregeln in der Fastenzeit erforderlich. Dazu kamen alle gängigen Geflügelsorten; ausdrücklich sollten in der Nähe von Mühlen und Scheunen Hühner und Gänse gehalten werden (Nr. 18, 19). Aber auch die Haltung von Ziergeflügel wurde dem Amtmann angeraten: Pfauen, Fasanen, Enten, Tauben, Rebhühner und Turteltauben (Nr. 40). Besonderer Wert wird in der Ordnung auf Sauberkeit und Sorgfalt bei Verarbeitung von Lebensmitteln für den Hof gelegt (Nr. 34), soweit sie mit den Händen bearbeitet werden. Genannt werden – ein Einblick in die Reichhaltigkeit der königlichen Tafel – Speck, Räucherfleisch, Sülze, Pökelfleisch, Wein, Essig, Brombeerwein, Würzwein, Most, Senf, Käse, Butter, Malz, Malzbier, Met, Honig, Wachs und Mehl. Unter dem Gebot der Sauberkeit ist eigens angeführt (Nr. 48), was sich für Konzen allerdings erübrigte, »dass sich niemand untersteht, unsere Trauben mit den Füßen zu keltern.« Fast ebenso wichtig wie die Produktion von Lebensmitteln war die Bereitstellung von Fett und Talg, gewonnen von fetten Schafen und Schweinen zur Sicherstellung der Beleuchtung (Nr. 35). Für die Bienen des Hofes, die Honig und das nicht minder wichtige Wachs für Kerzen lieferten, war ein eigener Beauftragter zuständig (Nr. 17). Ein Blick auf die Gesamtheit der im Kapitular genannten Sachverhalte zeigt, dass die Bereitstellung von Lebensmitteln einen zwar wichtigen, aber keineswegs einzigen Aufgabenkomplex des Königshofes darstellte. Zur Beschreibung der hier gemeinten Aufgaben kann man bei der Sorge um ausreichend viele Zugtiere, Ochsen und Kühe, auf dem Hof (auch Kühe werden als Zugvieh für Pflüge genannt) und entsprechende Karren oder Wagen ansetzen (Nr. 23). Die Fuhrwerke dienten nämlich nicht nur zum Transport der Erträge zur Pfalz, es ging auch um Bereitstellung von Transportkapazität für das königliche Heeresaufgebot. Denn nach Ende des Winters versammelte der fränkische König sein Heer zum üblichen Sommerfeldzug. Die dazu notwenigen Mittel, soweit die fränkischen Bauernkrieger sie nicht selbst mitbrachten, wurden in den Königshöfen hergestellt bzw. bereitgehalten und gelagert. Am deutlichsten tritt das in der Sorge um die Zuchthengste (mlat. *waraniones*) und Stuten in den Blick (Nr. 13, 14). Die Hengstfohlen eines Jahrgangs waren bis Martini (11. November) bei der Pfalz abzuliefern (Nr. 15). Hier wurden sie zur Ausrüstung der fränkischen Reiterkrieger gesammelt bereitgehalten. Weiter sollte ein Königshof über sog. »Arbeitshäuser« für Frauen (mlat. *genicium* aus grch. *gynaeceum*) verfügen, die dort Textilien aller Art anfertigten und denen die Leitung des Hofes alles zugehörige Material bereitzustellen hatte: Flachs, Wolle, Färbemittel, Wollkämme, Kardendisteln, Seife, Fett u.a.m. (Nr. 31, 43). Entsprechend brauchte der Königshof neben solchen Arbeitshäusern Lagerräume für verschiedene Textilien und metallenes Gerät, einschließlich Kriegswaffen (Nr. 42). Um dieses Gerät herstellen und im Vorrat pflegen zu können, sollte der Amtmann Handwerker zur Hand haben. Aufgezählt sind (Nr. 45): »Grob-, Gold- und Silberschmiede, Schuster, Drechsler, Stellmacher, Schildmacher, Fischer, Falkner, Seifensieder, Brauer (Leute, die Bier, Apfel- und Birnenmost oder andere gute Getränke zu bereiten verstehen), Bäcker, Netzmacher u.a., deren Aufzählung zu umständlich wäre.«

Die überwiegende Zahl der an der Villa tätigen Dienstleute gehörte vermutlich dem Stand unfreier Höriger an. Sie unterstanden der Gerichtsgewalt des Amtmanns und konnten nach Hofrecht für kleinere Vergehen wie Diebstahl oder Nachlässigkeit bei der Arbeit mit Prügeln bestraft werden. Die Benennung des Amtmannes als *iudex* ›Richter‹ verweist darauf, dass ihm auch Gerichtsgewalt über die Hörigen nach den Regeln des Hofrechts zukam. Dagegen sollte der Amtmann darauf achten, dass freie Leute (*Franci*) nach dem ihnen zustehenden Recht behandelt würden (Nr. 4, 52). Er war gehalten, öfters Gerichtstage zu halten und Recht zu sprechen sowie »dafür zu sorgen, dass unsere Hofleute ein ordentliches Leben führen« (*praevideat qualiter recte familiae nostrae vivant*) (Nr. 56). Durchweg bildeten die Königshöfe eine Immunität (Bezirk eigenen Rechts) und unterstanden nicht dem Grafengericht, dem das Gericht über die Freien zukam. Die Gesamtheit der Bediensteten des Hofes fiel unter den Begriff der *familia*; der lateinische Ausdruck darf nicht einfach mit dem heutigen Gebrauch des Wortes ›Familie‹ gleichgesetzt werden. Die Hörigen waren aber durchaus nicht rechtlos. Sie hatten ein Beschwerderecht bis hin zum König in der Pfalz (Nr. 57). Es sollten jedoch über anhängige Rechtsstreitigkeiten nicht die anstehenden Arbeiten zu kurz kommen, weshalb der Amtmann möglichst für seine Leute auch anwaltlich tätig werden sollte (Nr. 29, 57).

Trotz aller anschaulichen Regulierungen erfahren wir über einen für das heutige Interesse wesentlichen Sachverhalt nichts: ob nämlich der Hof Konzen über seinen zentralen Haupthof hinaus noch über weitere abhängige Bauernstellen/Hufen verfügt hat, die – zumindest an den Standorten größerer Königshöfe – zur Erwirtschaftung der Erträge beitrugen. Das scheint eher nicht der Fall gewesen zu sein; es finden sich jedenfalls keine Spuren davon. Auf dem Zusammenspiel eines solchen Haupthofes mit einer Vielzahl abhängiger Bauernstellen beruhte die im früheren Mittelalter gängige Wirtschaftsweise der sog. ›Villikation‹ im Rahmen der Wirtschafts- und Herrschaftspraxis, die unter dem Begriff der ›Grundherrschaft‹ beschrieben wird.[33] Deren Verfahren ist vor allem durch die Praxis der größeren Klöster genauer bekannt geworden. Denn dort pflegte man schriftliche Aufzeichnungen über den Grundbesitz und das alltägliche Wirtschaften, wobei man auf das aus der Antike überkommene Wissen über Landwirtschaft und Gartenbau zurückgreifen konnte. Aus dieser Wirtschaftsweise ergaben sich nachhaltige Folgen für den Sozialstatus der bäuerlichen Bevölkerung. Bei der Darstellung der späteren Rodung und Siedlung im Konzener Forst ist auf diese Frage zurückzukommen (Kap. 3). Ob und wie weit all die geschilderten Einzelheiten aus dem *Capitulare* noch beachtet und gepflegt worden sind, nachdem die Könige die ständige Pfalz Aachen nach den 820er Jahren immer seltener besuchten und schließlich nach a.900 die Schwerpunkte der sächsischen und salischen Könige sich in andere Regionen verlagert hatten, muss offen bleiben. Immerhin ist Konzen noch Jahrhunderte später im sog. ›Tafelgüterverzeichnis‹ als Krongut aufgeführt.[34] Im Vergleich zur Menge der a. 888 aufgezählten Königshöfe sind darin aus dem nördlichen Rheinland nur noch drei übrig geblieben, nämlich Aachen, Düren und Konzen (*Compandium*). Der Text enthält leider keine direkten Hinweise zu einer Datierung. Nach langen und intensiven Erörterungen unter Fachhistorikern, die bis 1877 zurückreichen, hat sich die Ansicht durchgesetzt, das Verzeichnis als Zeugnis aus der ersten Hälfte oder der Mitte des 12. Jahrhunderts zu lesen, ohne dass die Diskussion abgeschlossen wäre. Demnach war Konzen bis zu dieser Zeit bei einem Aufenthalt des Königs in Aachen oder einer anderen Pfalz in der Nähe zur Lieferung von zwei sog. ›Servitien‹ verpflichtet. Darunter verstand man wohl Ablieferungseinheiten und nicht – wie früher manchmal beschrieben – Tagesrationen. Ein solches Servitium bestand aus: 40 Schweinen, 7 Ferkeln, 50 Hühnern, 5 Kühen, 500 Eiern, 10 Gänsen, 5 Pfund Pfeffer, 10 Käsen, 10 Pfund Wachs und 4 Karren Wein. Was nicht im eigenen Betrieb erzeugt werden konnte, musste natürlich wie Pfeffer und Wein auf dem Markt gekauft werden. Das dürfte auch für das hier nicht genannte Getreide gegolten haben. Zur Zeit der Aufzeichnung dieses Textes war die Geldwirtschaft so weit vorangeschritten, dass ein solches Verfahren als selbstverständlich vorausgesetzt werden konnte. Doch ähnlich wie schon in der karolingischen Regelung lag der Schwerpunkt immer noch bei den tierischen Produkten, bis dann in der zweiten Hälfte des 12. Jahrhunderts die Lebensmittelversorgung der Aachener Pfalz vom Hof Konzen aus zum Erliegen kam. Unter diesen Umständen ist also beispielsweise davon auszugehen, dass der Hof Konzen seine Servitien nach

Aachen geliefert hat, als König Otto I. im August 936 in Aachen gewählt und gekrönt wurde, Kaiser Otto III. im Jahr 1000 dort weilte und das Grab Karls des Großen öffnen ließ, oder auch bei den recht häufigen Aufenthalten Kaiser Heinrich IV. bis etwa a.1100.

Anders als die Bewirtschaftung des Hofes zur Versorgung der Pfalz, hat dagegen die Forstverwaltung beim Hof Konzen ohne Unterbrechung weiter Bestand gehabt, so dass der Forstbezirk den Rahmen für eine spätere Adelsherrschaft im gleichen Raum gebildet hat. Aus dem Forst des Königs der karolingischen Zeit war im Laufe des 12. Jahrhunderts schließlich der Forst eines regionalen Machthabers geworden. Nach dem *Capitulare de villis* (Nr. 36, 62) war den Königshöfen die Aufsicht über Wälder und Forsten zugeordnet. Einen Forstmeister als »Chef« der Förster gab es in der Karolingerzeit noch nicht. Aus dem Paragraphen geht hervor, dass die Förster befugt waren, geeignetes Land zur Rodung auszuwählen. Vor allem sollte schon genutztes Ackerland nicht wieder verwalden. Rodungsunternehmungen in größerem Maße sind aber, soweit erkennbar, in der karolingischen Zeit im Raum Konzen noch nicht in Gang gesetzt worden. Allenfalls in Konzen selbst wird der gerodete Raum erweitert worden sein. Denn unter den Siedlungsnamen des Landes fehlen die Namentypen, die für die karolingische Ausbautätigkeit charakteristisch sind (*-ingen, -dorf, -heim* u.ä.). Übermäßiges Ausholzen sollte verhindert werden, vor allem aber war der Wildbestand sorgfältig zu pflegen. Dass es aus königlicher Sicht ganz besonders auf die Jagd im Forst ankam, ist auch daraus zu erkennen, dass Jagdfalken und Sperber für den König ausgebildet werden sollten (Nr. 36). Ausführlich wird dem Amtmann die Aufzucht und Pflege der Hundemeute des Hofes ans Herz gelegt (Nr. 58), wobei er die Tiere aber aus den eigenen Vorräten versorgen sollte. Aus dem Umfang des Paragraphen ist das besondere Interesse des Königs an der Hundemeute zu erkennen. Welche Aufmerksamkeit der König der Jagd widmete, ergibt sich auch aus den Anordnungen Nr. 46 und 47. Offenbar unterhielten die Förster Wildgehege, »die das Volk *Brühle* nennt« (mlat. *brogilus*), die aufmerksam zu bewachen und deren Zäune rechtzeitig auszubessern waren. Die Jägermeister und Falkner der Pfalz waren über alle Jagdangelegenheiten zu unterrichten. Dazu gehörte auch die Meldung, wie viele Wölfe der Amtmann erlegt hatte (Nr. 69); deren Felle gingen an die Pfalz. Wie intensiv die Verfolgung des Wolfs betrieben wurde, mag man an folgendem Befehl ersehen: »Im Mai soll man die jungen Wölfe aufspüren und fangen mit Hilfe von Gift, Wolfsangeln, Gruben und Hunden.« Die intensive und organisierte Verfolgung des Wolfs ist offenbar eine uralte Übung. Karls des Großen Biograph Einhard beschreibt den Kaiser als geübten Reiter und Jäger, der bei der Erziehung seiner Söhne Wert darauf legte, dass sie sich beizeiten im Reiten, dem Umgang mit Waffen und der Jagd übten.[35] Daher ist die Vorstellung nicht abwegig, dass Karl der Große immer wieder seine Villa Konzen mit ihrer aus Stein erbauten Kirche zu Jagdaufenthalten besucht hat. Für einen geübten Reiter wie Karl lag der Hof nicht übermäßig weit entfernt. Insofern könnte man den Hof Konzen als eine Art »inoffizieller Residenz« bezeichnen und der Gedanke der Einordnung dieses Kirchenbaus in das Bauprogramm der Aachener Pfalz erscheint durchaus folgerichtig. Einhard berichtete vom Herbst a.813, wenige Monate vor des Kaisers Tod im Januar 814, dass er gleich nach der Erhebung seines Sohnes Ludwig zum Mitkaiser und Nachfolger nach alter Gewohnheit und trotz Altersbeschwerden (*quamvis senectute confectu*) zur Jagd ›nicht weit von der Königshalle Aachen‹ (*non longe a regia Aquensi*) aufgebrochen sei, von der er Anfang November zurückkehrte.[36] Was liegt näher, als an Konzen zu denken, wo er über eine eigene Kirche verfügte, zumal er nach dem Zeugnis seines Biographen täglich an der Messe teilnahm. Den lange noch im Monschauer Land umlaufenden Sagen um Karl den Großen als Jäger bis hin zur frei erfundenen Deutung der Burg Monschau als Jagdschloss Karls dürfte ein durchaus realer Hintergrund zugrunde gelegen haben.[37]

Ansonsten ergibt sich aus den Bestimmungen zum Forst (Nr. 25, 36, 62), dass die Waldnutzung, wie sie von den Hofleuten gegen einen Waldzehnt betrieben wurde, bei konstanter Wirtschaftsweise noch Jahrhunderte später in Übung war: Holzentnahme zum Feuer und für den Bau, Waldweide und Heubereitung sowie ganz besonders Eckern- und Eichelmast der Schweineherden. Dafür war ein besonderer Schweinezehnt (mhd. *dêhem/dêchtem*) fällig. Der schwankte von Jahr zu Jahr beträchtlich, weil Eichel- und Bucheckernerträge nicht gleichmäßig über die Jahre ausfallen. Bis zum 1. September war zu melden, ob es zum Auftrieb der Schweine zur Eichelmast kommen würde (Nr. 25).

c. Die Gründung des Klosters Inda/Kornelimünster

In den Jahren um 816/817 schritt Kaiser Ludwig der Fromme (814–840), jüngster Sohn und Nachfolger Karls des Großen, zur Gründung eines Klosters für seinen Vertrauten und Berater Benedikt von Aniane († 821). Er wählte dafür einen Platz im Königsgut des Tals der Inde, südlich von Aachen.[38] Im Laufe der Zeit hat sich der Name Kornelimünster für das Kloster und die später daran anschließende Siedlung anstelle des Gewässernamens durchgesetzt, der zunächst auch für das Kloster im Gebrauch war. Die Ausstattung der Neugründung mit Grundbesitz, aus dem in der Folgezeit das Territorium des ›Münsterländchens‹ hervorgegangen ist, wurde aus dem Fiskalbesitz der Königshöfe Aachen und Konzen herausgeschnitten. Unmittelbar bezeugt ist das zwar nicht, aber aus einigen, Jahrhunderte später belegten Indizien aus der

Forstverwaltung ist das abzuleiten. Der Abt von Kornelimünster verfügte nicht allein über den Wald auf seinem Klostergrund, sondern hatte auch Rechte im Wald von Konzen, der im 14. Jahrhundert auch als ›Reichswald‹ bezeichnet wurde. Dafür musste der Abt u.a. den Förstern des Hofes Konzen drei ausführliche Festessen (sog. ›Conreit‹, mlat. *conredium*) spendieren. Zwei Förster des Hofes Konzen, deren ursprüngliche Aufsichtsbezirke in das spätere Münsterländchen hineingereicht hatten, waren durch die Veränderungen seit der Klostergründung zu ›Vorförstern‹ geworden. Einzelheiten zu diesem Thema werden in den Kapiteln zur Herausbildung der endgültigen Grenzen und der hoch- und spätmittelalterlichen Forstverwaltung bzw. Herrschaft Monschau zur Sprache kommen (Kap. 4, 7 und 9).

In den letzten Jahrzehnten des 9. Jahrhunderts stellten Überfälle und Raubzüge normannischer Seefahrer und Krieger eine schlimme Plage im Frankenreich dar, der die Könige nicht wirksam Herr wurden. Eine der Folgen davon war der zunehmende Verfall der Autorität der karolingischen Könige und der Aufstieg des Hochadels in Lotharingien, der in das entstandene Machtvakuum einrückte. Im Jahr 879 hatten sich Normannen an der Scheldemündung festgesetzt, von wo aus sie ihre Raubzüge unternahmen, indem sie mit ihren leichten wendigen Schiffen die Ströme aufwärts ins Landesinnere fuhren. 880 verbrannten sie Birten und die Pfalz Nimwegen am Niederrhein, im Folgejahr wurden Maastricht, Tongern und Lüttich heimgesucht, dann auch Neuss, Jülich, Zülpich, Bonn und Köln. Im Winter a.881 rückte die Gefahr in die unmittelbare Nähe: Die Pfalz Aachen fiel einem Überfall zum Opfer und die Klöster Kornelimünster sowie Stavelot und Malmedy wurden gebrandschatzt. Zu Beginn des Folgejahres folgten Raubzüge zum Kloster Prüm und schließlich bis Trier. Aufzeichnungen darüber, welche Orte alle betroffen waren, sind natürlich nur für die bekannteren angefertigt worden, so dass nicht zu erkennen ist, ob man in Konzen ungeschoren davon gekommen ist oder nicht.

Da Konzen aber abseits im Forst und nicht unmittelbar an der Hauptverbindung nach Malmedy gelegen war[39], die Normannen auch auf Beute aus reich ausgestatteten Orten aus waren, wird der Vorstoss vermutlich Konzen nicht berührt haben. Dann hätte sich bereits im 9. Jahrhundert eine topographische Situation bewährt, wie sie Jahrhunderte später mehrfach, bis zur Zeit des Dreißigjährigen Krieges zu beobachten ist, als der geschlossene weite Waldgürtel und die außen um ihn herumführenden Durchgangsstraßen marodierende Söldnerhaufen vom Monschauer Land ferngehalten haben.

Anmerkungen

1 Dazu J. Fleckenstein: Ordinatio imperii v. 817, LMA VI, Sp. 1434f.; Quellentext: MGH Capitularia I Nr. 136.

2 Maßgebliche Druckausgaben: D Arnulf Nr. 31 und RhUB I Nr. 16 und 18; die gleichzeitig ausgestellten Bestätigungen sind D Arnulf Nr. 27, 28 und 29. Abbildungen und Erläuterungen zum Stück bei E. Neuß: Die Urkunde König Arnolfs vom Jahre 888, ML 16 (1988) S. 26–32. Vgl. den Literaturkommentar.

3 UB Aachen Nr. 92.

4 Zum kirchlichen Zehnten: R. Kottje, LThK^2 X, Sp. 1319–1321 und R. Puza, LMA IX, Sp. 499–501.

5 K. E. Georges: Ausführliches lateinisch-deutsches Handwörterbuch^{11}, I, Sp. 1343.

6 R. Kaiser: Aachen und Compiègne, RhVB 43 (1979) S. 100–111, hier S. 103f.

7 M. Niemeyer (Hg.): Deutsches Ortsnamenbuch, S. 19.

8 W. Sage: Spuren römischer Besiedlung in Kesternich, EHV 37 (1965) S. 80–82; W. Sage - H. Steinröx: Römische Ausgrabungen in Kesternich und Rurberg, EHV 39 (1967) S. 120–122; H. Steinröx: Konzen und die Römerstraßen, HKM 9 (1961) S. 86f.; vgl. auch H. Steinröx in: 1100 Jahre Konzen 888 bis 1988, S. 47.

9 H. Steinröx: Reinartzhof und Hattlich, S. 248–254

10 Beispielsweise H. Tichelbäcker: Die römische Besiedlung des oberen Rurtales und der Schmidter Hochfläche, ML 16 (1988) S. 68–79. Eine ausführliche Darstellung dieses Themas ist Aufgabe einer ausstehenden archäologisch fundierten Geschichte des Monschauer Landes in der vorfränkischen Zeit.

11 H. Steinröx: Eine Ausgrabung in Eicherscheid, EHV 36 (1964) S. 126–127. Generell sei verwiesen auf die laufend aktualisierten historischen Artikel zu allen Siedlungen des Monschauer Landes auf der Homepage des Geschichtsvereins: www.gv-mon.de.

12 H. Tichelbäcker: Der Hof Vossenack und seine auswärtigen Lehnsbeziehungen, ML 27 (1999) S. 91.

13 Die Urkunden der Merowinger, D 81 und D 108; ältere Ausgabe: UB Malmedy, I Nr. 2 und Nr. 6.

14 Zum Forstrecht: E. Schubert: Forst, LMA IV, Sp. 658–661 und H. Rubner/F. von Gadow: Forst, HRG I^2, Sp. 1630–1638. S. auch den Literaturkommentar.

15 Grundlegend dazu: H. Müller-Kehlen: Die Ardennen im Frühmittelalter, passim und E. Ewig: Les Ardennes au haut-moyen âge, in: E. Ewig: Spätantikes und fränkisches Gallien, I, S. 523–552. Weiteres im Literaturkommentar.

16 Als Beispiel sei wegen des regionalen Bezugs genannt: Chlodwig und die »Schlacht bei Zülpich« - Geschichte und Mythos 496–1996 – Begleitbuch zur Ausstellung in Zülpich 30.08. – 26.10. 1996, Euskirchen 1996

17 D Ludwig d.Fr. Nr. 33; ältere Ausgaben: UB Malmedy I Nr. 25 und UB Düren I Nr. 14.

18 Zur Orientierung s. A. Gauert: Zur Struktur und Topographie der Königspfalzen, In: Deutsche Königspfalzen, II, 1965, S. 1–60

19 Dazu F. Pohle (Hg.): Karl der Große-Orte der Macht, S. 110ff.

20 Einhardi vita Karoli, in: Quellen zur karolingischen Reichsgeschichte, I, S. 163–211, cap. 22. Zu den Pfalzbauten s. F. Pohle (wie vorige Anm.) und W. Jacobsen: Die Pfalzen Karls des Großen, S. 74ff..

21 S. dazu auch den Literaturkommentar zu Kap. 13.b.

22 R. Nolden: Das Aachener Marienstift und seine Besitzungen im Monschauer Land, ML 11 (1983) S. 26–35.

23 Textwiedergabe bei E. Neuß (Hg.): Weistümer Nr. 14.

24 Ausführlich dazu: RhUB I Nr. 11 und 17; UB Aachen Nr. 92 und R. Nolden: Das Aachener Marienstift und seine Besitzungen im Monschauer Land, ML 11 (1983) S. 26–35, bes. S. 28f.

25 Maßgebliche Beschreibung bei P. Schönhofen: Die Pankratiuskapelle in Conzen bei Montjoie, EHV 3 (1927/28) S. 173–176.

26 W. Störmer: Arnulf. 1. A. »von Kärnten«, LMA I, Sp. 1013–1015; s. auch E. Neuß: Mutmaßungen über die Pankratiuskapelle in Konzen, ML 50 (2022) S. 31–38.

27 Dazu knapp und präzise K. Kroeschell: Deutsche Rechtsgeschichte, I, S. 72–84 und H. Mordek: Kapitularien, LMA V, Sp. 943–946.

28 Capitulare de villis et curtis imperialibus, in: Quellen zur Geschichte des deutschen Bauernstandes im Mittelalter, Nr. 22, S. 38–59 = MGH Capitularia I Nr. 32.

29 In Klammern jeweils die Paragraphen des Kapitulars.

30 Dazu: Karl der Große. Werk und Wirkung, [Katalog der Ausstellung Aachen 1965], S. 568 Nr. 778.

31 W. Metz: Zur Erforschung des karolingischen Reichsgutes, S. 40; vgl. weiter den Literaturkommentar.

32 Dazu M. Nikolay-Panter: Würselen zwischen Mittelalter und Neuzeit, in: M. Wensky – F. Kerff (Hg.): Würselen, S. 21–27

33 Ausführlich K. Schreiner: »Grundherrschaft«. Entstehung und Bedeutungswandel eines geschichtswissenschaftlichen Erklärungsbegriffs, in: H. Patze (Hg.): Die Grundherrschaft, I, S. 11–74 und W. Roesener u.a.: Grundherrschaft, LMA IV, Sp. 1739–1747.

34 C. Brühl/Th. Kölzer (Hg.): Das Tafelgüterverzeichnis des römischen Königs, 1979. Zum Fortgang der Datierungsdiskussion s. den Kommentar.

35 Einhardi vita Karoli (wie Anm. 20), cap. 19 und 22.

36 Einhardi vita Karoli (wie Anm. 20), cap. 30.

37 E. Neuß: Kaiser Karl der Große im Monschauer Land, ML 43 (2015) S. 36–54, hier bes. S. 47ff.

38 N. Kühn: Die Reichsabtei Kornelimünster im Mittelalter, S. 5–9.

39 Vgl. die Karte bei E. Ewig: Les Ardennes, in: E. Ewig: Spätantikes und fränkisches Gallien, I, S. 526f.

2. Die Usurpation des Forstes Konzen durch die Dynasten von Limburg und die Entstehung der Herrschaft Monschau (12./13. Jahrhundert)

a. Die dunklen Jahrhunderte

Hatten die wenigen und eher zufällig überlieferten Quellennachrichten der Karolingerzeit einen kurzen, schlaglichtartigen Blick auf den Königshof Konzen mit dem Forst seiner Umgebung möglich gemacht, so bleiben für die nächsten Jahrhunderte erst einmal alle Nachrichten aus. Der Historiker kann über diese Zeit nur schweigen. Erste fundierte Aussagen zum Land um den Forsthof Konzen werden erst wieder für die Zeit von etwa a.1100 an möglich.

In den Jahrhunderten dazwischen waren allerdings bedeutsame Veränderungen eingetreten. Das lotharingische Teilreich, zu dem der Raum um Aachen gehörte, war a.925 endgültig an das ostfränkische Reich gekommen, das im Lauf der folgenden Jahrhunderte zu einem deutschen Reich wurde. Hier lebte die Erinnerung an die Zeiten des Karlsreiches noch fort, und der dortige Hochadel hatte eine bemerkenswerte Selbständigkeit gewonnen, als die Könige des west- und des ostfränkischen Reiches aus der Karolingersippe ihre Auseinandersetzungen um dieses alte Zentrum führten. Nach dem ersten Weltkrieg und den deutschen Gebietsverlusten an der Westgrenze aus dem Versailler Vertrag wurde dieses Datum zu einem willkommenen Anlass für die stark national (bis nationalistisch) eingefärbten Feiern »Tausend Jahre deutscher Geschichte und deutscher Kultur am Rhein«.[1] Inzwischen besteht in der Mittelalterforschung breite Übereinstimmung (bei allen Unterschieden im Einzelnen), dass bis in den Verlauf des 10. Jahrhunderts hinein von ›deutscher‹ Geschichte sinnvoll noch nicht die Rede sein kann.[2] Seit Ende a.911 regierte im ostfränkischen Reich allerdings mit Konrad I. ein König, der nicht mehr dem karolingischen Haus entstammte. Seit a.928 führte Giselbert, der Anführer des lotharingischen Hochadels, den Titel eines *dux Lotharingiae* ›Herzog von Lotharingien‹, womit dieser Raum gleichrangig neben die »alten« Herzogtümer Franken, Sachsen, Bayern und Schwaben trat. Bald danach aber kam es a.958 zu einer Teilung in zwei Herzogtümer Oberlothringen (um die obere Mosel) und Niederlothringen (Maas- und Schelderaum). Erst in einem längeren Prozess sollte aus dem ostfränkischen und Teilen des lotharingischen Mittelreichs ein ›deutsches‹ Reich hervorgehen, dessen vielfältige Bewohnergruppen (Franken, Friesen,

Sachsen, Bayern usw.) sich schließlich als Deutsche verstanden. Als von der Wende zum 12. Jahrhundert an wieder Nachrichten für unsere Region greifbar werden, war dieser Prozess an ein Ende gekommen.

Im Rückblick auf die dargestellten fränkisch-karolingischen Anfänge fällt auf, dass bei der nachfolgenden Behandlung der späteren Zeit, anders als in den Tagen der Karolinger, nur noch wenig von Königen als den Hauptakteuren die Rede ist. Stattdessen sind es nun in der Regel adlige Dynasten wie Herzöge, Pfalzgrafen oder Grafen, dann auch (Erz)bischöfe oder Äbte in der Rolle als weltliche Machthaber, die den Gang der Dinge im regionalen Rahmen bestimmten. In den notgedrungen »übersprungenen« Jahrhunderten hatte sich nämlich als weiterer schwerwiegender Wandel eine Veränderung im Aufbau »staatlicher« Strukturen vollzogen, die sich in kleineren, überschaubaren Räumen wie dem hier behandelten unmittelbar auswirkte. Bezeichnungen wie die genannten (Herzöge, Grafen usw.), die im heutigen Verständnis und Wortgebrauch als Adelsränge und in ihrer verdinglichten Form als ›Herzogtum‹ und ›Grafschaft‹ als räumlich verstandene, staatsähnlich verwaltete Einheiten erscheinen, stellten für die karolingischen und auch noch die nachfolgenden »deutschen« Könige zunächst Ämter mit entsprechenden Aufgabenbezirken dar. Im Prinzip war es Sache des Königs, solche Ämter zu vergeben oder auch wieder einzuziehen.[3] Eine solche Vergabe geschah in den Formen des Lehnsrechtes. Die ausgewählten Amtsträger kamen dem zeitgenössischen Verständnis nach natürlich aus hochadligen Familien und hatten insofern an der Königsherrschaft teil. Ursprünglich amtierte der Graf (lat. *comes*) als Vertreter des Königs als Richter in einem umrissenen Gerichtsbezirk und übte insbesondere die Blutgerichtsbarkeit über Freie aus, war aber auch mit polizeilichen Aufgaben betraut. Der Herzog (lat. *dux*) organisierte und führte im königlichen Auftrag das Heeresaufgebot seines Amtsbezirks, der im Lauf der Zeit wechselnden Zuschnitt erfuhr. Er sollte sich auch in Ausübung des sog. ›Geleitsrechtes‹ vornehmlich um Friedenswahrung in seinem Gebiet und um Aufgaben kümmern, die man in moderner Redeweise als ›Angelegenheiten der öffentlichen Sicherheit‹ bezeichnen würde.[4] Nicht zuletzt auf der späteren Übertragung des Herzogsamtes an den Erzbischof von Köln (a.1151 für den rheinischen Raum [›Ripuarien‹]; a.1180 auch für Westfalen) beruhte neben der geistlichen Autorität die Dominanz des Kölners gegenüber den (meist gräflichen) Dynasten des rheinischen Raumes bis zum Ende des 13.Jahrhunderts. Dieser Vorrang ging zurück auf die personal begründeten Beziehungen der Machthaber nach dem Lehnsrecht, wonach die linksrheinischen Herren fast ausnahmslos Vasallen des Kölner Erzbischofs waren.[5] Mit der fortschreitenden Aushöhlung des Lehnsrechtes jedoch setzten sich kleinere überschaubar organisierte Gebietsherrschaften (›Territorien‹) auf Dauer als stärker gegenüber dem eher ideellen Vorrang des herzoglichen Erzbischofs durch, was schließlich mit der erzbischöflichen Niederlage von Worringen (1288) besiegelt wurde (s. Kap. 5).

Das römisch-rechtlich beeinflusste Amtsverständnis der Karolinger aber lag den Adelssippen des Früh- und Hochmittelalters noch fern. Die königliche Beauftragung wurde durchaus nicht als Weisungsgebundenheit verstanden, vielmehr betätigte sich der hochadlige Graf nach dem ihm als Adligen zukommenden Recht auf Herrschaft, zumal er tunlichst in seinem Amtsbezirk auch begütert war. Durch das beharrliche Bestreben der Familien, die solch machtvolle und auch einträgliche Ämter erlangt hatten, ihre Ämter durch Vererbung im Familienbesitz zu halten und womöglich mehrere Ämter zu bündeln, wurden dem Königtum auf längere Sicht die Einziehung und Neuvergabe solcher Ämter unmöglich. Außerdem ist zu bedenken, dass das Königtum in der Verfolgung der eigenen Ziele auf die Zustimmung und die Unterstützung des jeweils regional verankerten Adels angewiesen war. Im Adel selbst hatte sich zusätzlich ein Wandel zu einer stärker regionalen Orientierung vollzogen.[6] Daher waren im Ergebnis die Ämter schließlich – wenigstens im weltlichen Bereich – zu Familienbesitz geworden. Außer den Amtsbezirken der genannten Art kamen als weitere Faktoren zur Ausbildung von regionalen Herrschaftsgebieten (›Patrimonien‹) hinzu: größere Komplexe von Eigenbesitz (›Allod‹) mit Bewirtschaftung durch abhängige Bauern, die Ansammlung von zusätzlichen Herrschafts- und Gerichtsrechten, insbesondere in Ausübung der Vogtei (d.h. Rechtsvertretung) über geistliche Einrichtungen (Klöster) u.a.m. Ein wichtiges Mittel zu Aufbau und Erweiterung von regionaler Herrschaft wurde der Bau von Burgen, nach denen sich die jetzt eher als Familien erkennbaren Adelsgruppen als Stammsitze benannten. Von diesen Burgen aus war Kontrolle über das umliegende Land zu gewinnen. Zwar beanspruchte vielfach der König das Befestigungsrecht, oft auch übertragen an Herzöge, konnte das aber offenbar nicht flächendeckend durchsetzen.[7] Diejenigen Adelsdynastien, denen es »rechtzeitig« gelungen war, solche oft räumlich verstreut liegenden Rechte zu bündeln und zu vermehren (z.B. durch Heiratsverbindungen) und dann auch in räumlichen Zusammenhang zu bringen, waren schließlich in der Lage, ihre Herrschaftskomplexe zu vereinheitlichen und zu »staatlich« organisierten Gebilden zu entwickeln. Ihre Ergebnisse heißen dann in der Geschichtsforschung schließlich als Vorstufen heutiger Staatlichkeit ›Territorien‹. Gerade die Herstellung räumlicher Verbindung (wenn nicht gar Geschlossenheit) solcher punktuell gültigen Rechtsbezirke war wichtig, wenn die Verbindung zum Herrschaftszentrum auf längere Sicht nicht verloren gehen sollte. Am Monschauer Beispiel ist das etwa am Fall des ursprünglich limburgischen Besitzes im Raum um Sittard und Euskirchen ablesbar: Mehrfach ist das Kloster

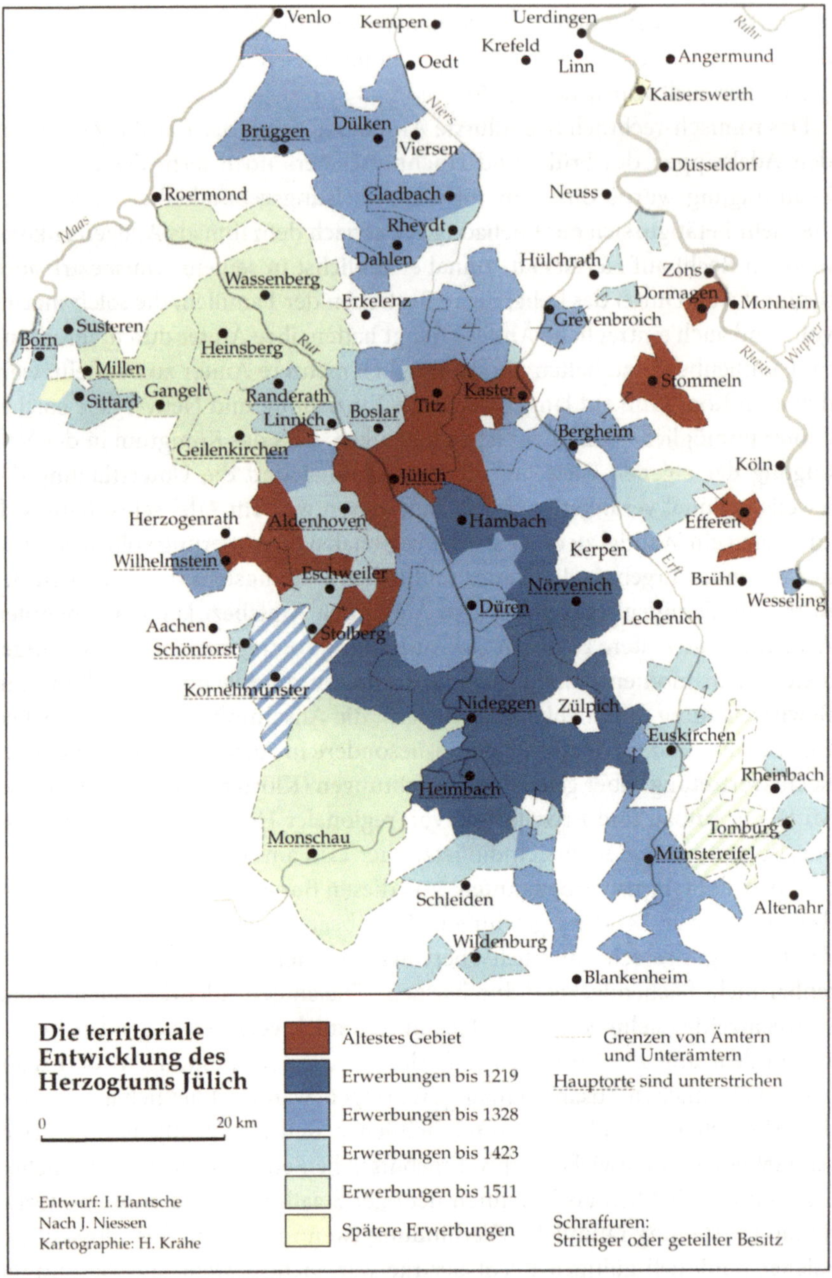

(Abb. 5) Am Beispiel des Herzogtums Jülich zeigt sich anschaulich, wie Territorialstaaten des hohen und späten Mittelalters schrittweise zusammengekommen sind und Landesherrschaft aus der Sammlung verschiedenster Rechte in der Hand einer Dynastie erwachsen ist.

Reichenstein mit Grundbesitz und verschiedenen Rechten in diesem Umkreis ausgestattet worden (s.u.), die auch Jahrhunderte lang beim Kloster verblieben sind. Eine räumlich gestützte politisch-administrative Verbindung zur Herrschaft Monschau und ihren Bestandteilen aber ist nie zustande gekommen, so dass schließlich diese Klosterrechte im »Ausland« lagen.

Diese, hier nur knapp angedeuteten Prozesse haben sich über Jahrhunderte hingezogen; ihre Ergebnisse haben sich in dem hier übersprungenen Zeitraum zunehmend verfestigt und erklären, warum für die Folgezeit von solchen Adelsherrschaften die Rede ist. An einem für unser Thema aufschlussreichen Fall, der sich für den Gang der Dinge im Monschauer Land unmittelbar auswirken sollte und auf den weiter unten näher einzugehen ist, lässt sich der ursprüngliche Amtscharakter und das königliche Vergaberecht noch veranschaulichen und einsichtig machen. Er kann erklären, wieso bei den Limburgern als der für unser Thema maßgeblichen Adelssippe in den frühen Jahren – scheinbar ungeordnet – einmal von Grafen, dann wieder von Herzögen die Rede ist: Im Jahre 1101 hatte Kaiser Heinrich IV. den Grafen Heinrich I. von Limburg (1081–1119), der in den Kämpfen des alten Kaisers mit seinem Sohn Heinrich V. bis zuletzt auf der Seite des Vaters gestanden und ihn unterstützt hatte, zum Herzog von Niederlothringen erhoben.[8] Bald nach dem Tod Heinrichs IV. im Jahr 1106 in Lüttich jedoch hatte König Heinrich V. als Alleinregent dem Limburger das Amt entzogen und an dessen Rivalen Graf Gottfried von Löwen/Leuven übertragen. Seit dieser Zeit konkurrierten beide Grafenfamilien um das Amt, das als das höherrangige und angesehenere galt. Daher hat Heinrich von Limburg trotz der Aberkennung den Herzogstitel noch weitergeführt, bis er sich a.1107 dem neuen König unterwarf. Der a.1128 als Nachfolger im Königtum zur Macht gelangte König Lothar III. (von Süpplingenburg) übertrug aber noch im gleichen Jahr die niederlothringische Herzogswürde wieder an das Haus Limburg; Herzog wurde Heinrichs Sohn Graf Walram II. Paganus (1119–1139).[9] Als sich dann aber nach dem Tod Lothars III. a.1137 der Staufer Konrad III. endgültig als König durchgesetzt hatte, favorisierte er wieder den Löwener Rivalen. Dort ist die niederlothringische Herzogswürde denn auch verblieben, wo sie in der Folgezeit unter dem Namen eines Herzogtums Brabant weiter fortgeführt worden ist. Die Limburger aber haben unter wechselnden Bezeichnungen (seit a.1155: *dux Ardennie* ›Herzog der Ardennen‹, *dux de Limburch* ›Herzog von Limburg‹) ihren Anspruch als Herzöge weiter aufrecht erhalten. Denn einem solchen Rang kam für eine Adelsfamilie bei der Ausbildung staatsähnlicher Herrschaft, der späteren Territorien, unschätzbare Bedeutung zu. Andere Fälle solcher »Selbsternennung« sind auch schon früher bezeugt. Kaiser Friedrich I. Barbarossa hat diese Usurpation allerdings erst Jahrzehnte später anerkannt und den Limburger in Zeugenlisten seiner

Urkunden zunächst »nur« als *comes* ›Graf‹ geführt. Die Kölner Erzbischöfe dagegen haben dauerhaft in ihren Urkunden den Limburger Anspruch schon früher respektiert. Der Aufstieg in den höchsten Adel der ›Reichsfürsten‹ ist den Limburger Herzögen gleichwohl verwehrt geblieben.

b. Das Problem der Waldgrafschaft (*comitatus nemoris*)

Was die königliche Forstverwaltung beim Königshof Konzen angeht, stellt sich für die Zeit nach dem Ende der königlichen »Residenz« in Aachen, erst recht aber nach dem Übergang des Königtums von den Karolingern an Dynastien mit Schwerpunkt in anderen Regionen die Frage, wie sich die Verhältnisse fern von der unmittelbaren königlichen Nähe entwickelt haben. Die dazu angestellten Erwägungen gehören zu einer der ältesten und dauerhaftesten in der rheinischen Landesgeschichte vorgetragenen historischen Meinung, nämlich der Lehre von der sog. ›Waldgrafschaft‹; sie reicht bis in die 70er Jahre des 18. Jahrhunderts zurück.[10] Sie kann deshalb hier nicht einfach übergangen werden, weil man auch den Konzen-Monschauer Forst wie selbstverständlich immer mit einbezogen hat. Die einzelnen Stationen ihrer Ausgestaltung und auch der Veränderung brauchen nicht alle ausgebreitet zu werden, weil schließlich für die jüngere historische Forschung die rechtsgeschichtliche Abhandlung von Heinrich Kaspers vom Jahr 1957 maßgebend geworden ist. Sie hat die älteren Positionen zugespitzt und alle weitere Diskussion auf sich gezogen.[11] Knapp zusammengefasst besagte diese Lehre von einer ›Waldgrafschaft zwischen Maas und Rhein‹, dass die Aufsicht über die königlichen Forsten im Umkreis der Aachener Pfalz bei den lothringischen (später rheinischen) Pfalzgrafen gelegen habe. Diese hätten die Forstaufsicht im Amt eines ›Waldgrafen‹ (*comes nemoris*) als Lehen weitervergeben. Dieses Amt sei schließlich bei den Grafen bzw. Herzögen von Jülich verblieben. Als eine besondere Form der Forstorganisation in einem weit gefassten Umkreis der Aachener Pfalz ist diese ›Waldgrafschaft‹ (*comitatus nemoris*) auch noch in den neueren Handbüchern, der »Rheinischen Geschichte« und der »Geschichte der Kurpfalz« angeführt.[12] Ein wesentlicher »Schönheitsfehler« der Konstruktion ist allerdings, dass sie für die frühe Zeit auf einer höchst bescheidenen Quellengrundlage mit kühnem Schwung einige hundert Jahre überbrückte. Da auch der Konzener Forst und spätere Monschauer sog. ›Reichswald‹ in die Erörterungen um die Waldgrafschaft einbezogen worden ist und sich entsprechend in der Literatur findet, müssen wenigstens die für Konzen-Monschau offenen Fragen angesprochen werden. Es ist nämlich völlig ungeklärt, welche Forstbezirke im einzelnen ursprünglich und dauerhaft zu einer so verstandenen Waldgrafschaft gehört haben mögen; ausdrückliche Quellennachrichten darüber fehlen nämlich bis zum ausgehenden 12. Jahrhundert. Dieser offene Punkt kann daher überzeugend nur getrennt für jeden einzelnen Forstbezirk gelöst werden. In der Tat übte der lothringische Pfalzgraf im Ursprung – wie der Name sagt – sein Amt im Auftrag des Königs zur Verwaltung und auch der Rechtsprechung bei der Pfalz Aachen aus[13]. Daraus war ihm – durchaus einleuchtend – nach allgemein übereinstimmender Meinung im 10. Jahrhundert auch die Forstaufsicht zugewachsen, doch ist für diese Zeit weder etwas zur konkreten Durchführung dieser Aufgabe noch über den räumlichen Geltungsbereich Genaueres überliefert. Der spätere Name *Reichswald* hält denn auch wohl im Namen noch eine Erinnerung daran fest, dass der (Forst)hof Konzen im Ursprung altes Königsgut gewesen ist. Aber schon der westlich daran anschließende Forst auf dem Boden des Königshofes Baelen (bei Eupen) und ebenfalls ehemaliges Reichsgut heißt bis heute *Hertogenwald*; der Name verweist auf die Herzöge von Limburg als Waldherren. Dieser Forst ist – wenig konsequent – nie für die, die Adelsherrschaften übergreifend verstandene Waldgrafschaft reklamiert worden. Womöglich reichte die landeskundliche Kenntnis und Anschauung der maßgeblichen Autoren nicht bis in diese Gegend. Gleichwohl fiel auch der spätere Hertogenwald unter die Forsten im Umkreis der Aachener Pfalz. Daher konnte François Letocart in seiner Untersuchung über die Verwaltung der limburgischen Wälder mit Recht die Frage aufwerfen, wieso eigentlich der Hertogenwald nicht unter diese Waldgrafschaft gefallen sei.[14] Die erste tatsächlich belegte Verlehnung der Aufgabe zur Forstaufsicht datiert erst vom Jahr 1209 mit einer Urkunde des welfischen Pfalzgrafen Heinrich (1195–1214) an Graf Wilhelm III. (1208–1219) von Jülich.[15] Daraus geht weiter hervor, dass bereits eine – allerdings nicht erhaltene – Belehnung des Grafen Wilhelm II.,[16] Wilhelms III. Onkel, durch den staufischen Pfalzgrafen Konrad (1156–1195) voraufgegangen war. Wilhelm II. wird durch seine Gemahlin Alveradis nach dem Tod seines Schwiegervaters Adalbert von Maubach aus dem Hause Nörvenich im Jahr 1177 als Erbe in diese Funktion eingetreten sein. Denn neben einer Reihe von Klostervogteien nennt die Urkunde von a. 1209 als Lehnsobjekt *comitatum de Molbach cum nemore et universis attinentiis* ›die Grafschaft Maubach mit dem Wald und dem gesamten Zubehör‹. Damit liegt zwar einerseits eine Bestätigung dafür vor, dass die Pfalzgrafen Verfügungsrechte über den Forst innehatten und die Annahme einer Forstaufsicht zu einer früheren Zeit demnach nicht unbegründet war, andererseits taten sich mit der lapidaren Formulierung ›mit dem Wald‹ aber mehr neue Fragen als schlüssige Antworten auf. Generationen von Landeshistorikern haben darüber gerätselt, um welchen Wald es sich bei dieser Belehnung gehandelt habe. Auch die nachfolgende Lehnsurkunde von a.1234 durch den Pfalzgrafen Otto (1228–1253) für Wilhelm IV. von Jülich nannte die verlehnten Vogteien zwar klar beim Namen, blieb aber in der hier interessierenden Frage ähnlich dunkel. Diese Belehnung betraf nämlich *comitatus et ius nemoris* ›(die) Grafschaft und das Waldrecht‹.[17] Diese Wendung lässt offen, ob damit die früher genannte Grafschaft Maubach gemeint ist; und anders als die ältere Beschreibung *cum nemore* ›mit dem Wald‹, die auf ein bestimmtes, identifizierbares Waldgebiet zu verweisen scheint, spricht die Formulierung *ius nemoris* ›Waldrecht, Recht am(?) Wald‹ eher von etwas Allgemeinem, einer Berechtigung, nicht von einem bestimmten Bezirk. Was den gesuchten Waldbezirk von a.1209 betrifft, hat nun Heinrich Tichelbäcker, dem die traditionelle Lehre von der Waldgrafschaft zunehmend zweifelhaft geworden war, einsichtig machen können, dass sich hinter dem *cum nemore* der Wald des ehemaligen Königshofes Derichsweiler verbirgt, der in Verbindung mit der *villa Aeccheze* (Echtz b. Düren) im 11. Jahrhundert tatsächlich im Besitz der Adelsfamilie der Ezzonen war, die damals das Pfalzgrafenamt innehatte.[18] Darüber hinaus konnte er aber die von Heinrich Kaspers behauptete Einbeziehung der Wälder von Bürge und Ville östlich von Düren in eine ›Waldgrafschaft zwischen Maas und Rhein‹, sowie weitere genealogische Konstruktionen bezüglich älterer Lehnsvorgänge als Irrtümer nachweisen.[19] Infolgedessen ist mehr als fragwürdig geworden, ungeprüft die Forsten der alten Königshöfe wie Konzen generell als gleichsam selbstverständliche, ständige Bestandteile in eine übergreifende Waldgrafschaft einzubeziehen, wie es noch 1955 auch Ludwig Mathar in seinem Abriss zur frühen Geschichte des Monschauer Landes getan hat.[20] In späteren Kapiteln wird bei Fragen zur Forstverwaltung auf der Grundlage der entsprechenden Weistümer zu zeigen sein, wie sich die Grafen von Jülich vom beginnenden 13. Jahrhundert an unter Berufung auf das ihnen verliehene, aber nicht weiter spezifizierte *ius nemoris* gegen die im Raum Konzen – Monschau schon ein Jahrhundert lang wirkenden Grafen bzw. Herzöge von Limburg »eingedrängt« haben. Im Blick auf wirklich belastbare Quellenüberlieferung stellt sich heraus, dass in der Lehre von der ›Waldgrafschaft zwischen Maas und Rhein‹ der vom ausgehenden 12. Jahrhundert an beim Jülicher Grafen- bzw. späteren Herzogshaus gepflegte und mit der Zeit um weitere Distrikte vermehrte Rechtstitel aus der pfalzgräflichen Belehnung steckt, dessen späterer endgültiger Umfang aber von der Geschichtsschreibung großzügig um Jahrhunderte zurück verlegt worden ist. So hatte beispielsweise Wilhelm Ritz, einer der frühen Protagonisten des älteren Entwurfs, ausgehend vom Namen *Osning* als einem Teilbereich der nördlichen Ardennen, der als *Oesling* auch in der Kennzeichnung der kirchlichen Organisation auftaucht, das Amtsgebiet des Waldgrafen ohne jeden Nachweis als »den großen karolingischen Bannforst, welcher zu den zunächst gelegenen Pfalzen zu Aachen und Düren gehörte« umschrieben, der sich in seiner Sicht »in den Oberwald im Umfang des ehemaligen Jülichschen Amts und jetzigen Landkreises Montjoie und den Unterwald, ehemaliges Jülichsches Amt Wehrmeisterei, teilte.« Die angeführten Pfalzbezirke sind jedoch nicht einfach mit den im gleichen Atemzug genannten Walddistrikten deckungsgleich, wie sich zeigen wird, und die Unterscheidungen in ›Ober‹- bzw. ›Unterwald‹ kommen erst mit dem Wirken der Jülicher als Waldgrafen seit dem 13. Jahrhundert vor. Und während sie im Umfeld einer vom Grafen von Jülich ausgeübten Waldgrafschaft durchaus sinnvoll erscheinen, lässt sich ihre zeitliche Rückverlagerung bis in die Karolingerzeit durch nichts begründen.

c. Die Usurpation des Reichsgutes von Konzen durch die Grafen/Herzöge von Limburg und die Ausbildung der Burgherrschaft Monschau

War für die Anfänge der Geschichte des Monschauer Landes als einer eigenen Größe der Name Konzen zum Königshof und Forstbezirk als Ausgangspunkt zu nennen, so ist es nach gut 200 Jahren des Ausbleibens von Nachrichten zum Land zunächst der Name Reichenstein, mit dem der weitere Fortgang der Entwicklung verknüpft ist. Die direkten Quellennachrichten auch für den Kernbereich des folgenden Abschnitts bleiben zunächst noch recht bescheiden, so dass viele der folgenden Aussagen aus Parallelvorgängen und späteren Indizien rekonstruiert werden müssen.

Kurz nach a.1426 verfasste Theodoricus de Villace, der damalige erzbischöfliche Rektor des Damenkonvents der Prämonstratenserinnen in Reichenstein, einen kurzen Abriss über die Anfänge des Klosters, soweit sie an Ort und Stelle noch bekannt waren bzw. wie man sie zu wissen glaubte.[21] Das war nicht lange vor der Auflösung des Frauenkonvents im Jahre 1487. Diese Version enthält gegenüber den anderen Berichten, wie sie sich etwa als Eröffnung des Protokollbuchs des Klosters von Propst Matthias Lütgens von a.1731 und in einer Aufzeichnung des Priors Johannes Heep von a.1543 finden,[22] eine überaus wichtige zusätzliche Nachricht. Zwar schreibt auch Theodoricus recht ungenau, wenngleich zu seiner Zeit noch nicht der Brand und die Zerstörung des Klosters im Jahr 1543 mit Verlust des Klosterarchivs als Ursachen dafür genannt werden können, wie es in Darstellungen der Klostergeschichte immer wieder angeführt wird. Eher scheint es tatsächlich kaum Schriftzeugnisse zu den Anfängen gegeben zu haben und das Wissen darüber im Kloster auch nicht besonders gepflegt worden zu sein. Die Notiz von Theodoricus weiß jedoch, dass die Gründer, Herzog Walram von Limburg und seine Frau Jutta *converterunt arcem suam Reichwinstein in monasterium praenob. virginum ordinis praemonstratensis* ›ihre Burg Reichwinstein in ein Kloster adliger Damen des Prämonstratenserordens umgewandelt haben‹. Der Klosteranlage

Reichenstein ist also eine Limburger Burg auf dem Boden eines königlichen Forstbezirkes vorangegangen.

Zunächst sei eine kurze Zwischenbemerkung zum Sprachgebrauch für den Konvent von Reichenstein eingefügt. Theodoricus de Villace sprach von *monasterium*; der lateinische Ausdruck wird in der Regel mit dem deutschen Ausdruck ›Kloster‹ wiedergegeben. Daneben steht der Gebrauch desselben Wortes als Entlehnung ins Deutsche in der Form *Münster*, wie er für die Aachener Bischofskirche geläufig ist. An dieser der Gottesmutter geweihten Kirche bestand ebenfalls eine geistliche Kongregation, die man traditionellerweise *Marienstift* nennt. Im Wort *Stift* kommt zum Ausdruck, dass im Laufe der Zeit und bei Beachtung genauerer Redeweise eine Unterscheidung in *Stift* einerseits und *Kloster* auf der anderen Seite eingetreten ist, die im früheren Mittelalter durchaus noch nicht durchgängig eingehalten wurde. Die männlichen Mitglieder einer Klostergemeinschaft nennt man gemäß dieser Unterscheidung *Mönche*; ihr Konvent war durch Abwendung von der Welt (aus der Tradition des Eremitenlebens) und durch Gemeinschaft im Zusammenleben (Tischgemeinschaft u.a.) bestimmt – jedenfalls in den älteren Ordensbildungen bis zum 13. Jahrhundert. Sie befolgten dabei Ordensregeln, die auf der Mönchsregel des hl. Benedikt von Nursia (um 480 – † gegen 560) beruhten. Dem gegenüber war das bestimmende Moment einer Gemeinschaft von *Chorherren* oder *Kanonikern* eines Stifts in erster Linie der Chordienst an einer bestimmten Kirche auf der Grundlage der Kanonikerregel des hl. Bischofs Chrodegang von Metz († 766) bzw. den Regeln, die auf einer Reichssynode a.816 in Aachen erlassen waren. Die Regelungen des gemeinsamen Lebens waren durchweg weniger strikt, Kanoniker solcher Stifte konnten, vielfach ohne Priesterweihe, auch über privates Eigentum verfügen und ggf. wieder in den weltlichen Stand zurückkehren. Der Fall trat des öfteren dann ein, wenn nachgeborene Söhne einer Adelssippe, die von der Familie für den geistlichen Stand bestimmt gewesen waren, nach dem unerwarteten Tod älterer Brüder für den Fortbestand der Dynastie einspringen mussten. Beispielsweise war Dietrich IV. von Valkenburg-Monschau (1333 –1346) vor der Übernahme der Herrschaft für seinen gefallenen Bruder Walram Kanoniker am Aachener Marienstift gewesen. Und auch Reinhard von Schönau, der als Herr von Schönforst a.1361 das Land Monschau pfandweise vom Herzog von Jülich erwarb, war in seinen Jugendjahren als Kanoniker des St. Servatius-Stiftes in Maastricht aufgewachsen (s.u). Für die Prämonstratenser gilt nun als auffälliges Charakteristikum, dass sie – als Folge ihrer Begründung in den Jahrzehnten der kirchlichen Reformbewegungen des frühen 12. Jahrhunderts – zwar einerseits eine Gemeinschaft von Kanonikern darstellten, unter diesen aber als ›regulierte Chorherren‹ einer strengeren Regel (Augustinusregel) mit gemeinsamem Gebet, Stillschweigen, Besitzlosigkeit u.ä. folgten und sich überhaupt am strengeren Mönchsleben nach dem Muster der etwa gleichzeitig entstandenen Zisterzienser orientierten. Doch anders als diese widmeten sich Prämonstratenser nach Vorbild ihres Gründers Norbert (von Xanten) auch der Predigt und der Pfarrseelsorge. Sie nahmen auch Frauen in ihre Gemeinschaften auf, was in dem religiös bewegten Zeitabschnitt großen Anklang fand. Dagegen haben »echte« Mönchsorden wie die Zisterzienser lange Zeit derartiges für sich ausschlossen.[23] Da sich im regionalen Sprachgebrauch für Reichenstein die Benennung *Kloster* (anstelle von *Stift*) eingebürgert hat, soll der Wortgebrauch auch in diesem Buch beibehalten werden. Mitglieder der Konvente durch die Jahrhunderte aber werden terminologisch korrekt als *Chorherren/Kanoniker,* die weiblichen Angehörigen als *Stiftsdamen/Kanonissen* bezeichnet. Der im Reichensteiner Zusammenhang oft verwendete Ausdruck *Mönche* ist irreführend und besser zu vermeiden.

Bezüglich der Jahresangaben und der Identifizierung der an der Gründung beteiligten Personen waren in den späten Jahren des Klosters allerlei Irrtümer im Umlauf, die in einer wegweisenden Untersuchung von Matthias Brixius zurechtgerückt worden sind.[24] Als Ergebnis daraus bleibt festzuhalten: Die Nachricht von Theodoricus de Villace trifft zu und die Klostergründung ist sicher älter als die bis dahin genannten Jahre 1205 bzw. 1210, wie man aus einem Brief des Propstes Ulrich von Steinfeld (ca. 1152 –1170) an den Abt Eustachius von Arnstein an der Lahn (1151–1158) folgern muss[25]. (Das Prämonstratenserkloster Arnstein war übrigens ebenfalls aus der Umwandlung einer Burganlage hervorgegangen.) In dem Schreiben bat Propst Ulrich, dem auch der Reichensteiner Konvent unterstand, darum, einen Mitbruder, der wegen eines Streites in Reichenstein nach Arnstein ausgewichen war, jetzt wieder zurück zu schicken: *Fratres et sorores, qui ibi sunt, presentiam eius desiderant* (›die Brüder und Schwestern dort wünschen seine Anwesenheit‹). In den frühen Jahren der Gründung haben also in Reichenstein – wie mehrfach für die frühen Prämonstratenser bezeugt – Frauen und Männer am selben Ort nach den Ordensgepflogenheiten gelebt. Dieser in der Frühzeit des Ordens beliebte Brauch ist aber schon im Laufe des 12. Jahrhunderts aufgegeben worden, Frauenkonvente wurden in eigene Gründungen verlegt.[26] In den Jahrhunderten unter den Herren von Monschau aus dem Hause Limburg (bis a.1266), den Herren von Valkenburg-Monschau (bis a.1352) und der Jülicher Pfandverwaltung durch die Herren von Schönforst (1361–1434) bestand Reichenstein als Frauenkonvent, der a.1487 von einem Männerkonvent abgelöst wurde.[27] Der bei Theodoricus unrichtig identifizierte Gründer war tatsächlich Walram II. Paganus, Graf von Limburg (1119–1139), Herzog von Niederlothringen (1128–1139), die genannte Gemahlin war Jutta von Geldern-Wassenberg. Die Klostergründung gehört demnach in die 30er Jahre des 12. Jahrhunderts, die Zeit von Walrams Herzogsamt. In dieser religiös überaus bewegten Zeit der Kirchenreform erfreuten sich gerade die Prämonstratenser eines lebhaften Zuspruchs beim rheinischen und westfälischen Hochadel, aus dem der Ordensgründer Norbert (von Xanten) selbst stammte[28]. Die Umwandlung einer ursprünglichen Burg aber setzt voraus, dass die Limburger in den vorangehenden Jahrzehnten schon über eine Burg an der besagten Stelle auf dem Boden des Forsthofes Konzen verfügt haben. Daraus erklärt sich folgerichtig, dass die Gründung – obwohl eine geistliche Einrichtung – einen typischen Burgnamen mit dem Grundwort *-stein* trägt. Das Bestimmungswort entspricht dem Rufnamen *Richwin*, lat. *Riquinus*. Die nächste Parallele zur Namenbildung ist z.B. der Name der Reichsburg *Berenstein* gegenüber von Nideggen (heute Bergstein), eingerichtet durch Kaiser Friedrich I. Barbarossa a.1171[29] (vgl. auch oben *Arnstein*). In der Zeugenliste einer Urkunde König Konrads II. von a.1033, aufgezeichnet allerdings erst a.1048,[30] erscheinen nun *Theodoricus et Riquinus de Lembruch* ›von Limburg‹. Dieser *Riquinus/Richwin* oder ein gleichnamiges Familienmitglied wird vermutlich den Namen für die neue Burg auf einem Hügel über der Rur geliefert haben, die zu einem unbekannten Zeitpunkt in der zweiten Hälfte des 11. Jahrhunderts errichtet sein wird. Man wird daher bei aller Zurückhaltung annehmen müssen, dass die Limburger spätestens seit dem ausgehenden 11.Jahrhundert im Raum Konzen aktiv waren. Die Grafen bzw. späteren Herzöge von Limburg selbst benannten sich nach einer Burg an der Weser westlich von Eupen (heute Limbourg zwischen Eupen und Verviers, Belgien) auf dem Boden des alten Königshofes Baelen, der auch in der zu Anfang (Kap. 1.a) behandelten Nonenschenkung aufgeführt ist. Die Errichtung der Limburg in den Jahren um 1020 wird dem Luxemburger Friedrich II. zugeschrieben, der in den Jahren 1046–1065 als Herzog von Niederlothringen amtierte[31] und der unter die Vorfahren der Limburger gezählt wird. Über die Anfänge des Grafenhauses herrscht einige Unsicherheit in der genealogischen Forschung. Das liegt nicht zuletzt daran, dass bis in die Mitte des 11. Jahrhunderts die Angehörigen der bedeutenden Adelsfamilien nur ihren Rufnamen als einzigen Namen führten. Erst danach kam der Brauch auf, dass sich die Familienmitglieder nach einem Stammsitz benannten, im Rheinland beispielsweise etwa ab a.1080.[32] Erst dadurch gewinnen genealogische Zuordnungen das notwendige Maß an Sicherheit. Die meisten der offenen Fragen um die frühen Limburger können in unserem Zusammenhang aber auf sich beruhen bleiben, weil die das Monschauer Land betreffenden Fragen mit Graf Heinrich I. (1081–1119), Herzog von Niederlothringen (1101–1119), sicheren Grund erreichen. Die verschiedenen Vorschläge, die zur Einordnung des besagten Richwin in der Limburger Genealogie vorgetragen worden sind, finden sich erörtert in den Untersuchungen von Ute Bader[33], in denen vor allem herausgearbeitet ist, dass ein ursprünglicher früher Zusammenhang zwischen den Familien der Grafen von Limburg und der Grafen von Are in der Eifel bestanden hat. Nicht zuletzt daraus lässt sich einsichtig machen, dass Reifferscheid in seinen Ursprüngen a.1106 als limburgische Burg bezeugt ist, unweit vom Kloster Steinfeld, das eine Gründung der Grafen von Are darstellt.

Der Aufstieg der Grafen von Limburg zu einer bedeutenden regionalen Machtposition und die dazu angewandten Mittel entsprachen ganz den Gepflogenheiten der Zeit. Wichtigstes Mittel dazu war nämlich für eine ambitionierte Adelsfamilie der Besitz oder der Bau einer Burg, von der aus man das umliegende Land und die zugehörigen Leute unter Kontrolle bringen konnte. Strenggenommen war zum Burgenbau eine königliche oder herzogliche Genehmigung erforderlich, von der in der Mehrzahl der Fälle jedoch nirgends die Rede ist, weil die Initiatoren eigenmächtig handelten. Hilfreich für ein entsprechendes Unternehmen war zusätzlich die verwandtschaftliche Nähe möglichst zur Königsfamilie oder wenigstens zu einem königlichen Amtsträger, hier etwa zum Herzog Friedrich von Niederlothringen (1046–1065) aus dem Hause Luxemburg oder einer in der Familie selbst überlieferten herzoglichen oder gräflichen Amtsfunktion. In einer solchen Konstellation waren königliches Amt und Handeln aus eigener Macht und eigenem Interesse nicht mehr klar unterscheidbar. Auf diese Weise war der Königshof Baelen der Krone weitgehend entfremdet und zur Machtgrundlage der Familie geworden. Die regionalen Dynasten waren bei ihrem Vorgehen in der Wahl ihrer Mittel auch nicht kleinlich, erst recht wenn sich ein Rechtsgrund dazu herleiten ließ. Graf Heinrich I. ist mit einer Reihe von Interventionen bekannt geworden, mit denen er versucht hat, ehemaliges Familiengut, das von Vorfahren an kirchliche Einrichtungen vergeben worden war, wieder zurück zu gewinnen.[34] Das wohl bekannteste Unternehmen dieser Art war sein Ausgriff auf das *predium nomine Prumizfeld* ›das Gut Pronsfeld‹ im Besitz der Abtei Prüm. Nach einer Beschwerde des Abtes beim Kaiser und auf seine Intervention hin musste Heinrich den Raub a.1101 wieder herausgeben.[35] Trotz eines solchen politischen »Fehlschlags« ist eine beharrlich betriebene, langfristig gleichgerichtete Expansionspolitik der Limburger z.B. gegenüber Königsgut in unmittelbarer Nachbarschaft zu ihrem Baelener Besitz festzustellen. Im Jahr 1073 hatte König Heinrich IV. den Königshof Walhorn mit seinem gesamten Grundbesitz dem Marienstift Aachen geschenkt,[36] wo das Stift schon durch die Nonenschenkung König Lothars II. Einkünfte hatte. Wenige Jahre später verlieh der König dem Stift auch die Vogtei (d.i. das Gericht) über den Bezirk.[37] Doch a.1138 sah sich König Konrad III. veranlasst, dem Stift diese Schenkungen wieder zurück zu erstatten. Ohne dass Einzelheiten dazu überliefert sind, muss es einen Versuch gegeben haben, das Gebiet dem Marenstift zu entfremden. Unter den Zeugen dieses Vorgangs werden auch die wahrscheinlichen Drahtzieher des vorangegangenen Entfremdungsversuches genannt: *Walerannus dux et filius eius Heinricus* ›Herzog Walram II. Paganus von Limburg und sein Sohn Heinrich II.‹,[38] deren Wirken in diesem Raum auch sonst bezeugt ist. Das Vorgehen entsprach dem im Forst Konzen geübten Verfahen. Sechzig Jahre später hat sich Ähnliches wiederholt: Da leistete Herzog Heinrich III. von Limburg, der Enkel Walrams, feierlich Verzicht im Interesse seines und seiner Nachfolger Seelenheil auf alle unrechtmäßigen Abgaben, mit denen er die Leute der Aachener Kirche in Walhorn belastet hatte. Bei diesem Vorgang trat König Philipp (von Schwaben) als Mitsiegler auf.[39] Gleichwohl sind die limburgischen Aktivitäten unverändert weiter verfolgt worden, das Walhorner Gebiet einem limburgischen Territorium einzuverleiben. Im 14. Jahrhundert gehörte Walhorn schließlich unbestritten als eine der drei *duytschen* Hochgerichtsbänke zum Kernbereich des mehrsprachigen Herzogtums. Einen Hinweis auf die Kontinuität dieser expansiven Politik gibt weiter eine Urkunde vom Juli 1225, mit der Herzog Walram III. bestätigte, dass das Patronatsrecht an der Kirche des benachbarten Montzen dem Marienstift Aachen gehöre, auf das er zu Unrecht Anspruch erhoben habe.[40]

Die gelegentlich dem Haus Limburg zugeschriebene Führung des lothringischen Pfalzgrafenamtes nach dem Tod des Pfalzgrafen Heinrich von Laach a.1095 lässt sich dagegen nicht bestätigen.[41] Doch in einer anderen Hinsicht haben die Limburger eine Art Nachfolge angetreten, wenn man der – im Grundsatz wohl zutreffenden – Annahme folgt, dass den Pfalzgrafen des 9. und 10. Jahrhunderts die Aufsicht über die Forsten um die Pfalz Aachen oblag. Im ausgehenden 10. und beginnenden 11. Jahrhundert erreichten die Pfalzgrafen aus dem Adelsgeschlecht der Ezzonen den Höhepunkt ihrer Machtentfaltung, heute noch sichtbar am Beispiel der eindrucksvollen romanischen Kirche ihres Hausklosters Brauweiler bei Köln. Mit der Heirat von Pfalzgraf Hermanns Sohn Ezzo (Kurzform des in der Familie geläufigen Namens Erenfrid) mit Mathilde, der Schwester König Ottos III., war die Familie bis in die Königssippe vorgedrungen. Die Könige der Folgezeit waren bestrebt, die pfalzgräfliche Machtkonzentration im Rheinland zu dämpfen. Schließlich war es Erzbischof Anno von Köln (1056–1075) mit gleichgerichteten Maßnahmen zur Stärkung der Kölner Kirche gelungen, die Ezzonen aus dem nördlichen Rheinland zu verdrängen. Als weit sichtbares Symbol seines Triumphes hatte er die pfalzgräfliche Burg auf dem *Sigiberg* (Siegburg) in ein Kloster der Kölner Kirche umgewandelt.[42] In das Machtvakuum, das im Reichsgut der Forstbezirke bei Aachen durch den Rückzug der Ezzonen auf ihre Besitzungen im südlichen Rheinland entstanden war, drangten nun unübersehbar die Grafen bzw. Herzöge von Limburg vor. Der zum alten Königshof Baelen gehörige Wald auf der Nordwestabdachung des Hohen Venns war schon früher in ihre Verfügung geraten und heißt infolgedessen bis heute *Hertogenwald*. Der Name sagt eindeutig, wer die Forsthoheit dort innehatte. Seine Nordgrenze zum Fiskus Walhorn verlief im heutigen Eupener Stadtgebiet, zwischen Eupen und Kettenis. Nicht anders sind die Limburger im Fiskus Konzen verfahren, der sich unmittelbar im Osten anschloss. In Reichenstein hat sich immer das Wissen erhalten, dass Herzog Walram II. Paganus das Kloster bei der Gründung mit einem Wildbann zwischen Schwalm und Rur ausgestattet hat, wo nach Westen die weiten Venngebiete einen unbestimmten Grenzsaum zum Hertogenwald bilden – in den Worten des Priors Heep von a.1543: *trans Ruram usque Ostlingiam cum jure piscandi et venandi* ›über die Rur hinaus bis in den Ösling mit dem Recht zu fischen und zu jagen‹.[43] Das zeigt an, wer um die Gründungszeit über die Forsthoheit im Raum um Konzen verfügte. Die Wahrnehmung von Jagd und Fischerei durch die Reichensteiner Chorherren ist bis ins 18. Jahrhundert bezeugt, auch wenn sich ständig Reibereien mit den späteren Jülicher Amtsträgern ergaben.[44] Weitere Beispiele für die Verfügung limburgischer Dynasten über Forstrechte werden sich bei der Behandlung der Rodung und der näheren Beschreibung der Forstverwaltung ergeben. Ein Indiz zum Wirken der Limburger im Forst von Konzen aus der Zeit der Umwandlung der Burg zum Kloster ist immer übersehen worden, wohl weil man es in seinem Zusammenhang nicht erwartet hat: Im Jahr 1136 bestätigte der Kölner Erzbischof Bruno II. die Schenkung von Grundbesitz zu Irresheim (*Irinsheim*) an das Kloster Siegburg mit Zustimmung von Herzog Walram II. durch einen Randulfus, der ins Kloster eingetreten war und der in der Urkunde als Dienstmann Herzog Walrams gekennzeichnet ist (*quendam ministerialem Walerammi ducis*). Unter den Zeugen des Vorgangs steht gegen Ende der Zeugenliste *Godefridus de Comeza*.[45] In diesem Gottfried von Konzen kann man wohl den herzoglichen Ministerialen sehen, der im Forst Konzen die limburgischen Angelegenheiten wahrnahm. Wie vertraut die Limburger Dynasten mit Forstbelangen und zugehörigen Rechten waren, zeigen weitere verstreute Nachrichten: So etwa, dass König Lothar III., der Walram II. von Limburg zum Herzog von Niederlothringen erhoben hatte, im März 1129 den Bürgern von Duisburg gestattete, im zugehörigen Forst für den Eigenbedarf Steine zu brechen. Herzog Walram war in seiner Eigenschaft als Forstmeister bei der Rechtsverleihung an erster Stelle mit dabei.[46] Ein Jahr später geht aus einer Urkunde von Erzbischof Friedrich I. von Köln an das Kloster Steinfeld hervor, dass Walram dem Kloster Rechte zum Holzfällen in den Wäldern bei der Burg Reifferscheid verliehen hatte[47].

Umwandlungen einer Burg in eine Klosterstiftung wie in Reichenstein sind in der Zeit des religiösen Aufbruchs im beginnenden 12. Jahrhunderts mehrfach zu beobachten. Das wohl prominenteste Beispiel dieser Art im Rheinland ist der bekannte ›Altenberger Dom‹, wo die Grafen von Berg a.1133 anstelle ihrer aufgelassenen Burg die bedeutende Zisterzienserabtei Altenberg im Tal der Dhünn gegründet haben.[48] Vor dem Umzug ins Tal hatten die Mönche zunächst weiter oben am Berg bei der ursprünglichen Burg gelebt. Deren »Ersatz« für die aufgegebene Wehranlage war die bekannte ›Burg an der Wupper‹.

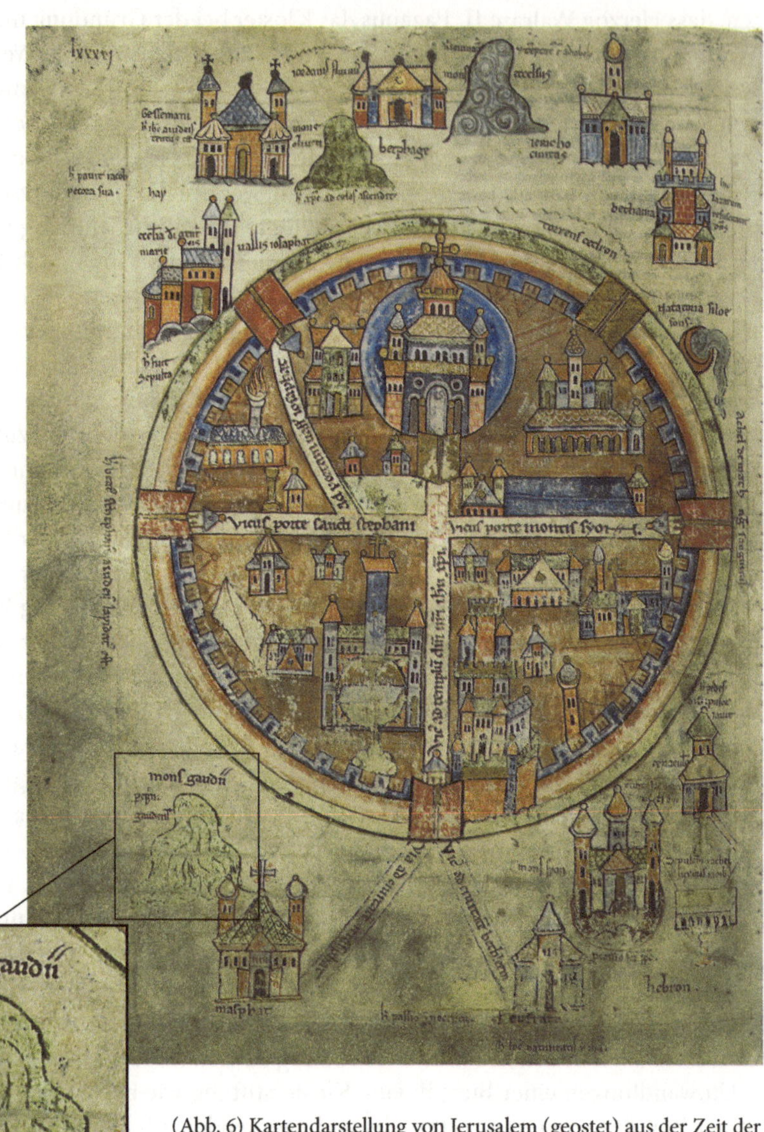

(Abb. 6) Kartendarstellung von Jerusalem (geostet) aus der Zeit der Kreuzzüge. Links unten der für die Namengebung der Burg Monschau grundlegende *mons gaudii* vor der Stadt.

Die archäologischen Untersuchungen an dieser älteren Burg ›Berg‹ aus etwa der Mitte der Mitte des 11.Jahrhunderts,[49] eines der seltenen Beispiele einer Untersuchung einer so frühen Burganlage, erbringen auch ein paar Hinweise für eine Burg Reichenstein: sie wird höchstwahrscheinlich noch nicht über die gleichen robusten Maueranlagen wie Burgen des 12. und der folgenden Jahrhunderte verfügt haben, sondern mit Wällen und Palisaden befestigt gewesen sein. Gerade die Wohngebäude werden noch nicht vollständig in Stein errichtet gewesen sein. So sehr die Überlassung der Burg an die Prämonstratenser auch ein »frommes Werk« der Stifterfamilie war, so war die Aufgabe der Anlage auch Konsequenz der Einsicht, dass sie unmodern geworden war und die Zukunft den besser geschützten, aus Bruchstein gemauerten, mit Türmen bewehrten Burgen gehörte. Entsprechend wäre es eine ganz und gar unrealistische Annahme, dass die Limburger Dynasten nach ersten Jahrzehnten der Machtausübung von ihrer Burg Reichenstein aus nach deren Aufgabe nun längere Zeit das Hofgebiet Konzen »sich selbst« überlassen und auf einen Stützpunkt dieser Art ohne Not verzichtet hätten. Dass jedoch Herzog Walram II., wie es Werner Schoppmann seinerzeit vorgeschlagen hat,[50] von einer »Restburg« neben dem Kloster Reichenstein aus operiert haben könnte, ist entsprechend den Anschauungen der Zeit ebenfalls zweifelsfrei auszuschließen. Eine Burg als Wehranlage und ein Kloster oder Stift als geistliche Einrichtung an gleicher Stelle schlossen sich aus, wie Ursula Lewald anhand vieler Beispiele dargelegt hat.[51] Daher wird man davon ausgehen müssen, dass der Haller-Turm auf steiler Felsklippe zwischen dem Laufenbach und der Rur nach der Aufgabe des festen Hauses Reichenstein die Funktionen einer Limburger Burg im Forstbezirk Konzen seit der Zeit der Klostergründung fortgeführt hat, seine Errichtung der Klostergründung demnach unmittelbar voraufgegangen ist. Er entspricht mit seinen 2,40m dicken Mauern dem Bautypus des Donjon,[52] der die Funktionen eines Wohn- und eines Wehrturms in sich vereinigt. Der schmale Felsgrat über dem Laufenbach bot jedoch auf Dauer kaum Möglichkeiten zu weiterem Ausbau der Anlage. So kam es (spätestens) in den 90er Jahren des 12. Jahrhunderts zum Bau der schließlich für den ganzen Bezirk namengebenden neuen Burg *Monjoye*/Monschau.[53] Erbauer und Namengeber dieser Burg war Walram von Limburg-Monschau, der als nachgeborener Sohn Herzog Heinrichs III. (1167–1221) schließlich in den Jahren von 1221 bis 1226 selbst auch als als Walram III. alsHerzog von Limburg amtierte. Der Name seiner Gründung *Monjoye* ist ein typisches Beispiel der Namenmode, wie sie im Gefolge der Kreuzzüge in Westeuropa aufkam.[54] Für Walram spiegelten sich darin unmittelbar Erinnerungen als Kreuzfahrer. Er war unter den Rittern, die a.1189 mit Kaiser Friedrich I. Barbarossa zum dritten Kreuzzug aufgebrochen waren, aber nach dessen Unfalltod am 10. Juni 1190 im Fluss Saleph (heute Göksu bei Silifke in der südlichen Türkei) nicht wie andere des deutschen Aufgebotes umgekehrt war. Er schloss sich vielmehr vor Akkon dem Heer des englischen Königs Richard Löwenherz an. Er war a.1192 unter den Rittern, die mit König Richard im Handstreich Jaffa eroberten, und an dessen Unternehmen auf Jerusalem beteiligt. So wird er von dem unter Palästinapilgern bekannten *mons gaudii* westlich vor Jerusalem einen Blick auf die Heilige Stadt getan haben. Neben dem französischen Schlachtruf *Munjoye/Monjoye* galt die lateinische Wiedergabe dieses Ausdrucks als *mons gaudii* ›Freudenberg‹ auch als Erklärung für die Namengebung für Höhen, von denen aus man die ersehnten Pilgerziele wie Jerusalem, Rom oder Santiago di Compostela erblicken konnte. Im Jahr 1197 war Walram erneut auf dem von Kaiser Heinrich VI. initiierten Kreuzzug vor Jerusalem. Auch dabei zeichnete er sich durch ungezügeltes Draufgängertum aus.[55] Nach einem Zeugnis des folgenden Jahres (1198), in dem er als Vermittler in einem Streit über den Rodezehnt bei Schleiden zwischen dem Abt von Steinfeld und Konrad von Schleiden auftrat, nannte er sich (Erstzeugnis) nach seinem neuen Burgsitz *Walramus de Monte Ioci*.[56] Seine Burganlage über der Rur auf einem Sporn eines Ausläufers der Haag sollte sich als dauerhafter Mittelpunkt und Grundlage einer Adelsherrschaft erweisen, die in den folgenden Jahrhunderten fortlaufend ausgebaut wurde und aus der schließlich im 14. Jahrhundert eine in die Wehrmauern der Burg eingeschlossene stadtähnliche Talrechtssiedlung hervorging.[57] Die von hier aus begründete Burgherrschaft ist von Walrams Nachkommen fortgeführt worden, hat aber bis zur Mitte des 13. Jahrhunderts nur in lockerer Verbindung zu den Kernländern des limburgischen Herzogtums gestanden. Auch wenn das von der Burgherrschaft erschlossene Land, zunächst noch unter der Bezeichnung *terra Cumeze* oder *Kuntzerland* ›Land Konzen‹, später dann als ›Monschauer Land‹, sich dem Wirken der Limburger Dynastie verdankt, hat es von den 1270er Jahren an die unmittelbare Verbindung mit der Limburger Herrschaft im Westen zunehmend verloren.

Nach dieser Lage der Dinge ist die angebliche Anlage einer etwa gleichzeitigen weiteren Burg bei Huppenbroich, »vor der Haustür« des Monschauer Burgherren, mit Sicherheit auszuschließen. Abgesehen davon, dass keine Spur einer weiteren Adelsdynastie außer der limburgischen in diesem Raum zweifelsfrei zu benennen ist, die sich ebenfalls an die eigenmächtige Inbesitznahme des Reichsgutes Konzen gemacht hätte – die für die angebliche Burg reklamierten Ritter von Meisenburg (oder Meysen-/Maissenburg) gehören in Wirklichkeit in die Grafschaft Luxemburg –, hätten es die »Versucher« mit ihrer Anlage im Forst neben den Limburgern auch noch mit den Grafen von Jülich zu tun bekommen, die dort seit a.1238 ihren Anspruch auf die Forsthoheit durchgesetzt hatten (vgl. Kap. 4).[58]

d. Rodung und Siedlung im Forst Konzen

Die Anlage der genannten Burgen erfolgte nicht im menschenleeren Forst. Abgesehen von der Notwendigkeit, dass zur Ausführung solcher Unternehmen wie der Errichtung einer massiven Höhenburg aus Bruchsteinen eine große Zahl menschlicher Arbeitskräfte gebraucht wurde, gehörte zum Aufbau einer Machtstellung eines adligen Herren die Ausübung von Herrschaft über unterstellte, abhängige Leute. Nach den Vorstellungen der Zeit war zur Herrschaft berechtigt, wer auch in der Lage war, den von ihm Beherrschten ›Schutz und Schirm‹ zu gewährleisten. Dem Herrschaft Ausübenden kam damit auch die Verpflichtung zu, seine Leute zu schirmen und zu verteidigen, die damit umgekehrt in einem besonderen Treueverhältnis zu ihrem Herren standen.

Zeitgenössische Berichte über den frühen Burgenbau sind nicht überkommen. Einen gewissen Eindruck davon, wie viel an menschlicher Arbeitskraft zur Errichtung einer Burg vonnöten war, vermittelt etwa eine – wenn auch sehr viel spätere – Nachricht aus dem Jahr 1354.[59] Dazu ist natürlich zu bedenken, dass in der Zwischenzeit die »staatliche« Organisation weiter fortgeschritten, die Bevölkerungszahl beachtlich angewachsen war und es im fraglichen Fall auch zügig vorangehen musste: Zum Sommer dieses Jahres bereitete der Landfriedensbund, den der Herzog von Brabant, der Erzbischof von Köln, der Markgraf von Jülich und die Städte Köln und Aachen geschlossen hatten, eine Strafaktion mit Belagerung gegen die Burg Gripekoven (bei Wegberg) vor. Unter den dazu aufzubietenden Mitteln und dem erforderlichen Personal findet sich u.a. für die Errichtung von zwei Gegenanlagen (*zwei huys*) zum Schutz der Belagerer die Zusage des Markgrafen über die Bereitstellung von tausend Bauern mit dem notwendigen Gerät (*unser lantlude dusent man mit schuppen ind mit spaden*).

Als ein wesentlich bestimmendes Kennzeichen der Zeit vom 10. Jahrhundert an gilt eine allenthalben feststellbare Bevölkerungszunahme. Sie trat in Erscheinung nicht nur im Zuzug in Städte und dem Aufschwung des Städtewesens, sondern auch in massiver Waldrodung und im Landesausbau.[60] Wie das Fehlen aller für die fränkisch-karolingische Rodezeit typischen Sprachkennzeichen in den Siedlungsnamen des Monschauer Landes nahelegt, ist für den Zeitraum vor dem limburgischen Vorstoß in den Konzener Wald mit einer nennenswerten Waldrodung nicht zu rechnen. Das Grundwort *-dorf* in Ortsnamen, das neben anderen wie *-heim* als ein Indiz für eine frühe Entstehung einer Siedlung gilt,[61] ist im Fall *Lammersdorf* jedenfalls nicht aussagekräftig, weil der ursprüngliche Name *Lammerscheid* erst in der frühen Neuzeit durch *Lammersdorf* ersetzt worden ist.[62] Insofern ging der Burgenbau auch Hand in Hand mit Rodung und Neusiedlung im Wald einher. Das aber setzt wiederum voraus – hier bezogen auf den Forsthof Konzen –, dass die Limburger dort über die Forsthoheit verfügten und Siedler zur Rodung »einladen« konnten. Das mit der Siedlung verbundene Roderecht hat den Einwohnern, die in dem grundlegenden späteren Waldweistum von a.1342 *hoveslude* ›Hofleute‹ heißen, über alle Herrschaftswechsel hinweg bis zum Ende des Ancien Régime zugestanden. Dem gegenüber fällt auf, dass im sog. Wildbann-Weistum, das für die Forstgebiete im Raum Düren galt und in seinen wesentlichen Teilen das spätere Jülicher Amt Wehrmeisterei erfasste, eine andere Regelung galt. Dort gab es zudem ältere Siedlungen, die genossenschaftliche Nutzungsrechte am nahen Wald wahrnahmen. Es handelte sich um die auf weiten Strecken heute noch vorhandenen Wälder auf der Nordabdachung der Eifelhöhen, in etwa den heutigen Forsten Wenau und Hürtgen entsprechend. Dort amtierte dem Weistum gemäß der Graf von Jülich als Waldgraf, wie an vielen Stellen hervorgehoben wird. Das Weistum resümiert, dass der Graf von Jülich unter Berufung auf die pfalzgräfliche Belehnung (vgl. oben) seit a.1177 hier waldgräfliche Ansprüche geltend machen konnte. Er hatte Neurodung untersagt bzw. sich eine Erlaubnis dazu ausdrücklich vorbehalten: *Vort is ze wissen, dat binnen dem wiltbande des waltgreven neyman in sal roeden noch steine breichgen … dan mit mins heren willen des waltgreven* ›Weiter ist zu wissen, dass innerhalb des Wildbanns des Waldgrafen niemand roden noch Steine brechen darf …, es sei denn mit Willen des Waldgrafen‹.[63] Gegen Verstöße werden außerordentlich hohe Bußen angedroht.

Aus der ersten Phase dieser Rode- und Siedlungstätigkeit um den Forsthof Konzen, die seit den letzten Jahrzehnten des 11. Jahrhunderts im Umfeld der Burg Reichenstein im Gange gewesen sein muss, fehlen direkte Nachrichten. Aus der Rückschau kann man zunächst nur aus der Errichtung einer neuen, größeren Kirche in Konzen folgern, dass die Zahl der Seelen im Pfarrsprengel von Konzen so stark angewachsen war, dass der Versammlungsraum der alten Pankratiuskapelle von 10x10m nicht mehr für die Pfarrgemeinde ausgereicht hat. Der Neubau an der Stelle der heutigen Konzener Pfarrkirche, der im Umfang etwa dem heutigen spätgotischen Bau entsprochen haben dürfte, wird von Kunsthistorikern in die Zeit kurz nach a.1160 datiert, weil bis zum Kirchenbrand des Jahres 1869 noch eine Glocke mit dem Gussdatum 1166 vorhanden gewesen ist. Sie war allerdings gemäß der Glockeninschrift a.1650 umgeschmolzen worden.[64] Das Marienstift in Aachen als Inhaber und Patron der Kirche war u.a. für das Geläut zuständig und hatte die Glocke gestiftet. Da das Gussdatum der Glocke aber verdächtig nah am Termin der Heiligsprechung Karls des Großen a.1165 in Aachen liegt, könnte die Stiftung der Glocke auch im Zusammenhang dieser Feierlichkeiten gestanden haben, so dass einem etwas früheren Datum des Kirchenneubaus keine schwerwiegenden Gründe entgegen stehen. Im Mauerwerk des Turmes der heutigen Kirche sind jedenfalls noch Teile des romanischen Vorgängerbaus enthalten. Einen konkreteren

Hinweis auf die im Lauf des 12. Jahrhunderts angewachsene Bevölkerungszahl gibt dann ein Eintrag im Trierer Pilgerschaftsbuch der St. Matthias-Bruderschaft aus der 2. Hälfte des 12. Jahrhunderts.[65] Die Liste nennt 263 zugehörige Bruderschaftsmitglieder *de Cumeze*, worunter Lebende und Verstorbene, Männer und Frauen, darunter auch Ehepaare und Nachkommen, gezählt sind, einschließlich des ersten für Konzen auch anderweitig zu a.1190 sicher bezeugten Pfarrers *Godefridus*; nicht (mehr) lesbare Namen sind nicht miterfasst. Diese Mitglieder werden aus dem gesamten Konzener Pfarrsprengel, nicht allein aus Konzen selbst gekommen sein. Hervorzuheben ist der Zusatz *schabinus* ›Schöffe‹ beim Mitglied *Wichmann*, das erste Zeugnis für die Gerichtsorganisation des hier aufgeschlossenen Siedlungsraums. Unter der Annahme, dass nicht alle Angehörigen eines Haushalts Mitglieder der Bruderschaft waren, scheint ein Ansatz von einigen 100 Mitgliedern der Gemeinde Konzen gegen Ende des 12. Jahrhunderts nicht unrealistisch zu sein. Etwa 100 Jahre später nennt der Liber valoris (um a. 1300) als Kirchen des Gebietes immer noch allein die von Reichenstein und Konzen,[66] doch schon wenig später muss eine zweite Kirche in Simmerath für die kontinuierlich weiter angewachsene Bevölkerung erforderlich geworden sein. Denn ein Pfarrer an dieser Kirche, die zum zweiten Pfarrzentrum im Lande wurde, dem sog. ›unteren Kirchspiel‹, ist zum Jahr 1346 belegt.[67] Schließlich erlaubt auch das früheste Zeugnis über eine Wassermühle im Lande am Belgenbach zu a.1306 (Reinald von Valkenburg-Monschau gibt eine Erklärung über die Pacht *molendini nostri dicti Eygenscheyt* ›unserer Mühle genannt Eicherscheid‹ ab) die Schlussfolgerung, dass der mit dieser Technik verbundene Aufwand bei der mittlerweile erreichten Bevölkerungsgröße gerechtfertigt war.[68]

Anders als Indizien aus Bevölkerungszahlen sind Nachrichten über den sog. Neubruch- oder Rodezehnten (auch Rottzehnt) sichere Zeugnisse über laufende Rodungsarbeiten, wobei an dieser Stelle offen bleiben kann, wem diese Zehnteinkünfte zustanden, über die oft Streit geführt wurde. Über den Forsthof Konzen hinaus liegen solche Nachrichten auch aus der näheren Nachbarschaft vor, wo offenbar die Limburger ebenfalls am Werke waren. Im Jahr 1265 nahmen Walram II. von Monschau und seine Gemahlin Jutta zwei Drittel des Neubruch- und des Schweinezehnten vom Marienstift Aachen in Pacht, der dem Stift aus dem Wald von Konzen zustand.[69] Im gesamten Hofbezirk war zu dieser Zeit also immer noch die Rodung im Gange, und der Zehntbezirk der Konzener Kirche erstreckte sich gemäß der Urkunde zu dieser Zeit noch über den gesamten Hofbereich. In einer gut hundert Jahre früheren Nachricht ging es um einen Neubruch beim jenseits der Rur gelegenen Walberhof. Dort hatte der Mönch Geldulf, *qui locus a vicinis vocatus est Walebure* ›ein Ort, der von den Nachbarn *Walebure* (Siedlung von Walen, d.i. Wallonen) genannt wird‹, eine beachtliche Rodung unternommen, die König Konrad III. a.1145 dem Kloster Steinfeld schenkte.[70] Die Schenkung wurde a.1162 von Kaiser Friedrich I. Barbarossa bestätigt.[71] Es fällt auf, dass in der ersten der beiden Urkunden der König weitere Rodetätigkeit an Ort und Stelle untersagte. Die Kennzeichnung der Neusiedler als Wallonen deutet darauf hin, dass sie aus dem inneren limburgischen Gebiet rekrutiert waren. Das königliche Verbot ist jedoch wirkungslos geblieben. Der umliegende Bezirk, der dem späteren Land ›Überruhr‹ entspricht, ist in limburgischer Initiative weiter aufgesiedelt worden: a.1265 bestätigten Walram II. von Monschau und seine Gemahlin Jutta dem Kloster Steinfeld einen jährlichen Zins von ihrem Hof Morsbach, nicht weit vom Walberhof.[72] Die aus diesen Rodungen hervorgegangenen Siedlungen bildeten nach dem Zeugnis der Amtserkundigung des Amtes Monschau von a.1549 eine Unterbank des Gerichts Monschau (*Das dorff Wolffsyffen ist gehörig mit seiner urteilfart an das hohegericht zu Monjoie als an jr oberheupt, welchs auch also noch geubt und jm brauch gehalten wirdt*).[73] Ursprünglich bildete die Rur die Grenze des Konzener Forsthofes; die Friedrich-Urkunde verortet das fragliche Gebiet daher auch *prope villam Conpenium dictam* ›in der Nähe des Konzen genannten Hofes‹, nicht: ›auf dem Hofgebiet selbst‹. Gleichwohl erklärt sich aus der Limburger Aktivität im Hintergrund, dass das Marienstift als Zehntherr der Konzener Kirche auch beim Walberhof Zehntforderungen erhob, die schließlich a.1166 in einem Vergleich mit Steinfeld geregelt wurden.[74] Der Ausgriff der Konzener Kirche über die Rur ist aber nur Episode geblieben. Abgesehen vom Walberhof, von wo das Marienstift noch bis a.1669 Einkünfte bezogen hat,[75] unterstanden die Kapellen der Rodungen in Überruhr der Pfarrkirche von Olef.[76]

Die Limburger hatten aber die Ausdehnung des Forsthofes Konzen über die alte Südbegrenzung, die zwischen der Rur und der Römerstraße von Zülpich über St.Vith in Richtung Bastogne zu suchen ist, weiter nach Südwesten vorangetrieben und besaßen a.1214 dort den Hof Bütgenbach in der Nachbarschaft des ursprünglichen Königshofes Büllingen.[77] In Bütgenbach verfügten sie wenig später auch über eine Burg als Herrschaftszentrum, die auf dem Höhenrücken über der Staumauer der heutigen Talsperre gestanden hat. In diesem Raum Bütgenbach – Büllingen muss nun schon Jahrzehnte früher ebenfalls lebhafte Rodungstätigkeit im Gange gewesen sein. Auf einer Generalsynode in Köln im Jahre 1140 schenkte nämlich Erzbischof Arnold I. dem Abt Wibald von Malmedy-Stablo und seinen Nachfolgern den Rodezehnten *in villa nomine Bullinge* ›im Hof mit Namen Büllingen‹ unter Bestätigung älterer Zehntübertragungen. Dazu muss man berücksichtigen, dass die Kirchen von Büllingen und Bütgenbach von Malmedy aus gegründet und dorthin zehntpflichtig waren. In diesem Rahmen ist nun von der intensiven Rode-und Siedeltätigkeit in diesem Raum

(Abb. 7) Mauerreste der Burg Bütgenbach oberhalb der Talsperre.

überhaupt ausgesagt: *coloni, omissis agris, silvam stirpare et ex ea uberes fructus capere jam dudum cepissent* ›die (abhängigen) Bauern verließen ihre Äcker und begannen den Wald zu roden und sogleich daraus reichen Gewinn zu ziehen.‹[78] Dieses Zeugnis belegt eindrücklich, dass Waldrodung trotz der damit verbundenen harten Arbeit eine lohnende Sache war, und gibt Gelegenheit, im nächsten Kapitel die besonderen Umstände und rechtlichen Bedingungen der Rodetätigkeit näher zu beleuchten. Im Kloster Malmedy hat man sich jedenfalls von der damit verbundenen, zweifellos von den Limburgern beförderten Expansionspolitik bedroht gefühlt, wie ein Mandat Kaiser Friedrich I. Barbarossas an Herzog Heinrich II. vom Jahr 1157 zeigt mit der Mahnung, die Besitzungen von Abt Wibald nicht länger zu bedrücken,[79] ohne dass der genaue Anlass ausdrücklich benannt wird. Waldrodung in den Mittelgebirgsräumen war im Verlauf des Jahrhunderts »modern«; sie wurde vorbildhaft auch vom neugegründeten Mönchsorden der Zisterzienser vorangetrieben.

Als Ergebnis des Kapitels und Ausgangsbedingung für den weiteren Weg zum ›Monschauer Land‹ ist festzuhalten, dass mit der Errichtung der Burgen Reichenstein, danach Monschau und der Anwerbung von Siedlern zur Waldrodung durch die Dynasten von Limburg der Grund für eine Burg- und Gerichtsherrschaft gelegt wurde, für die der ältere Forstbezirk den Rahmen bildete. Aus einem ursprünglich königlichen Forstgebiet war eine Adelsherrschaft, eine *terra* im Sprachgebrauch des 13. Jahrhunderts, geworden (a.1217 *terra Cumeze*).[80]

Anmerkungen

1 So der Titel des »im Auftrage des Provinzialausschusses der Rheinprovinz« herausgegebenen Gedenkbandes von A. Schulte, 1925. Zur heutigen Einschätzung der historischen Situation s. B. Schneidmüller: Regnum und Ducatus. Identität und Integration in der lothringischen Geschichte des 9. bis 11. Jahrhunderts, RhVB 51 (1987) S. 81–114.

2 Ausführlich C. Brühl: Deutschland – Frankreich. Die Geburt zweier Völker, 1995 und die Rezension von B. Schneidmüller (RhVB 56, 1992, S. 359–363).

3 Dazu die entsprechenden ausführlichen Artikel ›Graf‹, ›Herzog/Herzogtum‹, ›Pfalzgraf‹, ›Pfalzgrafschaft bei Rhein‹ von M. Borgolte, H.W. Goetz, I. Eberl und M. Schaab in: LMA IV, Sp. 1633–1635, 2189–2193 und VI, Sp. 2011–2013, 2013–2018. .

4 Dazu M. Schaab: Geleit, LMA IV, Sp. 1204f.

5 E. Ewig: Zum lothringischen Dukat der Kölner Erzbischöfe, in: Aus Geschichte und Landeskunde, S. 210–246.

6 Zum Folgenden prägnant W. Janssen: Kleine Rheinische Geschichte, S. 75–77 und 81–83.

7 Dazu R. Schieffer: Burgen als Problem der vergleichenden Landesgeschichte, RhVB 42 (1978) S. 491f.

8 Ausführlich F. R. Erkens: Zur verfassungsrechtlichen Stellung der Herzöge von Limburg im 12. und 13. Jahrhundert, RhVB 43 (1979) S. 169–195 mit den Titulaturen der Urkunden.

9 Zuletzt Th. Fischer: Herrschaft und Herrschaftspraxis Lothars III. im Rhein-Maas-Raum, AHVNRh 213 (2010) S. 35–81, hier bes. S. 56ff.

10 Ch. J. Kremer: Vom comitatu nemoris als einem kurpfälzischen lehen der herzoge von Gülch, in: Acta academiae Theodora-Palatina, Bd. 3, 1773, S. 284–304.

11 H. Kaspers: Die Waldgrafschaft zwischen Maas und Rhein. Untersuchungen zur Rechtsgeschichte der Forstgebiete des Aachen-Dürener Landes einschließlich der Bürge und Ville, 1957. Rezensionen dazu im Literaturverzeichnis.

12 F. Petri – G. Droege (Hg.): Rheinische Geschichte, I.3, 1983; darin die Beiträge von E. Boshof S. 53 und – zurückhaltender – R. Schieffer S. 149 sowie M. Schaab: Geschichte der Kurpfalz, I, Kapitel 2; nicht angesprochen bei W. Janssen: Kleine Rheinische Geschichte, 1997.

13 Sieh W. Janssen, Kleine Rheinische Geschichte, S. 70–75; I. Eberl: Pfalzgraf, LMA VI, Sp. 2011–2013 und M. Schaab: Pfalzgrafschaft bei Rhein, LMA VI, Sp. 2013–2018.

14 F. Letocart: Les domaines forestiers dans le duché de Limbourg, S. 116ff.

15 UBNrh II Nr. 27; die Urkunde ist die Nr. 1 im Bestand ›Jülich Urkunden‹ des LAV NRW R in Duisburg.

16 Die frühen Lebensdaten sind nicht exakt bestimmbar, s. Th. R. Kraus: Jülich, Aachen und das Reich, S. 21–24; zu Fragen der Waldgrafschaft s. auch ebd. S. 51ff.

17 UBNRh II Nr. 193; das dort im Regest notierte Datum 1233 ist in 1234 zu korrigieren.

18 H. Tichelbäcker, in: Reichsgut, Forsthoheit und Zoll im Raum Düren (888–1794), S. 7–14 und 20–30. Zu den Ezzonen s. W. Janssen: Kleine rheinische Geschichte, S. 70–75 und den Kommentar.

19 H. Tichelbäcker: Die mütterliche Herkunft der Gräfin Alverade von Jülich (1177–1207), DGB 74 (1985) S. 5–16; vgl. dazu auch die Rezension von H. Domsta, AHVNRh 200 (1997) S. 241–242.

20 L. Mathar: Von der Karolingern bis zu den Jülichern, in: H. Prümmer (Red.): Das Monschauer Land historisch und geographisch gesehen, S. 15–58, bes. S. 16–20.

21 StaMON 1. Abt. D 1 in einer späteren Abschrift; Druck bei H. Pauly: Beiträge zur Geschichte der Stadt Montjoie, S. 22–23. Eine weitere Überlieferung im Protokollbuch I des Klosters: LAV NRW R, Reichenstein Rep.u. Hs. 1, fol. 17f.

22 LAV NRW R, Reichenstein, Rep. u. Hs. 1 u.2, fol. 1f.und 3r; Teildruck W. Ritz (Hg.): Urkunden und Abhandlungen, I.1, S. 73–75 und 77–82.

23 S. den Überblick von L. Horstkötter: Die Prämonstratenser und ihre Klöster am Niederrhein und in Westfalen, in: K. Elm (Hg.): Norbert von Xanten, S. 247–265 und L. Horstkötter - L. Caals: Prämonstratenser, -innen, LMA VII, Sp. 146–152.

24 M. Brixius: Die Anfänge des Prämonstratenserklosters Reichenstein, EHV 13 (1938) S. 161–173. Zur Gründungsfrage von Reichenstein s. ausführlich den Literaturkommentar zur Arbeit von I. Ehlers-Kisseler: Die Anfänge der Prämonstratenser im Erzbistum Köln, 1997.

25 F. W. E. Roth: Eine Briefsammlung des Propstes Ulrich von Steinfeld, ZAGV 18 (1896) S. 242–311, hier Nr. 63 634 Nr. 63.

26 Vgl. F. G. Hirschmann: *Secundam regulam vivere* ? RhVB 71 (2007) S. 108, 118–120.

27 Abriss der Klostergeschichte unter den Ortsartikeln der Homepage des Geschichtsvereins www.gv-mon.de.

28 K. Elm: Norbert von Xanten, in: Rheinische Lebensbilder, XV, S. 7–21; weiteres s. Literaturkommentar..

29 Dazu zusammenfassend: 900 Jahre Bergstein, 1991, und H. Tichelbäcker: Die Reichsburg Berenstein – Bergstein und die Mühsal ihrer Erforschung, [1984].

30 D Konrad II Nr. 189.

31 J. L. Kupper: Limburg, LMA V, Sp. 1986.

32 Dazu M. Groten: Die Stunde der Burgherren, RhVB 66 (2002) S. 83.

33 U. Bader: Geschichte der Grafen von Are, S. 4–22.

34 U. Bader (wie vorige Anm.) S. 64.

35 D Heinrich IV. Nr. 471.

36 D Heinrich IV. Nr. 254 = RhUB I Nr. 41.

37 D Heinrich IV. Nr. 283 = RhUB I Nr. 42.

38 D Konrad III. Nr. 4 = UB Aachen Nr. 25.

39 UB Aachen Nr. 51.

40 UB Aachen Nr. 87.

41 E. Wisplinghoff: Zur Reihenfolge der lothringischen Pfalzgrafen, RhVB 28 (1963) S. 290–293.

42 W. Janssen: Kleine rheinische Geschichte, S. 70–75; U. Lewald: Die Ezzonen, RhVB 43 (1979) S. 120–168.

43 LAV NRW R, Reichenstein, Rep. u. Hs. 1, fol. 3r.

44 Protokollbuch 1 (wie vorige Anm.) fol. 55ff. (Fischerei), fol. 69r ff. (Jagd), fol. 83r ff. (Holz), fol. 86r ff (Weide). Details bei E. Neuß: Zum Alltag im Kloster Reichenstein, ML 24 (1996) S. 24–38.

45 UBNrh I Nr. 324 = UB Siegburg Nr. 42.

46 D Lothar III Nr. 17 = UB Duisburg I Nr. 9.

47 UB Steinfeld Nr. 5 = REK II Nr. 253.

48 Dazu zuletzt: Die Zisterzienser. Das Europa der Klöster. [Begleitbuch zur Ausstellung Bonn 29. Juni 2017 bis 28. Januar 2018], 2017, S. 304.

49 M. Untermann: Die Stammburg der Grafen von Berg bei Altenberg, RhHP NF 19 (1982) S. 262–269.

50 W. Schoppmann: DIe geschichtliche Stellung des Monschauer Landes im Mittelalter, HKM 4 (1956) S. 51.

51 U. Lewald: Burg, Kloster, Stift, in: H. Patze (Hg.): Die Burgen im deutschen Sprachraum, Bd. 1, S. 155–180.
52 G. Binding: Donjon, LMA III, Sp. 1248f.
53 Zu den Anfängen der Burgen von Reichenstein bis Monschau s. ausführlich E. Neuß: Die Burg Monschau 1198–1998, S. 18–44; dort auch sämtliche Nachweise.
54 Analoge Fälle zusammengestellt bei H. Wolter: Kreuzfahrerburgen im westlichen Reichsgebiet, JBWLG 25 (1999) S. 109–139.
55 Detailliert C. Naumann: Der Kreuzzug Kaiser Heinrichs VI, S. 170–175, 255.
56 UB Steinfeld Nr. 36 = REK II Nr. 1557.
57 Nachweis der Stationen dorthin: RhSTA Lfg. X Nr. 56 »Monschau« und E. Neuß: Die Burg Monschau, 1998.
58 Ausführlich E. Neuß: Ein Rätsel das keines ist: die »neuentdeckte Burg« in Huppenbroich, ML 48 (2020) S. 26–40.
59 UB Köln IV Nr. 358 = REK VI Nr. 530.
60 Vgl. S. Epperlein: Rodung, LMA VII Sp. 933–935.
61 M. Niemeyer (Hg.): Deutsches Ortsnamenbuch, S. 133.
62 E. Neuß: Lammersdorf – Lammerscheid, ML 12 (1984) S. 26–41.
63 A. Schoop (Hg.): Quellen zur Rechts- und Wirtschaftsgeschichte der rheinischen Städte. D.1 Düren, S. 73; die entsprechende Stelle in der Edition von W. Ritz (Hg.): Urkunden und Abhandlungen, I.1, S. 139 ist verderbt : *weden*.
64 KDM S. 16 und 23.
65 E. Quadflieg: Die S. Matthias-Bruderschaft zu Konzen 1150/1200, EHV 28 (1956) S. 54–58.
66 F. W. Oediger (Hg.): Die Erzdiözese Köln um 1300. Bd. 1: Der Liber valoris, S. 51.
67 UB Steinfeld Nr. 274.
68 Urkunde von 1306 Mai 22: LAV NRW R, Jülich Urkunden Nr. 41; Druck bei Ch. J. Kremer: Akademische Beiträge zur Gülch- und Bergischen Geschichte, III, S. 246f.
69 RRA I Nr. 197.
70 UB Steinfeld Nr. 13 = D Konrad III Nr. 129.
71 UB Steinfeld Nr. 18 = D Friedrich I Nr. 386.
72 UB Steinfeld Nr. 124.
73 E. Neuß (Hg.): Weistümer Nr. 13.
74 UB Steinfeld Nr. 23 und UB Aachen Nr. 32.
75 R. Nolden, Besitzungen und Einkünfte, ZAGV 86/87 (1979/80) S. 176.
76 H. Hinsen: Das Land »Überruhr«, ML 29 (2001) S. 29f.
77 UB Malmedy II Nr. 301
78 UB Malmedy I Nr. 172 = REK II Nr. 390.
79 D Friedrich I Nr. 180 = UB Malmedy I Nr. 249.
80 REK III Nr. 167 = UBNRh II Nr. 61 = UB Luxemburg II N. 101. Zur Sache wichtig: S. Corsten: Vom Forstbezirk zum Territorium, EHV 35 (1963) S. 74–93.

3. Grundlagen, Verfahren und Zeitphasen des Landausbaus

a. Zur Lage der Bauern im Früh- und Hochmittelalter

Die im vorangehenden Kapitel erwähnte Nachricht von den Bauern, die ihre Äcker im Stich ließen und sich zur Waldrodung aufmachten, erhellt schlaglichtartig die verbreitete Lage vieler Bauern in den seit dem frühen Mittelalter überkommenen landwirtschaftlichen Strukturen ihrer Zeit und ihre Motivation, die Knochenarbeit der Waldrodung auf sich zu nehmen. Die bis dahin übliche Form der landwirtschaftlichen Wirtschaftsweise, für die als ein, wenn auch nur kleineres Beispiel geringeren Umfangs, der skizzierte Königshof Konzen (s. oben Kap. 1) stehen kann, wird in der Mittelalterforschung unter dem Begriff der ›Grundherrschaft‹ beschrieben.[1] Sie hat über Jahrhunderte (bis weit ins 12. Jahrhundert hinein) die Lage der einzelnen Bauern bestimmt. Viele Einzelheiten dieser Wirtschaftsweise sind vor allem aus den großen klösterlichen Grundherrschaften bekannt geworden, deren Landbestände, Wirtschaftsweisen, Personal und Erträge in sog. ›Urbaren‹ schriftlich festgehalten und daher überliefert worden sind – so beispielsweise in dem a.893 aufgezeichneten und a.1222 vom ehemaligen Abt Caesarius kommentierten umfangreichen Prümer Urbar, das Interessierten auch in neuhochdeutscher Übersetzung zur Verfügung steht.[2] Mittelpunkte dieser Wirtschaftsform in der speziellen Ausformung der ›Villikation‹ waren Fronhöfe wie in Konzen, deren Nutzfläche (›Salland‹) von abhängigen Bauern bewirtschaftet wurde.[3] Daneben konnten auch beträchtliche Ackerflächen als einzelne Bauernstellen (›Hufen‹) neben dem Fronhof vergeben sein, deren Erträge zu wesentlichen Teilen an den Haupthof abzuliefern waren. Neben der Ablieferungspflicht wurden vor allem die für den Haupthof immer noch fälligen Frondienste (z.B. Pflugdienst, Erntearbeit), die bis zu drei Wochentage umfassen konnten, als lästig bis bedrückend empfunden. Sie wirkten sich gerade dann als hinderlich aus, wenn zu gleicher Zeit wichtige Arbeiten auf der selbst bearbeiteten Hufe anstanden. Die grundherrschaftliche Organisation war auch der Normalfall auf Königsgut wie den behandelten Villen im Aachener Umkreis (vgl. Kap. 1) und auf adligem Eigenbesitz (›Allod‹). Solche Adelswirtschaften haben sich aber, sieht man einmal vom Raum Hetzingen ab, im Monschauer Land als Folge der vergleichsweise späten Waldrodung nicht ergeben, anders als in den frühen Ackerbaugebieten der Kölner Bucht und der Jülicher Börde. Und ob die Limburger beim Konzener Königshof eine solche Grundherrschaft betrieben haben, ist nicht festzustellen. Hinweise auf eine nennenswerte Anzahl von abhängigen Hufen des Haupthofes gibt es nicht, und Rodung vor der Limburger Zeit ist nicht erkennbar.

Die Grundherrschaft ist aber nicht allein als eine landwirtschaftliche Wirtschaftsweise zu verstehen. Sie war gleichzeitig die Grundform der Herrschaft des Grundherren über Personen auf dem betreffenden Grund und Boden. Dabei bestand nach dem geltenden Rechtsverständnis ein gegenseitiges Treueverhältnis von Grundherren und ›Grundholden‹. Der Grundherr sicherte ›Schutz und Schirm‹ der unterstellten Personen, die ihrerseits auf Treue und Gehorsam verpflichtet waren.[4] In der Regel stand dem Grundherren die Gerichtsherrschaft über seine Leute zu, die im Ursprung durchaus unterschiedlichem Rechtsstand angehören konnten.[5] Ungeachtet des ursprünglichen persönlichen Rechtsstatus der einzelnen Bauern und ihrer Angehörigen (Freie, Halbfreie/›Liten‹, Hörige/lat. *mancipia*) führte die Wirtschaftsform mit der Zeit zu allerlei persönlichen Einschränkungen und zur Nivellierung des jeweiligen Rechtsstatus des Einzelnen. Die meisten Bauern waren an die Scholle gebunden und durften die Grundherrschaft nicht verlassen. In der Regel erhob der Grundherr eine Sonderabgabe beim Todesfall (›Besthaupt‹, ›Kurmede‹ o.ä. genannt). Wie prekär die Lage Einzelner im Stand der Hörigen sein konnte, zeigt sich anschaulich am Beispiel einer Urkunde des Herzogs Walram II. von Limburg, des Gründers von Reichenstein als Kloster, für das Kloster Burtscheid vom Jahr 1133.[6] Da übergab der Herzog zu seinem, seiner Gemahlin, seiner Nachkommen und seiner Eltern Seelenheil eine Anzahl von unfreien abhängigen Leuten seiner *familia* dem Kloster: *trado deo sanctoque Iohanni Baptiste in Porceto* ›ich übergebe (sie) Gott und dem Hl. Johannes dem Täufer in Burtscheid‹. Lat. *familia* meint hier nicht die persönliche Verwandtschaft des Herzogs, sondern die Gesamtheit der in seiner Grundherrschaft abhängigen Personen. Die Leute sind namentlich genannt: aus Baelen die Alsendis mit ihren vier Töchtern Irmena, Liberia, Maria und Gertrudis; dann Petrus von Arlon und seine Frau Gudela; vom Hof Mechelen Erlus und Everhardus mit zwei ihrer Schwestern, sowie Petrus und Herimannus. Sie wurden rechtlich dem Abt unterstellt und sollten, sobald sie das heiratsfähige Alter erreicht hatten, jährlich vier Denare Kopfzins erbringen. Sie waren damit zu ›Wachszinsern‹ (lat. *cerocensuales*) geworden. Als solche waren sie aus der Hörigkeit entlassen und gewannen ein Stück Freizügigkeit, mussten sich dafür aber zur Erwirtschaftung des Kopfzinses selbst versorgen, der ehemalige Grundherr war von seiner Fürsorgepflicht frei.[7] Die Verschenkten traten damit in den Schutz einer klösterlichen Einrichtung. Aus ihrem Kopfzins sollte die nächtliche Beleuchtung der Krankenkapelle bestritten werden. Die derart Verschenkten sind schwerlich um ihre Meinung zu der Aktion gefragt worden. Sie haben sich zwar im Klosterverband nicht nur dem Rechtsstatus nach, sondern wohl auch ihrer materiellen Lage nach verbessert – es begaben sich auch ursprünglich Freie in den Stand der Wachszinser – dennoch mutet in heutiger Sicht das hier als offensichtlich selbstverständlich praktizierte Verfahren eines hochadligen Großen, gerade auch zu dem genannten »frommen« Zweck, eigenartig und befremdlich an. Aber auch für Bauern mit ursprünglichem Status als ›Freie‹ hatte sich die Lage seit den Tagen Karls des Großen gründlich gewandelt. In dieser Zeit war die persönliche Freiheit noch an der Teilnahme am königlichen Heeresaufgebot zutage getreten, zu dem der König seine Krieger, die gleichzeitig auch Bauern waren, zum jährlichen Heerzug versammelte. Eine solche »Arbeitsteilung« war auf längere Sicht nicht durchzuhalten, die Einbindung bäuerlicher Hufen in Grundherrschaften näherte die verschiedenen Rechtsstände einander an und als Helfer adliger Fehdeführung bildete sich ein eigener Stand der *milites*, der ›Krieger, Ritter‹ heraus. Bei dieser generellen Lage verwundert es daher nicht, dass sich vermehrt Nachrichten über Nachlässigkeit, Arbeitsverweigerung und auch Flucht aus den Grundherrschaften finden,[8] zumal die Bauern bei den immer wieder vom Adel geführten Fehden die Last durch Brandschatzung und Vernichtung der Ernten zu tragen hatten, die Herren als Fehdeführer der Pflicht zum Schutz der Landsassen aber kaum wirksam nachkommen konnten. Unter solchen Umständen stellte die Teilnahme an einem Rodungsunternehmen, ähnlich wie auch das Ausweichen in eine der aufstrebenden Stadtgemeinden, eine beträchtliche Rechtsverbesserung dar, wenn es gelang, der Grundherrschaft zu entkommen.[9] Es blieb zwar auch dann die Zuordnung zu einem Herren als Inhaber der Landes- und Gerichtsherrschaft bestehen, was in einer Abgabe, einer Art »Grundsteuer«, zum Ausdruck kam. Diese erscheint in den späteren Jahrhunderten mit einer schriftlichen Verwaltungsführung als ›Schatz‹, der im Mai und im Herbst erhoben wurde. Auch Frondienste waren nicht völlig hinfällig geworden. Sie blieben eingeschränkt als Dienste an der Burg erhalten, verteilten sich aber weitgehend über die Gesamtheit der Siedlungen. Als beachtlicher Gewinn aber gegenüber dem älteren Status in der Grundherrschaft standen den dortigen Beschränkungen die generelle Freizügigkeit und das Verfügungsrecht über das gerodete Land gegenüber. Der mit der Rodung gewonnene Boden war demnach ein Quasi-Eigentum (Status der ›freien Erbleihe‹). Grundstücke konnten verkauft und vor allem vererbt werden, wie das spätere Landrecht von a.1516 im einzelnen ausführt. Darauf beruht die Benennung größerer Grundstücke (auch in Flurnamen) im älteren Sprachgebrauch als *Erb(e)*. Entsprechend heißen die umfangreichen Folianten ›Erbbücher‹, in denen im ausgehenden Mittelalter und in der frühen Neuzeit das Schöffengericht Grundstückskäufe bzw. -verkäufe dokumentierte.[10] Aus der älteren Tradition blieb auch unter den neuen Verhältnissen auf dem Rodeland die Gerichtsgewalt des Landesherren. Aber an die Stelle des Fronhofes mit seinem Hofgericht trat eine Gerichtsgemeinde, gebildet aus der Gesamtheit der im neuen Sinne ›freien Bauern‹ der Dörfer. Das ist Jahrhunderte später kurz und bündig im Jahr 1649 bei der pfalz-neuburgischen Bestandsaufnahme im Lagerbuch[11] formuliert als: *Monjoie ist ein gericht/Semeratth ist ein kirspell .../Contzen ist ein kirspell ...* mit nachfolgender Aufzählung aller zugehörigen Siedlungen. Dass die Gesamtheit der Siedler eine eigene Rechtsgemeinschaft darstellte, wird u.a. auch daran erkennbar, dass sie nach Ausweis des Waldweistums von a.1342 über das Roderecht hinaus einen geringeren Zehnt für die Eichelmast ihrer Schweineherden zahlten als Auswärtige und weitere Vorzüge genossen wie Holzeinschlag zum Bau ihrer Häuser und auch zum Verkauf. Im Weistum heißen sie *hoveslude* ›Leute des Hofes (Konzen)‹, Einzahl: *hovesman,* gegenüber den auswärtigen *uzerluden* ›Leute von außerhalb, Auswärtige‹. Im Wortlaut des Weistums heißt das: *so is des hovesmannes recht, dat he up der gemeynden mach howen, wat he wilt, ind zo mayrd vuren ind den stoc uzer erden graven, um dat he debas sinem herre dyenen moeghe* ›Es ist des Hofbewohners Recht, dass er auf der Gemeinde an Holz schlagen kann, was er möchte, und zum Markt bringen und den Wurzelstock aus der Erde graben, damit er umso besser seinem Herrn dienen kann.‹ In der entsprechenden Gerichtsgemeinde stellten die Schöffen aus einzelnen Dörfern die Vertreter der Siedler dar. Als ein solcher trat schon gegen Ende des 12. Jahrhunderts der oben erwähnte *Wichmann schabinus* als Mitglied der St. Matthias-Bruderschaft der Kirche Konzen ins Licht der Geschichte. Kennzeichen dieser Gerichtsgemeinde ist ihre genossenschaftliche Struktur als gleichzeitige Nutzungsgemeinde am Wald und der Flur, die über das ›Erbe‹ hinausging (z.B. den Weidgängen). Die einzelnen Siedlungen wurden noch nicht als räumlich umrissene eigene Kommunen mit eigener Verwaltung verstanden, eine Bedeutungskomponente, die mit dem heutigen Begriff der Gemeinde verbunden ist. Die Bewohner nannte man *naber* ›Nachbarn‹ und entsprechend die Siedlungen als Gesamtheit ›Nachbarschaften‹. Erst als kurz vor der Mitte des 14. Jahrhunderts die Siedlung am Fuß der Burg einen besonderen Status nach ›Talrecht‹ bekam, der sie gegen die ländlichen Siedlungen der Umgebung abgrenzte, kam der raumbezogene Aspekt von ›Gemeinde‹ stärker ins Spiel. Als »Nachklang« der Entstehung im Forst blieb das ältere Forstgericht erhalten, und der Umfang des Gerichtsbezirks entsprach (weitgehend) dem vorangehenden Forstbezirk.

Während offenbar für die Siedler die Verbesserung ihrer Rechtsstellung das leitende Motiv für ihr Tun gewesen ist, kann für den adligen »Rodungsunternehmer« – hier die Grafen/Herzöge von Limburg – nicht ebenso eindeutig bestimmt werden. Unmittelbare Zeugnisse darüber aus ihrer Sicht liegen nicht vor. Die Steigerung der landwirtschaftlichen Produktion insgesamt wird es kaum gewesen sein, zumal die Getreideerträge auch in späteren Jahren mäßig geblieben sind und außer Hafer kaum anderes angebaut wurde. Eher scheint es auf die Verfügungsgewalt über abhängige Leute und die damit verbundene Gerichtsherrschaft mit ihren Einkünften angekommen zu sein. Als Vertreter des Gerichtsherren amtierte an Ort und Stelle der Schultheiß (lat. *scultetus*) als Gerichtsvorsitzender. In dieser Funktion ist erstmals zum Jahr 1248 *Wilhelmus de Husen* als Schultheiß *domine de Moniore* ›der Herrin von Monschau‹ (d.i. die Grafentochter Elisabeth/Isabella von Luxemburg, die Witwe Walrams I.) bezeugt.[12] Diese Rechtsordnung galt nach Ausweis des a.1516 erneuerten und schriftlich festgehaltenen Landrechts[13] auf dem gerodeten Grund, auch wenn die Siedlungen zu einem späteren Zeitpunkt im Waldgeleit entstanden waren: *alle dat ghienne, dat bynnen des waldtz geleyde lycht, dat lyff ind lydt aintrefft, seentz ind ploich oevergeyt, sall wie van alders gewoenlich an dat hoighe gerycht* ›all dasjenige, was innerhalb des Waldgeleits liegt, (aber) Leib und (Körper) glieder betrifft [d.h. Straftaten gegen Leib und Leben], wo Sense und Pflug drüber gehen, soll wie von alters üblich, an das Hochgericht.‹ Folgerichtig bestand daneben für Betreffe des Waldrechts aus der Tradition des Forsthofes ein Forstgericht, a.1238 *holzdinc* genannt, das unter dem Vorsitz des Forstmeisters mit 19 Förstern als Schöffen tagte. Einzelheiten sind nach dem Zeugnis der Amtserkundigung vom Jahr 1549 geregelt.[14] Beide Rechtsbereiche mit ihren Verhandlungsgegenständen und zugehörigen Verfahren werden weiter unten in gesonderten Kapiteln zusammen mit den Begriffen ›Waldgeleit/Feldgeleit‹ zur Sprache kommen (Kap. 9, 10).

Außer dem Fehlen von typischen Namenbestandteilen der fränkisch-karolingischen Zeit im Bestand der Siedlungsnamen des Landes kann zusätzlich noch ein anderes Indiz dafür namhaft gemacht werden, dass intensivere Rodung und Landausbau erst mit den Anfängen der Limburger und ihren Burgen verbunden waren. Noch bis ins 17. Jahrhundert, als die Praxis der Rechtsweisung der Schöffen bei den jährlichen Vogtgedingen zum Erliegen kam, rügten die Schöffen des Landgerichts widerrechtliche Gebietsverluste des ursprünglichen Gerichtsbezirks. Für den Fall des zugunsten des Grafen von Jülich abgetrennten Waldes *Wisserscheid* nördlich des Bosselbachs (heute Wittscheid) in Richtung zur Wehe lässt sich die zugehörige Geschichte genauer datieren und damit die (spätere) Schöffenaussage überprüfen (vgl. Kap. 4.c). Überhaupt reicht das Wissen der Schöffen nicht über die Zeit der frühen Limburger Herrschaft zurück, so dass auch aufgrund dieses Hinweises die Erschließung des Landes nicht weiter zurückgehen wird.

Gerne würde man Näheres über die Herkunft der Siedler erfahren, die sich von solchen Aussichten anlocken ließen. Doch leider schweigen darüber die Quellen, anders als im Fall von Städten, aus denen öfters die Herkunftsnamen von »eingebürgerten« Ankömmlingen oder auch Abkommen mit Grundherren über entwichene Grundholden erhalten sind. Das vereinzelt stehende Beispiel des Walberhofs, den die Nachbarn als *Walebure* ›Hof der Wallonen‹ kennzeichneten, zeigt aber, dass auch Siedler aus den inneren wallonischen Gebieten des Herzogs von Limburg darunter waren, vielleicht auch aus dem Klostergebiet von Malmedy und Stavelot. Überregionale Wegeverbindungen zur Einwanderung waren aus der Zeit der karolingischen Königshöfe gegeben, darunter vor allem die alte Römerstraße von Reims, die über Bastogne – St. Vith – Zülpich nach Köln führte. In Zülpich traf sie mit der durch die Eifel aus Trier kommenden Strecke zusammen. Abzweigend von diesen, im Süden des Forsthofes Konzen erhaltenen Fernverbindungen muss eine mindestens ebenso alte Verbindung nach Norden angenommen werden. Sie zweigte etwa beim Walberhof von der Römerstraße ab und verlief an der Heilsteinquelle (oberhalb Einruhr) vorbei auf Kesternich und Konzen zu. Sie teilte sich bei Kesternich und ging über (das spätere) Witzerath durch (das spätere) Lammersdorf weiter im Zuge der heutigen *Hahnerstraße* auf Kornelimünster zu.[15] Eine römerzeitliche Verbindung vom Raum Düren her durch die Gegend von Hürtgenwald in Richtung Konzen kann ebenso angenommen werden. Und aufgrund der frühen karolingerzeitlichen Verbindung der Konzener Kirche nach Aachen hat der Weg von und nach Aachen immer zur Verfügung gestanden (vgl. auch Kap. 12 zum Verkehrsnetz). Es hindert daher nichts daran, einen Zustrom von Siedlern aus allen Himmelsrichtungen anzunehmen. Für die Mitte des 12. Jahrhunderts ist jedenfalls aus den schon früher für den Ackerbau erschlossenen Gebieten des Rheinlandes eine regelrechte »Landflucht« aus den Grundherrschaften bezeugt,[16] die nicht allein dem Ausbau von Städten zugute gekommen ist.

b. Die Besonderheiten der Siedlungsweise

Über Verfahren und Ablauf der Rodevorgänge im Einzelnen sind nur spärliche Nachrichten überliefert, soweit man Aufschlüsse über Themen erwartet, zu denen der heutige Geschichtsschreiber etwas wissen möchte.[17] Für Zeitgenossen dagegen war in der Regel nur der Aufzeichnung wert, was bei dieser Arbeit am meisten Mühe und Aufwand verursachte, wie es das zeitgenössische frühmittelhochdeutsche Reimgedicht ›Vom Rechte‹ der Zeit um 1200 aus Oberdeutschland festgehalten hat.[18] Es handelt sich dabei um ein predigtartiges moralisierendes Gedicht zum Thema, wie ein rechtschaffenes Leben zu führen sei. In diesem Zusammenhang zieht der Autor auch Vergleiche aus der Rodungsarbeit heran und erzählt von einem *meister* und einem *chneht*, die zusammen eine Rodung betreiben. Mit *meister* ist hier wohl nicht der adlige Grundherr gemeint, der im großem Rahmen zur Waldrodung aufgefordert hat, sondern ein größerer Bauer, der mit einem Bediensteten (*chneht*) seine Hoffläche erweitern will: *...da der meister und der chneht/bede samt hin gant/ unde die routin bestant./Die chleinen stoche si ouz nement,/unz si an den grozzen choment./Dez chraft ist also getan,/des muozzen sie arbeit han,/wellent si des beginnen,/daz si in uz der erde bringen./Daz schulen si tuon mit ringen,/die dremele drin stozzen,/den herten sweiz lazzen.* ›... wenn der Meister und der Knecht zusammen hingehen und eine Rodung in Angriff nehmen. (Zuerst) nehmen sie die kleinen Wurzelstöcke heraus, bis sie an einen großen kommen. Dessen Widerstandskraft ist so groß, dass sie schwere Mühe haben, wenn sie es schaffen wollen, ihn aus der Erde zu bringen. Dazu müssen sie ihn hin und her drehen, Keile hineinstossen, sauren Schweiß lassen.‹ Diese schwere körperliche Arbeit ohne alle Maschinen, mit Axt, Hacke und Spaten steht als Bild für die Mühe, die es ebenfalls macht, einen verstockten Übeltäter zur Umkehr zu bringen: *Swer den will becheren,/der muoz in rehte leren,/er muoz in starche dwingen,/an daz reht bringen,/also der routaere vil guot/dem vil grozzen stoche tuot,/der in des dwinget,/daz er in von der erde bringet.* ›(Denn) wer den bekehren will, der muss ihn das Rechte lehren, er muss ihm kräftig zusetzen und dem Richtigen näherbringen, wie es der tüchtige Roder mit dem riesigen Wurzelstock tut, der ihm so zusetzt, dass er ihn aus der Erde herausbringt‹. Diese Arbeit ist für den wahren Erfolg unerlässlich: *Wan lieze er in da stan,/ so waere daz routin ungetan./Er bedorfte daz erdisen/nimmir dar gewisen,/ daz isen dar in staeche,/den phluoch ez zebraeche ...* ›Denn ließe er den Wurzelstock dort stehen, dann wäre das Roden vergebens. Er dürfte niemals die Pflugschar dorthin lenken, das Pflugmesser bliebe darin stecken, (der Stock) würde den Pflug zerbrechen.‹ Ebenso würde der unbekehrte Mächtige weiter seine Mitmenschen plagen. Aus dem Schlussbild der Dichtung haben manche Interpreten ableiten wollen, dass der Dichter über die vom wahren Christen im Neuen Testament generell geforderte Teilung seiner materiellen Güter hinaus in geradezu revolutionärer Weise die gleichmäßige Aufteilung von Rodungserträgen unter die an der Arbeit Beteiligten gefordert habe: *So ez danne ze diu wirt,/daz diu routin gebirt,/si sulen ez fuoren samt heim,/teilen ez alliz enzwei,/ wellent si rehte gevaren./Si schulen sich vil wol bewaren,/daz ir newederem werde mere,/wand si arnent ez bede sere./Si habent ez mit ir swaize gewunnen,/ez bedarf ir enwedirz dem anderem enbunnen./Also getan leben/sollten wir allesamt haben.* ›Wenn es dann dahin kommt, dass die Rodung Ertrag bringt, sollen sie es gemeinsam heimfahren und alles in zwei Teile teilen, wenn sie gerecht verfahren wollen. Sie sollen sich sehr davor in Acht nehmen, dass keinem mehr zuteil werde – denn sie ernten es beide (gemeinsam). Sie haben es mit ihrem Schweiß erworben, keiner darf es dem anderen mißgönnen. Ein solches Leben sollten wir allesamt führen.‹ Die Forderung wird eher verständlich und auch folgerichtig, wenn man beachtet, dass es im Gedicht nicht um die allgemeinen Rechtsverhältnisse bei der Waldrodung geht. Vielmehr handelt das Gedicht über das rechtschaffene Leben des einzelnen Christen. Der Autor mahnt zu einer Lebensführung nach göttlichem Recht, wie es die Kirche lehrte. Daher war für ihn die traditionelle Rücksichtnahme auf Standesunterschiede bei der Güterverteilung nicht zwingend: *So sol der herre unde der chneht/minnen daz selbe reht,/wellent si rehte gevarn.* ›Es sollen der Herr und der Knecht beide dasselbe Recht lieben, wenn sie rechtschaffen leben wollen‹.

Der Verfasser des Gedichts hat gleich den aufwändigsten Teil der Rodung in den Mittelpunkt gestellt, das Beseitigen der großen Wurzelstöcke. Diesem letzten Arbeitsgang waren aber mehrere Schritte vorangegangen: Vor dem Fällen der Baumstämme wurden in der Regel schon Baumkronen und Äste entfernt, Astwerk und Reisig wurden verbrannt, die Asche als Dünger über das künftige Feld verteilt. Meistens grub man nicht gleich nach dem Fällen die Wurzelstöcke aus, sondern lockerte den Boden rundum mit der Hacke für eine Aussaat und wartete den fortschreitenden Zerfall der Wurzelstöcke ab. Üblicherweise säte man zunächst Hafer als wenig anspruchsvolles Getreide aus.[19] Für diese Beobachtung gibt es einen unerwartet indirekten Hinweis aus dem Monschauer Land, und zwar aus Eicherscheid. Die Siedlung entstand durch Waldrodung etwa von der Mitte des 15. Jahrhunderts ein wenig tiefer im Wald anstelle des älteren Fronrath, das in der Umgebung der heutigen Flur *Am Gericht* zu suchen ist. Als a.1550 bei einem Zeugenverhör einige ältere Einwohner, die noch von den Anfängen der Rodung wussten, ihre Aussage machten, stellten sie übereinstimmend fest, dass damals ›kein Korn‹ (d.h. Roggen, als wichtigstes Brotgetreide) gesät worden sei.[20]

Für die landesgeschichtlichen Fragen zum Rodevorgang ist man auf Beobachtungen und Auswertung von Spuren im Gelände angewiesen. Dazu hat die Siedlungsgeographie ein differenziertes Instrumentarium zur Beschreibung und Gliederung entwickelt. Im Anschluss an Wilhelm Grotelüschen hat Josef Kreitz speziell für das Monschauer Land wegweisende Beobachtungen geliefert.[21] Ansetzen wird man dazu bei den Dorfgrundrissen und den Flurformen, deren Gestalt man durchweg mit hoher Sicherheit in frühere Jahrhunderte zurückschreiben kann. Aus der mittelalterlichen Rodung in Dorfnähe sind durchweg geometrisch unregelmäßige Flurblöcke zu beobachten. Solchen Formen stehen aus neuzeitlichen jungen Rodungen bzw. Kultivierungen wie beispielsweise im Venn (Platte Venn, Hatzevenn und Paustenbacher Venn) oder Raffelsbrand regelmäßige, tunlichst rechteckige Flurstücke und geradlinige Wegeverläufe gegenüber. Die lebhafte Bautätigkeit, insbesondere des letzten halben Jahrhunderts nach dem 2. Weltkrieg, hat das Gesicht und die Umgebung vieler Dörfer massiv verändert, wie es am tiefgreifendsten an

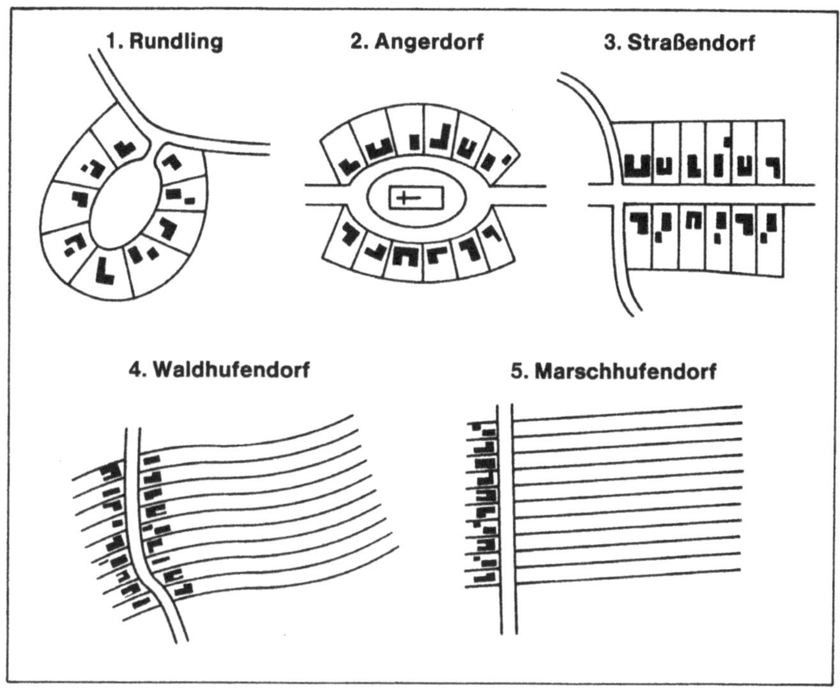

(Abb. 8) Typisierte Darstellung der Formen von planmäßig angelegten Rodesiedlungen des Mittelalters. Das Ausbleiben solcher Dorf-Formen bestätigt die spontane ungesteuerte Waldrodung im Monschauer Land.

den Siedlungen in der Umgebung der Rurtalsperre ins Auge springt (Woffelsbach, Rurberg, Einruhr, Pleushütte). Doch die Kartenblätter der gründlichen topographischen Landesaufnahme in der französischen Zeit unter der Leitung des Obersten Tranchot (1801–1814) und der Neuaufnahmen in preußischer Zeit (Uraufnahme 1836–1850) mitsamt ihren nachfolgend regelmäßigen Aktualisierungen erlauben detaillierte Beobachtungen zu den Dorfgrundrissen. Für die Flurformen stehen die noch vorliegenden Karten der preußischen Katasteraufnahmen der 1820er Jahre zur Verfügung. Die Befunde dieser frühen topographischen Aufnahmen können mit der nötigen Vorsicht als Hinweise auf die älteren Verhältnisse zurückgeschrieben werden. Zur Klärung der anstehenden Fragen können auch Beobachtungen an den jüngeren Siedlungen herangezogen werden, weil die bei der Rodung geübten Verfahren über die Jahre nicht wesentlich verändert worden sind. Als Fazit aus dem Studium der Dorfgrundrisse kann man festhalten, dass die Waldrodung, nicht gesteuert durch eine übergreifende Planung des Landesherren von oben, vielmehr von einzelnen oder (eher) kleineren Gruppen von Siedlern vorangetrieben worden sein wird, denn systematische Dorfanlagen mit Ansammlungen von eng aneinander anschließenden Hofanlagen, die sich, getrennt von der bewirtschafteten Feldflur, entlang einer Durchgangsstraße befinden wie in den Ackerbaugebieten der Ebene oder den ostelbischen Kolonisationsgebieten, zeichnen sich nicht ab. Ebenso kommen geschlossene große Ackerfluren, auf welche die privaten Grundstückseinheiten verteilt sind und die pro Anbauperiode in einer für alle Besitzer verbindlichen Weise bestellt werden mussten (sog. ›Flurzwang‹), überhaupt nicht vor. Auch das dürfte ein Folge davon sein, dass eher nur individuell oder in Kleingruppen gerodet wurde und der Getreideanbau wahrscheinlich auch nur eine bescheidene Rolle gespielt hat.

Als Rodeplätze haben die Siedler in der Regel, den Geländeformen folgend und unter Vermeidung sumpfiger Senken, leicht erhöhte, trockene Rücken gewählt, die gleichzeitig eine unproblematische Wasserversorgung wie auch Entwässerung zuließen. Die zugehörigen Brunnen wurden in Eingangsnähe auf der Giebelseite der Häuser gegraben, den Ställen entgegengesetzt. Die Häuser wurden innerhalb der zugehörigen Parzellen errichtet. Wege ergaben sich dann im Nachhinein aus der Verbindung einzelner Siedlungsplätze untereinander im Alltag. Wie die Flurformen signalisieren gerade die Wegeverläufe den grundsätzlichen Unterschied zu modernen neuzeitlichen Verfahren. Da

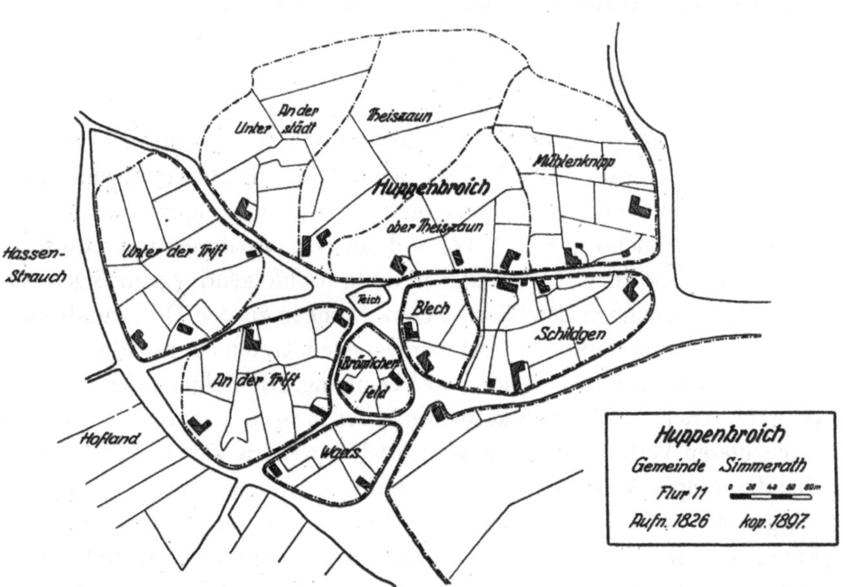

(Abb. 9) Blockfluren aufgrund ungesteuerter Rodung in Huppenbroich und Mützenich nach den Urkatasteraufnahmen.

legt man z.B. vor jeder Bauerschließung üblicherweise zuerst ein regelmäßiges Wegenetz an, das dann auch die zugehörigen Versorgungs- und Abwasserleitungen aufnimmt (vgl. die Rodesiedlungen im Hatzevenn). Mehrere Höfe innerhalb größerer Flurblöcke deuten auf spätere Erbteilung hin. Solche Blöcke waren in der Regel von Hecken aus dem vorgefundenen Rotbuchengehölz ein-

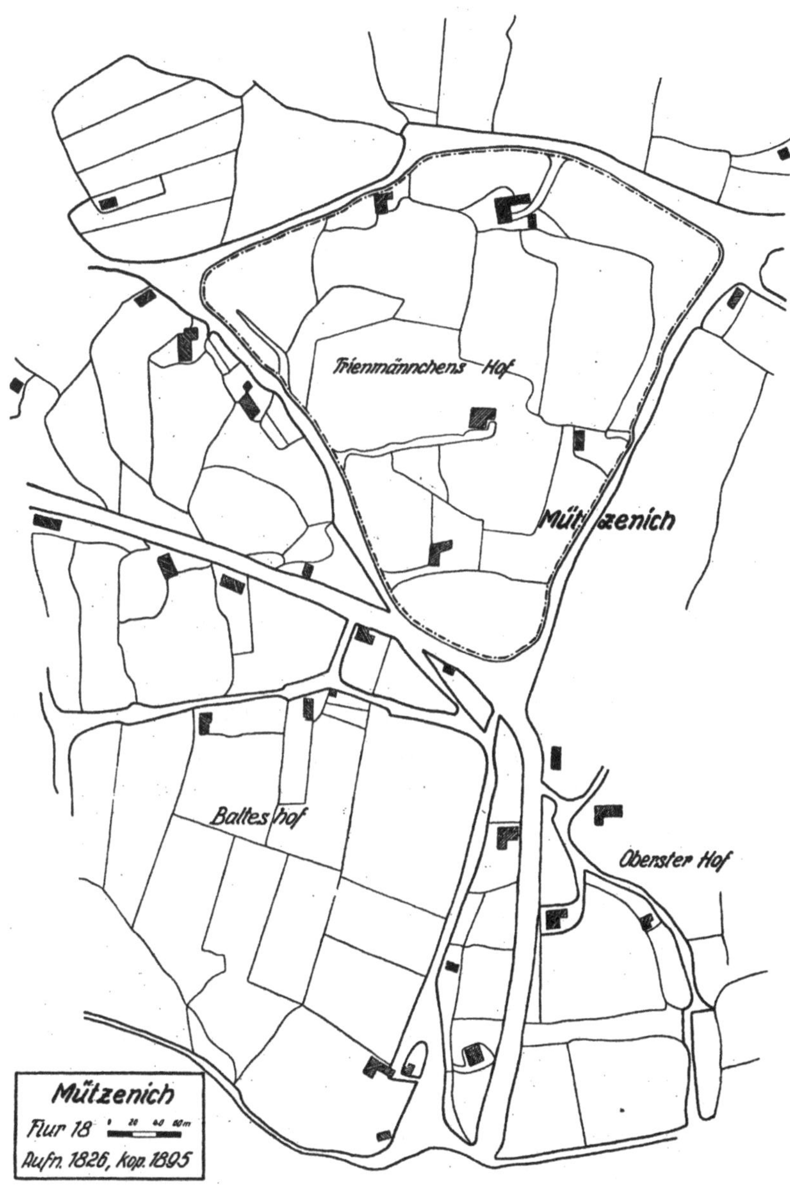

gefasst. Außerhalb dieser Einfassungen fand sich vielfach eine ursprüngliche Allmendezone mit Liegenschaften der Siedlergemeinde. Für die Arbeitsweise der frühen Landwirtschaft ist zu berücksichtigen, dass über die überschaubaren Rodeflächen, die als Ackergrund und Heuwiesen bewirtschaftet wurden und als Privatbesitz (*erbe*) galten, der gesamte umgebende Wald zur Weide, zur Streugewinnung und zur Schweinemast mit Eicheln und Bucheckern genutzt wurde. Im Laufe der Zeit bildeten sich bei angewachsener Bevölkerungszahl und Zunahme von Hofstellen in der näheren Dorfumgebung eigene Weidebezirke, die sog. ›Weidgänge‹ aus, die allein den jeweiligen Dörfern zur Verfügung standen. Der Bestand ist schließlich im Zuge der pfalz-neuburgischen Landesaufnahme a.1649 kodifiziert worden.[22] In einer letzten Phase kamen Weide und Streugewinnung im Venn und verbesserte Heugewinnung durch Bewässerung von Benden in den benachbarten Talgründen hinzu.

Die spontane, nicht gesteuerte Rodung einzelner Siedlergruppen zu Wohnplätzen unter eigenen Namen hat dann dazu geführt, dass in den späteren Tagen der Zugehörigkeit des Landes als Amt im Herzogtum Jülich mit schriftlicher Verwaltungsführung in entsprechenden Texten immer wieder Fälle von Zuordnungen (oder auch Nichtzuordnungen) von Siedlungsplätzen in Erscheinung treten, die vom heutigen Gebrauch abweichen. Sie geben Hinweise darauf, zu welchen als Dörfer geltenden Einheiten der eine oder andere Siedlungsfleck gerechnet wurde (vgl. weiter Kap. 12). In der »Steuer«liste zum Mai- und Herbstschatz des Amtes von a.1551[23] findet sich z.B. unter den Zahlungspflichtigen von Oberrollesbroich (heute Strauch) auch *Thonis am Steckelborn*. Der wohnte zweifellos auf dem Gebiet des heutigen Steckenborn, das aber als solches keine eigene Rubrik in der Aufzeichnung bildet. Ein *Johan an dem Steckelboirn* ist schon zu a.1506/07 bezeugt, ebenso a. 1507/08 *Thomys op Hesselscheit* (heute Hechelscheid).[24] Offensichtlich sind also 1551 noch die Einwohner dieses Raumes unter Oberrollesbroich gerechnet worden. Dort findet sich auch der *smytt am struch* ›der Schmied am Strauch‹, dessen Anwesen in der Folgezeit den neuen Namen für Oberrollesbroich geliefert hat. Ähnlich stehen in der Liste für Kesternich *Merders Jengen* und *der aldt Merders sin sun*, von deren Gehöften offensichtlich der spätere Name *Merdersberg* für heutiges Rurberg abgeleitet ist, und *Thonis uff den Steinen*, der sich sicher in Rurberg verorten lässt. Er ist aus dem Grunde näher bekannt geworden, dass a.1554/55 seine Ehefrau als Täuferin durch Ertränken in der Rur hingerichtet wurde.[25] Waren einerseits offenbar noch recht lange einzelne Siedlungsplätze im Raum östlich von Kesternich und südöstlich von Strauch noch nicht als eigene Dörfer wahrgenommen, so stehen auf der anderen Seite bei der Bestandsaufnahme von a.1649 im Lagerbuch des Amtes die Flecken Kommerscheidt, Harscheidt und Dierscheidt immer noch als separate Dörfer ohne Anzeichen auf die spätere Zusammenfassung unter Schmidt. Lange Zeit galten heute noch als Ortsteile bekannte Strecken als eigene Dörfer wie Lutterbach in Konzen oder Lauscheid in Mützenich. Im Lagerbuch von a.1649 sind für Lauscheid noch eigene Weidgänge im Venn nördlich vom Stehling ausgewiesen, während die Mützenicher Weidgänge weiter westlich ins Venn führten. Und Menzerath dürfte aus zwei getrennten Siedlungen zusammengewachsen sein, wie das Zeugnis *die zwey Mentzenrot* von a.1361 nahelegt. Gelegentlich sind sie auch als Groß- und Klein-Menzerath registriert. Ein letzter Rest dieser Zweiteilung schien noch bis zur Kommunalreform von 1972 durch, als die Siedlung Menzerath mit einem Teil zur Gemeinde Imgenbroich, dem anderen zu Monschau gehörte. Diese Situation hat unter Bearbeitern, die mit den örtlichen Gegebenheiten nicht vertraut waren, zu Fehldeutungen geführt, indem sie für Namen, die aus dem heutigen Gebrauch verschwunden sind, irrtümlich Ortswüstungen angenommen haben.[26]

Auch wenn einzelne zu solchen »Klecksen« verdichtete Siedlungsteile nicht alle unter eigenen Namen geführt worden sind, kann an den Grundrissen mancher Orte noch abgelesen werden, wie sie durch Zusammenfassung unter ein und demselben Namen zu einem einheitlich wahrgenommenen Dorf geworden sind. Als Beispiel sei stellvertretend Konzen genannt, wo sich – von Süden gesehen – noch bis in die 50er Jahre des 20. Jahrhunderts solche Gruppierungen abzeichneten, durch offenes Feld voneinander getrennt: so eine erste Gruppe im Umkreis vom *Städtchen* (an der Bundesstraße beim preußischen Meilenstein), weiter in der *Lutterbich*, die in manchen Texten auch als eigenes Dorf eingeordnet wurde, dann um die Kirche und an der Hohestraße aufwärts, schließlich um die Bereiche *Aderich* und *Öntepool*. Erst die napoleonische Landstraße von Aachen (1804–1813; heute B 258) hat wesentlich die Dorfteile zusammengeführt, so wie ähnlich erst die Errichtung repräsentativer Bauten der Imgenbroicher Tuchmacher im 18. und frühen 19. Jahrhundert die Vorstellung von »Dorfeinheit« um eine Durchgangsstraße herum befestigt hat, während die (älteren) bäuerlichen Siedlungsgruppen vorwiegend auf *Hengs(t) brüchelchen*, dem *Heidbüchel* und auf dem Weg nach *Grünenthal* hin zu finden waren. So erklären sich auch die meist gewundenen Verläufe der Dorfgassen aus den ungeplanten, aus der Alltagspraxis hervorgegangenen Fahrverbindungen zwischen den einzelnen Siedlungsklecksen. Den größten Teil der Siedlungen wird man deshalb als ›Streusiedlungen‹ klassifizieren können.

Einige langgestreckte Siedlungen wie Vossenack, Witzerath und besonders Kalterherberg machen eher den Eindruck von planmäßigen Anlagen. Dazu ist aber außer der Geländestruktur eines langgezogenen Höhenrückens wenigstens für Witzerath und Kalterherberg eine wichtige Vorgabe aus der Wegestruktur zu berücksichtigen: die Hofstellen von Witzerath reihen sich entlang der alten Süd-Nord-Verbindung von der römerzeitlichen Verbindung vom Walberhof nach Kornelimünster, in Kalterherberg am Pilgerweg von Aachen über das Hohe Venn beim Reinartzhof nach Trier, der in den letzten Jahrzehnten des 12. Jahrhunderts schon im Gebrauch war, wie das Vorkommen einer St. Matthias-Pilgerbruderschaft auch in Konzen nahelegt. Nach der Kanonisierung Karls des Großen a.1165 hat der Pilgerverkehr auf der Strecke noch zugenommen und war dann von der 2. Hälfte des 13. Jahrhunderts an voll entwickelt.[27] In beiden Beispielen werden die Wegverläufe der Rodung und Besiedlung vorangegangen sein. Da die Verwendung des Begriffs ›Straßendorf‹ für dieses Escheinungsbild terminologisch über den äußeren Eindruck hinaus auch eine vorab geplante Anlage signalisiert, scheint für die Fälle hier eher die Bezeichnung ›Wegedorf‹ angebracht. Auf das Verkehrsnetz überhaupt ist auf der Grundlage der a.1649 aufgezeichneten Wegerechte in einem eigenen Kapitel zurückzukommen (s. Kap. 12). Schließlich weisen einige wenige Dörfer im Feldgeleit wie Simmerath, Lammersdorf und Rollesbroich (im Waldgeleit allein Höfen) einen Grundriss auf, bei dem zwei ungefähr parallel verlaufende Wege in nicht allzu weiter Entfernung voneinander die Bebauung bestimmen. In Simmerath steht auf dem Landstreifen zwischen diesen Wegen die Kirche. Diese Situation erinnert ein wenig an Dorfanlagen im Osten Deutschlands mit einem Dorfanger und Kirche, wie man sie noch bei einigen in die Stadt Berlin integrierten Dörfern mit ihren Dorfkirchen wie Lübars, Reinickendorf, Alt Tempelhof u.a. beobachten kann. Mangels Nachrichten ist aber auch hier nicht entscheidbar, ob der Anlage intensivere Planung vorangegangen ist. Die Parallelwege können auch als Folge schrittweisen Ausbaus gedeutet werden, und ihr durchweg wenig geradliniger Verlauf scheint eher darauf hinzudeuten.

Abschließend ist noch hervorzuheben, dass entgegen der mehrfach vertretenen Ansicht in der älteren Literatur die oft bemühten Bautypen der Hausforschung (›Vennhaus‹ vs. ›Eifelhaus‹) für die Siedlungsgeschichte nichts hergeben. Sie beruhen auf der völlig unzureichenden, unhistorisch rein typologisch arbeitenden Dissertation von Otto Klemm vom Jahr 1932.[28] Dabei wollte der Verfasser den Typus ›Vennhaus‹ von keltischen Ursprüngen herleiten und bemühte dazu auch als »Argumente« die Ortsnamen von Dörfern, wo sich solche Häuser fanden, darunter Huppenbroich (angeblich aus kelt. *-briga* ›Höhe‹ u.ä.) und Eicherscheid (angeblich zu kelt. *-keiton* ›Holz‹). Dass er damit – abgesehen von dem vorgetragenen sprachwissenschaftlich-etymologischen Unsinn – ausgerechnet zwei der jüngsten, nachweislich erst nach a.1400 gegründeten Dörfer herausgegriffen hatte, hat alle, die seine »Lehre« weiterverbreitet haben,[29] nicht gestört. Auch die immer wieder hervorgeholte Legende von den keltischen Ursprüngen von Kalterherberg, unter Berufung auf die Feier der Kleinkirmes am ›Dreijungfrauenfest‹, beweist nichts für Keltisches an Ort und Stelle. Die-

(Abb. 10) Die Bildfolge veranschaulicht die schrittweise Entwicklung zum Einheitshaus, wie es seit dem 18. Jahrhundert im Monschauer Land üblich war. Es umfasste schließlich alle bäuerlichen Wirtschaftsbereiche unter einem Dach. Beispiel des Hauses »Lutterbach« aus Eicherscheid in den Stadien 1575, 1500, 1625, 1650 und 1750 nach den Untersuchungen von R. Lückmann.

se christliche Tradition der Verehrung von drei heiligen Frauen wird zwar aus einer Umformung ehemals keltischer Matronengestalten hervorgegangen sein, ihre vielgestaltige Ausformung ist im Mittelalter aber auch in späte Ausbaugebiete hinein verbreitet worden,[30] ganz abgesehen von der Tatsache, dass die Zeugnisse der römerzeitlichen Matronenverehrung (Matronensteine, Weihealtäre u.ä.) im Rheinland bereits eine Vermischung von keltischen und germanischen Elementen aufweisen.[31] In Kalterherberg dürfte die Lage am vielgenutzen Pilgerweg zwischen Aachen und Trier zu einer solchen Übertragung beigetragen haben. Angesichts einer Siedlungserschließung, die nicht vor das 12. Jahrhundert zurückreicht und fehlender archäologischer Keltennachweise kann eine an Ort und Stelle erhaltene Keltentradition nicht plausibel gemacht werden. Bei folgerichtiger Anwendung der »Logik« eines in dieser Weise hergeleiteten Keltenbezugs müssten ihre Verfechter auch wegen der Verehrung der Hl. Drei Könige in Köln einen orientalischen Ursprung der Stadt Köln vertreten, da die biblischen Magier bekanntlich aus dem Orient (Matth. 2, 1: *ecce Magi ab oriente*) kamen … Erst in jüngster Zeit haben die gründlichen Bauuntersuchungen von Rudolf Lückmann,[32] die auf einer Vielzahl von vollständigen Aufmessungen von Häusern und dendrochronologischen Untersuchungen der Hölzer beruhen, klargestellt, dass die fraglichen Haustypen, bei denen alle Funktionsteile wie Küche (Feuerstelle), Wohnräume, Ställe und Tenne unter einem Dach angeordnet sind, sich erst schrittweise nach dem 16. Jahrhundert herausgebildet haben und nicht in die Anfänge der Besiedlung zurückgehen. Wegen des ständigen Weiter- und Ausbaus an den Häusern ist es ohnehin problematisch, mit bestimmten festen Haustypen zu rechnen. In den Anfängen der mittelalterlichen Rodungsbewegung sind erheblich kleinere Gebäude errichtet und Hofstellen aus einer Anzahl kleinerer Gebäude angelegt worden. Erst im Lauf der Zeit ist es zu dem bis zum zweiten Weltkrieg noch überwiegenden Einheitshaus in Fachwerk gekommen, das alle landwirtschaftlichen Arbeitsbereiche unter einem Dach vereinigt hat. Die Feststellung von zunächst deutlich kleineren Gebäuden macht auch die Nachrichten besser verständlich, die noch im 17. Jahrhundert vom kompletten Umsetzen ganzer Häuser von einem Dorf zu einem andern berichten.[33] Solche Unternehmen waren natürlich umso einfacher, je kleiner die betreffenden Gebäude waren (Weiteres im Kap. 12).

c. Die zeitlichen Phasen der Siedlungserschließung

Der Rodungs- und Siedlungsprozess war auf der Grundlage der Forsthoheit, wie sie von den Limburger Dynasten in Anspruch genommen und ausgeübt wurde, und der von ihnen aufgebauten Burgherrschaft im Forst von Konzen-

Monschau in Gang gesetzt worden. Er war damit aber nicht gleich an ein Ende gekommen, sondern ist auch unter den nachfolgenden Dynastien und offenbar unabhängig von ihren Wechseln jahrhundertelang weitergegangen. Dass Reinhard von Schönforst a.1369 in seinem ersten Testament seinem Zweitgeborenen Johann aufgab, keine Waldrodung zuzulassen, ist ein deutlicher Hinweis darauf, dass sie tatsächlich noch im Gange war. Noch in der Amtserkundigung von a.1549 wird in einem eigenen Abschnitt *Von hacken und rotten* ausgeführt: *Allenhalben wirt gehackt und gerodt jm ambt, und der zehendt davon stehet jrer fürstlichen gnaden zuberechnen.* Daher soll der Verlauf hier zusammenhängend abgehandelt werden.[34]

Eine erste Phase der Landeserschließung lässt sich aus Nachrichten zu den älteren Pfarrverhältnissen festlegen. Als a.1265 Walram II. von Monschau mit dem Marienstift Aachen einen Pachtvertrag über eine Reihe von Einkünften abschloss (vgl. Kap. 2.c und 4.d), überliefert die zugehörige Urkunde zwei für das Folgende wichtige Hinweise:[35] Zum einen ergibt sich daraus, dass die Konzener Pfarrkirche zu diesem Zeitpunkt noch Zehnteinkünfte aus dem gesamten Bereich des Forsthofes Konzen bezog wie beispielsweise den Rodezehnt und den Zehnten der Eichelnutzung zur Schweinemast, zum anderen ist gesagt, dass für das Gebiet unterschieden wurde nach dem Zehnten auf gerodetem und besiedelten Land einerseits und aus dem Wald andererseits (*decima tocius terre, secundum quod limitata est inter decimam terre et nemoris* ›der Zehnte des ganzen Landes gemäß der Abgrenzung des Zehnten vom Lande und vom Walde‹). Denn die Erhebung des »normalen« Kirchenzehnten galt für die Personen auf dem gerodeten Land, der Zehnt der Schweinemast ergab sich jedoch aus dem Wald. Um die Mitte des 13. Jahrhunderts bestanden also erkennbare Siedlungsinseln im Forst. Das Marienstift hat aber auf Dauer seine Einkünfte aus dem Hofgebiet als Ganzem und damit aus dem Wald verloren, wie die Nachrichten des 14. Jahrhunderts ergeben. Das gerodete Gebiet, aus dem das Stift auch später noch allein seine Zehnteinkünfte erhob und bezog, heißt dann ›Feldgeleit‹, das von einem Waldgürtel, dem ›Waldgeleit‹ umgeben war. In diesem Gebrauch des Ausdrucks *Geleit* (mhd. *geleite*) tritt noch der ursprüngliche Charakter als Rechtswort in Erscheinung.[36] Es meint nicht bloß ›Begleitung‹ o.ä., sondern auch den damit verbundenen Rechtsschutz (z.B. für reisende Kaufleute oder Fremde), dann aber auch einen damit verbundenen Friedens- und Schutzbezirk. Damit entsprach das Waldgeleit dem Geltungsbezirk des Forstrechts, das Feldgeleit (›wo Sense und Pflug drüber gehen‹) dem des allgemeinen Landrechts. Nach dem Verlust der reichen Einkünfte aus den Zehnten am Forst hat das Stift umso aufmerksamer über seine Rechte im Feldgeleit gewacht und sie auch bis zum Ende des Ancien Régime bewahren können.[37] Im Jahre 1566, als das Land schon längst als Amt Monschau Bestandteil

(Abb. 11) Lage des Feldgeleits als Rodungsinsel im umgebenden Wald. Die Siedlungen innerhalb seiner Grenzen sind bis zur Mitte des 13. Jahrhunderts entstanden.

des Herzogtums Jülich war, ist das Feldgeleit von einer Kommission aus Vertretern des Stiftes und der Jülicher Verwaltung begangen, der Grenzverlauf festgestellt, mit Pfählen markiert und schließlich in einer Urkunde dokumentiert worden.[38] Anhand der bei dieser Begehung genannten Flurnamen, von denen ein beachtlicher Teil auch heute noch im Gebrauch ist, konnte Josef Kreitz mit Hilfe seiner reichen Flurnamensammlung den Grenzverlauf in großen Zügen rekonstruieren.[39] Es handelt sich um den Raum, der sich über die leicht gewellte Hochfläche im Südosten vom Höhenzug des Hohen Venns einerseits und nördlich der Rur zwischen Monschau und Einruhr andererseits erstreckt. Der Grenzsaum gegen Nordwesten wird gebildet durch das siedlungsfeindliche Hohe Venn. Es bildet einen von Südwesten nach Nordosten streichenden Höhenzug, der sich ca. 100 bis 150 Höhenmeter über die Rurhochfläche heraushebt. Er ist durch umfangreiche Hochmoore und Heiden gekennzeichnet. Monschau und Reichenstein als die alten Burgplätze des Landes lagen am Rande außerhalb des Feldgeleits. Der übliche Weg der Grenzbegehung begann an der Rur bei Reichenstein, verlief dann nordostwärts durch das Venn auf Lammersdorf zu, indem er Mützenich und Lauscheid zur rechten Hand einschloss. Nach einem Bogen um Lammersdorf ging es nach Überquerung der Kall um Rollesbroich weiter im Uhrzeigersinn herum auf Steckenborn zu und bog nach Süden auf Kesternich ein, so dass Rollesbroich, Strauch und Kesternich eingeschlossen wurden. Von Kesternich hielt sich die Begehung nach der Überquerung des Tiefenbachtals – etwa in der Höhe der früheren Huppenbroicher Mühle – über den Höhenrücken in Richtung Imgenbroich, wobei der Belgenbach zwischen Konzen und Imgenbroich überschritten wurde. Dabei lagen Huppenbroich und Eicherscheid linker Hand der Begehungskommission außerhalb des Feldgeleits; ihre mittlerweile aufgegebenen Vorgängersiedlungen Meisenbroich und Fronrath hatten dagegen innerhalb des Feldgeleits gelegen. Auf der rechten Seite des Belgenbachs ging die Begehung im Bogen um Imgenbroich in Richtung Rur, schloss Menzerath ein und strebte, Abstiege in Täler nach Möglichkeit vermeidend, auf Lauscherbüchel zu, umrundete die Haag oberhalb von Monschau und erreichte schließlich von dort oberhalb des Rurtals wieder den Ausgangspunkt bei Reichenstein. Die auf diese Weise umschrittene Hochfläche ist, im Naturzustand belassen, überwiegend von Rotbuchenwald bestanden. In diese Hochfläche hat sich eine Reihe von steilen Bachtälern zur Rur eingeschnitten, die durchweg von flachen Mulden ihren Ausgang nehmen und die im Naturzustand mit Eichen bestanden sind. Am Verlauf der Feldgeleitsgrenze zeigt sich, dass die Siedler den Abstieg in die steilen Bachtäler wie etwa der Kall oder des Tiefenbachs (von Simmerath zur Rur) oder des Belgenbachs gemieden haben. Im Wesentlichen verläuft die Grenze zum Waldgeleit an den Geländekanten entlang, an denen die steiler abfallenden Talhänge beginnen. Bei der Begehung a.1566 hat man vom Startpunkt aus die erste Strecke von Mützenich bis Lammersdorf nur deshalb »querbeet« durch das Venn zurückgelegt, weil auf diese Weise leicht ein geschlossener Rundgang zu erzielen war, auch wenn sich auf diesem Teilstück nicht die sonst deutlich erkennbare Unterscheidung von gerodetem Land gegenüber dem Wald abzeichnete. Der auf diese Weise umrundete Bezirk ist auch heute noch eindrucksvoll überschaubar, wenn man in Konzen auf der *Hue* auf den Hochbehälter des Wasserwerks steigt und den Blick nach Südosten richtet. Dann hat man den Höhenzug des Hohen Venns im Rücken mit den Eckpunkten Mützenich und Lammersdorf. Der Blick geht über die gerodete Hochfläche nördlich der Rur. Wegen der Feldhecken wirkt das Gebiet locker bewaldet und vermittelt noch ein wenig den Eindruck des ursprünglichen natürlichen Rotbuchenwaldes. Die Taleinschnitte einschließlich der Rur sind nicht einsehbar und der Blick geht frei bis auf die Höhen jenseits der Rur um Dreiborn. So gewinnt man einen Eindruck von den gemeinsamen Lage-Eigenschaften der Dörfer in der zentralen Rodungsinsel des Konzen-Monschauer Waldes. Die zu diesem umgrenzten Raum gehörigen Ortschaften konnte Reiner Nolden schon für die 70er Jahre des 14. Jahrhunderts feststellen.[40] Welch hohen Stellenwert das Stift diesem Zehntbezirk zugemessen hat, kommt nicht zuletzt darin zum Ausdruck, dass über die Dokumentation von 1566 hinaus a.1718 eine Vermessung mit den technischen Mitteln der Zeit nach Winkelgraden und Entfernungen (gemessen in Aachener Ruthen) veranlasst wurde. Die danach festgestellten 137 Wendepunkte des Grenzverlaufs sind laut dem Abschlussprotokoll[41] durch nummerierte und behauene Grenzsteine aus Kalkstein des Münsterländchens markiert worden. Leider konnte trotz intensiver Suche bisher keiner dieser Steine mehr aufgefunden werden. Wohl aber ist es Hans Martin Hörnchen (Duisburg) gelungen, trotz der Mängel und Unsicherheiten der frühen Vermessungstechnik, die Grenzpunkte in einer modernen topographischen Karte festzulegen und dadurch den Grenzverlauf erheblich genauer sichtbar zu machen, als es bisher allein nach den beigezogenen Flurnamen möglich war.[42] Gemäß der Rechtsweisung, die die Förster auf dem Monschauer Reichswald a.1342 dem Markgrafen Wilhelm von Jülich als Waldgrafen und Dietrich von Valkenburg-Monschau als Landesherrn über ihre jeweiligen Rechte am Wald zukommen ließen (s. genauer Kap. 5.d), waren gegenüber a.1265 mittlerweile auch im Waldgeleit Siedlungen entstanden (… *in den dorperen, die binnen dem geleide van dem walde gelegen sin* …). Folglich kann man die Unterscheidung in Feld- und Waldgeleit als Kriterium zur zeitlichen Einordnung der Siedlungen heranziehen. Die Dörfer, die innerhalb der Feldgeleitsgrenzen liegen und an das Marienstift zehntpflichtig waren, sind demnach bis zum ausgehenden 13. Jahrhundert entstanden – Dörfer innerhalb des Waldgeleits ohne Zehntpflicht nach Aachen (jedenfalls für Fluren außerhalb des Feldgeleits wie im Fall Eicherscheid) gehören dagegen einer anschließenden, späteren Rodungsphase an.

In die erste Siedlungsphase gehören demnach neben den drei aus der vorfränkischen Zeit überkommenen Siedlungsplätzen Konzen, Kesternich und Mützenich die Dörfer Lauscheid (Ortsteil von Mützenich), Lutterbach (Ortsteil von Konzen), Menzerath, Imgenbroich, Fronrath (wüst, Vorgängersiedlung von Eicherscheid, aber innerhalb des Feldgeleits), Meisenbroich (wüst, Vorgängersiedlung von Huppenbroich, aber innerhalb des Feldgeleits), Simmerath, Bickerath, Witzerath, Paustenbach, Lammerscheid (heute Lammersdorf) sowie Nieder- und Oberrollesbroich (heute Rollesbroich und Strauch). Zum gerodeten Bereich um Strauch gehörten auch Ortsteile des heutigen Steckenborn; vgl. Abschnitt b.).[43] In dieser Gruppe zeigt sich gegenüber den später entstandenen Dörfern eine größere Einheitlichkeit in der Namengebung: Es handelt sich bei diesem Bestand um Zusammensetzungen mit den Grundwörtern *-rath* (5x), *-broich* (3x), *-bach* (2x) und *-scheid* (1x). Diesem Befund entspricht die weitere Beobachtung, dass die charakteristischen Namentypen des Frühmittelalters mit dem Ausgang auf *-ingen*, *-dorf* oder *-heim* fehlen.[44]

Vom ausgehenden 13./beginnenden 14. Jahrhundert an sind dann die Dörfer aus dem Waldgeleit hinzugekommen, die je nach ihrer geographischen Lage den beiden Pfarrkirchen in Konzen und Simmerath im Feldgeleit zugeordnet wurden. Dadurch ergaben sich für diese z.T. erheblich längere Kirchwege als die durchschnittlichen 4 Kilometer (maximal) im Feldgeleit. Das große Waldweistum von a.1342 spricht von ihnen ausdrücklich: *in den dorperen, die binnen dem geleide van dem walde gelegen sin.*[45] Die Täler wurden auch dann immer noch weitgehend wegen der Hochwassergefahr oder auch – bei den breiteren Tälern – wegen des sumpfigen Geländes gemieden. Bei dieser jüngeren Gruppe finden sich eher als bei der älteren in der Namengebung auch Hinweise auf die Umstände oder auch die Zeit ihrer Entstehung. Hierher gehören südlich des Feldgeleits in der Nähe des neuen Zentralortes Monschau: Kalterherberg und Höfen mit den noch jünger hinzu gekommenen Rohren und Widdau. Die spezielle Nähe von Kalterherberg und Höfen zur Burg in Monschau ist nicht bloß durch die räumliche Lage begründet, sondern tritt in besonderen Regelungen der späteren Weistümer über Dienstleistungen der Einwohner in Erscheinung, auf die weiter unten einzugehen ist. Aus der Beobachtung, dass Rohren und Widdau im Landrecht von a.1516 noch nicht bei den Zuordnungen zu einer der vier Bannmühlen auftauchen, ist wohl zu folgern, dass sie um diese Zeit noch im Entstehen begriffen waren, jedenfalls (noch) nicht als eigene Siedlungen wahrgenommen wurden. Die jüngeren Gründungen nördlich des Feldgeleits sind Roetgen und Rott; es folgen, weiter am Nordrand des

Hofgebietes, Vossenack und Germeter sowie am Ostrand Dierscheidt (später umbenannt in Schmidt mit den Ortsteilen Harscheidt, Froitscheidt und Kommerscheidt). Dabei hat sich die weitere Besiedlung von Vossenack vielleicht an eine Hofgründung angeschlossen, die auf die Familie der Ritter von Birgel zurückgeht, die als Marschälle des Markgrafen/Herzogs von Jülich amtierten. Dieser Raum scheint überhaupt eher von Osten her als vom Zentrum des alten Hofgebietes her erschlossen worden sein. Nicht auszuschließen ist, dass gerade um Vossenack noch einige Hinweise auf einen Nachklang gedeutet werden können, dass Walram von Limburg-Monschau, der Kreuzfahrer und Erbauer der Burg Monschau, a.1221–1226 auch Herzog von Limburg, im Jahr 1198 für kurze Zeit mit der nahen Reichsburg Berenstein (heute Bergstein) belehnt worden ist (vgl. das folgende Kapitel).[46]

Der Hof auf dem Dierscheid, der zur Keimzelle des später nach der dort befindlichen Schmiede *Schmidt* genannten Dorfes wurde, war ursprünglich ein Jagdhof des Herzogs von Jülich. Die Siedlungsplätze, die heute als Ortsteile zu Schmidt gerechnet werden, sind unabhängig voneinander entstanden und werden entsprechend lange Zeit in den Quellen als eigene Orte genannt. Froitscheidt gehörte als Dotierung zu einem Burglehen der Herren von Monschau-Valkenburg in der Befestigung des Tals Monschau, das die Familie der Rummel von Hetzingen innehatte. Der Raum, des Rurtals, der heute vom Wasser des Rurstausees Schwammenauel überflutet ist, war durch starke Verbreiterung des Talbodens im Vergleich zum Oberlauf des Flusses bei Monschau gekennzeichnet. Hier entstanden Einzelhofsiedlungen, darunter Breuershöfe und Merdersberg als Vorgänger von Rurberg sowie Dedenborn mit Rauchenauel und Seifenauel. Ganz in der Nähe zur Feldgeleitsgrenze waren nach a.1400 als »Ersatz« für die innerhalb des Feldgeleits gelegenen, aus ungeklärten Gründen (Brand?) aufgegebenen Siedlungen Fronrath *(Vroenrot)* und Meisenbroich (*Meysenbroech*) als neue Dörfer Eicherscheid und Huppenbroich entstanden.

In dieser jüngeren Gruppe kommen weitgehend auch andere Typen von Siedlungsnamen vor. Wenn es sich um Bildungen aus dem Umfeld des Verbs *roden* handelt, erscheinen sie nicht mehr als Zusammensetzungen mit dem Grundwort *-rode/-rath*, sondern als ungegliederte Wörter: Roetgen, Rott, Rohren (aus *Roderen*). Außerdem hat die Verwendung von Ausdrücken zugenommen, die ursprünglich aus dem Bereich der Flurbezeichnungen stammen wie *-born* in Steckenborn, Schiffenborn und Dedenborn oder *-au(el)* in Widdau, Rauchenauel, Seifenauel und weiteren Höfen im Rurtal flussabwärts: Weidenauel, Eschauel u.a. Auch *-scheid* kommt jetzt vermehrt vor in Eicherscheid, Kommerscheidt, Harscheidt und Froitscheidt. Gerade das Beispiel Eicherscheid zeigt eindrücklich, dass *-scheid* zunächst als Flurbezeichnung beliebt war. Nicht nur finden sich in den Waldstrecken südlich der Rur zahlreiche

Höhenrücken mit *-scheid*-Namen (Riwwelscheid, Hollerscheid, Pafferscheid, Girvelscheid usw.), sondern schon vor der Entstehung der Siedlung Eicherscheid waren die Lage der als erste bezeugten Wassermühle und eines Jülicher Lehnshofs durch den Ausdruck *Eicherscheid* festgelegt. Die aus den Tagen der Keltomanie der letzten Jahrzehnte des ausgehenden 19. Jahrhunderts immer noch hier und da herumgereichte Meinung, das Namenwort *-scheid* weise auf einen keltischen Ursprung der betreffenden Stellen zurück, ist abwegig. Auch die in der örtlichen Literatur beliebte Behauptung, die *-scheid*-Namen wiesen auf einen Grenzverlauf hin, lässt sich nicht bestätigen.

In der jüngeren Gruppe kommen nun auch Benennungen vor, die durch Rückgriff auf den allgemeinen Wortschatz motiviert sind: Kalterherberg als Spottname eines Gasthauses am vielbegangenen Pilgerweg zwischen Aachen und Trier. Das bestätigten a.1451 unbeabsichtigt zwei Herren des Deutschen Ordens, die auf dem Weg von Trier nach Aachen waren und über die miserablen und unsicheren Wege klagten. Nach 8 Meilen von Trier über *grosse steynberge* und *aller unsicherste weg* nach Prüm, wo sie *eyne nacht mit vorchte* verbrachten, notierten sie zur folgenden Etappe: *Item vordan 6 meilen boße wege unsicher czur Kalden Herberg (et vere sic erat). Do gelegen 1 nacht yn selbem dorfe mit allir grosten sorge; do laute man des obendis czu storm unde och vor tage* [47] Der lateinische Seufzer in Klammern nach dem Ortsnamen *czur Kalden Herberg* stellt nämlich fest: ›und so war es wirklich‹. Der Schrecken hielt dann auch noch am nächsten Tag bis Aachen an: *Item vordan 4 meilen boße weg und gar unsicher ken Achia, das ist Ocha czu unser liben frawen, eyn reiche stat.*

Höfen hat seinen Namen nach der Einrichtung von Wirtschaftshöfen von Amtsträgern bei der Burg Monschau, Schmidt nach der beim Hof Dierscheid eingerichteten Schmiede, Vossenack ›Fuchsnacken‹ nach der Geländeform und Germeter im Rückgriff auf den Gewässernamen des Germetsbaches. Auch durch ständig erneute Wiederholung wird der Anschluss des Namens *Germeter* an den Namen des Waldrückens *Kermeter* (zwischen Urft und Rur) nicht richtiger.[48]

Die ersten Mahlmühlen seit dem 14. Jahrhundert[49] hatten noch keine weiteren Siedlungen in den Tälern nach sich gezogen. Das änderte sich vom 15. Jahrhundert an, als die Eisenverhüttung und -verarbeitung in die größeren Täler einzog und dazu Wasserkraftanlagen entstanden. Die neue Lage spiegelt sich durchweg auch in der Namengebung dieser Orte. Die an solche Hütten und Hämmer anschließenden Siedlungen sind meist gegenüber den älteren, vornehmlich bäuerlichen Rodungen von geringerer Größe geblieben. In den Namen findet sich meist ein Hinweis auf die Betreiber. Hierhin gehören Zweifall, Mulartshütte, Hammer (älter Hermes- = Hermanns-Hammer), Pleushütte und Simonskall.

Im Wesentlichen war der Landesausbau bis zum 17. Jahrhundert abgeschlossen. Es kann jedoch als ein Charakteristikum des Monschauer Landes gelten, dass ein endgültiger Abschluss erst in der 2. Hälfte des 20. Jahrhunderts erreicht worden ist. Das ist im Rahmen einer Geschichte des Mittelalters nicht mehr zu behandeln, doch sei kurz daran erinnert, dass im ausgehenden 19. Jahrhundert und sogar noch nach dem 2. Weltkrieg staatlich gelenkte Bodenmeliorationen, Vennkultivierungen (Platte Venn, Hatzevenn, Paustenbacher Venn) und auch Waldrodungen (Raffelsbrand) durchgeführt worden sind.

Anmerkungen

1 Dazu generell W. Rösener u.a.: Grundherrschaft, LMA IV, Sp. 1739–1748 und W. Rösener: Bauern im Mittelalter, 1985 und W. Rösener: Einführung in die Agrargeschichte, 1997. Zum Abschnitt vgl. auch E. Neuß: Die Anfänge der Orte im Kerngebiet des Monschauer Landes, ML 41 (2013) S. 58–72 und E. Neuß: Rodung und Siedlung im Monschauer Land im Mittelalter und der Frühen Neuzeit, ML 42 (2014) S. 42–59.

2 Edition von R. Nolden (Hg.): »*anno verbi incarnati DCCCXCIII*«. Im Jahre des Herrn 893 geschrieben. 1100 Jahre Prümer Urbar. Festschrift im Auftrag des Geschichtsvereins »Prümer Land« e.V., 1993 und die Untersuchung von D. Hägermann: Eine Grundherrschaft des 13. Jh. im Spiegel des Frühmittelalters. Caesarius von Prüm und seine kommentierte Abschrift des Urbars von 893, RhVB 45 (1981) S. 1–34.

3 Dazu knapp: W. Rösener: Fronhof, LMA IV, Sp. 989f. und W. Rösener: Frondienste, LMA IV, Sp. 986–989

4 K. Kroeschell: Deutsche Rechtsgeschichte, I, S. 114ff.

5 G. Droege: Die rechtliche Stellung der Bauern in den Rheinlanden während des Mittelalters, in: W. Hirdt (Hg.): Der Bauer im Wandel der Zeit, S. 65–72.

6 UB Aachen Nr. 201.

7 Ausführlich M. van Rey: Von mancipia zu cerocensuales, RhVB 83 (2019) S. 48ff.

8 Vgl. z.B. W. Reichert: *Hominum dura cervix*: Agrarische Konflikte und Konfliktlösungen, RhVB 75 (2011) S. 7–107 oder K. H. Spieß: Zur Landflucht im Mittelalter, in: H. Patze (Hg.): Die Grundherrschaft, I, S. 157–204; Weiteres im Literaturkommentar.

9 Dazu generell W. Hiestand: Waldluft macht frei, in: J. Semmler (Hg.): Der Wald in Mittelalter und Renaissance, S. 45–68 und K. Kroeschell: Deutsche Rechtsgeschichte, I, S. 210–219 und W. Janssen: Niederrheinische Territorialbildung, S. 105f.

10 Exemplare StaMON 1. Abt. G 18 (1661–1764) und H 26 (1778–1793) sowie LAV NRW R, Jülich Gerichte XIII Amt Monschau (1603–1660).

11 StaMON 1. Abt. G 2, fol. 26r.

12 UB Steinfeld Nr. 88.

13 Monschauer Landrecht (1516) Kap. II Nr. 5 (StaMON 1. Abt. E 5); Edition E. Neuß (Hg.): Weistümer Nr. 11.

14 Amtserkundigung (1549) fol. 63r (LAV NRW R, Jülich-Berg II 4877); Edition E. Neuß (Hg.): Weistümer Nr. 13.

15 B. Läufer: wie dieselbe von uralterß hero gewesen, ML 45 (2017) S. 52–76.

16 M. van Rey: Von mancipia zu cerocensuales, RhVB 83 (2019) S. 55.

17 Empfehlenswerte Quellensammlung bei S. Epperlein: Bäuerliches Leben im Mittelalter. Schriftquellen und Bildzeugnisse, S. 30ff.

18 W. Schröder (Hg.): Kleinere deutsche Gedichte des 11. und 12. Jahrhunderts, II, S. 112–131, Vers 125ff.

19 S. Epperlein: Bäuerliches Leben im Mittelalter, S. 31f.; E. Schubert: Alltag im Mittelalter, S. 44.

20 LAV NRW R, JB Lehen Generalia 46, fol. 15r–16r.

21 W. Grotelüschen: Rodungssiedlungen der nordwestlichen Eifel, RhVB 4 (1934) S. 73–83: J. Kreitz: Geographische Betrachtung der ländlichen Siedlungen des Monschauer Landes, in: Arbeiten aus dem Geographischen Institut der Technischen Hochschule, S. 18–37. Weiteres im Kommentar.

22 E. Neuß (Hg.): Weistümer, Nr. 25.

23 LAV NRW R, Jülich-Berg, Rechnungen (R), Monschau Rentmeisterei, mitgeteilt von H. Steinröx: Steuerlisten des Amtes Monschau aus dem Jahre 1551, EHV 31 (1959) S. 24–32, 62–68.

24 Belege dazu bei G. Harzheim: 500 Jahre Steckenborn, ML 34 (2006) S. 22–28

25 Zur neuen Datierung s. Kap. 13.

26 Der Katalog der Wüstungen im Altkreis Monschau von Walter Janssen: Studien zur Wüstungsfrage, II, ist stark fehlerhaft und irreführend; dazu ist unbedingt der Literaturkommentar heranzuziehen. Vgl. auch den Abschnitt »Die Ortsnamen« in: E. Neuß: Zur Grundlage der 650-Jahrfeiern im Monschauer Land, ML 39 (2011) S. 49–53.

27 D. P. Wynands: Geschichte der Wallfahrten im Bistum Aachen, S. 72.

28 O. Klemm: Fachwerkbauernhäuser in der Nordwesteifel, 1932.

29 Besonders Walter Scheibler; z.B. W. Scheibler: Meine schöne Heimat. Von Wachsen, Bauen und Leben in der Nordeifel, S. 5 u.ö.

30 M. Zender: Die Matronen und ihre Nachfolgerinnen im Rheinlande, RhVB 10 (1940) S. 159–168 und M. Zender: Drei Jungfrauen, LMA III, Sp. 1381.

31 Dazu zuletzt M. Egeler: Kontinuitäten, Brüche und überregionale Verflechtungen, in: germanen. eine archäologische Bestandsaufnahme, S. 205ff.

32 R. Lückmann: Vennhäuser, 1991; die dort S. 35–52 aus überholter Literatur vorgetragenen Ansichten zur Siedlungsgeschichte sollten allerdings übergangen und nicht weiter durch Zitieren verbreitet werden.

33 Beispiel bei E. Neuß: Simmerath. Von den Anfängen bis zum Ende des Alten Reiches (1794) [Teil 2], ML 34 (2006) S. 29–40, hier S. 32.

34 LAV NRW R, Jülich-Berg II 4877 fol. 78r (Edition E. Neuß (Hg.): Weistümer Nr. 13); vgl. auch E. Neuß: Die Anfänge der Orte im Kerngebiet des Monschauer Landes, ML 41 (2013) S. 58–72.

35 Vgl. oben Kap. 2.d, Anm. 61; Urkunde: HAStK HUA 286a GB; Druck bei H. Cardauns, ZAGV 3 (1881) S. 231 mit irrigem Datum 1264 Juli 1; vgl. RRA I Nr. 197.

36 DWB IV.1, Teil 2, Sp. 2982–2997; WMU, I, S. 612f.

37 R. Nolden: Das Aachener Marienstift und seine Besitzungen im Monschauer Land, ML 11 (1983) S. 26–35 und R. Nolden: Über den Konzener Haferzehnten vom 14. bis 18. Jahrhundert, ML 13 (1985) S. 27–33.

38 LAV NRW R, Aachen, Marienstift Urk. 595 = E. Neuß (Hg.): Weistümer Nr. 15.

39 J. Kreitz: Versuch der Rekonstruktion des Feldgeleits, EHV 19 (1944/47) S. 57–64 und Nachtrag EHV 21 (1949) S. 48.

40 R. Nolden: Das Aachener Marienstift und seine Besitzungen im Monschauer Land, ML 11 (1983) S. 31.

41 LAV NRW R, Aachen, Marienstift Akten 19; Edition E. Neuß (Hg.): Weistümer Nr. 31.

42 Zur modernen Rekonstruktion s. E. Neuß – H.M. Hörnchen: Versuch einer Rekonstruktion des Feldgeleits des Aachener Stiftszehnten im Monschauer Land, ML 48 (2020) S. 41–52 mit Abbildungen und Koordinaten; eine moderne Karte aufgrund dieser Daten s. E. Neuß (Hg.): Weistümer, 2019, Kartenbeilage.

43 Zu diesen und auch den folgenden Orten s. die einzelnen Ortsartikel auf der Homepage des Geschichtsvereins des Monschauer Landes e.V.: www.gv-mon.de.

44 Dazu die Artikel in M. Niemeyer (Hg.): Deutsches Ortsnamenbuch, S. 133, 254 und 289f.

45 E. Neuß (Hg.):Weistümer Nr. 4 = UBNrh III Nr. 364

46 H. Tichelbäcker: Der Hof Vossenack und seine auswärtigen Lehnbeziehungen, ML 27 (1999) S. 91.

47 [ ] Reimer: Verfall der Deutschordensballei Koblenz im 15. Jahrhundert, TA 11 (1907) S. 11.

48 So erneut D. Breuer: Die Ortsnamen des Kreises Düren, 120ff.

49 Überblick über die Mühlen s. H. Steinröx: Zur Geschichte einiger Mühlen im Monschauer Land, in: H. Steinröx: Höfe - Mühlen - Schiefersteine, S. 283–299.

4. Die Herausbildung einer eigenen Herrschaft Monschau und der Ausgleich mit Jülich zum Forstrecht

Auch wenn der Schwerpunkt dieser Darstellung nicht auf eine breitere Behandlung von Herrschergestalten abzielt und stattdessen die Beschreibung der eigentümlichen Lebensverhältnisse in der Region am Hohen Venn im Vordergrund stehen soll, ist für die Zeit des Hochmittelalters vor der Ausbildung von Territorialstaaten des Spätmittelalters ausführlicher auf die maßgeblichen hochadligen Dynasten einzugehen. Denn ihr Wirken beim Ausbau von Herrschaftsbezirken wie beispielsweise der Burgherrschaft um Monschau bildete die Grundlage für die Rodungsvorgänge in größerem Rahmen und den weiteren Siedlungsausbau. Als Grund- und Gerichtsherren waren sie nämlich in der Lage, ein Mindestmaß an Ordnung und Schutz zu sichern. Es wäre aber unrealistisch, von diesem Personenkreis eine besondere Sorge um das Wohlergehen der beherrschten Bevölkerung ihres Bezirks als Selbstzweck vorauszusetzen oder zu erwarten. Das zentrale Interesse der führenden Herrschaftsträger ging dahin, den eigenen Herrschaftsbereich zu stabilisieren und auszuweiten. Dazu waren die von den Beherrschten erwirtschafteten Mittel willkommen. Wie wenig aber das unversehrte Leben und Wirtschaften der Bevölkerung selbst, insbesondere auch das anderer Herrschaften, als ein generell zu achtender Wert der Menschen wegen angesehen wurde, ist u.a. auch daran zu ermessen, dass es bei den immer wieder ausgetragenen gewaltsamen Fehden vor allem darauf ankam, das bewirtschaftete Land des jeweiligen Gegners zu verheeren, Ernte und Gebäude zu verbrennen und so seiner Wirtschaftskraft zu berauben, nicht aber unbedingt den adligen Gegner selbst an Leib und Leben zu treffen. Die unmittelbaren Folgen der Fehden hatten in erster Linie die Landleute zu tragen, nicht die Herren, die sie vom Zaun gebrochen hatten.

a. Walram von Limburg-Monschau und sein Aufstieg zum Grafen von Luxemburg und Herzog von Limburg

Walram von Limburg-Monschau war ein nachgeborener Sohn Herzog Heinrich III. (des Alten) von Limburg (1167–1221) und seiner Gemahlin Sophia († nach 1215).[1] Der Erstgeborene des Hauses Limburg erhielt in der Regel den Namen Heinrich, der zweite Walram. Diesen Brauch hat Walram bei seinen eigenen Nachkommen selbst weitergeführt. Bei der üblichen Praxis der Zeit konnte er nicht ohne weiteres mit der Nachfolge seines Vaters im Herzogsamt rechnen, wenn es ihm auch a.1221 durch den vorzeitigen Tod des älteren Bruders Heinrich (von Wassenberg) zufiel. Als Ausstattung erhielt er das limburgisch usurpierte Gebiet des ehemaligen karolingischen Forsthofes Konzen, wo er in den 90er Jahren des 12. Jahrhunderts als Verbesserung früherer Burganlagen und als Herrschaftssitz die ersten Bauabschnitte der Burg *Monjoye*/ Monschau errichten ließ. »Die Geschichte Montjoies (natürlich nicht des Landes Conzen) fängt mit Walram von Limburg an«, hat Hermann Lange kurz und treffend formuliert.[2] Dieser Rolle der Ausstattung nachgeborener Söhne (Sekundogenitur) hat die Herrschaft Monschau bis zu den Valkenburger Tagen gedient. Als Angehöriger eines Herzogshauses verfügte Walram über Dienstleute (*ministeriales*), deren Aufgaben nach dem Vorbild der königlichen Hofämter eingeteilt waren. In der oft genannten Urkunde vom Jahre 1198, die ihn erstmals als Inhaber der Burg Monschau bezeugt (*per manum Walerami de Monte Ioci*), findet sich in der Zeugenreihe unter der Rubrik *ministeriales* (›Dienstleute‹) an erster Stelle *Godfridus dapifer domini Walerami* ›Godfridus, Truchsess des Herrn Walram‹.[3] Das lateinische Wort *dapifer* wird im Deutschen durchweg mit ›Truchsess‹ oder ›Seneschall‹ wiedergegeben; das war im engeren (ursprünglich eher symbolisch zu verstehenden) Hofdienst das Amt des für die Tafel seines Herrn Zuständigen, doch ergaben sich daraus schließlich vielfältige Verwaltungsaufgaben. Spätestens nach der Übernahme des Luxemburger Grafenamtes durch Walram a.1214 wird sich der *dapifer* verstärkt um Belange der Burgherrschaft Monschau gekümmert haben. Ohne dass Einzelnachrichten überkommen sind, muss durch das ganze 13. Jahrhundert hindurch der weitere Ausbau der Burganlage vorangetrieben worden sein.[4]

Als erprobter zweimaliger Kreuzfahrer, der aber nicht wie selbstverständlich auf die Nachfolge im Herzogtum rechnen konnte, war ein ehrgeiziger Fürst wie Walram auf Vergrößerung seiner Macht bedacht, durchaus auch mit selbständiger Politik gegenüber dem Haus Limburg. Im Thronstreit um das deutsche Königtum nach dem unerwarteten Tod Kaiser Heinrich VI. a.1197 zwischen den beiden Bewerbern aus den Familien der Staufer und der Welfen, in dem der rheinische Hochadel bedenkenlos je nach aktuellen Interessen die Partei wechselte, stand Walram keineswegs immer auf derselben Seite wie sein Vater, Herzog Heinrich III. Im Jahr 1198 unterstützte Walram im Streit um die deutsche Königskrone (sog. ›Thronstreit‹) den Staufer Philipp bei der Verteidigung von Aachen und erhielt von ihm als Lehen die Reichsburg Berenstein (*castrumque regium quod Berinstein dicitur* – ›die königliche Festung, die Berenstein heißt‹, d.i. Burg Bergstein gegenüber von Nideggen), wechselte aber nach dem Erfolg des Welfen Otto IV. und dessen Krönung in Aachen durch Erzbischof Adolf. I. von Köln die Seiten.[5] Gleichwohl beließ ihn Otto in dieser

Stellung *in signum reconciliationis* ›zum Zeichen der Versöhnung‹. Doch der Erzbischof, der mächtige Förderer des Welfen, sah in der Reichsburg Berenstein eine Bedrohung seines Kölner Territoriums und erreichte beim König die Zustimmung zur Zerstörung des Berenstein.[6] Walram wandte sich darauf erst einmal wieder dem Staufer zu. Der fragliche Burgberg war a.1171 von Kaiser Friedrich I. Barbarossa während eines Aufenthaltes in Aachen besetzt und befestigt worden, offenbar zur Stabilisierung des noch verbliebenen Reichsgutes im Bereich der Rurgrenze mit Stoßrichtung gegen Jülich und Köln. Nicht lange danach entstand als Gegenburg mit programmatischem Namen die Feste Nideggen des Grafen Wilhelm II. von Jülich als Kölner Lehen.[7] Die Burg Berenstein ist lange Zeit fälschlich in der Nähe der Stadtbefestigung von Aachen lokalisiert worden, während in der Bergstein-Nideggener Umgebung das Wissen um die zutreffende Lage nie verloren war.[8] Dass Walram zum Bau der Burg Monschau als Ersatz für die verlorene Burg Berenstein geschritten sei, wie gelegentlich angenommen wurde[9], kann schwerlich zutreffen, da er sich schon im selben Jahr 1198 nach seinem Burgsitz *de Monte Ioci* benannte, als er den Berenstein verlor. Angesichts der opportunistischen und eigennützigen Bestrebungen der mächtigen Adelsfamilien auf der einen und der Abhängigkeit der Könige und Thronbewerber von deren Unterstützung auf der anderen Seite wird verständlich, dass die Könige nur selten gegen die vielfach zu beobachtenden Fälle der Entfremdung von altem Reichsgut durch den regionalen Adel wie etwa im Forsthof Konzen wirksam eingeschritten sind. Vielmehr ist damit zu rechnen, dass sie sich im Fall Konzen mit mehr oder weniger stillschweigender Duldung jeweils die aktuell nötige Unterstützung erkauft haben.[10] Das könnte u.a. das Fehlen von schriftlichen Nachrichten darüber erklären. Eine schwache Spur des Limburger Wirkens um den Berenstein kann darin gesehen werden, dass gemäß dem Wissen über Einkünfte von Reichenstein aus der Frühzeit, die der geistliche Rektor des Klosters Theodoricus de Villace um a.1430 zusammengetragen hat, u.a. auch Zehnten von den Kirchen Bergstein und Bütgenbach genannt sind.[11] Auch Bütgenbach war limburgischer Besitz, wo die Limburger im Lauf des 13. Jahrhunderts eine Burg errichteten.[12]

Einige Jahre später, als sich nach dem zunehmenden Machtverfall Kaiser Ottos IV. und ab a. 1212 der Aufstieg des staufischen Gegenkönigs Friedrich II. abzeichnete, gelang Walram eine unerwartete bedeutende Machterweiterung. Kurz vor oder zu Beginn des Jahres 1214 war Walrams Gemahlin Kunigunde verstorben. Aus dieser Ehe waren die beiden Söhne Heinrich und Walram und die beiden Töchter Mathilde und Sophia hervorgegangen. Etwa zur gleichen Zeit war Graf Theobald I. von Bar (am Oberlauf der Maas im Grenzgebiet zwischen Lothringen und der Champagne) gestorben, der in 3. Ehe die erst 10jährige Erbtocher Ermesinde des Grafen Heinrich von Namur und Luxemburg geheiratet hatte. Dieses Erbe war heftig umkämpft, doch war es Theobald gelungen, den Luxemburger Teil, zu dem auf der rechten Maasseite auch die Grafschaften Durbuy und Laroche gehörten, für seine Gemahlin zu stabilisieren, während seine Versuche zur Gewinnung von Namur und dem Land links der Maas erfolglos blieben. Das Ehepaar hinterließ eine Tochter Elisabeth (auch unter dem Namen Isabella in französischsprachigen Urkunden bezeugt). Schon im Mai 1214 kam es zu einer neuen Eheverbindung der beiden verwitweten Partner Walram und Ermesinde. Dazu hatte Herzog Heinrich III. die mit Limburg verbundene Markgrafschaft Arlon mitsamt der Burg an Walram als Heiratsausstattung für die Braut, die Gräfin von Luxemburg, übertragen (*in dotem comitisse de Lutzelenburg*).[13] Ermesinde war eine überaus ungewöhnliche Frauengestalt des Hohen Mittelalters und ihr Lebenslauf weist, schon vom frühen Kindesalter an, manche geradezu romanhaften Elemente auf.[14] Das alles wäre reizvoll zu erzählen, ist an dieser Stelle aber nicht auszubreiten, weil ihr Leben im Monschauer Land keine Spuren hinterlassen hat. Vielmehr haben bei dieser Eheverbindung beide Seiten von Beginn an auf klare Trennung der Herrschaftsbereiche geachtet. Das zeigt sich schon im Text der Eheberedung vom Mai 1214, in dem Walram mit Zustimmung seines Vaters, Herzog Heinrich III., seiner Brüder Heinrich von Wassenberg und Gerhard von Horn, seiner Söhne Heinrich und Walram sowie vor einer Gruppe von zehn Edelherren aus dem luxemburgischen Ardennenraum zusicherte, dass in Arlon nur Burgmannen von Luxemburg, Laroche und Durbuy bestellt werden sollten.[15] Walram, der sich nun Graf von Luxemburg und Laroche und Markgraf von Arlon nennen konnte,[16] erscheint danach öfter als Graf von Luxemburg in den Urkunden, wobei er auch in einigen Stücken zusammen mit Ermesinde auftritt. Seine Versuche zur Rückgewinnung von Namur mit Waffengewalt blieben ohne Erfolg. Bei den Krönungsfeierlichkeiten für König Friedrich II. im Juli 1215 in Aachen finden wir die Protagonisten der folgenden Jahre in der Zeugenliste der königlichen Privilegienbestätigung für Aachen neben anderen Fürsten versammelt: *Florentius Indensis abbas, Henricus dux Lenburgensis, Wallerammus comes de Lutcelenburc, Willelmus comes Iuliacensis, Adolfus comes de Montibus*, das sind: Abt Florentius von Kornelimünster (s. unten zu a.1238), Herzog Heinrich III. (der Alte), Walram als Graf von Luxemburg und die Grafen Wilhelm III. von Jülich und Adolf III. von Berg.‹[17]

Schon bald nach dieser Luxemburger Verbindung kam es im Hause Walrams zu zwei weiteren ambitionierten Heiratsunternehmen. Das eine zielte in den neu in den Blick geratenen Luxemburger Raum, das andere, weiter über den Rhein ausgreifend, in die Grafschaft Berg. Zunächst wurde eine Verbindung zweier Nachkommen von Walram und Ermesinde aus erster Ehe, nämlich zwischen Walram I. (dem Langen) von Monschau und Elisabeth/Isabella von

Bar, arrangiert. Erst zu a.1218 sicher bezeugt, dürfte die Ehe aber nicht lange nach a.1215 geschlossen worden sein. Denn im Juni 1215 erklärte Graf Heinrich II. von Bar, Sohn Theobalds von Bar aus seiner 2. Ehe (vor Ermesinde), die Übertragung der Burgen Marville und Arrancy (*castrum de Marvilla et castrum de Arenceio*) mit allem Zubehör an Walram und Ermesinde zur Beilegung aller Irritationen über Ermesindes Heiratsgut. Beide Burgherrschaften liegen in den französischen Ardennen nahe der heutigen Luxemburger Südgrenze. Beim Tode Ermesindes sollten die Güter Heinrichs Halbschwester Elisabeth zukommen. Falls Elisabeth ohne Erben stürbe, sollten sie wieder an Bar zurückfallen.[18] Diese Güter brachte Elisabeth als Ausstattung in die Verbindung mit Walram I. von Monschau ein, und beider Sohn Walram II. erbte sie später. Beim Übergang der Herrschaft Monschau an die Herren von Valkenburg sollte diese Mitgift noch eine wichtige Rolle spielen. Das Bergische Eheprojekt brachte dagegen recht bald eine Reihe von Komplikationen und auch kriegerische Verwicklungen mit sich, die für die Zeit Walrams als Herzog nach 1221 und seines Erstgeborenen Heinrich als Herrn von Monschau zur Sprache kommen müssen. Als Braut war die Erbtochter des Grafen Adolf III. von Berg ausersehen, womit sich für das Haus Limburg die Aussicht auf ein Übergreifen ins Rechtsrheinische eröffnete. Doch am 29. Februar 1216 war Adolfs jüngerer Bruder Engelbert zum Erzbischof von Köln gewählt worden, und wenig später war Adolf a.1218 auf dem Kreuzzug vor Damiette in Ägypten ums Leben gekommen. Als Folge dieser Konstellation kam es über diese Heirat zu heftigen kriegerischen Auseinandersetzungen zwischen den Limburgern und Engelbert I., der sich nicht allein als Erzbischof und Herzog von Ripuarien (nördliches Rheinland um die ehemals römische *civitas* Köln) verstand, sondern auch als Repräsentanten und Verantwortlichen des Hauses Berg.[19]

Nach dem Tod von Herzog Heinrich III. a.1221 trat Walram die Nachfolge im Limburger Herzogsamt an, denn sein älterer Bruder Heinrich von Wassenberg, der a.1214 bei der Eheberedung über Arlon noch anwesend war, muss nicht lange danach zu einem unbekannten Zeitpunkt (a.1215?) verstorben sein. Im Hinblick auf die Herrschaft Monschau ist als wichtiges Ergebnis festzuhalten, dass keinerlei Ansätze von seiten Walrams zu beobachten sind, das Monschauer Gebiet nun enger an die alten limburgischen Stammländer anzunähern, so dass es nicht im Rahmen der Geschicke dieser benachbarten Länder zu behandeln ist. Es blieb vielmehr als Ausstattung seinen männlichen Nachkommen vorbehalten, auch wenn die beiden Söhne im Limburger Familienverband agierten. Ein ähnliches Verhalten der Limburger Dynasten ist zu beobachten gegenüber weiteren Gebieten, die über den alten Forsthof Konzen hinaus zur Herrschaft hinzugekommen waren wie das Land Überruhr beim Walberhof und der Hof Bütgenbach, wo sie auch eine Burg einrichteten. Ein weiteres Indiz von a. 1254 (s.u.) spricht sogar dafür, dass der limburgische Machtbereich bis St. Vith gereicht hat. Spätere Zeugnisse weisen darauf hin, dass diese Bereiche zunächst der Kontrolle von der Burgherrschaft Monschau aus unterstanden haben. Sie werden später in den Quellen jedoch meist als separate Einheiten genannt. Als sie schließlich nach dem »Zwischenspiel« der Schönforster Pfandherrschaft im 14. Jahrhundert für Jülich verloren gingen und nicht wie der Monschau-Konzener Kernraum zum Herzogtum Jülich kamen, sind keine Rügen der Monschauer Schöffen wie bei der Abtrennung von Walddistrikten des Gerichtsbezirks Monschau (= Forsthof Konzen) laut geworden, ein Indiz dafür, dass sie im Ursprung nicht Bestandteile des Forsthofes Konzen gewesen sind.

Herzog Walram III., Gründer der Burg Monschau, starb im Sommer des Jahres 1226[20] und wurde im Kloster Rolduc, dem Hauskloster der Limburger begraben, wo auch sein Vater Heinrich beigesetzt ist. Dort ist heute noch sein Grabmal, mit seinem lebensgroßen Abbild und mit lateinischer Inschrift, zu sehen: *Iste fuit talis. Virtutibus imperialis majestas similem nescivit habere per orbem. Limburch dux. archos Arlon. comes in Lucelenburgh. Walramus dictus, dux Heinricus pater eius* ›Er war von solchem Aussehen. Die kaiserliche Majestät kannte weit und breit keinen ihm an Tüchtigkeit Ähnlichen. Herzog von Limburg, Markgraf von Arlon, Graf von Luxemburg, Walram genannt, sein Vater Herzog Heinrich‹. Die Urteile der Nachwelt über sein Wirken fallen höchst unterschiedlich aus und verraten mehr über die Einstellung der Geschichtsschreiber als ein denkbares Selbstbild des Herzogs, worüber nicht nur keine Zeugnisse überliefert sind, sondern aus dieser Zeit selbst auch gar nicht erwartet werden können. »In Walram III. von Limburg tritt uns das Idealbild des mittelalterlichen Kriegers entgegen: er ist ein Ritter ohne Furcht und Tadel, der den ehrlichen Kampf allen politischen und diplomatischen Ränken vorzieht und keiner Gefahr aus dem Wege geht.

(Abb. 12) Zeichnung des Grabmals Herzog Walrams III. von Limburg (†1226) im Kloster Rolduc.

Er lebte und stritt für das ritterliche und christliche Ideal seiner Zeit und folgte, getreu dem seinem Gott und dem Kaiser gegebenen Versprechen, dem Ruf zur Befreiung des Heiligen Landes«, urteilte Werner Schoppmann.[21] Dagegen hielt Bernhard Willems nur nüchtern fest: »An allen Kriegshändeln, die irgendwie seine Interessen berührten, hat sich Walram, auch nachdem er Herzog von Limburg geworden war, nach wie vor eifrig beteiligt...«[22] Der zeitgenössische Chronist der Kölner Königschronik bemerkte zu ihm im Zusammenhang der Zerstörung des Berenstein durch den Kölner Erzbischof und Walrams Abwendung von König Otto wenig freundlich *in omnibus malis, quae Germania postmodum passa est, ipse dux et auctor fuit* ›in allen üblen Dingen, die Deutschland danach erduldet hat, war er Anführer/Herzog? und Urheber‹. Das war zweifellos aus der Rückschau von der Auseinandersetzung mit Erzbischof Engelbert her geschrieben (s.u.), wobei der Chronist geschickt die möglichen Lesarten des lateinischen *dux* ›Anführer‹ oder ›Herzog‹ in der Schwebe ließ.

b. Heinrich von Limburg-Monschau als Herr von Monschau (1221–1226)

Das bergische Eheprojekt, die Heirat Heinrichs von Limburg-Monschau mit Irm(in)gard, der Erbin der Grafschaft Berg, führte bald zum Zusammenstoß der Limburger mit dem neuen Inhaber des Kölner Erzstuhls, Engelbert von Berg, dem jüngeren Bruder des Grafen Adolf. Einem ersten urkundlichen Zeugnis vom 30. März 1217, das in Brühl verhandelt wurde und die Heiratsverbindung betraf, ist zu entnehmen, dass der Erzbischof den Hof Rüdesheim (*curtis in Rudensheym*, aufgegangen in der Stadt Euskirchen), seiner Nichte Irmgard übertrug. Diesen Hof hatte (der spätere) Herzog Walram ursprünglich als Lehen der Kölner Kirche innegehabt und jetzt zurückerstattet. In diesem Zusammenhang hatte Walram das Versprechen abgelegt, seine eigenen, vom Bischof von Lüttich gehaltenen Lehen solange Irmgard zu überlassen, bis er ihr die Burg Monschau und das Land Konzen übertragen habe (*castrum in Munioie et terram Cumeze*).[23] Diese Urkunde enthält die oft angeführte schriftliche Erstbezeugung der Burg und des Umlandes, das zu dieser Zeit noch nicht nach der Burg genannt wurde. Graf Adolf war bei dieser Verhandlung vermutlich schon auf dem Weg in das Heilige Land, während er bei einem früheren Vorgang in Köln am 7. März noch anwesend war.[24] Diese Sache gibt zu erkennen, dass gleichzeitig andere Konfliktanlässe zu regeln waren. Herzog Heinrich III. wurde nämlich von Engelbert dazu gebracht, beschlagnahmte Besitzungen des bergischen Klosters Altenberg herauszugeben, die dem Kloster von der Gräfin Alveradis von Molbach, der Witwe des Grafen Wilhelm II. von Jülich. übereignet worden waren[25]. Der Vorgang von Brühl, der offenkundig im

Zusammenhang mit der Heiratsausstattung der Braut stand, kündigt bereits an, was bei Bekanntwerden von Adolfs Tod vor Damiette eintrat: der Erzbischof übernahm als nächster männlicher Verwandter selbst die Regierung der Grafschaft Berg und verwehrte Irmgard und ihrem Gemahl den Eintritt in das Erbe. Ein Konflikt mit Waffengewalt wurde unvermeidbar. Schon vorher war es zu einer kriegerischen Auseinandersetzung zwischen dem Erzbischof und Walram von Limburg-Monschau gekommen, der um diese Zeit schon weitgehend die Geschäfte für seinen Vater Herzog Heinrich III. führte. Hinzu kamen seine Verwandten und Helfer, darunter der Graf Dietrich von Kleve. Wie Engelberts geistlicher Biograph, der Zisterzienser Caesarius von Heisterbach, berichtet, hatte Walram im Kölner Herzogssprengel ohne Erlaubnis eine Burg und einen Marktort (unbekannten Namens) eingerichtet, die Engelbert noch vor seiner Bestätigung und Erhebung zum Erzbischof zerstören und abreißen ließ (*quam dominus archielectus destruxit et evulsit).*[26] Der neue Erzbischof nahm die mit dem Kölner Bischofsamt verbundenen herzoglichen Aufgaben der Friedenswahrung und Streitschlichtung sowie seiner Befestigungshoheit überaus ernst und machte sich entsprechend beim regionalen Adel verhasst. In der Heirat seiner Nichte mit einem Limburger sah er offenbar eine ernste Bedrohung für die Grafschaft Berg. Laut Caesarius habe Engelbert mit seinem Bruder eine Scheidung des Paares erwogen, *ne comitia ad Henricum uxoris gratia devolvi posset* ›damit die Grafschaft nicht der Ehefrau wegen an Heinrich geraten könnte.‹[27] Folgerichtig verwehrte der Erzbischof Heinrich den Herrschaftsantritt als Graf in Berg und nahm die Leitung der Grafschaft selbst in die Hand. Die Limburger avancierten damit zu den Hauptfeinden des Erzbischofs, zumal Walram, den Limburger Herzogsrang vor Augen und Graf von Luxemburg, als kampferprobter Kreuzfahrer, keiner Auseinandersetzung aus dem Wege ging und die Entscheidung im Kampf suchte. Wie gefährlich Engelbert die limburgische Bedrohung eingeschätzt hat, ist daran zu ermessen, dass er nahe dem limburgischen Machtschwerpunkt Rolduc/Herzogenrath eine Burg *Valantia* zur Überwachung der Limburger errichten ließ. Deren Lage wird bei Bardenberg an der Stelle der späteren Jülicher Burg Wilhelmstein vermutet. Schließlich kam im August 1220 in Köln vor dem Erzbischof eine umfangreiche Friedensvereinbarung zustande.[28] Heinrich unterwarf sich dem Schiedsspruch Engelberts und wurde mit einer Rente abgefunden.[29] Die große Zahl rheinischer Adliger, die bei der Verhandlung zugegen waren und das Abkommen beschworen, zeigt, welchen Umfang die im Umfeld des limburgisch-bergischen Streits ausgelösten Fehden angenommen hatten. So hatte u.a. Walram die Grafen von Vianden, alte Luxemburger Rivalen, in Gefangenschaft gehalten und musste sich zu ihrer Freilassung verpflichten. Die Menge der bei der hier dokumentierten Vereinbarung geleisteten eidlichen Versprechen, darunter auch von Walrams Söhnen Heinrich und Walram, verrät, welches Misstrauen auf allen Seiten im Spiele war. Fünf Jahre später, am 7. November 1225, wurde der mittlerweile zum Reichsverweser und Prinzenerzieher aufgestiegene Erzbischof bei Gevelsberg auf dem Wege zu einer Kirchenweihe in Schwelm überfallen und kam bei dieser Aktion zu Tode. Die gut begründete Meinung in der Forschung geht dahin, dass der Erzbischof bei diesem Unternehmen »nur« habe gefangen gesetzt werden sollen, um politische Forderungen gegen eine Freilassung durchzusetzen.[30] Die an dem noch erhaltenen Skelett, insbesondere den Schädelknochen des Umgebrachten erkennbaren Verletzungen[31] verraten aber, dass ein solcher Plan, wenn er denn so ausgedacht war, beim Überfall gründlich misslungen ist. Drahtzieher der Aktion war Graf Friedrich von Isenburg, ein Verwandter Engelberts und Schwiegersohn Herzog Walrams III., im Streit mit dem Erzbischof über die Vogtei des Damenstifts Essen. Der unerhörte Fall rief allgemeines Entsetzen hervor, und der getötete Erzbischof wurde spontan als Märtyrer für den Glauben unter die Heiligen eingereiht. Zu einer offiziellen Kanonisierung ist es aber trotz verschiedener Bemühungen nicht gekommen. Wie vergiftet die Atmosphäre war, ist auch daran abzulesen, dass Herzog Walram III., noch ehe der umgebrachte Erzbischof zur Beisetzung nach Köln überführt war, die Zerstörung der verhassten Burg *Valantia* durch seinen Bruder Gerhard und seinen Sohn Walram I. von Monschau ins Werk setzen ließ. Ob die Limburger in das Komplott gegen den Erzbischof eingeweiht oder gar darin verwickelt waren, ist nirgends bezeugt. Caesarius meldet nur vielsagend, dass Gerhard noch im selben Jahr und bald darauf auch Herzog Walram III. (Sommer 1226) verstorben und seine beiden Söhne Heinrich und Walram von schwerer Krankheit befallen worden seien. *Causam vero mortis illorum sive infirmitatis istorum Deus novit* ›den Grund ihres Todes und der Krankheit (der beiden) andern kennt Gott (allein)‹.[32] Für Heinrich war nun der Weg frei für die Übernahme der Grafschaft Berg und kurz darauf zur Limburger Herzogswürde (als Heinrich IV.). Die Burgherrschaft Monschau überließ er dem jüngeren Bruder Walram. In einer (nicht näher datierten) Urkunde von a.1225 nannte er sich selbst (noch) *Hinricus de Limburg dominus de Munioy* ›Heinrich von Limburg, Herr von Monschau‹.[33] Dass Heinrich auch auf der Burg Monschau residiert hat zeigt u.a. eine seiner Urkunden für das Marienstift Aachen vom Mai 1226, kurz vor dem Tod Herzog Walrams III., in der er als Graf von Berg auftrat (*Heinricus comes de Monte*). Sie ist auf der Burg verhandelt worden (*datum apud Monioie* ›gegeben zu Monschau‹).[34] Ende Juli 1226 kam es dann auch zu einem Friedensschluss zwischen Heinrich und dem Nachfolger Engelberts als Erzbischof, Heinrich von Müllenark, mit einer Ersatzleistung für die zerstörte Kölner Burg *Valantia*; Heinrichs Bruder Walram I. von Monschau trat der Vereinbarung bei.[35] Nach Regelung der Verhältnisse in Berg schloss sich Heinrich dem Kreuzzug Kaiser Friedrichs II. (a. 1227) an und übertrug die Regierungsgeschäfte in Berg an seine Frau Irmgard, im Limburger Herzogtum an den Bruder, Walram I. von Monschau. Als der Kai-

(Abb. 13) Urkunde Heinrichs von Limburg-Monschau als Graf von Berg, ausgestellt auf der Burg Monschau. In der letzten Zeile: *Datum apud Monioie* ›gegeben zu Monschau‹.

ser beim Aufbruch des Kreuzfahrerheeres von Brindisi im September 1227 von der im Heer grassierenden Seuche selbst erfasst wurde und zunächst zurückblieb, übertrug er den Oberbefehl an Heinrich,[36] jetzt als Herzog von Limburg der Herr mit dem höchsten Adelsrang im Kreuzfahrerheer.

Von Heinrichs Söhnen traten der ältere, Adolf, in der Grafschaft Berg, der Zweitgeborene, Walram, im Herzogtum Limburg (als Walram IV.) die Nachfolge an. Auch darin wird sichtbar, dass die familieninterne Tradition der Limburger, die Burgherrschaft Monschau vornehmlich zur Ausstattung nachgeborener Söhne zu nutzen, Bestand behielt: Mit dem Aufstieg Heinrichs zum Herzog von Limburg und Graf von Berg hatte er Monschau dem jüngeren Bruder Walram überlassen. Diese Entscheidung kann als endgültige Bestätigung einer eigenen Herrschaft Monschau gewertet werden und hat zunehmend zur weiteren Lockerung der Bindung der Burgherrschaft Monschau von Limburg geführt.

c. Die Herrschaft Walrams I. von Monschau (1226–1242) und der Ausgleich zum Forstrecht zwischen Limburg und Jülich

Walram I. von Monschau, von Chronisten auch *longus* ›der Lange‹ wohl wegen seiner Körpergröße genannt, war aus demselben Holz geschnitzt wie sein Vater und unablässig in Fehden verwickelt, bis er schließlich a.1242 auf dem Schlachtfeld ums Leben kam.[37] »Sein ganzes Leben ist ein endloser Kampf, gerade gegen geistliche Herren … Wir haben uns ihn somit als einen verwegenen, streitlustigen Haudegen vorzustellen« urteilte Bernhard Willems.[38] Der zeitnah als Chronist schreibende Zisterzienser Alberich von Troisfontaines kennzeichnete ihn knapp als *vir bellicosus* ›ein kriegerischer/streitbarer Mann‹.[39] Dabei ist zu bedenken, dass er sich gemäß den Anschauungen seiner Zeit in der undankbaren Lage des Zweitgeborenen ohne reale Aussicht auf das Limburger Herzogsamt oder einer anderen höherrangigen Nachfolge fand. Nach dem Tod des Vaters fiel ihm zwar die Vormundschaft für den noch minderjährigen Stiefbruder Heinrich (den Blonden) von Luxemburg und seine Stiefmutter Ermesinde zu, war aber gemäß den Regelungen von a.1214 von einer Nachfolge in Luxemburg ausgeschlossen. Zunächst sind u.a. Aktionen von Leuten Walrams und Ermesindes gegen Besitz des Klosters Malmedy bekannt geworden, so dass a.1228 Papst Gregor IX. das Kapitel des Kölner Stiftes St. Aposteln beauftragte, die vom Bischof von Lüttich und dem Erzbischof von Köln verhängte Strafe des Interdikts und der Exkommunikation bis zu der verlangten Wiedergutmachung der Übeltäter auszuführen.[40] In längerfristiger Perspektive hat sich Ermesinde aber von ihrem ungestümen Schwiegersohn zurückgezogen und mit Erreichen des Mündigkeitsalters ihres Sohnes Heinrich zusammen mit ihm eine besonnene und erfolgreiche luxemburgische Politik betrieben.[41] Walram dagegen war, auch zur Zeit des nachfolgend dargestellten Vorgangs von Kornelimünster, in Fehden mit dem Bischof von Lüttich verwickelt, der ihn a.1236 in einer Vergeltungsaktion für seine Brandschatzung von Theux *usque ad castrum Montis Iovis* (›bis zur Burg Monschau‹) verfolgte, auf die er sich offenbar zurückgezogen hatte. Das Gebiet um Bütgenbach wurde bei dieser Aktion verwüstet. Kurz nach dem Treffen in Kornelimünster zog der Bischof gegen Walrams Burg Poilvache bei Dinant.[42] Die war aus der Mitgift seiner Gemahlin Elisabeth von Bar unter seine Herrschaft gekommen. Es zeichneten sich schon die jahrelangen Fehden des rheinischen Territorialadels mit Erzbischof Konrad von Hochstaden (1238–1261) ab. Schon das Jahr 1239 brachte einen Vorstoß Konrads, der in Walrams Gebiet (*dictam Kuntzerlandt* ›Konzener Land genannt‹) einfiel und alles rund um die Burg verbrannte und verwüstete,[43] der üblichen Weise der Kriegsführung, um dem Gegner möglichst großen wirtschaftlichen Schaden zuzufügen und dadurch an der Fortführung weiterer Kriegshandlungen zu hindern. Im Sommer des Folgejahres kam es zur Beilegung dieses Streites, bei der – wie oft zu dieser Zeit üblich – zur Festigung der Vereinbarungen eine Ehe arrangiert wurde: Walrams Tochter Berta wurde mit Konrads Neffen Dietrich von Hochstaden verheiratet.[44] Wie brüchig allerdings solche »Friedensregelungen« waren, mag man daran ablesen, dass schon zwei Jahre später Walram im Kampf gegen Erzbischof Konrad fiel. Berta aber ist schon a.1246 als Witwe bezeugt und ging eine zweite Ehe mit Dietrich (lateinisch *Theodericus/Theoderich*, niederländ. *Dirk*) von Valkenburg ein.

Im Februar des Jahres 1238[45] trafen sich im Kloster Kornelimünster der junge Graf Wilhelm IV. von Jülich und sein Oheim Walram I. von Monschau, Herr zu Bütgenbach und Poilvache mit ihren jeweiligen Gefolgsleuten zu Verhandlungen. Die Ergebnisse der Gespräche sind in zwei für die Geschichte des Monschauer Landes wichtigen Urkunden niedergelegt.[46] Wilhelm war der älteste Sohn des Grafen Wilhelm III. von Jülich (aus dem Hause Heimbach) und der Limburgerin Mathilde, einer Tochter des nachmaligen Herzogs Walram III. Als Wilhelm III. a.1219 auf dem Kreuzzug in Ägypten vor Damiette ums Leben kam, war sein Sohn Wilhelm noch nicht volljährig und wird vermutlich der Vormundschaft eines seiner Limburger Oheime in Monschau unterstanden haben.[47] Gegen a.1225 dürfte der Jülicher Neffe das Mündigkeitsalter erreicht haben. Als im Jahr 1226 König Heinrich (VII.) an Wilhelm IV. das Geleitsrecht für Juden in seinem Gebiet verlieh, stehen aber noch Heinrich als *dux Lymburgensis* und Walram *de Mongoien* als die Fürsprecher des Verleihungsaktes gleich am Anfang der Urkunde.[48] Gegenstand der Verhandlungen in Kornelimünster waren die Rechte am Wald des ursprünglich königlichen Forsthofes Konzen, die – wie in den beiden vorangehenden Kapiteln dargelegt – seit mehr als hundert Jahren faktisch von Herren aus dem Hause Limburg wahrgenommen wurden, wobei sie durch Burgenbau und Anwerbung von Siedlern einen eigenen Herrschaft- und Gerichtsbezirk im Forstgebiet aufgebaut hatten. Eine königliche oder eine anderweitige (etwa pfalzgräfliche) Übertragung des Forstrechtes ist nicht bekannt geworden. Sie wird auch schwerlich bestanden haben. Wie erwähnt, waren aber über eine Verlehnung durch Konrad, den staufischen Pfalzgrafen bei Rhein, mit der Grafschaft Maubach auch Forstrechte (das Forstrecht generell?) schließlich an das Haus Jülich gelangt – gemäß der späteren Formulierung von a.1234 *comitatus et ius nemoris* ›die Grafschaft [Maubach] und das Waldrecht‹. Eine genauere Kennzeichnung, was es mit diesem Recht auf sich hatte, insbesondere seine räumliche Erstreckung, lassen die darüber ergangenen pfalzgräflichen Urkunden jedoch nicht erkennen. Es muss offen bleiben, ob von der pfalzgräflichen Seite präzisere Angaben darüber nicht gemacht werden konnten oder sollten. Es ist nicht ausgeschlossen, dass nach den Jahren des pfalzgräflichen Rückzugs aus dem nördlichen Rheinland Genaueres darüber nicht (mehr?) bekannt gewesen ist. Auf Jülicher Seite konnte der verliehene Rechtstitel entsprechend auch als Aufforderung verstanden werden, »etwas daraus zu machen«, und ein machtbewusster Herr wie Wilhelm II. hatte denn auch keine Gelegenheit vorübergehen lassen, seinen Einfluss zu steigern, gerade dann, wenn es gegen den ebenfalls mächtigen limburgischen Nachbarn und Rivalen ging. Die Vereinbarung von Kornelimünster lässt nun eine jahrzehntelange Vorgeschichte in dieser Frage erkennen.

Zunächst geht daraus hervor, dass schon früh nach der pfalzgräflichen Belehnung von Jülicher Seite Vorstöße gegen die Ausübung des Forstrechtes durch einen Limburger im Hof Konzen unternommen worden sind. Punkt 4 berichtet nämlich von einer älteren Übereinkunft *Henrici ducis de Lymburg et antiqui comitis Wilhelmi*, d.h. von Herzog Heinrich III. (1167–1221) und Graf Wilhelm II. (nach 1176–1207), die vor das Jahr 1207 zurückgehen muss, in dem Wilhelm II. auf seiner Burg Nideggen starb. Die Kennzeichnung als ›der alte Graf Wilhelm‹ unterscheidet ihn von Wilhelm III., dem Vater des Verhandlungspartners von Kornelimünster. Diese frühe Vereinbarung hatte bestimmt, *ut curia de Cůmze singulis annis solveret tres marcas pro eo, quod homines eiusdem curie non gravarentur de banni infractione in forestis* ›dass der Hof Konzen jährlich 3 Mark dafür zahlen sollte, dass die Leute dieses Hofes nicht für den am Forst begangenen Bannbruch belastet werden sollten‹. Damit sind die von der limburgischen Seite angeworbenen Siedler gemeint; der erwähnte Bannbruch bestand aus Sicht des Jülicher Waldgrafen in der Rodung. Diese *homines curie* heißen später im Waldweistum von 1342 *hoveslude* ›Hofleute‹, wo ihnen noch weitere Vorrechte gegenüber den Auswärtigen (*uzerluden*) zugesprochen werden. Damit war dem Grafen von Jülich ein erster Schritt über seinen engeren Machtbereich hinaus zu einer weiträumigen Anerkennung seiner Ansprüche als *comes nemoris* ›Waldgraf‹ gelungen. Darüber hinaus partizipierte er an den Einkünften, die der Limburger Inhaber der Burgherrschaft von seinen Siedlern erzielte. Es ist daran zu erinnern, dass demgegenüber im Gebiet des Wildbanns (d.i. in größeren Teilen das spätere Amt Wehrmeisterei), der von Anfang an im Jülicher Machtbereich lag, die Rodung nicht in gleicher Weise freigegeben war.[49]

Nach dem Tod Wilhelms II. war es zu einer Entspannung im Limburg-Jülicher Verhältnis und einer Annäherung gekommen, die durch die Vermählung von Walrams von Limburg-Monschau (seit a.1221 Herzog Walram III.) Tochter Mathilde mit Wilhelms II. Nachfolger aus dem Hause Heimbach als Graf von Jülich (Wilhelm III.) besiegelt wurde.[50] Wilhelm II. hatte keine Nachkommen hinterlassen. Heinrich Tichelbäcker hat zu Recht darauf hingewiesen, dass dieses Ereignis der Sage von der »Nideggener Hochzeit« zugrunde liegt.[51] Danach habe der Graf von Jülich die Schwester des »Grafen« von Monschau entführt, worauf dieser die Burg Nideggen belagerte, auf die sich das Paar zurückgezogen habe. Nach vergeblicher Belagerung sollen die Kontrahenten Frieden geschlossen und eine festliche Hochzeit gefeiert haben. In den Zusammenhang dieser Annäherung beider Dynastien fällt u.a. die Überlassung des Waldbezirks *Wyssirscheit* an den Jülicher, die laut dem Abkommen von a.1238 (Punkt 6a) durch Walram von Limburg-Monschau vorgenommen worden ist und die aufgrund der Lebensdaten Wilhelms III. vor a.1219 zurückreichen muss. Der Limburger ist im Rückblick *dux* ›Herzog‹ genannt, während er dieses Amt tatsächlich erst von a.1221 an innehatte (Punkt 6a: … *quod nemus illud, quod dicitur Wyssirscheit, spectabit ad inferiorem siluam; et hoc ratum manet.* › … dass der Wald mit Namen Wyssirscheit zum Unterwald gehören wird; und das bleibt so‹). Es handelt sich um den heute weitgehend gerodeten Waldbezirk nördlich vom Bosselbach (b. Vossenack) zur Weißen Wehe hin. Beim Ortsausgang von Germeter in Richtung Hürtgen ist noch der Flurname *Wittscheidt* bezeugt (so verhochdeutscht bei Katasteraufzeichnungen aus mundartlich a.1649 *Wischert.* Die Bezeichnung *inferior silva* ›Unterwald‹ für die Waldbezirke des späteren Jülicher Amtes Wehrmeisterei (heutige Forstbezirke Wenau und Hürtgenwald), im Gegensatz zu einem ›Oberwald‹ um das alte Forstzentrum Konzen, kommt an dieser Stelle zum ersten Mal vor und dürfte noch nicht lange im Gebrauch gewesen sein. Denn eine solche Kennzeichnung der Wälder nach der Höhenlage an der Nordabdachung von Eifel und Hohem Venn gewann erst Sinn, wenn der Jülicher als Waldgraf auch höher im Gebirge Fuß gefasst hatte. Das schon mehrfach genannte Wildbannweistum, das frühestens vom Ende des 13. Jahrhunderts stammt, bestimmt zum gleichen Vorgang kurz und knapp unter der Überschrift *Wisserscheyt: Vort meir Wisserscheyt is alleyne myns heren, ind nyemant yn hayt da up ze schaffen, dan hey alleyne.* (›Weiter: Wisserscheit gehört allein meinem Herrn und niemand hat dort etwas zu schaffen als er allein‹).[52] Während das Weistum für das Gebiet des Wildbanns eine größere Anzahl von Waldberechtigten anführte, hatte der Graf von Jülich mit dieser Erwerbung einen Distrikt zur alleinigen Verfügung gewonnen. In den Zusammenhang des Limburg-Jülicher Interessenausgleichs dürfte auch gehört haben, dass dem Grafen von Jülich die Verfügung über das Reichslehen Berenstein zufiel, das Walram von Limburg-Monschau in den Tagen des Thronstreites vom welfischen König Otto IV. erhalten hatte (s.o.). Kurz vor seinem Tod auf dem Kreuzzug a.1219, im Lager vor Damiette, verfügte nämlich Graf Wilhelm III. die Schenkung dieses Lehens mitsamt den Kirchen zu Nideggen und Siersdorf an den Deutschen Orden.[53]

Dieses Zeugnis ist für die Geschichte des Landes über die Forstverwaltung hinaus in mehreren Hinsichten bemerkenswert, weil der Berenstein zu diese Zeit also in Jülicher Hand war. Von ersten ausführlicheren Nachrichten von a.1516 an (zuletzt noch a.1600 wiederholt und a.1649 erneut dokumentiert) rügten die Schöffen des Landgerichts Monschau beim jährlichen Vogtgeding (Gerichtstag) bezüglich angrenzender Strecken: *Wysscherscheyt, Lynthylt, Michelberch gehoert zo dem lande van Monjauwen. Dat des nyet en is, halden wir scheffen in hoeden ind wrogen, bys unsser genedichster here uns up deyt hoirenn.* ›Wisserscheid, Lindhelt und Meuchelberg[54] gehören zum Land Monschau. Dass das nicht (mehr so) ist, halten wir Schöffen in Acht und Rüge, bis unser gnädigster Herr uns aufzuhören befiehlt‹. Es war u.a. Aufgabe der Schöffen, festzustellen, was zum Gerichtsbezirk gehörte und damit die Unversehrtheit des Landes zu sichern. Hier liegt einmal der seltene Fall vor, dass sich eine solche späte Schöffenaussage auf ihren Ursprung hin überprüfen und datieren, damit auch ein Hinweis gewinnen lässt, aus welchem Zeitraum die Kernaussagen eines Weistums stammen. Weiter ergibt sich daraus, dass das Wissen der Schöffen offensichtlich über 400 Jahre hinweg zuverlässig in mündlicher Form weitergegeben worden ist. Die beiden anderen aufgegebenen Walddistrikte Lindhelt und Meuchelberg liegen in unmittelbarer Nähe der Burg Heimbach. Mit ihnen wurde die ursprüngliche Rurgrenze des Forsthofes Konzen ein Stück nach Westen verlagert. Mit einiger Wahrscheinlichkeit kann man die Sache als stillschweigende Duldung der wohl schon älteren faktischen Waldnutzung nahe der Burg aufgrund derselben Limburger Ausgleichspolitik gegenüber Wilhelm III. verstehen, der ja aus dem Hause Heimbach stammte. Eine schriftliche Dokumentierung darüber liegt nicht vor. Ein Indiz für diese Deutung ist der gleichzeitige Punkt 6b des Vertrages von 1238, der noch bestimmte, dass der Hof Blens (links der Rur), der in den Distrikt Lindhelt fiel, einen Förster mit zugehöriger Forsthufe zum Forsthof Konzen zu stellen hatte. Nach der endgültig gewordenen Abtrennung der Distrikte vom

Konzener Forst und ihrer Zugehörigkeit zum späteren Jülicher Amt Heimbach mutierte der Blenser Förster zu einem ›Vorförster‹, wie die Monschauer Amtserkundigung von a.1549 ihn und seine beiden ehemaligen Kollegen vom Forsthof Konzen nennt, die auf dem Klosterterritorium von Kornelimünster amtierten.[55] Das Weistum vom Hof Blens von a.1555 verrät auch noch die ursprüngliche Zugehörigkeit zum Hof Konzen, indem es u.a. den Weidgang des Hofes *bis ghenn Semeroth* ›bis nach Simmerath‹ reichen lässt.[56]

Schließlich gehörte zu den Zugeständnissen, die Walram seinem Schwiegersohn als Waldgraf unter Punkt 6c gemacht hatte, dass auch auf dem Boden des Hofes Bütgenbach, der in seinem Ursprung nicht zum Königshof Konzen gehört hatte, der aber unter der Herrschaft des Limburgers stand,[57] das Waldgericht des Konzener Forstmeisters dort dreimal im Jahr tagen sollte. Vom Wasserrecht (Fischerei) auf der Warche sollte ihm als Waldgrafen pro Haus ein Kölner bzw. ein Metzer Denar zukommen, von den Einkünften aus einem Bannbruch (gemeint ist wohl Rodung) ein Drittel.

Eine schlüssige Deutung der Zusammenkunft von Kornelimünster im Februar 1238 ergibt sich unter der Annahme, dass der wie sein Vorgänger Wilhelm II. machtbewusste Wilhelm IV., die aus der Belehnung mit dem Rechtstitel eines Waldgrafen abgeleiteten Ansprüche über das bisher Erreichte hinaus zu erweitern suchte. Der Zeitpunkt dafür war geschickt gewählt. Nicht lange vorher (a.1234) war die ältere pfalzgräfliche Belehnung durch Pfalzgraf Otto an ihn erneuert worden.[58] Gegenüber der vorangehenden Urkunde von a.1209 mit der undeutlichen Umschreibung *cum nemore*[59] konnte die nun benutzte Formel *ius nemoris* weiter ausgelegt werden. Der Text des Abkommens von a.1238 lässt keine Gelegenheit aus, die Bedeutung des *comes nemoris* gehörig herauszustreichen. Vor allem aber traf der Zeitpunkt der Zusammenkunft in Kornelimünster Walram I. von Monschau in einer prekären Situation. Nach seinen Angriffen auf Gebiete und Leute des Bischofs von Lüttich mit Brandschatzung des ehemaligen Königshofes Theux war er selbst nicht lange vorher einem Vergeltungszug des Bischofs ausgesetzt gewesen. Dabei hatte besonders der Hof Bütgenbach stark gelitten. Konflikte mit dem energischen Erzbischof Konrad von Hochstaden zeichneten sich ab. In dieser Situation konnte Wilhelm IV. mit einen kompromissbereiten Herrn von Monschau rechnen.

Dass die Abmachungen von Kornelimünster 1238 über die schon früher getroffenen hinausgingen und neue Verhältnisse im Forsthof Konzen, dem limburgisch begründeten Herrschaftsbezirk, schufen, ist auch daran zu erkennen, dass sie weitgehend im Futur formuliert sind. So wurden unter (1) die Einwohner von Nideggen, dem zentralen Jülicher Stützpunkt am Rande des Forsthofes Konzen, mit denen vom Hof Konzen gleichgestellt, indem sie das Recht auf Holzeinschlag zum Bauen und Heizen, nicht jedoch für den Verkauf nach außerhalb, erhielten. Die Regelung kam den Jülicher Bestrebungen zur verstärkten Gewichtung von Nideggen entgegen, die auf längere Sicht zur Rolle Nideggens als einer »Mit-Residenz« im späteren Herzogtum führen sollten.[60] Unter (2) wurden dem Waldgrafen ausdrücklich Rechte im Forsthof Konzen zugesprochen, die der dortige Forstmeister wahrzunehmen hatte, der sie aber vom Waldgrafen als Lehen erhielt. Unter den Zeugen der Verhandlung war auch der amtierende Forstmeister (*Gerardus Melcop, foresti magister*), der aber ausdrücklich als Gefolgsmann Walrams bezeichnet ist. Er ist schon früher (a.1226) neben einem *Henricus forestarius* als Zeuge in einer Urkunde von Walrams älterem Bruder Heinrich, verhandelt auf der Burg Monschau (*datum apud Monioie*) auf Limburg-Monschauer Seite bezeugt.[61] Demnach hat in der vorangegangenen Zeit offensichtlich einer der jeweiligen Limburger Dynasten den Forstmeister in Konzen eingesetzt. Unter (2) ging es weiter um die Einkünfte des Forsthofes. Unerlaubt gewonnene Walderträge wurden zunächst von den Förstern beschlagnahmt (»in der Volkssprache *pande* ›Pfänder‹ genannt«). Von einem solchen Pfand sollten die Förster 20 Denare, von anderen Bußen nach Försterurteil, entsprechend dem schon karolingischen Brauch, 60 Schillinge (lat. *solidi*) in Kölner, Lütticher oder Trierer Münze erheben. Alle Einkünfte, auch bei Bannbruch (3), sollten zu zwei Dritteln an den Forsthof gehen, das restliche über den Forstmeister an den Waldgrafen. Der Hof stellte 20 Förster mit eben so vielen Forsthufen (Wirtschaftshöfen) und 4 Forstknechte. Das zugehörige Förstergericht (volkssprachig *holzdinc*) sollte der Waldgraf jeweils vierzehn Tage vorher in der Kirche zu Konzen ankündigen (5). Dieses besondere (und wohl auch ältere) Gericht neben dem Schöffengericht der Burgherrschaft verweist auf die Entstehung der Herrschaft aus dem Forst; es hat bis in die Zeiten des Landes als Jülicher Amt weiter bestanden.

Als eine auffällige und spektakuläre Aufgabe, deren Ablauf das spätere Waldweistum von a.1342 ausführlicher beschrieb, reklamierte der Waldgraf für sich einen Ritt entlang der Rur bis zur Mündung in die Maas, bei dem er alle Hindernisse (Wehre u.ä) beseitigen sollte, die den Laichzug der Lachse flussaufwärts behindern konnten. Diese Aufgabe galt offenbar als eine wichtige Maßnahme im Vollzug des Waldrechtes. Nach einer Erklärung von a.1263 nahm auch Herzog Walram IV. von Limburg sie wahr entlang von Weser und Ourthe im Kernraum des Herzogtums Limburg, gleichsam als Waldgraf im eigenen Territorium[62] (vgl. Kap. 2 b und c). Und noch um a.1350 wiesen die Schöffen von Limburg, Baelen, Walhorn und Herve als Pflicht des Herzogs aus, alle sieben Jahre die in der Weser von Limburg bis zur Maas errichteten Wehre auf einem Ritt zu zerstören, wobei er in Olne und Chênée Station machte.[63] Schließlich sollte laut Vereinbarung dem Waldgrafen all das in seinem Bann zustehen (7), was ihm die Förster zusprechen. Damit hatte der Graf von Jülich ein Maximum an Zugeständnissen erreicht, wenn auch der schließlich mögliche materielle Ertrag daraus »nur« ein Drittel des Gesamtaufkommens betrug.

Im Gegenzug überließ Wilhelm IV. dem Burgherren von Monschau und seinen Erben die Vogtei (*aduocatiam suam de Comze*), d.h. die Gerichtsherrschaft zu erblichem Besitz gegen eine jährlich Mitte Mai fällige Zahlung von 6 Mark. Diese an sich klare Bestimmung bereitet über die einfache Feststellung der Tatsache hinaus der historischen Erklärung einiges Kopfzerbrechen. Zum einen ist gerätselt worden, ob mit dem Ausdruck *advocatia* ›Vogtei‹ über das Gericht des Burgherren von Monschau hinaus vielleicht eine ältere Einrichtung aus der Zeit der Zugehörigkeit zum Reichsgut gemeint sein könnte. Zum anderen ergab sich die Frage, wieso der Graf von Jülich etwas hergeben könne, worüber der Burgherr von Monschau nicht ohnehin schon längst verfügte. Heinrich Tichelbäcker hatte als Erklärung vorgeschlagen, bei dem schon früheren Ausgleich (s.o.) habe der spätere Herzog Walram, damals noch als Graf von Luxemburg außer Landes engagiert, seinen Schwiegersohn Wilhelm III. zum Vogt und Schirmherren über seine Burgherrschaft Monschau eingesetzt.[64] Urkundliche Nachrichten darüber liegen nicht vor, doch könnten die in den Abmachungen jeweils auf ein Drittel festgelegten Einkünfte als das übliche, einem Vogt zustehende Drittel der Gefälle (Einkünfte) verstanden werden. Das in der ersten Urkunde von Kornelimünster gebrauchte *contulit* wäre dann mit ›überlassen‹ wiederzugeben und der Rechtsakt als Rückgabe zu deuten.

Unter der älteren, gleichsam selbstverständlichen, aber unbewiesenen Voraussetzung einer weiträumig geltenden und seit Jahrhunderten überlieferten Waldgrafschaft, hat man die Übereinkunft von Kornelimünster 1238 meist so gedeutet, dass hier die im Entstehen begriffene Landesherrschaft, ausgehend von der Burg Monschau, dem Waldgrafen »seine Rechte streitig« mache und damit diese tradierte, nicht erwiesene Lehre einfach vorausgesetzt.[65] Unberücksichtigt blieb dabei jedoch das schon mehr als hundertjährige unangefochtene Wirken der Limburger Herrscher im Forsthof Konzen, so dass mit dieser Deutung die tatsächlichen Rollen geradezu verkehrt wurden. Es waren die Herren der Burgherrschaft Monschau, die im Jülicher Waldgrafen einen mächtigen Konkurrenten erhielten, der ihren Bestrebungen nach vollständigen landesherrlichen Kompetenzen in einer Art »Mitregierung« von nun an dauerhaft im Wege stand. Denn nach dem Besitz der Rechte am Grund und Boden und der Herrschaft über das Gericht waren es Sonderrechte wie das Forstrecht, die schließlich auch zur Bildung eines Territoriums mit staatsähnlichen Eigenschaften führen konnten. In einer langfristigen Perspektive hatten die Jülicher Dynasten damit eine Trumpfkarte in die Hand bekommen, mit deren Hilfe sich bei einer geeigneten politischen Konstellation das Land Monschau dem Jülicher Territorialstaat anfügen ließ. Die Situation trat dann auch mit dem Ende der valkenburgischen Herrschaft a.1352 und dem nachfolgenden Monschau-Valkenburger Erbstreit ein, auch wenn sich die endgültige Vereinigung mit dem mittlerweile zum Herzogtum erhobenen Jülich bis a.1435 hinzog.

Das Waldrecht ist noch lange Zeit als separate Größe neben der landesherrlichen Grund- und Gerichtsherrschaft behandelt worden, zumal es einen wichtigen Faktor bei der Ausbildung staatlicher Hoheit über ein Gebiet neben den Grundbesitz- und Gerichtsrechten bildete. In der umfangreichen Tauschaktion vom Jahr 1361, in der Herzog Wilhelm II. von Jülich sein an Reinhard von Schönau, Herrn von Schönforst, verpfändetes Amt Kaster dadurch auslöste, dass er Kaster gegen das noch nicht lange an Jülich gekommene Land Monschau tauschte und Reinhard als Pfandherren überließ,[66] nennen die darüber ausgestellten Urkunden bei der Aufzählung aller Bestandteile und Rechte ausdrücklich separat das Forstrecht: *as wir ind unse vůrvaren van Guilge van des vorstampts wegen gehat ind besessen hain* ›wie wir und unsere Vorfahren von Jülich es des Forstamts wegen gehabt und besessen haben‹ [67] Und als Herzog Wenzel von Luxemburg und Brabant a.1379 einen langjährigen Erbstreit in der Familie Schönforst durch einen Schiedsspruch damit beendete, indem er Peter von Kronenburg und seiner Ehefrau Mechthilde von Schönforst, der Schwester der Schönforster Kontrahenten, die bis dahin mit Monschau verbundenen Dörfer des Landes Überruhr mit allen Einkünften und Rechten zugesprochen hatte,[68] erklärte Johann I. von Schönforst, Burggraf zu Monschau, das Waldrecht ausdrücklich von dieser Regelung ausgenommen und ihm zustehend.[69] Seit dieser Schönforster Teilung fielen die Grenzen der Herrschaft Monschau und der Forstverwaltung in diesem Gebiet nicht mehr vollständig zusammen, wenn auch offenbleibt, wie und evtl. in welchem Maß die Monschauer Forstverwaltung über den Bereich der Burgherrschaft hinaus noch durchgeführt wurde.[70] Immerhin verzeichnete die Amtserkundigung noch a.1549, dass die Monschauer Förster *auß dem hoff Walberen* zwei Malter Hafer bezogen.[71]

Gelegentlich ist der Verhandlungsort Kornelimünster als »neutraler« Boden zwischen den Parteien charakterisiert worden. Dabei wird jedoch übersehen, dass Abt Florentius beim Vorgang durchaus Betroffener war. Er hat sich selbst auch als zur Limburger Seite gehörig zu erkennen gegeben. Denn unter den Vogteien der pfalzgräflichen Belehnung von a.1234 an Jülich waren auch Kornelimünster und Gressenich, und da sich der Nordrand des Reichswaldes – so die spätere Bezeichnung des Forstes von Konzen neben der Bezeichnung *Oberwald* – in die klösterliche Grundherrschaft hinein erstreckte und der Abt dort Nutzungsrechte wahrnahm, hatte er allen Grund, sich gegenüber dem Jülicher Vogt und Waldgrafen nach Verbündeten umzutun. Es ist den Äbten von Kornelimünster dann zwar langfristig gelungen, sich in ihrem Territorium große Unabhängigkeit von ihren Jülicher Vögten zu erkämpfen, ihre Rechte im Reichswald standen aber immer unter Vorbehalten der waldgräflichen Seite.

d. Walram II. als letzter Herr einer eigenständigen Herrschaft Monschau (1242–1266)

Walram II. erweist sich nach allem, was von ihm überliefert ist, als völlig andere, friedfertige Natur gegenüber Vater und Großvater. Die frühesten Zeugnisse zeigen ihn in gemeinsamen Handlungen mit seiner Mutter Elisabeth von Bar. Das spricht dafür, dass er beim Tode Walrams I. noch nicht zweifelsfrei das Volljährigkeitsalter erreicht hatte.[72] In Elisabeths (*nobilis vidua de Mongoye* ›edle Witwe von Monschau‹) Stiftung zum Seelenheil des Gefallenen an die Nonnen der Kirche *porta celi* (›Himmelspforte‹) in Stotzheim (b. Euskirchen) vom Jahr 1242 kommen ihre Kinder nur indirekt als Zustimmende vor.[73] Ihre Stiftung eines Grundstücks an das Kloster dort zum Bau einer Mühle besiegelte ihr Schwager Herzog Heinrich IV. mit ihr zusammen. In den folgenden, durchweg französischsprachigen Urkunden, in denen sie mit ihrem Sohn Walram gemeinsam auftritt (a.1245 *Je Ysabelez dame de Monioye et Walerans mez fiz…* ›Ich Elisabeth, Herrin von Monschau und mein Sohn Walram …‹), erweist sie sich ähnlich ihrer Mutter Ermesinde als tatkräftige und energische Herrin.

Elisabeth bereinigte in ihren Erklärungen alte Streitpunkte mit dem Bischof von Lüttich, indem sie ihm Besitz in Dinant und Leffe gegen Lütticher Besitz in Assesse überließ. Als Mitsiegler traten ihr Halbbruder Graf Heinrich der Blonde von Luxemburg und Walram von Jülich, der Bruder Graf Wilhelms IV. von Jülich, auf, die auch vorher schon die Verhandlungen mit dem Bischof von Lüttich geführt hatten.[74] Möglicherweise verfügte Walram II. zu diesem Zeitpunkt noch nicht über ein eigenes Siegel. Deshalb wirft die Urkunde vom April 1243 oder 1244, mit der Walram II. zusammen mit seiner Mutter Elisabeth ein Stadtrechtsprivileg für Sittard verlieh, eine Reihe von Fragen auf.[75] Das Stück ist nur in späten Abschriften erhalten, die aber einen Siegelrest erwähnen. Auch hier war Walrams Onkel, Herzog Heinrich IV., als Mitsiegler beteiligt.

Ähnlich wie der Forstbezirk Konzen hatte auch der Raum um Sittard zu einem ursprünglichen Komplex von Reichsgut gehört, in dem schon früh die Grafen/Herzöge von Limburg und die mit ihnen verwandten Herren von Valkenburg mit Besitzrechten erscheinen.[76] Die Limburger Rechte dürften aus der Heiratsverbindung Herzog Walrams II. Paganus mit Jutta von Geldern hervorgegangen sein und waren schließlich an die Monschauer Linie weitergereicht worden.[77] Das ergibt sich u.a. daraus, dass Walram I. von Monschau a.1230 seinen Besitz *in villa mea de Sytert* dem Bischof von Lüttich zu Lehen auftrug und sich zu seinem Vasallen erklärte.[78] In diesem Rechtsakt nannte er sich *Walrannus de Lemborg*. In den Ereignissen des Valkenburger Erbstreits nach 1352 ist die Verbindung mit Monschau untergegangen. Ein zweiter Monschauer Besitzkomplex aus dem Limburger Erbe lag im Raum Euskirchen, was bis in die Valkenburger Zeit immer wieder einmal in Einzelzeugnissen in Erscheinung tritt. Daraus folgte u.a., dass Walram II. in einem Tauschgeschäft des Pfarrers Jacobus von Euskirchen (*pastor ecclesie de Ouweskirchen*) als Patron dieser Kirche genannt ist, der dem Geschäft zustimmte und es mit besiegelte.[79]

Selbständig erscheint Walram II. sicher in der Zeugenliste eines Vertragswerkes von Erzbischof Konrad von Hochstaden vom März 1248. Danach ist er bei den wichtigsten erzbischöflichen Rechtsakten bis a.1263 (danach Erzbischof Engelbert II.) anzutreffen.[80] Im Jahre 1254 hat Elisabeth ihre von ihrer Mutter herrührenden Rechte an Marville und Arrancy, wiederum zusammen mit ihrem Sohn Walram, in Auseinandersetzung mit ihrem Stiefbruder Heinrich dem Blonden als Graf von Luxemburg gesichert. Im erreichten Vergleich sollten ihr und ihrem Sohn Marville und Arrancy zufallen, Heinrich dagegen Poilvache, der andere ältere Besitztitel Walrams I. bei Dinant aus Elisabeths Mitgift. Des weiteren sollte der Luxemburger die alten limburgischen Zoll- und Geleitsrechte in St. Vith erhalten.[81] Das ist das einzige, allerdings gewichtige und bisher meist übersehene Indiz dafür, dass die von limburgischen Herren von der Burg Monschau aus ausgeübte Macht über den Hof Bütgenbach hinaus weiter nach Süden gereicht hat.

Zwischen a.1255 und a.1261 sind dann weitere Rechtshandlungen der Elisabeth als Herrin von Marville überliefert (*Nous, dame Lysabelt, dame des Marville* … ›Wir Elisabeth, Herrin von Marville …‹).[82] Offenbar hat sie sich nach der Heirat ihres Sohnes Walram II. a.1251 auf ihr Witwengut Marville zurückgezogen, woraus sich ihr vermehrtes Auftreten im Luxemburgischen erklärt. Um a.1262 dürfte sie in Metz ins Kloster eingetreten sein. Denn im Februar a.1262 erneuerte Walram II. als Herr von Monschau und Marville den Bürgern von Marville ihre Privilegien, die übliche erste Handlung eines neuen Herrschers beim Antritt seines Amtes. Weiter erklärte er (*Je, Walrans, sir(es) de Montjoie et de Marville* … ›Ich Walram, Herr von Monschau und Marville …‹) am 1. August desselben Jahres die Burgen Marville und Arrancy als sein Eigengut dem Grafen von Luxemburg zu Lehen aufgetragen und von ihm als Lehen wieder in Empfang genommen zu haben. Eine letzte Amtshandlung Walrams in Marville zusammen mit seiner Mutter, nämlich die Freiung Arrancys zur Stadt im Mai 1265 nennt Elisabeth als Äbtissin von St. Peter in Metz.

Am Rande sei erwähnt, dass im luxemburgischen Herrschaftsgebiet mit seinen breiten Kontaktzonen zur Romania schon früh das Lateinische als Urkundensprache durch die französische Volkssprache abgelöst worden ist.

Dieser Brauch hat in den angrenzenden Regionen als Vorbild die Verwendung des Deutschen und Niederländischen bei Privaturkunden anstelle des Lateinischen befördert. Weiter hat sich daraus die Tradition ergeben, dass sich im Luxemburgischen das Französische als die Sprache des Rechtswesens etabliert hat.

Eine Episode aus Walrams II. Leben ist lange Zeit von der »zünftigen« Geschichtsschreibung unbemerkt geblieben, vermutlich deshalb, weil sie nicht in einer »klassischen« urkundlichen Quelle, sondern »nur« literarisch in einer erzählenden Dichtung des Dominikaners Bruder Hermann, überliefert ist, nämlich der »Jolande von Vianden«.[83] Demnach hatte es einen Heiratsplan mit der Gräfin Jolande von Vianden gegeben, der möglicherweise auf die Luxemburger Verbindungen Elisabeths zurückgeht. Auf den ersten Blick könnte das Vorhaben als nicht standesgemäß erscheinen, denn Walram war nicht Graf. Doch seine Mutter kam aus dem Luxemburger Grafenhaus und Walram gehörte der weiteren Sippe der Herzöge von Limburg an. Jolande aber verweigerte sich, ganz im Sinne der religiösen Bewegung adliger Frauen der Zeit, standhaft einer Heirat und trat in das Kloster Marienthal (b. Luxemburg) ein, wo sie auch schließlich Priorin wurde und im Ruf der Heiligkeit gestorben ist. Bruder Hermann berichtet: *Als ich dâ vur gesaget han,/dy junge magt was einem man/ gelovet her van langer hant/ – van Monyoyen was er genant:/dat was doch sunder iren danc …* ›Wie ich schon gesagt habe, war die junge Frau einem Mann mit Namen »von Monschau« versprochen; das war aber ohne ihre Zustimmung‹.[84] Die Weigerung hätte für die Viandener eine teure Geschichte werden können, denn bei derartigen dynastischen Heiratsabsprachen ging es auch um namhafte Mitgiften, so dass Forderungen auf Schadenersatz gestellt werden konnten, was der Bruder Hermann auch anspricht. Walram aber verzichtete und bestätigte die von ihm umlaufenden Charaktereigenschaften: *Got vugede it also den man,/dat er ein ander wîf gewan/und er der sicherheit verzê,/sô dat der guden vorbaz mê/der schulde nunman engewuch,/dat sy des lôf zu gode druch…* ›Gott fügte es für den Mann, dass er eine andere Frau fand und auf die Sicherheitsforderung verzichtete, so dass danach niemand mehr die Gute an diese Schuld erinnerte. Dafür pries sie Gott.‹ Die »andere Frau« war Jutta, die junge Witwe des Grafen Heinrich von Tecklenburg (am Teutoburger Wald) und Erbtochter des Grafen Otto von Ravensberg. Jutta übernahm nun nicht die Nachfolge in der Grafschaft – hier folgte ihr Vaterbruder Ludwig – wohl aber erbte sie beträchtliches Eigengut.[85] Wichtige Teile davon, ihre niedersächsischen Besitzungen um Vechta, verkaufte sie zusammen mit ihrer Mutter Sophia und Walram a.1252 für die immense Summe von 40.000 Mark Silber an das Stift Münster. Andere Interessenten hatten bei diesem Kauf nicht mehr mithalten können. Die Ehe der beiden blieb kinderlos.

Als Herrin von Monschau findet sich Jutta erstmals a.1251 in einer Urkunde, mit der sie als Erbin dem Kloster Bersenbrück alle Schenkungen ihrer Eltern bestätigte (*Jutta, miseratione divina domina de Můns Yoia…* ›Jutta, durch göttliches Erbarmen Herrin von Monschau …‹).[86] Auch in der Folgezeit betätigte sie sich in ihrer westfälischen Heimat und ihrem neuen Lebenskreis als Wohltäterin geistlicher Einrichtungen aller Art. Dazu gehörte gleich im Mai 1252 zusammen mit Walram und ihrer Schwiegermutter Elisabeth die Schenkung des Zehnten eines Hofes zu Geleen (b. Sittard) an das Kloster Reichenstein zum Seelenheil Walrams I., aller Vorfahren und auch Nachfolger (*Walramus, nobilis vir de Monzoje, et mater sua, nobilis mulier Elizabeth, et uxor sua, Jutta comitissa…* ›Edelherr Walram von Monschau, seine Mutter, die Edelfrau Elisabeth, und seine Gemahlin, die Gräfin Jutta…‹), damit ›vom genannten Zehnt zur Stärkung der Dienerinnen Gottes das Bier des genannten Konvents in der Qualität seiner Substanz verbessert werden könne‹ (*ut de predicta decima ceruisia conuentus iam dicti ad confortandum corpora deo famulantium in crassitudine substancie aucmentetur*). Weiter bestätigte sie a.1258 ausdrücklich (*Jutta, domina de Monzioie…* ›Jutta, Herrin von Monschau…‹) die von Walram getätigte Schenkung des Patronats der Pfarrkirche von Kuchenheim (b. Euskirchen) an das Kloster. Beide Schenkungsurkunden sind im Original im Stadtarchiv Monschau erhalten.[87] Das Paar wies a.1265 aus seinem Hof zu Morsbach im Land Überruhr einen jährlichen Zins an das Kloster Steinfeld an und versprach, vom Vieh und Geflügel sowie von 4 Morgen Ackerland den üblichen Zehnt zu entrichten.[88] Die Rodung dort im Umkreis des Walberhofs war schon in den ersten Jahrzehnten des 12. Jahrhunderts angelegt und von König Konrad III. a.1145 dem Kloster Steinfeld geschenkt worden, woraus sich die Zehntleistung erklärt. Das vom König ausgesprochene Verbot weiterer Rodung war aber offensichtlich von den limburgisch geförderten Siedlern nicht weiter beachtet worden, so dass sich um den Hauptort Wollseifen ein Gericht herausbildete, das eine Unterbank des Schöffengerichts Monschau darstellte, wie die a.1549 festgestellte Amtserkundigung noch ausweist: *Das dorff Wolffsyffen ist gehörig mit seiner urteilfart an das hohegericht zu Monjoie als an ir oberheupt…* ›Das Dorf Wollseifen gehört bezüglich der Appellation an das Hochgericht zu Monschau als seinen Oberhof‹.[89] Dass das Paar auch auf der Burg Monschau residiert hat, ist durch eine Quittung von a.1261 über eine Teilzahlung dokumentiert (*datum Munzoye …* ›gegeben zu Monschau…‹), mit der das Domstift Münster die immense Kaufsumme von a.1252 abbezahlte.[90]

Ein für die Geschichtsschreibung über das Monschauer Land überaus wichtiges Dokument stellt aber eine Urkunde vom 3. Januar 1265 dar, nach der Walram und Jutta gegen eine jährliche Zahlung von 40 Müdden (lat. *modius* ›Scheffel‹) Hafer zwei Drittel des Neunten und Zehnten der Eichelnutzung und des Rodungszehnten im Wald von Konzen vom Aachener Marienstift in Pacht nahmen.[91] Für die rechtzeitige Lieferung im Dezember des Jahres sollte ihr Schultheiß in Konzen (*scultetus noster … in Compendio*) verantwortlich sein. Aus dem Geschäft ergibt sich nämlich, dass das Stift zu diesem Zeitpunkt die ihm seit der Lotharschenkung im 9. Jahrhundert (vgl. Kap. 1) zustehenden Zehnten einschließlich des Rodungszehnten noch aus dem Gesamtgebiet des Hofes Konzen bezog. Nicht einmal ein Jahrhundert später war das Zehntgebiet jedoch deutlich auf den gerodeten Bezirk geschrumpft, der später unter der Bezeichnung ›Feldgeleit‹ in den Quellen erscheint. Dieser Raum zeichnete sich in der Vereinbarung von a.1265 schon ab, indem eine Unterscheidung der Zehnten vom gerodeten Land gegenüber denen aus dem Wald vorgenommen ist. Dieser gerodete Bereich mit seinen Siedlungen hat sich also a.1265 vom geschlossenen Wald erkennbar abgehoben. Die im später ›Feldgeleit‹ genannten Bereich anzutreffenden Dörfer müssen demnach bis zur Mitte des 13. Jahrhunderts entstanden sein, Siedlungen außerhalb sind entsprechend jünger (vgl. Kap. 3). Die Festlegung der Pacht auf zwei Drittel folgt aus der Regelung von a.1238, nach der dem Waldgrafen ein Drittel der Waldeinkünfte zukam. Insofern ist der Graf von Jülich ungenannt mit in der Regelung anwesend. Zur Absicherung haben Walram und Jutta den Vertrag durch die Siegel der Bischöfe von Köln und Lüttich neben den eigenen bekräftigen lassen. Jutta führte als Grafentochter ein repräsentatives Siegel, das sie zu Pferde mit einem Jagdfalken auf der Hand darstellte[92].

Nicht lange danach ist Walram II. bereits verstorben. Das Wenauer Totenbuch verzeichnet sein Ableben zum 19. November 1265.[93] Er wurde in der limburgischen Klosterstiftung, der Zisterzienserabtei Val-Dieu (b. Aubel) bestattet. Seine Grabplatte mit Inschrift ist, wenn auch a.1718 erneuert und nicht mehr bei der tatsächlichen Grabstätte, erhalten geblieben. Sie rühmt jedoch ganz andere Eigenschaften als die Inschrift für seinen kriegerischen Großvater in Rolduc: *Hic jacet illustri de Monyoe stemmate natus Waleramus miles, monachum quem vota creassent si non prematur e vivis hunc fata tulissent: R.I.P.* (›Hier liegt der Ritter Walram, aus dem edlen Geschlecht von Monschau geboren, den (sein) Wunsch [Gelübde?] zum Mönch hätte werden lassen, wenn ihn nicht das Schicksal vorzeitig aus den Lebenden weggerissen hätte. Er ruhe in Frieden.‹)[94] Nicht lange vorher hatte Walram bei diesem Zisterzienserkloster eine Summe von 1000 Mark Sterlingsilber, die Mark zu 10 Schilling Sterling gerechnet, hinterlegt. Darüber war nach seinem Ableben Streit im Kloster entstanden, so dass Bischof Heinrich von Lüttich als zuständiger Bischof eingriff und über Aufteilung und Verwendung entschied.[95]

Im März 1266 überließ die Witwe Jutta (*Nos, Ivette, jadis feme mon signour Walleran, signour de Monoie et de Marville…* ›Wir, Jutta, ehemals Gemahlin meines Herrn Walram, Herrn von Monschau…‹) dem Grafen von Luxemburg die Hälfte der Herrschaft und die Burg Marville, die ihr als Witwengut zugefallen waren, pachtweise für 400 Pfund Silber jährlich.[96] Aufgrund ihrer Schenkung des Gutes *Haisittert* (Haagsittard) an das Marienstift[97] hat S. Corsten vermutet, dass sie über Sittard als Witwengut verfügt habe.[98]

In der vorliegenden Fachliteratur wird nun einhellig die Behauptung vertreten, dass aus Gründen des Erbrechts die Herrschaft Monschau nicht an die Witwe habe fallen können, vielmehr an Walram (*Rufus* ›den Roten‹), den Sohn von Walrams II. Schwester Berta aus ihrer Ehe mit Dietrich (*Theoderich*) von Valkenburg hätte übergehen müssen. Diese Meinung trifft jedoch nicht zu. Allein schon das energische und selbständige Handeln der in diesem Kapitel dargestellten adligen Damen wie der Gräfin Ermesinde von Luxemburg, den Grafentöchtern Elisabeth von Bar, Irmgard von Berg und zuletzt Jutta von Ravensberg und ihre Geschäftsfähigkeit im Urkundenwesen hätten zu denken geben sollen. Vor allem aber sind die urkundlichen Zeugnisse selbst, darunter eine beachtliche Menge Luxemburger Urkunden, einfach übersehen worden. Aus ihnen ergibt sich, dass Jutta ihrem Gatten Walram II. in der Herrschaft Monschau nachgefolgt ist und in den folgenden Jahren von ihrem Neffen Walram von Valkenburg, mit tatkräftiger Unterstützung des Grafen Heinrich (des Blonden) von Luxemburg und Herzog Walram IV. von Limburg, aus der Herrschaft Monschau hinausgedrängt wurde. Diese Vorgänge sind Gegenstand des folgenden Kapitels.[99]

Jutta scheint sich spätestens um das Jahr 1280 zu ihren westfälischen Verwandten zurückgezogen zu haben. Im Januar 1279 hatte sie eine Reihe rheinischer Güter außerhalb Monschaus vom Kloster Siegburg gekauft, die sie gegen eine Jahrespacht von 50 Mark kölnischer Pfennige dem Kloster überließ[100]. Schon a.1281 hat sie ihr Haus bestellt und beim Kloster Gravenhorst (ehem. Landkreis Tecklenburg) eine Memorie (liturgisches Gebetsgedenken) für sich und ihre Eltern gestiftet. Gleichwohl hat sie ein hohes Alter erreicht. Als Ersatz für die Pachtgüter von a.1279 wies ihr das Kloster Siegburg im Mai 1287 eine Anzahl von Renten aus seinen westfälischen Besitzungen an[101]. Sechzehn Jahre nach ihrer Memorienstiftung hat sie erneut vorgesorgt und beim Kloster Bersenbrück (nördlich Osnabrück) eine Memorie für ihr Begräbnis und für das Leben der Nonnen dort gestiftet. Ihren Herrschaftsanspruch hat sie bis zuletzt aufrecht erhalten und nannte sich in der Intitulatio (feierliche Selbstnennung des Ausstellers) der Urkunde: *Jutta, nobilis matrona, domina de Mûntyoye* ›Jutta, edle Matrone, Herrin von Monschau‹.[102] Ein letztes Lebenszeichen von ihr datiert von a.1302, als Graf Eberhard von der Mark bekundete, dass ihm Einkünfte Juttas aus dem münsterschen Amt Rhynern nach ihrem Tode zufallen würden, weil ihm das Amt verpfändet sei. Nach Ausweis eines Osnabrücker Totenbuchs ist sie an einem 18. August – vielleicht a.1302, aber kaum lange danach – verstorben. Wenn sie auch im Monschauer Land kaum tiefere Spuren hinterlassen hat und weitgehend unbekannt geblieben ist, hat sich ihr Andenken im Emsland lange gehalten, wohl infolge des ungewöhnlichen Verkaufs der Lande um Vechta an das Stift Münster. In den zwanziger Jahren des 20.Jahrhunderts lebte sie noch als die *Frau von Mundelo* in der emsländischen Sage, die schließlich einen heimatverbundenen Schriftsteller zu einem historischen Roman inspiriert hat.

Über eine mögliche Bautätigkeit der Limburger Herren an der Burg Monschau ist für das gesamte 13. Jahrhundert nichts an Nachrichten überkommen. Sie muss aber während der ganzen Zeit, sicher aber während der folgenden Tage Valkenburger Herrschaft weiter vorangeschritten sein, weil die wenigen Nachrichten aus dem 14. Jahrhundert über Bauteile aus dieser Zeit (Schlosskapelle, Eselsturm) ein solches kontinuierliches Fortschreiten zwingend voraussetzen.[103] An Geld dazu dürfte es Walram II. bei den Finanzmitteln seiner Gemahlin Jutta von Ravensberg nicht gemangelt haben.

Anmerkungen

1 Im Buch zur Burg Monschau (E. Neuß: Die Burg Monschau, S. 1) ist Walram irrtümlich als Erstgeborener bezeichnet. Zur Reihenfolge der Burgherren im vorliegenden Kapitel vgl. auch den Anhang..

2 So schon treffend H. Lange: Gräfin Jutta von Ravensberg-Vechta als Frau von Montjoie, EHV 2 (1926/27) S. 59 und H. Lange: Geschichtliches zum Namen »Montjoie«, EHV 9 (1934) S. 17–23. Zur Burg ausführlich E. Neuß: Die Burg Monschau, S. 35ff.

3 UB Steinfeld Nr. 36 = REK II Nr. 1557.

4 Zu diesem Ausbau und seiner Verbindung mit der Geschichte des Landes überhaupt vgl. E. Neuß: Die Burg Monschau, S. 62ff.

5 Vgl. auch mit den zugehörigen Quellennachrichten B. Schütte: König Philipp von Schwaben, S. 297 und 549.

6 Die vorangehenden Quellenzitate alle nach: Chronica regia Coloniensis, S. 164 und UBNrh I Nr. 562 = REK II Nr. 1550. Zur Situation des Reichsgutes im ausgehenden 12. Jahrhundert im Raum Monschau – Düren s. H. Tichelbäcker: Walram III. von Limburg-Monschau, ML 15 (1987) S. 31ff.

7 S. den Artikel Nideggen von St. Wunsch in: Handbuch der Historischen Stätten. Nordrhein-Westfalen, S. 804–807.

8 H. Tichelbäcker: Die Reichsburg Berenstein – Bergstein und die Mühsal ihrer Erforschung, o.J. [1984]; H. Tichelbäcker: 900 Jahre Bergstein, in: 900 Jahre Bergstein, S. 7–54 mit den zugehörigen Quellen.

9 So O. Engels: Die Stauferzeit, in: F. Petri – G. Droege (Hg.): Rheinische Geschichte, I.3, S. 247.

10 Vgl. D. Flach: Pfalz und Reichsgut, in: K. Flink – W. Janssen (Hg.): Territorien und Residenz, S. 12.

11 Protokollbuch 1: LAV NRW R, Reichenstein, Rep.u. Hs. 1, fol. 39r; vgl. ebd. fol. 18v.,

12 Sicheres Zeugnis: UB Luxbg II Nr. 71; dazu E. Neuß: Die alte Verbindung zwischen Monschau und Bütgenbach, ZVS 31 (1995) S. 79–88, 103–110, hier S. 82–84.

13 UB Luxbg II Nr. 72.

14 Dazu M. Margue: Ermesinde Gräfin von Luxemburg (1186–1247), in: Rheinische Lebensbilder, XV, S. 23–41.

15 UB Luxbg II Nr. 73.

16 So UB Luxbg II Nr. 80.

17 UB Aachen Nr. 5 (= UBNrh II Nr. 51 und UB Luxbg II Nr. 86). Die Zählung der Grafen von Berg mit Namen Adolf variiert in der Literatur. Die Ordnung als Adolf III. folgt der jüngeren Arbeit von Th. R. Kraus: Die Entstehung der Landesherrschaft der Grafen von Berg bis zum Jahre 1225, passim und Stammtafeln.

18 UB Luxbg II Nr. 84.

19 Zu Erzbischof Engelbert von Berg s. E. Wisplinghoff, in: Rheinische Lebensbilder, I, S. 30–48 und W. Janssen, in: Geschichte des Erzbistums Köln, II.1, S. 134–145.

20 UB Luxbg II Nr. 190.

21 W. Schoppmann, Die geschichtliche Stellung des Monschauer Landes im Mittelalter, HKM 4 (1956) S. 51f. Vgl. auch W. Schoppmann: Entstehung und territoriale Entwicklung des Herzogtums Limburg, S. 106.

22 B. Willems: Walram III. von Limburg, JBEMV 1 (1966) S. 76.

23 UBNrh II Nr. 61 = UB Luxbg II Nr. 101 = REK III Nr. 167.

24 UBNrh II Nr. 57 = REK III Nr. 166.

25 UB Altenberg I Nr. 79.

26 Caesarius von Heisterbach: Leben, Leiden und Wunder des heiligen Engelbert, S. 240.

27 Wie vorige Anm. Vgl. dazu Th. R. Kraus: Die Entstehung der Landesherrschaft, S. 109.

28 UB Luxbg II Nr. 124 = UBNrh II Nr. 87 = REK III Nr. 294.

29 Caesarius (wie Anm. 26) S. 243.

30 Vgl. zuletzt E. Wisplinghoff: Erzbischof Engelbert I. von Köln, RhHP NF 22 (1985) S. 242–246 und H. Finger: Der hl. Erzbischof Engelbert von Köln, AHVNRh 216 (2013) S. 17–39.

31 Untersuchungsbericht von W. Schulten, in: Köln und Westfalen 1180–1980, II, S. 209–213.

32 Caesarius (wie Anm. 26) S. 267f.; vgl. UB Luxbg II Nr. 180.

33 UBNRh II Nr. 126; vgl. auch UB Luxbg II Nr. 175.

34 StaMON 1. Abt. B 1; Druck: UB Aachen Nr. 91.

35 REK III Nr. 586 = UB Luxbg II Nr. 192.

36 W. Stürner: Friedrich II., Teil 2, S. 132.

37 Nachweise im einzelnen s. UB Luxbg II Nr. 403

38 B. Willems, Landeshoheit und Grundherrschaft im Gebiete der alten Herrschaften Bütgenbach und St. Vith, Folklore 5 (1927) S. 73f.

39 UB Luxbg II Nr. 337.

40 UB Luxbg II Nr. 13 = UB Malmedy II Nr. 317.

41 M. Margue, Ermesinde, Gräfin von Luxemburg, in: Rheinische Lebensbilder, XV, S. 35.

42 UB Luxbg II Nr. 377.

43 Chronica regia Coloniensis., S. 276; weitere Quellennachrichten dazu bei E. Neuß: Die Burg Monschau, S. 59ff.

44 UB Luxbg II Nr. 370 = REK III Nr. 984.

45 Die betreffenden Urkunden nennen das Jahr 1237, das aber in 1238 zu korrigieren ist: W. Harleß, AGNRh 7 (1869/70) S. 100 Anm. 1 und W.R. Schleidgen: Nachweis der Überlieferung, S. 55 zu II Nr. 224 und 225. Vgl. nächste Anmerkung.

46 UBNrh II Nr. 224 und 225; das zweite Stück auch UB Düren I.1 Nr. 31 = E. Neuß (Hg.): Weistümer Nr. 1a und 1b. .

47 Genealogische Details bei Th. Kraus: Jülich, Aachen und das Reich, S. 26f.

48 UBNrh II Nr. 140.

49 Vgl. Kap. 2.b.

50 Dazu Th. R. Kraus: Jülich, Aachen und das Reich, S. 25ff. und H. Tichelbäcker: Walram III. von Limburg-Monschau, ML 15 (1987) S. 31–40.

51 H. Tichelbäcker (wie vorige Anm.) S. 33.

52 W. Ritz (Hg.): Urkunden und Abhandlungen, I.1, S. 137 und A. Schoop (Bearb.): Quellen D.I: Düren, S. 72.

53 UB Dt.Orden Nr. 8.

54 So die heutigen Namenformen; in der älteren Überlieferung kann u.U. auch *Nuchelberg* gelesen werden; vgl. E. Neuß (Hg.): Weistümer Nr. 11.

55 Amtserkundigung 1549; E. Neuß (Hg.): Weistümer Nr. 13.

56 Th. J. Lacomblet: Erkundigung über die Hofesgerichte und Latbänke im Fürstenthume Jülich, AGNrh 3 (1860) S. 344.

57 E. Neuß: Die alte Verbindung zwischen Monschau und Bütgenbach, ZVS 31 (1995) S. 79–85, 103–110 mit den älteren Arbeiten von B. Willems.

58 UBNrh II Nr. 193. Zum Datum 1234 statt 1233 s. Th. R. Kraus: Jülich, Aachen und das Reich, S. 55 mit Literatur; kein Vermerk bei W. R. Schleidgen: Nachweis der Überlieferung S. 53.

59 UBNrh II Nr. 27; vgl. oben Kap. 2.

60 Dazu S. Corsten: Die Residenzen des Herzogtums Jülich, in: K. Flink – W. Janssen (Hg.): Territorium und Residenz am Niederrhein, S. 99ff. und H. Andermahr: Einige ausgewählte Aspekte der Geschichte Nideggens im Mittelalter, NBJG 23 (2011) S. 15–17.

61 StaMON 1. Abt. B 1; Druck: UB Aachen Nr. 91.

62 RRA I Nr. 180.

63 RRA II Nr. 889.

64 Dazu ausführlich H. Tichelbäcker: Walram III. von Limburg-Monschau, ML 15 (1987) S. 33, 36f. u.ö.; auch H. Tichelbäcker: Der Hof Vossenack, ML 27 (1999) S. 81.

65 J. Nießen: Die Waldgrafschaft im Osning und die Wehrmeisterei, EHV 5 (1929/30) S. 13.

66 Ausführlich dazu Kapitel 5; erster Überblick dazu bei E. Neuß: Zur Grundlage der 650-Jahrfeiern, ML 39 (2011) S. 42–54.

67 UB Düren I.1 Nr. 132 = UBNrh Nr. 621.

68 Ch. Renger †/J. Mötsch (Hg.): Inventar des herzoglich arenbergischen Archivs in Edingen/Enghien (Belgien), Teil 2, Nr. 255.

69 Wie vorige Anm., Nr. 257.

70 Dazu H. Hinsen: Das Land »Überruhr«, ML 29 (2001) S. 28.

71 E. Neuß (Hg.): Weistümer Nr. 13.

72 Einzelheiten mit den urkundlichen Nachweisen dazu bei E. Neuß: Der Übergang der Herrschaft Monschau an die Herren von Valkenburg, AHVNRh 200 (1997) S. 26f.

73 UBNRh II Nr. 272.

74 Regesten: UB Luxbg II Nr. 478 und 482; Volltexte: UB S.Lambert I Nr. 401 und 405.

75 Ausführliche Diskussion der Fragen durch B. Thissen: Het oudste stadsrechtprivileg van Sittard, in: Sittard, uit bronnen geput, S. 97–154 mit kritischer Textedition S. 143–149 und Abbildung S. 96.

76 D. Flach: Herrschaftliche Gliederungen im Sittarder Raum, in: Sittard, uit bronnen geput, S. 49–73, bes. S. 50–56; weiter auch S. Corsten: Die Herren von Sittard bis 1400, ebd. S. 80.

77 S. Corsten: Die Herren von Sittard bis 1400, in: Sittard, uit bronnen geput, S. 77–83.

78 UB S.Lambert I Nr. 202.

79 UB Altenberg I Nr. 254.

80 UBNRh II Nr. 324, 342, 404, 464, 537 = REK III Nr. 1351, 1446, 1808, 2044, 2276..

81 UB Luxbg II Nr. 169.

82 Alle Nachweise des Folgenden nach UB Luxbg II bei E. Neuß: Der Übergang der Herrschaft Monschau, AHNRh 200 (1997) S. 27.

83 Bruder Hermanns Leben der Gräfin Jolande von Vianden, hg. v. J. Meier; vgl. UB Luxbg II Nr. 403 und 485, weiter auch E. Neuß: Der Übergang der Herrschaft Monschau, AHVNRh 100 (1997) S. 27 und E. Neuß, Der angebliche Kreuzfahrer Ludwig von Monschau, ML 11 (1983) S. 46f. – dort der zitierte Text.

84 Vers 3709ff; das folgende Zitat Vers 4003ff.

85 Zum Folgenden ausführlich mit Nachweisen s.: E. Neuß: Der Übergang der Herrschaft Monschau, AHVNRh 100 (1997) S. 28.

86 UB Osnabrück III Nr. 3 = Ravensberger Regesten I Nr. 480.

87 StaM 1. Abt. C 3 und C 4 = UBNRh II Nr. 381 und Nr. 456 = REK III Nr. 2026.

88 UB Steinfeld Nr. 124.

89 E. Neuß (Hg.): Weistümer Nr. 13.

90 UB Westfalen III Nr. 677 = Ravensberger Regesten I Nr. 544.

91 RRA I Nr. 197, dort Drucke und Regesten.

92 Dazu A. Stieldorf: Rheinische Frauensiegel, S. 271ff., Katalog Nr. 251 und Abb. 2.

93 E. von Oidtman: Memorienbuch des Klosters Wenau, ZAGV 4 (1882) S. 295; vgl. H. Candels: Das Prämonstratenserinnenstift Wenau, S. 157.

94 Text nach S. Corsten: Die Herren von Sittard bis 1400, in: Sittard, uit bronnen geput, S. 84.

95 CDV S. 23f Nr. 19 zu 1266 Juli 25.

96 UB Luxbg III Nr. 538.

97 RRA I Nr. 238.

98 S. Corsten: Die Herren von Sittard bis 1400, in: Sittard, uit bronnen geput, S. 85.

99 Die Einzelheiten dazu, auch über letzten Jahre Juttas von Ravensberg bei E. Neuß: Der Übergang der Herrschaft Monschau an die Herren von Valkenburg, AHVNRh 200 (1997) S. 23–37.

100 UB Siegburg Nr. 162 = REK III Nr. 2774.

101 UB Siegburg Nr. 176 = REK III 3142.

102 UB Osnabrück IV Nr. 491 = Ravensberger Regesten I Nr. 860.

103 E. Neuß: Die Burg Monschau, S. 62–100.

5. Burg und Land Monschau als Teil der Herrschaft Valkenburg-Monschau (1269/70–1352)

a. Der Erwerb der Herrschaft Monschau durch Walram von Valkenburg

Lange Jahre später, nachdem Jutta von Ravensberg von ihrem Neffen Walram von Valkenburg (auch als Walram der Rote bezeugt) aus der Herrschaft Monschau verdrängt worden war, hat sie a.1292 mit einem Vorstoß beim neuen deutschen König Adolf von Nassau während dessen Aufenthalt in Köln nach seiner Krönung in Aachen einen Versuch unternommen, zu ihrem Recht zu kommen. Aus der in diesem Zusammenhang ergangenen Urkunde geht hervor, dass Walram II. seiner Gemahlin Jutta die Herrschaft Monschau mit allen Einkünften verpfändet hatte, weil er 6000 Mark münsterscher Pfennige als ihre Mitgift (aus dem Verkauf von Vechta) nicht in Gütern angelegt, sondern zur eigenen Schuldentilgung verwendet hatte. Jutta erklärte, dass Herzog Walram IV. von Limburg, Vetter ihres Ehemannes, sie auch mit der Herrschaft Monschau belehnt habe und dass sie über all diese Vorgänge Nachweise beibringen könne. Sie erklärte, dass sie die Herrschaft Monschau gegen Walram von Valkenburg, der sie besetzt halte, an ihre Nichte Uda und deren Gemahl Johann I. von Limburg a.d. Lahn übertrage *(... contra nobilem virum Walramum dominum de Valkinburg praefatum dominium de Monsoy ... occupantem et tenentem...* ›gegen den Edelherren Walram von Valkenburg, der besagte Herrschaft Monschau besetzt hat und hält...‹). Diese Königsurkunde ist in eine Urkunde des Landgrafen Otto von Hessen von a.1317 (Mai 5) eingefügt.[1] Jutta hat für ihre Aktion offenbar ihre Verwandtschaft mobilisiert: Landgraf Otto von Hessen war der Ehemann von Udas Schwester Adelheid von Ravensberg. Und die Gemahlin des Königs, Imagina, war eine Schwester Johanns von Limburg a.d. Lahn, Ehemann Udas. Eine indirekte Bestätigung der Darstellung Juttas kann darin gesehen werden, dass zu Jahresbeginn 1266 nach Walrams II. Ableben in Valkenburg noch Dietrich II. (1229–1268, nl. *Dirk*), der Gemahl Bertas von Monschau, die Herrschaft innehatte. Diese Berta von Monschau war Walrams II. Schwester und Mutter Walrams des Roten. Von Dietrichs Seite sind aber keinerlei Aktivitäten zum Erwerb Monschaus oder gar die Selbstbenennung ›Herr von Monschau‹ o.ä. in einer Urkunde bekannt geworden. Dietrich, Bruder des amtierenden Kölner Erzbischofs Engelbert II. von Valkenburg, ist am 14. Oktober 1268 bei einem Überfallversuch auf die Stadt Köln ums Leben gekommen, als er in die Auseinandersetzungen des Erzbischofs mit den führenden städtischen Geschlechtern verwickelt war. Daher wurde erst in der Folgezeit für seinen Sohn Walram die Nachfolgefrage akut. Mit ihm taucht erstmals bei den Herren von Valkenburg der im Haus Limburg gebräuchliche Name *Walram* auf. Nachdem sich seit a.1226 die Herrschaft Monschau ein deutliches Stück aus dem limburgisch dominierten Länderkomplex entfernt hatte und für ihren Herrn die Zählung als Walram I. von Monschau gerechtfertigt ist, sei hier Walram der Rote von Valkenburg im Blick auf die Geschichte des Monschauer Landes als Walram (III.) gezählt. Die Klammer mag andeuten, dass der Namensträger nicht unmittelbar zum Hause Limburg gehörte.

Es kann kein Zweifel daran bestehen, dass in der nun folgenden Geschichte der Graf von Luxemburg die Regie geführt hat. In Luxemburg wird man nämlich aufmerksam registriert haben, dass Jutta a.1266, bald nach Walrams II. Tod, ihre Rechte in Marville gegen eine Jahresrente aufgegeben hatte (vgl. oben), und daraus aus gutem Grund gefolgert haben, dass sie nicht die Absicht hatte, an Ort und Stelle Herrschaftsrechte wahrzunehmen. Das eröffnete Aussichten, die als Heiratsgut an Monschau »verlorenen« Luxemburger Gebiete zurückzugewinnen. Dazu spannte man den jungen unerfahrenen Walram von Valkenburg ein, der zur Tilgung immenser ererbter bzw. leichtfertig übernommener Schulden an jeder Art Gewinn interessiert sein musste. Die Menge und der Inhalt der in diesem »Geschäft« ergangenen luxemburgischen Urkunden lassen keine andere, einigermaßen plausible Erklärung zu. Ein Teil dieser Urkunden dreht sich u.a. um die Frage der Volljährigkeit Walrams. Diese ist denn auch trotz einiger vorangehender Hilfskonstruktionen erst sicher für den April 1270 nachzuweisen.[2] Dieser Punkt war bei den folgenden Winkelzügen von außerordentlicher Wichtigkeit, weil nach den Rechtsgepflogenheiten der Zeit ein Edelfreier alle vor der Mündigkeit getätigten Rechtsakte samt eingegangenen Verbindlichkeiten ohne Ersatzverpflichtungen widerrufen konnte. Die Stationen zu Fragen der Volljährigkeit brauchen hier nicht alle ausgebreitet zu werden. Die in den zugehörigen Urkunden immer wieder angesprochene Frage der Volljährigkeit gibt einen Eindruck von der wackligen Grundlage des »Geschäftes« und auch dem Druck, dem der junge Walram ausgesetzt gewesen ist.

Vermutlich von der Luxemburger Seite ermuntert, trat Walram der Rote zu Jahresbeginn 1269 als Herr von Monschau auf, und zwar in einer französischen Urkunde vom 7. Februar 1269 (*... sires de Monioie, de Faukemont et de Marville ...* ›Herr von Monschau, Valkenburg und Marville‹).[3] Darin verbriefte er den Bürgern von Marville ihre Freiheiten; sein Großonkel, Graf Heinrich der Blonde, siegelte mit und verbürgte sich für diese Freiheiten. Zu dieser Bürgschaft räumte Walram dem Grafen von Luxemburg und dessen ältestem Sohn das Recht ein, für allen Schaden, der aus der Nichtbeachtung dieses Privilegs entstehen sollte, für sich und die Bürger von Marville Schadenersatz zu verlangen. Damit war er

(Abb. 14) Reitersiegel Walrams von Valkenburg-Monschau

in eine Falle getappt, denn solchen Forderungen hätte er bei der immensen Verschuldung der Herrschaft Valkenburg nie genügen können. Kurz zuvor (Januar 1269) hatte er sich schon in den Streit um das Legat seines Onkels Walram II. für Val-Dieu eingemischt und vollmundig die Übernahme von dessen Schulden erklärt, wovon allein einige Verpflichtungen Juttas gegenüber dem Richter von Zülpich ausgenommen seien.[4]

Da scheint man ihm wenig später über das Objekt Marville einen Ausweg aus dem Schuldendruck eröffnet zu haben: Bei den im Mai folgenden Verhandlungen ist er schrittweise aus Marville und Arrancy verdrängt worden gegen die Aussicht auf den Gewinn von Monschau und Bütgenbach. In den nun folgenden Urkunden, in denen mehrfach ausdrücklich von Walrams Schuldenlast die Rede ist, ging es schrittweise im Abstand weniger Tage zuerst zu einer Verpfändung, dann zum Verkauf der Objekte, dann zum Herunterhandeln des Preises. Es bestand aber noch das ältere Problem, dass Teile von Marville und Arrancy ursprünglich von der Grafschaft Bar herrührten. Deshalb musste sich Walram verpflichten, alle Rechte an den beiden Objekten, soweit sie vom Grafen von Bar lehnsrührig waren, nicht anderweitig zu veräußern. Das muss wohl als Luxemburger Rückversicherung gesehen werden, ein Paktieren Walrams mit dem Grafen von Bar gegen Luxemburg zu verhindern. Denn als Sicherheit für diese Zusage setzte er die Burgen und Herrschaften Monschau und Bütgenbach, die vom Herzog von Limburg zu Lehen gingen. Bei Nichteinhaltung der Vereinbarung sollte der Herzog nämlich diese beiden Lehen an Luxemburg geben.[5] Damit aber wäre Walrams Hauptgewinn unsicher geworden, wenn nicht verloren gegangen. Vielleicht hat man in Luxemburg auch schon auf den Erwerb dieser Herrschaften spekuliert. Walram teilte dem Herzog von Limburg die Vertragsbedingungen mit (1269 Mai 22) und bat um Garantie der Abmachung; der Herzog seinerseits setzte als Pfand zur Einhaltung seine Burg Arlon und machte die Bürgschaft bekannt.[6] Aus den Formulierungen ist zu folgern, dass Walram zu diesem Zeitpunkt schon vom Herzog mit Monschau und Bütgenbach belehnt worden sein muss. Von einer früheren Belehnung Juttas ist natürlich nirgends die Rede. In der herzoglichen Bekanntmachung ist nochmals gesagt, dass das ganze Geschäft zum Nutzen des Valkenburgers zu verstehen sei, der durch die Last seiner Schulden und das Vorteilsstreben von Verwandten unter Druck geraten sei. Graf Heinrich und Walram der Rote setzten außerdem die Großen der Nachbarschaft über die Vertragsbedingungen ins Bild, nämlich Graf Wilhelm IV. von Jülich, Graf Adolf IV. von Berg und Theoderich von Heinsberg, die über ihre Verwandtschaft mit dem Haus Limburg ebenfalls Ansprüche hätten erheben können.[7] Man wird die Anzeige als Aufforderung deuten können, sich aus dem Handel heraus zu halten.

Mit der genannten Urkunde über seine Volljährigkeit (1270 April 1)[8] verkaufte Walram endgültig die Herrschaften Marville und Arrancy mit allem Zubehör an die Grafen Heinrich von Luxemburg und Theobald II. von Bar unter Verzicht auf alles Rückkaufrecht. Eine Woche vorher hatte er bereits gegenüber Heinrich erklärt, dass die Frage des Mündigkeitsalters nun hinfällig sei und versprach, alle älteren zu Marville und Arrancy ergangenen Vereinbarungen herauszugeben und auf alle, möglicherweise darin für ihn enthaltenen Vorteile zu verzichten.[9] Mit dieser Verzichtserklärung auf Einrede und Rückgabe der vorangegangenen Urkunden war die immer noch bestehende Gefahr eines Zusammenbruchs des sorgfältig in Luxemburg eingefädelten Verfahrens endgültig gebannt. Gegen den Verzicht auf Monschauer Rechte an den luxemburgischen Herrschaften hatte sich Walram der Rote freie Hand in Monschau und Bütgenbach erkauft, mit denen ihn laut seiner Verpflichtung vom 21. Mai 1269 Herzog Walram IV. schon belehnt hatte. Nicht allein der Luxemburger konnte beruhigt sein, auch Walram konnte erwarten, dass beide, der Graf von Luxemburg wie auch der Herzog von Limburg, an einer ungestörten Einhaltung der Abmachungen gelegen sein musste. Zum Abschluss wies er alle Untertanen und Gemeinden in Marville und Arrancy, ebenso alle Ritter, Lehns- und Burgleute an, den neuen Herren Lehns- und Treueide zu leisten.[10] Eine Schuldurkunde des Luxemburgers zeigt an (1270 April 8)[11], dass dieser noch 12.000 Pfund Turnosen schuldig war – etwas mehr als die Hälfte der Verkaufspreises scheint in der Zwischenzeit erlegt worden zu sein.

Der vereinten Macht von Luxemburg, Limburg und Valkenburg hatte die Witwe Jutta von Ravensberg nichts entgegen zu setzen. Sie hat sich bald, wohl schon zur Zeit der Verhandlungen vom Frühjahr 1269 an, zurückgezogen und ist in einer Urkunde vom Februar 1270 als *quondam domina de Mongoye* ›ehemals Herrin von Monschau‹ bezeugt.[12]

In der ersten Zeit seiner Herrschaft hat sich Walram enger an Luxemburg angelehnt. Am deutlichsten tritt das zutage, dass er in der Schlacht bei Worringen am 5. Juni 1288, als der Limburger Erbfolgestreit auf der Fühlinger Heide schließlich blutig zur Entscheidung kam, im Treffen des Grafen von Luxemburg vorneweg kämpfte und nur mit Hilfe von Verwandten, die aber auf der

Gegenseite standen, dem Tod auf dem Schlachtfeld entkommen konnte – dem Schicksal, das den Grafen von Luxemburg mit seinem Bruder ereilte. Nicht lange nach der gesicherten Übernahme der Limburger Lehen Monschau und Bütgenbach war er a.1271 bezüglich der Zoll- und Geleitsrechte in St.Vith und Neundorf in ein Lehnsverhältnis zu Luxemburg eingetreten, die seine Großmutter Elisabeth (von Bar) a.1254 in Regelung des Limburger Erbes ihrem Luxemburger Halbbruder Heinrich überlassen hatte.[13] Welches Gebiet in diesem Zusammenhang dagegen mit *la terre d'Ambleive* gemeint ist, das der Graf von Luxemburg dabei von der Belehnung ausnahm, nämlich der unmittelbar Bütgenbach benachbarte Hof Amel oder Amblève bei Aywaille, kann nicht eindeutig entschieden werden. Jedenfalls wird daran erkennbar, dass bis zur Mitte des 13. Jahrhunderts der bis St.Vith reichende Raum zum Herrschaftsgebiet der Herzöge von Limburg gehört hat, das sie von den Burgen in Monschau und Bütgenbach aus dominierten.

Der Übergang der Herrschaft Monschau an die Herren von Valkenburg ist eine Weichenstellung für die weitere Geschichte des Monschauer Landes gewesen. Wenn es auch müßig ist, darüber zu spekulieren, welchen vielleicht anderen Weg im Verlauf der Geschichte das Gebiet genommen hätte, so war bei der alten Verbindung mit Limburg doch die ernsthafte Möglichkeit gegeben, dass das Land, trotz der ersten Schritte zu einer gewissen Eigenständigkeit seit a.1226, nach der Schlacht von Worringen a.1288 zusammen mit dem Herzogtum Limburg an Brabant hätte fallen können und einen gemeinsamen Weg mit dem westlich des Vennrückens gelegenen Eupen genommen hätte. Das Wissen über diese ältere Verbindung und seine Lehnsabhängigkeit dürfte im 14. und 15. Jahrhundert bei den Herzögen durchaus noch vorhanden gewesen sein, doch hat man sich an einigen historischen Wendepunkten nicht darauf berufen (vgl. Kap. 7 und 8). Dagegen hat die fast hundertjährige Valkenburger Herrschaft mit der Jülicher Anwesenheit im Lande auf der Grundlage des Forstrechtes mit dazu beigetragen, dass das Monschauer Land auch nicht in eine luxemburgische Nordexpansion hineingezogen und nach Süden auf St.Vith hin orientiert worden ist, wie mit dem einstmals mit Monschau enger verbundenen Bütgenbach schließlich geschehen ist.

b. Die Herren von Valkenburg im Monschauer Land

Ein Autor wie Ludwig Mathar, der zu schwärmerischer Ausschmückung seiner Darstellung neigte und dabei recht unkritisch den mittelalterlichen Chronisten in ihren Urteilen folgte, rühmte: »Das Geschlecht der Falkenburger …hat … in der rheinischen Geschichte eine große Rolle gespielt… Nicht minder kriegerisch als die meisten Herren von Montjoie, hat es in vielen Schlachten das Schwert entscheiden lassen … Die Geschichte der Falkenburger ist ein Heldenlied.«[14] Der historischen Wirklichkeit kam dagegen Severin Corsten näher, als er am Beispiel von Walram des Roten zweitgeborenem Sohn Reinald (1305–1333) zu der abschließenden Einschätzung kam: »In Reinald von Valkenburg verkörpert sich das ganze Elend der kleinen Dynasten des ausgehenden Mittelalters. Immer in Geldverlegenheit, von den großen Nachbarn erdrückt … erschöpfte er sich in wilden und oft sinnlosen Aktionen, …in Grausamkeiten und Brutalitäten, die in merkwürdigem Gegensatz zu den Idealen des Rittertums stehen, denen auch er sich noch verpflichtet glaubte.«[15] In der Urkundenüberlieferung, die nun in der 2. Hälfte des 13. und im 14. Jahrhundert erheblich reichhaltiger fließt als in früherer Zeit, treten die Herren von Valkenburg vielfach in Erscheinung, wo sie im Konzert der Dynasten am Niederrhein und den westlichen Nachbarländern bis nach Flandern mitspielten. Sie erscheinen als Zeugen in Urkunden benachbarter Dynasten, als ihre Verbündeten oder Gegner, manchmal auch als Schiedsrichter in Streitfällen. Sie fanden sich dabei aber in der prekären Lage, die durch ein nur kleines Territorium mit begrenzten Mitteln zwischen mächtigen Nachbarn, besonders dem westlich angrenzenden Herzogtum Brabant, vorgezeichnet war. Diese Situation hätte langfristig eine zurückhaltend-abwägende Politik zum Erhalt der Selbständigkeit nahegelegt. Politische Aktionen, die den Raum ihrer hinzu erworbenen Herrschaft Monschau unmittelbar betrafen, sind allerdings nur verschwindend wenig erkennbar. Dieses Ausbleiben kann in der Sicht des Historikers, der im Nachhinein natürlich klüger ist, jedoch durchaus als Gewinn für die Monschauer Region gewertet werden, wie (kurz) an den Ereignissen des Limburger Erbfolgestreits vorgestellt werden soll, in die Walram der Rote eng verwickelt war.[16]

Zu Anfang des Jahres 1280 war Herzog Walram IV. von Limburg verstorben, und seine nach ihrer bergischen Mutter benannte Tochter Irmgard, verheiratet (vor 1276) mit dem Grafen Reinald von Geldern, trat in das Erbe ein, mit dem sie auch a.1282 von König Rudolf von Habsburg belehnt wurde. Ihr Tod im Juni 1283 aber veränderte bald die Lage grundlegend, weil dadurch weitere Bewerber ins Spiel kamen, die sich auf ihre Verwandtschaft mit dem Haus Limburg berufen konnten. Auch Walram der Rote hätte sich über seine Mutter Berta von Monschau als Limburgerin unter diese einreihen können. Als Schwager Reinalds von Geldern aber – Walram war verheiratet mit Reinalds Schwester Philippa (vor 1276) – wurde er zusammen mit Dietrich von Heinsberg im September als Schiedsrichter in der Sache bestellt.[17] Der Fall bekam dadurch die große Dimension, in der er schließlich in der Schlacht von Worringen (5. Juni 1288) gipfelte, dass weitere »auswärtige« Mächte in den Erbstreit hineingezogen wurden: Graf Adolf IV. von Berg, Bruder Irmgards, hatte schon am 13. September 1283 seine Ansprüche an den Herzog Johann I. (Jan) von Brabant verkauft. Reinald von Geldern, der gemäß der Belehnungsurkunde Irmgards (wenigstens) auf Lebenszeit als Herzog von Limburg hätte amtieren können, übertrug seine Rechte schließlich im Mai 1288 an den Grafen von Luxemburg, der sich auf seine limburgische Abkunft berufen konnte. Denn inzwischen hatte Herzog Johann von Brabant schon a.1283 Feindseligkeiten mit Angriffen auf die Länder Valkenburg und Limburg eröffnet. Reinald von Geldern hatte im August 1284 die Verwaltung Limburgs an Walram übertragen mit der Folge, dass diesem nun in der Folgezeit die größte Last zufiel, als von a.1286 an der Brabanter wieder die gegnerischen Länder verheerte. Wie üblich hatte die Landbevölkerung die Last dieser Art von Kriegsführung zu tragen. Auch wenn es nach Worringen 1288 schließlich zum Frieden und zu einer Lehnsbindung Walrams an Brabant kam, blieb unter seinen Nachfolgern (vor allem Reinald 1305 –1333) das Verhältnis Valkenburgs zu Brabant angespannt, was mehrfach zu brabantischen Kriegszügen gegen den Nachbarn führte. Bei all diesen Unternehmen ist in den Quellen von Monschau nie die Rede, und die versteckte, entlegene Situation im gebirgigen Waldland wird einmal mehr die Siedler im Forsthof Konzen-Monschau vor den üblichen Brandschatzungen dieser Fehden bewahrt haben.

Eine ausführliche Darstellung der Schicksale der Herren von Valkenburg-Monschau würde für eine Geschichte speziell des Monschauer Landes auf zu viele Nebenschauplätze ohne Ertrag für dieses Thema führen, so dass dazu nur auf die Literatur verwiesen sei.[18] Des besseren Überblicks wegen seien nur die wichtigsten Daten zur Herrschaftsfolge mitgeteilt:

Auf den »Usurpator« Walram den Roten (1269/70–1302), verheiratet mit Philippa von Geldern (April 1276), folgte sein ältester Sohn als Dietrich III. (1302–1305), der im Februar 1303 ein Jahrgedächtnis für seine verstorbenen Eltern stiftete.[19] Er muss aber schon bald darauf verstorben sein, a.1305 rückte sein Bruder Reinald (1305–1333) in der Herrschaft nach. Dietrich trat aber noch am 1.Oktober 1304 mit einer Urkunde mit einer Geldanweisung für seinen Schwager Graf Simon von Sponheim in Erscheinung, mit der er einen kleinen Anteil zu der von seinem Vater Walram für seine Schwester Elisabeth gelobte Mitgift von 1.300 Mark beisteuerte.[20] Diese, offenbar nur mühsam und vielleicht nie vollständig zusammengebrachte Mitgift hat später noch in der Valkenburger Erbauseinandersetzung eine Rolle gespielt (s. Kap. 6). Mit Dietrichs Bruder und Nachfolger kam der Name Reinald aus der Geldernschen Grafenfamilie in die Dynastie (auch als Reinold/Reinhold überliefert). Mit seinem Namen ist neben anderen Fehlschlägen der Valkenburger Politik vor allem a.1315 der Verlust des einträglichen Schultheißenamtes der Stadt Aachen im Konflikt mit dem Grafen von Jülich verbunden, das seit Walrams des Roten Zeit (a.1285) in Valkenburger

Hand gelegen hatte.[21] In diesem Zusammenhang hatte ihn der Jülicher Gegner in Nideggen festgesetzt. Bei seinen Auseinandersetzungen mit dem Herzog von Brabant von a.1318 an wurde er einige Jahre in Leuven in Haft gehalten, Sittard ging an Brabant verloren.[22] Schließlich musste er noch nach einigen vorangegangenen Versuchen seit a.1327 erleben, dass Herzog Johann III. von Brabant im März 1329 wieder vor Valkenburg erschien und nach elf Wochen Belagerung den Platz einnahm. Reinalds ältester Sohn Walram kam bei den Kämpfen ums Leben; die Befestigungsmauern wurden niedergelegt. Aus der Verbindung mit Maria von Boutersem (vor a.1317) gingen die drei Söhne Walram, Dietrich (nl. Dirk) und Johann (nl. Jan) sowie fünf Töchter hervor.

Reinald hat seinen Stammsitz nicht wieder erhalten († a.1333). Um nach dem Tod seines Bruders Walram die Nachfolge antreten zu können, gab der jüngere Dietrich (Dietrich IV., 1333–1346) a.1329 seine Pfründe als Kanoniker am Aachener Marienstift auf[23] und trat in den weltlichen Stand zurück. Durch ein erfolgreiches Unternehmen zusammen mit weiteren rheinischen und niederländischen Verbündeten gegen Brabant gewann er Valkenburg zurück und erreichte mit Datum vom 23. Oktober 1334 von Herzog Johann III. die Belehnung mit den limburgischen und den Brabanter Lehen. Aus der Aufzählung, jeweils mit dem Zusatz *alle dat dartoe behorende es* ›mit allem, was dazu gehört‹, ist für unseren Zusammenhang wichtig zu sehen, was über den engeren Rahmen der Burgherrschaft Monschau hinaus alles dazu gehörte: *dat es te wetene die borgh te Mongoy, die borgh te Buedkenbach, den hof te Ruedesheym, dat huys te Berghe, den tol te Heyster ende te Gulpen, dat wanne was ende hyes dat geleyde van Gressenich, den hof van Buesselaer, de stad te Zittart, den hof tot Esde, dat vierdel van Herle met den gherichte ende met vieftyen mannen, die helfte van Mechelen bi Gulpen ende den tol van Lynne.* (›Das ist zu wissen: die Burg Monschau, die Burg Bütgenbach, der Hof Rüdesheim, das feste Haus (= ›Burg‹) (Noth)berg, der Zoll von Heister und Gülpen, das Geleit von Gressenich, der Hof Boslaer, die Stadt Sittard, der Hof Eijsden, ein Viertel von Heerlen mit dem Gericht und 15 Gefolgsleuten, die Hälfte von (Maas)Mechelen bei Gulpen und der Zoll von Lynn [a.d. Maas].‹)[24] Dass die Valkenburger Herrschaft sich noch zu den Tagen von Dietrichs Bruder Johann (†1352) bis in den Raum um Bütgenbach erstreckte, zeigt über die Aufzählung der limburgischen Lehen (oben) hinaus eine Verschreibung Dietrichs an Konrad von Schleiden vom Dezember 1335 für geleistete und noch zu leistende Dienste auf seine Reichslehen in Aachen und deren Einnahmen.[25] Falls der gelobte Jahresbetrag nicht zusammenkommen würde, sollte er die fehlende Summe aus Dietrichs Gut in Rocherath (*Ruygenroyde*) erhalten. Aus dem südlich anschließenden Raum St.Vith sind jedoch nach der Lehnsnahme Walrams des Roten keine vergleichbaren Nachrichten überkommen. Der größte Teil der

Besitzungen auf heute niederländischem Territorium war ursprünglich durch die Heirat von Herzog Walram Paganus, den Stifter von Reichenstein, mit Jutta von Wassenberg-Geldern an Limburg gekommen und später an die Monschauer Linie weitergereicht worden, was z.B. auch die Besitzungen von Reichenstein an einigen der genannten Orte erklärt. Durch Dietrichs Heirat mit Mechtild von Voorne, die im September 1337 in der Nachfolge ihres Vaters mit der Herrlichkeit Voorne und der Burggrafschaft von Zeeland belehnt worden war,[26] nannte er sich auch *Here van Voirne, Burchgrave van Zeeland*, seine Gemahlin *Machtild vrouwe van Monyou, van Valkenburch* … In einem Gefecht bei Lüttich kam Dietrich a.1346 ums Leben. Die bekannteste und auch wichtigste Spur, die er in der Geschichte des Monschauer Landes hinterlassen hat, besteht in der ausführlichen Abstimmung mit Markgraf Wilhelm von Jülich von a.1342 über die gemeinsame Verwaltungspraxis im Reichswald von Monschau (s. den folgenden Abschnitt). Sein Nachfolger wurde der jüngere Bruder Johann (1346–1352), der in den vorangehenden Jahren zunächst als Herr von Bütgenbach bekannt geworden ist. Mit seinem Tod am 9. August 1352 erlosch die Valkenburger Dynastie im Mannesstamm. Johann wurde im Kloster Reichenstein beigesetzt, wo seine Schwester Elisa als Prämonstratenserin lebte. Damit begann der langjährige Valkenburger Erbfolgestreit, mit dem sich für den a.1356 zum Herzog von Jülich erhobenen Markgrafen die Chance bot, die über das Forstrecht eröffnete Teilhabe an der Herrschaft im Monschauer Land zu voller Landesherrschaft zu erweitern und seinem Land anzugliedern. Bis zu einer vollen faktischen Jülicher Herrschaft sollte allerdings noch fast ein Jahrhundert vergehen.

Alle Valkenburger Herren[27] sind als Außenbürger der Stadt Köln in Erscheinung getreten. Dieses Rechtsinstitut des Bürgerrechts von Köln für adlige Herren der umliegenden Herrschaften ließ sich die Stadt Köln einiges kosten, um sich gegen jährliche Rentenzahlungen deren Unterstützung bei der Verfolgung städtischer Interessen (oft gegen Interessen des Erzbischofs) zu sichern. Eine erste Vereinbarung darüber aus den Tagen Walrams des Roten liegt vom Juni 1286 vor. Ihr Inhalt wird im Wesentlichen in den jeweils nachfolgenden Abkommen wiederholt. Im Notfall musste der Valkenburger mit 10 Rittern und 15 bewaffneten Knechten aus seiner Gefolgschaft (*cum decem militibus et quindecim armigeris*) zu Hilfe eilen.[28]

Anfang Dezember 1351 stimmten die Geschworenen des im Mai des Jahres geschlossenen Landfriedensbundes, der Erzbischof von Köln, der Herzog von Lothringen, Limburg und Brabant sowie die Repräsentanten der Städte Köln und Aachen, zu, Johann von Valkenburg und Monschau *as eynen vunften man* in das Bündnis aufzunehmen.[29] Sein bald darauf erfolgter Tod brachte den langwierigen Erbstreit in Gang, der auch das weitere Schicksal des Monschauer

Landes bestimmen sollte. Auf die Einrichtung ›Landfriedensbund‹, die im politischen Gang der Dinge der nächsten Jahrzehnte eine wichtige Rolle spielen und dessen Strafmaßnahmen a.1385 gegen Reifferscheid auch im Monschauer Land Auswirkungen zeitigen sollten, ist im nächten Kapitel einzugehen.

c. Die Stadtwerdung von Monschau und die Entwicklung des Landes

Gleich in den Anfangsjahren des Geschichtsvereins nach dem ersten Weltkrieg kam erstmals die Frage der Stadtwerdung von Monschau auf, bezeichnender Weise angestoßen vom ehemaligen Bürgermeister Wilhelm Vogt, der als Kenner des Stadtarchivs viele unverändert nützliche Beiträge zur Geschichte von Stadt und Umland geliefert hat. Heinrich Pauly, dem ersten ernsthaften Geschichtsschreiber des Landes, war diese Frage dagegen noch nicht in den Blick gekommen, auch wenn er sich zur Deutung des heutigen Stadtsiegels geäußert hatte. Vogt zählte eine Reihe von Stadterhebungen auf, die nach seinem Kenntnisstand auf Herren von Valkenburg-Monschau zurückgingen (Sittard, Süsteren, Euskirchen, St. Vith) und folgerte daraus: »Um die gleiche Zeit wird vermutlich auch unsere Stadt städtische Rechte erhalten haben; denn es wäre doch sehr eigentümlich, wenn der Landesherr, der in Montjoie seine Residenz hatte und nach diesem Ort sich benannte, diesem seinem Wohnorte die städtischen Rechte nicht in der gleichen Zeit verliehen hätte wie den übrigen Orten.« Dass schon früher in den Limburger Tagen Elisabeth von Bar und Walram II. solche Stadterhebungen für Sittard und Marville vorgenommen hatten, war noch nicht bekannt. So einleuchtend die vorgebrachten Argumente aus der Sicht eines gewesenen Bürgermeisters zum Lob seiner Stadt erscheinen, so wenig Gewicht kam ihnen für das zeitgenössische mittelalterliche Denken zu. Residenzen im engeren Sinne als ständige Wohnsitze und Verwaltungsmittelpunkte gab es beim Wanderleben der Dynasten des 13. und 14. Jahrhunderts noch nicht (wenn auch bevorzugte Wohnsitze), und die Vermehrung des Prestiges hat als vorwiegendes Motiv für Stadterhebungen keine erkennbare Rolle gespielt. Vielmehr ging es den Herrschaftsinhabern als Stadtherren bei ihren Freiheitsverleihungen zum Stadtrecht vor allem darum, vom wirtschaftlichen Aufschwung zu profitieren, der in der Regel aus den mittels Stadtrechten freigesetzten Aktivitäten der Stadtbürger folgte. Daher war es für eine solche Aktion zunächst wichtig, dass die entsprechenden Orte verkehrsgünstig lagen, um überörtlichen Handel befördern zu können. Das war früher schon in den Fällen Sittard und Marville so gewesen. Im Falle der Valkenburger erweist sich das besonders deutlich am Wirken Johanns, des Letzten der Dynastie: Zunächst noch als Herr von Bütgenbach, hatte er sich um die Förderung des schon früh (wohl

(Abb. 15) Moneta Sancti Viti, Silbermünze des Johann von Valkenburg-Monschau für den Markt St. Vith.

vor a.1100) als Marktort bezeugten St. Vith[30] bemüht, den die Valkenburger seit a.1271 als Luxemburger Lehen innehatten. An der vielgenutzten Straßenverbindung in die Ardennen, die auf der alten Römerstraße von Reims nach Köln beruhte, hatte sich schon lange Zeit vorher ein blühender Markt entwickelt, wo u.a. ein bedeutender Münzfund aus der Zeit um 1300 ans Licht gekommen ist.[31] Johann hat offenbar den Versuch unternommen, St.Vith zu einer »richtigen« Stadt mit Befestigung zu machen. Denn im Mai des Jahres 1350 erteilte König Karl IV. als Herr der Grafschaft Luxemburg zunächst seinem Truchseß dort, Johann von der Fels, dann auch Johann von Valkenburg-Monschau unmittelbar, den Befehl, den Weiterbau der Befestigung beim *marck ze santh Wyte* zu unterlassen und schon vorhandene Mauern abzubrechen.[32] Über eine Auswirkung dieses Befehls ist aber weiter nichts bekannt geworden. Als drei Jahre später Johanns Schwester Margarete von Schönecken ihren Anteil am Valkenburger Erbe an ihre Schwester Philippa und deren Gemahl Heinrich von Flandern verkaufte, finden sich in der Bestandsaufzählung ihres Drittels auch *burch ind veste zu Sintvijt*;[33] die Befestigung dürfte demnach weiter bestanden haben. Und wenig später erscheint St. Vith als Stadt mit Bürgermeistern und anderen städtischen Einrichtungen. Für den St. Vither Markt hat Johann sogar eigene Silbermünzen prägen lassen, von denen einige Stücke erhalten sind (Umschrift: MONETA SANCTI VITI ›Münze von St. Vith‹).[34] Nicht ganz so deutlich tritt der wirtschaftliche Aspekt bei der Stadterhebung von Euskirchen a.1302 hervor, die Walram der Rote[35] mit seinen Söhnen Dietrich und Reinald in einem Raum vornahm, wo – ähnlich dem Raum um Sittard – alter Limburger und Valkenburger Grundbesitz lag. Bei dieser Gelegenheit wurde ein großer

Teil der Bevölkerung der umliegenden Siedlungen Rüdesheim, Kessenich und Disternich nach Euskirchen zu einem neuen Gemeinwesen umgesiedelt. Die Verleihungsurkunde spricht von einem Markt und einem dort zu errichtenden Kaufhaus für Gewerbetreibende aller Arten. Dass jedenfalls Fragen der Wirtschaftsförderung auch in Euskirchen ein zentrales Motiv darstellten, folgt aus einem zweiten Akt von a.1322, mit dem Reinald und seine Frau Maria *scabinis et universis oppidanis* (›den Schöffen und allen Bürgern‹) von Euskirchen ein Markt- und Gewerbeprivileg verliehen.[36]

In der Folge von Wilhelm Vogts Artikel wurde eifrig nach Quellenbelegen gefahndet, in denen die Bezeichnung ›Stadt‹ für Monschau auftaucht, die sich schließlich zu a.1353 (eingefügt in eine Notariatsurkunde von a.1355) findet.[37] Zu dieser Zeit war der Valkenburger Erbfolgestreit schon in Gange, in dem Reinhard von Schönau, Herr zu Schönforst, auf der Grundlage seiner immensen Finanzmittel eine führende Rolle spielte (s. Kap. 6.a). Unter den erbberechtigten Valkenburger Schwestern hatte sich zunächst Philippa, Gemahlin Heinrichs von Flandern, einen wichtigen Vorteil verschafft, indem sie schon im August a.1352 von Herzog Johann III. von Lothringen, Brabant und Limburg die Belehnung mit dem Erbe ihres Bruders erreichte.[38] Im Februar des folgenden Jahres übertrugen Heinrich und Philippa Bütgenbach, St. Vith und Euskirchen in die Obhut des Schönforsters[39] als dem wichtigsten, weil größten Gläubiger der Herren von Valkenburg-Monschau, und beauftragten ihn zu Verhandlungen mit den anderen erbberechtigten Schwestern. Herzog Johann bestätigte Reinhard als den Bevollmächtigten Heinrichs in dieser Sache.[40] Im April 1353 gelobten Heinrich und Philippa ihm mittels Pfandbriefen über die beachtliche Summe von 21.000 Goldschilden die Einlösung des Erbes von Johann von Valkenburg-Monschau. Das alles weist deutlich auf das Ziel des Schönforsters hin, unter Einsatz seiner gewaltigen Geldmittel zu einer eigenen Herrschaft zu kommen. (Genaueres dazu und schließlich dem Übergang des Monschauer Landes an das Herzogtum Jülich im nächsten Kapitel). Schon im Mai 1353 verkaufte Philippas Schwester Margarete, Frau von Schönecken, ihr Erbteil (ein Drittel) an Philippa und Heinrich, natürlich mit Hilfe der Mittel des Schönforsters. In der genaueren Umschreibung dieses Erbes mit Aufzählung aller Bestandteile findet sich nun u.a. der erste bisher bekannt gewordene Beleg des Ausdrucks ›Stadt‹ (*dat derde deyl … der burch ind stat zu Monyoe*).[41] Aus diesem isolierten Vorkommen – andere im gleichzeitigen Umfeld ergangene Urkunden sprechen allein von *slos, lant ind heirheit van Montjoie* (›Schloss, Land und Herrschaft Monschau‹) – eine voraufgegangene rechtswirksame Stadterhebung zu folgern, ist nicht zwingend, wie die intensive Städteforschung seit den 50er Jahren herausgearbeitet hat. Im Fall des angeführten *stat*-Zeugnisses kann nur gesagt werden, dass Monschau in den Augen der Ausstellerin der Urkunde, Margarete von Valkenburg, mit gutem Grund als eine stadtwertige Siedlung gelten konnte, die über den Status eines Dorfes hinausging. So sahen es auch wenig später die Schöffen des Gerichts, als sie eine Urkunde ausstellten *gegeven zo Monioe in der statt*.[42] Möglicherweise ist mit der anderweitigen Bezeichnung *slos* ›Schloss‹ auch die in die Befestigung einbezogene Siedlung am Fuß der Burg mitgemeint,[43] jedenfalls meint der Ausdruck hier nicht eine Anlage, die heute mit der Vorstellung von einem ›Schloss‹ verbunden wird. Schließlich überraschte Eberhard Quadflieg in einem Vortrag beim Geschichtsverein seine Zuhörer mit der Hypothese, König Karl IV. (Kaiserkrönung a.1355) habe auf Bitten Johanns von Valkenburg-Monschau im Frühjahr 1352, ähnlich wie in einer Reihe vergleichbarer Fälle, auch Monschau zur Stadt erhoben, auch wenn eine Urkunde darüber nicht überkommen und auch keine andere Nachricht dazu bekannt geworden ist, und behauptete: »Alle Indizien sprechen dafür, nichts spricht dagegen«.[44] Tatsächlich aber spricht Gewichtiges klar dagegen: Die aus der späteren Jülicher Zeit erhaltenen Freiheitsbestätigungen der Stadt von a.1476 und a.1511 (von Quadflieg übergangen) schließen eine solche Annahme eindeutig aus.[45] Denn sie und auch spätere Urkunden wissen nichts von einer kaiserlichen Erhebung und berufen sich auf die Herzöge von Jülich und traditionelle Rechtsgewohnheiten nach Landrecht. Sie lassen jeden Anklang an die typischen Formulierungen vermissen, wie sie in den Erhebungen bezeugt sind, die Karl IV. vorgenommen hat – alles Indizien, die beim Vorkommen einer kaiserlichen Rechtsverleihung zu erwarten wären.[46] Als Herzog Wilhelm II. als Graf von Valkenburg und Herr von Monschau im April 1365 zusammen mit Herzog Wenzel von Luxemburg und seiner Frau Johanna als Herzogin von Lothringen, Brabant und Limburg sowie der Stadt Aachen die Stadt Köln in ihren Landfriedensbund aufnahmen,[47] da nannte er auch seine Städte: Jülich, Düren, Zülpich, Euskirchen, Münstereifel, Bergheim, (Greven)broich, Dülken und (Rhein)dahlen – nicht aber Monschau. Auch im wenig vorher (11. November 1364) zwischen den Herzögen (Wenzel von Luxemburg-Brabant-Limburg mit seiner Frau Johanna und Wilhelm II. von Jülich) und der Stadt Aachen vereinbarten Landfrieden, in den die Limburger und Jülicher Städte eingeschlossen waren, findet sich nichts von Monschau[48].

Über die intensive Suche nach ›Stadt‹-Nennungen sind andere wichtige Nachrichten übersehen oder nicht hinreichend gewürdigt worden, die aber in der schon genannten Stadtgeschichtsforschung mittlerweile deutlicher herausgearbeitet worden sind. Bei der Erstellung einer Typologie mittelalterlicher Städte, die keineswegs überall und zu jeder Zeit gleichförmig waren, ist eine Gruppe von Orten in den Blick gekommen, die zwar nicht über alle Merkmale einer »regulären« Stadt (Befestigung, Markt, bestimmte Freiheitsrechte der Einwohner, Bürgermeister usw.) gleichmäßig verfügten, deren Status aber deutlich über den von Landgemeinden hinausreichte. In zeitgenössischen Quellen werden sie als ›Tal‹, ›Freiheit‹, ›Flecken‹, ›Markt‹, ›Weichbild‹ o.ä. bezeichnet; die Städteforschung spricht von »städtischen Minderformen«.[49] Einen solchen Status als ›Tal‹ hatte die Siedlung in der Valkenburger Zeit in der ersten Hälfte des 14. Jahrhunderts erreicht, die sich unterhalb der Burg Monschau zur Rur herausgebildet hatte. Später taucht dann auch die Bezeichnung ›Freiheit‹ auf. Weitere Benennungen sind a. 1354 *fortreche*, a.1366 *statt*, a.1412 *castel et ville*, a.1476 *statt unnd thaal*, a.1543 *oppidulum* oder auch *stettlin*.[50]

Gerade im Eifelraum mit seinen vielen Burgorten und in Hessen kommt dieser Typus mehrfach vor.[51] Eine förmliche schriftliche ›Freiung‹ war dazu nicht unbedingt notwendig, der verbesserte Rechtsstatus war aber vom Burgherren veranlasst. Dass der Ausdruck ›Schloss‹ die Burg und Talrechtssiedlung zusammen meinen konnte, legt z.B. eine Formulierung aus der Urkunde vom 4. September 1444 nahe, mit der Herzog Gerhard II. von Jülich das Amt dem Johann von Palant pfandweise übertrug.[52] Darin übertrug er *unse sloss, burg ind fryheit* an Johann als seinen neuen Amtmann. Versteht man die Wendung *burg ind fryheit* als Apposition zu *sloss*, dann müsste das Schloss aus den Bestandteilen Burg und Freiheit verstanden werden. Doch wird dieser Sprachgebrauch nicht konsequent durchgehalten: an anderen Stellen ist auch von *sloss ind vryheit* oder *sloss Moenjauwen mit der vryheit* die Rede, so dass als Bedeutungskern festzuhalten ist ›Wehrbau eines Landesherren, auf dem Besitz unter Verschluss gehalten werden kann‹. Den Ausschlag gibt das Bedeutungsmerkmal des ›Verschliessens‹, das moderne Moment des ›prächtig Repräsentativen‹ spielte in der älteren Verwendung noch keine Rolle.[53] Ein erstes Zeugnis über den Tal-Status von Monschau ist in dem großen Waldrechtsweistum von a.1342 (vgl. den folgenden Abschnitt) erhalten, in dem bestimmt ist, dass die Einwohner vom Schweinezehnten frei sind (*Jtem, die verghen van Monyoye uzer dem daele ensoelen engheynen dechtum gelden* ›Die Schweine aus dem Tal Monschau müssen keinen Dechtum zahlen‹).[54] Die Bezeichnung ›Dechtum‹ für den Schweinezehnt ist vom lateinischen Wort *decem* ›zehn‹ abgeleitet. Mit diesem Satz ist gleich ein Element der Freiheitsrechte genannt, die mit dem Status als ›Tal‹ gegenüber den umliegenden Dorfsiedlungen verbunden waren. Dass die Siedlung auch der Geländeform nach ›im Tal‹ lag, hat vielleicht für die Wahl gerade dieses Ausdrucks eine Rolle gespielt, vielleicht ist diese Tatsache auch Ursache dafür gewesen, dass die Quellenstelle lange unbeachtet geblieben ist. Entscheidend ist aber die Rechtsqualität, die mit seiner Verwendung verbunden ist. Die Siedler im Hofgebiet (*hoveslude*) zahlten gegenüber den auswärtigen *uzerluden* zwar einen verbilligten Schweinezehnten, waren davon aber nicht völlig befreit. Einen Sondertarif bekamen auch die Förster; doch die Talbewohner waren vollständig befreit. Der größte Teil der Bewohner wird sich aus dem Verwaltungspersonal des Landesherren zusammengesetzt haben. Im Gegenzug zu Befreiungen wie beim Schweinezehnt waren sie zu bestimmten Dienstleistungen, insbesondere zur Bewachung und Verteidigung verpflichtet.

Zum Status des Ortes nach Talrecht gehörte, dass die Siedlung unterhalb des Burgberges in die Befestigung einbezogen war; sie war gewissermaßen Teil der Burg. In die Vervollständigung der Befestigungsarbeiten konnten auch Dienstleute des niederen Adels eingespannt werden. Im Mai 1351 vergab Johann von Valkenburg-Monschau den Hof Froitscheidt (*den hoff op Vroirtscheyt tusschen Kalle ind Růre*) mitsamt anderthalb Morgen Weingarten in der Hetzinger Heck als Burglehen an den Ritter Johann Rummel mit der Verpflichtung, ein festes (Turm)haus in Monschau zu errichten, es in gutem Stand zu halten und dort mit seinen Erben auch Wohnung zu nehmen (*… sal bůwen zo Monyoye imme dale eyn gůt bůrchuys …*).[55] Dieser Johann Rummel ist a.1348 auch als Forstmeister bezeugt.[56] Ein früherer Rechtsakt vom 26. Januar 1347, nach dem der Ritter Reynart Mulstroe von Erp Lehnsmann Johanns geworden ist und die ihm aufgetragenen 10 Morgen Ackerland als Burglehen zurück empfangen hat, ist nicht eindeutig in seinem Bezug. Dem Zusammenhang der Überlieferung nach könnte er auf Monschau zu beziehen sein, bleibt aber bei der großen Unbestimmtheit für die Geschichte Monschaus besser beiseite.[57] Mit dem Monschauer Lehen war die Verpflichtung verbunden, an der Bewachung und Verteidigung der Anlage teilzunehmen. Das zugehörige Burghaus des Hetzingers, das man sich als einen Wohnturm vorstellen muss, hat im Verlauf der Ringmauer unterhalb des Eselsturms in Richtung zur Rurbrücke (an ›Richters Eck‹) hin gestanden; es ist mehrfach fälschlich mit dem heutigen ›Haus zum Turm‹ am Stadtausgang an der Rur bei der Einmündung der Kirchstraße gleichgesetzt worden,[58] weil dieses das einzige, heute noch erhaltene und daher erkennbare Bauwerk der Stadtbefestigung darstellt. Als seit dem ausgehenden 16. Jahrhundert die Stadt entlang von Laufenbach und Rur über die ursprünglichen Befestigungsmauern hinausgewachsen war und man bald nach etwa a.1700 die Stadtbefestigung nicht mehr pflegte, sind fast alle älteren Wehrbauten verfallen oder überbaut worden, so dass im heutigen Baubestand viele ältere Einzelheiten nicht mehr zu erkennen sind. Das heutige ›Haus zum Turm‹ ist aber nicht das einzige Turmhaus dieser Art in der Stadtbefestigung gewesen.

Die Siedlung nach Talrecht umfasste – wie sich aus späteren Nachrichten ergibt – den östlichen Hang unterhalb der Burg bis zur Rur. Von der südlichen und nördlichen Burgspitze (heutige Kapelle des Maria-hilf-Stiftes bzw. Eselsturm) verliefen Mauern talabwärts zur Rur. Vom südlichen Ende, beim genannten, noch erhaltenen ›Haus zum Turm‹ an, zog sich der Stadtbereich rurabwärts bis zur Brücke an ›Richters Eck‹. Der Raum war durch zwei Wegverläufe erschlossen: die *Understraisse* (so a.1549, heute ›Stadtstraße‹) entlang der Rur und die *Overste straisse* (so a.1549, heute ›Kirchstraße‹) am Hang unterhalb der Burg. Bei ihrem Zusammentreffen am südlichen Stadtende führte die *Achter Portze* (so a.1549, *echterste portze* a.1435, später auch *hinderste portze* und *Lohrers portz*) ins Freie an der Rur. Die Burg war über den *Burgweg* (a.1549), ausgehend von der Oberstraße, mit der Talsiedlung verbunden. Er entspricht dem heutigen Treppenaufgang bei der Pfarrkirche zur Burg und verlief (nicht in direktem Aufstieg wie heute zur Schlosskapelle) diagonal über den heute überbauten Hang zum Ende der Vorburg bei der heutigen Kapelle des Maria-hilf-Stiftes. Die Oberstraße führte am nördlichen Ende durch die *Oberste Portze* (a.1546/47) ins Laufenbachtal. Ihre Lage ist auf der Kirchstraße an der Stelle zu denken, wo der heutige Aufgang zum Eselsturm auf die Kirchstraße trifft. Die Pforte, die seit a.1703 ein Uhrtürmchen trug, ist nach einem Brand erst a.1831 abgebrochen worden. Die Unterstraße führte auf die Rurbrücke und das Rurtal weiter abwärts durch die *portze by der Ruren* (a.1370, dann a.1545/47 *niderste Roerporte*), wo sich auch heute noch der Flussübergang befindet. Diese Brücke ist von einem, möglicherweise auch von zwei Türmen flankiert gewesen. In der a.1549 aufgezeichneten Wachtordnung für die Stadt[59] heißt die Stelle des nach dem Krieg zur Verbreiterung der Rurbrücke abgerissenen Hauses an ›Richters Eck‹, das in seiner aus vielen Abbildungen bekannten letzten Gestalt auf Johann Heinrich Scheibler zurückging,[60] noch *Junffer Catharin Effern haus, gnant der Torn binnen Monjoie an der Roir Portzen*. Die Nennung des Turmes findet weiter Fortsetzung in den Quellen bis hin zum Namen ›Hotel de la Tour‹ an ›Richters Eck‹, wo man das Wort gern auf das (wieder errichtete) Treppentürmchen am Nachbarhaus bezogen hat; doch ist die zugehörige Geschichte erheblich älter und die Bezeichnung galt für ein Turmhaus als Flankierung der Rurbrücke. Als Gegenstück dazu weiter auf die Mündung des Laufenbachs zu ist möglicherweise ein weiterer Turm anzunehmen. Das schwere Bruchsteingemäuer im Keller des Schlösserschen Hauses (ehem. Evangelisches Pfarrhaus) wäre jedenfalls auf einen Zusammenhang mit der Stadtbefestigung genauer zu überprüfen. Der Stadteingang an der Rurpforte stand noch lange unter Bewachung. Im Januar 1766 verpachtete die Stadt *daß wacht hauß vor seyner Thür* auf 12 Jahre an Matthias Schlösser unter der Bedingung, in Kriegs- und Krisenzeiten die Nutzung wieder an die Stadt zurück zugeben.[61] Weiter aufwärts am Berg beim Aufstieg in der Nähe des Stadttors der *Oberen Straße* (heute Kirchstraße) stand ein weiterer Turm mit Namen *der Wolff* zur Kontrolle des Stadtzugangs; laut Bürgermeisterrechnung 1646/47 hatte der Amtmann dort *ein new schilterhauß uff den Wolff verfertigen lassen*, wozu die Stadt das Holz lieferte.

Das Areal dieser Burgsiedlung war also recht überschaubar. Gemäß der genannten Wachtordnung von a.1549 *binnen dem vleck Monjoie* waren zur

Finanzierung der Wachtdienste die Einkünfte aus den Erträgen von 17 Hofgütern in den nahe umliegenden Dörfern vorgesehen. Demnach dürfte die Fläche ursprünglich aus 17 wachtpflichtigen Parzellen bestanden haben. Bei der zwei Jahrhunderte später aufgenommenen Amtserkundigung sind diese Verpflichtungen auf eine Reihe weiterer Zahlungspflichtiger auf diesen Parzellen aufgeteilt.

Aus den Beobachtungen zum Befestigungsbau ergibt sich, dass der Ausbau des Landes und die Erweiterung der Burganlage in der Valkenburger Zeit kontinuierlich fortgeschritten sind. Gerade die Bauarbeiten an der Burg und der anschließenden Befestigung erforderten eine größere Zahl von Arbeitskräften, die wohl aus der Umgebung zu Frondiensten herangezogen wurden. Deren Zahl hatte sich seit den Limburger Tagen des frühen 13. Jahrhunderts beträchtlich vermehrt. Das schon genannte Waldweistum von a.1342 belegt, dass mittlerweile auch im Waldgeleit Rodungssiedlungen entstanden waren. Eine erste Nachricht über eine wassergetriebene mechanische Mühle datiert von a.1306. Sie wird nicht allzu viel früher eingerichtet worden sein, weil eine solche Anlage beträchtlichen technischen Aufwand verlangte und genügend Unterhaltungsgebühren für den Betreiber zusammenkommen mussten. Es handelte sich um die Mahlmühle am Belgenbach, die – anders als die heutige ›Belgenbach‹- oder ›Eicherscheider Mühle‹ – weiter bachaufwärts nicht weit von der Stelle lag, wo die heutige Landstraße von Imgenbroich nach Simmerath (B 399) das Belgenbachal berührt. Der Flurname *Müllenbüchel* bewahrt noch eine letzte Erinnerung an die Lage. In der genannten Urkunde vom Mai 1306 erklärte Reinald von Valkenburg-Monschau als Mühleninhaber gegenüber den Förstern des Hofes Konzen, dem Grafen Gerhard V. von Jülich als Jahrespacht 33 Müdden Hafer und 12 Kapaune jeweils zum Martinstag (11. November) *ratione molendini nostri dicti Eygenscheyt* (›wegen unserer Mühle Eicherscheid‹)[62] zukommen zu lassen. Da die Mühle im Waldgeleit lag und ein Fließgewässer nutzte, unterlag sie nämlich einer Konzessionierung durch den Jülicher Waldgrafen. Die Erklärung gegenüber den Förstern stellte sicher, dass der Betrieb rechtlich einwandfrei gesichert war. Außerdem war im selben Zeitraum die Errichtung der zweiten Pfarrkirche des Landes in Simmerath notwendig geworden, die zentral in der Mitte des Feldgeleits entstand. Ein Pfarrer an dieser Kirche ist erstmals zu a.1346 in Steinfelder Akten genannt.[63]

Die kontinuierliche Arbeit an der Erweiterung der Burg hin zur Befestigung auch einer talwärts anschließenden Siedlung kann aus den gut bezeugten Daten zweier großer Bauwerke der unteren Vorburg abgeleitet werden: der Schlosskapelle (a.1369) und des Eselsturms (a.1370). Beide werden im Zusammenhang ihrer Erstbezeugung als ›neu‹ charakterisiert; sie haben demnach noch nicht lange bestanden. Sie können allerdings auch in der Schönforster Zeit gleich nach den Valkenburgern entstanden sein.[64] Da der Chor der Schlosskapelle in einen der abwechselnd halbrund und eckig ausgeführten Wehrtürme der Böschungsmauer eingefügt ist bzw. aus diesem »herauswächst«, mit der die Vorburg zur Stadtseite abschließt, muss die gesamte Oberburg um die Mitte des 14. Jahrhunderts bereits im Grundriss fertig gewesen sein. Das betrifft insbesondere die Erweiterung in Form des Burghofes mit Wehrmauern, Doppelturm-Toranlage als Abschluss, verbunden mit der Verlagerung des ursprünglichen Eingangs von der Nordspitze der Burg zu dieser Doppelturmanlage hin über die vom Eselsturm ansteigende Rampe, wie man sie heute noch vorfindet.

Abgesehen von der Ausübung forstrechtlicher Belange, wie sie im nächsten Abschnitt zur Sprache kommen, ist über die Durchführung von Verwaltungstätigkeiten unter der Valkenburger Herrschaft im Monschauer Land kaum Nennenswertes überliefert. Außer der Einrichtung der Wassermühle am Belgenbach a. 1306 tätigte Reinald im selben Jahr zusammen mit seiner Frau Maria von Boutersem eine Gedenkstiftung für seinen Vater und älteren Bruder beim Kloster Reichenstein aus den Einkünften eines Hofes in Geleen b. Sittard.[65]

Kommunale Strukturen für die Talsiedlung lagen in der Mitte des 14.Jahrhunderts noch nicht vor. Ein erstes Zeugnis für Bürgermeister findet sich erst in einer (ersten) Stadtrechtsbestätigung von a.1476 durch Herzog Wilhelm IV. von Jülich.[66] Mehr dazu ist später in den Kapiteln über die innere Struktur des Landes zu sagen. Wohl aber sind jetzt die wichtigsten valkenburgischen Amtsträger mit Namen bezeugt: als erster aus der Zeit Reinalds (1305–1333) war es der Knappe (*armiger*) Matthias Mattelion von Eynatten,[67] in den Tagen Dietrichs IV. (1333–1346) der Ritter Herr Frepont[68] und unter der Herrschaft Johanns (1346–1352) der Ritter Jan Krummfuß (*Jhan Crompvoes*).[69] Derselbe war (als *Johann Cramfoet*) am 14. Februar 1347 unter den Rittern, die die Urkunde mitsiegelten, mit der Mechthild von Geldern durch Johann mit der Herrschaft Schinnen belehnt wurde.[70] Die Krummfuß waren eine Familie aus dem Sittarder Raum. In der Stadterhebungsurkunde von Walram II. und seiner Mutter Elisabeth von a.1243/44 stehen unter den Zeugen schon *Theodericus* und *Nikolaus Krumvoit*. In den Verhandlungen um das Valkenburger Erbe tritt in den Jahren nach 1350 mehrfach Arnold Mattelyon von Eynatten auf. Die Herren von Valkenburg-Monschau nahmen ihren Dienstadel offenbar aus dem Valkenburger und Limburger Raum, denn Adelssitze kleinerer Art haben sich im Monschauer Land nicht herausgebildet,[71] aus denen das Personal hätte rekrutiert werden können. Der erste der genannten Amtsträger führt in lateinischer Textumgebung noch die traditionellen Bezeichnungen *dapifer* und *seneschalcus*; die beiden anderen dagegen im volkssprachigen Kontext ihrer Erwähnung die Amtsbezeichnung ›Drost‹ (*droyssit van Monyoye*). In der späteren Jülicher Zeit mit zunehmender staatlicher Modernisierung heißen die Träger entsprechender Aufgaben ›Amtmann‹. In den seit a.1334 (unvollständig) erhaltenen Stadtrechnungen von Aachen[72] taucht ein paarmal auch der *dapifer de Monyoe* ohne Namensnennung auf, den wahrscheinlich seine Amtsgeschäfte nach Aachen geführt hatten. Die Aachener Bürgermeister pflegten nämlich höherrangige Besucher mit einem Wein-Zutrunk zu bewirten; die aufgewendeten Ausgaben wurden penibel verzeichnet. Auch der seit a.1346 amtierende Dienstherr der Drosten, Johann von Valkenburg-Monschau, ist dort mehrfach, gelegentlich auch mit seiner Gemahlin, als *Jo. de Bu(y)tgenbag* verzeichnet.

Um die Mitte des 14. Jahrhunderts waren es drei Ereignisse, die die Menschen in weiten Teilen Nordwest-Europas erschütterten und die wohl in einem Zusammenhang miteinander zu verstehen sind: zum einen die seit a.1347, von Italien über Südfrankreich ausgehend, sich in Deutschland rasant ausbreitende Pest, die ganze Städte und Landstriche entvölkerte, dann die von religiösem Eifer angestachelten Scharen der Geißlerzüge, die mit ihren Bußpredigten und der Prophetie vom nahen Antichristen die Menschen verunsicherten. Die Bezeichnung ›Geißler‹ (auch ›Flagellanten‹) rührt daher, dass zu ihrer Bußpraxis die Selbstgeißelung gehörte und die Teilnehmer eines solchen Zuges dazu Geißeln mit sich führten.[73] Schließlich waren es die schlimmen Pogrome in den Städten mit Judengemeinden, denen man die Schuld an der Pestwelle durch Brunnenvergiftung zuschrieb.[74]

Über das Auftreten der Pest ist für unseren Raum kein Quellenzeugnis überliefert, wie auch überhaupt selbst für bedeutende Orte unmittelbare Quellennachrichten überraschend dürftig sind. Auch lässt sich für das Auftreten kein Indiz wie beispielsweise wüst gefallene Dörfer[75] für das Monschauer Land beibringen. Es ist durchaus denkbar, dass die große Pestwelle das entlegene und von Handelsstraßen und Durchgangsverkehr weitgehend isolierte Land nicht betroffen hat. Die tatsächlich bis zum ausgehenden Mittelalter wüst gewordenen Siedlungen des Landes, nämlich Fronrath (*Vroenrot*, nahe Am Gericht, fortgesetzt in der Nähe durch Eicherscheid), Meisenbroich (*Meysenbroech*, fortgesetzt in der Nähe durch Huppenbroich) und Rösrath (*Ruesenrot*, am Weg von Kesternich nach Einruhr nahe der *Schönen Aussicht*), sind jedenfalls in den Jahren 1361 und 1369 noch zweifelsfrei belegt. Es ist ohnehin zu bedenken, dass ein Teil solcher Dorfwüstungen nicht unmittelbar durch Aussterben der Bewohner an der Pest, sondern durch Aufgabe der Siedlungen entstanden ist, indem Überlebende in der Hoffnung auf ein besseres Leben in die stark entvölkerten Städte der näheren oder weiteren Umgebung zogen.

Wohl aber hat im Sommer 1349 ein großer Geißlerzug, der auch noch in das Volksgedränge einer Heiligtumsfahrt fiel, den feierlichen Einzug und die Krönung Karls IV. in Aachen verzögert.

Überraschend aber fügen sich für die befestigte Talsiedlung Monschau zwei späte, völlig voneinander isolierte Nachrichten schlüssig zusammen, wenn man sie in den Kontext des Massakers an den Kölner Juden vom August 1349 stellt: Seit a.1374 wird in Kölner Quellen mehrfach (bis a.1386) *Ysaac van Monyoye* (auch *Munszauwe*) als ›Judenbischof‹ des Erzbischofs Friedrich von Saarwerden genannt.[76] Man wird in ihm den Vorsteher der jüdischen Gemeinde in Köln sehen können. Seine Geschäftsbeziehungen, zusammen mit seinem Bruder *Mannys von Köln* reichten rheinaufwärts bis Worms. Sein Sohn Hetzgyn (*Hetzgyn, Ysacs Monyouws soen, eyn joide*)[77] erhielt a.1403 von Herzog Reinald von Jülich-Geldern einen Privilegienbrief für Düren. Isaak taucht zuerst in Brühl auf und ist meist in Köln bezeugt. Sein Herkunftsname blieb jedoch solange rätselhaft, bis durch die Studien von Matthias Schmandt[78] klar wurde, dass sich einige jüdische Familien – wahrscheinlich die vermögendsten – 1349 in den Schutz mächtiger Adelsfamilien aufs Land hatten flüchten können. Wie erwähnt, war Johann von Monschau-Valkenburg auch Außenbürger der Stadt Köln. Isaaks Vater Simon und seine Familie haben den Sturm höchstwahrscheinlich im Schutz der Monschauer Mauern beim Herrn von Valkenburg- Monschau überlebt. Isaak dürfte in Monschau geboren oder aufgewachsen sein, so dass sich sein Beiname plausibel erklärt. Nach Abklingen der feindseligen Stimmung ist er dann über Brühl an den alten Familiensitz Köln zurückgekehrt. Vor diesem Hintergrund bekommt die gänzlich dunkle Notiz von a.1549 einen Sinn, die ein Gebäude mit der Bezeichnung ›Judenhaus‹ am Burgweg (*gnant das Judenhaus*) kennt. Da durch das ganze Mittelalters hindurch jüdische Einwohner des Burgfleckens sonst nicht nachzuweisen sind, dürfte in dieser Bezeichnung noch eine ferne Erinnerung an den Zufluchtsort der Familie des Isaak von Monschau nachklingen. Ob der notorisch klamme Valkenburger die Finanzmittel der Bankiersfamilie Isaaks, die ihm zweifellos für seine »Asylgewährung« zugeflossen sind, auch in den Ausbau von Burg und Befestigung des Tals Monschau gesteckt hat, wie gelegentlich geäußert, bleibt allerdings Spekulation. Es wäre allerdings möglich gewesen, weil Isaak, seit a.1376 als »Finanzberater« Erzbischofs Friedrich von Saarwerden tätig, wesentlich dazu beigetragen hat, die bei Friedrichs Amtsantritt ruinierten Finanzen des Erzstiftes zu sanieren.[79] Der Fall in Monschau ist nicht einmal so ungewöhnlich, wie er zunächst erscheint. Dass Juden im Schutz von Burgen adliger Herren Verfolgungszeiten überstanden haben, ist erst durch genauere Erschließung von bisher vernachlässigten Quellen in einer ganzen Reihe von weiteren Fällen bekannt geworden.[80]

d. Die Abstimmung über das Waldrecht zwischen Dietrich IV. von Monschau-Valkenburg und Markgraf Wilhelm von Jülich a.1342

Im August des Jahres 1336 hatte Kaiser Ludwig (der Bayer) den Grafen Wilhelm V. von Jülich zum Markgrafen und damit in den Reichsfürstenstand erhoben. Unter den sonstigen, damit verbundenen Verleihungen war auch der Reichswald (auch Oberwald genannt), der laut der Königsurkunde *incipit apud monasterium s. Cornelii et protenditur usque ad castrum Moynjowe* (›beginnt beim Kloster des Hl. Cornelius und sich erstreckt bis zur Burg Monschau‹).[81] Damit war gleichzeitig der Kernraum der Herrschaft Monschau im Valkenburg-Monschauer Territorium umschrieben. Die kaiserliche Verleihung kann allerdings angesichts der Valkenburger Burg- und Gerichtsherrschaft in der Nachfolge der Herren von Monschau aus dem Hause Limburg sinnvoll nur auf die Ausübung des Forstrechtes bezogen werden; und den wortreichen Ausführungen zum Trotz geben die Wendungen der Urkunde keinerlei Mehr gegenüber der Feststellung der (ohnehin schon seit a.1238 bestehenden) Waldrechte zu erkennen, wie sie nach Weisung der Förster einige Jahre später zwischen Markgraf Wilhelm und Dietrich IV. von Valkenburg-Monschau aufgezeichnet worden sind. Man muss die Stelle wohl so verstehen, dass es sich um einen vorsorglichen Rechtstitel handelte, den man in Jülich bei passender Gelegenheit nutzbringend hervorholen konnte. Wenn also nach dem Kenntnisstand der königlichen Kanzlei die Reichweite des Reichswaldes sich im Süden bis zur Burg Monschau erstreckte, muss das als weiteres Indiz dafür gewertet werden, dass der Forsthof Konzen in seiner ursprünglichen karolingischen Frühzeit (noch) nicht bis Bütgenbach gereicht hat.

Im Dezember a.1342 kam es in Gegenwart hochrangiger Kommissionsmitglieder von Seiten des Markgrafen Wilhelm von Jülich als Waldgraf (zwei Kanoniker des Aachener Marienstiftes, nämlich der Dekan Hermann und Winand von Heimbach, und aus der engeren Umgebung des Markgrafen Gerhard von Engelsdorf, Herr von Griepekoven, und Adam von Ederen, der Drost von Jülich) und Dietrich IV. von Valkenburg-Monschau als Landesherren, vertreten durch Johann von Valkenburg, Herrn zu Born, Dietrichs Oheim, den Dekan Gottschalk des Marienstiftes zu Maastricht und den Ritter Frepont als Drost von Monschau, zu einer ausführlichen Rechtsweisung durch die Förster des Forsthofes Konzen. Dieses Gremium legte in 30 Paragraphen die Einzelheiten über die beiderseitigen Rechte am Reichswald fest, wie sie aktuell in Geltung waren. Das Ergebnis wurde in zwei umfangreichen Urkunden festgehalten. Davon ist allein die Valkenburger Ausfertigung für Jülich im Original erhalten geblieben;[82] dieses Exemplar ist außer durch den genannten Herrn von Born und Arnold von Stein, einen weiteren Verwandten, auch von Dietrichs Bruder Johann als Herrn von Bütgenbach besiegelt worden, der ihm bald danach in der Herrschaft nachfolgte. Die in den Rechtsbestimmungen gleichlautende Jülicher Ausfertigung für Monschau-Valkenburg ist nur durch Abschriften bekannt.[83]

Im Kern bestätigten die versammelten Förster die a.1238 in Kornelimünster vereinbarten Regelungen (s. oben Kap. 4.c), nach 100 Jahren Praxis ist das Regelwerk jedoch um viele Details erweitert. Ihre Rechtsweisung erteilten sie *an dem heister up der stat, da si zo rechte unser beyder waltrecht wisen soelen* ›an dem Buchenbaum an der Stelle, wo sie rechtmäßig unser beider Waldrecht weisen sollen‹, also im Freien. Das geschah nach demselben Muster, wie in Belangen des Landrechts die Schöffen des Landgerichts die gültigen Rechtsverhältnisse wiesen. Von Jülicher Seite existiert zum gleichen Themenkreis zusätzlich eine knappe, ältere Aufzeichnung (zu datieren zwischen a.1306 und a.1336) in lateinischer Sprache, die aber keine darüber hinaus reichenden Nachrichten enthält.[84] Soweit aus diesem Waldweistum Hinweise zu gewinnen sind, wie die Bewirtschaftung des Waldes zu einer Zeit ausgesehen hat, als man noch nicht nach heutigen Maßstäben klar nach Land- und Forstwirtschaft unterscheiden konnte, als vielmehr die gesamte Umgebung der Dörfer die Grundlage dafür bildete, wie die Siedler ihren Lebensunterhalt erwirtschafteten, sollen die entsprechenden Nachrichten in einem späteren Kapitel zusammenhängend vorgestellt werden. An dieser Stelle seien zunächst die Punkte behandelt, die sich aus der »zweigeteilten« Regierung des Landes ergaben, seitdem der Jülicher Waldgraf seine Mitwirkung am Gang der Geschäfte und Teilhabe an den Einkünften aus dem Lande a.1238 in Kornelimünster weitgehend durchgesetzt hatte.

Das Forstpersonal rekrutierte sich aus Einheimischen vom Forsthof, insofern der Herr von Monschau die Kandidaten dem Waldgrafen präsentierte; der aber bestallte sie und den Forstmeister und versah sie mit den zugehörigen Freiheitsrechten (§ 24). Von den verschiedenen Abgaben und Zehnten, an denen a.1265 das Aachener Marienstift noch aufgrund des Zehntrechts der Kirche Konzen im gesamten Bereich des Forsthofes Konzen teilhatte, ist nichts mehr übrig geblieben; das Einkünftegebiet des Stifts war a.1342 auf das Feldgeleit geschrumpft. Die Erhebungsverfahren zu Einnahmen aus der Waldnutzung wurden penibel geregelt (§ 2): Der Forstmeister als Beauftragter des Waldgrafen kassierte die Gebühren der auswärtigen Waldnutzer (*uzerlude*), der Drost als Verwaltungschef des Landesherren (*der droessit van Monyoye*) die Gelder der Einheimischen (*van den hoves manne*). In gemeinsamer Übereinkunft wurden dann die Erträge nach dem tradierten Schlüssel verteilt (2 Teile Landesherr, 1 Teil Waldgraf, §§ 1, 20). Die Einkünfte beruhten auf Erträgen aus dem Wald (*dat coemt van dem walde, van wasser*), soweit sie dem Forstgericht unterlagen (§ 20). Die anfallenden Gelder kamen *van wroeghen, van werschaf of van penden* (§ 2). Dabei waren Wrogen (das Wort entspricht nhd. *Rüge* ›Rüge, Anklage‹) zunächst Geldbußen bei Ordnungsverstößen, später jedoch regelmäßige Abgaben für Brennholz. Werschaft bedeutet dagegen so viel wie ›Bezahlung‹ (noch enthalten in heutigem *Währung*) und galt für Nutzungen aus dem Wald, soweit nicht eine ausdrückliche Befreiung vorlag wie etwa bei der Eichelmast der Schweine der Einwohner von Monschau und Nideggen. Pende (hochdeutsch *Pfänder*) ergaben sich schließlich daraus, dass die Förster widerrechtlich aus dem Wald entnommenes Material (Holz, Heu, Steine usw. mitsamt den Fahrzeugen) beschlagnahmen konnten. Dieses Recht stand allein den Förstern zu (§ 21). Wenn der mit einer solchen Fuhre Ertappte das Pfand nicht auslöste, bot die Forstverwaltung es zum Kauf an. Als eine Pfändung dieser Art, im Beispiel jedoch als Selbsthilfe, ist es z.B. zu verstehen, als die Kalterherberger in den 60er Jahren des 17. Jahrhunderts im Streit um die Grenzen der Weidegründe an der oberen Schwalm (Perlbach) kurzerhand eine Elsenborner Schafherde »entführten.«[85] Wenn bei der Abrechnung zwischen Forstmeister und Drost eine der beiden Seiten mit ihren Anteilen im Verzug war, konnte sich die Gegenseite am Vermögen der anderen schadlos halten (§ 2). Insgesamt steht überall im Weistum der Gedanke im Vordergrund, dass einseitige Handlungen zu unterbleiben haben, vielmehr Waldgraf und Landesherr einvernehmlich gemeinsam handeln sollen. Hatte z.B. der Landesherr über Schädigung des Waldes zu klagen (*dat der walt verhowen ind verquist wurde*), konnte er nicht einfach zur Selbsthilfe greifen (§ 10), sondern hatte den Waldgrafen zu informieren. Der wiederum beauftragte über den Forstmeister die Förster, den Fall zu untersuchen. In diesem Zusammenhang erscheint erstmals in der Quellenüberlieferung der Ausdruck »Hut(ung)« (*hoede*) für die Aufsichtsbezirke/Reviere der Förster. Gelang es den Förstern nicht, den oder die Schuldigen zu finden, so mussten sie selbst für den Schaden aufkommen. Auch bezüglich anderer Schäden oder erlittenem Unrecht, das dem Landesherren seiner Meinung nach im Waldgeleit widerfahren war, hatte er sich an den Waldgrafen zu wenden (§ 11). Abgabe von Holz an Auswärtige hatte nur einvernehmlich zwischen beiden Seiten geschehen (§ 22).

Nachdem aber nun die Rodung ständig fortgeschritten und Dorfsiedlungen auch im Waldgeleit entstanden waren (*in den dorperen, die binnen dem geleide van dem walde geleghen sin*), hatte sich die Rechtslage verkompliziert und führte leicht zu Streitfällen über die Zuständigkeiten von Förster- bzw. Schöffengericht. Daher bestimmte zunächst der § 17, dass die Förster allein dem Forstmeister gegenüber weisungsgebunden waren und unter seinem Vorsitz über Tatbestände des Waldrechts verhandelten, dass jedoch der Drost bei der Verhandlung zugegen sein sollte. Und wenn der Drost eine Verhandlung zu Fällen des Waldrechts oder aus dem Waldgeleit wünschte (*dat van den walde rurede of binnen dem geleide van den walde*), hatte er den Forstmeister dazu aufzufordern. Gemäß dem § 18 hatte der Drost dann den Forstmeister mit zwei Förstern zu einem Forstgericht in den Hof Simmerath zu laden. Die nachfolgenden umständlichen Regelungen mit genauen Ladungsfristen, wenn eine Partei nicht Folge leistete, dürften auf vorangegangene Unstimmigkeiten hinweisen. Die konnten sich leicht ergeben. Die beiden mit *oder* verbundenen Tatbestände (›was zum Waldrecht gehört **oder** im Waldgeleit liegt‹) waren nicht (mehr) wie ursprünglich einfach mit gleichem Umfang deckungsgleich, nachdem das Waldgeleit aufgesiedelt war. Folglich konnten die jeweilige Zuständigkeiten von Förster- und Schöffengericht miteinander in Konflikt geraten. Dieses Problem hat sich durch die nachfolgenden Rechtsweisungen bis ins 17. Jahrhundert hingezogen, selbst dann noch, als beide Rechtskreise in Jülicher Hand vereinigt waren. Dem besonderen Rechtsstatus des besiedelten Landes im Waldgeleit hat man später (a.1516) mit der Formulierung beizukommen versucht, dass nicht zum Waldrecht (und entsprechend nicht an das Förstergericht) gehöre, ›was Leib und Glieder [d.i. Leib und Leben] betrifft und wo Sense und Pflug drüber gehen‹ (*dat lyff ind lydt aintrefft, seentz ind ploich oevergeyt*). Ausdrücklich sprach der § 19 alle Abgabenarten aufgrund von Waldrechtsbelangen dem Förstergericht zu, allerdings im Beisein des Drosten. Ausgenommen waren *enich pluderate of enighe stucken, da der vorster niet oever enhedde ze wisen* (›Gerede/Krawallmacherei oder Sachen, worüber der Förster nicht zu befinden hat‹). Der seltene Ausdruck *pluderate* gehört zum mittelniederdeutschen/mittelniederländischen Verb *pluderen* ›plappern, sich sträuben, Lärm machen‹. Die »Mitregierung« des Markgrafen von Jülich als Waldgraf aber ging laut Weistum so weit, dass der Herr von Monschau, wenn er jemanden in einen vererbbaren Grundbesitz einsetzen wollte (§ 23), den Forstmeister zur Wahrung der Rechte des Markgrafen (= Waldgrafen) dazu heranziehen musste. Ebenso hatte er bei der Eintreibung des Schatzes (Mai- und Herbstschatz, § 25), der herrschaftlichen »Grundsteuer«, in den Dörfern des Waldgeleits den Forstmeister als »Aufpasser« zur Seite.

Insgesamt geht aus der umfangreichen Weisung hervor, dass in den gut 100 Jahren seit der Vereinbarung von Kornelimünster a.1238 der Jülicher Einfluss in der Nähe von Nideggen an der Rur deutlich zugenommen hatte. In der älteren Vereinbarung war ausdrücklich von der Abtretung des Waldes Wisserscheid (nördlich vom Bosselbach) die Rede gewesen. In späteren Weisungen (z.B. im Landrecht von a.1516) rügten die Schöffen des Schöffengerichts nicht allein diesen, sondern noch weitere Gebietsverluste. Die beiden anderen ähnlich gelagerten Fälle, Lindheld und Meuchelberg links der Rur nahe Heimbach, tauchten jetzt im Försterweistum auf. Angesichts ihrer Abhängigkeit vom Waldgrafen zogen sich die Förster jedoch damit aus der Affäre (§ 8), dass dieser Zustand nie gerügt worden sei und sie darüber nicht zu befinden hätten. Der Markgraf solle behalten *alst sine alderen behalden haent* (›wie es seine Eltern besessen haben‹). Ähnlich stellten sie fest, dass zwar Hetzingen (links der Rur) auf dem Boden des Forsthofes Konzen liege, dass aber nach ihrer Beobachtung der Herr von Monschau dort nie Dienste oder Einkünfte erhoben habe (§ 9). Das ließen sie als eine Jülicher Tradition so stehen und verneinten, darüber Genaueres zu wissen (*dat laessen si also ind enwissens niet*). Im ganzen zeichnet sich ab, dass ein Raum ›zwischen Kall und Rur‹ (*tusghen Calle ind die Rure*) ein Stück vom Forsthof Konzen losgelöst war. In diesem Gebiet waren auch die Schweine der Bewohner von Nideggen frei vom Dechtum; wurden sie aber darüber hinaus getrieben, waren sie kostenpflichtig (§ 3). Außerdem konnte die Burg Nideggen im genannten Gebiet zwei Köhler für den Bedarf der Burg halten; die Stadtbewohner wurden für ihre Bedarfsdeckung den Hofbewohnern gleichgestellt (§§ 12, 13). Ähnliche Vergünstigungen wurden für die Burg Heimbach aufgeführt (§ 14) zur Gewinnung von Brennholz in der Zeit, wenn der Markgraf dort Wohnung nahm. Schließlich konnte die Burg Heimbach vier sog. ›Erbfischer‹ halten (§ 15). Die mussten sich im Forsthof Konzen »registrieren« lassen und fischten dann ruraufwärts bis in Sichtweite der Burg Monschau. Dort sollten sie die Rur verlassen und ihren Fang auf der Burg anbieten (*da soelen si us goen ind up dat hus mit eren visghen; ind soelen da eren corf schudden*). ›Dort soll man sie belohnen, *dat si dat gerne doen.*‹ Am Beispiel des Markgrafen als Waldgraf lässt sich auch gut beobachten, wie dieses Amt, das im Ursprung als Sorge um dem Forst im (ehemaligen) Reichsgut eingerichtet war, sich mit der Übertragung an einen Dynasten auf längere Sicht zur Pflege von Eigeninteressen und zur Mehrung von Einkünften und Macht im eigenen Herrschaftsbereich verwenden ließ. So bestimmte ein Abschnitt schließlich (§ 28), dass das Vieh von Höfen des Markgrafen in Waldnähe – und ausschließlich nur für diese – freie Waldweide in Anspruch nehmen durfte, soweit es abends wieder die heimatlichen Höfe erreichte. Das waren die angrenzenden Höfe von Dreiborn, Brementhal, Holl(en)ig, Friesenrath, Venwegen und Hahn.

Das Jagdrecht stand (selbstverständlich) allein den adligen Herren von Monschau und Jülich zu (§ 16). Da sich der Reichswald nach dem Wortlaut der Königsurkunde von a.1356 im Norden bis nach Kornelimünster erstreckte, ergaben sich daraus auch Waldrechte des dortigen Abtes. Im Laufe der Zeit war jedoch die Nordgrenze des Konzener Forstbezirks = der Herrschaft Monschau ein Stück nach Süden zurückgenommen worden (vgl. dazu Kap. 7 zur Ausbildung der Grenzen), so dass dieser Raum in einer eher lockeren

Verbindung zum Forsthof stand. Hier ließ offenbar das Interesse des Jülicher Waldgrafen nach, denn über die Waldrechte des Abtes von Kornelimünster vermeldete der § 30 abschließend nur lapidar: *des abts recht van Moenster, dat soelen em die vurster wisen* (›Das Recht des Abtes von Kornelimünster sollen ihm die Förster weisen‹).

Anmerkungen

1 Druck bei J. A. Hillebrand: Montjoie, dem Herrn von Limburg a.L. Johann I. zum Pfandbesitz übertragen, Nassauische Annalen 38 (1908) S. 221; Regest mit fehlerhaften Angaben in: Ravensberger Regesten I Nr. 818. Weiter s. E. Neuß: Der Übergang der Herrschaft Monschau, AHVNRh 200 (1997) S. 24–36 mit ausführlichen Quellennachweisen.

2 UB Luxbg IV Nr. 181 (1270 April 1); zur Mündigkeitsfrage s. E. Neuß (wie Anm. 1) S. 31f.

3 UB Luxbg IV Nr. 96.

4 CDV Nr. 23

5 UB Luxbg IV Nr. 127.

6 UB Luxbg IV Nr. 128, 129, 130.

7 UB Luxbg IV Nr. 131–136.

8 Wie Anm. 2.

9 UB Luxbg IV Nr. 159 (1270 März 24).

10 UB Luxbg IV Nr. 162 und 182.

11 UB Luxbg IV Nr. 172.

12 RRA I Nr. 238.

13 UB Luxbg IV Nr. 234. Vgl. auch B. Willems: Die Herren von Falkenburg und Montjoie erwerben St. Vith und Neundorf (1271), JBEMV 2 (1967) S. 194–198.

14 L. Mathar: Von den Karolingern bis zu den Jülichern, in: Das Monschauer Land, S. 32.

15 S. Corsten: Die Herren von Valkenburg (ca. 1000–1384), PSHAL 120 (1984) S. 194.

16 Zu Einzelheiten und Nachweisen s. S. Corsten, Der limburgische Erbfolgekrieg, in: W. Janssen – H. Stehkämper (Hg.): Der Tag bei Worringen. 5. Juni 1288, S. 211–266.

17 UB Luxbg V Nr. 69 = RRA I Nr. 402.

18 Grundlegende ältere Darstellung ist J. M. van de Venne: Geschiedenis van het kasteel van Valkenburg, 1951; hier als grundlegend herangezogen: S. Corsten: Die Herren von Valkenburg (ca. 1000–1364), PSHAL 120 (1984) S. 162–200.

19 J.A.K. Haas: Inventaris van het archief van Sint-Gerlach, S. 79 Nr. 30.

20 Regesten Sponheim I Nr. 244.

21 RRA I Nr. 410.

22 CDV S. 50f. Nr. 49; vgl. S. Corsten: Die Herren von Sittard bis 1400, in: Sittard, uit bronnen geput, I, S. 89.

23 RRA II Nr. 435.

24 UBNRh III Nr. 284. Zu den Besitzungen um Nothberg s. Kapitel 7 über die Herausbildung der Grenzen des Monschauer Landes.

25 Inventar Arenberg Edingen II, Nr. 79 = RRA VI Mr. 144.

26 F. van Mieris (Hg.): Groot Charterboek der Graven van Holland, II, S. 596–598.

27 In der örtlichen Literatur werden die Herren von Valkenburg oft fälschlich Grafen genannt. Doch erst im Verlauf des Valkenburger Erbstreits ist Valkenburg durch Kaiser Karl IV. zur Grafschaft erhoben worden.

28 UB Köln III Nr. 265; ausführlich dazu H. Domsta: Die Kölner Außenbürger, 1973.

29 REK VI Nr. 227 = RRA II Nr. 23; vgl. UBNRh III Nr. 496 = REK VI Nr. 166 = RRA III Nr. 4 und E. Quadflieg: Regesten, Nr. 24.

30 Zum Quellenzeugnis und seiner Datierung s. E. Neuß, Zum Wildbann der Erzbischöfe von Köln im Osning, ZVS 44 (2008) S. 34–36.

31 Einzelheiten bei H. Neu: Der »Markt St.Vith« und seine Entwicklung zur Stadt, ZVS 9 (1973) S. 125–130, 149–153, hier S. 152.

32 MGH Constitutiones, X, Nr. 137 zum 19. Mai bzw. Nr. 136 zum 10. Mai; vgl. E. Quadflieg: Regesten, Nr. 21.

33 I. A. Nijhoff (Hg.): Gedankwaardigheden, II, Nr. 58 = E. Quadflieg: Regesten, Nr. 40.

34 Beschreibung der Münzen: KDEM S. 454; Abbildungen bei K. Fagnoul: Moneta Sancti Viti, ZVS 7 (1971) S. 138 und (besser): H. Neu: Der »Markt St.Vith«, ZVS 9 (1973) S. 153.

35 Druck bei L. Korth, AHVNRh 51 (1891) S. 99–101. Zur Erhebung und der Situation überhaupt s. K. Flink, RhStA II Nr. 8 Euskirchen, 1974; weiter E. Neuß: Die Herren von Monschau-Valkenburg und die Stadterhebung von Euskirchen, Kreis Euskirchen. Jahrbuch 2003, S. 14–23, bes. S. 20f..

36 L. Korth, AHVNRh 51 (1891) S. 102f.

37 I. A. Nijhoff (Hg.): Gedankwaardigheden, II, Nr. 58 = E. Quadflieg: Regesten, Nr. 40.

38 UBNRh III Nr. 515 = E. Quadflieg: Regesten, Nr. 30.

39 E. Quadflieg: Regesten, Nr. 34; vgl. UBNRh III S. 419 Anm. 1.

40 LAV NRW R, Monschau-Schönforst Urk. 14 = E. Quadflieg: Regesten, Nr. 44 (mit irrigem Datum).

41 I. A. Nijhoff (Hg.): Gedankwaardigheden, II, Nr. 58 = E. Quadflieg: Regesten, Nr. 40.

42 LAV NRW R, Reichenstein Urk. 3

43 So W. Janssen: Burg und Territorium am Niederrhein, in: H. Patze (Hg.): Die Burgen im deutschen Sprachraum, S. 287.

44 E. Quadflieg: Monschaus Stadtwerdung 1352 und der Monschau-Valkenburger Erbfolgestreit, in: 1356 Monschau 1956. Stadtwerdung und Bürgerhäuser = EHV 28 (1956) Heft V, S. 47–152, hier S. 55 und E. Quadflieg: Regesten, Nr. 25 mit Fiktion eines urkundlichen Zeugnisses.

45 1476 März 31 und 1511 Februar 24 im Lagerbuch von 1649 fol. 11r/v und 11v–12v (StaMON 1. Abt. G 2).

46 S. insbesondere W. Janssen: Karl IV. und die Lande an Niederrhein und Untermaas, BDLG 14 (1978) S. 203ff.

47 UB Köln IV Nr. 435.

48 UB Düren I.1 Nr. 139.

49 F. B. Fahlbusch: Minderformen, städtische, LMA VI, Sp. 633–634 und F. Schwind: Tal, LMA VIII, Sp. 440.

50 Liste der Bezeichnungen bei E. Neuß, RhStA X Nr. 6, Kap. I 4 mit Nachweisen.

51 Vgl. M. Wensky: Die Eifel als Städtelandschaft, in: W. Schmid (Hg.): Festschrift 125 Jahre Eifelverein, II, S. 151–174; bes. die Liste S. 155ff.

52 UB Düren I Nr. 293.

53 DWB IX Sp. 767ff.

54 E. Neuß (Hg.): Weistümer, Nr. 4.

55 LAV NRW R, Monschau-Schönforst Urk. 8 = E. Quadflieg: Regesten, Nr. 21; Quadflieg liest fälschlich *bewahren* statt *bewanen* ›bewohnen‹.

56 Zum weiteren Gang dieses Burglehens und Johann Rummel s. E. Neuß: Zu den Anfängen von Schmidt im späten Mittelalter, ML 18 (1990) S. 46f. mit zugehörigen Quellennachweisen.

57 LAV NRW R, Monschau-Schönforst Urk. 6 = E. Quadflieg: Regesten, Nr. 12.

58 Zu diesem und den nachfolgend vorgestellten Türmen der Stadtbefestigung s. E. Neuß, RhStA X Nr. 56, Abschnitt II.4 ›Türme‹.

59 E. Neuß (Hg.): Weistümer, Nr. 13. Hier auch die anderen Nennungen zum Datum 1549.

60 T. Offermann: Wo wohnte Johann Heinrich Scheibler in Monschau? ML 44 (2016) S. 39–41.

61 StaMON 1. Abt. H 53 = Altes Reich Nr. 114. Freundlicher Hinweis von Dr. Toni Offermann.

62 LAV NRW R, Jülich, Urkunden Nr. 41; Druck: Ch. J. Kremer: Akademische Beiträge, III, S. 246f.

63 UB Steinfeld Nr. 274 = REK V Nr. 1368.

64 Einzelheiten mit Quellennachweisen und Grundrissen s. E. Neuß: Die Burg Monschau, S. 62–90 und RhStA X Nr. 56, Abschnitt II ›Topographie‹.

65 CDV Nr. 44.

66 Lagerbuch fol. 11 (StaMON 1.Abt. G 2); RhStA X Nr. 56, Abschnitt III.

67 Zu a.1317: RRA II Nr. 222; zu a.1324 und a.1312: J. A.K. Haas: Inventaris van het archief van Sint- Gerlach, Nr. 37und 38.

68 Zu a.1342; E. Neuß (Hg.): Weistümer Nr. 4.

69 Zu a. 1348; J. Füchtner (Bearb.): Inventar des Archivs der Stadt Nideggen, Nr. 15; auch bezeugt 1347 Februar 14 als Mann Johanns (UBNRh III Nr. 440).

70 UBNRh III Nr. 440.

71 Dazu grundlegend: W. Janssen: Unterherrschaft, RhVB 76 (2012) S. 152–175.

72 J. Laurent (Hg.): Aachener Stadtrechnungen, zu den Jahren 1344 und 1346, S. 164, l90, 192.

73 Zuletzt J. Lieven: Die Geißlerbewegung im Rhein-Maasraum, S. 125–136

74 Zum Folgenden A. Haverkamp: Die Judenverfolgungen zur Zeit des Schwarzen Todes, in: A. Haverkamp (Hg.): Zur Geschichte der Juden in Deutschland des späten Mittelalters und der frühen Neuzeit, S. 27–93.

75 Dazu Walter Janssen: Studien zur Wüstungsfrage, I, S. 139ff. Zu diesem für das Monschauer Land sehr problematischen Werk ist unbedingt der Literaturkommentar zu beachten.

76 REK VIII Nr. 978, 980 und REK IX Nr. 505; weitere Belege E. Neuß, RhStA X Nr. 56 Abschnitt IV.

77 UB Düren I Nr. 207e.

78 M. Schmandt: *Judei, cives et incole*, 2002: hier Katalog Nr. 25, S. 225f. und S. 104f.

79 W. Janssen: Beobachtungen zur Struktur und Finanzierung des kurkölnischen Hofes, RhVB 69 (2005) S. 120f.

80 J. P. Müller: Juden und Burgen im Mittelalter, S. 112, 115.

81 UBNRh III Nr. 307; vgl. W. Janssen: Wilhelm von Jülich (um 1300–1361). Graf, Markgraf und Herzog, NBJG 19 (2007) S. 125f.

82 UBNRh III Nr. 384; NeueditOn E. Neuß (Hg.): Weistümer Nr. 4.

83 Nachweis weiterer Überlieferungen in der genannten Neuedition Nr. 4; eine neuhochdeutsche Übersetzung in: Simmerath von den Anfängen bis heute, S. 11–16.

84 E. Neuß (Hg.): Weistümer Nr. 3.

85 E. Neuß: Zwischen Mittelalter und Neuzeit, ZVS 21 (2005) S. 235–239

6. Der Valkenburger Erbfolgestreit und der lange Weg zur Eingliederung in das Herzogtum Jülich (1354–1435)

Die traditionellen Darstellungen zur Geschichte des Monschauer Landes lassen auf die Dynastie der Herren von Valkenburg-Monschau wie selbstverständlich die Herren von Schönforst folgen.[1] Diese Bewertung kann aber nicht einfach in der bisherigen Weise aufrecht erhalten werden. Zwar greift das von der Stadt Monschau 1875/1879 endgültig eingeführte Stadtwappen u.a. mit seinem silbernen Schild mit neun roten Kugeln in drei Reihen auf ein Schönforster Emblem zurück[2] und hält damit die Erinnerung an diese Herren wach. Der Weg dorthin jedoch war mit großen Schwierigkeiten verbunden, und eine Herrschaft aus eigenem Vermögen ist daraus nur für wenige Jahre entstanden. Vielmehr waren die Schönforster fast in der gesamten Zeit ihres Wirkens in Monschau Pfandverwalter der Herzöge von Jülich, die nominell als Landesherren auftraten. Infolgedessen wird das Schönforster »Zwischenspiel« hier wie auch die Pfandherrschaften späterer Jahre nicht mit einer gleichrangigen Kennzeichnung als Eigenherrschaft wie bei den vorangehenden Kapiteln bedacht.

a. Reinhard von Schönau-Schönforst und seine Anläufe zum Erwerb einer eigenen Herrschaft

Mit dem Tod Johanns von Valkenburg-Monschau am 9. August 1352 begann, da er keine eigenen Nachkommen hinterließ, ein jahrzehntelanges Gerangel um das Erbe, das auch noch andauerte, als für die Herrschaft Monschau allein die Würfel schon gefallen waren. Die lange Dauer bis zu einem endgültigen Abschluss aller Erbstreitigkeiten ergab sich daraus, dass zum einen die Gesamtheit der Erbberechtigten bzw. derer, die Ansprüche erhoben, zu keiner Zeit den Regelungen der Folgezeit geschlossen zugestimmt hatten. Das waren allen voran die Schwestern Johanns (1. Philippa, spätere Gemahlin Heinrichs von Flandern, 2. Maria, Äbtissin in Maubeuge, 3. Beatrix, Frau von Brederode, 4. Margarete, Frau von Schönecken, und 5. Elisabeth, Chorfrau in Reichenstein), dann auch der Onkel des Verstorbenen, Johann von Valkenburg, Herr von Born,[3] und sein Sohn Walram, und schließlich die Grafen von Sponheim. Zum anderen bildete das räumlich recht verstreut liegende Erbe, in dem die Herrschaft Monschau nur einen Teil bildete, dadurch ein eigenes Problem, dass verschiedene Lehnsherren an einer Lösung zu beteiligen waren: Valkenburg war Reichslehen unter der Lehnshoheit des Königs bzw. Kaisers, für den größten Teil einschließlich Monschau war Lehnsherr der Herzog von Brabant-Limburg und schließlich ging St.Vith seit den Valkenburger Tagen von Luxemburg zu Lehen.

Die jetzt in der Mitte des 14. Jahrhunderts reichlicher fließende Quellenüberlieferung lässt die veränderte politische Gesamtlage bei einem solchen Erbkonflikt deutlicher erkennen: Die Bedeutung der Geldwirtschaft war gegenüber früheren Zeiten massiv fortgeschritten. Die jetzt in einzelnen Abkommen genannten Summen lassen sich zwar nicht ohne weiteres in heutige Geldwerte umrechnen, sie vermitteln aber eine ungefähre Einschätzung darüber, in welchem Maße die Verfügung über Finanzmittel den Lauf der politischen Entscheidungen bestimmte. Damit war eng verknüpft, dass kleinere Inhaber von Herrschaften, wie sie auch die Herren von Valkenburg-Monschau gewesen waren, gegen die schon länger konsolidierten, größeren Territorien etwa des Erzbischofs von Köln, des Herzogs von Brabant-Limburg oder der Grafen von Jülich oder Luxemburg auf längere Sicht ins Hintertreffen gerieten und ihre »Selbständigkeit« zunehmend prekär wurde. Gerade in dieser Zeit erfuhren die bedeutenderen Grafen der Region durch Karl IV. (Kaiserkrönung Ostern 1355) die Erhebung zu Herzögen: im März 1354 erhielt Karls Halbbruder Wenzel diese Rangerhöhung mit seiner Einsetzung in Luxemburg, das Karl entgegen dem Testament seines Vaters bis dahin selbst innegehabt bzw. weitgehend seinem Großonkel, Erzbischof Balduin von Trier, überlassen hatte. Auf dem Reichstag zu Metz im Dezember 1356 folgte die Erhebung Wilhelms von Jülich (seit 1328 Graf Wilhelm V., seit 1336 Markgraf, als Herzog Wilhelm I. 1356–1361).[4]

Für das Verständnis und die Bewertung der im Folgenden behandelten Aktionen kommt der Auswertung der Titulaturen der Protagonisten in den herangezogenen Urkunden besonderes Gewicht zu. Generell geben sie im Urkundenwesen Aufschluss über den Status der jeweils Genannten und die damit verbundene Reichweite ihrer Machtbefugnisse. Derartige Angaben müssen aber nicht immer der Realität entsprechen. Gerade in Streitsachen oder in noch ungeklärten Fällen sind sie geeignet, auch bisher womöglich (noch) nicht erfüllte Ansprüche zu dokumentieren. Sie sind in jedem Fall sorgfältig zu beachten.

Zur zentralen Figur in den ersten Jahren des Erbstreites wurde nun der Ritter Reinhard von Schönau-Schönforst (ca. 1305–1376).[5] Sein durchaus romanhafter Lebenslauf hat schon die zeitgenössischen Chronisten fasziniert, nachdem er bei allen wichtigen Dynasten im Nordwesten des Reiches zu verschiedenen Zeiten in hohen Ämtern tätig war: beim Kaiser, dem Herzog von Brabant, dem Bischof von Lüttich und nicht zuletzt beim Markgrafen bzw. Herzog von Jülich und seinem Bruder, dem Erzbischof Walram von Köln. Reinhard stammte aus dem Ritteradel mit Sitz in Schönau bei Aachen (Richterich, auf ehemaligem Reichsgut), nach dem sich die Familie nannte. Nachdem er nicht lange vor a.1348 eine eigene Herrschaft südlich von Aachen erhalten hatte, nannte er diese im Anklang an seine Herkunft Schönforst. Seine Nachkommen sind unter diesem Namen bekannt geworden, und auch Reinhard sei weiter danach benannt. Als nachgeborener Sohn (unter fünf Brüdern) hatte er in jungen Jahren (1320) eine Pfründe als Kanoniker am St. Servatius-Stift Maastricht erhalten, die übliche Form der Versorgung von Nachkommen des Adels ohne Erbe. Damit verbunden war eine gründliche literarisch-theologische Ausbildung, ohne dass sie notwendig zu Priesterweihe und lebenslangem Zölibat führen musste. Kanoniker solcher Stifte konnten auch wieder ins weltliche Leben zurückkehren, wie u.a. das Beispiel Dietrichs IV. von Valkenburg-Monschau oben zeigt. Um a.1347 schloss Reinhard die Ehe mit Katharina von Wildenburg und kam dadurch auch in familiäre Verbindung mit dem Jülicher Grafen- bzw. Herzogshaus. Darauf beruht die Benennung Reinhards als *unse lieve swager* (›unser lieber Schwager‹), z.B. in der oft herangezogenen Tauschurkunde des Jahres 1361[6] (dazu weiter unten). Der Ausdruck *Schwager* war zu dieser Zeit noch ohne weitere Differenzierung auf angeheiratete Verwandte aller Art anwendbar, ist also zeitgenössisch mit ›Verwandter‹ bzw. ›Familienmitglied‹ wiederzugeben. Im Umfeld der Jülicher war Reinhard dann auch mit seinen ersten Aktivitäten anzutreffen, wodurch er zur Grundlegung seiner immensen Finanzmittel gekommen ist. Er war nämlich a.1340 im Auftrag des Markgrafen von Jülich beim König von England unterwegs, um den Sold für die Kontingente einzutreiben, mit denen der Markgraf das englische Unternehmen gegen Frankreich unterstützte. Anstelle von Bargeld erhielt Reinhard eine Schiffsladung englischer Wolle, bei deren Umsetzung in Bargeld er massive Gewinne, auch für die eigene Tasche erzielte. Erfolge solcher Art empfahlen ihn als »Fachmann« für die größeren Dynasten, die in der Regel in ständigen Geldverlegenheiten steckten. Es war höchst ungewöhnlich für die Zeit, dass sich ein Mann ritterlichen Standes mit Geschäften abgab, die große Herren vom Adel zwar dringend brauchten und bereitwillig in Anspruch nahmen, doch gern wenig geachteten Leuten wie Krämern und Juden überließen, so dass Wilhelm Janssen die Charakteristik Reinhards als »fast monströse Mischung von Ritter und Finanzmanager« prägte.[7]

Insbesondere bewährte sich Reinhard in den Diensten des Erzbischofs Walram von Köln, wo er im April 1345 als Amtmann von Bonn und Brühl erscheint.[8] In dessen desolater Finanzlage übernahm Reinhard gegen die Zusicherung der Verfügungsgewalt über die Gesamtheit der erzbischöflichen Einkünfte (mit einigen Ausnahmen) alle Schulden zur Zahlung aus eigener Tasche. Dazu erhielt er als Sicherheit die Verpfändung von Stadt, Burg und Amt Brühl.[9] Die Tätigkeit Reinhards im Interesse des Erzbischofs erwies sich bald als so erfolgreich, dass dieser ihn im April 1347 als seinen Generalvikar in weltlichen Angelegenheiten (*in allen werentlichen sachen*) mit umfangreichen Vollmachten, insbesondere finanzieller Art, einsetzte,[10] eine »bis dahin beispiellose Maßnahme«.[11]

Ebenso wie bei seinen Kölner Finanzaktionen hat sich Reinhard auch bei der für die Zeitgenossen spektakulären Finanzierung der Königswahl Karls IV. durch Verpfändung der zu Luxemburg gehörenden Herrschaften Durbuy bzw. später Laroche abgesichert. Hinter solchen Pfandverwaltungen als »Herrschaft auf Zeit« zeichnet sich eine wohl langfristig angelegte Planung ab, bei günstiger Gelegenheit aufgrund von Zahlungsunfähigkeit der Schuldner einmal zu einer Herrschaft aus eigenem Vermögen zu kommen. Jedenfalls ist er am 6. Mai 1348 erstmals in einer Urkunde Karls IV. ›Herr von Schönforst‹ genannt[12] und insofern zunächst an einem ersten Ziel angelangt. Diese Herrschaft erstreckte sich südlich von Aachen (etwa von Rothe Erde/Forst bis zur Grenze des Münsterländchens) auf altem Reichsgut; sie ist allem Anschein nach von Karl IV. als Reichslehen an Reinhard vergeben worden, gleichsam als Dankesgeste für seine Finanzaktionen zur Krönung Karls. Die zugehörige Burg wird von Reinhard gleichzeitig errichtet worden sein, der sie unter Anspielung auf den älteren Herkunftsnamen (*Schönau*) *Schön*forst nannte und so der Herrschaft und seinen Nachkommen den Namen verlieh, unter dem sie weiter bekannt wurden. Im Überblick über die gesamte Zeit seines Wirkens erweist sich als besonderes Geschick Reinhards im Umgang mit den großen Herren, dass er es verstand, sich jeweils den einen zu verpflichten ohne es mit den anderen zu verderben. In den ersten Aktionen um das Valkenburger Erbe ist er häufig in der Nähe des Herzogs von Brabant anzutreffen. In dem schon kurz genannten, umfangreichen Landfriedensvertrag vom Mai 1351[13] (vgl. Abschnitt d) ist er unter den Geschworenen auf Brabanter Seite, die in Streitfällen als Schiedsrichter amtieren sollten. Mit dieser Berufung scheint man auf sein Verhandlungsgeschick gesetzt zu haben, er war der einzige nicht-brabantische Adlige in diesem Gremium. Ähnlich wird man deuten können, wenn später a.1366 bei der Schlichtung des endlosen Streits zwischen dem Erzbischof von Köln und dem Herzog von Jülich über ihre Rechte in Zülpich durch den Landfriedensbund dahin entschieden wurde, dass bis zur Durchführung aller Friedensregelungen das Objekt in die Verwaltung des Reinhard von Schönforst zu geben sei.[14]

Schon zwei Wochen, nachdem Johann von Valkenburg-Monschau in Reichenstein beigesetzt worden war, erreichte seine älteste Schwester Philippa im »Handstreich« am 24. August 1352 von Herzog Johann III. auf der Burg Genappe (Brabant) die Belehnung mit den limburgischen Lehensbestandteilen des Erbes: den Burgen Monschau und Bütgenbach mit allem Zubehör sowie dem Hof Rüdesheim mit Zubehör zu Euskirchen.[15] Laut der Urkunde befanden sie sich in den Händen von Johanns Leuten. In Monschau und Bütgenbach amtierten die Ritter *Zeitss van Bunde, Crompfoes van den Auldenhoven, Reyner van Bergen* und *Frederich van Hulseberge* mit den Knappen *Mathis den Vrien* und *Peter van Reytersbeke*, in Euskirchen war es Herr Goswin von Zievel (*Cheuel*), der in der Folgezeit noch mehrfach in der rheinischen Politik in Erscheinung tritt. Den notwendigen Lehnseid für Philippa, die zu diesem Zeitpunkt noch unverheiratet war, leistete als ihr Momber (zu ahd. *muntboro*, mhd. *muntbor* ›Schutzherr, Vormund‹, hier auch ›Rechtsvertreter, Bevollmächtigter‹, frz. *mainbour*)[16] der Ritter Henrik von Boutersem, der Drost von Brabant. Philippa scheint am brabantischen Hof bestens »vernetzt« gewesen zu sein. Nicht lange darauf kam es zur Heirat Philippas mit Heinrich von Flandern, Witwer der Margarete von Vianden.[17] Mit ihren mehr als 40 Jahren war die Braut nach verbreiteter Auffassung der Zeit weit über das übliche Heiratsalter hinaus. Mit dem – wenn auch noch unsicheren – Valkenburger Erbe im Rücken scheint sie aber eine erstrebenswerte Partie gewesen zu sein. In den nun folgenden Aktionen tritt Heinrich von Flandern neben Philippa als ihr Momber auf. Damit schlug auch die Stunde für Reinhard von Schönforst – aus der Sicht von Heinrich und Philippa wohl wegen der Finanzmittel und des bekannten diplomatischen Geschicks des Schönforsters, aus der Sicht Reinhards vermutlich wegen der Nähe wesentlicher Bestandteile des Erbes zu seiner Herrschaft Schönforst und der Aussicht auf ihren Erwerb. Denn bald darauf (Februar 1353) erteilten Heinrich und Philippa dem Schönforster Auftrag und Vollmacht, Bütgenbach, St. Vith und Euskirchen mit Zubehör in Verwahr zu nehmen und dort Amtleute einzusetzen.[18] Einige Fragen bleiben offen und verweisen auf die schwebende Rechtslage: Philippa nannte sich in dieser Urkunde *vrouwe ze Montyoie ind ze Valkenburch* ›Herrin von Monschau und Valkenburg‹. Ob sie eine reguläre königliche Belehnung mit Valkenburg erhalten hatte, ist nirgends belegt. Der Verwaltungsauftrag für St.Vith war ebenfalls nicht rechtlich abgesichert. Das Aussparen von Valkenburg und Monschau aus dem Verwaltungsauftrag scheint darauf hinzudeuten, dass das Paar dort in der Ausübung von Herrschaft selbst tätig werden wollte. Gleichzeitig beauftragte es Reinhard mit Verhandlungen mit den Valkenburger Schwestern über deren Erbanteile und versprach, ihn schadlos zu halten. Die nächste hierzu ergangene Urkunde (April 1353)[19] offenbart nun die prekäre Finanzsituation des Erbes aufgrund der Schuldenlast, die Johann von Valkenburg hinterlassen hatte und die Heinrich und Philippa nicht *sunder helpe ind bistand uns lieven vrunts* ›ohne Hilfe und Beistand unseres lieben Freundes‹ Reinhard bewältigen konnten. Die beiden versprachen ihm, Pfandverschreibungen auf Monschau in Höhe von 21.000 Alten Goldschilden, davon 15.000 für die Herrschaft selbst und 6.000 für »Spesen«, zum 1. Oktober auszustellen. Bald darauf (1. Mai 1353) konnte Reinhard einen ersten Verhandlungserfolg melden, als Philippas Schwester Margarete,

Frau von Schönecken, ihr Erbteil an Philippa und Heinrich für 11.000 Alte Goldschilde verkaufte (vgl. auch oben Kap. 5 bei der Stadtrechtsfrage)[20] und auf alle älteren Anrechte verzichtete. Allein für den Hof Pronsfeld behielt sie sich die Rechte vor, die Johann dort innegehabt hatte. Neben Margarete siegelten der Herzog von Brabant, Reinhard und eine Reihe Brabanter Edelleute. Anschließend (9. Mai 1353) erklärten Heinrich und Philippa, das Erbteil Margaretes gekauft zu haben, wobei aus heutiger Sicht der interessante Passus der Urkunde die Planung darlegt, wie die Käufer die Summe stückeln und die Zahlung über die Zeit strecken wollten. Margarete stimmte zu.[21] In all diesen Vorgängen treten Heinrich und Philippa als Herr bzw. Frau (d.h. ›Herrin‹) von Valkenburg und Monschau auf. Doch nicht lange nach der Verschreibung vom April 1353 setzten sie im November 1353 Reinhard bis zur Schuldentilgung als ihren Momber in Valkenburg, Euskirchen, Bütgenbach, St.Vith und Heerlen ein – Monschau ist nicht genannt; wohl aber galt die Bestätigung der Aktion durch Herzog Johann III. vom folgenden 11. Dezember *van allen den landen van Monyoien ende van Valkenborch mit allen hoeren toebehoeren.*[22] Die Widersprüche weisen möglicherweise auf die ungeklärte Rechtslage, denn der Herzog von Brabant verfügte weder in St.Vith noch in Valkenburg über Rechte. Nach weiteren drei Monaten (11. März 1354) schließlich war Reinhard am Ziel: Herzog Johann belehnte ihn als Herrn von Monschau, Valkenburg und Schönforst (*here van Monyouwe, van Valkenbourch ende van Scoinvoirst*) mit den Burgen und ihrem Zubehör, soweit sie von Limburg zu Lehen gingen (vgl. den Lehnsbestand von Dietrich IV. Kap. 5) und anerkannte ihn als Herrn im gesamten Erbe.[23] Gleichwohl bekundete Heinrich von Flandern etwa gleichzeitig (10. März 1354) noch als Herr von Monschau und Valkenburg seine Aufnahme in den Landfriedensbund als Nachfolger Johanns von Valkenburg.[24] Gleich darauf am 1. April erlangte Reinhard auch die königliche Belehnung für Valkenburg durch Karl IV., was der Kaiser auch den Dynasten der Umgebung mitteilte.[25] Im August 1354 nannte sich Reinhard in zwei erzbischöflichen Urkunden ›Herr zu Monschau, Valkenburg und Schönforst‹[26] und es schien damit die Lage für den Schönforster konsolidiert – tatsächlich aber begannen jetzt die Schwierigkeiten mit dem Valkenburger Erbe erst recht. Zum einen war abzusehen, dass die bisher gänzlich übergangene Verwandtschaft Johanns, voran die Herren von Born, nicht stillhalten, sondern zu den Waffen greifen würde. Zum anderen waren durch die Belehnung mit Monschau auch Interessen des Markgrafen von Jülich berührt, der durch seine Verfügung über das Waldrecht schon lange in Monschau »mitregierte«. Schließlich kam jetzt auch Herzog Wenzel, der Halbbruder Karls IV., zunehmend mit ins Spiel, den Karl a.1354 in Luxemburg eingesetzt und zum Herzog erhoben hatte. Bis zum Tod ihrer beider Großonkels, Erzbischof Balduin von Trier, hatte der König die Geschäfte in Luxemburg weitgehend diesem überlassen. Wenzel war (seit 1352) mit der brabantischen Erbtochter Johanna verheiratet, was für den zu erwartenden Erbfall (Herzog Johann III. starb am 5. Dezember 1355) die Aussicht auf eine Verbindung der Herzogtümer Luxemburg und Lothringen-Brabant-Limburg eröffnete. Mit Datum vom 20. April 1354 teilten Heinrich und Philippa Herzog Wenzel mit, die Herrschaften Monschau und Valkenburg an Reinhard verkauft zu haben, und baten darum, ihn nun auch bezüglich St.Vith (*van der burch, stat ind ampte van Sent Vyt*) zu belehnen.[27] Erst von einem sehr viel späteren Zeitpunkt aber (3. Mai 1356) datiert eine Urkunde,[28] mit der Herzog Wenzel und Johanna auf Geheiß Kaiser Karls IV. dem Schönforster alle vorangegangenen Rechtstitel auf das Valkenburger Erbe bestätigten. St Vith ist darin allerdings nicht ausdrücklich genannt, Reinhard aber erscheint als *here van Monyoien, van Valkenborch ende van Schoinvorst*. Das ist dann auch der zeitlich letzte Beleg mit dieser Titulatur für Reinhard und zugleich der Höhepunkt seiner Stellung als »Territorialherr«.

Inzwischen waren schwerwiegende Veränderungen eingetreten: Markgraf Wilhelm hatte nämlich das gesamte Erbe, wie es Philippa in die Ehe mit Heinrich von Flandern gebracht hatte (Valkenburg, Monschau, Bütgenbach, St.Vith, Euskirchen, Heerlen, Meerssen und Eisden) für 35.000 Alte Gulden von beiden gekauft.[29] Allerdings wirft insbesondere das Datum der zugehörigen Urkunde (28. April 1354) die Frage auf, ob und evtl. wie Reinhard in dieses Geschäft verwickelt war. Immerhin ist Reinhards Verwandter Rasse Masschereel von Schönau unter den Zeugen der Verhandlung auf Jülicher Seite. Im allgemeinen wird in der Literatur der »Rückzug« Reinhards aus guten Gründen nicht vor dem Jahr 1355 angenommen.[30] Reinhard dürfte erkannt haben, dass angesichts der schon länger etablierten größeren und mächtigeren Territorien der Umgebung, der Herzogtümer Luxemburg, Jülich und Brabant sowie Kurkölns, die Zeit selbständiger Politik der kleinen Herrschaften zwischen ihnen vorüber war und eine eigene Einflussnahme nur im Gefolge der »Großen« Erfolg versprach, eine Einsicht, die beispielsweise später seinem Ältesten Reinhard II. in hohem Maße abging, der schließlich Schönforst an Jülich verlor (vgl. unten). Die Urkunde ist nur in einer späteren Bestätigung von a.1360 erhalten, ein Kopierfehler im Datum (*driehondert ende vier ende viftich*) ist nicht auszuschließen. In dem Hin und Her der Käufe ist auch nicht immer über den jeweiligen Vollzug der Aktionen zu entscheiden. Die Quellenüberlieferung lässt für die hier entscheidenden Jahre trotz aller Urkunden nicht alle Einzelheiten sicher erkennen, wahrscheinlich hat es auch diverse nicht dokumentierte Absprachen gegeben. Mit Datum vom 12. März 1355 kam es in diesem Rahmen jedenfalls zu einem Tauschgeschäft zwischen Markgraf Wilhelm und Reinhard, der im zugehörigen Dokument noch als Herr von Monschau, Valkenburg und Schönforst auftritt.[31]

Reinhard überließ dem Markgrafen Feste und Stadt Euskirchen mit dem Hof Rüdesheim und tauschte dafür unter Zuzahlung von 8.000 Alten Goldschilden dessen Herrschaft Zetrud/Zittert (b. Tienen, in der Literatur oft verwechselt mit Sittard). Auch in einer Einigung Markgraf Wilhelms mit seinem Sohn Gerhard, Graf von Berg und Ravensberg, über dessen mütterliches Erbe in der Zetruder Nachbarschaft, nämlich Zichem (b. Diest) und St. Agatha-Rode (b. Tienen), vom November 1355 war Reinhard als Herr *zu Monyoy, zu Falkenburg ind zu Schoneforst* zugegen.[32] Im März 1357 erklärte Wilhelm, dass Reinhard ihm Valkenburg übergeben habe und die älteren Vereinbarungen nun allein für Monschau gelten sollten.[33] Als dann im August 1358 Wilhelm, jetzt Herzog, und Gerhard ihre in Brabant gelegenen, über den früheren Tausch hinausgehenden Herrschaften Zichem und St.Agatha-Rode für die Summe von 70.000 Alten Schilden an Reinhard veräußerten, erscheint dieser allein noch als der *herre zu Schonvorst*, Wilhelm aber als Aussteller der Urkunde *von gots gnaden herczoge von Gulche, greve von Valkenburch und herre von Monyoe*.[34] Mit Blick auf die Ereignisse der folgenden Jahre ist hervorzuheben, dass auch das luxemburgisch-brabantische Herzogspaar bei diesem Geschäft zugegen war.

Spätestens also seit a.1355 hat es Verhandlungen zwischen Reinhard und Wilhelm darüber gegeben, dass dieser in das gesamte Valkenburger Erbe anstelle von Reinhard eintrat, wobei im Gegenzug das Jülicher Amt Kaster pfandweise an den Schönforster überging. Eine Urkunde darüber liegt nicht vor, der Vorgang kann aber aus einer weiteren vom 29. August 1356 gefolgert werden, mit der Wilhelm *unsme lieven swaegere* zusagte, ihm seine zugunsten Heinrichs von Flandern ausgestellten Urkunden zurückzugeben, alle Ausrüstung Reinhards aus Monschau und Valkenburg nach Kaster, Maastricht oder Aachen bringen zu lassen und vorher auch nicht von Monschau Besitz zu ergreifen.[35] Aufgelistet wurden dabei ausdrücklich Vorräte an Korn und Wein, Waffen (*arenborst, noitstelle* ›Katapulte‹, *pyle*) und Hausrat (*huysrait van bedden ind van slaiflachen*). Der Markgraf hatte bereits Mathys Eveltz als seinen Amtmann in Monschau eingesetzt, wenig später (November 1356) ist auch ein Jülicher Amtmann für Bütgenbach und Dreiborn bezeugt: *Johann Rumbel amptman zu Boitgenbach inde zu Drimburne*.[36] Das dürfte derselbe Johann Rummel von Hetzingen gewesen zu sein, der auch als Forstmeister amtierte und das Froitscheidter Burglehen von a.1351 in Monschau innehatte. Bei dieser Ämterfülle wird er es allerdings mit seiner Residenzpflicht in Monschau nicht allzu genau genommen haben. Der als Amtmann in Monschau eingesetzte Mathys Eveltz (auch *Yveltz/Yvels*) ist in späteren Jahren mehrfach in den Aachener Stadtrechnungen bezeugt. Reinhard führte nach der Aktion nur noch den Titel eines Herrn zu Schönforst; er hatte auf diese Weise die mit dem Erbe weiter schwelenden Verwicklungen erst einmal an einen Mächtigeren weitergereicht. Mit seiner Erhebung zum Herzog auf dem Metzer Reichstag zu Weihnachten 1356 erhielt Wilhelm von Jülich auch die kaiserliche Belehnung mit Valkenburg, das gleichzeitig zur Grafschaft erhoben wurde. Bei einer Eheberedung für Herzog Wilhelms Tochter Philippa mit Godart von Dalenbroich vom 2. Februar 1357 trat der Herzog als Graf von Valkenburg und Herr von Monschau auf, wenig später (25. März 1357) erklärte Wilhelm, dass Reinhard ihm Valkenburg übergeben habe und alle vorangegangenen Absprachen nun allein für Monschau gelten sollen.[37] Demnach war der Tausch mit Kaster also vollzogen. Seit dieser Zeit gehörte die Wendung ›Herr von Monschau‹ zum vollen Jülicher Herzogstitel. Auch die jeweiligen Herzogsgattinnen griffen bei eigenen Urkunden gelegentlich auf die Titulatur zurück wie z.B. im Dezember 1371 Maria von Geldern als Herzogin von Jülich, Gräfin von Valkenburg und Frau zu Monschau.[38]

Der Erwerb von Valkenburg sollte sich aber auf längere Sicht als Belastung herausstellen. Schon gleich a.1357 kam es zur Fehde zwischen Wilhelm und Walram von Born, dem bisher bei allen bisherigen Regelungen zum Valkenburger Erbe übergangenen Vetter des Erblassers Johann von Valkenburg-Monschau, der sich Graf Walram von Sponheim anschloss.[39] Der Kaiser als Lehnsherr für Valkenburg wies jedoch im April 1359 die Schiedsrichter in diesem Streit an, seinen neu erhobenen Herzog Wilhelm bis zu einem endgültigen Gerichtsentscheid im Besitz von Valkenburg zu belassen und bestätigte ihm den Erwerb,[40] der aber nicht von Dauer war.

b. Das Jülich-Schönforster Tauschgeschäft von 1361 und die Schönforster Pfandherrschaft bis zur Schlacht bei Baesweiler 1371

Bald nach Herzog Wilhelms I. Tod im Februar 1361 setzte sein Nachfolger Wilhelm II. (1361–1393) jedoch andere politische Schwerpunkte. Ihm war an einer schnellen Auslösung des im Herzogtum zentral gelegenen und ertragreichen Amtes Kaster gelegen. So kam es bald zu dem für das Monschauer Land denkwürdigen Tausch der Ämter Kaster und Monschau vom Juni 1361, aus dessen Dokumentation ein erster genauerer Überblick über die Siedlungserschließung des Landes zu gewinnen ist.[41] Für die Burg Monschau und das zugehörige Land als Valkenburger Erbteil waren damit die Verschiebungen aus dem Erbstreit faktisch an ein Ende gekommen, während die Auseinandersetzungen um andere Erbteile noch länger weitergingen. Und auch durchaus mögliche neue Wendungen für das Monschauer Land wurden eher durch politische Glücksfälle als durch geplante Aktionen vermieden. Die Schicksale der anderen Valkenburger Erbteile sollen im vorliegenden Rahmen nur soweit zur Sprache kommen, als sie die Monschauer Geschichte noch berührten.

Die Tauschaktion musste dem Herrn von Schönforst trotz der namhaften Einkünfte aus dem Amt Kaster überaus günstig erscheinen, weil das betreffende Gebiet an seine Herrschaft Schönforst anschloss, über die er durch kaiserliche Verleihung spätestens seit a.1348 verfügte. Außer einer peniblen Festschreibung aller rechtlich bedeutsamen Punkte der Tauschaktion von a.1361 ist es dem Schönforster, der sicher an der Formulierung der Vereinbarung mitgewirkt hat, offensichtlich auch auf eine genaue Beschreibung des Umfangs bzw. des Bestandes angekommen. Zunächst ist – da oft übergangen – darauf hinzuweisen, dass zum Tauschgebiet auch das Münsterländchen mit Aufzählung seiner Dörfer dazu gehörte, laut Urkunde *vurs. dorpe van Monyoie ind van Munstereygen*. Der Name ›Münstereigen‹ ist in den Urkundenbüchern fälschlich mit ›Münstereifel‹ gleichgesetzt, es handelt sich dabei aber tatsächlich um eine auch anderweitig bezeugte Bezeichnung des Münsterländchens, die das Land als Eigentum des Klosters bzw. des Klosterpatrons versteht. Die Einbeziehung des Klosterterritoriums in den Tausch verweist auf eine nicht abschließend geklärte Rechtslage: Aus der Sicht des Klosters war das Klosterterritorium reichsunmittelbar und nicht Verfügungsbereich des Herzogs von Jülich; aber Jülich besaß die Vogtei des Klosters als pfalzgräfliches Lehen und verfügte außerdem über die waldgräflichen Rechte im Reichswald, der Teile des Klostergebietes bedeckte. Es ist gerade das Waldrecht, das von Reinhard an mehreren Stellen des Abkommens als eigener Rechtstitel gegenüber den Herrschaftsrechten hervorgehoben wird (*van des vorstampts wegen*). Dieser rechtliche »Schwebezustand« um Kornelimünster hat noch länger angedauert. Ohne Zweifel gehörte zu dieser Zeit noch das Land ›Überruhr‹ um Wollseifen und den Walberhof zur Herrschaft Monschau.[42] Im Vertragstext sind auch (wohl irrtümlich) Hetzingen und Eschauel zu Überruhr gerechnet. Dagegen bildete Bütgenbach mit Burg und Umgebung einen eigenen Herrschaftsbezirk, wenn auch oft mit Monschau in einem Atemzug genannt. In den hinein waren Forstrechte zur Limburger Zeit vom Forsthof Konzen her ausgedehnt worden, von denen noch Spuren bis ins 16. Jahrhundert erhalten geblieben sind. Die Herrschaft selbst aber geriet im Verlauf der Tauschaktion von a.1361 mit der Installation der Schönforster Pfandherrschaft ganz in den Hintergrund und aus dem Jülicher Blick. Ihr weiteres, jetzt von Monschau getrenntes Schicksal wird im Kapitel über die Ausbildung der Grenzen des Monschauer Landes zur Sprache kommen.

Die noch offen gebliebene Schuld des Herzogs von 46.000 Alten Goldschilden wurde von Kaster auf die Herrschaft Monschau übertragen, weitere 10.000 aufgrund der Ablösung des aktuellen Jülicher Amtmanns Henrich van Barmen und weiterer herzoglicher Schuldposten auf Münstereigen und das Forstamt von Monschau. Die Forstgrenzen fielen (noch) nicht mit denen der Herrschaft vollständig zusammen (vgl. das Kapitel zur Herausbildung der Grenzen). An den Finanzregelungen der genannten Art zeigt sich beispielhaft, wie Pfandinhaber der Art Reinhards, aber auch Amtsträger wie der abgelöste Henrich van Barmen, ihre vorgestreckten Gelder aus den Einkünften des Landes wieder »erwirtschafteten«. Aus einer Schönforster Urkunde von a.1366 ist z.B. abzulesen, wie dieses Verfahren auch bei kleineren Schuldsummen praktiziert wurde.[43] Da gelobten Johann von Schleiden und sein ältester Sohn Konrad eine geschuldete Summe von 1.000 Alten Goldschilden in Raten an Reinhard zurückzuzahlen, beginnend ein Jahr nach Urkundendatum (Juni 24) mit jeweils 100 Schilden aus jährlich festen Einkünften (*van der iaergulden*), die sie aus dem Monschauer Land bezogen, und 100 Müdden Hafer bzw. deren aktuellen Verkaufswert (wohl als Zins). Die Grundlage dieser Einkünfte ist leider nicht mitgeteilt; sie könnte durchaus auf die Valkenburger Zeit zurückgehen. Die Arten von Leistungen der Einwohner, wie sie in der Tauschurkunde a.1361 aufgeführt sind (*mit renten, gulden, zijnsen, zienden, peichten, korengulden, pennickgulden, kurmede, capunen, hoynren … mit beden, schetzincgen, moelen, vliessen ind allen anderen urbere, nutze ind zoebehoeren, wie man die nennen mach…* ›mit Renten, Gülten (Einkünften), Zinsen, Zehnten, Pachteinnahmen, Korn- und Geldeinkünften, Sterbfallabgaben, Kapaunen, Hühnern, Beden, Schatzerhebungen, Mühlen, Wasserfluss und allen Nutzungen und Zubehör, wie man es nennen mag…‹) stellten erst einmal eine juristisch vorsorgliche Aufzählung dar. Welche dieser Leistungen tatsächlich im Amt üblich waren, wird Thema eines späteren Kapitels. Amtsträger und Landsassen (*alle die man, burchman, vorstere, ind binnen den pelen van Monyoie vorstmeistere, vort leenlude, scheffene, scheffenstoele ind underseissen gemeynlich* ›Dienstleute, Burgmannen, Förster und – innerhalb der Grenzen von Monschau – Forstmeister, weiter Lehnsleute, Schöffen, Schöffengerichte und Untersassen‹) sollten dem neuen Herren den Treueid schwören. Der Herzog gelobte, seinem Pfandinhaber nicht zu schaden, bei einem gewaltsamen Übergriff von Jülicher Seite hatte dieser sogar das Recht, das Land einem anderen Herren auszuliefern. Gegenüber Angreifern stand ihm selbstverständlich das Recht auf Selbstverteidigung zu. Es kann daher nicht verwundern, wenn Reinhard in seinem ersten Testament von a.1369 gegenüber den älteren Söhnen Reinhard II. und Johann über das Pfand Monschau wie über eine eigene Herrschaft verfügte. Beide bestätigten und beschworen mit einer ausführlichen Urkunde vom 3. Juli 1369 die väterlichen Regelungen, nach denen Reinhard als *elste son* und Ritter die Herrschaft Schönforst mit Burg, den Anteil von Kornelimünster und den Titel (*here zo Schoenvorst*) erhielt, Johann als Maastrichter Kanoniker (*praest zo sente Servaes zo Tricht*) die Burgherrschaft Monschau mit dem Titel Burggraf (*borchgreve zo Monyoe*) und einen Stadthof in Köln auf dem Berlich.[44] Beide gelobten ausdrücklich, ihre Länder nicht zu versetzen oder in fremde Hand geraten zu lassen. Reinhard, *ons lieve here ind vader*, behielt sich einige Heubenden sowie Dauereinkünfte über 6 Müdden Roggen an der Mühle von Burtscheid als Seelgerät für sich und seine 1368 verstorbene und in Burtscheid bestattete Frau vor. Bezüglich Monschau behielt er sich Einkünfte vor, um nach Gutdünken die neue Kapelle auszustatten, *die zo Monyoe in den vurburghe steyt*. Die Söhne erklärten, ihre Herrschaftsanteile als Lehen empfangen zu haben und stimmten zu, dass Reinhard seinen Besitz in Brabant samt einer Reihe von Stadtwohnungen in Brüssel, Lüttich und anderswo noch nicht verteilte. Erwähnung verdient schließlich die lange Liste von Ratschlägen und Verpflichtungen, auf die Reinhard seine Söhne einschwor. Daran ist pikant, dass es u.a. um Abkehr von Verhaltensweisen ging, die seine eigene Karriere ausgezeichnet hatten: Die Söhne sollten nur mit väterlicher Zustimmung heiraten und in ihrer Umgebung nur dem Vater genehme Vertraute zulassen, keine Verpflichtungen wie Bürgschaften oder Verpfändungen eingehen, Würfelspiel (*spel … mit dobbelen*) und andere Glücksspiele meiden und sich nicht zu lange am selben Ort (in der Stadt?) aufhalten, was schädlich wäre. Bei Übernahme militärischer Aufgaben sei darauf zu achten, *dat nyeman by ons bedroghen enwerde*. Was den Waldbestand angeht – hier besonders auf Monschau gemünzt – verbot Reinhard die Abgabe von Eichenholz, Rodung und Brennen von Asche. Das Rodeverbot dürfte darauf hindeuten, dass die Waldrodung unverändert vorangetrieben wurde, zumal den Einwohnern von den Anfängen der Landeserschließung her das Roderecht zustand, wie es noch a.1549 festgeschrieben wurde. Auffällig ist, dass in der Aufzählung der Siedlungen *von borch, stad, lant ind gantze heirlicheit van Monyoe* des Testaments von a.1369 nur Dörfer aus dem Feldgeleit aufgezählt sind, Kalterherberg und Höfen fehlen; wohl aber sind sie im Tauschakt von a.1361 genannt. Dass Reinhard besondere Sorge um die Schlosskapelle an den Tag legte, kann womöglich als Hinweis darauf gedeutet werden, dass sie zu seiner Zeit errichtet worden ist. Immerhin hatte er als Verhandlungsführer bei einer Eheberedung im Dezember 1363 ausgehandelt, die Hochzeitsfeierlichkeiten für seine Verwandte Katharina von Neuenahr und ihren Bräutigam Johann von Saffenberg im Folgejahr auf der Burg Monschau stattfinden zu lassen, wenn die Saffenberger darum schriftlich einkämen.[45] Wenn diese Annahme zutrifft, wäre entsprechend auch die Errichtung des Eselsturms derselben frühen Schönforster Zeit zuzuschreiben (Erstzeugnis a.1370). Trotz der Benennung des Fleckens im Testament als *stad* ist jedoch so etwas wie städtisches Leben im Ort mit einiger Gewissheit noch nicht anzunehmen. Unter den bei der Eidesleistung im Tauschabkommen genannten Personengruppen fehlt jeder diesbezügliche Hinweis. Entsprechend findet sich a.1365, als der Herzog von Jülich das ›Herr von Monschau‹ schon regelmäßig in seinem Titel führte, keine Erwähnung, als die Verbündeten des Landfriedensbundes ihr Abkommen novellierten und der Herzog ausdrücklich seine Städte in den Vertrag einbezog.[46] Die Annahme von ›Bürgerschützen‹, die um a.1361 an den Toren gewacht und ein Schießen nach dem ›Königsvogel‹ veranstaltet hätten und dass »unter dem reichen und mächtigen Schönforster städtisches Leben in Montjoie emporblühte«, wie Ludwig Mathar meinte,[47] ist völlig unrealistisch. Diese Idee – 1955 geäußert – verdankt sich eher dem Wunsch nach einer baldigen Jubiläumsfeier.[48]

Reinhard von Schönforst kümmerte sich vielmehr um den Befestigungszustand der Talsiedlung und ersetzte im April 1370 das ältere Burglehen des Johann von Valkenburg von a.1351, indem er den darin verlehnten Hof auf Froitscheidt zusammen mit dem Hof Hetzingen samt Zubehör ankaufte und erneut an Johann Rummel als Burglehen vergab.[49] Entschiedener aber als beim ersten Vorgang drängte er als Lehnsherr darauf, dass Johann Rummel und sein gleichnamiger Sohn auch in Monschau residierten (wörtlich: *buychvast* ›bauchfest sitzen‹). Anderenfalls sollten sie nämlich die Lehnsgüter verlieren. Die Beschreibung zu diesem Vorgang erweist, dass dieses Burghaus des Hetzingers mit Garten unterhalb des Eselsturms in der Verbindungslinie hin zu einem weiteren Turm in Richtung auf die Stadtbrücke hin zu suchen ist und nichts mit dem heutigen ›Haus zum Turm‹ am rückwärtigen Stadtausgang zu tun hat, wie lange Zeit unterstellt wurde (*intusschen deme nuwen toerne an der valbrugghen portzen zo Aechen wart* [Eselsturm] *ind deme ronden toerne neyst Johans huyse van deme Ruwebossch*e ›zwischen dem neuen Turm am Fallbrückentor auf Aachen zu und dem runden Turm beim Haus Johanns vom Ruwebossche‹). Dieser ›runde Turm‹ könnte womöglich mit dem Turm in der Nähe der Oberpforte identisch sein, der in späteren Quellen unter dem Namen *der Wolff* erscheint. Gleichzeitig vergab Reinhard ein weiteres Burglehen an seine Nichte Maria von Schönau, natürliche Tochter seines Neffen Johann, und ihren Ehemann Erkyn Yngbrantz, ebenfalls mit Residenzpflicht und Androhung des Verlustes bei Verlassen. Dieses Lehen bestand aus einem steinernen Turm, *die steit in der stat zu Monjoe an der portzen by der Ruren* (›der in der Stadt Monschau an der Pforte bei der Rur steht‹) und als Wirtschaftsgrundlage einem Gutshof in Höfen *up dem berge boyven Monjoe an der Merthynssyffen up Dorrenbuchell* (›auf dem Berg oberhalb Monschaus am Mertenssief auf Dorenbüchel‹).[50] Falls an der Rurpforte mit nur einem Turm zu rechnen ist, muss es sich bei diesem Turm um die Anlage handeln, die in der Wachtordnung von a.1549 als *Junffer Catharin Effern haus, gnant der Torn binnen Monjpie an der Roir Portzen* handeln[51], deren Reste in den rurseitigen Anbau an der Brücke am alten Haus ›Richters Eck‹ eingegangen ist, das nach dem zweiten Weltkrieg nicht wiederhergestellt worden ist.[52]

Mitwirkender beim ersten Vorgang war Mathys Yvelz als Reinhards Drost in Monschau – möglicherweise derselbe Mann, den schon Markgraf Wilhelm um a.1356 mit solchen Aufgaben eingesetzt hatte. Daneben sind einige weitere Schönforster Amtsträger in Monschau belegt. Die Zeugnisse über diese Leute ergeben sich allerdings eher zufällig, ein genauerer Einblick in die Tätigkeit der Drosten ist nicht zu gewinnen. Ihre Aufgaben werden sich im Rahmen des in der Zeit Üblichen bewegt haben. Bei der nur gelegentlichen Anwesenheit der Schönforster Herren im Lande selbst wird es für die Amtsträger in erster Linie darauf angekommen sein, die Einkünfte aus dem Land für die Herrschaft zusammenzubringen und zu sehen, dabei selbst nicht zu kurz zu kommen. Weitere Namen sind: a.1364 Simon von Broich (*van den Broeghe*) in einer Quittung gegenüber dem Herzog von Brabant,[53] a.1366 Mattelion von Teuven (*Toeven*), *drussese zo Monioe* – er bezeugte und besiegelte zusammen mit den Schöffen des Hofs Konzen die Übertragung eines Grundzinses an Reichenstein.[54] Aus der Perspektive des Gerichts war offenbar immer noch Konzen der Zentralort des Landes. Als Johann I. von Schönforst nach nur kurzer eigener Regierungszeit a.1380 verstorben war, setzte sein Bruder Reinhard II. den Johann von Echtz (*Eychtz*) als Amtmann in Monschau und Momber für Johanns Witwe Margarete von Merode und ihre beiden Kinder ein (16. Mai 1381).[55] Schließlich war Pauwyn von Nettersheim (*Nechtersheym*) als ›derzeitiger‹ Amtmann als Zeuge mit dabei, als (26. Oktober 1430) Johann II. als Sicherheit für geliehene 3.000 Oberländische Gulden den Rabantz-Turm in Monschau und weitere Einkünfte aus der Herrschaft versetzte.[56]

Im Lauf der 60er Jahre verlagerte Reinhard seine Aktivitäten weg von Jülich nach Westen zu Herzog Wenzel von Luxemburg, der aufgrund seiner Verbindung mit Johanna auch als Herzog von Lothringen, Brabant und Limburg wirkte. Mit Unterstützung seines kaiserlichen Bruders betrieb Wenzel in brabantischer Tradition eine expansive Politik nach Osten und versuchte, auf der Grundlage der noch nicht abgeschlossenen Rechtslage valkenburgische Erbanteile zu sammeln. Schrittweise hatte er die Anteile von Philippa und Heinrich von Flandern aufgekauft und weitere von den bisher übergangenen Schwestern (Maria, der Äbtissin von Maubeuge und Beatrix, der inzwischen verstorbenen Frau des Herrn von Brederode) an sich gebracht.[57] Im April 1364 genehmigte der Kaiser den Ankauf von Valkenburg durch Wenzel.[58] Nachdem er gegen Jahresende 1364 die Geschworenen des Landfriedens zu einem endgültigen Urteil zu Valkenburg im Streit mit Walram von Born bevollmächtigt hatte, belehnte er Wenzel damit im März 1365, ungeachtet seiner (allerdings vorläufigen) früheren Bestätigung des Herzogs von Jülich.[59] Damit wurde die Lage nicht allein für Herzog Wilhelm II. in Valkenburg, sondern auch für Reinhards Herrschaft in Monschau brenzlig. Während der Herzog von Jülich auf längere Sicht seine

Position in Valkenburg nicht halten konnte, war Reinhard erfolgreicher. Bezüglich der ehemals Jülicher Besitzungen Zichem und St. Agatha-Rode trat er im April 1364 in ein Lehnsverhältnis zu Wenzel und Johanna[60] und schloss wenig später mit dem Herzogspaar zum 16. März 1365 ein »Stillhalteabkommen«. Dazu wird ihm nicht zuletzt sein vertrautes Verhältnis zum Herzog zugute gekommen sein, das Wenzel selbst in einem wenig später von Bonn aus ergangenen Schreiben an die Geschworenen des Landfriedens bestätigt hat.[61] Darin teilte er mit, dass Reinhard ihn überzeugt habe, an einem vorgesehenen Treffen besser nicht teilzunehmen, und dass er sich auch weiterhin von ihm beraten lassen wolle. Die beiden Aussteller des Abkommens über das gesamte Valkenburger Erbe (Monschau, Valkenburg, Bütgenbach, St.Vith, Euskirchen, Heerlen, Amel, Eisden) als (laut eigener Deklaration) Verfügungsberechtigte versprachen, Reinhard solange im ungestörten Besitz von Monschau zu lassen (*laten … sitten rustelic ende vredelic* ›sitzen zu lassen, ruhig und friedlich‹), bis seine Forderungen an den Herzog von Jülich abschließend erfüllt sein würden.[62] Zu dieser Situation aber kam es nicht. Aus vergleichsweise unbedeutendem Anlass (Plünderung brabantischer Kaufleute im Herzogtum Jülich) kam es zum kriegerischen Konflikt zwischen Brabant und Jülich, der sich allerdings schon länger aufgrund der expansiv nach Osten orientierten Politik Herzog Wenzels abgezeichnet hatte. Bei der gegebenen Kräfteverteilung kam es in der Schlacht bei Baesweiler am 22. August 1371 wider alles Erwarten zu einem vollständigen Sieg Herzog Wilhelms II. zugunsten Jülichs.[63] Herzog Wenzel geriet mit 270 Rittern in Gefangenschaft und wurde im Burgturm von Nideggen festgesetzt. Brabant hatte noch lange an den hohen Lösegeldkosten zu tragen. Der Kaiser löste in seinem Friedensentscheid zwar seinen Halbbruder aus, ließ ihn aber politisch fallen. Denn hinter dem vergleichsweise bescheidenen Anlass zur Schlacht hatte mit kaiserlicher Förderung eine stark expansive luxemburg-brabantische Politik gestanden, die der Kaiser jetzt abrupt änderte. Daher kam dieser Versuch erst einmal zu einem langandauernden Stillstand. Reinhard von Schönforst im Aufgebot Wenzels entkam dem Fiasko nur knapp nach Maastricht, sein Ältester Reinhard (II.) geriet wie sein Anführer Herzog Wenzel in Gefangenschaft.

Reinhard I. von Schönforst hat danach keine politische Rolle mehr gespielt und es sind nur noch wenige sichere Zeugnisse von ihm überliefert. Zum Lebensende ist er in Begleitung von nur zwei Knechten zu einer Pilgerreise zu den Johannitern nach Rhodos aufgebrochen, wo er a.1376 verstorben ist.[64] In einer Urkunde vom 7. August 1376 erklärten die vier Schönforster Brüder (Reinhard II., Johann, Engelbrecht und Konrad)[65] Reinhards Testament, das auch von Johanniter-Herren auf Rhodos gesiegelt war, einzuhalten und schworen sich gegenseitige Unterstützung.

c. Die Herren von Schönforst bis zum endgültigen Übergang an Jülich 1435

Nach den Bestimmungen des ersten Testaments Reinhards I. von a.1369 sollte die Herrschaft Monschau an Johann ([1369]/1376–1380), den ehemaligen Maastrichter Kanoniker fallen. Er hat die Pfründe bald (a.1370) seinem jüngeren Bruder Engelbrecht überlassen und Margarete (Scheiffart) von Merode geheiratet. Der Beiname *Scheiffart*, wie er in der Regel in der Literatur erscheint, ist hier in Klammern gesetzt, weil er bei den weiblichen Mitgliedern der Familie erst sehr viel später in Gebrauch kam.

Wie nicht weiter verwunderlich hat auch das Beschwören der väterlichen Ratschläge aus dem ersten Testament wenig geholfen und nicht zu nachhaltigem Erfolg geführt, darunter z.B. die Warnung vor dem Verbürgen für ausstehende Geldsummen: In einer Abmachung Erzbischof Friedrichs von Saarwerden mit dem Grafen Friedrich II. von Moers vom September 1376 steht Johann mit anderen Edelherren als Bürge für den Erzbischof, bei dem er auch (wohl zeitweilig) wegen vorgeschossener Geldsummen als Amtmann in Zülpich, Liedberg und Hülchrath erscheint.[66] Wie viele ihrer Standesgenossen findet man beide Schönforster immer wieder, mal gemeinsam, mal allein, in allerlei Fehden verwickelt. Im April 1375 trat Johann als Sühnebevollmächtigter Reinhards II. in dessen Streit mit einer Aachener Gegenpartei auf. In den immer wieder aufflackernden Fehden des Erzbischofs mit der Stadt Köln und/oder mit Graf Engelbert II. von der Mark hat er sich auf die erzbischöfliche Seite geschlagen.[67]

In seiner recht kurzen Zeit in Monschau ist Johann I. dort nur wenig in Erscheinung getreten. Zu seiner Zeit kam es zur endgültigen Abtrennung des Landes Überruhr von der Herrschaft Monschau, angestoßen durch einen Erbstreit in der Familie Schönforst. Der Inhalt des in Rhodos aufgesetzten Testaments Reinhards I., das die vier Brüder a.1376 beschworen, ist in seinen Einzelheiten nicht bekannt geworden. In der Schwureinigung ist allein von den Brüdern die Rede, die vier Schwestern kommen dort nicht vor; möglicherweise waren sie auch gar nicht als Erbinnen vorgesehen. Jedenfalls hat Peter von Kronenburg, der Ehemann der Mechthild von Schönforst, auf die Herausgabe eines Fünftels des Erbes gegen Reinhard II. und Johann geklagt.[68] Diesen Streit hat im April 1379 Herzog Wenzel von Luxemburg und Brabant, als dessen Drost Johann in den zugehörigen Urkunden auch auftrat, durch einen Schiedsspruch geschlichtet:[69] Danach sollten die Dörfer von Überruhr um Wollseifen mit Gericht und allen Einkünften an den Kronenburger fallen, im Gegenzug sollten analog Höfen und Kalterherberg mit Gericht und Einkünften bei Johann verbleiben. Davon war das Forstrecht ausdrücklich ausgenommen, wie Johann auch noch einmal mit einer eigenen Urkunde hervorhob. Weitere Einzelheiten des Schiedsspruches auf der Grundlage des Ehevertrags der Mechthild können übergangen werden. Eine andere Regelung jedoch sollte noch Jahrhunderte später die Gemüter bewegen: Da sich die Erträge beider Gebiete deutlich unterschieden, sollten die Kronenburger eine jährliche Ausgleichszahlung von 45 Malter Hafer Kalterherberger Maß, den Malter zu 6 *sommeren* (›Sümmer, Scheffel‹) gerechnet, aus Kalterherberg erhalten. Bei der a.1649 ins Werk gesetzten Pfalz-Neuburger Feststellung der Rechte im Amt war die Regelung noch in Kraft und wurde von den Kalterherbergern beanstandet. Der Erlös ging zu dieser Zeit nach Schleiden.

Aus der Testamentsbestätigung von a.1376 ergibt sich, dass Johann I. zusätzlich zu Monschau die Herrschaft St.Agatha-Rode erhalten hatte, der ältere Bruder Reinhard aber die Herrschaft Zichem. Nicht zuletzt daraus erklärt sich, dass Johann oft in seinem kurzen Wirken in Brabant anzutreffen war, woraus sich auch die erwähnte Rolle (a.1379) als Drost von Brabant ergibt. Aus dieser Rolle folgte wohl, dass die Stadt Aachen ihn in einem Schreiben (undatiert) aufforderte, sich um die Belange einer Aachener Bürgerin, die bei ihrem Besitz im Limburgischen zu Schaden gekommen war, zu kümmern und beim örtlichen Amtsträger einzuschalten.[70] Aus der Ehe mit Margarete von Merode gingen zwei Nachkommen hervor: Johann II., mit dem die Schönforster Herrschaft in Monschau endete, und Katharina, die a.1392 einen Verwandten der Herzogin Johanna von Brabant und Limburg, den Grafen Wilhelm von Sayn heiratete,[71] was Folgen für den endgültigen Übergang des Landes an Jülich haben sollte. Johann I. von Schönforst ist schon früh (vor August 1380) verstorben, und Reinhard II. setzte a.1381 (Mai 16) Johann von Echtz (*Eychtz*) für die Witwe und die beiden unmündigen Kinder als Momber und Amtmann in Monschau ein.[72] Als Ältester der Familie, der neben der Herrschaft Schönforst auch den Titel eines ›Herrn von Zichem‹ führte, hat er sich offenbar auch vermehrt für Monschauer Belange zuständig gesehen und eingemischt, was bei seinem Naturell dem Land nicht zum Vorteil geraten ist. Es drängt sich der Eindruck auf, dass die väterlichen Ratschläge des ersten Testaments vor allem auf ihn gemünzt gewesen sind. Er lässt in seinen Handlungen das Geschick seines Vaters im Umgang mit den größeren Mächten völlig vermissen und hat sich in Überschätzung seiner bescheidenen Machtmittel ständig in Fehden gestürzt,[73] was ihn schließlich Burg und Herrschaft Schönforst gekostet hat. Mit Hilfe der Aachener Bürger beendete nämlich Herzog Wilhelm II. a.1396 schließlich einen Streit mit Reinhard II. durch Eroberung der Burg Schönforst. Die Burg wurde geschleift und die zur Herrschaft gehörenden Besitzungen einschließlich der Burg Stolberg dem Herzogtum angegliedert. In einer früheren Fehde a.1384 zwischen Erzbischof Friedrich von Saarwerden mit Graf Engelbert von der Mark hatte sich Reinhard II. als Fehdehelfer auf die gräfliche Seite geschlagen, aber wohl nicht damit gerechnet, dass der Erzbischof einen energischen Angriff von Mehlem aus ins Linksrheinische *ad terram Monzauwen* vortragen würde; die Länder von Monschau und Schönforst wurden schwer verwüstet und gebrandschatzt.[74] Als Reinhard II. einer Schlichtung in dieser Sache endlich a.1387 beitrat, blieb ihm nur die Verpfändung einer Schlosshälfte von Schönforst an den Erzbischof, wovon a.1391 etwa die Hälfte getilgt war.[75] Ferner gelobte er, dem Erzbischof seine Burgen zu öffnen (d.h. nicht gegen ihn als Befestigungen zu verwenden), nämlich Kerpen, Schönforst und Monschau. Er zählte also auch Monschau zu seinem Verfügungsbereich. Ein Schreiben Reinhards II. an Aachener Schöffen (wohl von März 1379) ist in Monschau ausgefertigt worden.[76]

Reinhards aufreizend-rechthaberisches Auftreten schilderte Johann von Reifferscheid in einem breit an Standesgenossen gestreuten Schreiben vom März 1392, seinen Rechtsstreit mit Reinhard betreffend, wobei er behauptete, im Beisein adliger Prominenz (worunter sich die Erzbischöfe von Köln und Trier und der Herzog von Jülich befunden hätten) Reinhard einen Lügner genannt, ihn zum Zweikampf gefordert und den Handschuh vor die Brust geworfen zu haben. Reinhard aber habe die Annahme verweigert.[77] Sein bedenkenlos-rabiates Vorgehen tritt in dem Mordkomplott vom August 1386 in Aachen zutage, bei dem Johann von Gronsveld den Komplizen Reinhards zum Opfer fiel.[78] Diesen Ritter, Herrn der Herrschaft Gronsveld zwischen Maastricht und Heerlen, hatte Johanns I. von Schönforst Witwe Margarete von Merode sehr bald in zweiter Ehe geheiratet. Er war vom selben Schlag wie Reinhard II., so dass Jacques van Rensch in der jüngsten Darstellung der Herrschaft Gronsveld sein Leben unter der Überschrift ›Ein gewalttätiges Leben und ein gewalttätiges Ende‹ gefasst hat.[79] Über ihn als einen der wichtigsten Gläubiger der Herzogin Johanna und als Drost von Limburg und Herzogenrath gestaltete sich die Orientierung des Schönforster Familienzweigs nach Brabant-Limburg noch intensiver. Nach dem Anschlag auf Johann von Gronsveld trat nämlich dessen Bruder Heinrich in die Rechte Margaretes und Johanns am Brabanter Hof ein, was auch die Verbindungen der Nachkommen Johanns I. von Schönforst nach Brabant weiter verstärkte.

Auch Johann II. von Schönforst hat als Burggraf von Monschau (selbständig spätestens 1399–1434) kaum nennenswerte Spuren im Land Monschau hinterlassen. Eine Erklärung von Jungherzog Adolf von Berg (8. März 1407), dass Herzog Anton von Brabant und Limburg ihn zum Hüter und Verwalter von Limburg und der anderen Brabanter Besitzungen zwischen Maas und Rhein bestellt habe, bestätigt den Eindruck, dass Johann II. seinem »Stammland« nur bescheidene Aufmerksamkeit gewidmet hat. Denn zu diesem »Schutzgebiet« zählte auch ausdrücklich das Land *Monioyen,* das Antons Mann und Rat Johann gehöre.[80] Der genannte Jungherzog Adolf ist derselbe, der im Sommer

1423 als Herzog von Jülich und Berg auch die Nachfolge in Jülich antrat. Er wird daher später bei der Frage der Nachfolge Johanns II. von Schönforst in der Herrschaft Monschau über die Verhältnisse wohlinformiert gewesen sein. Was die frühere Jülicher Verschreibung Monschaus angeht, für deren Dauer Reinhard I. mit dem Herzogspaar von Luxemburg bzw. Brabant/Limburgs das »Stillhalteabkommen« von a.1365 ausgehandelt hatte, so war es offenbar unverändert in Geltung. Aus der Sicht Brabants bestand aber der alte Anspruch aus dem Kauf des Valkenburger Erbes durch Herzog Wenzel unverändert weiter. Denn im August 1419 einigte sich Johann II. mit Adolfs Vorgänger, Herzog Reinald von Jülich und Geldern, auf einen (neuen?) Modus der Schuldentilgung.[81] Danach sollte Johann aus den Gefällen des Amtes Born und der Städte Sittart und Susteren eine jährliche Rente von 500 Rheinischen Gulden (*guit van golde* ›aus reinem Gold‹) erhalten, es sei denn, der Herzog löse die Schuld in einer ganzen Summe ein. Diese Summe sollte 5.000 Alte Schilde kaiserlicher Münze oder des französischen Königs betragen, zahlbar in Aachen oder Köln. Damit sollte die alte Schuldsumme von 10.000 Alten Schilden abgelöst sein. Die Verhandlungen in der Sache scheinen sich länger hingezogen zu haben. Im Jülich-Bergischen Archivmateral[82] hat sich ein Schreiben (undatiert, nach 1423?) erhalten, in dem sich Johann wegen eines nicht einzuhaltenden Treffens in Aachen entschuldigt, bei dem die älteren Verschreibungsurkunden übergeben werden sollen. Er sei noch längere Zeit zu einem Ritt nach Aachen nicht in der Lage und bot an, Beauftragte mit beglaubigten Kopien zu schicken. Johanns Gesundheitszustand scheint angeschlagen gewesen zu sein. Folgt man der Archivdatierung des Stücks auf ›nach 1423‹, dann war Herzog Adolf von Jülich-Berg (Herrschaftsbeginn in Jülich seit Juli 1423) der Adressat, was a.1435 im Zusammenwirken Frambachs von Birgel mit dem Herzog zu beachten ist.

Johanns II. besonders enge Bindung an Herzog Anton von Brabant/Limburg aus dem Haus Burgund (1404/06–1415) trat deutlich zutage, als er den Herzog im Winter 1411/12 auf einer Reise von Leuven/Löwen nach Luxemburg begleitete und auf seine Burg Monschau einlud, wo man »angenehm das Fest der Erscheinung des Herrn und der Drei Könige feierte«.[83] Anschließend reiste man über Bastogne weiter. Das Wirken Johanns, »eines der einflußreichsten und gewieftesten niederländischen Politiker«[84] im Umkreis des Brabanter Hofes ist ausführlich von T. Klaversma behandelt; die wichtigsten Abschnitte seiner Untersuchung liegen auch in deutscher Sprache vor, auf die hingewiesen sei.[85] Die Einzelheiten der manchmal zwielichtigen Winkelzüge Johanns im brabantisch-burgundischen Umkreis aber können im Blick auf die Geschichte des Monschauer Landes übergangen werden.

Als dauerhaft im Monschauer Land erwies sich seine Stiftung eines Grundstückes an der Vicht beim Lensbach (24. Februar 1430) zur Einrichtung eines

Hospizes am Pilgerweg nach Kornelimünster, in ähnlicher Funktion wie sie der ältere Reinartzhof am Pilgerweg nach Trier hatte.[86] Ansonsten hat Johann im Lande nur Spuren mit den zeitüblichen Praktiken zur Geldbeschaffung hinterlassen. Im Februar 1424 sah sich Johann von Schleiden zur Aufforderung an den Schönforster veranlasst, wegen verbriefter, aber nicht eingehaltener Schuldzahlungen vier Berittene zum ›Einlager‹ nach Aachen zu schicken. Diese Einrichtung war eine Art ehrenrühriger Geiselhaft von Schuldnern oder Bürgen, die wegen der damit verbundenen Kosten zusätzlichen Druck auf einen säumigen Zahler ausübte.[87] Zu a.1431 ist ein Verkauf von Kornrenten im Wert von 1.600 Goldgulden durch Johann an den Jülicher Erbkämmerer Godard von dem Bongard bezeugt.[88] Aus einer Urkunde Herzog Gerhards von Jülich-Berg von 1441 geht hervor,[89] dass Johann früher eine Summe von 2.500 Gulden seinem Onkel Johann Scheiffart von Merode, Herrn von Hemmersbach auf Monschau verschrieben hatte, deren Ablösung nun dem Herzog zufiel. Außer der erwähnten Vereinbarung von a.1419 über die Jahresrente aus der alten Jülicher Verschreibung wirkte über seinen Tod hinaus ein anderes Geldgeschäft mit dem Grafen Ruprecht von Virneburg nach. Dem hatte er (26. Oktober 1430) für ein Darlehen von 3.000 Oberländischen Rheinischen Gulden den sechsten Teil aller Einkünfte der Herrschaft Monschau und den Rabantz-Turm ›in der Stadt bei der Pforte‹ (*in der stat zo Moynsauwe neist der portzen, genant Rabantz thoyrn*) verpfändet.[90] Da dieser Name später nicht wieder vorkommt, ist eine zweifelsfreie Lokalisierung nicht möglich. Heinrich Laumans[91] wollte darin den Haller erkennen, was aber durch den Zusatz ›bei der Pforte‹ ausgeschlossen ist. Es ist auch das heutige ›Haus zum Turm‹ zur Lokalisierung vorgeschlagen worden, was denkbar wäre, wenn die rückwärtige Pforte gemeint gewesen ist. Die späteren Zeugnisse um die Ablösung der Virneburger Verschreibung machen diese Zuordnung aber unwahrscheinlich.

Aufgrund seiner Heirat a.1399 mit Johanna von Rochefort nannte sich Johann II. auch Herr von Flamengerie und Walhain (nahe Valenciennes im Hennegau, Frankreich), später kamen die Erwerbungen Cranendonk, Diepenbeck und Eindhoven hinzu. Die Verbindung blieb kinderlos, so dass Johanns Tod noch einmal eine neue Wendung für das Monschauer Land zu eröffnen schien. Seine Umtriebigkeit und hohe Stellung hatten nicht verhindert, dass er a.1431 bei Herzog Philipp dem Guten (Herzog von Burgund und Brabant/Limburg) aus im einzelnen nicht bekannten Gründen in Ungnade fiel und auf Schloss Zichem festgesetzt wurde. In dieser Gefangenschaft ist er am 1. Februar 1434 verstorben und im dortigen Kartäuserkloster beigesetzt worden.

Abenteuerlich wie manche Episode aus der Schönforster Zeit waren dann auch die Vorgänge, die das Land Monschau wieder enger an den Herzog von Jülich brachten, wie im folgenden Kapitel zu behandeln ist. Vorher aber ist noch in einem Abschnitt auf die Landfriedensbünde der zweiten Hälfte des 14. Jahrhunderts und ihre Auswirkungen auf das Monschauer Land einzugehen, in deren Umfeld sich auch die weniger rühmlichen Taten der Schönforster einfügen lassen.

d. Die Landfrieden und ihre Auswirkungen im Monschauer Land

Eine der letzten wichtigen Entscheidungen, die Johann, der letzte Valkenburger in Monschau, nicht lange vor seinem Tod traf, war sein Beitritt bzw. seine Aufnahme in den Landfriedensbund zwischen Maas und Rhein. Der war von den Städten Aachen und Köln sowie den größeren Dynasten des Raumes, dem Herzog von Brabant und dem Erzbischof von Köln, am 13.Mai 1351 geschlossen worden.[92] Dieses (zunächst) auf 10 Jahre geschlossene Bündnis, das schon ältere Vereinbarungen dieser Art aufgriff und auch nach der vereinbarten Frist weitergeführt wurde, hatte zum Ziel, die andauernde Unsicherheit im Lande und auf den Straßen mit ihrer Bedrohung vor allem von Kaufleuten, Pilgern und Geistlichen, aber auch Rittern, einzudämmen. Im umfangreichen Vertragstext wurde das Geltungsgebiet ausführlich umschrieben. Eindrücklich ist ausgeführt, dass Einheimische wie auch Fremde durch Mord, Raub und Brand vielfach bedroht seien. Die Verbündeten sollten sich gegenseitig gegen Rechtsbrecher und Feinde zu Hilfe kommen. Die Modalitäten zum Verfahren im Einzelnen wurden ausführlich umschrieben. Es ist unschwer zu erkennen, dass sich Bündnisse wie dieser Landfriedensbund gegen das allgegenwärtige Fehdewesen richteten.[93] Das war ein Problem, das sich durch das ganze Mittelalter hingezogen hat. Da es einen »Staat« im heutigen Verstande, der durch sein allgemeines Gewaltmonopol und öffentliche Verwaltungsinstitutionen und Polizeikräfte gekennzeichnet ist, (noch) nicht gab, mussten Gegenmittel zur verbreitet offenen Gewaltanwendung gefunden werden. »Öffentliche Sicherheit« war im Karolingerreich vor allem Aufgabe des Königs und der Herzöge gewesen. In den folgenden Jahrhunderten mit ihrem Landesausbau und der damit verbundenen Zunahme der nicht fehdeberechtigten Bevölkerung einerseits und dem Aufstieg von Adelsherrschaften auf der anderen Seite bei gleichzeitigem Rückgang der königlichen Gegenwart, waren jedoch Strukturen zur Konfliktregelung nicht im notwendigen Maß »nachgewachsen«. Über die unzweifelhaften Auswüchse des Fehdewesens, von denen die Quellen zu den Landfriedensbünden berichten, wird allerdings leicht übersehen, dass die Fehde im Selbstverständnis der Zeit durchaus ein gültiges Rechtsmittel darstellte, das beim Fehlen einer allgemeinen öffentlichen Gewalt den Herren ›von Stand‹ den Weg zur Selbsthilfe eröffnete und sie bei ›verletzter Ehre‹ geradezu erzwang. Dagegen waren ›einfache Leute‹ wie Bauern, Bürger, Kaufleute, Geistliche und Juden nicht fehdefähig, ebenso Frauen. Zum formell geregelten Verfahren einer ›gerechten Fehde‹ war eine Fehdeansage (Friede- bzw. Freundschaftsabsage) erforderlich mit der für Heutige eigenartig anmutenden Folge, dass Brandstiftung, Raub und Totschlag nach einer regulären Ansage durch einen Fehdeführenden nicht als Verbrechen galten. Dem zum Feind erklärten Fehdegegner konnte und sollte größtmöglicher Schaden zugefügt werden. Letzten Endes aber führte dieses Fehdewesen zu andauernder Unsicherheit im Lande. Das mussten u.a. im Februar 1370 die Landfriedensgeschworenen der Stadt Köln selbst erfahren, als sie mitteilten, nicht wie vereinbart nach Aachen kommen zu können;[94] es seien Fehdeansagen von Reinhard II. und Johann I. von Schönforst eingetroffen und man befürchte deren Angriffe auf dem Wege. Bei den überdrehten Ehrvorstellungen und der Empfindlichkeit der Leute ritterlichen Standes bewegte sich eine Beurteilung einzelner Vorkommnisse nach Recht oder Unrecht notgedrungen auf einem schmalen Grat. Was die einen als Raubritterei bewerteten, konnte für die anderen ein anerkanntes Rechtsmittel sein. Ein aufschlussreiches Beispiel für eine Situation, wie sie jederzeit eintreten konnte, enthält ein Schreiben Reinhards II. von Schönforst an die Stadt Aachen.[95] Darin teilte er mit, von einer Klage des Erzbischofs von Köln gegen ihn gehört zu haben: Er und seine Leute seien dem Bischof und seinen Leuten über eine freie Straße hinterher geritten und hätten ihm ein Dorf niedergebrannt und Pferde geraubt. Dazu »stellt er richtig«: Der Bischof und seine Helfer hätten gegen ihn, Reinhard, geraubt und gebrannt, so dass er ihnen nachgeritten sei und demnach notgedrungen gebrannt habe. Die Stadt möge auf den Bischof für eine Wiedergutmachung einwirken. Die Nachrichten über die Streitfälle, die schließlich vor das Landfriedensgericht kamen, reichen in der Regel nicht aus, die tatsächlichen Hintergründe einzelner Vorfälle aufzuklären. Welche »Ehrverletzung« entsprechend Johann II. bei einer denkbaren Verhandlung beim Landfriedensbund wegen seiner Gefangennahme und Erpressung von Halberstädter Bürgern geltend gemacht hätte, ist nicht bekannt geworden, als sich a.1403 der Halberstädter Rat mit der Klage an die Stadt Köln gewandt hatte, dass *jungher Johan von Schonforst unde borchgrave to Monjoe* Halberstädter Bürger auf dem Weg zu den Pilgerstätten Köln, Trier und Aachen *uppe dem wege gehindert, gefanghen und der he en deil reide beschattet und noch der en deil in der gefenghnisse heft uppe dem slote to Monjoe weddir got, weddir ere und weddir dat recht* (›an der Weiterreise gehindert, gefangen genommen, von einem Teil von ihnen gleich Abgaben erhoben und einen anderen Teil von ihnen auf dem Schloss Monschau gefangen hält wider Gott, Ehre und Recht‹).[96] Von ›Ehre‹ und ›Recht‹ ist in solchen Klageschreiben, dann aber auch in den Gegendarstellungen oft und gern die Rede. Zumindest in der

Sicht der Überfallenen war das Ereignis ein klarer Fall von Wegelagerei. Ähnlich unbekannt sind die Gründe geblieben, über welchen Anlass wenige Jahre vorher Johann II. mit Walram von Schleiden, dem Abt von Malmedy-Stablo, in Streit geraten sein könnte. Nach einigen chronikalischen Nachrichten war Johann mit Beute beladen von einem Raubzug in das Land Stavelot heimgekehrt, worauf die Staveloter einen Gegenzug mit Raub und Brand in das Monschauer Land unternahmen. In einem sich daraus ergebenden blutigen Gefecht unweit der Konzener Kirche gelang es dem Schönforster mit Unterstützung des Herren von Heinsberg, das Staveloter Aufgebot vernichtend zu schlagen. Die Gefallenen dieses »Unternehmens« wurden in und bei der Pankratiuskapelle auf dem Konzener Friedhof bestattet. Johann soll vom unterlegenen Abt Walram von Schleiden 12.000 Goldgulden als Preis des Friedensschlusses – ob darin die Lösegelder der Gefangenen enthalten waren, muss offen bleiben – eingestrichen haben.[97] Die Datierung des Ereignisses auf a.1400 wird durch eine Reihe von urkundlichen Quittungen dieses Jahres bestätigt, die von der Bezahlung der Fehdehelfer beider Seiten und Erstattung von Schadensansprüchen bzw. von Friedensschlüssen zeugen.[98] Die in diesem Zusammenhang geäußerte Meinung,[99] das Gefecht sei wegen der Minderjährigkeit seines Neffen Johann II. von dem Haudegen Reinhard II. geführt worden, wird kaum zutreffen; jedenfalls greift die Begründung nicht. In das Jahr 1399 fiel die Heirat Johanns II. mit Johanna von Rochefort, er war also keineswegs minderjährig. Und schon bei der Beilegung der Belagerung des Gerhard von Dyck durch den Landfriedensbund im Juli 1383 findet sich unter den Kumpanen Gerhards, die die Vereinbarung beschworen, auch Johann von Schönforst,[100] möglicherweise noch als blutjunger Knappe. Mit dem »rittermäßigen Handwerk« war er also zweifellos von klein auf vertraut. Vielleicht ist er auch durch allerlei Ereignisse in der Umgebung »auf den Geschmack gebracht« worden. Anfang Oktober 1400 wandte sich der ›Deutsche Kaufmann zu Brügge‹ an die Stadt Köln zur Strafverfolgung einiger Leute, die in Aachen Kaufleute ausspähten, unweit von Aachen Kölner Bürger gefangen und auf der Burg Monschau (*to Mondiun upt slot*) festgesetzt hatten.[101]

Zur geregelten Beendigung von Streitfällen aus Fehdehandlungen hatten die Landfriedensparteien Schiedsgerichte eingesetzt, die mit Standesgenossen der Fehdeführenden besetzt waren und die nach Möglichkeit auf gütliche Einigungen hinarbeiteten. So konnten sich nach Sühnevereinbarungen und Friedensschlüssen alle Beteiligten unter Wahrung des Gesichts als »Leute von Ehre« wieder begegnen. Urteilssprüche solcher Gerichte beruhten jedoch nicht auf der Verfahrenspraxis eines heutigen juristischen Standards mit einer unabhängigen Justiz, sondern auf den standesrechtlichen Gepflogenheiten der Schiedsrichter aus dem Ritteradel, zudem verleugneten die Bündnisparteien nicht ihre politischen Interessen. Das wird z.B. am Fall des Ritters und Kölner Bürgers Edmund Birkelin vom Jahr 1368 deutlich, als die Stadt Köln sich an die Landfriedensparteien gewandt hatte, weil Birkelin Kölner Bürger überfallen, beraubt und auf Burg Monschau gefangen halte.[102] Zu dieser Zeit war Reinhard I. von Schönforst Geschworener der Brabanter Vertragspartei, die sich wie auch die Stadt Aachen mit einer Stellungnahme im Streitfall stark zurückhielt, zumal sich die Stadt Köln wenig kompromissbereit verhielt. Entsprechend war vom Schiedsrichter, der mit seiner Burg dem Beschuldigten auch noch Unterstützung bot, schwerlich ein »objektiv-unparteiisches« Urteil zu erwarten, zumal in der Regel aus den wenigen diesbezüglichen Quellen nichts über die tieferen Hintergründe der Streitfälle hervorgeht. Vier Jahre später aber war Birkelin wieder in Aufträgen der Stadt Köln unterwegs. Im Sommer 1375 hatten die Verbündeten des Landfriedens Reinhard II. aufgefordert, ihnen seine Burg Stolberg wegen der Straßenüberfälle auszuliefern, die von dort ausgingen.[103] Zehn Jahre später aber war er vor Reifferscheid gegen einen gleichartigen »Friedensbrecher« auf Seiten des Landfriedensbundes mit dabei.

Das Bestehen eines solchen Landfriedensbundes, der von den mächtigsten Parteien der Region garantiert wurde, sollte sich langfristig disziplinierend auf die kleineren Edelherren des Raumes auswirken, die ohnehin – in ständiger Geldverlegenheit – zwischen den Großen zunehmend um ihre Selbständigkeit fürchten mussten. Dass diese Rechnung durchaus begründet war, legt ein Dokument vom 5. Dezember 1369 nahe,[104] nach dem 60 namentlich genannte Ritter und Amtsträger aus dem Limburgischen, wie ihre Herkunftsnamen ausweisen, dem Landfriedensbund beitraten und seine Bestimmungen beschworen. Unter ihnen war auch Mattelion von Teuven, der schon genannte Drost Reinhards I. in Monschau.

Bei schwerwiegenden Verstößen gegen den Landfrieden schritten die Verbündeten auch zu Strafmaßnahmen, die mit Belagerung und (Teil)Zerstörung der Burg des Friedensstörers enden konnten wie etwa a.1354 im Fall der Burg Griepekoven oder a.1383 der Burg Dyck. Doch nicht zuletzt wegen der hohen Kosten suchten die Verbündeten des Landfriedens solche Belagerungsunternehmen zu vermeiden und Ausgleiche auszuhandeln. Die im Sommer 1385 erfolgte Belagerung des Johann von Reifferscheid wegen seiner Verstöße gegen den Landfrieden hat vielfachen Niederschlag gerade in Aachener Quellen gefunden und, weil das Monschauer Land nahe beim »Tatort« lag, dort ein paar Spuren hinterlassen.[105] Der Anmarschweg des Aachener Kontingents führte allerdings über Weisweiler und Nideggen, zweifellos wegen der besseren Straßenverbindung, wenn auch während der gesamten Belagerungszeit offenbar Einzelverbindungen über den kürzeren Weg durch das Monschauer Land wahrgenommen worden sind. Als einziges Kontingent hatten die Aachener eine Blide mitgebracht, ein Schleudergeschütz, mit dem man vor der Verbreitung von schwereren Feuerwaffen versuchte, mit schweren Steinkugeln Breschen in Festungsmauern zu schießen. Um die Blide in Aachen zu zerlegen und auf Wagen zu verladen, waren 12 Zimmerleute zu bezahlen gewesen, 14 Wagen mit jeweils 4 Pferden wurden für 10 Tage zum Transport der Blide und der sonstigen Ausrüstung angemietet. Die Burg erwies sich jedoch als erheblich stärker als erwartet und die Aachener Führung argwöhnte, dass den Verbündeten angesichts des heftigen Widerstands der Besatzung die Lust an der Belagerung vergangen sei. Dazu stellte sich heraus, dass keine Steine für die Blide zu bekommen und im Umkreis von zwei Meilen auch keine passenden Steinbrüche zu finden waren. Trotz der unsicheren Lage im Umkreis von Vlatten und Nideggen erbot sich der Herzog von Jülich, dort Steine brechen lassen. In der Abrechnung erscheinen schließlich Kosten für 280 Blidesteine, dazu für 109 Büchsensteine (ungerechnet die Transportkosten von Nideggen). An der Beschaffung der (deutlich kleineren) Büchsensteine ist zu erkennen, dass schon kleinere Feuerwaffen (sog. Donnerbüchsen) im Gebrauch waren. Die überzähligen Blidesteine wurden nach Abschluss des Unternehmens im Oktober des Jahres über Monschau nach Aachen zurückgeschafft, wobei oberhalb von Monschau einige Wagen zu Bruch gingen. Für den Rücktransport des Schleuderarms der Blide (*den swingel*) griff man auf Pferde und 40 Mann aus dem Monschauer Raum zurück.

Ein eigenes Problem stellte die Verpflegung der großen Mannschaft dar. Der Aachener Rat hatte zwei Ochsen für die Belagerer auf den Weg gebracht; der Knecht, der die »Sendung« auf dem Wege abholen sollte, war in Kesternich durch den Herrn von Schleiden gewarnt worden, wegen der Buschräuber nicht den Weg über Wollseifen zu nehmen und eine Begleitmannschaft abzuwarten. Er schlug die Warnung aber in den Wind und verlor die Ochsen. Darauf unternahm eine Aachener Truppe einen Gegenzug gegen die Buschräuber und erbeutete ihrerseits Vieh, das vor den Räubern in den Schutz des Herrn von Schleiden geflüchtet war. Die Stadtrechnung verzeichnet die Kosten auch dieses Unternehmens: *unse gesellen verzerden zu Monyauwen, du die oissen genomen waren, 2 gul[den] 2 s[chilling]*. Zur Errichtung von Belagerungsbauten hatte man Waldarbeiter angeheuert, um Bäume zu fällen, *8 van Monyauwen ind 8 van Oepen* (›Eupen‹), die aber kamen und gingen. Was schließlich die Gründe der Aachener Führung gewesen sind, ein »Kopfgeld« von einem Gulden auf *Thiis van der Kalder Herbergen, de en vienge* (›wer ihn gefangen nähme‹), auszusetzen, ist nicht (mehr) zu klären.

Als Johann von Monschau und Valkenburg a.1351 dem Landfriedensbund beitrat, sagte er als seinen Beitrag zur Hilfeleistung an die Verbündeten die Stellung von 20 gewappneten Reitern im ›täglichen Krieg‹ und 40 bei Belagerungen und Heerzügen zu. Die vielen Quellennachrichten aus dem Umfeld der Landfriedensbünde lassen erkennen, dass bei einer solchen Zahlenangabe der Personalaufwand aber erheblich höher lag. Die übliche Berechnungsgrundlage für eine ›Lanze‹ (Gleve) als Einheit eines militärischen Aufgebots bestand aus einem gewappneten Lanzenreiter mit bis zu drei Pferden, hinzu kamen für jeden 2–3 z.T. berittene Knechte. Die Fehdeunternehmen waren also recht »personalintensiv«. Offenbar konnten die dazu erforderlichen Leute längst nicht mehr allein aus ritterlichen Adelskreisen rekrutiert werden. Dienste als Fehdehelfer bei einem edelfreien Ritter konnten abenteuerlustigen Bauernsöhnen ohne Erbe bei der gängigen Aussicht auf Beutezüge durchaus verlockend erscheinen. Das hohe Risiko allerdings, bei einem solchen Zug umzukommen oder lebenslange Verletzungen davon zu tragen, werden sie verdrängt haben. Unter den vielen Namen, die in den Urkunden über Sühnevereinbarungen oder Schadensregelungen vorkommen, finden sich auch solche, die eindeutig auf ihre Herkunft aus dem Monschauer Land verweisen. Die hier mitgeteilten stellen nur die zufällig »im Vorbeigehen« festgehaltenen Fälle unter möglicherweise anderen dar, für die kein Beiname nach ihrem Herkunftsort notiert ist. Die dazu genannten Quellenvorkommen gelten in der Reihenfolge der Nennung:

a.1371 steht *Gobel van Moniouwe* als Knappe in einer Personengruppe, die als Gesamtschuldner für Herzog Wenzel und Herzogin Johanna eintritt; a.1377 ist *Thiis van Monyoye* unter den Helfern Gerhards von Blankenheim gegen den Kölner Erzbischof Friedrich von Saarwerden; a.1382 nennt der Aachener Schöffe Konrad Volmer in einem Urfehdebrief seinen Knecht *Peter von Kesternich* (ein Kesternich [ohne Rufnamen – gleiche Person?] war zur Zeit der Reifferscheider Belagerung auch mehrfach als Bote der Stadt unterwegs); a.1383 findet sich *Gerekin van Montyau* zusammen mit dem jungen Johann II. von Schönforst bei den Kumpanen Gerhards von Dyck vor Schloss Dyck (im Jahr 1418 taucht er noch einmal in einem Schreiben des Aachener Schöffen Gerhard Chorus auf, an den er sich gewandt hatte, um mit der Stadt Aachen zur Beilegung einer Fehde zu kommen); a.1396 waren *Leygin von Moenschauwen* Helfer von Godart, Bastard von Loon in einer Fehde gegen die Stadt Köln; in einer nicht exakt datierten Fehdeansage des *Claesgin van Gelade* und anderer steht *Reymer von Meisenbruech* und a.1405 *Johann van der Kalderherbergen*, Helfer des Johann Kessel von Neuberg, ebenfalls gegen Köln; a.1442 forderte die Stadt Köln den Drost Wilhelm von Nesselrode auf, einige Gefangene freizugeben, darunter *Konrad Monschaw*, die bei einer Anmahnung gegen *Heinrich Bylhauws* gefangen genommen waren. Konrad war im Januar 1444 noch immer nicht frei.[106] Weitere Funde dieser Art sind nicht ausgeschlossen.

Anmerkungen

1 L. Mathar: in: Das Monschauer Land, S. 46ff. und H. Pauly: Beiträge zur Geschichte der Stadt Montjoie, Fasc. 2, S. 39ff.

2 W. Vogt: Siegel und Wappen der Stadt Montjoie, EHV 4 (1928/29) S. 81–84, hier S. 81f.

3 Gelegentlich auch in der Umgebung Johanns von Valkenburg-Monschau genannt, vgl. oben zum Waldweistum von a.1342.

4 Dazu W. Janssen: Wilhelm von Jülich (um 1299–1361), in: Rheinische Lebensbilder, VI, S. 29–54; W. Janssen: Wilhelm von Jülich (um 1300–1361), NBJG 19 (2007) S. 123–131 und W. Janssen: Karl IV. und die Lande an NIederrhein und Untermaas, in: H. Patze (Hg.): Kaiser Karl IV. 1316–1378, S. 203–241.

5 Das Folgende nach F. Gläser: Schönau-Schönforst. Eine Studie zur Geschichte des rheinisch-maasländischen Adels im Spämittelalter, Diss. Trier 2005 und F. Irsigler: Reinhard von Schönau – financier gentilhomme, in: F. Burgard u.a. (Hg.): Hochfinanz im Westen des Reiches 1150–1500, 1996, S. 282–305. Prägnante zusammenfassende Darstellung bei F. Gläser: Reinhard von Schönau (um 1305–1376), in: Rheinische Lebensbilder, XVIII, S. 49–75.

6 UB Düren I.1, Nr. 132.

7 W. Janssen: Wilhelm von Jülich (um 1299–1361), in: Rheinische Lebensbilder, VI, S. 50.

8 UBNRh III Nr. 422 = REK V Nr. 1213; zum Erzbischof vgl. W. Janssen: Walram von Jülich (1304–1349), in: Rheinische Lebensbilder, IV, S. 37–56

9 REK V Nr. 1271.

10 REK V Nr. 1406 mit ausführlichen Regelungen im Detail.

11 F Gläser, in: Rheinische Lebensbilder, XVIII, S. 56; vgl. auch W. Janssen, in: Geschichte des Erzbistums Köln, II.1, S. 230 und W. Janssen: Walram von Jülich (1304–1349), in: Rheinische Lebensbilder, IV, S. 37–56.

12 Ungedruckt; Nachweis bei F. Irsigler (wie Anm. 5) S. 291 Anm. 58. Vgl. auch REK V Nr. 1480 (1348 Mai 20).

13 UBNRh III Nr. 496 = REK VI Nr. 166 = RRA III Nr. 4; vgl. oben Kap. 5.

14 REK VII Nr. 525 = RRA IV Nr. 56.

15 UBNRh III Nr. 515 = E. Quadflieg: Regesten, Nr. 30.

16 DWB VI, Sp. 2482.

17 E. Quadflieg: Regesten, Nr. 32.

18 LAV NRW R, Monschau-Schönforst, Urk. 10 = E. Quadflieg: Regesten, Nr. 34.

19 UBNrh III Nr. 519 = E. Quadflieg: Regesten, Nr. 39.

20 Vollständiger Text bei E. Quadflieg: Regesten, Nr. 40; vgl. RRA III Nr. 65 und 71.

21 E. Quadflieg: Regesten, Nr. 42 und 43.

22 Urkunden LAV NRW R, Monschau-Schönforst, Urk. 13 und 14 = E. Quadflieg: Regesten, Nr. 45 und 44; Nr. 45 mit irrigem Datum.

23 LAV NRW R, Monschau-Schönforst, Urk. 15 = E. Quadflieg: Regesten, Nr. 50; Textabdruck mit Lesefehlern; weiteres Zeugnis RRA III Nr. 125 (1354 Nov. 12).

24 REK VI Nr. 510 = RRA III Nr. 102 = E. Quadflieg: Regesten, Nr. 35 (irrtümlich zu 1353 März 18).

25 E. Quadflieg: Regesten, Nr. 51 und REK VII Nr. 1135; vgl. RRA III Nr. 105.

26 REK VI Nr. 568 und 569.

27 LAV NRW R, Monschau-Schönforst, Urk. 17 = E. Quadflieg: Regesten, Nr. 62.

28 LAV NRW R, Monschau-Schönforst, Urk. 19 = E. Quadflieg: Regesten, Nr. 97.

29 A. Verkooren: Brabant II Nr. 869 = E. Quadflieg: Regesten, Nr. 68.

30 Etwa G. Meyer: Graf Wilhelm V. von Jülich, S. 115ff.; vgl. auch F. Glaser und F. Irsigler (wie Anm. 5) S. 62 bzw. 296f.

31 G.D. Franquinet, PSHAL 11 (1874) S. 293ff. Nr. 2 = E. Quadflieg: Regesten, Nr. 80.

32 UB Düren I.1 Nr. 104 und 105.

33 UBNRh III Nr. 570 = E. Quadflieg: Regesten, Nr. 118,

34 LAV NRW R, Monschau-Schönforst, Urk. 22; Druck UB Düren I.1, Nr. 113 = E. Quadflieg: Regesten Nr. 139 und 141.

35 LAV NRW R, Monschau-Schönforst, Urk. 20 = UBNRh III Nr. 561 = E. Quadflieg: Regesten, Nr. 103, auch RRA III Nr. 170.

36 UB Düren I.1, Nr. 107.

37 LAV NRW R, Monschau-Schönforst, Urk. 21 = UBNRh III Nr. 570 = E. Quadflieg: Regesten, Nr. 116 und 118 = RRA III Nr. 200.

38 RRA VI, Nr. 332.

39 E. Quadflieg: Regesten, Nr. 119.

40 E. Winkelmann (Hg.): Acta imperii II Nr. 851 = REK VI Nr. 1188 = RRA III Nr. 288; vgl. E. Quadflieg: Regesten, Nr. 148, 149.

41 UB Düren I.1, Nr. 132 = UBNRh III Nr. 631 = RRA III Nr. 386; zur Sache ausführlich E. Neuß: Zur Grundlage der 650-Jahrfeiern im Monschauer Land im Jahre 2011, ML 39 (2011) S. 42–54 mit Abbildung.

42 Dazu H. Hinsen: Das Land »Überruhr«, ML 29 (2002) S. 24–37.

43 LAV NRW R, Monschau-Schönforst, Urk. 28 = E. Quadflieg: Regesten, Nr. 228.

44 UBNRh III Nr. 690 mit irrigem Datum = E. Quadflieg: Regesten, Nr. 242 = RRA III Nr. 236.

45 Inventar Arenberg Edingen, II, Nr. 194; vgl. REK VII Nr. 73 und E. Neuß: Die Burg Monschau, S. 76–100.

46 UBNRh III Nr. 657 = RRA III Nr. 547.

47 L. Mathar, in: Das Monschauer Land, S. 52f.

48 Vgl. Bürger als Schützer der Heimat. Festschrift und Programm zur 600-Jahr-Feier der Bürgerschützen Montjoie 1361 e.V. vom 7. bis 12. September 1961, Monschau 1961 = separates Heft in EHV 33 (1961) Nr. IV.

49 LAV NRW R, Monschau-Schönforst, Urk. 32 und 33 = E. Quadflieg: Regesten, Nr. 252 und 253.

50 J. Strange: Beiträge zur Genealogie, Heft 9, S. 55–57 Nr. 7

51 E. Neuß (Hg.): Weistümer, Nr. 13, S. 163.

52 Dazu T. Offermann: Wo wohnte Johann Heinrich Scheibler in Monschau? ML 44 (2016) S. 39ff.

53 RRA III Nr. 530.

54 LAV NRW R, Reichenstein Urk. 3 = E. Quadflieg: Regesten, Nr. 227; vgl. RRA IV Nr. 258 zu a.1369.

55 LAV NRW R, Monschau-Schönforst Urk. 39 = E. Quadflieg: Regesten, Nr. 337.

56 LAV NRW R, Monschau-Schönforst Urk. 46 = E. Quadflieg: Regesten, Nr. 344.

57 G. Aders: Regesten, DJB 44 (1947) Nr. 257 und E. Quadflieg: Regesten, Nr. 187, 194, 203, 204, 208, 215, 221.

58 E. Quadflieg: Regesten, Nr. 185.

59 RRA VI Nr. 556 = REK VII Nr. 272 und E. Quadflieg: Regesten, Nr. 205.

60 E. Quadflieg: Regesten, Nr. 184.

61 RRA VI, Nr. 584, ohne genaueres Jahresdatum.

62 LAV NRW R, Monschau-Schönforst Urk. 27 = UBNRh III Nr. 652 = E. Quadflieg: Regesten, Nr. 204.

63 Knapper Abriss zur Situation und zum Verlauf bei H. Andermahr, Landesburgen, S. 20–22.

64 F. Gläser, in: Rheinische Lebensbilder, XVIII, S. 70f.; knappes Biogramm bei A. Uyttebrouck: Le gouvernement du duché de Brabant, S. 732 Nr. 229.

65 UB S.Trond, II, Nr. 459.
66 REK VIII Nr. 1523, 1226 und 1478.
67 RRA IV Nr. 266 zu a.1370; Nr. 514 zu a.1375; Schlichtung Nr. 509 und REK VIII Nr. 2043.
68 Vgl. auch H. Renn: Die Geschichte des Kronenburger Landes, RhVB 19 (1954) S. 547f.
69 Inventar Arenberg Edingen, II Nr. 255 und 257; s. das knappe Biogramm Johanns I. bei A. Uyttebrouck: Le gouvernement du duché de Brabant, Nr. 231 S. 733.
70 RRA VI, Nr 623.
71 Die genealogischen Nachrichten zu den Merode nach H. Domsta: Geschichte der Fürsten von Merode, I, S. 74–76 u.ö.
72 LAV NRW R, Monschau-Schönforst Urk. 39 = E. Quadflieg: Regesten, Nr. 337.
73 Zu Beispielen der Jahre 1392, 1393 und 1395 s. REK X Nr. 332, 341, 453, 811.
74 REK IX Nr. 749 und chronikalische Quellen bei E. Neuß: Die Burg Monschau, S. 101f.
75 REK IX Nr. 1513 und 1514; zur Tilgung REK X Nr. 110..
76 RRA VI Nr. 710.
77 RRA V, Nr. 496.
78 H. Domsta: Geschichte der Fürsten von Merode, I, S. 75; vgl. REK IX Nr. 1779 und RRA V Nr. 206.
79 Zur Herrschaft Gronsveld s. jetzt die neue Gesamtdarstellung J. van Rensch: Het zonneleen Gronsveld, 2017.
80 REK XI Nr. 1811.
81 LAV NRW R, Monschau-Schönforst Urk. 44.
82 LAV NRW R, Jülich-Berg I 1175, fol. 31.
83 Edmont de Dynter: Chronicon VI Kap. 100 (= Edition III, S. 204); Nachweis fehlt bei E. Neuß: Die Burg Monschau, S. 106.
84 H. Domsta: Geschichte der Fürsten von Merode, I, S. 76; vgl. die reichen biographischen Notizen bei A. Uyttebrouck: Le gouvernement du duché de Brabant, Nr. 232, S. 733–735.
85 T. Klaversma: De Heren van Cranendonk en Eindhoven, S. 34–70 und T. Klaversma: Johann II. von Schönforst, EHV 37 (1965) S. 36–43 und 38 (1966) S. 71–83.
86 StaMON 1.Abt., G 2, Lagerbuch fol. 145; vgl. H. Steinröx: Reinartzhof und Hattlich, S. 26f.
87 E. Pauls: Kleine Mitteilungen, ZAGV 26 (1904) S. 383.
88 L. Korth: Volkskundliches aus dem Kreise Jülich, AHVNRh 14 (1892) S. 103.
89 Hinweis bei H. Domsta: Geschichte der Fürsten von Merode, II, S. 295.
90 LAV NRW Monschau-Schönforst, Urk. 46 = E. Quadflieg: Regesten, Nr. 344.
91 H. Laumans: Geschichte des Montjoier Landes, S. 181 und 228.
92 UBNRh III Nr. 496 = REK VI Nr. 166 = RRA III Nr. 4; Aufnahme Johanns (1351 Dez. 3): RRA III Nr. 23 und 24; vgl. REK VI Nr. 227 und E. Quadflieg: Regesten, Nr. 24. Grundsätzlich zu diesem Bündnis und seinen einzelnen Aktionen s. C. Rotthoff-Kraus: Die politische Rolle der Landfriedenseinungen zwischen Maas und Rhein in der zweiten Hälfte des 14. Jahrhunderts, 1990.
93 Zur generellen Orientierung s. die Artikel von A. Boockmann: Fehde, Fehdewesen, LMA IV, Sp. 331–334; H.J. Becker – L. Hödl: Friede, LMA IV, Sp. 919–921 und H.J. Becker: Landfrieden, LMA V, Sp. 1657–1658 und die ausführliche Untersuchung von C. Rotthoff-Kraus (wie vorige Anm.).
94 RRA IV, Nr.
95 Undatiert; REK XII.1 Nr. 797 = RRA VI Nr. 773.
96 Druck bei K. Höhlbaum: Zur Geschichte der Aachenfahrt, ZAGV 6 (1884) S. 240–242.
97 T. Klaversma: De Heren van Cranendonk en Eindhoven, S. 37 mit chronikalischer Quelle und P. Schönhofen: Die Pankratius-Kapelle in Conzen bei Montjoie, EHV 3 (1927/28) S. 173–176.

98 Inventar Arenberg Edingen, II, Nr. 343, 344 und LAV NRW R, Heinsberg Urk. 243; vgl. H. Domsta: Geschichte der Fürsten von Merode, I, S. 95 und II, S. 429.

99 Hinweis auf ältere Literatur bei L. Mathar, in: Das Monschauer Land, S. 57.

100 UBNRh III Nr. 874 = REK IX Nr. 602 = RRA V Nr. 85.

101 RRA VI Nr. 434.

102 UB Köln IV Nr. 486 = RRA IV Nr. 202; zum Gesamtverlauf der zugehörigen Maßnahmen s. C. Rotthoff-Kraus: Die politische Rolle der Landfriedenseinungen, S. 208–215.

103 REK VIII Nr. 1192 = RRA IV Nr. 520.

104 RRA IV Nr. 258; vgl L. Coels von der Brügghen: Der Beitritt der Ritterschaft des Herzogtums Limburg zum Landfrieden, ZAGV 62 (1949) S. 77–82 mit Abdruck der Urkunde..

105 Hier nach RRA V Nr. 163, 167, 170, 171, 176 und J. Laurent (Hg.): Aachener Stadtrechnungen, S. 287ff. sowie REK IX Nr. 1006–1009, 1012–1015, 1020, 1021, 1027. Weitere Details bei C. Rotthoff-Kraus: Die politische Rolle der Lansfrieidenseinunge, S. 427–442.

106 Verkooren: Brabant IV Nr. 2867; REK VIII Nr. 1797; RRA V Nr. 53; UBNRh III Nr. 874 = REK IX Nr. 600 = RRA V Nr. 85; MStAK 22, S. 131f Nr. 92; MStAK 26, S. 48 Nr. 477/478; MStAK 28, S. 51f Nr. 1181. *Geirken van Moniouwen* an den Schöffen Gerhard Chorus: Ch. Quix: Biographie des Ritters Gerhard Chorus, 1842, S. 58f.

7. Die Herausbildung der Grenzen des Monschauer Landes bis zum Ende des 14. Jahrhunderts[1]

Mit der endgültigen Eingliederung der Herrschaft Monschau in das Herzogtum Jülich war der letzte Herrschaftswechsel des Landes im Mittelalter vollzogen. Bis zum Einrücken des französischen Revolutionsheeres im Herbst 1794 und dem Ende des Ancien Régime ist es in diesem Staatsverband geblieben. Das mag Anlass genug sein, einen Rückblick auf die Entstehung des territorialen Bestandes des Landes zu werfen.

Als auffälliges und bemerkenswertes Kennzeichen des Monschauer Landes als räumlicher Einheit gilt die erstaunliche Konstanz seines Umfangs durch die Jahrhunderte. Nach ersten Hinweisen von Heinrich Pauly (1876) hat Matthias Brixius[2] die Sache ausführlich behandelt, auch wenn der von ihm dazu als Anfang angesetzte Ausgriff bis zu den Franken der Völkerwanderungszeit nach heutigem Wissensstand in dieser Weise nicht mehr Geltung beanspruchen kann. Denn die dazu als Nachweis angeführten neuzeitlichen Mundarträume bzw. -grenzen im Rheinland taugen zu diesem Zwecke nicht, weil sie nicht unmittelbar für die germanisch-fränkischen Siedlergruppen des 5. und 6. Jahrhunderts in Anspruch genommen werden können. Die in diesem Zusammenhang genannten Dörfer Elsenborn und Kalterherberg, zwischen denen die Siedlungsgrenze verlaufen sein soll, haben zu dieser Zeit nach allem, was sicher angenommen werden kann, noch gar nicht bestanden. Die heutigen Mundarträume wie Kölnisch-Ripuarisch (wie im Monschauer Land) und Trierisch-Moselfränkisch (im St. Vither Raum und der südlichen Eifel), auf die sich Brixius in seiner Arbeit im Anschluss an Leo Dohmen[3] als seinerzeit beliebtes Argument bezog, haben sich erst im späteren Mittelalter herausgebildet.[4] Das folgt allein schon daraus, dass für die Zeit der einsetzenden fränkischen Besiedlung nicht mit einer Siedlungsdichte gerechnet werden kann, wie sie für die Ausbildung großräumiger Mundartgebiete Voraussetzung ist. Die Schilderung der fränkischen Anfänge in der älteren Literatur vermittelt den irreführenden Eindruck eines einrückenden Stroms von Menschen, der erst am Hohen Venn »zum Stehen gekommen« sei. Demgegenüber spricht die recht späte Siedlungserschließung vom ausgehendenden 11. Jahrhundert an dafür, dass die dicht bewaldeten Höhen von Eifel und Ardennen bis über die karolingische Zeit hinaus nur schwach mit Siedlungen erschlossen war. Mundarträume mit typischen Ähnlichkeiten aber entstehen erst da, wo hinreichend viele Leute miteinander in sprachlichem Kontakt und Austausch stehen. Das ist erst

Jahrhunderte später anzusetzen. Die fraglichen Mundarten gehen zwar letzten Endes auf die germanischen Franken zurück, doch stehen die in der Mundartforschung üblichen Bezeichnungen für einzelne Dialektgruppen nicht in unmittelbarer Nachfolge mit der historisch erkennbaren Gliederung der Franken, wie man noch zur Zeit Jacob Grimms und in den Anfängen der deutschen Sprachgeschichtsschreibung meinte. Sie können nicht einfach auf die Franken des 5. und 6. Jahrhunderts übertragen werden. Moselfranken (zum Mundartraum ›Moselfränkisch‹) oder Niederfranken (zu ›Niederfränkisch‹ = heute ›Niederländisch‹) hat es als politisch-ethnische Gruppen der Franken überhaupt nicht gegeben.

Wohl aber hat das hier behandelte Monschauer Land seit dem endgültigen Übergang als Amt in das Herzogtum Jülich a.1435 und zusammen mit den nachfolgenden Geschicken Jülichs nach a.1609 seine Einheit als französischer Kanton und preußischer, dann deutscher Landkreis bis zu seiner Auflösung zum 1. Januar 1972 mit überraschender Konstanz bewahrt. Das gilt vor allem, wenn man vergleichend in Betracht zieht, wie bei der preußischen Herrschaftsübernahme nach a.1814 der eine oder andere Landkreis nach vorwiegend verwaltungspraktischen Gesichtspunkten ohne Blick auf historische Zusammenhänge »zugeschnitten« worden ist.

Bei aller Konstanz der räumlichen Ausdehnung darf aber ein grundsätzlicher Unterschied zwischen dem alten Amt und einem (Land)kreis heutiger Einrichtung nicht unbeachtet bleiben. Ein Kreis des modernen Staates ist, seit dem Umsturz aller älteren staatlichen Verhältnisse durch die französische Herrschaft am linken Rheinufer seit a.1794 und der nachfolgenden Neuorganisation durch Preußen seit a.1814, in eine Hierarchie von wohldefinierten Verwaltungseinheiten eingefügt. Die jeweils gleichbenannten Einheiten sind nach diesem Staatsverständnis intern grundsätzlich gleich organisiert, haben prinzipiell gleiche Aufgaben und Kompetenzen und sind in nächst höhere Institutionen eingefügt (Gemeinde – Kreis – Regierungsbezirk usw.). Daher kann man mit Recht davon sprechen, dass ein Regierungsbezirk in Kreise ›eingeteilt‹ oder ›gegliedert‹ sei. Dem stand im Ancien Régime vor der Französischen Revolution eine andere Auffassung gegenüber. Bei der Zusammenführung von Herrschaften – meist durch Veränderungen in den Herrscherfamilien in Gang gesetzt – konnten die Teile in der Regel viele Elemente ihrer eigenen Einrichtungen, wie sie im geschichtlichen Ablauf entstanden waren, bewahren und weitgehend weiterführen. So bildeten z.B. auch die Vereinigten Herzogtümer Jülich-Kleve-Berg (seit a.1521) keineswegs einen einheitlich organisierten Staat.[5] Und auch in den Ämtern des Herzogtums Jülich spiegelt sich deren jeweilige Vorgeschichte in den Rechtstraditionen, die sie bei ihrer Eingliederung in die größere Einheit mitbrachten und in weiten Teilen auch fortführten, wenn auch zunehmend

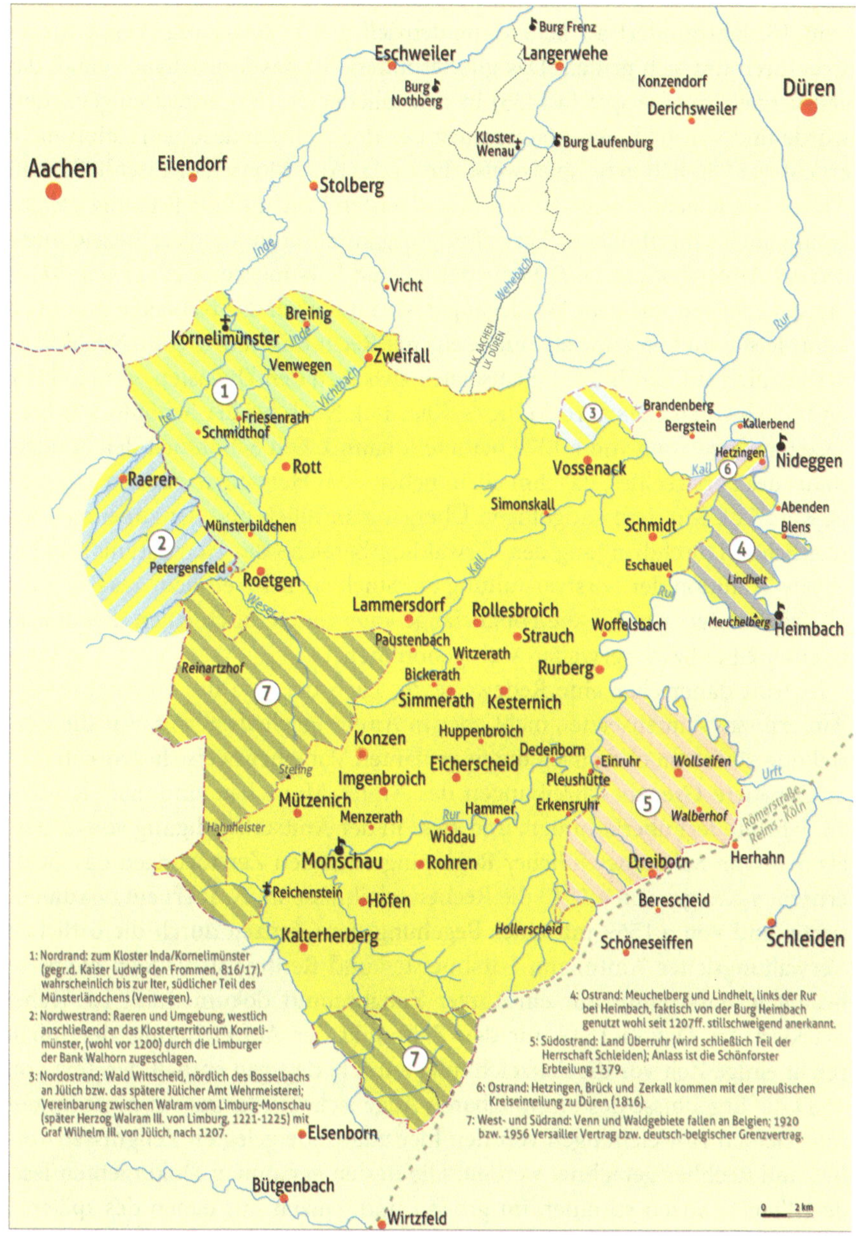

(Abb. 16) Entwicklung der Grenzen des Monschauer Landes

vom 15. Jahrhundert an neuere, tendenziell gleich aufgebaute Verwaltungsstrukturen um sich griffen. Das gilt besonders für das Monschauer Land, das erst vergleichsweise spät (a.1435) in den Jülicher Territorialstaat eingegliedert wurde und von früheren Maßnahmen der dortigen Landesorganisation nicht erfasst war.[6] So hatten beispielsweise die an das Amt Monschau anschließenden Ämter Heimbach, Nideggen und Wehrmeisterei nicht die vollständig gleiche (wenn auch sehr ähnliche) Verwaltungsorganisation und andere Bezeichnungen der Amtspersonen (z. B. Wehrmeister statt Forstmeister, Kellner statt Rentmeister). So war aus dem Werdegang des Amtes auch das Nebeneinander von Rentmeister und Forstmeister mit je eigener Rechnungsführung ein Nachklang, der letztlich auf den Interessenausgleich zwischen den Dynasten von Limburg und Jülich von a.1238 zurückging (s. Kap. 4.c). Noch bei der Schönforster Erbauseinandersetzung von a.1379 betonte Johann I. von Schönforst den Sonderstatus des Forstrechtes, das ihm allein neben dem Herrschaftsbezirk zukomme (s. Kap. 6.c). Mit dem endgültigen Übergang an Jülich und der zunehmenden staatlichen Durchdringung der Verwaltungsbereiche des Herzogtums trat die eigene Tradition der Forstverwaltung ein Stück zurück, seit dem ausgehenden 17. Jahrhundert wurden die Forstbelange »nur« noch durch einen ›Forstmeistereischreiber bzw. -verwalter‹ wahrgenommen.

Es trifft daher eher eine Redeweise zu, nach der sich das Herzogtum aus Ämtern ›zusammensetzte‹, nicht aber in Ämter ›gegliedert‹ war, was die Vorstellung einer von oben nach unten geplanten Vorgehensweise hervorruft.

Genauere Grenzbeschreibungen des Amtes Monschau sind erst seit dem 16. Jahrhundert überkommen, und zwar in der Amtserkundigung von a.1549, als man von Seiten der Jülicher Regierung nach den Zerstörungen des Geldernschen Krieges von a.1543 die Rechtsverhältnisse im Amt erneut dokumentierte, und von a.1569 mit einer Begehung der Grenzen durch die örtlichen Verwaltungsleiter Amtmann, Forstmeister und Rentmeister,[7] doch bleibt zu beachten, dass damit nur ein kurzer Zeitabschnitt dokumentiert ist. Dabei markiert das Datum 1549 nur den Zeitpunkt der Aufzeichnung, der Inhalt reicht einige Zeit vor die Aufzeichnung zurück; dagegen enthält der Text von 1569 die Ergebnisse des unmittelbaren Augenscheins. Insgesamt muss immer mit leichten Abweichungen von den hier zugrunde gelegten Zeugnissen vorher und nachher gerechnet werden. Die in den genannten Dokumenten festgestellten Grenzen stimmen im großen und ganzen mit denen des späteren Landkreises Montjoie bis zum ersten Weltkrieg überein. Erst danach fielen nach den Bestimmungen des Versailler Vertrages 1920 weite Wald- und Vennstrecken im Süden und Westen an Belgien.[8] Der Landstreifen links der Rur um Hetzingen war allerdings schon bei der preußischen Kreiseinteilung dem Kreis Düren zugeschlagen worden.[9] Im Grundzug ist die Ausdehnung mit der karolingischen Forstverwaltung seit dem ausgehenden 8. Jahrhundert festgelegt worden, wenn auch in den Anfängen des Landes die Grenzverhältnisse ziemlich sicher an einigen Stellen von dem in der Mitte des 16. Jahrhunderts festgestellten Befund abgewichen sind. Aufgrund verstreuter Indizien späterer Zeit sind sie aber durchaus rekonstruierbar, wie im Folgenden gezeigt werden soll. Die Überlegungen dazu haben von der Tatsache auszugehen, dass Konzen im 9. Jahrhundert als fränkischer Königshof auch Sitz der Forstverwaltung und der Pfarrkirche war (vgl. Kap. 1). Beide Einrichtungen reichten weit vor den späteren herrschaftlich begründeten Zentralort mit der Burg Monschau zurück und haben dann noch Jahrhunderte lang den räumlichen Zuschnitt des Landes geprägt. Das Ausbleiben weiterer Adelsherrschaften neben der limburgischen Burgherrschaft (vgl. Kap. 10.b), zunächst von Reichenstein und anschließend von Monschau aus, hat die mit dem Forstbezirk und Pfarrsprengel Konzen vorgegebene Raumstruktur dauerhaft stabilisiert, weil sich mit der Siedlungserschließung auch ein eigener Gerichtsbezirk herausbildete. Die Grenzen dieses, erst noch kaum mit Siedlungen erschlossenen Forst- und Pfarrbezirks (vorgermanische Ortsnamen sind allein Konzen, Kesternich und Mützenich) sind nirgends aufgezeichnet. Die Zeitgenossen orientierten sich in der karolingischen Zeit vorwiegend an größeren Gewässer- und/oder Wegverläufen; neben linienartigen Grenzen rechnete man aber auch mit breiteren, nicht im einzelnen umrissenen Grenzzonen. Insoweit setzt die Raumeinheit ›Monschauer Land‹ den karolingischen Forstbezirk Konzen fort. Machterweiterungen, die von der Limburger Adelssippe von den Burgen Reichenstein und Monschau aus seit dem 12. Jahrhundert vorgenommen worden sind, haben – längerfristig gesehen – keinen Bestand gehabt und sind weder in den spätmittelalterlichen Territorialstaat ›Herzogtum Limburg‹ noch in das ›Amt Monschau‹ im ›Herzogtum Jülich‹ eingegangen. Gemeint sind hier die zunächst limburgisch dominierten Räume im Norden und Nordwesten des Forstbezirks (Raeren und Umgebung Nothberg – Wenau), dann die Rodung südöstlich der Rur (Walberhof, Land ›Überruhr‹) und schließlich der Ausgriff nach Süden über Bütgenbach hinaus bis nach St. Vith, wie anschließend behandelt wird. Die Beispiele können veranschaulichen, wie eine eher punktuell wirksame ältere Adelsherrschaft des frühen Mittelalters (vgl. Kap. 2.a) in stärker »staatlich« organisierte Einheiten, ›Territorien‹ des späteren Mittelalters übergeht. Die Veränderungen im Lauf der Jahrhunderte seien in den folgenden Abschnitten vorgestellt.

Im 2. Jahrzehnt des 9. Jahrhunderts war durch Kaiser Ludwig den Frommen im Süden von Aachen beim Zusammenfluss von Iter und Inde das Kloster Inda (später Kornelimünster) auf Königsgut gegründet worden. Zu diesem Königsgut wird der gesamte südlich von Aachen anschließende Forst gehört haben. Einen späten Hinweis auf diesen Sachverhalt kann man darin erkennen, dass es Kaiser Karl IV. war, der aus diesem Gebiet eine eigene Herrschaft für Reinhard I. von Schönforst heraustrennte und sie ihm übertrug (vgl. Kap. 6.a). Für die Klostergründung wurden aber auch die nördlichen Ausläufer des Forsthofes Konzen herangezogen, so dass aus dieser Annahme abzuleiten ist, dass der Hof Konzen im Norden bis zur Iter und zur Inde gereicht haben wird. Diese Folgerung wird durch eine Reihe späterer Nachrichten bestätigt: Nach dem Urkundenzeugnis Kaiser Ludwigs des Bayern von a.1336 erstreckte sich nämlich der Reichswald von Kornelimünster bis zur Burg Monschau, und laut Försterweistum von a.1342 verfügte der Abt des Klosters über Nutzungsrechte darin. Die Beanspruchung des nördlichen Konzener Waldstreifens kommt weiter darin zum Ausdruck, dass der Abt den Förstern des Hofes Konzen dreimal im Jahr ein Festmahl ausgab (Einzelheiten dazu im Abschnitt zur Forstverwaltung Kap. 9). Schließlich aber erklärt sich aus dieser Sachlage als wichtigstes Indiz, dass zwei Förster des Hofes Konzen nach Ausweis der Amtserkundigung von a.1549[10] mit der Amtsbezeichnung ›Vorförster‹ ihren Sitz im Münsterländchen hatten. Diese Benennung der Förster entspricht also aus der Konzener Sicht der Lage ›vor‹ dem Wald. Wenn daher die späteren Grenzbeschreibungen des 16. Jahrhunderts den nördlichen Monschau-Konzener Grenzverlauf ab Roetgen an der Vicht abwärts verlaufen lassen, ist damit der Ausbildung des eigenstaatlichen Klosterterritoriums Rechnung getragen und entspricht so auch dem a.1544 in Kornelimünster aufgeschriebenen Gewohnheitsrecht.[11] Der Walddistrikt um die ›Himmelsleiter‹ (B 258) ist entsprechend auf topographischen Karten bis heute als ›Münsterbusch‹ oder ›Münsterwald‹ bezeichnet. Darin lag begründet, dass der neuzeitliche Einzelhof *Münsterbildchen* am Ende der ›Himmelsleiter‹ trotz seiner Nähe zu Roetgen bis in die jüngste Zeit als Teil des ›Münsterländchens‹ außerhalb des Kreises Monschau lag. Erst in einer Korrektur der kommunalen Neuregelungen von a.1972 wurde er im Jahr 1976 der Gemeinde Roetgen zugeordnet. Das eigentliche ›Münsterbildchen‹, das Wegekreuz an der B 258, dürfte seinem Ursprung nach auf eine (heute versetzte) Grenzmarkierung des Klosterterritoriums zurückgehen.

Die umfangreichsten Veränderungen am Bestand des Forsthofes Konzen gehen auf das Wirken der Limburger Dynasten vom ausgehenden 11./beginnenden 12. Jahrhundert an zurück. Diese Veränderungen sollen nacheinander vorgestellt werden. Als auffälliges Ergebnis ist aus der Rückschau aber festzuhalten, dass die limburgischen Erweiterungen auf längere Sicht weitgehend wieder rückgängig gemacht worden bzw. andere Wege gegangen sind, so dass schließlich das Jülicher Amt wieder in etwa dem ursprünglichen Forstbezirk entsprach.

Der an das Klostergebiet südwestlich anschließende Raum um Raeren muss ebenfalls ursprünglicher Bestandteil des Hofes Konzen gewesen sein. Noch das Monschauer Landrecht von a.1516 bestimmte nämlich, dass zum Vogtgeding (*vaigtgdedincgen*), den regelmäßigen jährlichen Gerichtstagen (vgl. Kap. 10 zum Rechtswesen) zwei Schöffen *van Roide vur den walde* erscheinen und alle bekannt gewordenen strafwürdigen Vergehen anzeigen sollten.[12] Damit war ein Verfahren umschrieben, wie es ganz ähnlich auch für Hetzingen vorgesehen war, das inzwischen in einer gelockerten Verbindung zum Land Monschau stand. Bei Aufzeichnung des Landrechts a.1516 war der Brauch aber offenbar schon eingeschlafen, wie die Schöffen rügten. Wenig später wusste man schließlich mit dieser Nachricht überhaupt nichts mehr anzufangen. Man bezog sie keineswegs auf Raeren; eine Randnotiz des 18. Jahrhunderts zum Schöffenweistum von a.1600 vermerkt dazu nur: *Diß dorff ist vor unvordencklichen jahren verfallen.*[13] Einen ersten Hinweis auf Raeren gibt die Wendung ›vor dem Wald‹ analog den ›Vorförstern‹. Die Wendung bezeugt weiter, dass den heutigen Ortsnamen wie Raeren oder Rohren (b. Höfen) das Verb *roden* zugrunde liegt, wo nach Lautregeln der Mundart das zwischenvokalische <d> ausgefallen ist. Entscheidend aber kommt eine Beobachtung von Reiner Nolden zu den Zehnteinkünften des Aachener Marienstiftes hinzu.[14] Ihm war – ohne den Befund erklären zu können – aufgefallen, dass in Raeren als einzigem Ort des Hofes Walhorn, der wie Konzen zu der Nonenschenkung König Lothars gehört hatte und über den das Stift auch lange Zeit als Grund- und Gerichtsherr verfügte, wider Erwarten erst vom 15. Jahrhundert an der Kirchenzehnt für die Pfarrkirche Walhorn erhoben worden ist und dann auch nicht vom Marienstift selbst eingetrieben wurde. Das ist aber dann nicht weiter verwunderlich, wenn das Gebiet zunächst gar nicht zum Zehntsprengel der Pfarrkirche von Walhorn gerechnet wurde. Es hätte vielmehr in den Bezirk der Konzener Kirche fallen müssen, wäre der Gebietsstreifen mit seinem umfangreichen Wald nicht »rechtzeitig« vom Forsthof Konzen abgetrennt und damit der Gerichtsbank Walhorn im Limburger Herrschaftsgebiet angeschlossen worden. Anders als das benachbarte Neudorf ist Raeren als Siedlung recht spät in den Quellen bezeugt, so dass zu seinen Anfängen nichts Näheres gesagt werden kann. In diesem Rahmen gewinnt jedoch der Hinweis von Viktor Gielen[15] einiges Gewicht, dass ältere Raerener bzw. Neudorfer ihre Nachbarn jeweils als ›auf der anderen Seite‹ bezeichneten. Der Befund korrespondiert mit der Beobachtung, dass das Wissen der Schöffen im Hof Konzen nicht über Tatbestände der Limburger Zeit (12. Jahrhundert) zurückreicht. In denselben Zusammenhang und Zeitrahmen dürfte auch die Nachricht aus dem Landrecht von a.1516 gehören, dass im Venn am »Dreiländereck« bei Roetgen (*genant dat Wrackvenne*), wo das Land Monschau, das Herzogtum Limburg und das Münsterländchen beim heutigen Petergensfeld zusammentrafen, als Grenzmarkierungen ›genagelte Steine‹ zu finden waren (*dae haven vurmaels genegelde steynne up gestanden*). Diese Art der Grenzbezeichnung durch künstliche Markierung auffälliger

Findlinge stellt ein uraltes Rechtssymbol dar, das in späterer Zeit durch Hausteine als Grenzmarkierung ersetzt worden ist.[16] (Zur expansiven Limburger Politik im Hof Walhorn vgl. auch oben Kap. 2.c). Im Venngebiet an der oberen Weser scheinen sich überhaupt verschiedene Interessen und Rechtsansprüche gekreuzt zu haben: Aus der Mitte des 14.Jahrhunderts sind zwei Notizen aus den Aachener Stadtrechnungen erhalten (a.1338 und a.1344),[17] dass die Stadt Zahlungen an den Einsiedler auf dem Reinartzhof für die Instandhaltung des Weges und Reparaturen an der Weserbrücke am vielbenutzen Pilgerweg von Aachen nach Trier geleistet hat. Das erneuerte Landrecht bestimmte noch a.1516, dass die Aachener für die Weserbrücke zuständig seien. Bei den Wegebeschreibungen des Amtes a.1649 aber beklagten die Amtsbewohner, dass diese wichtige Brücke zerstört sei. *Protestiren, daß die schuldigen* [d.h. zur Instandhaltung Verpflichteten] *darzu angehalten, daß solche brugck wieder auffgerichtet werde.*[18] Zu dieser Zeit aber hatte die Stadt Aachen in dieser Gegend schon lange keine Befugnisse mehr. Stattdessen gehörte dieses Gebiet schon längst zum limburgischen Verfügungsbereich, während eine Grenzbeschreibung der Zeit von 1367–1386 zwischen dem Territorium der Stadt Aachen und der Bank Walhorn im Herzogtum die älteren Verhältnisse noch kennt.[19]

Ein nach Nordosten vom Forsthof Konzen in das Gebiet der karolingischen Königshöfe Eschweiler, Derichsweiler und Düren gerichteter Ausgriff des Hauses Limburg ist von der Monschauer Geschichtsschreibung ganz unbeachtet geblieben. Das dürfte eine Folge davon sein, dass dieser Limburger Versuch zum Aufbau einer Herrschaftszone vom Waldgebiet des Mittelgebirges aus in die Ebene hinein auf längere Sicht ohne Folgen geblieben ist. Die meisten Bestandteile des Komplexes sind nach und nach an Jülich gefallen.[20] Daher stehen auch die wenigen Quellenzeugnisse, die auf das Unternehmen gedeutet werden können, recht isoliert da und waren leicht zu übersehen. Allerdings hat der durch die Forstverwaltung begründete ursprüngliche Grenzverlauf im Nordosten des Hofes Konzen dadurch keine Änderung erfahren; für die Annahme einer denkbaren Ausweitung des Forsthofes Konzen bis über die Wehe hinaus gibt es keinerlei Hinweise. Die Nachrichten fügen sich aber in das Bild der generellen Expansionspolitik der Limburger ein. Der hier gemeinte Vorstoß ist verbunden mit den Namen des Prämonstratenserinnen-Konvents in Wenau (bei Langerwehe) und den Burgen Laufenburg, Nothberg und Frenz (bei Eschweiler). Ein erstes sicheres Zeugnis für einen Konvent in Wenau ist mit einer Urkunde von a.1183 gegeben, mit der Herzog Heinrich III. von Limburg Grundstücke der Kirchen von Geuenich und Konzendorf aus seinem Eigentum den Kirchen von Reichenstein und Wenau übertrug; außerdem gab er Land der Kirche von Langerwehe als Schenkung an Wenau.[21] Zu dieser Zeit war dieser Raum also limburgisches Herrschaftsgebiet. Ansonsten ist die

Nachrichtenlage über die Anfänge des Klosters Wenau ähnlich dürftig und gestört wie auch für Reichenstein. Traditionell wird seine Einrichtung mit Herzog Walram Paganus, dem Begründer von Kloster Reichenstein, in Verbindung gebracht.[22] Wie in Reichenstein lebten in den ersten Jahren nach der Gründung auch im Wenauer Konvent Männer und Frauen. Dass die Gründung jedenfalls weit vor das Zeugnis von a.1183 zurückreicht, belegt ein dendrochronologisch auf das Jahr 1120 (Fällungsjahr) datierter Balken der Gewölbetonne der Kirche.[23] Nicht weit vom Kloster entstand die Burg Laufenburg (*Louvenberg/ Lovenberg;* Wiederherrichtung der Ruine im Geschmack der Burgenromantik des 19. Jahrhunderts). Die Inhaber der Laufenburg waren limburgische Lehnsträger.[24] Als weiterer bedeutender Stützpunkt hat im gleichen Zusammenhang die Burg Nothberg zu gelten. Das früheste Zeugnis der Burg erscheint zwar recht spät a.1317,[25] doch weist die Umschrift des örtlichen Schöffensiegels auf einen Limburger Burggründer: *S[igillum] SCABINORVM DE BERGIS WALRAMI* ›Siegel der Schöffen von Walramsberg‹.[26] Das wird einer der Limburger Walrame gewesen sein, am ehesten Herzog Walram Paganus. Ein »Nachklang« dieser limburgisch grundgelegten Verhältnisse in diesem Raum zeigt sich noch in der Valkenburger Zeit, als mit besagter Urkunde von a.1317 Reinald von Valkenburg-Monschau mit seiner Frau Maria von Boutershem unter Zustimmung des Kölner Erzbischofs Heinrich von Virneburg den Patronat der Pfarrkirche von Nothberg den Prämonstratenserinnen von Wenau schenkte. Reinald und Maria sind wie auch weitere Valkenburger Familienmitglieder im Totenbuch des Stiftes verzeichnet.[27] Auch die beiden Herren von Monschau mit Namen Walram sind dort eingeschrieben und in das dortige Totengedenken einbezogen. Da die Burg Nothberg sich auch in der Aufzählung der limburgischen Lehen findet, die Dietrich IV. im Jahr 1334 von Herzog Johann III. von Brabant erhielt (… *dat huys te Berghe* …), kann als sicher angenommen werden, dass bis in die Valkenburger Zeit die Herrschaft dieses Raumes als »Appendix« der Herrschaft Monschau geführt worden ist.

Anders als die etwas unbestimmte Begrenzung im Norden und Nordosten ist die Rur als ursprüngliche Ostgrenze des Forsthofes Konzen bis in die spätere Zeit klar zu erkennen. Das früheste (indirekte) Zeugnis dafür ist die Umschreibung eines Wildbanns, den König Heinrich IV. im Jahr 1069 dem Erzbischof Anno II. und der Kölner Kirche übertrug.[28] Dessen Begrenzung gegen Westen ging von der Einmündung des Heimbachs (*Heingebahc*) in die Rur weiter ruraufwärts bis zur Einmündung der Erkensruhr (*usque in Orcvntrvram*) und dieser entlang bergauf zur alten Römerstraße auf dem Höhenrücken (*usque ad plateam*), die zwischen Zülpich und St.Vith verlief. Seit jeher rügten dann aber die Schöffen des Monschauer Gerichts (z.B. im Landrecht a.1516), dass – zusammen mit dem Wald Wisserscheid (bei Vossenack) – auch im Raum um die

Burg Heimbach Landesteile links der Rur dem Hof Konzen entfremdet worden seien, nämlich die Distrikte Lindheld und Michelberg/Meuchelberg. Seitdem verlief gemäß den Begehungen die Grenze von der Rur bei Hetzingen am Schlierbach und Kaldenbach aufwärts (*und die bach uf bis an Daniels Wier... uff bis auf die Zulcher Straißen an dem Runden Baum*), und von dort abwärts am Lützelbach wieder zur Rur. Der *Runde Baum* der Quelle von a.1549 auf dem Scheitelpunkt heißt wenig später a.1569 *Scheidtbaum* wie noch heute. Wenn auch die so abgegrenzten Distrikte westlich der Rur schließlich dauerhaft in den Jülicher Machtbereich geraten sind (Teile der Ämter Nideggen bzw. Heimbach), so zeigt doch der Amtssitz eines Konzener Försters mitsamt Forsthufe in Blens, wie es das Abkommen von Kornelimünster a.1238 forderte (s.o.), und dessen spätere Bezeichnung a.1549 als ›Vorförster‹, dass der Forstbezirk Konzen ursprünglich ganz bis zur Rur gereicht hat. Als eine ferne Erinnerung an die alte Verbindung von Blens mit dem Hof Konzen klingt im späteren Blenser Weistum[29] noch an, dass den Lehnsleuten des Hofes nicht allein eine Reihe von Nutzungsrechten auf *dem Reichswalde zwischen der Ruyren und der Kallen* zusteht, sondern dass ihr Weidgang *uf gem. walde bis ghenn Semeroth* reicht. Die Wendung ›zwischen Rur und Kall‹ greift eine Formulierung auf, die auch im Försterweistum a.1342 auftaucht (*tusghen Calle ind die Rure*) und seitdem immer wieder vorkommt. Sie zeigt an, dass das damit umschriebene Gebiet um Hetzingen[30] in einer gelockerten Verbindung zum Forst- und Gerichtsbezirk stand, auch wenn der Grenzverlauf an der Rur selbst nicht fraglich war. Ohne dass über den Weg zu dieser »Zwischenstellung« mangels Quellenzeugnissen Näheres etwas gesagt werden kann, ist nicht zu verkennen, dass der östliche Rand des Forsthofes Konzen wie auch der Burgherrschaft Monschau nicht im Blick des Zentrums gestanden haben wird. Umgekehrt lag der Raum in unmittelbarer Umgebung der Jülicher Burgen Nideggen und Heimbach, und im gleichen Raum waren auch andere, ältere Abgrenzungen zusammengetroffen.[31] Daher ist davon auszugehen, dass dieses Gebiet von Osten her und ruraufwärts und nicht vom Konzen-Monschauer Zentrum her erschlossen worden ist. In jedem Fall ist zu berücksichtigen, dass mit der Entstehung von Herrschaftsbezirken um Burgen, andere Grenzziehungen gegenüber den älteren Forstbezirken hinzutraten und die Geltungsbereiche von Forstrecht und Herrschaft an den Rändern auseinandertreten konnten.

Weiter ruraufwärts von Heimbach, wo die Rur von der Einmündung der Erkensruhr an einen stärker südwestlich gewendeten Verlauf nimmt, ist von der Konzen-Monschauer Seite her ein Überschreiten der Rurgrenze in das Gebiet zu beobachten, das im späteren Mittelalter die Bezeichnung ›Land Überruhr‹ trug und das schließlich zur Herrschaft Schleiden gehörte. Dieser Ausgriff muss im Zusammenhang mit den Rodungsaktivitäten der Limburger

Dynasten gesehen werden. Aus dem Jahr 1166 ist ein Vergleich zwischen dem Marienstift Aachen und dem Kloster Steinfeld über den Rodungszehnten beim Walberhof in Überruhr bekannt geworden, den das Stift aufgrund seines Besitzes der Kirche Konzen beanspruchte.[32] Zu diesem Zeitpunkt limburgischer Herrschaft im Hof Konzen galt noch unbestritten, dass der Konzener Kirche Zehnteinkünfte aus dem gesamten Forstbezirk zukamen, wie a.1265 noch beim näher behandelten Pachtvertrag Walrams II. mit dem Marienstift belegt ist (Kap. 3.c).[33] Die Rodung um den Walberhof war von einem Mönch Geldulf in Gang gesetzt worden, wie sich aus der Urkunde von a.1145 ergibt, mit der König Konrad III. die Rodung dem Kloster Steinfeld schenkte (a. 1162 bestätigt durch Kaiser Friedrich I. Barbarossa).[34] Die Hinweise auf eine Beteiligung des Hauses Limburg finden sich nur versteckt: Zusammen mit der Schenkung nämlich verbot der König weitere Rodung im fraglichen Gebiet. Unter den am Vorgang Beteiligten ist ausdrücklich Heinrich II. von Limburg genannt; hier mit Grafentitel, weil die Limburger noch längere Zeit von königlicher Seite nicht als Herzöge anerkannt waren. Der Name der Rodung (*qui locus a vicinis vocatus est Walebure* ›ein Ort, der von den Nachbarn ›Walebure‹ genannt wird‹) verweist darauf, dass wallonische Siedler am Werk gewesen waren. Diese Bezeichnung ist aus ahd. *būr* ›Haus, Siedlung‹ und *wal(a)h* ›Romane, Welscher‹ zusammengesetzt und in der jüngeren Lautgestalt *Walber-* der Ähnlichkeit wegen mit dem Namen einer hl. Walburgis in Verbindung gebracht worden. Nun sind zwar mehrere Heilige dieses Namens bekannt und eine Kapelle am Ort hat es schließlich auch gegeben, doch zum Patrozinium lässt sich nach der bisherigen Quellenlage nichts sagen.[35] Eine fromme Legende zählt diese Kapelle gar zu den frühesten Kirchen der Umgegend und will ihre Weihe Papst Leo III. (795–816) zuschreiben. Die romanischen Siedler werden aus den entsprechenden Gebieten der zweisprachigen Limburger Herrschaft gekommen sein. Das Rodungsverbot ist aber offenbar nicht befolgt worden. Gemäß einer Nachricht von a.1265 haben Walram II. von Monschau und seine Frau Jutta von Ravensberg dem Kloster Steinfeld einen jährlichen Zins von ihrem Hof Morsbach (nahe Walberhof) bestätigt.[36] Die insgesamt dort entstandenen Siedlungen um den Hauptort Wollseifen bildeten laut der Amtserkundigung von a.1549 ein eigenes Gericht, das dem Gericht Monschau als Appellationsinstanz untergeordnet war (*Das dorff Wolffsyffen ist gehörig mit seiner urteilfart an das hohegericht zu Monjoie als an jr oberheupt*). Die Verbindung mit der Herrschaft Monschau bestand noch, als Reinhard I. von Schönforst sie a.1361 im Tausch gegen seine Pfandschaft Kaster von Herzog Wilhelm II. von Jülich erwarb.[37] Als es aber nach der endgültigen Schönforster Erbregelung von a.1376 zu einem heftigen Erbstreit in der Familie kam, schlichtete a.1379 Herzog Wenzel von Luxemburg und Brabant abschließend in einem Schiedsspruch dahin, dass der alte Kern der Herrschaft um die Burg Monschau an Johann I., Burggrafen von Monschau, das Land Überruhr aber an Mechthild von Schönforst und ihren Ehemann Peter von Kronenburg fallen sollte.[38] In der Folge davon ist auf längere Sicht das Land Überruhr aus der Verbindung mit Monschau wieder ausgeschieden. Johann von Schönforst aber beeilte sich zu bekunden, dass das Waldrecht in diesem Gebiet davon ausgenommen sei und ihm zukomme.[39] Daraus ergab sich in der Folgezeit, dass der Forstbezirk der ›Überrurischen Hut‹ des Forsthofes Konzen auf weite Strecken nicht (mehr) mit dem Monschauer Herrschaftsgebiet zusammenfiel, was zu langdauernden Streitigkeiten unter den Schönforster Rechtsnachfolgern führte. Soweit sie über den hier gewählten Zeitrahmen hinausreichen, können sie übergangen werden. Auf den Kern des Konfliktes, der sich schon in der Grenzfeststellung von a.1569 abzeichnet, dass nämlich Geltungsbereiche eigenen Rechts, das eine territorialstaatliche Grenze übergreift, nicht mehr verstanden und geduldet wurden, ist im Schlussabschnitt näher einzugehen.

Eine noch weiter ausgreifende Ausdehnung als mit dem Raum Überruhr erfuhr der Forstbezirk um Konzen in der Limburger Zeit im Süden durch Einbeziehung des Hofes Bütgenbach. Die alte Südgrenze des Hofes Konzen ist zwar nirgends ausdrücklich bezeugt, sie dürfte aber südlich der Rur auf der Strecke zwischen Einruhr/Pleushütte und Reichenstein wahrscheinlich im Verlauf der alten Römerstraße von Zülpich über St. Vith in die Ardennen und weiter nach Reims zu suchen sein.[40] Vielleicht galt auch der gesamte Waldgürtel zwischen beiden Linien als Grenzsaum. Jedenfalls ist Bütgenbach aber mit großer Wahrscheinlichkeit als ursprünglicher Bestandteil des Hofes Konzen auszuschließen. Dafür sprechen zum einen seine Nähe zum Königshof Büllingen als dem älteren Zentralort (auch wenn die genannte Straße wohl zwischen Bütgenbach und Büllingen verlaufen ist und beide Orte nicht auf derselben Straßenseite lagen), zum anderen die Beobachtung, dass die Kirchen in Büllingen und Bütgenbach vom Kloster Malmedy aus begründet worden sind und dorthin zehntpflichtig waren,[41] Konzen also »aus dem Spiel« war. Zum Jahr 1214 aber ist der Hof Bütgenbach zweifelsfrei in der Hand Walrams von Limburg-Monschau, des Erbauers der Burg und späteren Herzogs von Limburg (als Walram III., 1221–1226) bezeugt, und von a.1237 stammt eine erste Nachricht einer limburgischen Burg in Bütgenbach.[42] Die Burg ist heute bis auf einige Mauerreste vom Erdboden verschwunden. Sie hat auf dem Höhenrücken links der Warche unweit der Sperrmauer des Staubeckens von Bütgenbach gelegen (vgl. Abb. 7). Es war also nur konsequent, wenn die Limburger Dynasten die Ausübung des Waldrechts auch auf diesen Raum ausgedehnt haben, so dass laut der Vereinbarung von Kornelimünster a.1238 das Konzener Förstergericht Termine auch in Bütgenbach wahrnahm und dem jetzt zuständigen Jülicher Waldgrafen die

Sorge um Wasserrechte an der Warche übertragen wurde (vgl. Kap. 4.c). Wie im Fall Überruhr ist die Verbindung mit Monschau verloren gegangen, hier allerdings schon als Folge des Valkenburger Erbfolgestreites. Zur Zeit der ersten Jülicher Erwerbsaktion zum Valkenburger Erbe hatte Herzog Wilhelm I. noch einen Amtmann für Bütgenbach ernannt, der a.1357 in einer Zeugenliste auftaucht (*Johann Rumbel, amtman zu Boitgenbach inde zu Drimburne*).[43] Über sein Wirken dort ist aber weiter nichts bekannt geworden, denn die Jülicher Anwesenheit in Bütgenbach ist nur eine kurze Episode geblieben, wie unten dargestellt. Anders als in den Verlustfällen von Wisserscheid, Lindheld und Meuchelberg, dann auch zu Raeren und Überruhr, sind bezüglich Bütgenbach jedoch nie Proteste der Monschauer Schöffen beim Vogtgeding laut geworden. Das spricht dafür, dass Burg und Hof Bütgenbach nicht ursprüngliche Bestandteile des Forsthofes Konzen und danach des Gerichts Monschau gewesen sind. Dagegen rügten die Monschauer Schöffen noch a.1600 bezüglich des Gerichts Wollseifen:[44] *solche appellation gehoret an daß hohe gericht Monioie. Und wannehe solcheß nicht beschicht, daß fragt der scheffen heut diesen tag unnd alßlang mein gnädiger herr heischt davon uffhoren.* Entsprechend erscheinen in den Urkunden des Valkenburger Erbstreites Burg und Herrschaft Bütgenbach immer getrennt als eigene Rechtstitel neben Monschau. Mit der Neuorientierung der Jülicher Politik von a.1361 an mit der Tauschaktion Kaster – Monschau und der Installation Reinhards von Schönforst in Monschau waren auch die Bestrebungen aufgegeben, Burg und Herrschaft Bütgenbach dauerhaft für Jülich zu gewinnen, wie sie zunächst noch von Herzog Wilhelm I. betrieben wurden. Vielmehr kamen dort die Grafen von Sponheim bzw. Vianden zum Zuge.[45] Die Sponheimer hatten zwar einen verwandtschaftlichen Bezug zum Haus Valkenburg – Walrams des Roten Tochter Elisabeth war mit Graf Simon von Sponheim († 1336/37) verheiratet gewesen (vgl. Kap. 5.b) – ein unmittelbarer Rechtsgrund für Ansprüche im Valkenburger Erbstreit war daraus aber nicht herzuleiten. Doch scheint die Mitgift der Valkenburgerin nicht oder nur unvollständig an das Haus Sponheim gekommen zu sein, wie Zahlungen kleinerer Beträge der Valkenburger Seite bis in die 1320er Jahre nahelegen.[46] Der Sohn Walram des Paares Simon von Sponheim/Elisabeth von Valkenburg-Monschau war durch Heirat (a.1348) mit der Viandener Erbtochter Maria auch Graf von Vianden und sah in den nahegelegenen Herrschaften St.Vith und Bütgenbach eine günstige Gelegenheit, sich für den bisher entgangenen Gewinn schadlos zu halten. Er schloss sich daher der Fehde um Valkenburg an, die sein Vetter Walram von Born (aus einer Valkenburger Seitenlinie) gegen den Herzog von Jülich als neuen Herrn von Valkenburg führte. Schon im Frühjahr 1357 ist der Sponheimer im Besitz von St. Vith bezeugt. Im Zusammenhang des Jülicher Interesses an Bütgenbach (als limburgisches Lehen) fällt der Name St.Vith dagegen nicht. Die ursprünglich limburgischen Rechte dort hatte Walrams I. von Monschau Witwe Elisabeth a.1254 ihrem Halbbruder Heinrich (dem Blonden) von Luxemburg von Luxemburg überlassen (vgl. Kap. 4.d). Dadurch war ihr Neffe Walram (der Rote) von Valkenburg-Monschau a.1271 luxemburgischer Lehnsmann für St. Vith geworden (vgl. Kap. 5.a). Der Sponheimer hatte nun in der Folgezeit auch die Burg Bütgenbach in seine Gewalt gebracht, indem er den Jülicher Ritter Emond von Engelsdorf, der bislang im Jülicher Interesse tätig gewesen war, als Lehnsmann gewann und gegen eine Rentenzahlung dazu brachte, ihm die Burg auszuliefern.[47] Doch inzwischen hatte sich Herzog Wenzel von Luxemburg und Limburg/Brabant als Lehnsherr der beiden Herrschaften und Interessent am Valkenburger Gesamterbe in den Streit eingeschaltet, so dass Walram darüber in Gegnerschaft zu Herzog Wenzel geriet. Durch andere missglückte Aktionen kam er in eine zunehmend schwächere Position. Die Lage kehrte sich jedoch um, als Wenzel 1371 die Schlacht von Baesweiler verlor und in Gefangenschaft geriet, die Sponheimer (Graf Walram und sein Sohn Simon von Vianden) aber auf Seiten Wenzels gekämpft hatten. Schließlich einigten sich die Parteien im November 1379, einen endgültigen Entscheid dem Luxemburger Rittergericht zu übertragen. Das entschied in mehreren Sprüchen im Spätherbst 1380 dahin, dass Herzog Wenzel rechtmäßig durch Kauf in das Valkenburger Erbe eingetreten sei, die Sponheimer aber in den seit den 1350er Jahren faktisch eingenommenen Herrschaften St. Vith und Bütgenbach bleiben sollten.[48] Gemäß der Amtserkundigung von a.1549 bezogen die Konzener Förster zwar noch einzelne Leistungen aus Bütgenbach und Wirtzfeld, spätere Nachrichten darüber aber werden zunehmend spärlicher. Auf lange Sicht ist zuletzt der Geltungsbereich der Forstrechte von der Südausdehnung der frühen Limburger Zeit zurückgenommen worden und mit den Grenzen des Jülicher Herrschaftsraumes zusammen gefallen.

Als Ergebnis von Veränderungen des Herrschaftsbezirks durch die Jahrhunderte um den Forsthof Konzen und danach um die Burg Monschau bleiben zwei Punkte festzuhalten: Zum einen sind alle Erweiterungen, die vornehmlich auf das Wirken von Dynasten aus dem Hause Limburg zurückgingen, bis zur endgültigen Durchsetzung der Jülicher Herrschaft wieder aufgegeben bzw. in andere Zusammenhänge geraten, so dass schließlich der Umfang des karolingischen Forsthofes im wesentlichen wieder erreicht worden ist. Zum anderen wird eine bemerkenswerte Folge des andauernden Fortschreitens zu festeren Strukturen neuzeitlicher Staatlichkeit sichtbar. Das Verständnis von Grenzen hatte sich im Laufe der Zeit gewandelt. Wie die Beispiele der Vorförster und der Vereinbarung zum Forstrecht von a.1238 (vgl. Kap. 4) zeigen, stellte das Forstrecht und sein jeweiliger Geltungsbereich eine eigene Größe dar gegenüber den Rechten, die unmittelbar mit eigenem Geltungsbereich aus der Herrschaft flossen, wie beispielsweise der Bezirk des Schöffengerichts. Beide Rechtskreise bildeten nur teilweise eine einheitliche Geltungszone, wie sich immer wieder in Einzelfällen erweist.[49] So kann man die Überschrift zur Grenzbeschreibung von a.1549 als einen Hinweis darauf verstehen, wenn sie ausdrücklich von den *grenitzen des ambts Monjoie und des walts geleide* spricht, also zwei Einheiten unterscheidet. Nach dieser Amtserkundigung bezogen die (Konzen)-Monschauer Förster beachtliche Einkünfte an Weidegeld und Naturalien (Getreide, Käse und Wein) aus angrenzenden Dörfern des Münsterländchens (Schmidthof, Friesenrath, Venwegen, Breinig), Dörfern und Einzelhöfen der Ämter Nideggen und Heimbach (Bergstein, Brandenberg, Kallerbend, Abenden, Eschauel u.a.) und selbst noch vom Walberhof, vom Haus Dreiborn und einzeln deklarierten Höfen oder Grundstücken in Bütgenbach und Wirtzfeld außerhalb des Amtes.

Die Grenzbegehung von a.1569 nun ist aus dem Grunde erwähnenswert, weil sie abschnittsweise die Zuordnung der passierten Strecken anführt (jeweils zur linken Hand, weil die Begehung im Uhrzeigersinn erfolgte). Da ging der Weg der Begehungskommission von der Rur bei Paulushof die Urft aufwärts (damals unter dem Namen *Ollof* ›Olef‹), dann rechts abbiegend *die Laeßbach auff biß auff zue Moirßbach mitten in daß dorpff* und weiter durch Dreiborn hindurch, *wie der weg recht auf den Grevenborn gaedt.* Von diesem Wegstück ist gesagt. *Grentzet ahn einer seiten an die herrlicheitt Schleyden und die andersseith an Drimbornseith*, so dass an beiden Seiten des Grenzweges »Ausland« lag, nämlich das frühere Land ›Überruhr‹ mit Hauptort Wollseifen (jetzt zu Schleiden) und der nördliche Streifen der Unterherrschaft Dreiborn. Nach dieser Beschreibung ragte der Forstbezirk also in fremde Herrschaftsgebiete hinein. Von dem Gebietsstreifen vom *Grevenborn* über *Romerßbroch* bis zum *Vehebach* (heute ›Viehbach‹) stellte die Kommission fest, dass dem Herzog von Jülich als Waldgraf *alle hocheit unnd gerechtigkeit auff den gemeinden – busch und lanndt – zuerkant wirdt unnd auff dem erb nicht. Aber man wirdt berichtet, daß jn diesem m[einem] g[nädigen] f[ürsten] unnd herren grosen nachtheil von den Schleidenschen unnd Drimbornschen underthanen beschuchtt, nemblich daß man wildt- unnd buschlandt gesehen hat, aber nun vor erb gerechnet wirdt.* Damit ist gleichzeitig unter Hinweis auf das alte Roderecht im Wald eine Erklärung mitgeliefert: die Rodung machte aus dem fürstlichen Gemeinland (Wald und offenes Land) Erbe, d.h. eigentumsartiges Privatland. Der Jülicher Waldherr war durch die Rodetätigkeit der Schleidener und Dreiborner Untertanen »enteignet« worden. Schon seit a.1555/56 hatte die Forstverwaltung umfangreiche Vermessungen in der Oberrurischen Hut angestellt (s. Kap. 9. d), um einen Überblick über die Rodungen der jüngeren Zeit (›seit Menschengedenken‹) zu erhalten und sie womöglich zu regulieren. In den Jahren 1572–74 ist eine ausführliche Erhebung vorgenommen worden, die noch a.1649 in die Bestandsaufnahme des Lagerbuches eingegangen ist.[50] Unter den weit über 100 festgestellten Grundstücksinhabern im Gesamtrevier finden sich nur wenige Bauern aus angrenzenden Dörfern des Amtes wie Höfen, Rohren, Hammer, Dedenborn und Pleushütte, vielmehr kam die weit überwiegende Zahl aus Wollseifen und Dreiborn, dann aber auch aus Herhahn und Berescheid, selbst aus Schönseiffen. Der Vorspann der Aufstellung ist bestimmt durch die Klage, dass der Schleidener Landesherr dort Mai- und Herbstschatz erhob und seinen Untertanen verboten hatte, Jülicher Erbpachtrecht anzuerkennen. Die zuständigen Förster erhielten daher Anweisung, dort ertappte Roder zu pfänden. Über ihre tatsächliche Umsetzung ist aber nichts bekannt geworden.

Bei den jetzt im 16. Jahrhundert weiter vorangeschrittenen »moderneren« territorialstaatlichen Strukturen hat erkennbar das Verständnis für die Gültigkeit derartiger überlappender Rechtsbereiche nachgelassen. Nach heutiger Auffassung kann man die Geltung aller Arten öffentlicher Rechte gebündelt bis zur Grenze eines Hoheitsbereiches erwarten. Die Zeitgenossen zwischen dem 16. und 18. Jahrhundert standen noch »zwischen den Welten«. Solange solche Verhältnisse in ein und demselben Territorialstaat vorkamen wie zwischen den Ämtern Monschau, Nideggen und Heimbach innerhalb des Herzogtums Jülich, konnte man ohne größere Probleme damit umgehen, zumal dann, wenn Nachbardörfer sich in der Regel nicht ins Gehege kamen. Die genannte Aufstellung der 1570er Jahre führt jedoch in einen »zwischenstaatlichen« Konflikt. Ähnliche Fälle hatten sich schon wenig früher gezeigt, als auf dem Boden des ehemaligen Reichsgutes in unmittelbarer Nähe von Aachen Streit um die Waldnutzung aufgekommen war. Das altberechtigte Eilendorf gehörte mittlerweile zum Territorium des Klosters Kornelimünster, die Nachbarn aber zum Aachener Reich. Letztlich setzte sich auch dort eine Grenzziehung nach dem Territorialprinzip durch.[51] Ein ähnlicher Fall hatte sich bei der Verwicklung von Dorfbewohnern am weiter westlich gelegenen Monschauer Grenzsaum in der ›Daverscheider Hut‹ ergeben, nämlich zwischen Kalterherberg und Elsenborn seit den 1660er Jahren. Diese Ereignisse führen zwar über den hier gewählten Zeitrahmen hinaus, sind aber geeignet, die mit »neuen« Grenzbewertungen verbundenen Fragen zu beleuchten.[52] In den hier gemeinten Fällen, die sich in den weiten Venn- und Heidegebieten an der oberen Schwalm abspielten, hatten einmal die Kalterherberger eine Elsenborner Schafherde »gepfändet« und weggetrieben, ein andermal durch »Landraub« von Elsenborn beanspruchte Grundstücke in Beschlag genommen, wie ein ausführliches Zeugenverhör meldet.[53] Nach umständlichen amtlichen Besichtigungen der Situation und Verhandlungen – es handelte sich schließlich um einen jetzt staatlich verstandenen Grenzsaum zwischen den Herzogtümern Jülich (Kalterherberg) und Luxemburg (Elsenborn) – kam es 1791 zu einer »modern« markierten Grenze mit Graben und behauenen Grenzsteinen. Der damit verbundene Verwaltungsaufwand hat sich auch in penibel erstellten Forstkarten niedergeschlagen, die eine genaue Rekonstruktion der Situation erlauben. Die heutige Lage fernab von allem Verkehr im Wald zwischen Rocherath und Kalterherberg erlaubt, den damals festgelegten Verlauf im Gelände anschaulich zu verfolgen.[54] Als besondere Ironie der Geschichte bleibt festzuhalten, dass nur wenige Jahre später, nach dem französischen Einmarsch in das Rheinland 1794, der Aufwand für eine moderne Staatsgrenze hinfällig war, auch wenn eine gewisse Grenzfunktion der Strecke mit der preußischen Einrichtung der Kreise Malmedy und Montjoie erhalten blieb.

Abschließend ist auch für das Forstrevier der ›Überrurischen Hut‹ festzuhalten, dass sich auf die Dauer das modernere Verständnis von Grenze durchgesetzt hat: Nach dem Zeugnis der genannten Forstkarten der 1780er Jahre sind die älteren überlappenden Gebietsstreifen weggefallen. Südgrenze von Forstrevier und Amt Monschau bildeten einen einheitlich-gemeinsamen Verlauf entlang von Rur und Erkensruhr aufwärts und weiter am Mühlenbach talaufwärts über die Höhe von Hollerscheid in südwestlicher Richtung zur weiter im Westen anschließenden Daverscheider Hut.

Anmerkungen

1 Vorangegangen sind E. Neuß: Zum territorialen Bestand und zur Ausbildung der Grenzen des Monschauer Landes, DGB 84 (1997) S. 127–145 und E. Neuß: Umfang und Grenzen des Monschauer Landes, ML 27 (1999) S. 16–30. Das vorliegende Kapitel ist demgegenüber korrigiert, erweitert und präzisiert (s. den Literaturkommentar).

2 H. Pauly: Beiträge zur Geschichte der Stadt Montjoie, Lfg. V, S. 99f.; M. Brixius: Die Grenzen des Kreises Monschau, EHV 19 (1944/47) S. 50–52 [mit falscher Paginierung 46–48] und Neudruck ML 3 (1975) S. 118–120.

3 L. Dohmen: Beträge zur Geschichte des Kreises Monschau, EHV 1 (1925/26) S. 28f.

4 E. Neuß: Historische Raumbildung im St. Vither und im Monschauer Land im Vergleich, in: W. Jenniges (Hg.): Gestalten und Entwicklungen [Festschrift Hubert Jenniges], S. 227–252 und E. Neuß: Sprachraumbildung am Niederrhein und die Franken, in: D. Geuenich (Hg.): Die Franken und die Alemannen bis zur »Schlacht bei Zülpich« (496/97), S. 156–192.

5 Vgl. die Beiträge im Ausstellungskatalog: Land im Mittelpunkt der Mächte. Die Herzogtümer Jülich-Kleve-Berg, Kleve 2. Aufl. 1984.

6 Zur Ausbildung der territorialen Strukturen bes. W. Janssen: Landesherrliche Verwaltung und landständische Vertretung in den niederrheinischen Territorien 1250–1350, AHVNRh 173 (1971) S. 85–122

7 E. Neuß (Hg.): Weistümer Nr. 13 und 17 mit Nachweis der archivalischen Quellen.

8 Zu den Vorgängen bei der Grenzfestlegung s. H. Doepgen: Die Abtrennung des Gebietes von Eupen-Malmedy an Belgien im Jahre 1920, S. 204ff.

9 M. Bär: Die Behördenverfassung der Rheinprovinz, S. 237, 239.

10 E. Neuß (Hg.): Weistümer Nr. 13.
11 Druck bei H. Koch (Hg.): Zweifall. Wald- und Grenzdorf im Vichttal, S. 533–535.
12 E. Neuß (Hg.): Weistümer Nr. 11.
13 E. Neuß (Hg.): Weistümer Nr. 18.
14 R. Nolden, Besitzungen und Einkünfte des Aachener Marienstifts, ZAGV 86/87 (1979/80) S. 247.
15 V. Gielen: Raeren, S. 14f.
16 Vgl. E. Neuß, Zur Datierung des »genagelten Steins« am Wolfsbach, ZVS 38 (2002) S. 47–49.
17 J. Laurent (Hg.): Aachener Stadtrechnungen aus dem 14. Jahrhundert, S. 122 u. 147. Vgl. H. Steinröx: Reinartzhof und Hattlich, S. 17ff.
18 E. Neuß (Hg.): Weistümer Nr. 26.
19 E. Neuß (Hg.): Weistümer Nr. 5.
20 H. Tichelbäcker: Die Laufenburg (Gemeinde Langewehe) und der Limburger Territorialbezirk zwischen Wehe und Wurm, NBJG 9 (1989) S. 37–73.
21 Regest bei H. Candels: Das Prämonstratenserinnenstift Wenau, S. 196.
22 H. Candels (wie vorige Anm.), S. 1–27.
23 E. Kubach – A. Verbeek: Romanische Baukunst an Rhein und Maas, II, S. 1218f.
24 H. Tichelbäcker: Die Laufenburg und der Limburger Territorialbezirk, NBJG 9 (1989) S. 42ff.
25 REK IV Nr. 981, 983, auch RRA II Nr. 222.
26 Zu Details der Geschichte von Nothberg s. vor allem: E. Quadflieg: Zur Geschichte von Nothberg, ZAGV 77 (1985) S. 17–29.
27 E. von Oidtman: Memorienbuch des Klostes Wenau, ZAGV 4 (1882) S. 282, 296 und H. Candels: Das Prämonstratenserinnenstift Wenau, S. 157; weitere Angehörige s. Register.
28 D Heinrich IV. Nr. 222 = RhUB II Nr. 238 = REK I Nr 985; vgl. C. Dasler, Forst und Wildbann im frühen deutschen Reich, S. 125ff.
29 Th. J. Lacomblet: Erkundigung über die Hofesgerichte und Latbänke im Fürstenthume Jülich, AGNRh 3 (1862) S. 344f.
30 Vgl. die Karte bei H. Tichelbäcker: Vom freien Marschallhof, ML 32 (2004) S. 52.
31 Denkbare Ansätze dazu bei H Tichelbäcker: Die Flößerei auf der Rur, ML 35 (2007) S. 40.
32 UB Aachen Nr. 32 und UB Steinfeld Nr. 23; vgl. R. Nolden: Besitzungen und Einkünfte des Aachener Marienstifts, ZAGV 86/87 (1979/80) S. 173.
33 RRA I Nr. 197.
34 D Konrad III Nr. 129 = UB Steinfeld Nr. 13. Bestätigung D Friedrich I Nr. 386 = UB Steinfeld Nr. 18.
35 Zu den Heiligen dieses Namens s. J. Torsy: Lexikon der deutschen Heiligen, Seligen, Ehrwürdigen und Gottseligen, S. 554; zur Kapelle M. Konrads: Walebure, Kreis Euskirchen Jahrbuch 2020, S. 111–113.
36 UB Steinfeld Nr. 124.
37 Vgl. das vorangehende Kapitel; Druck der Urkunde: UB Düren I Nr. 132 = UBNrh III Nr. 621.
38 Urkunde 1379 April 25; Druck: Inventar Arenberg Edingen, II, Nr. 255.
39 Wie vorige Anm., Nr. 257; Urkunde 1379 Mai 13.
40 Dazu zuletzt ein Überblick mit der älteren Literatur von K. Weinand: Die Römerstraße Köln – Reims, ZVS 54 (2018) S. 147f., 180f., 203f,, 229–232, 251–253 mit Kartenskizze S. 231.
41 UB Malmedy I Nr. 152, 153 und 154.
42 UB Malmedy II Nr. 301 = UB Luxbg II Nr. 71 und B. Willems: Landeshoheit und Grundherrschaft im Gebiete der alten Herrschaften Bütgenbach und St.Vith, Folklore 5 (1927) S. 71; E. Neuß: Die alte Verbindung zwischen Bütgenbach und Monschau, ZVS 31 (1995) S. 80ff.
43 UB Düren I Nr. 107.

44 E. Neuß (Hg.): Weistümer Nr. 18.

45 Ausführlich dargestellt bei J. Mötsch: Der Erwerb der Herrschaften St. Vith und Bütgenbach durch die Grafen von Sponheim, JBWLG 19 (1993) S. 255–270 mit ausführlichen Quellennachweisen.

46 Regesten Sponheim I Nr. 159, 306, 396, 420.

47 A. Verkooren: Inventaire Luxemburg, III Nr. 1093bis zu a.1365; vgl. Regesten Sponheim II Nr. 1716 und 1934.

48 J. Mötsch: Der Erwerb, JBWLG (1993) S. 267f. ausführlich mit zugehörigen Quellen; A. Verkooren: Inventaire Luxemburg, III Nr. 1263, 1264.

49 S. auch H. Hinsen: Das Land »Überruhr«, ML 29 (2001) S. 28f.

50 Kopie im Lagerbuch II, fol. 51–58 (StaMON 1. Abt. G 2a).

51 Dazu M. Nikolay-Panter: Würselen zwischen Mittelalter und Neuzeit, In: M. Wensky - F. Kerff (Hg.): Würselen, S. 44ff. und J. Wiesemann: Zur Geschichte des Würselener Waldes: die Grenzen von Reichs- und Atscher Wald, ebd. S. 89–97.

52 Einzelheiten und Nachweise bei E. Neuß: Zwischen Mittelalter und Neuzeit, ZVS 41 (2005) S. 235–239.

53 E. Neuß (Hg.): Weistümer Nr. 30; und zum Folgenden Nr. 32.

54 Einzelheiten und Abbildungen der Forstkarten bei H.G. Lauscher: Das Amt Monjoye samt Deurener Wehrmeisterey, S. 12–24 und öfter; vgl. auch M. Paquet: An den entlegenen Rändern der Herrschaften Montjoie und Bütgenbach, 2004.

8. Das Monschauer Land als Amt im Herzogtum Jülich (1435–1609)

a. Die Sicherung der Herrschaft Monschau für Jülich durch Katharina von Sayn und den Erbmarschall Frambach von Birgel (1435)

Nachdem Johann II. von Schönforst am 1. Februar 1434 in Gefangenschaft auf Schloss Zichem verstorben war, vergab Herzog Philipp von Burgund und Brabant/Limburg noch im Mai desselben Jahres Teile von Johanns Erbe an Jakob von Gaesbeek, den Ehemann der Margarete von Schönforst. Sie war eine Nichte des Verstorbenen, Tochter von Johanns Vetter Konrad II. von Schönforst, Herr von Elsloo.[1] Diese Vergabe betraf die Herrschaften Cranendonk, Diepenbeek und Eindhoven, aber auch Monschau war darunter. Für die erstgenannten blieb die Übertragung in der Folgezeit auch unproblematisch in der Schönforster Heiratsverwandtschaft, da Johann darüber frei verfügen konnte und noch vor seiner Haft bei der Eheberedung des Paares Jakob von Gaesbeek/Margarete von Schönforst im Dezember 1430 diesen Komplex der Nichte mit einigen einschränkenden Vorbehalten als Heiratsgabe zugesprochen hatte.[2] Der Entschluss dazu wird nicht zuletzt daraus verständlich, dass seine Verbindung mit Johanna von Rochefort ohne Nachkommen geblieben war. Außerdem scheint er, wie ein Schreiben von a.1423 andeutet (vgl. Kap. 6.c), gesundheitlich angeschlagen gewesen zu sein. Für die Herrschaft Monschau war die Ausgangslage aber von anderer Art: Herzog Philipp nahm als Rechtsnachfolger des Herzogspaars Wenzel von Luxemburg und Johanna von Brabant/Limburg bei der Belehnung Bezug auf den Erwerb des Valkenburger Erbes in den 1360er Jahren, als Reinhard I. von Schönforst bis zu einer Ablösung der Jülicher Pfandverpflichtungen durch beide befristet in Monschau belassen worden war (Kap 6.b). Dabei blieb allerdings unberücksichtigt, dass sich die realen Verhältnisse in der Folge der Schlacht von Baesweiler 1371 grundlegend verändert hatten. Zu einer Inbesitznahme von Monschau durch Jakob von Gaesbeek ist es dann auch nie gekommen. Vielmehr begann ein langjähriger Streit um Monschau mit einer Reihe von Prozessen, zum einen von Mitgliedern der Familie Schönforst untereinander, zum anderen aber – ausgelöst durch den späteren Streit mit dem Pfandverwalter Thonis von Palant – von Seiten Burgunds bzw. Brabant/Limburgs gegen den Herzog von Jülich. Erst in der Folge des Friedens von Venlo (7. September 1543), den Kaiser Karl V. als Rechtsnachfolger der Herzöge von Burgund, Brabant und Limburg und Sieger im Krieg um Geldern dem unterlegenen Herzog

Wilhelm V. von Jülich-Kleve-Berg diktierte, kam dieser Streit mit Anerkennung der brabant-/limburgischen Lehnshoheit für Monschau (*tlant, stadt ende heerlicheyt van Montjoye met allen synen toehehoirten nae uytwisen van den ouden registeren ende leenboeken van Brabant* … ›Land, Stadt und Herrschaft Monschau mit allem Zubehör nach Ausweis der alten Register und Lehnbücher von Brabant‹) an ein juristisches Ende (2. Januar 1544).[3] Tatsächlich ging die Lehnsrührigkeit der Herrschaft Monschau von Limburg aber bis in die Tage Walrams des Roten 1269/70 zurück, als er seine Tante Jutta von Ravensberg aus der Herrschaft verdrängte. Doch muss offen bleiben, ob und evtl. wie lange noch Wissen darüber bestanden hat. Die einzelnen Stationen des jüngsten Streits müssen hier nicht alle ausgebreitet werden, da sie für das Monschauer Land letztlich keine Veränderungen mehr brachten. Das gilt vor allem für die Prozesse in der Gaesbeek/Schönforster Verwandtschaft.[4] In den Verwicklungen aber der Herzöge von Jülich mit Burgund/Brabant/Limburg seit der Jahrhundertmitte um Thonis von Palant als Pfandinhaber in Monschau muss die Sache noch einmal aufgegriffen werden.

Wie schon im Valkenburger Erbstreit erwies sich auch beim Nachlass des Schönforsters, dass Rechtstitel und auch verfügbare Geldmengen allein den tatsächlichen Verlauf der Dinge nicht abschließend zur Entscheidung brachten, sondern dass schließlich die real verfügbaren politisch-militärischen Machtmittel in Verbindung mit der nicht veränderbaren geographischen Lage der umstrittenen Herrschaften den Ausschlag gaben. Reinhard I. von Schönforst hatte aus einer solchen nüchternen Einschätzung heraus seinerzeit bezüglich des Valkenburger Gesamterbes dem Herzog von Jülich »den Vortritt gelassen«. In der nun anstehenden Entscheidung um Monschau hatte der Ritter Frambach von Birgel, Erbmarschall des Herzogs von Jülich, zunächst einmal »die besseren Karten« gegenüber Herzog Philipp dem Guten. Zwar verfügte der Burgunder zweifellos über die notwendigen militärischen Mittel, wie sich an seinen militärischen Unternehmen und weitgespannten Interessen seiner Herrschaftszeit zum Ausbau des burgundischen Staates zeigt, doch dürfte ihm eine Militäraktion um eine entlegene Herrschaft mit ihren nur bescheidenen Erträgen bei seinen sonstigen politischen Zielen nicht lohnend erschienen sein. Anders dagegen stellte sich die Sache für den Ritter Frambach von Birgel dar. Die Ritter von Birgel sind seit a.1269 als Marschälle der Grafen/Herzöge (seit 1356) von Jülich bezeugt, nachdem sich auch die größeren Dynasten nach dem königlichen Vorbild mit den üblichen Hofämtern (Truchsess, Marschall, Mundschenk, Kämmerer) umgeben hatten.[5] Schon bei dem Ämtertausch Kaster gegen Monschau von a.1361 (vgl. Kap. 6.b) findet sich ein Erbmarschall Frambach von Birgel unter den Zeugen und Mitsieglern Herzog Wilhelms II. von Jülich. Das kann aber schwerlich derselbe Frambach gewesen sein, der im Jahr 1435 die Herrschaft Monschau an Herzog Adolf von Jülich-Berg auslieferte. Ohne dass spezielle genealogische Untersuchungen vorliegen, ist an der zeitlichen Abfolge der Jülicher Erbmarschälle in den Urkunden zu erkennen, dass mit überraschend hoher Regelmäßigkeit in der Familie von Birgel die Namen (Winemar) Frambach und (Engelbrecht) Nijt für die erstgeborenen (und damit im Amt nachfolgenden) Söhne im Wechsel aufeinander folgten. Der Frambach von Birgel der im Folgenden behandelten Ereignisse muss demnach der Enkel des Zeugen von a.1361 gewesen sein. Die Herren von Birgel besaßen unweit von ihrem Stammsitz Birgel auf den nahen Eifelhöhen des Forsthofes Konzen, im Waldgeleit der Herrschaft Monschau, den bevorrechteten Hof Vossenack,[6] der bei der gleichnamigen Siedlung errichtet war. Ob Dorfsiedlung und Marschallhof beide zu etwa gleicher Zeit oder womöglich nacheinander entstanden sind, steht in Ermangelung von Nachrichten dahin. Die Lage des Dorfes südlich vom Bosselbach grenzte unmittelbar an den Walddistrikt *Wissirscheit* (heute *Wittscheid,* weitgehend gerodet), der vor a.1219 von Walram von Limburg-Monschau zugunsten des Jülicher Waldgrafen abgetreten worden war (vgl. Kap. 4.c). Die Hofgründung wird aber durchaus vor die Ereignisse von a.1435 zurückgehen; einige Hinweise sprechen für schon längere Aktivitäten der Herren von Birgel im Monschauer Land überhaupt. In einem undatierten Schreiben des älteren Frambach an die Stadt Aachen, das wegen der Amtszeiten des angesprochenen Bürgermeisters von der Linden in die Jahre zwischen a.1383 und a.1391 gehört, ist von einem Knecht der Birgels mit Namen Gerhard von Vossenack (*van Woysenacke*) die Rede; und in einem anderen – vielleicht etwas früheren – hatte der Erbmarschall sich ein Antwortschreiben nach Monschau erbeten.[7] Zum Jahr 1377 ist weiter belegt, dass er von Herzog Wenzel eine auf St. Vith ausgestellte Jahresrente bezog.[8] Der jüngere Frambach, über das Jülicher Erbmarschallamt hinaus auch Lehnsmann des Burgunderherzogs für dessen Besitzungen in den Ardennen, war daher gewiss über die Verhältnisse in Monschau wohlinformiert, als Johann II. von Schönforst ihm mit Zustimmung des Herzogs Philipp Schloss und Land Monschau übertrug (Januar 1433), vielleicht verbunden mit der Erwartung Johanns, dadurch in Freiheit zu kommen. Die Nachricht darüber findet sich in einer späteren ausführlichen Registernotiz der herzoglichen Rechnungskammer.[9] Sie berichtet von der Übertragung durch den Schönforster und vermerkt Frambachs Versprechen, Schloss und Land Monschau an denjenigen auszuliefern, »den der Herzog durch seine Briefe damit beauftragt habe.« Johanns Schwester Katharina von Sayn sprach in einem Schreiben an Herzog Philipp (12. Juli [1434?]) aber davon, dass Frambach die Übertragung erreicht habe *in geloeven* (›gegen das Versprechen/die Zusage‹) der Freilassung ihres Bruders. Demgegenüber klagte die Registernotiz, dass Frambach entgegen allen Vereinbarungen die Herrschaft nicht an den Herzog ausgeliefert habe,[10] was dann in den Prozessen der Folgezeit eine wichtige Rolle spielte. Ob Frambach das Manöver mit Johanns Schwester abgesprochen und Herzog Philipp nach sorgfältigem Plan getäuscht hat, muss offen bleiben. Auffällig ist allerdings, dass das genannte Schreiben Katharinas in Eschweiler ausgefertigt worden ist. Seit a.1403 hatte Frambach das Schultheißenamt (Gerichtsvorsitz) in Eschweiler inne, und aus seinen späteren Abmachungen mit Herzog Adolf von Jülich-Berg geht sein intensives Engagement in Eschweiler hervor. Außerdem berichtet die ausführliche Urkunde vom 4. April 1435, in der die Übertragung an Jülich abschließend geregelt ist, dass schon Johann II. den jüngeren Frambach als seinen Amtmann in Monschau eingesetzt hatte,[11] was Herzog Adolf von Jülich-Berg dann für die Folgezeit bestätigte.

Als Katharina schon Anfang 1435 starb, wurde Frambach von Birgel mit Herzog Adolf von Jülich-Berg nach ausführlichen Verhandlungen handelseinig, die abschließenden Regelungen sind in der genannten Urkunde festgehalten. Danach hatte Katharina letztwillig gegenüber Frambach verfügt, die Herrschaft Monschau mit allem Zubehör an Herzog Adolf als *eyme richten natuyrligen nyesten erffherren* (›als dem rechtmäßigen, natürlichen nächsten Erbherren‹) zu übergeben. Herzog Adolf sprach in der Urkunde von ihr als *unse lieve nychte*. Mit den Ausdrücken ›Nichte‹ und ›Neffe‹ konnten – anders als heute – verschiedenste Grade von Seitenverwandtschaft bezeichnet werden. Hier ist der Ausdruck aber eher als Höflichkeitsformel zu verstehen, mit der die gemeinte Person in ein fiktives Verwandtschaftsverhältnis zum Herzog einbezogen wurde. Vor einer abschließenden Regelung aber waren, den zeittypischen Verhältnissen entsprechend, vordringlich Fragen der bestehenden Verschuldung und Verpfändungen zu klären und festzulegen. Zunächst waren Forderungen des Grafen Ruprecht von Virneburg (*unsme lieven neven*) zu befriedigen, dem Johann noch a.1430 den sechsten Teil der Monschauer Einkünfte mitsamt dem Rabantzturm verpfändet hatte. Forderungen hatte auch Pauwin von Nettersheim (*van [N]echtersheym*), Johanns früherer Drost in Monschau – ein weiterer beiläufiger Hinweis darauf, dass die Vergabe solcher Ämter gern mit der Gewährung von Darlehen für den Landesherrn verknüpft war. Diese Schulden hatte Frambach offenbar schon selbst übernommen; sie gingen jetzt auf den Herzog über. Die größte Schuld aber bestand aus der Summe von 10.000 Alten Schilden, die Frambach von Katharina übernommen hatte. Für diese »Vorleistung« erhielt er nun eine Reihe von Gegenwerten, und zwar über die Amtmannschaft hinaus ein Burglehen mit Turm in Monschau samt den zugehörigen Einkünften (*der thurne eynen, gelegen zo Monjouwen in der vryheit mit alle der gulden ind renthen* ›einen der Türme in der Freiheit Monschau mit allen Einkünften und Renten‹), so dass ihm daraus jährlich mindestens 100 Oberländische Gulden zufließen sollten. Dieser Turm schien auf den ersten Blick dem noch erhaltenen ›Haus zum Turm‹ entsprochen haben,[12] weil seine Lage im Lehnsrevers Frambachs mit dem Hinweis *hinder der eichtersten portzen* (›hinter der Achterpforte‹) angegeben ist.[13] Doch hat sich herausgestellt, dass an diesem Stadtausgang an der Rur noch ein weiterer, später verschwundener Turm anzusetzen ist. Auf jeden Fall aber muss, da zu diesem Zeitpunkt das Pfand des Virneburgers noch nicht ausgelöst war, der in diesem Zusammenhang genannte Rabantzturm an einer anderen Stelle gelegen haben. Dafür kommt am ehesten eine Stelle an der Stadtbrücke (heute ›Richters Eck‹) in Frage. Als weitere Einkünfte zum Burglehen kamen hinzu: die Zusage von Bau- und Brennholz aus dem Monschauer Wald sowie die Eichelmast für 100 Schweine, weiter das halbe Dorf Mechernich (d.h. Einkünfte des Bleibergs) und zu dauerhaftem Besitz das herzogliche Drittel am Kohlberg von Eschweiler, der aber noch aus einer anderen Verpfändung gelöst werden musste. Burglehen und Bergwerksanteil wurden ausdrücklich als Zahlungsleistung für die vorgestreckten 10.000 Alten Schilde erklärt.

Die Übergabe von Burg und Herrschaft Monschau an den Herzog gab dann auch noch die Gelegenheit zu weiteren Geschäften, die Frambach als wichtigen Gläubiger des Herzogs auswiesen. So erhielt er die Möglichkeit, die vom Herzog verpfändete Meierei von Aachen auszulösen, weiter auch Anteile an Nideggen und Zülpich, die Thijs von Heisteren innehatte. Es dauerte jedoch noch kein volles Jahr, bis Frambach mit dem Herzog über einzelne Zahlungsmodalitäten in Streit geriet und als Amtmann abgesetzt wurde. An seine Stelle trat der Vogt und Meier von Aachen Wilhelm von Linzenich, der dafür dem Herzog zusammen mit seiner Ehefrau Agnes (*Nyesgijn*) 3.300 Rheinische Gulden zur Ablösung der herzoglichen Schulden beim Virneburger in bar vorschoss und dafür pfandweise das Amt erhielt (20. Januar 1436).[14] Dem Abzug Frambachs aus Monschau ist ein ausführliches Inventarverzeichnis zu verdanken, das einen aufschlussreichen Einblick in das Leben auf der Burg erlaubt.[15] Frambach hatte sich stark in Monschau engagiert, wie aus der sehr viel später ausgestellten umfangreichen »Abschlussrechnung« (4. Mai 1448) seines Sohnes Engelbrecht Nijt von Birgel mit Herzog Adolfs Nachfolger Gerhard II. von Jülich-Berg hervorgeht.[16] Aus dem voraufgehenden Jahrzehnt hat sich eine Reihe von Quittungen Engelbrechts über kleinere Beträge (jeweils 50 Gulden) erhalten, ausgezahlt vom Monschauer Rentmeister, mit denen Herzog Gerhard II. die früheren Birgelschen Vorleistungen »abstotterte«. Herzog Adolf war bald (14. Juli 1437) nach der abrupten Veränderung in Monschau verstorben. Außer der Bereitstellung von Bewaffneten, Pferden, Geschützen und Pulver sowie Proviant in Monschau hatten langdauernde Reparaturarbeiten an der Burg Kosten verursacht. Ein Leyendecker und zwei Zimmerleute waren für

83 Arbeitstage zu entlohnen gewesen. Offenbar waren Dächer und hölzerne Bauteile wie Türen o.ä. lange Zeit vernachlässigt worden.

Nachfolger Frambachs als Amtmann in Monschau wurde zunächst Wilhelm von Linzenich, Meier zu Aachen. Am Wortlaut der ausführlichen Regelungen seiner Einsetzungsurkunde (1436),[17] wird sichtbar, wie gegenüber dem jetzt über ein halbes Jahrhundert zurückliegenden Tausch der Ämter Kaster/Monschau (a.1361) auf Jülicher Seite die interne Organisation modernisiert worden und der Weg zur Landeshoheit vorangekommen war. Hatte Reinhard I. von Schönforst unter dem Jülicher »Dach« die Herrschaft Monschau auch »nur« als Pfand inne, während der Herzog allein das ›Herr von Monschau‹ im offiziellen Titel führte, so konnte der Schönforster doch recht frei verfügen, wie z.B. die Erbteilung (a.1369) unter den beiden älteren Söhnen zeigt. Sie betraf in gleicher Weise den Pfandbesitz (Monschau, Münstereigen) wie die Eigenherrschaft Schönforst. Unmittelbares Verwaltungshandeln der herzoglichen Seite zur Schönforster Zeit in Monschau ist nicht bekannt geworden, vielmehr wurde a.1361 der Jülicher Amtmann Henrich van Barmen ausdrücklich abgefunden, und die Herren von Schönforst hatten in Monschau ihre eigenen Drosten. Auf tieferer Ebene angesiedelte Verwaltungsämter sind zunächst nirgends erwähnt. Aus der Verlautbarung Johanns I. von a.1379, dass er das Forstamt innehabe (vgl. oben Kap. 6.c) ist allerdings abzuleiten, dass die Forstverwaltung als eine eigene Größe ununterbrochen weiter bestanden hat und erst einmal in Schönforster Hand lag. Weiter fällt auf, dass die Schönforster an der Amtsbezeichnung ›Drost‹ festhielten, die an der traditionellen, im Westen des Reiches üblichen Einrichtung und Benennung der Hofämter anknüpfte, während in Jülich deutlich früher schon die Bezeichnung ›Amtmann‹ in Gebrauch kam, die den Amts- und Auftragscharakter der Tätigkeit stärker in den Vordergrund rückte. Daher heißt es von Wilhelm von Linzenich und seiner Frau *Nyesgen* als Darlehensgeber, dass Herzog Adolf sie *darvur unse amptlude unss sloss, hirlicheit ind alingen landz tzo Moynjauwen ... gesat ind gemacht* (›dafür zu unseren Amtleuten unseres Schlosses, der Herrschaft und des ganzen Landes Monschau eingesetzt und gemacht‹) hat. Das unmittelbar für die Tätigkeit als Amtmann notwendige Personal auf der Burg (*portzener, wechter, thurnknechte, kuyrwechter* ›Pförtner, Wächter, Turmknechte, Ausguck/Späher‹) konnte der Amtmann selbst auswählen; es war auf ihn zu vereidigen. Darüber war er dem Herzog gegenüber keine Rechenschaft schuldig. Weiterverpfändung des Amtes aber war grundsätzlich ausgeschlossen. Aufs ganz gesehen zeigt diese Pfandregelung eine deutlich stärkere Markierung der herzoglichen Oberhoheit und des Amtscharakters gegenüber der älteren des Schönforsters. Dieser Grundzug wiederholte sich acht Jahre später bei der Verpfändung an Johann von Palant. Über die Zeit der Amtmannschaft des Wilhelm von Linzenich ist ansonsten

Genaueres nicht zu erkennen. Es sieht aber danach aus, dass die unteren herzoglichen Beamten in den wichtigsten Aufgaben tätig waren. So ist etwa kurz nach Wilhelms Bestallung im März 1436 Thijs von Heimbach als *zur zeit* Rentmeister zu Monschau und Kellner zu Nideggen bezeugt,[18] wobei die Bezeichnung Kellner die gleiche amtliche Aufgabe meint. Er amtierte zunächst auch als Forstmeister. In den schon genannten Quittungen des Engelbrecht Nijt von Birgel von a.1441 und 1442 ist danach Johann von der Hardt als auszahlender Rentmeister in Monschau genannt. Mit der Nennung eines Rentmeisters zur Verwaltung der Finanzen war die Ausstattung des Amtes mit den wichtigsten Leitungspersonen für die nächsten Jahrhunderte abgeschlossen. Schon seit den Limburger Tagen war ein *dapifer*/Drost als Beauftragter des Landesherren an Ort und Stelle eingesetzt, der unter der Jülicher Herrschaft ›Amtmann‹ hieß. Dazu kamen schon seit diesen Anfängen ein *scultetus*/Schultheiß in Belangen des Schöffengerichts und ein Forstmeister für Forstverwaltung und -gericht. Die vielfach geübte Vergabe der Amtmannschaft gegen Verpfändung konnte aber schnell zu einer fragwürdigen Angelegenheit werden, wenn ein Pfandinhaber sich zu Politik auf eigene Faust verleiten ließ, wie man in Jülich bald am Beispiel des Thonis von Palant erfahren musste.

Die Amtmannschaft Wilhelms von Linzenich, der zwar im Kreis der Führungspersonen der Herzöge blieb und a.1445 als Amtmann in Wilhelmstein belegt ist,[19] kann nicht lange Bestand gehabt haben. Schon wenig später ist a.1438 Thijs von Heisteren als Amtmann bezeugt, der zum Jahr 1436 auch als Amtmann von Nideggen genannt ist[20] und der bis 1440 tätig war. Danach ist der herzogliche Rat Johann von dem Geisbusch auch als Amtmann belegt.[21] Die nicht vollständig geklärte Situation scheint durch den Tod Herzog Adolfs im Sommer 1437 verursacht. Schließlich ist zu berücksichtigen, dass bei den Neu- bzw. Wiederbesetzungen alle unerledigten Verpfändungsfragen wieder auf den Tisch kamen. Ein beachtlicher Teil des herzoglichen Schriftgutes der Zeit besteht in Schuldverschreibungen, auch über kleinere Summen, *zo unser loesen ind ynnemongen uns sloss ind lantz van Moynjoie* (›zu Auslösung und Einnahme unseres Schlosses und Landes Monschau‹), dann aber auch zur Zwischenfinanzierung älterer Kreditaufnahmen.[22] Immerhin war es gelungen, Ansprüche der Witwe Johanns II. von Schönforst, Johanna von Rochefort, im Mai 1439 abzulösen,[23] die seltsamerweise bei der Aktion Frambachs von Birgel und Katharinas von Sayn gar nicht in Erscheinung getreten war.

Thijs von Heisteren bat jedenfalls im August und erneut im November a.1440 mit eindringlichen Worten den neuen Herzog Gerhard II., ihn im Amt Monschau abzulösen, *want mir der schaide anders zo swaire velt* (›weil mir der Schaden sonst zu schwer wird‹),[24] ohne dass die genaueren Ursachen der Klage deutlich werden. Bis zur Ablösung verging aber noch einige Zeit. Als Herzog

Gerhard II. den Johann von der Hardt, jetzt in der Funktion als Forstmeister, mit dem Lehen Alzen ausstattete (24. Juni 1444), ist im entsprechenden Lehnsbrief als Befürworter und Mitsiegler der herzogliche Rat Johann von dem Geisbusch (*von dem Geischbuisch, vanme Geysbusch*) als derzeitiger Amtmann genannt,[25] der schon im September des Jahres wieder abgelöst wurde.

b. Die Pfandschaft des Thonis von Palant und der Konflikt mit Brabant (1444–1473)

Die nun folgenden Jahre der Pfandschaft sind beherrscht vom Namen des Thonis von Palant, »eine der schillerndsten Gestalten der Familie von Palant«[26]. Sie brachten noch einmal die konkret drohende Möglichkeit einer Wende in der politischen Zugehörigkeit des Landes in den Blick, verzögerten aber in jedem Fall seine verwaltungsmäßige Modernisierung im Jülicher Territorialstaat, weil der nominelle Amtmann Thonis von Palant in Überschätzung seiner Machtmittel als Pfandverwalter eigene (Außen)politik betrieb anstatt der herzoglichen Landesverwaltung zu dienen. Der Auslöser zur erneuten Verpfändung des gerade von Jülich übernommenen Amtes Monschau ergab sich daraus, dass Herzog Philipp der Gute von Burgund, der auch (seit a.1430) Herzog in Brabant und Limburg war, die an Jülich verpfändete Brabanter Herrschaft Kerpen im Sommer a.1444 auslöste. Diese Herrschaft hatte Johann von Palant seit a.1427gegen ein Herzog Adolf von Jülich-Berg gewährtes Darlehen von 13.000 Oberländischen Rheinischen Gulden inne.[27] Herzog Gerhard II. verpfändete daher »ersatzweise« mit Urkunde vom 4. September 1444 das »neue« Amt Monschau an Johann von Palant.[28] Die jetzt auf Monschau übertragene Pfandsumme wurde mit 14.100 Oberländischen Rheinischen Gulden festgesetzt; hinzu kam die Möglichkeit, die älteren Teilverschreibungen an Ruprecht von Virneburg (3000 Gulden) und Frambach von Birgel (1000 Gulden) auszulösen. Der unter den Zeugen der Urkunde genannte Johann von dem Geisbusch ist entsprechend nicht mehr als Monschauer Amtmann genannt; diese Aufgabe ging an den neuen Pfandinhaber über. Da aber Johann von Palant bald darauf (3. November 1444) in der Schlacht bei Linnich in der Auseinandersetzung Jülichs mit Geldern ums Leben kam, war nicht er es, mit dessen Name der weitere Gang der Ereignisse um Monschau verknüpft ist. Die Schlacht, die für Jülich trotz Unterlegenheit glücklich ausgegangen war, ist dadurch denkwürdig geblieben, dass Herzog Gerhard II. zum Gedenken des glücklichen Ausgangs den bekannten Hubertusorden stiftete.

Johann von Palant hinterließ seine Witwe Agnes von Pyrmont mit noch unmündigen Kindern, darunter Thonis (d.i. Anton) als Erstgeborenen. Agnes heiratete a.1446 erneut, und zwar den von Brabant eingesetzten neuen Herrn in Kerpen, Wilhelm von Sombreff und Rekem. (Die Nennung seiner Herrschaftstitel beruht auf Sombreffe, nordöstlich von Charleroi nahe der Grenze auf heute französischem Gebiet, und Rekem nördlich von Maastricht). Wilhelm von Sombreff scheint von der zu dieser Zeit noch verbreiteten Art rabiater kleinerer Adliger gewesen zu sein, die – um Jahrzehnte zu spät gekommen – zwischen den zunehmend konsolidierten größeren Territorialstaaten ihre Machtstellung ohne Rücksichten zu erweitern strebten. Erst mit der zunehmenden Staatlichkeit der größeren Territorien fand der Ritteradel mehr und mehr seine Aufgabe in Diensten der Landesherren vom Hochadel, ein Prozess, der jedoch Jahrhunderte in Anspruch nahm.

Gleichzeitig mit dem Ehevertrag mit Agnes von Pyrmont kam es nun zu einer weiteren Eheberedung zwischen zwei noch minderjährigen Nachkommen der beiden Heiratskandidaten aus früheren Ehen: Agnes' Ältester Thonis von Palant und Wilhelms Tochter Gertrud waren zu einer Eheschließung ausersehen.[29] Zu einer Heirat der beiden ist es allerdings nie gekommen. Wilhelm hat aber offensichtlich beabsichtigt, sich auf dieser Grundlage in die Verfügung über Monschau zu bringen, was ihm auch zeitweilig gelungen ist. In seinen Vorhaben kam ihm besonders die verkehrsferne feste Burg Monschau gelegen, die er als Stützpunkt seiner Attacken auf Kölner Kaufleute nutzte. Das führte schließlich zu solcher Störung des Handels mit Brabant, dass Herzog Philipp a.1458 seinen Drosten in Limburg anwies, die Leute des Sombreff gefangen zu nehmen und ihr Vermögen einzuziehen.[30] Zur Sicherstellung des Erbes seiner Enkel schaltete sich Thonis' Großvater Werner II. von Palant in die Vorgänge ein, worüber er mit Wilhelm von Sombreff ein Übereinkommen abschloss. In diesem Zusammenhang hatte Werner II. u.a. seinen Sohn Reynart nach Monschau geschickt, um sich über das Wohlergehen der Enkel zu vergewissern.

Die Schwierigkeiten mit gegenseitigen Anschuldigungen dauerten jedoch an, wie ein Schreiben Thonis' von Palant an die Stadt Aachen vom Dezember 1460 ausweist.[31] Schließlich schaltete Thonis den Herzog von Jülich in die Auseinandersetzung ein, und als Ergebnis der Jülicher Vermittlung ergab sich abschließend, dass Thonis seit a.1461 als Pfandinhaber von Monschau bestätigt wurde und dort als Amtmann amtierte.[32] Der Herzog aber blieb weiter damit beschäftigt, die immer noch bestehende Teilverpfändung des Amtes an den Virneburger aus den letzten Schönforster Jahren auszulösen, indem er jetzt (September 1462) seiner Gemahlin Sophia für dazu geliehene mehr als 6.000 Gulden die Städte und Ämter Randerath und Düren zum Pfand setzte.[33] Schuldgeschichten dieser Art häuften sich dann im Gefolge der nicht vorgesehenen Ablösung der Pfandschaft des Thonis von Palant (s.u.): Im August 1469 setzten Herzog Gerhard II. und Herzogin Sophia ihrem Erbkämmerer Gotthard von dem Bongard Amt und Stadt Düren für geliehene 2.000 Rhein.

Gulden *zor loesongen uns sloss ind lantz van Monyoie* zum Pfand, im Juni 1473 wurde die Darlehenssumme noch einmal kräftig aufgestockt.[34]

In Fehleinschätzung seiner Rolle als Amtmann/Drost und seiner Machtmittel ließ Thonis von Palant sich jedoch auf eine eigene »Außenpolitik« ein und provozierte damit den Bruch mit Jülich, zuletzt auch den Verlust von Monschau. Ohne Wissen seines Herzogs war er nämlich mit Rasse de la Rivière (in nl. Texten auch: *Raes/Rais van Heers*) in Lüttich in Verbindung getreten, dem Anführer der brabantfeindlichen Revolte in Lüttich. Im Sommer 1466, als Karl der Kühne, Herzog von Burgund, Brabant und Limburg, der wenig später die Nachfolge Herzogs Philipp des Guten antrat und eine expansive burgundische Politik betrieb, auf Lüttich anrückte (Eroberung Lüttichs am 28. Oktober 1467), versprach Thonis, dem Rasse und seinen Leuten jederzeit Hilfe und ihm die Burg Monschau als rückwärtigen Stützpunk zu öffnen (*up te doin die burgh van Monjouwe*) und sie zu keiner Zeit aus seinen Händen zu geben.[35] In der fraglichen Urkunde nannte Thonis den Empfänger Rasse *mijnen swegerher* ›meinen Schwiegervater‹. Es ist aber nicht gesichert, ob es tatsächlich zu einer Eheschließung Thonis' mit einer Tochter des Genannten gekommen ist.

Nach der Flucht des Rasse de la Rivière aus Lüttich zum König von Frankreich schien es Thonis geraten, sich zur mächtigeren burgundischen Seite zu orientieren, der man in Jülich nichts entgegen zu setzen hatte. Karl der Kühne hatte sich nämlich in den Vorgang eingeschaltet. Nicht zuletzt wegen der alten strittigen Frage der Monschauer Lehnsrührigkeit von Limburg musste man in Jülich Konflikte möglichst vermeiden. Herzog Adolf hatte noch a.1419 für Johann II. von Schönforst die auf dem Tausch von a.1361 beruhende Pfandherrschaft in Monschau bestätigt, am Brabanter Hof berief man sich dagegen auf den Kauf des Valkenburger Erbes in den Tagen Herzog Wenzels, der für Monschau durch den Ausgang der Schlacht von Baesweiler faktisch, aber nicht rechts-endgültig zum Verbleib bei Jülich geführt hatte (vgl. Kap. 6 b). Es scheint, dass sich Thonis diese alten Spannungen hat zunutze machen wollen. Aus Jülicher Sicht waren Thonis' Ansprüche wegen Missbrauch der Amtmannschaft verwirkt. So kam es zunächst unter Vermittlung von Palanter Verwandten im Frühjahr 1469 zu Verhandlungen mit dem Herzog von Jülich und einer vertraglichen Regelung: gegen das Versprechen des Stillhaltens in der Lütticher Sache und der Schließung der Burg Monschau gegenüber Rasse de la Rivière stellte der Herzog die Einlösung Monschaus gegen die alte Pfandsumme, zahlbar in drei Raten in Aussicht. Thonis aber hielt sich nicht an diese Zusage und nahm ein burgundisch-limburgisches Kontingent unter der Führung seines Vetters Friedrich von Witthem, Burggraf von Dalhem, auf die Burg. Bei diesem Unternehmen war es zu Kampfhandlungen mit Zerstörungen und Brand in der Talsiedlung (die lat. Quelle spricht von *suburbium*) gekommen, auch Tote waren auf dem Kampfplatz geblieben. Herzog Gerhard II. sah sich zu einer – wenn auch erfolglosen – Belagerung seines Amtmanns in Monschau veranlasst.[36] Thonis schickte eine Fehdeansage mit dem Vorwurf eines herzoglichen Vertragsbruches an Herzog Gerhard (1469 September 25) – mehr als 30 nichtadlige Fehdehelfer schlossen sich dem an[37] – und griff gleich zum üblichen Mittel, dem Fehdegegner nach Kräften zu schaden. Thonis' Bruder Gerhard von Palant, Herr zu Reuland, forderte die loyalen Jülicher Amtsträger in Monschau, Peter und Johann von der Hardt, dazu auf, sich nach Reuland zu begeben und dort Dienst zu tun, offenbar um sie in Monschau »aus den Füßen« zu haben. Herzog Gerhard II. aber wich einer militärischen Lösung aus, zumal sich Herzog Karl der Kühne in den Fall eingeschaltet hatte, so dass es zu einem Prozess vor dem Großen Rat am Hof in Brüssel kam. Dazu hatte man sich in Jülich eine Abschrift des verräterischen Vertrags mit Rasse von a.1466 als Beweismittel verschafft. Das in der Jülicher Überlieferung archivierte Stück ist als Abschrift in eine lateinische Urkunde des nach Burgund orientierten Lütticher Bischofs Ludwig von Bourbon vom September 1469 eingefügt. Besagte Vereinbarung war der burgundischen Seite bei der Eroberung Lüttichs im Hause des Rasse in die Hände gefallen. Im Prozessverlauf kam es auch zu Verhören der von Thonis Geschädigten; darunter sind auch einige ausdrücklich aus dem Amt Monschau genannt: *Peter Schomecher, Johan Roede[n], Daem Duyster, Dries Smyt, Conrait Smeytz* und *Gelis Schlosmecher*.[38] Aus diesem Kreis sind *Daem Duyster* durch Belehnung mit dem herzoglichen *hof vp dem Roetgen* und *Johan Roeden* als Pächter der Mühle in Monschau (beide a.1475) weiter aktenkundig geworden. Wie wichtig man in Jülich den Prozess einschätzte, ist daran zu ermessen, dass man über einige Räte hinaus auch den Erbprinzen Wilhelm an den Brüsseler Hof schickte, zu dessen standesgemäßen Unterhalt Herzogin Sophia sich 30 Oberländische Gulden bei Dietrich Hesener, Richter in Much, ausleihen musste.[39]

Trotz burgundischer Aufforderung erschien Thonis weder zum Prozess noch lieferte er die Burg Monschau an Guy de Brimeu, den Statthalter Limburgs, aus, der mit der Ausführung des am 17. April 1472 ergangenen Urteils beauftragt war.[40] Von Jülicher Seite war der Rat und Landdrost Johann von Merode beauftragt, die Burg Monschau vom limburgischen Lehnsstatthalter in Empfang zu nehmen.[41] Thonis verlor die Amtmannschaft und kam auch den weiteren Regelungen nicht nach, plagte vielmehr weiter die Amtsbewohner und verweigerte die Herausgabe von Schloss Monschau. Aber auch in Jülich war man mit dem Spruch nicht glücklich, weil nicht nur die alte Pfandsumme an den Palanter zu erlegen, sondern vor allem der strittigen Lehnsanerkennung gegenüber Burgund nicht mehr zu entgehen und die burgundische Bedrohung nicht gebannt war, wie der wenig später (1475) erfolgte Zug Karls des Kühnen gegen Kurköln mit der Belagerung von Neuss erkennen ließ. Nach einem Freundschaftsabkommen zwischen den Herzögen von Jülich und Burgund (21. Juni 1473), in dem Jülich zugunsten Burgunds auf ältere Ansprüche auf Geldern und Zutphen verzichtete,[42] musste jedoch Thonis sich geschlagen geben. Der Verzicht auf Geldern wurde Jülich dadurch versüßt, dass Karl der Kühne Herzog Gerhard II. die Zahlung von 80.000 Rheinischen Gulden zusagte, für die sich die Städte Leuven/Löwen, Brüssel, Antwerpen, 's-Hertogenbosch und Mechelen verbürgten. Gleichwohl blieb eine latente burgundische Bedrohung bestehen. Die Fragen um Geldern sollten achtzig Jahre später noch einmal akut werden und schlimme Kriegsspuren im Monschauer Land zurücklassen.

Der verräterische Amtmann blieb noch lange in Jülich verhasst, und Wilhelm IV. als Herzog Gerhards II. Nachfolger wandte sich noch a.1480 an Erzherzog Maximilian, den Nachfolger Karls des Kühnen in Burgund und späteren Kaiser, um Thonis gefangen zu setzen, was auch im August 1485 für einige Zeit gelang.[43] Die in Brabant noch weiter betriebenen Ansprüche der Schönforster Verwandtschaft auf Monschau blieben folgenlos und können hier übergangen werden.[44]

c. Das Amt Monschau im Jülicher Territorialstaat

Die Episode um Thonis von Palant wirft ein aufschlussreiches Schlaglicht auf die Probleme, die sich hochadligen Reichsfürsten als werdenden Landesherren entgegenstellten, wenn sie sich vor der Aufgabe sahen, die kleineren Adligen, die sich aus ihrer Familientradition als Gleiche empfanden, mit Beamtenaufgaben in die immer tiefer organisierten Territorialstaaten zu integrieren. Außerdem hatten sich im inneren »Staats«aufbau des Herzogtums – wie in den führenden Territorien des Niederrheins generell – seit den Tagen des Ämtertauschs Kaster – Monschau neue Strukturen herausgebildet, die zu erwähnen sind. Man kennzeichnet sie als ›Landstände‹ und spricht mit Blick auf die abschließenden Ergebnisse von ›landständischer Verfassung‹.[45] Diese ›Stände‹ waren hervorgegangen aus zwei Gruppen: zum einen aus den Städten, vertreten durch ihre Schöffenkollegien und/oder Bürgermeister, zum anderen dem ländlichen Ritteradel, aus dem sich überwiegend auch die herzoglichen Räte rekrutierten. Sie verstanden sich als Repräsentanten des ›Landes‹, das nicht mehr nur als Familienbesitz der Herrscherfamilie gesehen wurde, und hatten einen gewissen Grad an Mitwirkung an den Staatsgeschäften gewonnen, insbesondere bezüglich Sondersteuern und wichtigen Finanzfragen. Sie organisierten sich auf längere Sicht in sog. ›Landtagen‹. Eine solche Berücksichtigung bzw. »Einbindung« dieser Gruppen in wichtige Entscheidungen für das ganze Land, zeigt schon die Tauschurkunde von a.1361 für Reinhard I. von Schönforst, in der die Städte Jülich, Düren, Münstereifel, Nideggen, Bergheim und Euskirchen die Abmachung mit besiegelten. Jülichsche und Bergische Städte waren auch beim zehnjährigen Friedensabkommen mit einbezogen, das Johann, ältester Sohn von Kleve-Mark, im November 1445 zwischen Jülich-Berg und Geldern vermittelte.[46] Wenn in solchen Zeugnissen noch bis in die Mitte des 15. Jahrhunderts eine Nennung von Monschau als Stadt nicht auftaucht, kann daraus mit großer Sicherheit gefolgert werden, dass die Talsiedlung den vollen Status und das politische Gewicht einer ›Stadt‹ noch nicht erfüllte. Abgesehen von der abseitigen Lage des Landes im umgebenden Forst und fern von größeren Handelsverbindungen, dürften auch die langen Jahrzehnte unter Pfandverwaltung einen Rückstand in der Entwicklung mit verursacht haben. Das erste bislang bekannt gewordene Zeugnis für die Berücksichtigung Monschaus als des Hauptortes des neuen Amtes im Kreis der Jülichschen Städte datiert vom Juli 1450 in einem Abkommen (›Erblandesvereinigung‹), geschlossen zwischen dem Kölner Erzbischof Dietrich von Moers auf der einen und Herzog Gerhard II. von Jülich-Berg und Gerhard von Loon, Graf von Blankenheim, auf der anderen Seite.[47] *Monyoie* steht dort an vorletzter Stelle vor Randerath; über ein Siegel verfügte die Stadt aber noch nicht. Es dauerte noch einmal ein Vierteljahrhundert, vermutlich durch die Wirren während der Abenteuer des Thonis von Palant verzögert, bis Herzog Wilhelm IV. am 31. März 1476 eine Urkunde über die Freiheitsrechte *unser statt unnd thaals* erließ, die als Bestätigung der bis dahin geübten Gewohnheitsrechte zu verstehen ist und mit der Monschau jetzt als »richtige« Stadt anerkannt wurde. Beim Abschluss des wichtigen Bündnisses, das die Herzöge Wilhelm IV. von Jülich und Johann von Kleve im November 1496 anlässlich der Eheverbindung ihrer Kinder Maria von Jülich und Jungherzog Johann von Kleve schlossen und das längerfristig die Vereinigung der beiden Staatsverbände einleitete, sind als gewichtige Jülicher Städte allein Jülich, Düren, Münstereifel, Euskirchen, Heinsberg und Dülken aufgeführt.[48] Immerhin war dann a.1505 unter den zum Landtag geladenen Unterstädten auch Monschau mit 2 oder 3 *raitzvrunden*.[49] Der ausdrückliche Bezug auf das tradierte Recht in der Bestätigung vom Jahr 1476 findet sich im Passus: *alsuche vryheit, reicht, alt herkommen unndt guide gewoinder, so sy van langen iharen bey zeitenn unßer vorfahren … in beseeß gehat …* (›solche Freiheiten [d.h. Privilegien], Rechte, altes Herkommen und Gewohnheiten, die sie von langen Jahren her aus der Zeit unserer Vorfahren in Besitz gehabt haben‹). Mit dieser Formulierung ist ausgeschlossen, dass es eine ältere förmliche Stadterhebung durch Kaiser Karl IV. gegeben hat (vgl. oben Kap. 5.c). Als Adressaten dieser Verleihung sind angeführt *borchmannen, ritterschafften, burgermeister, scheffen, und rath gantzer gemeinden*. Darüber hinaus sind aber auch genannt und in die überlieferten Rechtsgewohnheiten eingeschlossen die Förster und *alle unse undersaßen gemeinlich* (›alle unsere allgemeinen Landsassen‹).[50] Diesem Formular folgten spätere Bestätigungen wie beispielsweise im Jahr 1511, die von Johann, dem ältesten Sohn von Kleve, Wilhelms IV. Nachfolger in Jülich nach dessen Tod (6. September 1511), erlassen war, wie auch spätere Bestätigungen. Letzte Stücke dieser Art aus den Jahren 1602 und 1609 sind als Originale im Stadtarchiv erhalten.[51] Als erste, mit Namen genannte Bürgermeister tauchen dann im Mai a.1500 *Andreis Scheiffer* und *Philips Peir* in einem Schreiben an den Herzog auf.[52] Nicht allzu lange nach der ersten Bestätigung folgte (10. Oktober 1489) die Verleihung des Rechts zur Erhebung einer Akzise (Verbrauchssteuer),[53] woraus das Bestehen eines Marktes in der Stadt gefolgert werden kann. Ausdrücklich werden darin die Tarife für Wein, Bier, Weizen und Roggen aufgeführt, der Handel betraf also im wesentlichen Lebensmittel. Der Ertrag der Akzise sollte zur Reparatur und dauernden Pflege der Stadtbefestigung verwendet werden, die *itzonder abbeuwig ist* (›derzeit in schlechtem Zustand ist‹), vielleicht eine Folge der Kampfhandlungen aus den letzten Tagen des Palanters. Zu bedenken ist aber auch, dass während der jahrzehntelangen Abwesenheit des letzten Schönforsters Burg und Stadtbefestigung kaum gepflegt worden sind. Schon Frambach von Birgel hatte bei seiner Amtsübernahme a.1435 umfangreiche Reparaturarbeiten an der Burg in Gang gesetzt, wie aus der endgültigen Schlussrechnng seines Sohnes Nyt von a.1448 hervorgeht.[54]

Das damalige Marktgelände ergab sich aus der verbreiterten ›Unterstraße‹ (heute ›Stadtstraße‹), von der Rurbrücke an ruraufwärts bis zum heutigen Hotel ›Eifeler Hof‹. Ein gut sichtbares Kreuz symbolisierte den Marktfrieden des Platzes. Die heute *Markt* genannte Stelle vor der Aukirche (*auf dem Au*) lag damals noch weit vor der Stadt. Nach den schweren Zerstörungen von Stadt und Umland im Geldernschen Krieg (August 1543) war der Markt nach Konzen an die Kirche verlegt worden. Unter Erneuerung des Akziseprivilegs durch Herzog Wilhelm V. wurde er schließlich wieder (November 1575) nach Monschau zurück verlegt.[55] Die urkundliche Bestätigung von a.1476 hat die tatsächliche Bedeutung der Stadt im Kreis der Jülicher Städte natürlich nicht wie von selbst erhöht: Bei der Ausschreibung zum Landtag 1509 folgten nach der Aufzählung der *stede* (19 Orte) am Ende zwei ›Freiheiten‹ (Aldenhoven, Geilenkirchen) und zwei Talrechtsorte: *dal zuo Hembach, dal zo Monjoie.*[56] Und die späteren Landtagsakten (z.B. zu a.1587) rechnen Monschau unter die Städte, die in Steuersachen zusammen mit ihren Ämtern veranschlagt und nicht gesondert berechnet werden.[57] Im allgemeinen unterschied man deshalb in die vier ›Hauptstädte‹ (Jülich, Düren, Münstereifel und Euskirchen) einerseits und die restlichen ›Unterstädte‹.

Im Überblick über die Gesamtheit der in das Amt Monschau ergangenen Rechtsverleihungen ist nicht zu übersehen, dass die Zeit des Amtmanns Tho-

(Abb. 17) Schöffensiegel des Hochgerichtes Monschau aus den Jahren 1476/78. Im Siegelbild Karl der Große als Stifter der Aachener Marienkirche.

nis von Palant einen Einschnitt darstellt. Während er durchweg eigene Machtinteressen verfolgte, fehlen von ihm weitgehend Maßnahmen zur Erschließung des Amtes. Das einzige Zeugnis solcher Art aus der Amtstätigkeit des Palanters ist im November 1463 die Konzession für Meister *Herman Hamerschmid* zur Errichtung eines Hammerwerks an der Rur (die »Geburtsstunde« der Siedlung Hammer). Der Forstmeister *Heinrich van der Baillen* nahm sie im Auftrag des Pfandherren (*pantherr zur zeit zu Monioie*) vor.[58] Einige wenige Stücke sind allerdings schon früher, noch von Herzog Adolf und seinem Nachfolger Herzog Gerhard II. (bis a.1461) ausgestellt: Herzog Adolf hat seine Neuerwerbung Monschau selbst in Augenschein genommen.

Schon kurz nach der Erwerbung des Landes war er am 12./13.April 1435 zur Inspektion in Monschau gewesen.[59] Ein erstes, das Amt betreffende Privileg vom Februar 1436 ist in Monschau gegeben und machte den *Urban van der Kalderherbergen* für ein dem Herzog gewährtes Darlehen von 50 Oberländischen Rheinischen Gulden zum Burgmann auf Schloss Monschau. Außerdem befreite der Herzog dessen Gut für die Laufzeit des Darlehens von der Schatz- und Dienstpflicht.[60] Zu den nach 1473 reicher fließenden Verleihungen zählt dann vor allem die schon genannte Freiheitsbestätigung für die Stadt Monschau.

Als ein weiterer Hinweis auf die nach a.1473 stärker einsetzende »Modernisierung« des Landes kann gelten, dass das Schöffenkollegium des Landgerichts spätestens seit a.1479 über ein eigenes Siegel verfügte. Bei der Konzessionierung des Hammerwerks in Hammer a.1463 mussten der Forstmeister und Peter von der Hardt (wohl als Schultheiß) als Siegelinhaber noch für die Schöffen einspringen, ähnlich a.1476 in einer Urkunde für Reichenstein. Doch im Juni 1479, als die Eheleute *Johan und Elsse Boelen* als Sicherheit für eine versprochene Erbrente an Ludwig von Schleiden, den Burggrafen von Heimbach, ihren *hof op Graissteck in dem lande von Mouynawe* (im heutigen Rurberg) setzten, da siegelten die Schöffen des Landgerichts Monschau zusammen mit dem Schultheiß mit eigenem Siegel.[61] Der Stempel von 38mm Durchmesser zeigt im Siegelbild eine Herrschergestalt in fußlangem Mantel mit Krone und Zepter und einem Kirchenmodell auf dem linken Unterarm. Es stellt Karl den Großen als den Gründer der Aachener Marienkirche dar, der die Kirche des alten Forsthofes Konzen seiner Neugründung in Aachen geschenkt und dieser inkorporiert hatte. In diesem Siegelbild wird die mit der Karlsschenkung grundgelegte Karlstradition des Monschauer Landes augenfällig. Die Umschrift in unzialen Buchstaben lautet: *S[igillum] SCABINORU[m] I[n] MONJAWEN* ›Siegel der Schöffen in Monschau‹.

Die ersten Jülicher Beamten unter den jeweiligen Amtleuten kamen aus der Familie von der Hardt, die bis in die ersten Jahrzehnte des 17. Jahrhunderts die wichtigsten Amtsträger stellte, vorwiegend Schultheißen (Vorsitzende des Schöffenkollegiums) und Rentmeister (Rechnungsführer). Beide Ämter wurden mehrfach von ein und derselben Person gleichzeitig ausgeübt. Allerdings war der erste, nur kurze Zeit nachweisbare Jülicher Rentmeister in Monschau a.1436 der schon genannte Thijs (d.i. Matthias) Knouff von Heimbach, der wenig später zum Landrentmeister (»Finanzminister«) des Herzogtums aufstieg und der auch zeitweilig als Forstmeister amtierte.[62] Mit seinem Namen ist auch die erste, noch durch Herzog Adolf vorgenommene (13. März 1436) Einrichtung eines ›Mannlehens‹ verbunden, indem der Herzog das Gut Eschauel des Thijs von Heimbach zu einem abgabenfreien erblichen Lehen erklärte. Bis in die 50er Jahre des Jahrhunderts ist Thijs unter den führenden Verwaltungskräften des Herzogtums zu finden. Mit einer solchen Lehnsgutverleihung trat der Inhaber in ein persönliches Treueverhältnis zum Lehnsherren ein und gelobte, im Kriegsfall mit Pferd und Harnisch Gefolgschaft zu leisten. Die Abgabenfreiheit sollte die materielle Basis für Vorbereitungen zu einer solchen Dienstleistung schaffen. Weitergabe und Neubesetzung eines solchen Manngutes wurde beim Lehnsherren schriftlich dokumentiert. Solche Mannlehen lösten gewissermaßen wegen der veränderten Kriegstechnik die älteren Burglehen ab, bei denen die Inhaber für bestimmte Abschnitte der Talbefestigung zu sorgen hatten. Wenig später (25.März 1437) erhielt Johann von der Hardt diesen Status für sein Gut in Konzen, zusammen mit einem Haus, *im daal zu Monioie gelegenn, gnant Tassartz hauß*. Über dieses Haus ist weiter nichts bekannt geworden, doch geht der Name wohl zurück auf jenen *Johan Tesschart*, der zusammen mit dem Schönforster Drost Mathys Yvels a.1370 bei der Erneuerung des Hetzinger Burglehens Froitscheidt in Monschau genannt ist. Er dürfte dem niederen Dienstadel angehört haben. Ein Nachfahr von ihm war wohl *Syvart von Monschau, genannt Teschart*, von dem a.1417 Arnold von Nechtersheim den Teschartshof in Obergartzem erwarb, der von Rikalt, Herr von Merode und Frenz zu Lehen ging.[63] Ein Pauwyn von Ne(ch)ttersheim war einer der letzten Amtsträger Johanns II. von Schönforst in Monschau (s. oben). Kann man aufgrund der weiteren Formulierungen der Verleihung vermuten, dass Johann (a.1441 als Rentmeister belegt) auch als Forstmeister amtierte, so werden alle Zweifel ausgeräumt durch seine ausdrückliche Nennung als Forstmeister bei der Erhebung seines Gutes, *geheischen Altzina* (Alzen bei Höfen), zu einem ebensolchen Mannlehen im Jahr 1444 (meist fälschlich auf a.1404 datiert). In dieser Lehnsurkunde sind ausdrücklich auch die Waldnutzungen (*mit walde, waßer unnd weiden*) zusammen mit den Befreiungen von Zehnten, Schatzerhebungen und Frondiensten genannt.

Peter von der Hardt, der wenig später Schultheiß war, erhielt in gleicher Weise (25. Januar 1473) das Manngut Eicherscheid (heute wüst in der Nähe von Huppenbroich).[64] Es waren also vornehmlich die wichtigen Amtsträger, die mit einem solchen Lehngut ausgestattet wurden. Allerdings wurden mit fortschreitender Kriegstechnik und durch Anwerbung von Söldnern zur Kriegsführung die Aufgebote aus solchen Mannlehen obsolet, wenn auch ihre Einrichtung als Freigüter bestehen blieb. Die im Gelände noch gut erkennbare Stelle des Lehnsgutes Eicherscheid ist von Eiferern, die sich um seriöse historische Forschung nicht scheren, ohne stichhaltige Nachweise zu einer verfallenen Wasserburg des 13.Jahrhunderts emporstilisiert worden. Zutreffend ist allein, dass die Anlage von einem Wassergraben umgeben gewesen ist. Bemerkenswert an diesem Gut ist für die Geschichte des Landes aber eine andere Sache: Aus seinen Erträgen sollten jährlich 25 Müdden Hafer zum Verkauf bereitgestellt werden, um aus dem Erlös am Gründonnerstag (*up den heilgen Mendeldag*) eine Armenspende an der Kirche zu Konzen zu bestreiten. Pastor, Kaplan und Kirchmeister von Konzen sollten sich um die Durchführung kümmern und Korn, Fleisch und Schuhe an die ›Hausarmen‹ (*den huißarmen uns landtz van Monjhoe*) verteilen. Dieser Brauch war zur Zeit des Thonis von Palant eingestellt worden (*ein zeit van jairen by den verpanten amptleuthen affgestalt*) und wurde nun (16. Oktober 1475) wieder eingerichtet. Markttage waren am 23. April (*auf St. Joris tag in aprili* = St. Georg) und 21. September (*auff Matthei in Septembri* = Evangelist Matthäus). Peter von der Hardt besaß auch ein *erff unndt gudt zu Lauscheid*, d.h. den Hof Lauscherbüchel, den ihm zu Beginn a.1493 Herzog Wilhelm IV. zum Freigut erklärte, das damit aus der üblichen Schatzerhebung herausfiel.

Ein weiteres Manngut der Art von Alzen und Eicherscheid lag in Menzerath, das a.1482 an den Schultheiß Hermann von Loen, genannt Maenheufft, ging und das vorher ein Theiß Gebels innegehabt hatte. Hier ist ausdrücklich von den Inhabern gesagt: *sullen pferdt unnd harnisch halten unnd damit zu deinen* (›dienen‹). Der Schultheiß Maenheufft findet sich mehrfach in den Quellen genannt. Im Jahr 1495 erhielt er für ›treue Dienste‹ (*umb getrewes dancklicheß dienstes willen)* den Hof Eschweide als erblichen (Privat)besitz. Im August 1513 verkaufte er den Hof an *Johan Brulle* und dessen Frau Katharina.[65] Mit dieser Urkunde und dem Namen des Käufers ergibt sich die »Gelenkstelle«zu der Frage, wie in die oft wiederholte Legende vom ›Glöckchen vom Reinartzhof‹ (angeblich im Turm der Pfarrkirche Monschau) ein nicht erweisbarer Schultheiß

Johann Broull/Broell (oder ähnlich) hineingeraten ist:[66] Der oder die Weitererzähler der Geschichte, die zweifellos aus dem Hörensagen stammte und die im Reichensteiner Umkreis aufgeschrieben wurde, haben die Schultheißenrolle des Verkäufers einfach dem Käufer zugeschrieben. Nicht ausgeschlossen ist, dass bei dieser »Beförderung« zum Schultheißen auch eine Rolle gespielt hat, dass bei der Legendenbildung die Namensähnlichkeit vom Grabdenkmal der ersten Ehefrau des Amtmanns Christoph von Rolshausen d.J., Margaretha von Bro(e)ll, in der Kirche zu Konzen[67] einen höheren Rang Käufers nahegelegt hat.

Außer dem Hardt-Hof standen in Konzen noch zwei weitere Manngüter. Das war zum einen der Lauterbach-Hof im Ortsteil Lutterbach. Ein erstes unmittelbares Zeugnis darüber ist zwar erst von a.1525 für Reinard von Berg erhalten, die Urkunde berichtet aber, dass schon früher Reinards Vater Heinrich durch Herzog Wilhelm IV. belehnt worden sei, was die Lehnsakten auch zu a.1481 bestätigen.[68] Die Hofstelle ist wie die in Menzerath untergegangen. Das andere Gut ist noch erhalten und entspricht dem Fortsetzer des Straubershof in Konzen (erster Hinweis a.1461).[69] Schließlich ist noch a.1529 eine Verlehnung eines Gutes in Höfen durch Herzog Johann (nach der Vereinigung mit Kleve) erfolgt. Empfänger des Lehens war Anthonis von Dalbenden, nachdem das Lehen aus der älteren Vergabe an Vais van Lewen und Theiß Dasse aus den Tagen von Herzog Wilhelm IV. heimgefallen war.

Alle diese Güter können als Jülicher Mannlehen erst nach der Inbesitznahme des Landes durch Jülich eingerichtet worden sein.

Neben solchen Manngütern gab es noch eine zweite Art von Gütern, die vornehmlich zur Versorgung der Burg mit Hafer ausgetan wurden. Dazu gehörte das *Reimersgut*, das a.1461 für 7 Malter Hafer, lieferbar zu Mariä Lichtmess (2. Februar), an Ludwig von Bickerath als Nachfolger des Dahm Lentzen ging. Wohl nach diesem Ludwig hieß das Gut später ›Ludwigsgut‹ und war nach Ausweis des Lagerbuchs von a.1649 in Lammersdorf zu lokalisieren. Dahm Duysters Gut *up dem Roetgen* wurden a.1475 wohl aus dem Grunde »nur« 2 Malter auferlegt, weil *dat ein zeit lang wuest gelegenn hatt*. Das dürfte eine Folge davon gewesen sein, dass Dahm Duyster durch die Fehde des abtrünnigen Amtmanns Thonis von Palant geschädigt worden war. Zwei Malter betrug a.1440 auch die Leistung für Johann Brentgens Hof *up Hainratth* bei Kesternich. Seine genauere Lokalisierung steht noch aus, es ist aber a.1549 unter den ›Hafergütern‹ noch aufgeführt. Das Gut auf dem *Dierescheid* ging im Oktober 1487 an Peter Schmid für 12 Malter, ebenfalls zu Lichtmess auf die Burg Monschau zu liefern. Hier ist ausdrücklich seine Charakterisierung als ›Zwölf-Malter-Gut‹ vermerkt. Außerdem diente das Anwesen als Jagdhof des Herzogs, wozu der Pächter alle Hilfsmittel bereit halten musste, darunter eine Hundemeute. Die Schmiede des Pächters hat der an den Hof anschließenden

Siedlung auf längere Sicht den neuen Namen *Schmidt* eingebracht.[70] Anders als die Lehngüter, über die die herzogliche Verwaltung Buch führte und die nach dem Tod ihres Inhabers ausdrücklich neu verlehnt werden mussten, ist die Einheit der Hafergüter im Lauf der Zeit nur bedingt erhalten geblieben. Bei der a.1649 erhobenen Bestandsaufnahme für das ›Neue Rentlagerbuch‹ des Amtes stellte sich heraus, dass der ursprüngliche Grundbesitz durchweg auf mehrere Nutzer übergegangen, auch (z.T. durch Rodung) erweitert war und die späteren (Teil)besitzer die schuldigen Hafermengen zur gesamten Hand bestritten. Die 12 Malter für das Gut auf Dierscheid (Schmidt) teilten sich gar 31 Parteien mit Anteilen zwischen 34 Viertel (maximal) und 1 bzw. einem halben Mütgen (minimal).

In den gleichen Zusammenhang solcher Höfe gehört dann auch die Verpachtung des Pilgerhospizes Reinartzhof (*unse plege, gnant der Reinahrdt*) im Jahr 1512 an Peter Duisten/Duister und seine Frau Elsgen.[71] Der Pächter dürfte aus der Verwandtschaft des Dahm Duyster aus Roetgen gekommen sein. In älteren Arbeiten ist der Name mehrfach falsch als *Dinsten/Diessen* wiedergegeben. Auch diese Einrichtung war wie der Hof in Roetgen laut Pachtbrief verfallen gewesen und musste wieder hergerichtet werden. Über Beherbergung und Verpflegung von Pilgern (*herberg aldae thun unnd denselben armen leuthen warme pottspeiß handtreichen*) hinaus sollten die Pächter 25 Ochsen des Amtmannes zur Weide im Venn halten und beaufsichtigen.

Weitere herzogliche Verleihungen aus dem gleichen Zeitraum, etwa für Mahl- oder Ölmühlen, dann auch für kirchliche Einrichtungen, werden an den entsprechenden Stellen im zweiten Teil der Darstellung zur Sprache kommen.

Ein gewisser Anschluss des Landes an den Entwicklungsstand anderer Ämter des Herzogtums war mit dem Beginn des 16.Jahrhunderts erreicht, nachdem auch im Amt Monschau eine schriftliche Rechnungsführung eingeführt war. Für das Herzogtum selbst ist eine Gesamtrechnung schon für das Rechnungsjahr 1398/1399 belegt; nach längerer Unterbrechung ist dann eine weitere aus dem Rechnungsjahr 1434/35 erhalten.[72] Für das Amt Monschau liegen die Rechnungsserien der Forstmeister von a.1502 an und der Rentmeister ab a.1507 vor.[73] In dieser zweigeteilten Reihe spiegelt sich das schrittweise Zustandekommen der Jülicher Herrschaft im Monschauer Land. Lag mit der Vereinbarung von Kornelimünster a.1238 das Forstrecht mit der Waldgrafschaft schon in der Hand der Grafen von Jülich (später Herzöge), so kamen erst mit den Ergebnissen des Valkenburger Erbfolgestreits und des Schönforster »Zwischenspiels« die vollen landesherrlichen Rechte an das Herzogtum. Die »zweigeteilte« Verwaltung blieb indes bestehen und wurde getrennt von Forstmeister und Rentmeister geführt. Erst im Lauf des 18. Jahrhunderts näherten sich die beiden Verwaltungsbereiche einander an.

Im gleichen Zeitraum (a.1516) wurde das überarbeitete Gewohnheitsrecht (*Brůch Jnd Oevongen Rechtsz Slantz MonJouw* ›Brauch und Übung des Rechts des Landes Monschau‹) schriftlich festgehalten.[74]

Aus der Rentmeisterrechnung 1521/22 ist dann mehr über das herzogliche Personal und seine Einkünfte zu erfahren.[75] (Erläuterungen zu bisher noch nicht genannten Ämtern und Grundlage der Einkünfte folgen in den Kapiteln zu Steuer/Abgaben und Rechtswesen). Der Amtmann bezog 200 Mark, dazu weitere 866 Mark für 13 Personen, die er in Kost halten musste. Der Schultheiß bekam 16 Mark aus den beiden jährlichen Schatzerhebungen, ebenso die Schöffen, und 24 Mark die Landboten (Gerichtsdiener, »Polizei«). Außerdem sind angeführt (Bezüge in Klammen nachgestellt): ein Knecht, der die Schatzerhebung durchführt (48), der Burggraf (Kommandant der Burgbesatzung) (40), der Koch (40), der Brauer (40), zwei Pförtner (46), die beiden für den Eselsturm und den Haller zuständigen Knechte (je 29), ein weiterer Turmknecht (23), vier Wächter (zusammen 117) und der für die Geschütze zuständige Büchsenknecht (40).

Nachdem vom Beginn des 16.Jahrhunderts an vermehrt schriftliche Aufzeichnungen erhalten sind, kann auch die Bauentwicklung der Burg Monschau genauer nachgezeichnet werden. So ist in den Tagen des Amtmanns Johann von Efferen von a.1518 an der (heute nicht mehr erhaltene) Gebäudetrakt über den Gewölben gegenüber dem Palas (heute Jugendherberge) neu errichtet worden.[76]

Die bedeutsamsten Ereignisse des neuen Jahrhunderts waren für das Amt Monschau aber zweifellos die ersten Auswirkungen der Reformation und die Schrecken und Folgen des Geldernschen Krieges. Erste Spuren der reformatorischen Bewegung zeichneten sich zunächst im Aufkommen von Täufergruppen ab. Sie sind aufgrund ihrer Verfolgung durch die Jülicher Obrigkeit in die Quellen geraten, nicht zuletzt angestoßen durch die Nachwirkungen der Ereignisse der 1530er Jahre in Münster/Westfalen. Auf dieses Thema ist bei der Darstellung der kirchlichen Verhältnisse zurückzukommen (Kap. 13). Der Krieg um Geldern (in der regionalen Literatur und zeitgenössisch auch mehrfach ›Jülicher Fehde‹ genannt) mit seinen langen Nachwirkungen im Amt bedarf eines eigenen Abschnitts im vorliegenden Kapitel..

d. Der Geldernsche Krieg 1542/43 und seine Folgen

Im Freundschaftsvertrag der Herzöge von a.1473 zwischen Karl dem Kühnen und Gerhard II. hatte Jülich seine älteren Ansprüche auf Geldern an Burgund verkauft (s.o.), wohl nicht zuletzt angesichts der burgundischen Machtmittel, obwohl in früheren Zeiten Mitglieder des Jülicher Herzogshauses auch als Herzöge von Geldern regiert hatten und das Jülicher Interesse daran nicht erloschen war.[77] Die unmittelbare Gefahr burgundischer Expansion ließ jedoch erst einmal nach der Niederlage Karls des Kühnen vor Neuss (a.1475) und seinem Tod auf dem Schlachtfeld vor Nancy (a.1477) nach. Man hat aber aufmerksam die westliche Nachbarschaft im Blick behalten. Im Februar 1518 berichtete der Monschauer Amtmann Johann von Efferen an Herzog und Kanzler, dass sein Zöllner von den Junkern von Virneburg und Evert von Manderscheid ausgehorcht worden sei, ob er von den Brabanter Plänen zum Kauf von Monschau wisse. Das Geld dafür sei weitgehend beisammen, und wenn der Herzog nicht darauf einginge, sei Krieg sicher; und *de Brabender wulden ydt myt gewalt understaen tzu nehmenn* (›die Brabanter würden es mit Gewalt einzunehmen versuchen‹). Ebensolche Rede gehe im ›gemeinen Volk‹ in Limburg um. Ob da bloß Gerüchtestreuer am Werk waren, um Unruhe zu stiften, oder eine konkrete Planung dahinter stand, ist nicht mehr zu ermitteln.[78]

Mit dem Tod des Herzogs Karl von Egmond in Geldern (30. Juni 1538) ohne legitime Erben trat nun aber eine entscheidend neue Situation ein. Karl hatte dazu tendiert, das Herzogtum dem französischen König zu übertragen. Dagegen sperrten sich die Landstände, die für die Folgezeit eine Zugehörigkeit zum Territorienverbund Kleve-Mark-Jülich-Berg favorisierten. Sie hatten schon im Januar 1538 den Jungherzog Wilhelm von Kleve (Sohn der letzten Nachfahrin des Hauses Jülich Maria und des Klever Johann III., nach der Vereinigung von Kleve-Jülich-Berg als Wilhelm V. in Jülich gezählt) nach längeren Verhandlungen als Nachfolger bestimmt.[79] Bei einer Verwirklichung einer solchen Planung wäre im Nordwesten des Reiches ein beachtlicher Länderblock entstanden, der den Interessen des Kaisers Karl V. aus dem Hause Habsburg und Rechtsnachfolger der Burgunderherzöge entgegen stand. Hinzu kam für den Kaiser als zweites Problem, dass sich im Lauf der nun folgenden Verhandlungen angesichts der schon weit fortgeschrittenen konfessionellen Spaltung im Reich die Gefahr verdichtete, dass die niederrheinischen Territorien in das protestantische Lager schwenken würden. Eine solche Situation kam für ihn als Schutzherr der Altgläubigen nicht in Frage. Die langwierigen Verhandlungen liefen jedoch zuletzt in den Jahren 1542/43 auf eine Entscheidung mit militärischen Mitteln hinaus. Kleve-Jülicher Heerhaufen fielen in Brabant ein, burgundische in Jülich. Der Kölner Zeitgenosse Hermann Weinsberg berichtete in seinem späteren Nachruf auf Herzog Wilhelm darüber zum Jahr 1542: *Die quamen mit eynem hauffen durch daß landt von Lymburch, fyngen da im lande Gulch zu der Wehe an zu brennen alle dorffer und hoiffe durch daß ganß landt biß an daß ertzstifft Coln an die Ville.*[80] Scharen von Flüchtlingen seien mit Wagen und Vieh nach Köln geströmt. *Ich hab vor der Haneportzen diß jar 1542 im herbst, do disser jamer und kreich anfynge, gesehen die beide straissen von Duren und Gulch, so weit min gesigt ghain wult, eynen wagen, herde, hauffen, manner, frawen, kinder, monchen, nonnen unuffhorlich weinen, heulen, halber bloisß sehn komen…* Der Reichensteiner Prior Johannes Heep, der ebenfalls als Zeitzeuge berichtete,[81] weiß außerdem, dass dabei neben einer zeitweiligen Einnahme von Düren und Heinsberg auch die Schlösser und Burgen Hambach, Nideggen, Kaster und Millen durch Brand zerstört worden seien.[82] In seinem lateinisch verfassten Bericht verglich er die Verwüstungen im Jülicher Land mit dem zerstörten Jerusalem der römischen Eroberung vom Jahr 70 n.Chr.: *ut destructa Jerusalem non paucis in locis dissimilis videretur* (›nicht unähnlich dem zerstörten Jerusalem an vielen Stellen‹). Auch der Reichensteiner Klosterhof Rüdesheim b. Euskirchen war eingeäschert worden. Die beschriebenen massiven Zerstörungen waren nicht zuletzt eine Folge der im Vergleich zu früheren Ritteraufgeboten brutaleren Kriegführung der kaiserlichen Berufssöldner. Im ersten Kriegsjahr war das Monschauer Land noch verschont geblieben, wie auch die Delegierten der Stände im Dezember 1542 in Düsseldorf noch festhielten: *das das ganze lant von Gulich* [überzogen] oder *ingenommen, gebrant, gebrantschat oder beschedigt, allein ausserthalb Munstereifel, Monjoie und Bruggen.*[83]

Dann aber waren bei einem kaiserlichen Vorstoß noch im Juni 1543 von St.Vith aus die Klosterhöfe Ruitz und Bredtbaum in Flammen aufgegangen. Mitte August erschienen die Kaiserlichen unter dem Kommando des Renatus (René) von Oranien[84] vor Monschau, nahmen die Stadt unter Artilleriefeuer und verheerten das Umland. Das Kloster Reichenstein wurde so heftig verwüstet, dass seine Bewohner es *ad longum tempus* (›für lange Zeit‹) verlassen mussten. In die Stadtmauer zwischen Eselsturm und Oberer Straße (Kirchstraße) schossen die Belagerer eine Bresche. Die Stadt mit ihren in Holzfachwerk errichteten Häusern ging in Flammen auf, allein das steinerne Turmhaus am Stadtausgang (heute ›Haus zum Turm‹) blieb erhalten und gehört noch einem älteren Baubestand an. Die Burg wurde schwer beschädigt, Mauerteile durch den Beschuss zum Einsturz gebracht, hölzerne Bauteile durch Feuer zerstört. Nach etwa einer Woche der Verwüstung, bei der als besonders schmerzlich die Mühlen des Landes zerstört wurden, zog das Heer weiter vor Düren und vereinigte sich mit einem weiteren Kontingent, mit dem der Kaiser selbst von Bonn heranrückte. Eine letzte Abteilung verließ zu Martini (11. November) die Burg. Beim Sturm auf Düren, das zu dieser Zeit etwa 3.800 Einwohner zählte, sind über 600 Häuser zerstört worden.[85] Eine zeitgenössische Flugschrift zählte die Stationen des kaiserlichen Vormarsches auf: *Diß sind die Stet, so Kay. May. im Land zu Gulick, Geldern, und Cleven zu seinem willen bracht hat: Monion gewonnen mit stürmen, Duern mit stürmender hand gewonnen, Gülick auffgeben …*[86] Der herzogliche Widerstand brach schnell zusammen. Die kaiserli-

(Abb. 18) Beschießung und Eroberung von Burg und Stadt Monschau im Geldernschen Krieg 1543. Kolorierte Zeichnung des 17. Jahrhunderts, wahrscheinlich nach einem älteren Stich.

che Machtdemonstration führte bald zum Frieden von Venlo (7. September 1543), der gerade für die Konfessionsverhältnisse in den Herzogtümern richtungweisend wurde. Von der Belagerung rührt eine bildliche Darstellung in einer Brüsseler Handschrift vom Beginn des 17. Jahrhunderts her, die als erste Abbildung überhaupt von Burg und Stadt Monschau gelten kann. Der Zeichnung ist wahrscheinlich ein Druck (Kupferstich?) als Vorlage voraufgegangen. Auch die anschließenden Ereignisse von Düren und Heinsberg sind in derselben Handschrift im Bild erfasst.[87] Eine andere zeittypische Neuerung nach der schnellen Verbreitung des Buchdrucks waren Flugschriften zu Ereignissen, die bei den Zeitgenossen besonders tiefen Eindruck hinterließen. Diese Blätter können gewissermaßen als Frühformen heutiger Boulevardzeitungen gelten. Man wird ihren Detailnachrichten wegen ihrer reißerischen Machart nicht unbesehen Glauben schenken, doch lässt sich an solchen Zeugnissen ermessen, wie tief die Ereignisse die Zeitgenossen berührt hatten. So heißt es in der Flugschrift *Wie Römische Kaiserliche Maiestat, sambt dem Printzen von Orangien, die statt Düren, belägert, beschossen vnnd erobert hat* unter anderem: *Nach dem der edel Furst und Printz, der Printze von Orangien, das Stettlin Monion sambt dem Schloß daran hangend, erobert hat, vnd die Innwoner all vmbbracht…* [88] Tatsächlich sind die Verluste an Menschenleben nicht genau anzugeben, da Nachrichten von der Burgbesatzung fehlen. Auch aus anderen Ämtern wird berichtet, wie die kaiserlichen Söldner – auch nach dem Friedensschluss von Venlo – im Lande gehaust haben: *breken die knecht nit allein die huser und stelle, sonder oick dat holtwerk in den turnen und van den muiren af, verbernen und verwustent allet* (›brechen die Landsknechte nicht allein Häuser und Ställe, sondern auch das Holzwerk in Türmen und Stadtmauern ab, verbrennen und verwüsten alles‹). Der kaiserliche Truppenführer van Velbruggen habe *seder dem verdrage dat huis und lant van Monjoie verwuesten und verderven laten* (›seit dem Vertrag [von Venlo] Burg und Land Monschau verwüsten und verderben lassen‹) und nicht nur Geschütz, Pulver, Proviant und Getreide sondern auch alles Vieh der Bewohner weggenommen.[89] Nach einer späteren Aufstellung über die ritterlichen Lehnsgüter im Amt[90] waren von dort, *mit pferdt und harnisch zu dienst gefordert*, zehn Mann zur Verteidigung erschienen. Prior Heep nannte bezüglich der Menschenverluste nur allgemein *plurimos bonos cives et milites* ›viele tüchtige Bürger und Soldaten‹. Genaueres über die Schäden ist aus den später erhobenen Bestandsaufnahmen und Reparaturberichten zu erfahren. Eine erste Kommission aus herzoglichen Räten war zur Besichtigung von Ende Juni bis September 1550 im Amt.[91] Demnach waren 7 oder 8 Bürger umgekommen, für deren Hinterbliebene der Rentmeister zu sorgen hatte. Noch a.1612 wusste der 90jährige Peter Huppertz bei einer Zeugenbefragung über die Stadtrechte zu berichten, wie er als Mitglied der Burgbesatzung a.1543 auf dem Eselsturm in Gefangenschaft geraten war. Denn die Turmbesatzung saß in einer Falle, weil das Turminnere nur über einen Treppengang von der Oberburg her ohne Fluchtausgänge (heute noch erhalten) zu erreichen war. Über Verluste unter den von der Regierung angeheuerten Söldnern ist nichts Sicheres zu erfahren. Eine andere Untersuchungskommission des Frühjahrs 1558 sollte sich nach einer Schlussrechnung *der knecht besoldung, so in der vheden uf Monjoie gelegen*, erkundigen; der Versuch aber blieb ohne Ergebnis. Die 2.800 erwachsenen Einwohner des Amtes (›Kommunikanten‹, d.h. zur Kommunion zugelassen und zur Kommunikantensteuer verzeichnet) schätzte der Rentmeister so ein, *das es verbrante arme verdorbene wichter sein* (salopp übersetzt: … ›dass sie ausgeplünderte arme Teufel seien‹), so dass in der Folgezeit 2.000 für *gebrant und verderbt* (›als Ausgeplünderte‹) von Abgaben befreit waren. Der Rentmeister rechnete damit, dass etwa 100 bis 150 Haushalte sich vorerst nicht selbst versorgen könnten. Der Amtmann gab aus den verbliebenen Getreidevorräten der Burg Getreide zum Lebensunterhalt und zur neuen Aussaat an die Bevölkerung aus. Einwohner von Rurberg und Kesternich schafften 50 Malter Roggen – das wichtigste Brotgetreide – herbei. Dieses Getreide mussten sie säckeweise auf die Rücken ihrer Pferde laden, denn Wagen und Karren waren auf dem Plünderungszug verbrannt. Aus Hambach kamen 9 Wagen mit 35 Malter Weizen und aus dem Amt Münstereifel 100 Malter Hafer als »Soforthilfe«. Weitere Hilfe kam aus den Ämtern Wilhelmstein, Düren, Nörvenich und Nideggen.[92] Weil man beim schnellen Wiederaufbau der Stadt vielfach Buchenholz statt Eiche verwendet hatte, das, wie der Forstmeister feststellte, *leicht vergänglich* ist, erwies sich 30 Jahre später eine Anzahl von Häusern als baufällig.

Nicht allein die Erkundigungen wie die von a.1558 mit Bestandsaufnahme bisheriger Fortschritte der Schadensbehebung lassen genauere Einblicke in das Amt um die Mitte des Jahrhunderts zu. Plünderungen und Brand hatten zum Verlust älterer Aufzeichnungen und Rechtstitel geführt, wie gelegentlich ausdrücklich vermerkt ist. So erklärten laut Rentmeisterrechnung 1565/66 die Pächter der Vollmühle *am Stillings* (schon a.1507 bezeugt), ihre ›Brief und Siegel‹ der Konzession *seyen in vorgangener Gulischer veheden verlustig worden*; und a.1553 rief der Amtmann Christoph von Rolshausen d.Ä. Schöffen, Sendschöffen und Älteste zur Auskunft über die überlieferten Rechtsverhältnisse an der Pfarrkirche Konzen zusammen, *dieweil in der Gulischer veheden alle rollen und schriftliche bescheit davon verruckt, und verlohren ist worden, wie undt welcher gestahlt sey genanter kirchen gerechtigkeit.*[93] Die jetzt erhobenen Textzeugnisse bilden wertvolle Quellen über die Lebensverhältnisse im Alltag, wie sie sich bis zur Mitte des Jahrhunderts im Lande herausgebildet hatten. Insbesondere gilt das für die grundlegende ›Amtserkundigung‹ vom Jahr 1549,[94] die in gedrängter knapper Form eine ähnliche Bestandsaufnahme der praktizierten Rechtstraditionen im Amt vornahm wie ein Jahrhundert später das Lagerbuch des Amtes nach dem Übergang des Landes an Pfalz-Neuburg.

Die Wiederaufbauarbeiten an der Burg, insbesondere am und um den Eselsturm, sind ausführlich in der Monographie zur Geschichte der Burg Monschau ausgebreitet worden;[95] auf sie sei hier nur ganz allgemein verwiesen. Hervorzuheben ist daraus zum einen der Neubau der Kommandantur in der Vorburg gleich hinter dem Eselsturm a.1586 anstelle der früheren Pferdeställe, zum anderen die Tatsache, dass der ›Baumeister‹ Maximilian Pasqualini, ein Sohn des Hofarchitekten Alessandro Pasqualini, der die Pläne seines Vaters für Zitadelle und Schloss in Jülich zum Abschluss brachte, mehrmals zur Begutachtung der Arbeiten in Monschau war. Von seinem Nachfolger Johann Pasqualini II. veranlasste Bauteile von a.1605 sind bis heute noch erkennbar. Es handelt sich um den Turmstumpf beim sog. ›Bollwerk‹ am Ende der Rampe links beim Tordurchgang zwischen Vorburg und Doppelturmtor der Oberburg. Die Bauarbeiten sind während des ganzen Jahrhunderts weiter geführt worden. Im Oktober 1556 hielt sich Herzog Wilhelm V. einige Tage im Amt auf; im Februar 1588 war der designierte Nachfolger Johann Wilhelm auf der Burg und konnte sich ein Bild von den Arbeiten machen. Der Rentmeister begleitete ihn auf der Weiterreise nach Lüttich. Von a.1586 an sind die Aufwendungen für Baumaßnahmen in den Rentmeisterrechnungen separat ausgewiesen und jeweils am Ende einer Jahresrechnung als ›Bauzettel‹ angefügt. Trotz der aufwändigen Restaurierungsarbeiten und der zusätzlichen Ausstattung mit neueren Feuerwaffen war die Zeit der alten Höhenburgen abgelaufen, wie die Beschießung a.1543 deutlich gemacht hatte. In Jülich selbst hatte man als Konsequenz daraus mit dem Bau einer modernen Zitadelle begonnen. Ein solcher Aufwand war aber nur für einen zentralen Ort im Herzogtum möglich.

Die Beruhigung nach den Ereignissen von 1543 hielt nicht lange an. Zwar nicht im Herzogtum selbst, aber in der westlichen, jetzt habsburgischen Nachbarschaft begann 1568 der spanisch-niederländische Krieg – aus niederländischer Sicht der achtzigjährige Freiheitskampf der Niederlande. Schließlich mündete der Konflikt auf deutschem Boden in den Dreißigjährigen Krieg ein. Da das auf der Vennhöhe an das Monschauer Land angrenzende Limburg, seit a.1288 mit Brabant vereinigt, Teil der habsburgisch-spanischen Niederlande war, wurde der Westsaum des zwar Jülicher Amtes davon unmittelbar berührt. Es sei daran erinnert dass der Flecken Petergensfeld bei Roetgen den am weitesten nach Osten reichenden Punkt Limburgs darstellt(e) und bis heute in der Mundart als *em Spaansch* ›im Spanischen‹ bezeichnet wird. Die Straße über das Venn beim Reinartzhof war eine viel genutzte, wichtige Durchgangsverbindung, die auch militärischen Verkehr auf sich zog. Es kommt hinzu, dass die kriegführenden Parteien bestrebt waren, Kriegshandlungen in die Nachbarschaft zu tragen, um entweder eigenes Gebiet zu schonen oder sich dort zu versorgen, wenn im eigenen Lande nichts mehr zu holen war, denn die Kriegsvölker ernährten sich aus dem Lande. Einen Eindruck davon, wie stark die linksrheinischen Territorien zwischen Kleve und Emmerich im Norden und Monschau und Schleiden im Süden in dieses Kriegsgeschehen einbezogen waren, vermittelt eine Tabelle der betroffenen Orte samt Karte,[96] in denen zu verschiedenen Zeiten spanische oder niederländische Besatzungen lagen. Schon im Mai 1568 empfahl Herzog Wilhelm dem in Bensberg tagenden Landtag, einige feste Plätze des Landes gegen einen Einfall des spanischen ›Generalkapitäns‹ Herzog Alba vorzubereiten; u.a. sollte sich Amtmann Christoph von Rolshausen *nach etlichen guten erfarnen kriegsleuten umbhoren, dern man im notfal zu beschutzung unsers schloss und fleckens alda gebrauchen und an der hant haben konne.*[97] Bis in die beginnenden 1580er Jahre blieb es noch einigermaßen ruhig. Dann aber setzen Nachrichten über Auftreten und Übergriffe fremden Militärs ein; typischerweise fallen überwiegend Namen aus dem Umkreis der erwähnten Nord-Süd-Verbindung: Reinartzhof, Kalterherberg und Roetgen.[98] Erwähnung finden solche Vorkommnisse in den Rentmeisterrechnungen in der Regel nicht deshalb, weil der Rentmeister direkte Zahlungen an fremde Kriegsvölker geleistet hätte, sondern weil sich durch deren Auftreten immer wieder Anlässe für Ausgaben zu Boten- und Kurierdiensten ergaben. Ständig waren Kundschafter in die Nachbarschaft unterwegs, um rechtzeitig Truppenbewegungen festzustellen. Beispielsweise eilte der Rentmeister a.1585, als spanische Kriegsvölker im Amt waren, zum Befehlshaber ins Limburgische, weil es geheißen hatte, dieser habe *sich gelusten lassen, etwan einer belehenongh des landtz Monoie am hauß Bourgundien und Limborgh antzunemen.* Im September 1594 musste er schleunigst nach Rheydt zum Marschall Graf Nesselrode, weil zwei Schreiben mit dem Siegel des spanischen Königs eingetroffen waren. Der Rentmeister wagte nicht sie zu öffnen. Vom Dezember 1586 datiert ein Rundschreiben Herzog Wilhelms V., in dem er zu verstärkter Wachttätigkeit, Befestigung und Munitionsbeschaffung und Bereithaltung der Lehnsleute und Amtsschützen aufrief.[99] Diese Schützen waren ein Aufgebot, das zwischen der Lehnsgefolgschaft der Lehnsgüter und dem von den Ständen unterhaltenen Militär stand. Darunter bildeten die ›Hofschützen‹ eine Leibwache des Herzogs, auf Amtsebene sind sie als eine Art bewaffneter Bürgerwehr oder Landsturm zu verstehen. Sie sollten laut der Schützenordnung von a.1571 sich selbst *mit harnisch und buxsen in rustongh halten* und u.a. *uf den straessen und sunst gute ufsicht haben.*[100]

Notizen dieser Art häufen sich von den ausgehenden 1580er Jahren an, ohne dass dabei immer die zugehörigen Vorkommnisse genauer genannt sind wie etwa im Januar 1589, als ein Bote zum Grafen Mansfeld nach Luxemburg abging, dessen Reiter im Land gewesen und *den armen leudten ire perdt abgenommen.* Während all solcher Zwischenfälle gingen die Bauarbeiten an der Burg allerdings unverändert weiter.

Erstmals zu a.1583/84 tauchten französische Kriegsvölker in der Nähe auf. Der Amtmann nahm für drei Monate 15 Söldner zur Sicherung auf die Burg. Von a.1586 an sind es vermehrt Spanier, die dem Amt zu schaffen machen, die Rechnung 1585/86 meldete *ingelegerte spanische kriegsleuth.* Sie waren offenbar länger in Monschau stationiert und hatten im März Raubzüge in zwei Dörfer unternommen.

Der Amtmann nahm den Vorfall zum Anlass für den Kauf von Pulvervorrat; es sollte im Notfall an die Bürger und die Schützen des Amtes verteilt werden. Kriegerische Zwischenfälle nahmen jetzt weiter zu. Die Zollpächter klagten über massiven Rückgang an Einnahmen, weil die Kaufleute die Durchgangsstraßen wegen der allgemeinen Unsicherheit mieden. In dieser Lage schlugen die herzoglichen Räte im Juli 1588 dem Amtmann vor, zur Sicherung der Burg auch die Schützen des Amtes heranzuziehen. Im Februar 1589 war ein burgundisches Regiment angekommen, im Juni ein anderes, das noch im Februar 1590 anwesend war. Aus der Umgebung, abwechselnd aus dem Limburgischen oder aus dem Münsterländchen, aber auch aus dem Jülichschen selbst, wurde das Auftauchen von Kriegsvolk registriert. Die *ingelegerten* Söldner waren offenbar provisorisch auf der Burg untergebracht; mehrmals ist von Soldatenhütten die Rede. Unter diesen Umständen konnten schlimme Zusammenstöße mit den Einwohnern nicht ausbleiben. Im September 1592 brachten Spanier bei einem Überfall vier Einwohner von Kalterherberg um, von Plünderungen in Roetgen und auf dem Reinartzhof wird berichtet. Bei einem ähnlichen Überfall im Juli 1594 ist verzeichnet: *auch vill soldaten und haußleuth verwundt und todtgeschlagen*. Offenbar hat man sich auf den Dörfern bewaffnet und zu wehren versucht. In den Jahren 1596 bis 98 war ein gewisser Höhepunkt erreicht. Auch in Schleiden lag seit a.1593 (mit Unterbrechungen) ein spanisches Kontingent.[101] Der Leutnant der Spanier zitierte den Monschauer Rentmeister herbei, um eine größere Geldsumme aus dem Amt zu erpressen. Im März 1596 hatten Reiter, *uf dem hauß Schleyden gelegen, uf den Hoeven und Schuttelers Raderen 12 pferdt den haußleuden abgenohmen*. Um dieselbe Zeit tauchten sogar ›staatische‹ Reiter (Kriegsknechte der niederländischen Generalstaaten) im Lande auf, die in Kalterherberg und Höfen 13 Pferde raubten. Überhaupt waren Pferde das bevorzugte Beuteobjekt. Im Dezember 1597 erschienen die Reiter aus Schleiden zum Pferderaub auch tiefer im Innern des Amtes in Oberrollesbroich (Strauch). Im Februar 1596 beschloss ein Landtag in Hambach, zum Schutz der grenznahen Ämter die dortigen Landwehren instand zu setzen und zu verbessern.[102] Ob es solche Einrichtungen an der Grenze des Amts Monschau gegeben hat, ist nicht bekannt. Möglicherweise hat man den breiten Waldgürtel an der Westgrenze als einen hinreichenden Schutz angesehen. An den Amtmann erging jedenfalls die Weisung, die Pässe zum Limburgischen zu sperren und *in das gewelde etliche graben und gelucke zu machen*. Diese ›Gelucke‹ waren verschließbare Durchlässe (zu mnl. *geluken* ›schließen, dicht machen‹, vgl. nhd. *Luke*).

Im Vergleich mit den Schäden des Kriegszugs von a.1543 im gesamten Amt waren die Vorkommnisse der beiden letzten Jahrzehnte – da sporadisch und punktuell – deutlich weniger schwerwiegend. Sie waren aber geeignet, die Unsicherheit im Land zu befördern. Diese hielt auch nach der Jahrhundertwende weiter an, als a.1609 mit Herzog Johann Wilhelm die Dynastie der Vereinigten Herzogtümer im Mannesstamm ausstarb und ein Erbstreit der nächsten Erbberechtigten, Kurbrandenburg (später Preußen) und Pfalz-Neuburg folgte. Auch der Kaiser schaltete sich ein. Das alles ist im gewählten Rahmen nicht mehr zu behandeln. Mit dem neuen Jahrhundert begann für das Monschauer

Land endgültig eine neue Epoche, die sich schon länger angekündigt hatte. Sie wird nicht zuletzt daran sichtbar, dass nach dem kurzen Versuch einer gemeinsamen Regierung der ›possedierenden Fürsten‹ (Kurbrandenburg und Pfalz-Neuburg) nach dem Vertrag von Xanten a.1614 letztlich doch eine Teilung der Länder zustande kam. Dabei fielen Kleve-Mark und Ravensberg an Kurbandenburg, Jülich-Berg aber an Pfalz-Neuburg. Ebenso hatte die in der letzten Jahrhunderthälfte auch im Amt Monschau stärker werdende reformatorische Bewegung eine neue Zeit in Religionsdingen angekündigt, die einen Einschnitt der Darstellung mit dem Ende des Kleve-Jülicher Hauses rechtfertigt, so dass die weitere Darstellung am zeitlichen Faden entlang hier abbricht.

Wenn die folgenden Kapitel des zweiten Teils gleichwohl unter der Überschrift ›Mittelalter‹ behandelt werden können, so liegt dem die Beobachtung zugrunde, dass die jetzt zur Sprache kommenden Bereiche des Alltagslebens von den Tagen der Waldrodung an bis zum hier gewählten Einschnitt gegen Ende des 16. Jahrhunderts kaum nennenswerte Änderungen durch die Jahrhunderte erfahren haben. Die in diesem Zeitraum üblichen Gepflogenheiten und Rechtsregeln haben sich in einer Anzahl schriftlicher Zeugnisse niedergeschlagen (Weistümer/ländliche Rechtstexte). Sie sollen in diesem zweiten Teil, gegliedert nach Sachbereichen, zusammenhängend dargestellt werden.

Anmerkungen

1 T. Klaversma: De Heren van Cranendonk, S. 55 und T. Klaversma, Johann II. von Schönforst, EHV 38 (1966) S. 80 mit zugehörigen Quellennachweisen.

2 Nachweise bei T. Klaversma: Streit um Monschau im 15. und 16. Jahrhundert, EHV 43 (1971) S. 83f.; zu den nachfolgenden Auseinandersetzungen s. ebd. S. 85–88 und W. Stüwer: Jülich, Limburg, Schönforst und Burgund im Kampf um Montjoie, in: Das Monschauer Land, S. 58–75.

3 UBNRh IV Nr. 548.

4 Wie Anm. 2.

5 Zur Frühgeschichte der Familie s. L. Müller-Westphal: Notizen zur Geschichte der Familie von Birgel im 13. Jahrhundert, DGB 71 (1982) S. 21–23.

6 Zur Geschichte des Hofes s. H. Tichelbäcker: Vossenack. Marschallhof und Dorf im Land Monschau, 1992 und H. Tichelbäcker: Vossenack – vom freien Marschallhof zum Dorf im Amt Monschau, ML 32 (2004) S. 50–58.

7 RRA VI Nr. 771 und 682.

8 A. Verkooren: Inventaire Luxemburg III Nr. 1214 = E. Quadflieg: Regesten, Nr. 313.

9 Vgl. auch E. Quadflieg: Regesten Nr. 345.

10 Wiedergabe beider Texte in neuhochdeutscher Übersetzung bei T. Klaversma: Johann II. von Schönforst, EHV 38 (1966) S. 80–83; der Registereintrag ist in französischer, das Schreiben Katharinas in mittelniederländischer Sprache abgefasst. (Fotografien beider Texte als Geschenk von Herrn Klaversma im Archiv des Geschichtsvereins.

11 UBNRh IV Nr. 215, danach das Folgende.

12 So noch E. Neuß: RhStA Kap. I,4 Türme.

13 LAV NRW R, Jülich Lehen Spec. 160.

14 LAV NRW R, Jülich-Berg I 1175, fol. 25–29; zum Streit s. W. Stüwer, in: Das Monschauer Land, S. 62f.

15 Dazu E. Neuß: Die Burg Monschau, S. 109–115 .

16 LAV NRW R, Jülich-Berg Urk. 674.

17 LAV NRW R, Jülich-Berg I 1175, fol. 25–29.

18 LAV NRW R, Jülich-Berg Urk. 247 ; weiter bei Verlehnung des Hofes Eschauel (Lagerbuch 1649, StaMON 1. Abt. G 2, fol. 298).

19 I Nr. 297.

20 LAV NRW R, Jülich-Berg Urk. 310 und UB Düren I Nr. 259.

21 Thijs von Heisteren: LAV NRW R, JB Urk. 310 und 311; vgl. W. Güthling: Zur Geschichte des Amtes Monschau, EHV 15 (1940) S. 17 – Johann von Geisbusch: LAV NRW R, JB Urk. 443a

22 Beispielsweise LAV NRW R, Jülich-Berg I 1175, fol. 6r und 23r und Jülich-Berg Urk. 855.

23 LAV NRW R, Jülich-Berg Urk. 355; vgl. ebd. Jülich-Berg I 1175 fol. 20r.

24 LAV NRW R, Jülich-Berg I 1175, fol. 15r und 17r.

25 Urkundenabschrift im Lagerbuch 1649, StaMON 1. Abt.G 2, fol. 304v–305r.

26 G. Meyer: Die Familie von Palant im Mittelalter, S. 184.

27 Das Folgende mit detaillierten Quellennachweisen vor allem nach G. Meyer: Die Familie von Palant im Mittelalter, S. 178–201 und W. Stüwer, in: Das Monschauer Land, S. 64–75.

28 UB Düren I Nr. 293.

29 Druck bei J. Chestret de Haneffe: Histoire de la seigneurie impériale de Reckheim, PSHAL 10 (1873) S. 81–84; vgl. G. Meyer: Die Familie von Palant, S. 184.

30 Einzelnes bei E. Neuß: Die Burg Monschau, S. 103–105.

31 Druck bei R. Pick: Zur Geschichte der Burgen und Rittergüter in der Aachener Gegend, ZAGV 12 (1890) S. 324ff. Vgl. auch E. Neuß: Vermischte Notizen über die Amtleutefamilien von Rolshausen/von Palant, ML 25 (1997) S. 31f.

32 W. Stüwer, in: Das Monschauer Land, S. 64f.; dazu auch E. Quadflieg: Thonis von Palant. Pfandherr von Monschau 1461–1472, HKM 12 (1964) S. 64ff., allerdings ohne explizite Quellennachweise.

33 UB Düren I Nr. 348

34 UB Düren I Nr. 364 und 380.

35 LAV NRW R, Jülich-Berg Urk. 1152; Druck bei W. Paravicini: Rasse de la Rivière, Antoine de Palant et la place de Montjoie, in: Annuaire d'Histoire de Liégoise 15 (1974) S. 136–139.

36 Details der ganzen Geschichte im Urteil des abschließenden Prozesses vom 17. April 1472: LAV NRW R, Jülich-Berg Urk. 1197. Zur Datierung der Belagerung auf a.1469 s. G. Meyer: Die Familie von Palant, S. 191 mit Anm. 86.

37 LAV NRW R, Jülich-Berg I 1177, fol. 2ff.

38 LAV NRW R, Jülich-Berg I 1177, fol. 11r.

39 LAV NRW R, Jülich-Berg Urk. 1175.

40 Das Urteil Karls des Kühnen mit allen Einzelheiten der Vorgeschichte: LAV NRW R, Jülich-Berg Urk. 1197; s. auch W. Paravicini: Guy de Brimeu, S. 257f. mit Anm. 38 und W. Stüwer, in: Das Monschauer Land, S. 67ff.

41 Quellennachweise bei H. Domsta: Geschichte der Fürsten von Merode, II, S. 296 und 438f.

42 UBNRh IV Nr. 367

43 LAV NRW R, Jülich-Berg I 1177, fol. 33r–36v; vgl. G. Meyer: Die Familie von Palant, S. 197f.

44 Dazu T. Klaversma: Streit um Monschau im 15. und 16. Jahrhundert, EHV 43 (1971) S. 83–88 und W. Stüwer, in: Das Monschauer Land, S. 71ff.

45 Kurz und präzise beschrieben bei W. Janssen: Kleine Rheinische Geschichte, S. 123–127; ausführlich W. Janssen: Die niederrheinischen Territorien im Spätmittelalter, RhVB 64 (2000) S. 127–156.

46 UB Düren I Nr. 297.
47 J. Hansen (Hg.): Westfalen und Rheinland, II, Nr 30.
48 UB Düren I.2 Nr. 440.
49 H. Goldschmidt: Landtagsakten. Nachträge, ZBGV 46 (1913) Nr. 6.
50 StaMON 1. Abt. G 2, fol. 11r/v.
51 LAV NRW R, Jülich-Berg I 1028, fol. 1–2r; Abschrift auch StaMON 1. Abt. G 2, fol. 11v–12v. Originale: StaMON 1.Abt. E 10 und F 1.
52 LAV NRW R, Jülich-Berg I 1175, fol. 4.
53 StaMON 1. Abt. G 2, fol. 169v–170v.
54 LAV NRW R, Jülich-Berg Urk. 674; vgl. E. Neuß: Die Burg Monschau, S. 107–115.
55 Urkunde StaMON 1. Abt. E 8; s. auch W. Vogt: Jahrmärkte in Montjoie, EHV 3 (1927/28) S. 111–112.
56 H. Goldschmidt: Landtagsakten. Nachtrag, ZBGV 46 (1913) S. 78 Nr. 24.
57 G. von Below (Hg.): Landtagsakten II S. 725f und 923–925.
58 StaMON 1. Abt. G 2, fol. 295v–297v.
59 H. Dinstühler: Die Jülicher Landrentmeisterrechnung von 1434/1435, S. 52, 135.
60 StKaDN Urkunde D 15a.
61 E. Neuß: Neue Datierungen der ersten Siegel des Monschauer Landes, ML 35 (2007) S. 53–57; s. auch E. Neuß: Das Schöffensiegel des Landgerichts im ehemaligen Jülicher Amt Monschau, ML 14 (1986) S. 32–37.
62 R. Jansen: Aus Eschauels Vergangenheit, ML 14 (1986) S. 38.
63 H. Domsta: Geschichte der Fürsten von Merode, II, S. 309.
64 Alle Verleihungsurkunden, auch die folgenden, finden sich abschriftlich im Lagerbuch des Amtes von 1649: StaMON 1. Abt. G 2.
65 Urkunde StKaDN D 34a.
66 Dazu H. Steinröx: Reinartzhof und Hattlich, S. 157–175, bes. S. 163–166.
67 H. Steinröx: Die alten Grab- und Gedenksteine in der Konzener Kirche, ML 21 (1993) S. 48f.
68 LAV NRW R, JB Lehen Spec. 128.
69 H. Steinröx, in: 1100 Jahre Konzen, S. 109–113 mit Quellen und Abbildungen; P. Schreiber: Zwei Jülicher Lehnshöfe in der Lutterbach zu Konzen, EHV 36 (1964) S. 109–114.
70 E. Neuß: Zu den Anfängen von Schmidt im späten Mittelalter, ML 18 (1990) S. 39–44.
71 Details und Quellen bei H. Steinröx: Reinartzhof und Hattlich, S. 34–44.
72 W. Herborn/K.J. Mattheier (Bearb.): Die älteste Rechnung des Herzogtums Jülich, 1981; H. Dinstühler: Die Jülicher Landrentmeisterrechnung von 1434/1435, 1989..
73 LAV NRW R, Jülich-Berg III Rechnungen. Amt Monschau; in wichtigen Auszügen mitgeteilt von W. Güthling: Zur Geschichte des Amtes Monschau, EHV 15 (1940) S. 17–30, 65–74, 81–91, 97–108
74 StaMON 1. Abt. E 5; Druck: E. Neuß (Hg.): Weistümer Nr. 11.
75 Bei W. Güthling: Zur Geschichte des Amtes Monschau, EHV 15 (1940) S. 82.
76 E. Neuß: Die Burg Monschau, S. 115–118.
77 Zu Geldern insgesamt und der aktuellen Situation: W. Janssen: Kleine Rheinische Geschichte, S. 163–177 und W. Janssen: Die Geschichte Gelderns bis zum Traktat von Venlo (1545). Ein Überblick, in: Gelre – Geldern -Gelderland, 2001, S. 13–28.
78 LAV NRW R, Jülich-Berg I 1175, fol. 88.
79 UBNRh IV Nr. 357; das Folgende nach M. Böck, Die Auseinandersetzungen, in: G. von Büren u.a.(Hg.): Herrschaft, Hof und Humanismus, S. 149- 170 und W. Janssen: Kleine Rheinische Geschichte, S. 171–177.
80 Nach der Handschrift bei A. Rutz, in: G. von Büren u.a. (Hg.): Herrschaft, Hof und Humanismus, S. 41. Zur Person Herzog Wilhelms s. G. Bers: Wilhelm Herzog von Kleve-Jülich-Berg (1516–1592), BJG 31 (1970) S. 1–18 mit Quellen und Literatur.

81 LAV NRW R, Reichenstein, Rep. u. Hs. 1, fol. 2r/v; hier nach der Neuedition E. Neuß (Hg.): Weistümer Nr. 12; auch gedruckt ZBGV 22 (1886) S. 80.

82 Zu den Abläufen im Einzelnen H. Andermahr, Landesburgen, S. 28–33.

83 G. von Below (Hg.): Landtagsakten I, Nr. 115.

84 Zur Person s. U. Schuppener: René von Oranien, der Belagerer Monschaus im Jahre 1543, ML 31 (1993) S. 39–45.

85 L. Jansen: Zur Stadtbefestigung von Düren, NBJG 33 (2020) S. 19.

86 W. Crecelius: Der Geldrische Erbfolgestreit, ZBGV 23 (1887) S. 153, Flugschrift N.

87 Farbabbildung RhStA Lfg. X Nr. 56; zur Handschrift und Einzelanalyse E. Neuß: Die Belagerung und Eroberung Monschaus im Jahre 1543, ML 18 (1990) S. 29–33.

88 J. J. Merlo, AHVNRh 18 (1857) S. 264; weitere Flugschriften bei H. Schiffers: Die Jülicher Fehde und das Monschauer Land, EHV 18 (1943) S. 53–59.

89 Landtagsakten I S. 489 Anm. 2 zu Nr. 142.

90 StaMON 1.Abt. E 8a.

91 LAV NRW R, Jülich-Berg III 980 und Rentmeisterrechnungen (W. Güthling: Zur Geschichte des Amtes Monschau, EHV 15 (1940) S. 83ff.); Auswertung im einzelnen bei E. Neuß: Die Burg Monschau, S. 130ff.

92 G. von Below (Hg.): Landtagsakten I Nr. 160 und 163a und Rentmeisterrechnungen: W. Güthling, EHV 15 (1940) S. 83f.

93 Nach der Rechnung wiederholt im Lagerbuch 1649 (StaMON 1. Abt. G 2, fol. 147r) und E. Neuß (Hg.): Weistümer Nr. 14.

94 LAV NRW R, Jülich-Berg II 4877 fol. 61r–78r; Druck bei E. Neuß (Hg.): Weistümer, Nr. 13.

95 E. Neuß: Die Burg Monschau, 1998, S. 132ff.

96 F. Petri: Im Zeitalter der Glaubenskämpfe, in: F. Petri – G. Droege (Hg.): Rheinische Geschichte, II, S. 96f.

97 Landtagsakten II, Nr. 57a

98 Die Einzeldaten im Folgenden nach den Auszügen der Rentmeisterrechnungen bei W. Güthling: Zur Geschichte des Amtes Monschau, EHV 15 (1940) S. 89ff. und den ›Bauzetteln‹ 1586–1601/02 (LAV NRW R, Jülich-Berg III Rechnungen Amt Monschau); vgl. auch E. Neuß: Die Burg Monschau, S. 139–159.

99 Druck bei T. Cremer: Der Bürger in Waffen am Ausgange des Mittelalters, RhGB 7 (1904) S. 226f.

100 H. Eschbach: Ordnung für die Schützen des Herzogs von Jülich-Cleve-Berg. 1571 Januar, DJB 14 (1905) S. 244–247. Zur Einordnung s. W. Cürten: Die Organisation der jülich-klevischen Landesverwaltung, DJB 24 (1911) S. 214–217.

101 Details und Hintergründe: H. Hinsen: Herrschaft, Schloß und Stadt Schleiden 1593–1613, GiKE 2 (1988) S. 7–50.

102 E. Neuß: Die Burg Monschau, S. 142; W. Engels: Die Instandsetzung und Ergänzung der Landwehren, ZAGV 60 (1939) S. 189–199, hier S. 193.

9. Die Forstverwaltung und die Waldnutzung

Ein grundlegendes Kennzeichen des Monschauer Landes, das sich durch die mittelalterliche Geschichte hinzieht und seinen Charakter auf lange Sicht bestimmt hat, ist der Wald, seine Erschließung durch umfangreiche Rodung vom ausgehenden 11. Jahrhundert an und seine vielfältige Nutzung sowie seine Aufsicht durch herrschaftliche Forstverwaltung. Nach der Auflösung der Römerherrschaft links des Rheins war gerade im Mittelgebirgsraum von Nordeifel und Ardennen der Wald wieder zum ursprünglichen geschlossenen Urwald herangewachsen, unterbrochen nur von kleinen Siedlungsinseln. Wo noch einige der ansässigen Bewohner geblieben waren, konnten sie die gebräuchlichen gallorömischen Ortsnamen weitergeben und so bewahren (z.B. *Konzen, Kesternich, Mützenich*). Schon die fränkischen Merowingerkönige hatten große Gebiete des bewaldeten ›Unlandes‹ eingeforstet und unter Königsbann gestellt (zum Begriff vgl. Kap. 1a), wie aus Nachrichten aus dem Umfeld der Gründung des Klosters Malmedy (um a.650) hervorgeht. Zur Zeit der Karolinger wird im Rahmen der Königshöfe die Tätigkeit der dort stationierten *forestarii* (›Förster‹) etwas genauer fassbar, weil die Ordnung der Höfe schriftlich geregelt wurde (vgl. Kap. 1 b). Das Ausbleiben von typischen Ortsnamen der frühen Rodungsperiode (8./9. Jahrhundert) erlaubt für das Monschauer Land die Annahme, dass es dort im frühen Mittelalter noch nicht zu einer nennenswerten Waldrodung gekommen ist. Vielmehr wurde sie erst vom ausgehenden 11. Jahrhundert an von den Grafen/Herzögen von Limburg durch Anwerbung von Siedlern ins Werk gesetzt. Damit war eine stillschweigende Entfremdung der Forsthoheit aus der Hand des Königs und ihre Aneignung durch das Haus Limburg einhergegangen. Mit der Überlassung der Forstrechte von Limburg an den Grafen von Jülich (Vereinbarung von Kornelimünster a.1238) wird es möglich, die Forstverwaltung der folgenden Jahrhunderte ausführlicher vorzustellen.

a. Die Organisation der Forstverwaltung zur Zeit der Waldgrafen aus dem Haus Jülich

Seit der Einigung zwischen Walram I. von Monschau mit seinem Neffen Wilhelm IV. von Jülich von a.1238 über das Waldrecht und die Gerichtsherrschaft im Hof Konzen (vgl. Kap. 4.c) liegt eine Reihe von (Rechts)texten bis ins 16. Jahrhundert hinein vor, aus denen ein anschauliches Bild von der Forstverwaltung zu gewinnen ist. Aufs Ganze gesehen kann diese Einrichtung im Bezirk auf ein gleich hohes Alter wie die kirchliche Organisation unterhalb der Bistumsebene zurückblicken. Denn abgesehen von den noch aus der Römerzeit überkommenen Bischofssitzen in Trier, Köln und Tongern-Maastricht (fortgeführt durch Lüttich) war die kirchliche Organisation auf dem Lande erst schrittweise, Hand in Hand mit der Christianisierung des fränkischen Adels und seiner Gefolgschaft vor sich gegangen.[1] Wenn auch nicht in jedem Falle dokumentiert ist, ob und (vor allem) wann die einzelnen Domänen (*villae*) auf dem Königsgut über eine Kirche und einen Geistlichen verfügten, so gehörten aber von Anfang an Förster zur Personalausstattung der Höfe (Kap. 1.b). Für die frühe fränkische Zeit sind allerdings Forstmeister als Chefs der Förster eines Hofes noch nicht bezeugt. Sie unterstanden vielmehr zunächst dem *iudex* (›Richter, Vorsteher‹) des Königshofes.

Seit der genannten Vereinbarung von a.1238 sind in der Folgezeit ausführliche Regelungen zur Forstverwaltung aus den Jahren 1306–1336, 1342, 1376, der 1. Hälfte des 15. Jahrhunderts, dann 1500 und 1549 überliefert. Die beiden ältesten Texte sind noch in lateinischer Sprache verfasst. Sie sind alle in einer neuen Edition leicht zugänglich.[2] Auf dieser Grundlage beruht die folgende Beschreibung, und alle wörtlich oder sinngemäß angeführten Stellen sind dort aufzufinden. Einzelbelege mit eigenen Fußnoten verweisen auf zusätzliche Nachrichten über die genannte Gruppe hinaus. Die forstrechtlichen und siedlungsgeschichtlichen Ausführungen der Kapitel 2 (c, d), 3 (a, b), 4 (c), 5 (d) und 6 (b, c) sollten dazu jeweils parat gehalten werden.

Der erste bekannt gewordene Forstmeister (*magister foresti* bzw. *forestariorum*) war a.1238 der noch von Limburger Seite eingesetzte *Gerardus Melcop*, der auch schon früher im Gefolge von Walrams I. von Monschau älteren Bruder Heinrich (von 1226–1247 als Herzog Heinrich IV. von Limburg) bezeugt ist. Die Vereinbarung legte als neues Verfahren fest, dass der Forstmeister seine Befugnisse jetzt als Lehen vom Grafen von Jülich in seiner Eigenschaft als Waldgraf übertragen erhielt, nachdem er bis dahin offenbar von Limburger Seite eingesetzt worden war. Der Forsthof Konzen wurde verpflichtet, dem Waldgrafen 20 einheimische Förster zu präsentieren, und der Waldgraf stattete sie mit den zugehörigen Rechten und Freiheiten aus. Sie erhielten zu ihrem Amt je eine sog. ›Forsthufe‹ (lat. *mansus*), ein Dienstgut. Diese Hufe trat an die Stelle einer Besoldung in Geld und sollte den Lebensunterhalt des Försters sichern. Bezüglich der Forsthufen war ausdrücklich festgelegt, dass in Blens (links der Rur) ein Förster seinen Sitz mit Hufe haben sollte – ein Indiz für die ursprüngliche Rurgrenze des Forsthofes Konzen und die wohl zu dieser Zeit schon erfolgte Abtrennung der Distrikte Lindheld und Meuchelberg vom

Forsthof Konzen bei der Burg Heimbach. Der Blenser Förster hatte deshalb später (a.1549) zusammen mit zwei Kollegen aus dem Münsterländchen den Status eines ›Vorförsters‹ mit Sitz ›vor dem Wald‹ (nicht ›Oberförster‹ wie H. Haupts meinte). Das Klosterterritorium ragte nämlich in den ursprünglichen Konzener Forstbezirk (Reichswald) hinein, so dass der Geltungsbereich des Forstrechtes nicht mehr mit dem Gerichtsbezirk der Burgherrschaft Monschau zusammenfiel. Die Monschauer Territorialgrenze gegenüber Kornelimünster war denn auch längerfristig bis an die Vicht zurückgenommen worden (vgl. Kap. 7). Daraus folgten einige rechtliche Sonderanweisungen für die Vorförster, da sie u.U. mit Waldnutzern zu tun bekamen, die nicht zur Herrschaft Monschau gehörten. Die Ausstattung der klösterlichen Vorförster hatte der Abt zu besorgen, da sie auf seinem Territorium ansässig waren. Während die Lage ihrer genannten Grundstücke nicht mehr zu identifizieren ist, sieht es beim Blenser Vorförster besser aus: seine Hufe lag *bei Daniels Wier* (›Weiher‹) *zwisschen Blenß und Dirichscheid* (Schmidt). Die Einrichtung der Vorförster hat sich durch die Jahrhunderte fortgesetzt. Noch zum Jahr 1664 ist die Bestallung des *Con Scholl* aus Venwegen zum Vorförster belegt, dem a.1691 sein Sohn im Amt nachfolgte.[3] Zum Forstpersonal gehörten weiter noch 4 Forstknechte, über die aber in späterer Zeit nichts mehr verlautet.

Zusammen mit dem Forstmeister bildeten die Förster ein eigenes Gericht, das *holzdinc*, wie es laut dem lateinischen Text ›volkssprachlich genannt wurde‹ (*vulgo dicitur*); das Wort ist gebildet aus *holz* in der alt- und mittelhochdeutschen Bedeutungslesart ›Wald‹ (vgl. ›Gehölz‹) und *dinc/ding* ›Gericht[stag]‹ (auch *gedinc/gedinge*). In der Tradition des Königsgutes war dieses Holzding/Förstergericht eine herrschaftliche Einrichtung, wie sich auch an der Überlassung waldgräflicher Rechte vom Limburger Herrn von Monschau an den Grafen von Jülich zeigt. Auf der Jülicher Seite, dem ›Unterwald‹ im späteren Amt Wehrmeisterei bestand analog ein Forstgericht unter Vorsitz des Wehrmeisters. Nach dem Weistum von a.1342 bestimmten die Förster, dass der Herr von Monschau insofern über den Wald *eyn herre is, dat he den walt up ind zoe doen mach zoe sinen willen* (›ein Herr ist, dass er den Wald öffnen und schließen kann nach seinem Willen‹). Das ist wichtig festzuhalten, weil anderswo auch genossenschaftlich begründete Holz(ge)dinge vorkamen,[4] so etwa in den Quartieren des Aachener Reichs, die ihre Förster wählten. Trotz Reibereien gegenüber Ansprüchen von Seiten Jülichs haben diese Orte ihre Rechte lange wahren können.[5] Überhaupt zeigt sich im regionalen Vergleich, dass in den Grundzügen der Umgang mit dem Wald zwar durchgängig ähnlich bis gleich war, in Einzelheiten aber vielerlei örtliche Eigenheiten gepflegt werden konnten. So amtierte z.B. im benachbarten limburgischen Baelen der Schultheiß auch als Waldaufsicht und saß dem 14täglichen Forstgericht vor.[6]

Tagungsort und -zeit des Gerichts sollte der Forstmeister 14 Tage vorher in der Kirche zu Konzen ankündigen. Später (a.1549) heißt die Einrichtung *vorster gericht* und bestand ausdrücklich aus dem Forstmeister und 19 Förstern. Offensichtlich war unter den 20 zu stellenden Förstern der Forstmeister mitgerechnet. In der ersten Vereinbarung von a.1238 waren drei zusätzliche Gerichtstermine für Bütgenbach angesetzt – auch das ein Indiz eines älteren Zustandes, dass nämlich Bütgenbach nicht von Anfang an Teil des Forsthofes Konzen gewesen ist. Erst mit dem limburgischen Ausgriff über die Römerstraße hinaus weiter nach Süden war der Raum um Bütgenbach auch bezüglich des Waldrechtes hinzugekommen. Entsprechend ist in der späteren Aufzeichnung von a.1549, nachdem es in der Folge des Valkenburger Erbstreits zu einer Orientierung des Hofs Bütgenbach nach St.Vith gekommen war, keine Rede mehr von »auswärtigen« Gerichtstagen. Bei Terminen von grundsätzlichem Rang, wenn das Kollegium geltendes Recht weisen sollte wie a.1342, tagte das Gericht unter freiem Himmel *an dem heister up der stat, da si zo rechte … waltrecht wisen soelen* (›an der Buche an der Stelle, wo sie rechtmäßig das Waldrecht weisen sollen‹). Auch bei der von a.1500 bezeugten Rechtsweisung für den Abt von Kornelimünster tagte das Gericht unter freiem Himmel *auf der Acht*. Nach Ausweis der Forstmeisterrechnung von 1574/75 hatte die Einrichtung unverändert Bestand (*Ist von alters und noch bräuchlich, daß alle monat durch den forstmeister dat waldtgedingh gehalten wirdt …*)

Die Förster schworen bei Amtsantritt einen Diensteid, aus dem die näheren Amtsaufgaben hervorgehen: *hoeden und penden* (›hüten, d.h. beaufsichtigen und pfänden‹), *das wasser und waldt angehet und ijn das waltgeleit schleit* (›was Wasser und Wald betrifft und ins Waldgeleit fällt‹). Mit ›pfänden‹ ist gemeint, dass die Förster, alles zunächst an Ort und Stelle beschlagnahmen konnten, was nach ihrer Einschätzung widerrechtlich aus dem Wald entnommen wurde. Das war wohl meist (Brenn)holz, aber auch Plaggen, Streu oder Heu wurden im Wald gewonnen – in der hier behandelten Zeit aber noch nicht Torf. Nutzung von Torf als Brennstoff ist für den Monschauer Raum erst vom 17. Jahrhundert an bezeugt, in der angrenzenden Wallonie wenig früher.[7] Zugtiere und Karren wurden gleich mit beschlagnahmt. Bei Klärung der Vorfälle vor dem Forstmeister oder Forstgericht konnten Beschuldigte die Pfänder auslösen. Zur Auslösung von Pfändern war a.1238 ein Betrag von 20 Denaren bestimmt. Die Nennung von Wasser im Eid zielte vor allem auf den Fischfang, betraf aber die Wassernutzung überhaupt, wie die Anlage von Wehren, Mühlenwerken o.ä. (Entsprechend sagte schon die ältere Bestimmung: *omnia que fuerint in nemore et aqua* ›alle Dinge, die im Wald und Wasser vorkommen könnten‹). Was alles unter das Forstrecht fiel war auch außerhalb ausdrücklicher Rechtsweisung generell bekannt und wurde z.B. bei einer pfandweise übertragenen

Amtmannschaft wie a.1444 an Johann von Palant[8] unter den Nutzungsbereichen neben anderen aufgezählt: Fischereien, Wälder, Wildbanne (d.h. Jagd), Bucheckern und Eicheln (d.h. Schweinemast), Wiesen und Weiden. Beobachtete Rechtsverstöße (*was bruchaft jst*) hatten die Förster beim Forstmeister anzuzeigen (zu *wrogen*). Das Wort *wrogen* entspricht nhd. ›rügen‹. Mit diesem Ausdruck wurden dann auch die jährlich erhobenen Nutzungsgebühren für Brennholz o.ä. ›Wrogen‹ benannt. Unter diesem Stichwort sind die entsprechenden Einkünfte in den Forstmeisterrechnungen mit Namen der Zahlenden notiert, anfangs gegliedert nach den Revieren (s.u.), später auch nach Dörfern. In Kombination der Nachrichten solcher Listen mit den Schatzlisten der Rentmeister lässt sich ein annäherndes Bild der Bevölkerungsgröße und -entwicklung und der Dorfgrößen im Amt gewinnen, wie es z.B. für Rott Franz Broicher und Heinrich Tichelbäcker für Vossenack unternommen haben[9] (vgl. Kap. 12. a). Regelrechte Bußzahlungen bei Verstößen gegen das Waldrecht (sog. ›Waldfrevel‹) waren die ›Brüchten‹ (vgl. die Wendung oben: *was bruchaft jst*),[10] im ältesten Text von a.1238 noch latinisiert *vadium* (›Wedde‹, verwandt mit nhd. *Wette*) genannt. Eine dritte Art der von den Förstern erhobenen Leistungen war die *werschaf* (›Währschaft‹ – der Wortkern ist noch enthalten in *Währung* oder *Gewähr*) und galt für eine reguläre Bezahlung im Einzelfall, insbesondere für Bauholz und Holzkohle. Die Leiter der Forstverwaltung des benachbarten Amtes Wehrmeisterei und des im Süden (hinter Wahlerscheid) anschließenden ›Dreiherrenwaldes‹ wurden auf der Grundlage des gleichen Ausdrucks ›Wehrmeister‹ genannt. Auf der angrenzenden limburgischen Seite des Monschauer Landes führten die Inhaber des entsprechenden Amtes seit der burgundischen Zeit den Titel ›Wautmaitre‹.[11] Die Währschaft konnte auch in Naturalien bestehen, vorzugsweise in Wein. So sagten z.B. a.1550 mehrere Zeugen im Zusammenhang der Neurodung von Eicherscheid im Wald (anstelle des aufgegebenen Dorfes Fronrath) aus, dass sie Bauholz für neue Häuser vom Forstmeister gegen eine Flasche Wein erhalten hätten.[12] Ähnlich sagte a.1612 als Zeuge der über 100jährige Schultheiß Winand von der Hardt aus, *wannehe iemandts bawholtz nötig gehabt, habe dem forstmeister ein flesch weins verehrt*.[13] Die Geldeinkünfte wurden, solange Gerichtsherrschaft und Waldgrafschaft in verschiedenen Händen lagen, im Verhältnis 2 (Gerichts- und Waldherr) zu 1 (Waldgraf) geteilt.

Bei fortschreitender Rodung und Vermehrung der Bevölkerung konnte es nicht ausbleiben, dass es zu Streitigkeiten über die Zuständigkeit von Forstgericht einerseits und Landgericht andererseits kam. Denn die Definition für Waldrechtsfälle: ›was in das Waldgeleit fällt‹, war und blieb mehrdeutig, seitdem auch im Waldgeleit Siedlungen entstanden waren, wie a.1342 sicher belegt ist. In der Rechtsweisung dieses Jahres waren die Förster bestrebt, die

Gleichgewichtigkeit des Valkenburger Grund- und Gerichtsherren und des Jülicher Waldgrafen herauszustreichen, so dass wechselseitig Drost (oder Schultheiß) und Forstmeister zur jeweils anderen Gerichtssitzung geladen wurden. Die Förster als diejenigen, die das gültige (Forst)recht wiesen, ließen aber recht unbestimmt *enighe stucken, da der vorster niet oever enhedde te wisen* (›einige Stücke, worüber der Förster nicht zu befinden hätte‹) zu. Solche Fälle sollte das Landgericht entscheiden.

Deshalb versuchte man im a.1516 aufgezeichneten Monschauer Landrecht, als beide Gerichte unter demselben Jülicher Dach amtierten, mit einer zusätzlichen Formulierung mehr Klarheit zu schaffen.[14] Trotz Lage im Waldgeleit sollten an das Landgericht und nicht an das Forstgericht folgende Fälle: *dat lyff ind lydt aintrefft, seentz ind ploich oevergeyt* (›was Leib und Leben [wörtlich: Glieder] betrifft, wo Sense und Pflug drübergehen‹). Da aber die genannten Kriterien, ›Gewalttaten gegen Leib und Leben‹ und ›Tatort auf dem gerodeten Land‹ nicht eindeutig zueinander in Beziehung gesetzt waren (›und‹?/‹oder‹?) und der Bezug auf das Waldgeleit im Wortlaut bestehen blieb, konnte man in Fällen von Gewaltverbrechen innerhalb des Waldes sehr wohl weiter streiten. Dass das Förstergericht in den Tagen des Königshofs Konzen in solchen und vergleichbaren Fällen tätig wurde, ist gut möglich bis wahrscheinlich, weil in den frühen Jahrhunderten für die *villa* Konzen zuständige Hofgericht nicht über den Friedensbereich des Hofes hinausreichte und nur minder schwere Fälle unter dem Hofpersonal verhandelte. Mit Ausbau der Rodung und der Bildung eines Hochgerichtes im Burgbezirk von Monschau wird die Zuständigkeit des *holzdings* aber auf die Forstrechtsfälle im engeren Sinne zurückgegangen sein. Doch die lateinische Rechtsweisung aus den ersten Jahrzehnten des 14. Jahrhunderts nennt noch als möglichen Verhandlungsgegenstand *homicidium* ›Totschlag‹, ›soweit er ins Waldrecht fällt‹. Dieser Zusatz ist eingefügt, nachdem die erste Formulierung *excepto homicidium* ›ausgenommen Totschlag‹ gestrichen wurde. Wenn schließlich a.1549 in der Amtserkundigung eigens eine Berufungsinstanz für das Förstergericht in Gestalt des Amtmanns (und über ihm die herzoglichen Räte) auftaucht, ist das als Hinweis darauf zu werten, dass die Sonderstellung des Forstrechts auf ein Ende zuging und stärker in die sonstige Rechtsordnung des Territorialstaates integriert wurde. Eine solche Oberinstanz war in früheren Jahrhunderten nicht vorgesehen gewesen. Die Zuständigkeiten beider Gerichte sind aber weiter strittig geblieben, so dass die a.1649 im Lagerbuch niedergelegte Gerichtsordnung[15] noch einmal unter Bezugnahme auf die älteren Zwistigkeiten wortreich ausholte und nach Rechtsauskunft durch die Regierung festlegte: an das Schöffengericht gehörten alle Fälle aus dem Feldgeleit. Aus dem Waldgeleit *sullen sie auch richten uber criminal und peinlich sachen und gewaldt, die lyff unnd leven angain.* Die Förster dagegen *sullen erkennen uber alleß, waß wald, waßer, weidt unnd bergwerck angeit unnd darauß erwechst*. Findige Köpfe dürften aber schnell die nächsten Anlässe für abweichende Beurteilungen und juristische Streitpunkte herausgefunden haben: Besitzwechsel von Gütern, *so vur menschen gedencken vererfft gewest*, außer den Freigütern, d.h. von altem, allgemein bekannten Rodeland, sollte unter den Spruch des Schöffengerichts fallen; was dagegen im Waldgeleit erst neu vergeben und bewilligt war (*in menschen gedencken*) und Freigüter im Waldgeleit, sollten dem Forstgericht zufallen (vgl. unten Abschnitt d). Aus alledem aber wird deutlich, dass das Forstrecht noch recht lange Zeit einen gesonderten Rechtsbereich gebildet hat.

Im Frühmittelalter, als noch kaum schriftliche Aufzeichnungen im Gebrauch waren, wurden Rechtshandlungen durchweg mit symbolischen Handlungen und dichterischen Sprachformen verknüpft. Das sollte ihre Einprägung bei den Betroffenen verstärken und war generell ein Mittel, die geltende Ordnung auf Dauer zu stellen.[16] In Restformen wie z.B. bei der Eidesleistung sind sie auch heute noch üblich. Wenn ältere erzählende Texte von Schwurhandlungen sprechen, vergessen sie nur selten einen Hinweis auf Anrufung der Heiligen und Ablegung des Eides *mit upgereckten fingeren* der Rechten, vielleicht auch Handauflegung auf Heiligenreliquien mit der Linken. Symbole dieser Art waren geeignet, abstrakte Rechtsverhältnisse in Verbindung mit einer Handlung in die Anschauung zu überführen. Ähnliches geschieht nach wie vor in der kirchlichen Liturgie: die Überreichung des Bischofsstabes/Hirtenstabes bei der Weihe macht die Rolle des Bischofs als (Seelen)Hirte unmittelbar sichtbar.

Von solchen symbolischen Handlungen ist gerade im Forstbereich bemerkenswert viel überliefert worden. In diesen Umkreis gehört u.a. die Eidformel der Förster (a.1549): Nach dem Versprechen, alle Verstöße zur Anzeige zu bringen, fuhr sie nämlich fort: *darin nit außgescheiden* (›ohne Ausnahme‹) *den ungerechten hewer,/den ungerechten sewer,/ungerechten hicker,/ungerechten bicker,/ungerechten heger,/ungerechten jeger,/ungerechten visscher,/ungerechten stricker,/ungerechten vögler,/den ungerechten zideler*. *Ungerecht* meint hier ›ohne Berechtigung‹; *hewer* (lies ›Heuer‹) waren Leute, die im Wald Heu machten, *sewer* ›Säuer‹ die Schweinehirten der herbstlichen Eichelmast; *hicker* und *bicker* waren die mit Hacke und Pickel hantierenden Steinbrecher oder Erzschürfer; mit *heger* waren Leute gemeint, die Verschläge oder (Jagd)gehege anlegten (zu *hag* ›Hecke‹); *jeger* und *visscher* bedürfen wohl keiner Erläuterung; *stricker* und *vögler* waren Vogelfänger, wobei die Stricker nach ihren Werkzeugen, den Vogelstricken, benannt sind; *zideler* schließlich waren die Nutzer der Wildbienen (nhd. ›Zeidler‹).

Eine andere, stark mit Symbolen aufgeladene Handlung ergab sich aus der Pflicht des Waldgrafen, für einen freien Laichzug der Lachse flussaufwärts zu sorgen und dazu alle Hindernisse wie Wehre o.ä. zu entfernen. Die frühe (lateinische) Vereinbarung forderte das in nur knappen Worten für einen Teil der Warche (*Work*) und den Lauf der Rur bis zur Mündung in die Maas. Das große Weistum von a.1342 dagegen führte die Handlung in aller Breite aus: Danach sollte der Markgraf als Waldgraf beim Ritt auf einem einäugigen weißen Pferd mit hölzernem Sattel und einem Zaum aus Linden(bast) sitzen, mit Sporen aus Dornen an den Füßen und einem geschälten weißen Stab in der Hand. Dann sollte er in Begleitung seiner Beizvögel und Windspiele (*mit sinen haviken* [›Habichten‹] *ind winden*) sowie von zwei freien Förstern des Hofes Konzen bis in die Rurmündung an der Maas reiten, ›soweit ihn sein Hengst trägt und er seine Lanze werfen kann‹. Für jeden entfernten Pfahl sollte er einen Goldpfennig erhalten und den Ertrag mit dem Herrn von Monschau nach dem Schlüssel teilen, wie er am Anfang des Weistums festgelegt ist. Die Schlussbestimmung verrät, dass hinter dem Unternehmen ein schon weit zurück reichender Brauch stand. Es heißt dort nämlich, dass im Fall von Widerstand und Behinderung des Ritts der Herr von Monschau zur Unterstützung des Waldgrafen mit reiten solle. Wenn beider Macht nicht ausreiche, solle der Erzbischof von Köln *mit al sinre macht* hinzukommen. Und wenn sie zu Dritt zu schwach wären, sollte schließlich der Pfalzgraf zu Hilfe kommen. Die Regelung scheint in die Tage der Belehnung Wilhelms II. von Jülich durch Pfalzgraf Konrad von Staufen zurückzuweisen[17] und ist eines der Indizien, das auf die ursprüngliche Aufgabe des Pfalzgrafen zur Forstaufsicht hinweist. Wie lange der Brauch noch ausgeübt worden ist, kann nicht festgestellt werden, er ist aber im 13. Jahrhundert auch anderswo in Übung gewesen. Jedenfalls hat Herzog Walram IV. von Limburg nach eigener Erklärung a.1263 dieses Öffnungsrecht an Weser und Ourthe wahrgenommen.[18] Das Weistum des Dreiherrenwaldes vom Oktober 1518 kennt übrigens den gleichen Aufzug (weißes Pferd, Zaum aus Lindenbast, Dornen als Sporen, weißer Stab) für den Herrn von Jünkerath, wenn er als Waldherr im Frühjahr den Wald öffnete. Über die Ausstaffierung des Jülicher Waldgrafen hinaus war bestimmt: *undt soll haben uff seinem haupt einen geflechten huidt undt darauff einen roesenkrantz* (›einen geflochtenen Hut mit einem Kranz aus Rosen‹).[19] In der Amtserkundigung von a.1549 ist keine Rede mehr von diesem Brauch. Die in der Sache begründete Aufgabe (freier Laichzug der Lachse) blieb gleichwohl unverändert. Deshalb verlangte z.B. a.1463 die Konzessionsurkunde für ein Hammerwerk an der Rur (das spätere Hammer) ausdrücklich, das dazu notwendige Wehr in der Rur *nit so hoch zu machen.*[20]

Der feierliche Aufwand des Waldgrafen zur Durchführung seines Rittes kehrt übrigens ähnlich auf kirchlicher Seite wieder beim Ritt des Dechanten von Zülpich zur Abhaltung des Send in Konzen (s. Kap. 13.c).

Die Erkundigung von a.1549 beschrieb auch ausführlich die Einkünfte der Förster von Waldnutzern aus Gebieten, die über die Grenzen des Forsthofes – gesehen von Nordosten über den Osten bis zum Süden – hinausreichten, etwa von Venwegen und Breinig an über Bergstein, Kallerbend und Abenden bis hin nach Dreiborn und Wirtzfeld. Als »Auswärtige« (*uzerman/uzerlude*) waren sie in anderer Weise als »Einheimische« (*hovesman/hoveslude*) zahlungspflichtig; die *hoveslude* dagegen verfügten kostenfrei über ihre regulären Weidgänge. Der Erkundigung war schon eine Regelung von a.1342 vorausgegangen, wonach den Höfen des Markgrafen aus diesen Orten Recht auf Waldweide eingeräumt wurde. Im Laufe der Zeit waren aber offenbar weitere Höfe hinzugekommen. Die Abgaben galten denn auch überwiegend für Waldweide und bestanden, wenn nicht in festgesetzten Geldwerten, meist aus Käselaiben und Wein (flaschenweise), seltener Getreide, einmal auch in einem Wagen Heu (aus Dreiborn) oder *30 roggen micken, 4 weiße micken* vom Kloster Malmedy als Gegenleistung dafür, dass dessen Pferde bei Fahrten durch das Amt weideten und Laub rupften. *Micken* waren Brote aus feiner gesiebtem Mehl als allgemein üblich. Das Wort ist mundartlich noch in Kalterherberg in der Bedeutung ›Weißbrot‹ im Gebrauch.[21] All solche Einkünfte zeigen, dass die Förster sicher nicht zu den armen Leuten im Amt gehörten. Vielmehr genossen sie über solche Einnahmen hinaus eine Reihe von Freiheitsrechten (Privilegien), durch die sie von allen Arten der Haferzehnten, von den beiden Schatzerhebungen des Jahres (Mai- und Herbstschatz) und Hühnerabgaben freigestellt waren. Bei Terminen, zu denen der Forstmeister sie aufbot, hatte er sie zu beköstigen.

Im Rahmen der fortschreitenden staatlichen Organisation des Landes ist in der Bestandsaufnahme von a.1549 die räumliche Gliederung der Reviere (*der vörster hoden* ›Huten, Hüte-[= Aufsichts]-bezirke‹) mit Namen aufgelistet. Sie gehen aber bis in die Anfänge der Limburg-Jülicher Einigung zurück. Das lateinische Weistum aus den ersten Jahrzehnten des 14. Jahrhunderts erwähnte nämlich schon *custodias* ›Aufsichtsbezirke‹, aus denen die Förster nur mit Zustimmung des Forstmeisters versetzt werden durften. Die seit dem 16. Jahrhundert aufgeschriebenen Reviernamen waren 1. die *Rackenscheider hoedt*, 2. *Deurener hoedt*, 3. *Langerscher hoedt*, 4. *Buler hoedt*, 5. *Venhodt*, 6. *Over Rursche hoedt*, 7. *Wiedawer hoedt* und 8. *Davischer hoedt*. Davon erstreckte sich Rackerscheider Hut (so meist mit <r> statt *Racken-*) am Westrand des Amtes; die Siedlungen Roetgen, Rott und Mulartshütte waren in sie eingeschlossen. Der Flurname *Rackesch* südlich der Dreilägerbachtalsperre führt noch den Namen fort. Die Abgrenzung zu der nach Nordosten anschließenden Vennhut (5) verlief von Mulartshütte (etwa im Verlauf der Hahnerstraße [in älteren Qellen *Hahnenstraß*]) an südwärts. Aus dem Feldgeleit waren Konzen, Lauscheid und Mützenich der Rackerscheider Hut zur Waldnutzung zugeordnet.[22] Die Vennhut erstreckte sich nördlich von Lammersdorf bis Zweifall, wobei der Grenzverlauf nach Osten von der Mündung des Kelzerbachs in die Kall quer über den Höhenrücken auf den Lauf des Hasselbachs zulief. Aus dem Feldgeleit hat-

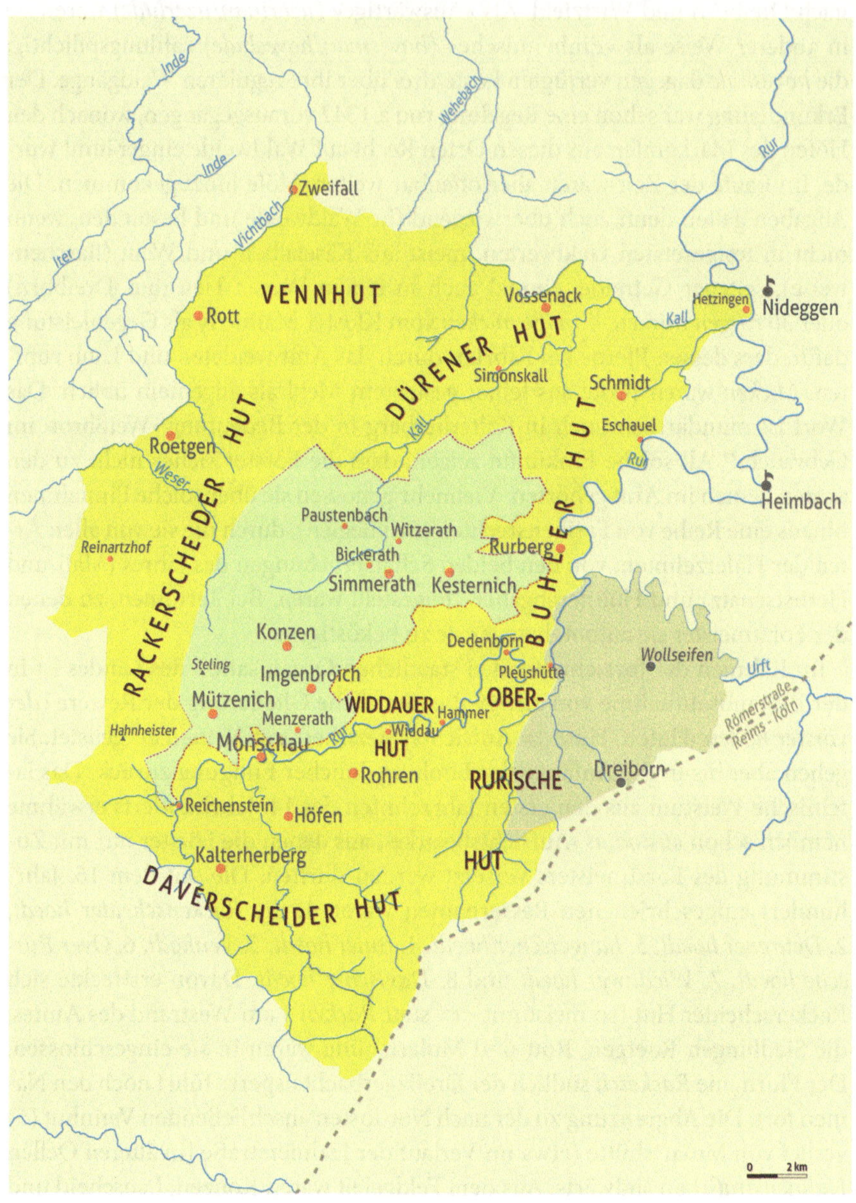

(Abb. 19) Die Lage der Forstreviere (›Huten‹) im Waldgeleit des Monschauer Landes.

ten Lammersdorf, Simmerath, Bickerath, Paustenbach und Witzerath dort ihre Nutzungsrechte. Es schloss sich im Osten und nördlich der Kall die Dürener Hut (2) mit Einschluss der Siedlungen Germeter und Vossenack an. Umkreist man das Monschauer Land weiter im Uhrzeigersinn, dann folgte zur Rur hin (abzüglich der Bezirke Lindheld und Meuchelberg) die Buhlert Hut (4) (auch *Bauler Huth*), benannt nach dem Höhenrücken über dem Rursee, eingeschlossen die Siedlungsplätze um Schmidt (Hetzingen, Dierscheidt, Kommerscheidt, Harscheidt, Froitscheidt) und die Siedlungsplätze des heutigen Rurberg. Aus dem Feldgeleit nutzten diesen Bezirk die benachbarten Dörfer Kesternich, Rollesbroich, Strauch und die später unter Steckenborn zusammengefassten Weiler. Daran schloss sich die Überrurische Hut (6) an, in die Dedenborn, Rauchenauel, Seifenauel und Pleushütte fielen. Die Grenze zu den beiden nach Westen folgenden Revieren, der Widdauer Hut (7) und der Daverscheider Hut (8), bildete zunächst der Riwwelsbach (bei Hammer zur Rur). Vor Erreichen der Höhe (Richtung Rothe Kreuz) zweigte der Grenzverlauf nach Westen ab, umschloss Rohren, ließ Höfen zur linken Hand liegen und lief nordwärts auf Lauscheid zu. Dadurch fielen Hammer, Huppenbroich und Eicherscheid in die Widdauer Hut. Die benachbarten Dörfer Menzerath und Imgenbroich aus dem Feldgeleit waren entsprechend dorthin zugeordnet. Der verbleibende Südwestrand des Amtes mit den Siedlungen Höfen und Kalterherberg bildete die Daverscheider (*Davischer hoedt*) Hut, die sich bis zum Sporbach beim Herzogenhügel nach Norden erstreckte. Die unter (3) aufgezählte *Langerscher hoedt* (wohl als hochdeutsch ›Langerscheider Hut‹ aufzulösen) wird in der Folgezeit nicht mehr genannt. Der Name *Langerscheid* gilt heute für den bewaldeten Höhenzug zwischen Erkensruhr und Rur, wobei der Riwwelsbach die Begrenzung nach Westen bildet. Der Bereich scheint der Überrurischen Hut zugeschlagen worden sein. In einer späteren Anordnung durch Pfalzgraf Philipp Wilhelm von a.1665 wurden einige Dörfer zur Schonung des Waldbestandes auf andere Distrikte zur Brennholzgewinnung verwiesen.[23]

b. Das Festmahl (Conreit) der Förster beim Abt von Kornelimünster

Als ein weiteres Beispiel symbolischer Aufladung tritt das Zermoniell bei den Festmählern in Erscheinung, die der Abt von Kornelimünster den Förstern des Hofes Konzen dreimal im Jahr zu geben hatte als Folge davon, dass das Klosterterritorium aus dem Königsgut um Aachen und Konzen herausgeschnitten war und der Abt Rechte im Forst wahrnahm.[24] Denn im Weistum von a.1376 erklärten ihn die Förster *als eyn anerve und eyn waltseysse und eyn vurste up des richs walde* (›Anerbe, Waldsasse und Fürst auf dem Reichswald‹), d.h. von

Anfang an und erblich nutzungsberechtigter Teilhaber. Das Festmahl war als eine Art Anerkennung älteren Rechts und Gegenleistung zu verstehen. Ähnlich wie beim Abt als Anerbe des Konzen-Monschauer Waldes werden im Weistum der benachbarten Wehrmeisterei (das wohl noch ins ausgehende 13. Jahrhundert gehört), des späteren ›Unterwaldes‹, die nutzungsberechtigten Höfe/Siedlungen namentlich aufgeführt. Unter ihnen ist der Herr von Frenz auch ›Anerbe‹ genannt.[25] Wenn Ähnliches für den Wald von Konzen-Monschau nicht vorkommt, liegt die Ursache darin begründet, dass die Waldnutzer im Forsthof Konzen (Oberwald) als deutlich später gekommene Siedler (*hoveslude*) innerhalb der Forstbezirksgrenzen saßen und als solche nach Roderecht **im** von ihnen erschlossenen Wald berechtigt waren, während auf der Wehrmeistereiseite (Unterwald) die erheblich älteren Siedlungen in der Ebene vor der Eifelhöhe **vor** dem Wald saßen und daher Nutzungsrechte **am** nahen Wald wahrnahmen, ähnlich den Quartieren des Aachener Reichs am Reichswald und Atscher Wald.[26]

Zur Vorbereitung des Festmahls sollte der Abt drei Markttage ansetzen, deren Termine ihm zwei Förster ankündigten. Ein solcher »Vorlauf« war offenbar zur Beschaffung aller Vorräte nötig. Zwei dieser Mähler fanden auf dem Boden des Münsterländchens statt, das dritte im Wald *auf der Acht* nahe Roetgen. Anstelle von dürren Kalenderdaten galten für die beiden heimischen Termine die Zeiten, *as der hirtz dat vetse is; die ander, as der hitrtz das magerste is* (›wenn der Hirsch am fettesten – das andere, wenn der Hirsch am magersten ist‹), also im September-Oktober zur Hirschbrunft bzw. am Winterende im Februar-März. Die Vorförster sollten den Tagungsplatz und genügend Pferdeställe vorbereiten. Zwei Konzener Förster machten sich kundig, ob ausreichend Futter für Pferde und Hunde bereitgehalten würde. Denn zu diesem Festmahl (*conreit,* auch mhd. *kunreiz* aus mittellat. *conredium*)[27] rückte ein beachtlicher Tross von 47 Mann aus dem Monschauer Land an: der Drost/Amtmann mit einem Ritter und je 3 Pferden, der Burgkaplan und der Forstmeister, jeder mit 2 Pferden, mit je einem Pferd kamen der Schultheiß, zwei Schöffen, ein Falkner mit Beizvögeln und 19 Förster. Zusätzlich brachte jeder Förster einen Knecht mit, der sich um die Hunde eines jeden kümmern sollte. Schließlich gehörte ein Spaßmacher (*snaderbeck*, wörtlich ›Schnatterschnabel, -maul‹) dazu, den der Amtmann honorierte. Das »Menu« änderte sich im Lauf der Zeit nur gering; bei der ersten Aufzeichnung (a.1376) waren es 7 Gänge und 5 Gerichte, dazu so viel an Wein, dass man die Weinkrüge dauernd ›gefüllt halten‹ sollte. Bei Lektüre dieser »Speisekarte« ist das stille Vergnügen der Förster zu spüren, bei dieser Gelegenheit die »hohen Herren« vom Kloster einmal ordentlich schröpfen zu können. Zu fast jedem Gericht findet sich die Forderung nach reichlicher Füllung der Schüsseln durch den Zusatz ›zwei‹ oder ›drei Finger breit‹ über den Schüsselrand (*boven die sc[h]ottel*). Zur Demonstration, dass die beim Conreit servierten Fische auch frisch (mit Gemüse) auf den Tisch kamen, sollten sie erst lebend in einem Becken vorgezeigt werden. Die Förster hatten ›geschälte weisse Ruten‹ bei sich, um die Fische im Becken ›umzurühren‹, dann aber auch, *dair mit sy sich der hunden erwerren soelen*. Die einzelnen Gerichte entsprachen jeweils einem im Weistum umrissenen Waldnutzungsrecht der Abtei: 1. Rindfleisch mit Knoblauch – Waldweide der Rinder und Heubereitung; 2. Fische mit Gemüse – Fischereirecht in Rur, Kall, Inde und Vicht mit zwei Fischern; 3. Schweinefleisch mit Mostert – Eichelmast der Schweine; 4. Wildbret, gepfeffert in einer Holzschüssel – Jagdrecht des Abtes mit zwei Jägern *mit halse ind horne* (›mit Hals und Horn‹, d.h. Hetzjagd mit Hundemeute und Jagdhorn); 5. Huhn, gekocht und vom Bratrost – Geflügeljagd mit zwei ›Hühnerfängern‹; 6. Käse und Beeren – Sammlung von Wildbeeren; 7. ein Becher Met – Bewirtschaftung von Wildbienen durch zwei Zeidler.

Beim Mahl ›auf der Acht‹ erteilten die Förster dem Abt und seinen Begleitern Rechtsweisung über die Waldrechte des Klosters am Reichswald. Im Jahr 1500 hat das Verfahren noch stattgefunden, wobei die Förster erklärten, die Rechtspositionen im einzelnen seien in einem Buch des Klosters aufgezeichnet. Das wurde herbeigeholt und vom Sekretär des anwesenden Jülicher Erbkämmerers Johann von dem Bongart verlesen. Darauf befragte der Forstmeister Gerhard Lüning die Förster in der Reihenfolge der Abschnitte in derselben Weise, wie der Schultheiß beim jährlichen Vogtgeding die Schöffen befragte. Im Anschluss an die Fragen berieten die Förster jedesmal untereinander und bestätigten die einzelnen Punkte. *Darna, so geyngen sy alle samen essen.*

Die Aufzeichnung von a.1500 ist die letzte Nachricht zum Conreit der Förster. Die Amtserkundigung nach den Ereignissen des Geldrischen Krieges erwähnt die Geschichte nicht (mehr?).

c. Die Waldnutzung der Amtsinsassen

Wenn im folgenden Abschnitt näher vorgestellt werden soll, wie die Eingesessenen im Amt, die *hoveslude*, den Wald in der Umgebung ihrer Dörfer nutzten, muss vor allem der Gedanke ferngehalten werden, man könne eine heute selbstverständliche Unterscheidung zugrunde legen, nach der sich einerseits eine Landwirtschaft um die Bearbeitung des offenen gerodeten Landes kümmert und eine Forstwirtschaft andererseits, bei der ganz andere Personen allein die Waldnutzung betreiben, bei der der Wald als eine Art Holzplantage erscheinen kann. Die Siedler bewirtschafteten zu ihrem Lebensunterhalt in gleicher Weise die gerodete Feldflur wie auch den Wald der Umgebung, so dass man von einer Betriebsform der ›Wald-Feld-Wirtschaft‹ sprechen kann.[28] Im Vordergrund stand dabei die Rinderweide, gefolgt von Streugewinnung, Vogelfang, (Wild)Bienennutzung und Beeren- und Eckernsammlung. Die Verdrängung der Beweidung aus dem Wald ist der preußischen Forstverwaltung im Kreis Monschau erst nach und nach im Laufe des 19. Jahrhunderts gegen zähe Widerstände gelungen.[29] Bei der Abgelegenheit des Landes und fehlenden Städten in der Nähe wurde auch kaum für einen Markt, sondern weitgehend nur für den unmittelbaren Eigenbedarf produziert. Insofern waren die Einwohner ihrer Tätigkeit nach alle mehr oder weniger Bauern, auch die Förster als Bewirtschafter ihrer Forsthufen. Daher ist es nicht verwunderlich, dass die alt- und mittelhochdeutschen Wörter *(gi)būr/(ge)būr* nicht die Berufsbezeichnung ›Bauer‹ im heutigen Sinne von ›Landwirt‹, sondern ›Nachbar, Mitbewohner‹ meinten. Eine eigene Berufsbezeichnung war solange entbehrlich, wie sich alle mehr oder weniger als Bauern betätigten. Auch mit neueren, stärker differenzierten Berufsbildern oder Handwerken, wie sie sich mit dem Aufstieg der Städte herausbildeten, ist in der hier behandelten Zeit zunächst weder in den Dörfern noch in der Talsiedlung unter der Burg zu rechnen. Das dörfliche Handwerk war weitgehend begrenzt auf Zimmerarbeit für den Fachwerkbau, Dachdecken mit Stroh, Stellmacherarbeit für Wagen und Karren sowie Schmiedearbeiten – und das jeweils in Verbindung mit einem landwirtschaftlichen Betrieb. Die meisten anfallenden Arbeiten erledigte der Bauer selbst. Allerdings war der Dorfschmied am ehesten ein Vertreter eines eigenes »Berufs« im Dorf, denn die Bearbeitung des glühenden Eisens verlangte eine spezielle Ausbildung, insbesondere beim fachgerechten Beschlag der Pferdehufe. Es kommt daher nicht von ungefähr, wenn das Wort *Schmied* die Grundlage für die vielfältigen Varianten eines überall verbreiteten Familiennamentyps geliefert hat. Die Baurechnungen des 16. Jahrhunderts für die Burg Monschau zeigen, dass Spezialhandwerker am Bau (Maurer, Schieferdecker, Glaser, Uhrmacher) meistens von auswärts geholt wurden.

Die wichtigsten Bereiche der landwirtschaftlichen Waldnutzung sind in den voraufgehenden Abschnitten schon kurz angesprochen worden. Nicht in Frage kamen für die ländliche Bevölkerung die Jagd und die Fischerei. Die Jagd, hier insbesondere die Jagd auf Hochwild wie den Hirsch, war allein Privileg des Adels, dem auch der Abt von Kornelimünster angehörte. Im Weistum von a.1342 wurden alle Arten von Jagd allein *den heren van Monyoye ind van Gulche* zugesprochen. Wenn sie nicht selbst der Jagd frönten, hielten sie zur eigenen Unterstützung *venatores* (›Jäger‹), erwähnt schon im lateinischen Weistum des frühen 14.Jahrhunderts. Und beim Conreit des Jahres 1500 auf der Acht war auch *meister Peter van Slebusch, jegermeister uns gnedigen heren herzougen* mit dabei. Nach den beiden Conreit-Weistümern[30] bekam der Abt von Kornelimünster ein besonderes Geschenk für seine Jagdleidenschaft: einen Hirsch *vur sent Cornelis dage* (16. September) oder vierzehn Tage später. Dazu sollte der Abt zunächst seine Vorförster zum Forstmeister zur Bestätigung des Ablaufs schicken. Der Forstmeister organisierte in Abstimmung mit zwei Jägern, einen Hirsch einzufangen, und brachte ihn mit zwei Förstern zum Hof Ittern. Die Überbringer erhielten *wyn jnd zoppen jnd vleisch jnd kese* (›Wein und Suppe und Fleisch und Käse‹), dann begann eine Hetzjagd auf den Hirsch *umb die abdie bis in des abtz kuchen* (›um die Abtei herum bis in des Abts Küche‹). Das Spektakel endete für die Beteiligten einschließlich der Hunde in *rechter wirtschaff zo essen jnd zo dryncken* (›in ordentlicher Bewirtung mit Essen und Trinken‹).

Ähnliches galt für adlige Beauftragung von Fischern. Ein größerer Anteil von Fisch in der Ernährung ergab sich nicht zuletzt aus dem kirchlichen Abstinenzgebot an Freitagen und der 40tägigen Fastenzeit vor Ostern. Bei dem hohen Getreideanteil an der üblichen Kost lieferte Fisch auch sonst über das Jahr die benötigte Menge an Eiweiß.[31] Nach dem Weistum von a.1342 hielt die Burg Heimbach 4 Fischer. Die sollten sich zunächst beim Forsthof Konzen »vorstellen« und dann ruraufwärts fischen, bis die Burg Monschau in Sicht käme. Dort sollten sie ihren Fang anbieten (*eren corf schudden*), wo man sie belohnen sollte, *dat si dat gerne doen.* Eine ähnliche Regelung bestand für die beiden Fischer des Abtes. In den Jahren 1556 war der herzogliche Fischmeister Peter Schluyper zur Besichtigung der Fischgewässer im Amt, darunter war auch der Menzerather Weiher.[32] Das war aber nicht der einzige seiner Art. Die Amtserkundigung von 1549 nennt außerdem einen Weiher im Kammerwald Breiderscheid, einen kleinen *halpol* (›Teich‹) bei der Monschauer Mahlmühle und einen etwas verkommenen Weiher oberhalb der Mühle zwischen Monschau und Konzen (möglicherweise der Vorläufer des heutigen *Konzener (Troistorffs) Weihers*). Die Bedeutung der Fischweiher für die herzogliche Tafel kann man aus einer Bestimmung erkennen, die Herzog Adolf a.1436 in die Urkunde aufnehmen ließ, mit der er den Wilhelm von Linzenich zum Amtmann in Monschau bestellte. Während Wilhelm die Fischerei in allen Wildgewässern (*alinge wilde vischerye*) zugesprochen wurde, behielt sich der Herzog die Verfügung über die Fischweiher ausdrücklich vor.[33] Die Rur wurde als Banngewässer zwischen Schwarzbach und Urft jährlich verpachtet. Die zufließenden Bäche aber waren davon nicht erfasst. In der Umgebung von Monschau hatten Stadtbürger Rechte zum Fischfang, ausdrücklich genannt ist die Schwalm (Perlbach). Außer Fisch bezog der herzogliche Hof hin und wieder Wildgeflügel aus den Monschauer Wäldern. So verzeichnete die Jülicher Zollrechnung von 1555 zum 26. April: *hat der wiltschütz 6 birckhoiner von Monjaw gesant*, Der Verwalter beeilte sich zu vermerken: *dieselben pirckhoner hab ich alßbalt mit Gert Wevern nae Dusseldorf gesant.*[34]

Dem gegenüber war für die Landsassen der Auftrieb von Weidevieh in den Wald von grundlegender Bedeutung. Die nahe bei den Dörfern gelegene Rodeflur (gleichbedeutend mit dem vererbbaren Privatbesitz) war zu kostbar, als dass man sie zur Weide genutzt hätte. Dieses Land wurde im Wesentlichen als Ackerfläche und zur Heugewinnung genutzt. Allerdings ist zu berücksichtigen, dass die Anzahl der gehaltenen Rinder weit geringer war, als man nach dem heute Üblichen anzunehmen geneigt ist. Ursachen für die recht kleinen Zahlen in der Rinderhaltung waren die begrenzten Möglichkeiten zur Weiterverarbeitung von Milch (Butter, Hartkäse), wobei die anfallende Milchmenge im Vergleich mit heutigen Milchkühen lächerlich gering ausfiel. Vor allem aber standen die nur bescheidenen Heuerträge, mit denen das Vieh über den Winter gebracht werden musste, einer umfangreicheren Rinderhaltung entgegen. Wie notwendig die Waldweide für das Hornvieh gebraucht wurde ist an der großen Zahl auch auswärtiger Höfe und Siedlungsplätze rund um den Forstbezirk abzulesen, aus denen die Förster Weidegebühren kassierten. Offenbar wurden dort zusätzliche Weideflächen gebraucht. Unter dem Stichwort *von dem erffweidgelt* sind in der Erkundigung von 1549 Venwegen, Breinig, Walheim, Bergstein und Abenden außerhalb des Amtsgebietes aufgeführt; allerdings stimmt die Anzahl der Orte nicht mit den bei den Förstereinkünften genannten in allen Punkten überein.

Für alle »auswärtigen« Weideberechtigten galt die Auflage, dass die Viehherden (wie auch die der *hoveslude*) den Wald vor Sonnenuntergang zu verlassen hatten; die Waldweide kam daher nur für nahe am Wald gelegene Dörfer in Frage. Dass der Dorfhirte mit Beginn der Weidezeit im Frühjahr morgens die Dorfherde »einsammelte«, mit ihr auf den Weidgang in den nahen Wald zog, den Tag an bestimmten Lagerplätzen (sog. *Läger*; vgl. Flurnamen wie *Gurtzleger, Wilhelmsleger* oder *Dreilägerbach* u.a.) verweilte und das Vieh abends wieder die Ställe im Dorf aufsuchte, hat Josef Kreitz noch in seiner Lammersdorfer Kindheit kurz nach 1900 beobachten können.[35] Bei der Verzeichnung der ländlichen Rechtsgewohnheiten a.1649 aufgrund der Pfalz-Neuburger Übernahme von Jülich-Berg aus der Erbmasse der Vereinigten Herzogtümer ließ sich eine Kommission unter Leitung des Kommissars Henrich Rhoedingen auch über die Weidebezirke (sog. *Weidgänge*) im Amt unterrichten. Dazu begaben sich die Kommissionäre von Ort zu Ort und ließen sich ihre Aufzeichnungen von den anwesenden Schöffen und Dorfältesten (*gemeinßleuthe*) bestätigen.[36] Aufgrund der vielen, dabei genannten Flurbezeichnungen lassen sich diese Weideräume heute noch in der Umgebung der Dörfer in groben Umrissen im Gelände wiederfinden. Sie gehen mit Gewissheit erheblich vor das Jahr ihrer Aufzeichnung (1649) zurück. Auffallend häufig sind dabei Flurnamen mit dem Grundwort *-läger* in den Weidgängen von

(Abb. 20) Mittags-Rastplatz der Rinderweide im Wald; Ausschnitt aus einer Trierer Waldkarte vom Jahr 1591. Anstelle der im Monschauer Land üblichen Bezeichnung ›Läger‹ ist der im Trierer Raum verbreitete Ausdruck ›Under‹ *(Der khue vnder)* eingetragen, der auf ahd. *untarn* ›Mittag, Mittagsschlaf, -pause‹ zurückgeht.

Mulartshütte und Zweifall, die in die Walddistrikte in Richtung *Langschoss* führten: *Kleenleger, Wiritzleger, Herberauweßleger, Rotesleger* und *Honsleger* bei Mulartshütte, *Merichßleger, Angentichenbergßleger, Kretzleger, Hillingßleger, Oßenleger* und *Tellerleger* bei Zweifall. Bis heute erkennbare Spuren aufgrund der noch weit in das 19. Jahrhundert andauernden bäuerlichen Waldnutzung hat Rainer Hülsheger zusammengetragen und in ihren historischen Zusammenhang gestellt.[37] Die Weidgänge erstreckten sich im Wesentlichen in der Zone zwischen der intensiver bewirtschafteten Flur in Dorfnähe, die weitgehend in privater Hand lag, und dem Hochwald, wo sich eher Buschwald (Niederwald) und verheidete Strecken oder Venngebiete fanden. Dieser Sachverhalt spiegelt sich noch in der in der mundartlichen Bezeichnung des Waldes als *Böösch*, hochdeutsch ›Busch‹ und Flurnamen mit dem Bestandteil *-heck* (z.B. *Menzerheck*). Soweit für diese »Zwischenzone« nicht die Forstverwaltung die Hoheit beanspruchte, galten diese Strecken als allgemeines Gut einer jeden ›Nachbarschaft‹ (vgl. Kap. 12). Da im Wald auf Lichtungen und auf Heideflächen zur Gewinnung von Heu und Streu auch gemäht wurde, verfügte das Weistum von a.1342 ausdrücklich: *dat vurgenante vie in sal neit in dye gemaete gaen* (›das genannte Vieh soll nicht in das gemähte Gras laufen‹). Das Wort *gemaete* entspricht mundartlich *Jemátt* ›lange Reihe von gemähtem Gras‹.[38]Zur Einstreu des Stallviehs wurden im Herbst auch größere Mengen von gefallenem Laub gesammelt, weil zu den knappen Mengen von Winterfutter auch das Haferstroh herangezogen wurde. Noch für die Zeit um 1800 notierte der Arzt Dr. Jonas, dass es an Haferstroh zur Einstreu mangelte und entsprechend die Felddüngung zu mager ausfiel. Das seltenere kostbare Roggenstroh wurde zum Dachdecken gebraucht. Speziell zur Heugewinnung waren *Benden,* feuchte und vielfach auch bewässerte Heuwiesen im Tal, vor der Heuernte gegen Beweidung ›gebannt‹.[39] Eine ausdrücklich erwähnte Besonderheit war Weidehaltung von Ochsenherden, die wohl zur zusätzlichen Fleischversorgung (d.h. ohne Stallhaltung im Winter) um den Reinartzhof in den Venngebieten der Rackerscheider Hut gehalten wurden. Hier durften auch der Hof Hetzingen und einige benachbarte Klöster (Kornelimünster, Brandenburg, Schwarzenbroich und Hohenbusch) Ochsen auftreiben.[40] Soweit keine ausdrückliche Gebührenbefreiung vorlag, kassierte der Forstmeister. Laut der Forstmeisterrechnung 1502/03 hatten die Landsassen und die Stadtbürger Weide für 88 Ochsen frei.[41] Herden dieser Größe dürften erst im Lauf der Jahrzehnte aufgekommen sein und waren in den frühen Jahrhunderten kaum denkbar. Ochsen waren auch die wichtigsten Zugtiere, besonders beim Pflügen, doch dürften sie hier im Fall der ausdrücklichen Weidehaltung als Schlachtvieh aufgetrieben worden sein.

Anstelle von größeren Rinderherden hielt man vom Frühmittelalter an eher Schweine in beachtlich großer Zahl. Das oben (Kap. 1.b) genannte ›Tafelgüterverzeichnis‹, das die Versorgung der Pfalz zu Aachen umschrieb, kann diese Tatsache verdeutlichen: Während zu einer Ablieferungseinheit (*servitium*) u.a. zur Fleischversorgung 5 Kühe/Rinder gehörten, waren es gleichzeitig 40 Schweine und 7 Ferkel. Bei der üblichen Kost auf dem Lande aus Brot, Getreidebrei und Bohnen lieferten Schweine den wichtigsten Nahrungsanteil an Fleisch (Eiweiße) und Fett. Die Laubwälder der Region boten in guten Jahren reichen Ertrag an Eicheln und Bucheckern zur Schweinemast. Zusätzlich wurden Bucheckern in größeren Mengen als Rohstoffe zur Ölgewinnung gesammelt. Eine erste Konzession für eine Ölmühle ist zu a.1475 am Laufenbach oberhalb der Monschauer Mahlmühle für deren Inhaber Johann Roeden überliefert.[42] Markante große Fruchtbäume für Eicheln und Eckern genossen besonderen Schutz.

Die hohe Bedeutung der Schweinemast kommt bereits im fränkischen Volksrecht des frühen Mittelalters in den Abschnitten zum Schweinediebstahl zum Ausdruck. Dort finden sich beim Tatbestand über Schweinediebstahl ausgefeilte Unterscheidungen über alle nur denkbaren Unterscheidungen der Tiere nach Alter, Größe usw.[43] Ebenso war in der Höfeordnung Karls des Großen schon von Schweinmast und Schweinezehnt die Rede (Kap. 1.b). Entsprechend hat die Schweinehaltung in den Waldweistümern des späten Mittelalters (hier zu a. 1342) breite Spuren hinterlassen.

Die Schweinemast im Wald war allerdings großen Schwankungen unterworfen, weil der Ertrag an Eckern und Eicheln jedes Jahr recht unterschiedlich ausfiel (und ausfällt). Wenn sich eine reiche Eichelernte abzeichnete, sollten der Waldherr und der Waldgraf auch Interessenten in der Nachbarschaft darüber ins Bild setzen, denn der *dechtum* (›Schweinezehnt‹, auch *Dehm* genannt) versprach reiche Einnahmen. Wer eine Herde auftreiben wollte, konnte das zollfrei und ohne Wegegeld unternehmen. Dann wurde der Wald ausdrücklich zwischen den Festen von St. Remigius und St. Andreas (1. Oktober bis 30. November) geöffnet. Die Eichelmast stand also nur zu einem kleinen Teil den *hovesluden* offen. Zur Zeit ihrer Blüte scheint sie von den nächstgelegenen Städten aus als Unternehmen betrieben worden zu sein. Zeitüberschreitung bei Schließung des Waldes wurde mit Försterurteil geahndet. Für die Förster begann damit eine aufreibende Arbeitszeit. Sie hatten darüber zu wachen, dass kein Schweinehirt vor einer Zählung den Hütebezirk verließ, über den er in den Wald gekommen war. Die Herden blieben während der Öffnungszeit im Wald und wurden zur Nacht in Pferchen (sog. *Sielen*),[44] ähnlich wie Schafe in Hürden, gehalten, die die Förster anlegten. Dort konnte man sie auch zählen. Anschließend hatten die Förster die Schweinehirten (*sweinre*) ihres Reviers in den Forsthof vor Forstmeister, Drost und Rentmeister zur Zahlung des *dechtums* zu bringen. Wenn die Herren Zweifel an den genannten Zahlen hatten, konnten sie die Förster zum Nachzählen losschicken. Stellten sie mehr Schweine fest als angegeben, wurden die »überzähligen« zugunsten von Waldherrn und Waldgrafen eingezogen. Die Höhe des Dechtums für Auswärtige setzte der Herr von Monschau fest. Zahltag war für die Auswärtigen gleich der Andreastag mit Schließung des Waldes. Die *hoveslude* zahlten den halben Tarif und hatten Zahlungsaufschub bis St. Thomas Tag (21. Dezember), die Förster zahlten ein Viertel. Die Einwohner des Tals Monschau waren frei. Soweit die

Regelung des 14. Jahrhunderts. Demgegenüber hatten sich bis in die Tage der schriftlichen Rechnungsführung nach a.1500 einzelne Verfahrensänderungen ergeben. Insbesondere hatten die *hoveslude* schließlich alle einen festgesetzten Anteil frei. Laut Rechnung 1503/04 hatten die Landleute und Bürger den Auftrieb für 1600 *vercken* frei.[45] Gemäß der alten Ausnahmerechte für Nideggen nach den Abmachungen von Kornelimünster von a.1238 waren Schweine aus Nideggen im Gebiet ›zwischen Kall und Rur‹ vom Dechtum frei. Wenn sie darüber hinaus liefen, war Dechtum fällig. Beim Abtrieb zu Dezemberanfang sollten die zuständigen Förster sich mit nach Nideggen begeben und überprüfen, ob die Tiere wirklich nach Nideggen gehörten – ein deutlicher Hinweis darauf, dass auch fleißig geschummelt wurde. Bei den Tausenden von Schweinen, von denen in diesen Monaten der Wald wimmelte, konnte es nicht ausbleiben, dass findige Leute versuchten, sich das unvermeidliche Durcheinander zunutze zu machen. Deshalb war es in anderen Gegenden auch üblich, die Schweine einer Herde mit einem Brandeisen zu kennzeichnen. Nach den in den Rechnungen aufgeführten Mengen an Schweinen kann es sich nur zu einem kleineren Teil um Tiere der Einheimischen gehandelt haben, vielmehr muss es gerade bei den »auswärtigen« Herden um Fleischproduktion für die Märkte benachbarter Städte bis hin nach Köln gegangen sein. Erich Wisplinghoff hat die Rechnungen der Jülicher Wälder der Ämter Hambach, Wehrmeisterei, Heimbach und Monschau vergleichend ausgezählt und dabei auch die erzielten Geldeinnahmen errechnet.[46]

Die Jahre 1507 und 1531 müssen einen ganz ungewöhnlichen Ertrag gebracht haben, denn da wurden mehr als 14.000 bzw. 25.000 Schweine aufgetrieben. Sonst waren bis in die 1530er Jahre durchschnittlich zwischen 2.000 bis 3.000 Schweine zur Mast in den Monschauer Wäldern; bis zum Beginn der 1560er Jahre stiegen die Zahlen merklich an (über 4.000–6.000), danach schrumpften sie deutlich auf etwa 1.500 jährlich, wohl als Folge der Waldzerstörung durch Köhlerei. Ein letztes Resultat ist für a.1630 festgehalten. Trotz vieler Eckern der Jahre 1647, 1651 und 1681 ist kein Auftrieb von Schweinen vermeldet,[47] womit der gewählte Zeitrahmen aber schon überschritten ist.

Außer der Viehhaltung war der Wald für die Landsassen unentbehrlich als Quelle für Holz, sowohl als Heiz- wie auch als Baumaterial. Entnahme von Brennholz ist bereits oben unter dem Stichwort ›Wrogen‹ angesprochen worden. Die Berechtigung dazu galt jeweils für eine Feuerstelle (*wo Rauch aufgeht*), d.h. eine Wohnstelle. Die Bessergestellten, die als Besitzer eines Gespanns auch größere Mengen wegführen konnten, wurden mit einer vollen Wroge veranschlagt, von Ärmeren verlangte man deutlich weniger. Bei den späteren, nach Dörfern erfassten Listen finden sich auch Zusätze bei Namen wie ›arm‹ (d.h. von Wrogenzahlung befreit) und ›ledig‹ (d.h. zeitweilig unbewohnte Feuerstel-

(Abb. 21) Von den Förstern angelegter Pferch (›Siel‹), hier als ›Schweinsteigh‹ bezeichnet *(Der schwein steigh),* für die Aufnahme von Schweineherden über Nacht während der herbstlichen Eichelmast. Ausschnitt aus einer Trierer Waldkarte vom Jahr 1591.

len). Für das Rechnungsjahr 1509 hat Heinrich Tichelbäcker 133 Feuerstellen im Amt ermittelt, die eine ganze Wroge zahlten. Die Bezirke zur Entnahme von Feuerholz waren eigens ausgewiesen (später unter der Bezeichnung ›Feuerbrandswaldungen‹); es waren diese Distrikte, die in der Preußenzeit bevorzugt in Besitz der Kommunen überführt wurden, als die Wälder in staatlichen und kommunalen Besitz aufgeteilt wurden.[48] Der Ausdruck ›(Feuer)brand‹ geht auf den mundartlichen Gebrauch von *Brand* in der Bedeutung ›Brennmaterial‹ zurück.

Anders als beim Brennholz sah die Lage beim Bauholz, d.h. Eichenholz aus. Gemäß dem Weistum von a.1342 stand Siedlern im Forst über das Roderecht und die Entnahme von Bauholz zum Eigenbedarf hinaus auch zu, Bauholz auszuführen (*zo mayrd vůren* ›zum Markt zu führen‹). Das war zu einer Zeit aufstrebender Stadtrechtsorte in der ferneren Umgebung eine verlockende Sache. Entsprechend hatte Graf Wilhelm IV. a.1238 bei den Verhandlungen zum Waldrecht dafür gesorgt, dass auch sein Burgort Nideggen in den Genuss dieses Vorrechtes kam. Solcher »Holzexport« scheint aber schon im gleichen Weistum als lenkungsbedürftig empfunden worden zu sein, denn es regelte, dass der Herr von Monschau Holz nur an den Markgrafen als Waldgrafen abgeben durfte und umgekehrt. Die Herren im Wald griffen damit offenbar in die »Exportrechte« der Siedler ein und schnitten sie zurück. Und in seinem Testament von a.1369 hatte Reinhard von Schönforst seinen Söhnen ausdrücklich auf die Seele gebunden, Abgabe von Eichenholz und Rodung nicht zuzulassen. Dennoch wurde a.1549 noch festgestellt: *Allenthalben wirt gehackt und gerodt jm ambt*, wobei dem Landesherren ein Rodezehnt zukam. Eine solche Situation war durchaus nicht generell üblich und erklärt sich aus der gezielten Anwerbung von Siedlern durch die Limburger Dynasten vom Beginn des 12. Jahrhunderts an, als der Wald noch nicht erschlossen war. Hier ist daran zu erinnern, dass demgegenüber der Graf von Jülich gemäß dem Wehrmeisterei-Weistum die Rodung in seinen Forsten untersagt hatte.

Nachrichten über Brennen von Pottasche, Sammeln von Moos oder Schälen von Eichenstangen zur Gewinnung von Gerblohe kommen nur sporadisch vor. Nutzungen dieser Art scheinen im behandelten Zeitraum noch keine nennenswerte Rolle gespielt zu haben. Schließlich vermeldete die Rechnung 1603/04 erstmals, dass auf der Überrurischen Hut *am Driemborner Pfad* 287 Ries Dachleyen gebrochen worden seien. Doch auch das ist zunächst eher Episode geblieben; aus der Mitte des 17. Jahrhunderts stammt die Nachricht, dass ›im Amt keine Leysteine gebrochen werden.‹[49]

d. Der Raubbau am Wald und erste Ansätze einer Verwaltungsverbesserung

Angesichts dieser vielgestaltigen Nutzung des Waldes konnte es bei der allgemeinen Bevölkerungszunahme seit der Rodung im 12. Jahrhundert und der zusätzlichen Nutzung aus angrenzenden Siedlungen nicht ausbleiben, dass mit der Zeit die Regenerationsfähigkeit des Waldes an seine Grenzen stieß und im Lauf des 16. Jahrhunderts deutliche Anzeichen der Übernutzung auftraten. Dass gegen unsachgemäße Schädigung des Waldes vorzugehen sei (*dat der walt verhowen ind vequist wurde*), bestimmte schon das Weistum des Jahres 1342. Entsprechend führten die Forstmeisterrechnungen regelmäßig Einnahmen von Brüchtengeldern (›Geldbußen‹) bei ›Waldfrevel‹ auf.[50] Die von Heinrich Tichelbäcker untersuchten Vossenacker Fälle betrafen überwiegend Brennholzschmuggel ins nahe Düren,[51] die mit Bußen im Rahmen von 1–5 Goldgulden[52] geahndet wurden. Dagegen lagen Bußen für baufähiges Eichenholz massiv höher als etwa die Wrogenbeträge für Brennholz, wie Franz Broicher an einigen Rotter Beispielen vorgerechnet hat. Fälle wie dieser – *Zerveiß Mertens* Sohn aus Kalterherberg hatte a.1567/68 in der Daverscheider Hut einen Langbaum geschlagen, wurde verhaftet und mit 2 Talern Brüchten gebüßt[53] – kamen wahrscheinlich dadurch zustande, dass der *hovesman* sich auf das alte Roderecht berief, das ihm im Weistum von a.1342 freies Bauholz zusicherte, wenn das Haus auf dem Grund des Forsthofes aufgestellt wurde. Unter dieser Bedingung hatte er nämlich *van recht alle iaer zweeen beume, eynen eyghenen ind eynen boeghenen* (›alle Jahre von Rechts wegen zwei Bäume, einen Eichen- und einen Buchenbaum‹). Der Gefasste konnte sich also durchaus im Recht fühlen. Die späteren Nachrichten darüber, dass der Forstmeister Bauholz gegen eine Weingabe zuteilte, zeigen jedoch, dass die ungeregelte freie Holznutzung der frühen Jahre bei einer zunehmend größeren Bevölkerungszahl an Grenzen stieß und die herrschaftliche Forstverwaltung bestrebt war, die älteren Rechte zurückzuschneiden. Insbesondere schritt sie gegen das »wilde« Schlagen von Bauholz ein.

Doch auch von der herzoglichen Seite wurde der Waldbestand regelmäßig belastet. Nach den Berechnungen von H. Tichelbäcker[54] wurden zwischen 1596 bis ca. 1750, also weitgehend nach dem hier behandelten Zeitabschnitt, für die herzoglichen Weingärten in Pissenheim (1919 umbenannt in Muldenau) und Ginnick jährlich 34.000 *Rahmen* (Rebstöcke) geschlagen. Schließlich ist zu bedenken, dass durch die regelmäßige Entnahme größerer Mengen von gefallenem Laub dem Wald die natürliche Düngung entzogen wurde.

Hauptursache der Ruinierung des Waldes im Lauf der Jahrhunderte aber war – neben der Waldweide und besonders dem Verbiss von jungen Schösslingen durch Ziegen – die Köhlerei von Buchenholz, die mit dem Ausbau der Eisenverhüttung in den Tälern von Vicht und Kall unaufhaltsam voranschritt. In den frühen Weistümern spielte das Kohlebrennen noch keine nennenswerte Rolle, und auch später (z.B. a.1549) wird diese Tätigkeit eher beiläufig zusammen mit dem Sammeln von Bucheckern genannt. Daneben steht nur der Vermerk, dass der Forstmeister dafür Gebühren einnimmt. Indirekt ist das Kohlebrennen über die Erwähnung der Reidemeister und ihrer Hütten (*von den isern hütten*) anwesend. Das Weistum von a.1342 gestattete der Burg Nideggen zwei Köhler im Revier ›zwischen Kall und Rur‹, offenbar wegen ihrer Rolle als »Residenz«. Der Burg Heimbach stand nur einfaches Brennholz zu, *als der marcgreve ind die marcgrevinne da woenent* (›wenn der Markgraf und die Markgräfin dort wohnen‹). In der Folgezeit aber nahm das Kohlebrennen für die Eisenverhüttung in ungeahntem Ausmaß zu. Holzkohle wurde sogar aus dem Amt Monschau seit der 2. Hälfte des 14. Jahrhunderts auch für Hütten in der limburgischen Bank Baelen ausgeführt.[55] Weitere Holzkohle ging an die Hütten und Hämmer im Münsterländchen. Rott in der Nähe von Hüttenstandorten (Mulartshütte, Zweifall) entwickelte sich geradezu zu einem ›Köhlerdorf‹. Als einen ersten Köhler dort hat Franz Broicher den *Vaeß ufft Rott* nachgewiesen.[56] Die Köhler zahlten als Konzession an den Forstmeister den ›Wehrpfennig‹. Bei einer ersten Walderkundigung von a.1556 verlautete zum Thema Köhlerei noch recht wenig, obwohl offensichtlich schon schwere Schäden erkennbar waren.[57] So durfte jeder Köhler nur jeweils einen Meiler betreiben und sollte auch dürres Holz verwenden, pro Jahr durfte er im Sommer maximal 20, im Winter 15 ›Haufen‹ abliefern. Die Zahl der Köhler auf der Rackerscheider Hut war auf zehn begrenzt. Ein Standort durfte nicht vollständig abgeholzt werden, vielmehr sollten *staalen* (›gerade senkrechte Stämme‹) zum Nachwachsen stehen bleiben. Die Menge der Kohlelieferungen, gerade ins Münsterländchen, nahm jedoch kontinuierlich zu.[58] Die Erkundigung von a.1549 nannte im Amt drei Hütten und zwei *plathemmer* ›Hammerwerke‹; die Betreiber dieser Anlagen gehörten zu den *frein des Ambts* (›Freie des Amtes‹) und waren von Schatzerhebung, weiteren Abgaben und Dienstleistungen befreit. Diese Angaben, auf zwei getrennte Einträge verteilt, passen allerdings nicht fraglos glatt zusammen. Die Hütten sind verortet *uf dem Zwifel, die ander negst dabei*. Die betreibenden Reidemeister sind *vom Zweiffell, uf Mularts* werck und *uf Felings werck*. Die Wendung *negst dabei* trifft zwar problemlos auf Mulartshütte zu, das *Velynxwerck* (so a.1516) ist aber recht weit von Zweifall entfernt an der Rur in der Nähe von Pleushütte und Einruhr zu suchen. Das folgt nicht zuletzt daraus, dass sich der Inhaber um den ordentlichen Zustand der Rurbrücke dort kümmern musste. Die genaue Lage des Werkes und sein Verhältnis zu einer ›Pleushütte‹ ist ungeklärt.[59] Wohl aber sind a. 1549 und a.1556/57 zwei Hammerwerke an der Rur genannt; *der eine Plußhammer und der andere Hermanshammer* (=Hammer) *genannt*, so dass die beiden *plathemmer* darauf zu beziehen sind.[60] Davon zahlte der *Hermans hammer* jährlich 3 und *Pleus Jan von Pleußhammer* 5 Goldgulden, jedoch mit dem Vermerk: *jst nit stehendt*. Auch die jährlich gebrannten Mengen an Holzkohle hat E. Wisplinghoff errechnet.[61] Es ist leicht zu ersehen, dass bei regelmäßiger Entnahme solcher Holzmengen der Wald nicht im gleichen Maße nachwachsen konnte: a.1554 wurden 6.563 Wagen Holzkohle abgerechnet, a.1555–4.955 Wagen, in der Mitte der 1560er Jahre – ca. 3.000 Wagen und ab den 1580er Jahren immer noch mehr als 2.000 Wagen jährlich. Die Forstverwaltung hat auf die skizzierte Entwicklung viel zu spät reagiert und die notwendig über viele Jahrzehnte zu kalkulierenden Fristen einer nachhaltigen Forstwirtschaft nicht bedacht. Ein erstes Indiz für eine aufmerksamere Bewirtschaftung ist a.1549 in der Erwähnung von zwei Kammerforsten (*cammerbusch*) Breiderscheid und Eicherscheid zu erkennen, die aus der üblichen allgemeinen Nutzung ausgenommen und unmittelbar der Burg Monschau zugeordnet waren. Im gleichen Zeitraum (a.1544/45) sind auch erste ›Zuschläge‹ (*der zuschlach up Swerzell in dem venne gelegen, der zuschlag up Kuttenhart bey dem Reynart gelegen*) belegt. Das waren eingefriedete Bezirke,[62] die gegen Verbiss geschützt waren und den ungestörten Aufwuchs befördern sollten. Demgegenüber hatten große Städte mit eigenem Waldbesitz ihre Wälder schon Jahrhunderte früher als grundlegende Rohstoff- und Energiequellen erkannt und Regulierungen eingeführt, nach denen die allgemeine Nutzung stark eingeschränkt wurde.[63]

Die langjährigen Versäumnisse tauchen erst in den Quellen des 17. Jahrhunderts als Problem auf. Nach einer gründlichen Bestandsaufnahme im Jahre 1659 erließ Pfalzgraf Philipp Wilhelm im Mai 1665 ein *Edict betr. geregelte benutzung des waldes*,[64] das die eingetretenen Schäden nur noch verwalten, nicht aber ausgleichen konnte. So konnte es dahin kommen, dass der Monschauer Arzt und spätere preußische Kreisphysikus Johann Christian Jonas in seiner 1801 niedergeschriebenen *Geographische[n] und naturhistorische[n] Beschreibung des Amtes Montjoye* die Wälder als *gänzlich ruinirt* charakterisierte und man bezüglich *Eichenholz in Verlegenheit wäre, für den Bau von zwanzig großen Häusern, hinlängliches und tüchtiges Holz zu finden*.[65]

Trotz allem sind von der Mitte des 16. Jahrhunderts an auch Bemühungen der Jülicher Regierung zu erkennen, zu einer moderneren »staatlichen« Verwaltung dadurch zu kommen, dass man sich ein genaueres Bild über die Waldverhältnisse im Amt zu verschaffen suchte.[66] Dazu gehörten zunächst a.1555/56 genauere Vermessungen, um festzustellen, was *altes erff* (›seit alters durch Rodung gewonnenes Land nach Erbleihe‹) und was erst in jüngster Zeit (*bei menschengedenken*) an solchem ›Erbe‹ hinzukommen war (vgl. oben Abschnitt a und Kap. 7). Denn laut der Amtserkundigung von a.1549 galt unverändert: *allenthalben wirt gehackt und gerodt jm ambt*, was zu einer stillen »Enteignung« des Waldherren führte. Unverkennbar sollte mit der Bestandsaufnahme dem ungesteuerten Roden entgegengewirkt werden. In dieser Aufgabe war der Forstmeister mit einem Landmesser, dem Gerichtsschreiber und einigen ortskundigen älteren Leuten unterwegs. Der Landmesser Johann Hollandt war von 1568 bis 1572 mit der Vermessung der *ausgerotteten büsche* befasst. Im Jahre 1583 hat schließlich Arnold Mercator, *fürstlicher mathematicus* und Sohn des berühmten Kartographen Gerhard Mercator in Begleitung des Forstmeisters und einiger Förster den Monschauer Wald vermessen. Die

Erhebungen führten in der Überrurischen Hut (s.o.) zu einer umfangreichen Aufstellung von neugerodeten Grundstücken und ihren Inhabern, deren Abschrift noch a.1649 in die Anlage des Monschauer Lagerbuches eingeflossen ist.[67] Darin wurden 301 Einträge mit insgesamt mehr als 1.400 Morgen Neurodung festgestellt. Auch wenn die meisten Flächen im Durchschnitt unter 10 Morgen liegen und daher wohl als Ergänzungen zu bestehenden Hofstellen zu verstehen sind, deuten einzelne Rodungen von 20 bis zu 50 Morgen auf Neugründung ganzer Höfe hin. Die Mehrzahl der Siedler (276) war in der Herrschaft Dreiborn und dem Land Überruhr um Wollseifen zu Hause, es sind aber auch Grundstücksinhaber aus Herhahn, Berescheid, Harperscheid oder gar Schönseiffen genannt. Nur 21 Roder sind in angrenzenden Dorfern des Amtes Monschau zu verorten (Rurberg 8, Pleushütte 3, Dedenborn 3, Hammer 1, Huppenbroich 2, Eicherscheid 2, Höfen 2); rechnet man das heute Monschauer Einruhr (*auf der Rhoren, S. Niklasibrugck*) hinzu, kommt man auf 26. Diese Lage hatte sich als Folge der Schönforster Erbteilung von a.1379 mit Abtrennung des Landes Überruhr ergeben, als Johann I. von Schönforst darauf bestanden hatte, dass das Forstrecht bei ihm verbleiben sollte. Dadurch reichte der Forstbezirk der Überrurischen Hut über die Südgrenze des Burg- und Gerichtsbezirks Monschau hinaus. Die Folge daraus waren ständige Streitigkeiten in Fragen des Waldrechtes, die weit über den hier gewählten Zeitrahmen hinausgingen. Auf längere Sicht hat diese Regelung auch keinen Bestand gehabt: Gemäß den Forstkarten der 80er Jahre des 18. Jahrhunderts fielen die Grenzverläufe von Forstrevier und Amt entlang von Rur und Erkensruhr wieder zusammen (vgl. Kap. 7, Schlussabschnitt).

Das Jahr 1534 war ungewöhnlich trocken gewesen, so dass es zweimal zu Waldbränden gekommen war. Dazu waren die Landleute zum Löschen aufgeboten worden. Der Rentmeister notierte 20 Mark an Verpflegungskosten für Brot, Bier und Käse. Seltsamerweise ist in der Rentmeisterrechnung (nicht beim Forstmeister) auch vermerkt, dass a.1581/82 ein Aufseher (*schütz*) für den Kammerwald Eicherscheid angestellt wurde.

Anmerkungen

1 Stand der Forschung bei S. Ristow: Frühes Christentum im Rheinland, S. 1–56.

2 E. Neuß (Hg.): Weistümer, Nr. 1a/b, 3, 4, 6, 8, 10, 13.

3 J. Röntgen: Abteiliche Förster im Reichswald, EHV 35 (1963) S. 126–128.

4 Mehr dazu bei A. Timm: Die Waldnutzung in Nordwestdeutschland im Spiegel der Weistümer, S. 16ff.

5 M. Nikolay-Panter: Würselen zwischen Mittelalter und Neuzeit, in: M. Wensky – F. Kerff (Hg.): Würselen, S. 43–51.

6 V. Dejardin: Die Bank Baelen im 15. Jahrhundert, GE 52 (2018) S. 111f.

7 F. Toussaint: Seit wann brennt man Torf? EHV 11 (1936) S. 187–191 und E. Neuß (Hg.): Weistümer, Nr. 27.

8 UB Düren I Nr. 293.

9 F. Broicher: Rott – Erinnerungen V, S. 8–16; H. Tichelbäcker: Vossenack – vom freien Marschallhof zum Dorf im Amt Monschau, ML 32 (2004) S. 53f.

10 Vgl. z.B. H. Steinröx: Die Waldfrevler und ihre Bestrafung im Jahre 1647/48, EHV 32 (1960) S. 29–32, 43–48; für benachbarte Regionen z.B. H. Marquet: Die sogenannten »Waldfrevel« unserer Vorfahren, ZVS 45 (2009) S. 167–171.

11 Liste der Amtsinhaber bei F. Letocard: Les domaines forestiers, S. 149.

12 LAV NRW R, Jülich-Berg Lehen Generalia 46, fol. 15f.

13 E. Neuß (Hg.): Weistümer, Nr. 22.

14 E. Neuß (Hg.): Weistümer, Nr. 11.

15 E. Neuß (Hg.): Weistümer, Nr. 23.

16 G. Kocher: Rechtssymbolik, LMA VII, Sp. 524.

17 Vgl. oben Kap. 2b.

18 RRA I Nr. 180; vgl. auch RRA II Nr. 889.

19 Druck bei A. Ortmanns: Der fränkische Königshof Büllingen, S. 62–65.

20 StaMON 1. Abt. G 2, Lagerbuch 1649, fol. 296v.

21 Vgl. RhWB V, Sp. 1121f. *Micke* III.

22 Zu den Grenzverläufen s. die Abbildungen der Forstkarten von a. 1779ff. bei H. G. Lauscher: Das Amt Monjoye samt Deurener Wehrmeisterey 1779, S. 14f., 16f., 145, 147, 149, 151, 153.

23 E. Neuß (Hg.): Weistümer, Nr. 27.

24 Zu den Waldrechten des Klosters nach den Weistümern vgl. auch F. Mainz: Die Reichsabtei Kornelimünster und der Monschauer Reichswald, BGHF 8 (1999) S. 44–61.

25 W. Schoop (Hg.): Quellen D. Jülichsche Städte, I, Düren I, S. 69ff.; ältere Ausgabe: W. Ritz (Hg.): Urkunden und Abhandlungen, S. 132ff.

26 Vgl. M. Nikolay-Panter: Würselen zwischen Mittelalter und Neuzeit, in: M. Wensky – F. Kerff (Hg.): Würselen, S. 43–51.

27 MWB I Sp. 1779 und DWB V Sp. 1742.

28 Vgl. zum ganzen Abschnitt auch S. Epperlein: Bäuerliches Leben, S. 30–151.

29 Zeugnisse dazu bei H. Steinröx: Notizen zu den Weid- und Schweidgängen in Akten des Düsseldorfer Staatsarchivs, EHV 43 (1971) S. 74–82; vgl. auch W. Gillessen: Vom Waldweiderecht und seiner Auflösung, GE 6 (1972) S. 115–123.

30 E. Neuß (Hg.): Weistümer, Nr. 6 und 8.

31 E. Schubert: Alltag im Mittelalter, S. 84ff.

32 H. Steinröx: Zur Geschichte von Menzerath und Umgebung, in : H. Steinröx: Höfe – Mühlen – Schiefersteine, S. 175–178 zum Menzerather Weiher.

33 LAV NRW R, Jülich-Berg I 1175, fol. 26r.

34 G. Bers (Hg.): Die Rechnung des Zolls in der Stadt Jülich von 1554/1555, 1983.

35 J. Kreitz: Die Weid- und Schweidgänge im Amte Montjoie, EHV 21 (1949) S. 2.

36 Neuedition E. Neuß (Hg.): Weistümer, Nr. 25; zur Erhebung: E. Neuß: Kommissar Henrich Rhoedingen, in: V. Honemann u.a. (Hg.): Sprache und Literatur in den Nideren Landen, S. 181–193.

37 R. Hülsheger: Rott. Erinnerungen, VI, S. 45ff.; R. Hülsheger: Viehläger in den Wäldern der Nordeifel, ML 49 (2021) S. 20–27.

38 RhWB V, Sp. 709ff. mit Karte.

39 Vgl. H. Dittmaier: Rheinische Flurnamen, S. 23.

40 H. Steinröx: Reinartzhof und Hattlich, S. 52f.

41 W. Güthling: Zur Geschichte des Amtes Monschau, EHV 15 (1940) S. 104.
42 StaMON 1. Abt. G 2, Lagerbuch 1649, fol. 255.
43 S. Epperlein: Bäuerliches Leben, S. 116f.
44 H. Dittmaier: Rheinische Flurnamen, S. 285 s.v. *Se(e)l* und M. Kohnemann: Hundert Raerener Flurnamen erzählen, JBEMV 1 (1966) S. 120.
45 W. Güthling (wie Anm. 41).
46 E. Wisplinghoff: Schweinemast, Rinderhaltung und Holznutzung in den Wäldern der nordwestlichen Eifel, ZAGV 103 (2001) S. 51–83, hier S. 57f.; vgl. auch H. Tichelbäcker, Vossenack, S. 42f. und ders.: Vossenack – vom freien Marschallhof zum Dorf im Amt Monschau, ML 32 (2004) S. 55f.
47 E. Wisplinghoff (wie vorige Anm.) S. 70.
48 S. dazu die Untersuchungen von F. Broicher und H. Tichelbäcker (wie Anm. 9); für die preußische Zeit R. Hülsheger: Rott – Erinnerungen VI, 1996.
49 Dazu H. Steinröx: Die Dachschiefer-Brüche im Monschauer Land, in: H. Steinröx: Höfe – Mühlen – Schiefersteine, S. 232ff.
50 Vgl. etwa für spätere Zeitabschnitte H. Steinröx und H. Marquet wie Anm. 10.
51 H. Tichelbäcker: Vossenack, S. 45 und H. Tichelbäcker: Vossenack – vom freien Marschallhof zum Dorf im Amt Monschau, ML 32 (2004) S. 57. Dazu auch E. Wisplinghoff: Schweinemast, Rinderhaltung und Holznutzung, ZAGV 103 (2001) S. 74ff.
52 F. Broicher: Rott – Erinnerungen V, S. 24f.
53 W. Güthling: Zur Geschichte des Amtes Monschau, EHV 15 (1940) S. 105.
54 H. Tichelbäcker: Vossenack – vom freien Marschallhof zum Dorf im Amt Monschau, ML 32 (2004) S. 56.
55 V. Dejardin: Die Bank Baelen im 15.Jahrhundert, GE 52 (2018) S. 119.
56 F. Broicher: Rott – Erinnerungen V, S. 32.
57 LAV NRW R, Jülich-Berg III 916 fol. 37f.; vgl. H. Steinröx: Der Zustand der Waldungen im Amt Montjoie 1556–1665, ML 12 (1984) S. 47.
58 F. Broicher: Rott – Erinnerungen V, S. 32–36.
59 H. Steinröx: Das Velinx-Werk, ML 19 (1991) S. 50–51.
60 H. Steinröx: Der Anfang der Orte Dedenborn, Rauchenauel, Seifenauel und Pleußhammer-Pleußütte, ML 12 (1984) S. 45f.
61 E. Wisplinghoff: Schweinemast, Rinderhaltung und Holznutzung, ZAGV 103 (2001) S. 76.
62 DWB XVI, Sp. 795.
63 E. Schubert: Alltag im Mittelalter, S. 60ff.
64 StaMON 1. Abt. G 17 und G 19; E. Neuß (Hg.): Weistümer, Nr. 27.
65 E. Neuß – T. Offermann (Hg.): Der Arzt und Aufklärer Johann Christian Jonas, S. 101.
66 Grundlage sind auch hier die Rechnungen der Rent- und der Forstmeister; wichtige Daten daraus bei W. Güthling: Zur Geschichte des Amtes Monschau, EHV 15 (1940) S. 80–91, 97–108.
67 StaMON 1.Abt. G 2a, fol. 51r–60v.

10. Das Rechtswesen im Amt und das Schöffengericht

a. Der Weg zur schriftlichen Rechtsaufzeichnung

Anders als beim Forstrecht setzen ausführlichere Quellennachrichten über Rechtsverhältnisse und Gericht außerhalb von Forstbelangen im Burgbezirk Monschau und nachfolgenden Jülicher Amt recht spät ein (16. Jahrhundert). Allerdings kann zur Erhellung der Lebensverhältnisse in der karolingischen *villa* Compendium/Konzen auf die allgemeine königliche Rechtsverordnung des *capitulare de villis* (›Ordnung der Wirtschaftshöfe‹) zurückgegriffen werden (vgl. Kap. 1.b). Für die nachfolgende limburgisch bestimmte Rodeperiode können in den Grundzügen gleichartige Rechtsverhältnisse angenommen werden, wie sie gemäß dem auch anderweitig zu beobachtenden Roderecht üblich waren (vgl. Kap. 2 und 3). In dieses Bild, das hier ständig vorausgesetzt ist, lassen sich nämlich vereinzelte Nachrichten wie Mosaiksteinchen einfügen. Dazu gehören z.B. vom Ende des 12. Jahrhunderts der *Wichmann scabinus* ›Schöffe‹ als Mitglied der St. Matthias-Bruderschaft von Konzen und a.1248 der *Wilhelmus de Husen* als *scultetus* ›Schultheiß‹ der Herrin von Monschau; beide Nachrichten verweisen auf das Bestehen eines Schöffengerichtes des Burgherren (vgl. Kap. 4.c). Eine weitere Erwähnung ist die des Schultheißen von Walram II. von Monschau und seiner Gemahlin Jutta von Ravensberg a.1265 (vgl. Kap. 2 und 4). Dann folgen hin und wieder Einzelmeldungen: das Waldweistum von a.1342 erwähnt Gerichtssitzungen des *droyssit van Monyoye ...mit sinen scheffenen* (›des Drosten von Monschau mit seinen Schöffen‹), Reichensteiner Urkunden von a.1334 und a.1366 berichten davon, dass die Gerichtsschöffen Grundstücksübertragungen und andere Rechtsgeschäfte bezeugten, wozu sie – damals noch ohne eigenes Siegel – Besiegelung durch die Valkenburger Landesherren Dietrich IV. und Johann bzw. den Drost Mattelion von Teuven erbaten; sie selbst erscheinen als die *scheffen des hofs zo Cumpze.*[1] Als schließlich a.1361 Reinhard I. von Schönforst die Herrschaft im Lande im Tausch mit dem Jülicher Amt Kaster übernahm (s. Kap. 6.b), bezeugt die ausführliche, darüber mit dem Herzog von Jülich ausgehandelte Vereinbarung das Bestehen des Gerichts und verlangt, neben den sonstigen Bediensteten auch die Schöffen auf die neue Herrschaft einzuschwören. Das sonstige Schweigen der Quellen in Einzelheiten bis in die Schönforster Zeit endet mit dem Übergang des Landes an das Herzogtum Jülich. Als Herzog Adolf im Januar 1436 die Amtmannschaft pfandweise an Wilhelm von Linzenich übertrug, gehörte u.a. zu dessen Verpflichtungen auch die Zusage, die Amtsbewohner bei ihren überlieferten Rechten (*guden alden gewoenden ind herkomen*) zu belassen und *yedermanne scheffen urdell ind lantrecht laissen wedervaren* (›jedermann Schöffenurteil und Landrecht widerfahren zu lassen‹).[2] Mit dem Ende der Episode der Amtmannschaft des Thonis von Palant, ist dann a.1473 Peter von der Hardt als Schultheiß und Lehnsinhaber des Hofes Eicherscheid genannt. Aufgrund solch punktueller Schlaglichter steht nichts der Annahme im Wege, dass in all den Jahren seit den Tagen der Limburger Landeserschließung parallel zum Förstergericht ein Schöffengericht des Burgherren unter Vorsitz seines Drosten/Amtmanns oder in seiner Vertretung des Schultheißen bestanden und getagt hat. Mit der Annahme eines ersten Schöffensiegels (1476/79) in der Amtszeit des Peter von der Hardt war ein sichtbarer Abschluss der ersten Entwicklungsphase des Gerichtes erreicht. Die Einrichtung dieses Gerichtstypus für Freie über die Hofgerichte für Hörige hinaus ging auf die Neuordnung des Gerichtswesens unter Karl dem Großen zurück.

Die wichtigsten dann einsetzenden Schriftquellen zum Rechtswesen sind

1. das a.1516 erneuerte ›Monschauer Landrecht‹,
2. die schon beim Kapitel ›Forstverwaltung‹ erwähnte ›Amtserkundigung‹ des Jahres 1549,
3. ein Schöffenweistum von a.1600 und
4. eine Zeugenbefragung von a.1612 über die besonderen Rechte der Bürger der Stadt Monschau gegenüber den ländlichen Siedlungen. Zusätzlich können noch aus der Bestandsaufnahme des Lagerbuchs von a.1649, die allerdings schon jenseits des behandelten Zeitraums erfolgte,
5. Nachrichten aus einer Gerichtsordnung und
6. einem Verzeichnis von Frondiensten zur Erhellung älterer Zustände ausgewertet werden.[3]

Auf diesen Zeugnissen beruhen im Folgenden die mit Datum gekennzeichneten angeführten Textzitate. Schließlich kann man noch die eine oder andere Nachricht aus Grenzbegehungen heranziehen. Das recht späte Einsetzen ausführlicherer Quellen hat zur Folge, dass die breitere Darstellung des Rechtswesens sich schwerpunktmäßig auf die Jülicher Zeit (genauer das 16. Jahrhundert) beziehen muss. Die seit dieser Zeit verstärkt einsetzenden Regulierungen seitens der Regierung und die zunehmende Rezeption römisch-rechtlicher Traditionen und Beteiligung studierter Juristen bestärken die Annahme, dass in den früheren Jahrhunderten in vereinfachter, weniger formalisierter Weise nach altüberlieferter germanisch-rechtlicher Praxis verfahren worden ist,[4] wie es auch der Wortlaut des anschließend vorzustellenden ›Monschauer Landrechts‹ von a.1516 nahelegt. Unter den hier behandelten Quellentexten verdient dieses Monschauer Landrecht (originaler Titel: *Brůch Jnd Oevongen Rechtsz Slantzs MonJow* ›Rechtsbräuche und -gewohnheiten des Landes Monschau‹) eine Hervorhebung. Es stellt einen der wertvollsten älteren Schätze des Stadtarchivs Monschau dar, allein schon aufgrund der Erwägung, auf welche Weise es erhalten geblieben ist und den Weg ins Archiv gefunden hat: Der erste Herausgeber Johann Wilhelm Joseph Braun hatte das Heft nämlich in den 1850er Jahren aus Privatbesitz des Monschauer Bürgers J. M. Müller für die Veröffentlichung erhalten, der auch andere ältere Quellen gesammelt und dadurch vor dem Verlust bewahrt hat. Über allerlei Umwege und endlich den Nachlass von Oberpfarrer Heinrich Pauly ist das Landrecht schließlich im Stadtarchiv angekommen.[5] Es verdankt seine Aufzeichnung einer Durchsicht und Korrekturauflagen durch die beiden Statthalter des Landes Jülich, Daim von Harff und Johann von Palant, sowie der herzoglichen Räte Johann von dem Bongard und Karsilius von Palant. Diese »Novellierung« geschah zu einer Zeit, als sich die Jülicher Regierung mit zunehmender Staatlichkeit und Ausbildung von Verwaltungsstrukturen des Territoriums auch vermehrt um das Rechtswesen zu kümmern begann.[6] Immerhin ist dieses Monschauer Landrecht gut zwanzig Jahre früher zur schriftlichen Aufzeichnung gekommen als das allgemeine Jülicher Landrecht von a.1537, nach dem sich das in Jülich eingerichtete Haupt- und Kriminalgericht orientierte, das zunehmend zum Obergericht des Herzogtums überhaupt wurde. Dem war a.1475 eine ältere Regelung vorangegangen.[7] Vor einer Umsetzung des »novellierten« Regelwerks sollten der Amtmann Johann von Efferen und die Schöffen eine einheitliche Durchführung und Kostenregelung für Berufungsverfahren (die sog. ›Hauptfahrt‹) festlegen, das Schöffensiegel in einer Schöffenkiste in der Schlosskapelle aufbewahren (statt es einem Schöffen einfach nach Hause mitzugeben) und einen Gerichtsschreiber einsetzen und besolden, der alle Vorgänge in einem Gerichtsbuch protokollieren sollte. Auch das Gerichtsbuch war in der Schöffenkiste zu hinterlegen. Schließlich sollten die Schöffen auch nicht mehr als Anwälte (*vurspreicher*) von Prozessbeteiligten auftreten dürfen. Stattdessen sollte der Amtmann vereidigte Anwälte für das Gericht bereithalten (*geswoiren vurspreicher an die banck stellen*). Es war also in den langen Jahren vorher wenig formal reguliert, um nicht zu sagen »laxer« zugegangen. Die Auflagen verraten die professionellen Juristen am Werk. Im Vergleich mit anderen Ämtern aber hat das Landgericht Monschau auch in der Folgezeit nur wenig Schriftgut produziert. Gut dokumentiert sind allein Grundstücksübertragungen, die in den sog. *Erb(ungs)büchern*, drei dicken Wälzern von a.1603 bis a.1793 (mit Unterbrechungen), erhalten sind.[8] Eine Vereinheitlichung vieler kleinerer Gerichte, wie sie der Regierung in der Mitte des Jahrhunderts für eine Anzahl von

Ämtern geboten schien, erwies sich im Amt Monschau wegen des Ausbleibens adliger Unterherrschaften oder Hofgerichte auswärtiger Herren als nicht nötig.[9] Wichtig festzuhalten bleibt, dass diese Rechtsaufzeichnung noch keinerlei forstrechtliche Regelungen enthält.

Zu allen weiteren Ausführungen ist zu berücksichtigen, dass es im hier verhandelten Zeitraum eine von der herrschaftlichen Gewalt unabhängige Justiz im Sinne moderner Gewaltenteilung nicht gegeben hat. Oberster Gerichtsherr war der König, was im ältesten, hier behandelten Zeitabschnitt der Karolingerkönige noch unmittelbar dadurch in Erscheinung trat, dass den Angehörigen des Konzener Königshofes ein Beschwerderecht beim König eingeräumt war (Kap. 1.b). Nach der Ausbildung eines regionalen Herrschaftsbezirks durch umfangreiche Waldrodung und zunehmende Königsferne waren es der Graf/Herzog von Limburg und seine Nachfahren als die jeweiligen Herren auf der Burg Monschau und ihre Amtsträger, die auch Gerichtsgewalt ausübten. Anfallende Bußen und Gebühren standen dem Gerichtsherrn zu. Daher war die Verfügungsgewalt über Gerichte eine wesentliche Komponente beim Auf- und Ausbau territorialer Adelsherrschaft. Auch die Gerichtsschöffen übten gleichzeitig exekutive Aufgaben aus, indem sie z.B. mit dem Schultheißen zusammen die zweimal im Jahr fällige Schatzerhebung durchführten. Das alles musste aber durchaus nicht Willkürhandlungen des Gerichts nach sich ziehen; denn die Gerichtspersonen waren auf das landesübliche Gewohnheitsrecht, das ›Landrecht‹, eingeschworen, das als ›von unvordenklicher Zeit überliefert‹ als geheiligt galt,[10] und verfuhren durchweg entsprechend. Dieses Landrecht folgte allerdings nicht einer heute üblichen Rechtssystematik, sondern regelte vordringlich solche Bereiche, die unmittelbar das alltägliche Leben betrafen, unabhängig davon, ob sie – im heutigen Verständnis – mehr öffentlich-rechtlicher oder eher privat-rechtlicher Natur waren. Die schriftlich festgehaltenen Tatbestände betrafen vor allem Angelegenheiten, die für die Landsassen von unmittelbarer lebensweltlicher Bedeutung waren: Dienste und Abgaben, Mühlenwesen, Instandhaltung von Wegen und Brücken, Besitzübertragungen und Vererbung usw. Insofern kann ein solches Rechtscorpus auch sozialgeschichtlich als Quelle der lebensweltlich wichtigen Angelegenheiten gelesen werden. Themen dieses Umkreises beschäftigten das Schöffengericht allerdings seltener. Sie kommen – außer den vermögensrechtlichen – im folgenden Kapitel zur Sprache. Dagegen sind (in heutigem Sinn) strafrechtliche Themen in den hier herangezogenen Texten nicht behandelt, auch wenn sie vermutlich das Gericht mehr als die anderen beschäftigt haben. Die dazu üblichen Regeln (z.B. Strafen usw..) waren offensichtlich an Ort und Stelle als allgemein bekannt vorausgesetzt, zumal es schriftliche Bestimmungen dazu in der Tradition von volkssprachigen Rechtsbüchern durchaus gab[11] und der Aufzeichnung des Jülicher Landrechts von a.1537 wohl auch schon eine ältere Schriftfassung mit derartigen Bestimmungen vorangegangen ist. Zentrale Aufgabe des Gerichtes aber waren Streitschlichtung und Sicherung des allgemeinen Rechtsfriedens, nicht unbedingt die Durchsetzung eines abstrakt geltenden Rechts.

Außer der Gerichtsorganisation und den mit der Gerichtstätigkeit befassten Personen sollen in diesem Kapitel Fälle behandelt werden, die nach moderner Systematik unter das Strafrecht fallen, zumal auch in der heutigen Alltagswahrnehmung mit dem Stichwort ›Gericht‹ am ehesten Strafrechtsfälle in Verbindung gebracht werden.

b. Das Hoch- und Landgericht und seine Organisation

Der gesamte Bereich der Burgherrschaft Monschau, wie er sich bis zum Ende der Schönforster Zeit stabilisiert hatte, bildete einen einheitlichen Gerichtsbezirk. Entsprechend stellte die Kommission, die a.1649 zur Feststellung der aktuellen Rechtsverhältnisse für den Pfalzgrafen von Pfalz-Neuburg als neuen Landesherren im Amt umherzog, zur Eröffnung ihres Lagerbuches bei der Umschreibung des Amtes schlicht fest: *Monjoie ist ein gericht. Semeratth ist ein kirspell … Contzen ist ein kirspell…* und zählte anschließend die Siedlungen der Kirchspiele auf.[12] Und die Jülicher Amtserkundigung ein Jahrhundert vorher eröffnete ihren Befund gleich mit der Feststellung: *In bemeltem ambt sein zweierlej gericht*, nämlich neben dem Förstergericht noch *ein hochgerichtsbanck, besatzt mit einem schulteissen und viertzehn scheffen.* Damit ist ein grundlegendes Kennzeichen benannt, das sich durch die Geschichte des Monschauer Landes zieht und seine ungewöhnliche Geschlossenheit und Einheitlichkeit durch die Jahrhunderte bis in die neuere Zeit bestimmt hat. In der Nachbarschaft waren zur gleichen Zeit vielfach erheblich kompliziertere Rechtsverhältnisse auf der Grundlage verschiedener Adelsherrschaften zu beobachten. Als einzige Ausnahme dieser Art hatte sich im Laufe der Jahrhunderte im Raum ›zwischen Kall und Rur‹ um Hetzingen ein eigener Rechtsbezirk ergeben, der im Ursprung auch Bestandteil des Forsthofes Konzen war (vgl. Kap. 7). Er bestand aus den zwei Höfen Hetzingen und Brück (s.u.). Wie kleinteilig die rechtlichen Zuständigkeiten auf einem überschaubaren Raum geregelt sein konnten, zeigen beispielsweise die Verhältnisse auf dem Boden des südlich des Amtes Monschau gelegenen, seit der Schönforster Zeit endgültig »ausländischen«, ehemals karolingischen Hofes Büllingen. Dort gab es drei verschiedene Hochgerichte, deren Gerichtsherren über jeweils eigene Landsassen geboten: in Mürringen der Herr von Jünkerath-Schleiden als der auch für den angrenzenden ›Dreiherrenwald‹ bestimmende Waldherr, in Hünnigen mit Bannmühle und 14 Häusern von Büllingen der Herr von Schönberg und in Büllingen selbst mit weiteren Dörfern der Herr von Nassau-Oranien in St.Vith als Rechtsnachfolger der Grafen von Vianden. Als ein anderes Beispiel sei ein Zeugenverhör vom Dezember 1354 zum Dorf Kuchenheim genannt. Da erklärten Dorfbewohner vor dem Erzbischof von Köln, dass dem Erzbischof der Glockenschlag (Aufruf zum Kriegsdienst) und die Landesherrschaft zukomme, dass aber der Herr von Valkenburg in Kuchenheim über 13 Höfe verfüge, auf denen er das Recht hatte, über vorgefallene Taten zu richten. Er hatte aber dafür zu sorgen, dass kein Übeltäter die Höfe ohne eine Zahlung an den erzbischöflichen Schultheißen verließ. Bei Flucht von Tätern konnte der Amtmann Bußen von den Höfen erheben.[13] In weiten Teilen des Jülicher Herzogtums war mit seinen zahlreichen Unterherrschaften die Lage ähnlich.[14]

Die Bezeichnung ›Bank‹ für ein solches Gericht leitete sich her von der Bank, auf der die Schöffen bei einer Verhandlung nebeneinander Platz nahmen. ›Hochgericht‹ besagte, dass das Gericht in Strafsachen schwere Delikte (Mord, Totschlag, schwere Körperverletzung, Diebstahl und Raub, Brandstiftung o.ä.) verhandeln und auch die Todesstrafe verhängen konnte. Ein Galgen als weit sichtbares Symbol dieser Berechtigung stand bis zu seiner Niederlegung durch die französische Verwaltung im Mai 1795 in der Flur *Am Gericht* nahe der Straßenkreuzung Simmerath – Imgenbroich (B 399) und Konzen – Eicherscheid auf der Höhe im weithin freien Feld.[15] Das bedeutete aber nicht, dass die Todesstrafe generell am Galgen vollzogen worden wäre. Mit seiner Beseitigung demonstrierte die neue französische Regierung das radikale Ende sämtlicher alten überlieferten Rechtsgewohnheiten. Bis zu seiner Entfernung war die Umgebung – anders als heute – noch weiträumig frei von aller Bebauung. Es ist nicht ausgeschlossen, dass diesem Gerichtsplatz ein anderer Standort vorangegangen ist; denn bei einem Zeugenverhör von a.1550 über die Neurodung Eicherscheid anstelle der aufgegebenen Vorgängersiedlung Fronrath in der Nähe hieß es von diesem Dorf, dass es gelegen habe, *da das gericht nu steyt* (›wo jetzt das Gericht steht).[16] Das *nu* ›nun, jetzt‹ könnte auf einen ehemals anderen Standort anstelle von Fronrath hindeuten.

Der Gerichtsbezirk

Gleich zu Beginn umschrieben die beiden grundlegenden Rechtsfeststellungen von a.1516 und a.1549 gemäß Schöffenaussagen den Umfang des Gerichtsbezirks und rügten ältere Gebietsverluste, die durch Eingreifen oder Zustimmung von Gerichtsherren eingetreten waren: Das war vor allem der Verlust der Bezirke Wisserscheid/Wittscheid, Lindheld und Meuchelberg. Diese Abtrennung reichte bis in die limburgisch dominierte Zeit, in die ersten Jahrzehnte des

13. Jahrhunderts zurück (vgl. Kap. 4 c, 7 und 9). Die ständige Wiederholung der Schöffenrügen darüber gehörte zum Ritual der jährlichen Vogtgedinge (regelmäßige Gerichtstagungen), so etwa im Landrecht in der ständigen Formel: *Dat des nyet en is, halden wir scheffen in hoeden ind wroegen, bys unsser genedichster here uns updeit hoeren* (›dass das nicht so ist, halten wir Schöffen in Aufmerksamkeit und Rüge fest, bis unser gnädiger Herr uns aufzuhören befiehlt‹). Es ist ein eindrucksvolles Beispiel dafür, dass mündliche Überlieferung über gut 400 Jahre zuverlässig funktionieren kann: Noch a.1600 wiederholte ein Weistum dieselben Sachverhalte. Die genannten Distrikte lagen allerdings im unbesiedelten Wald. Bedeutsamer für das Gericht waren jedoch Veränderungen, welche die Siedler auf dem gerodeten Land betroffen hatten. Das galt zum einen für den Raum um Hetzingen (›zwischen Kall und Rur‹), der sich unter Jülicher Einfluss ein Stück vom ursprünglichen Hofgebiet gelöst hatte, zum anderen das Dorf Raeren nahe beim Klosterterritorium Kornelimünster. Hetzingen gehörte dadurch nur indirekt zum Gericht. Vielmehr wurde im Landrecht verfügt, dass ein Bote des Hofes zu den regulären jährlichen Gerichtstagen (›Vogtgeding‹) *mit einer flesschen weins* erscheinen und das Vorkommen von Straftaten beim Gericht anzeigen sollte. Von Raeren dagegen sollten zwei Schöffen in derselben Aufgabe auftreten, was deutlich anzeigt, dass auch dieser Raum ursprünglich dem Konzen-Monschauer Gerichtsbezirk zugeordnet gewesen ist. Schon zu a.1516 ist aber zu erkennen, dass dieser Brauch nicht mehr eingehalten wurde, und die Formulierungen der nachfolgenden Zeugnisse verraten, dass genaueres Wissen über die Identität des fraglichen Dorfes sich mehr und mehr verflüchtigt hat. (a.1516 *zwenne scheffen van Roide vur den walde…*, a.1600 *eß hat ein dorff gelegen vor dem walde, geheischen daß Röttgen…*), so dass es schließlich in einer späteren Randnotiz des frühen 18. Jahrhunderts heißt: *Diß dorff ist vor unvor dencklichen jahren verfallen.* Bei diesem besagten Dorf muss es sich aber um Raeren gehandelt haben, das von den Limburgern schon sehr früh der nahen Bank Walhorn zugeschlagen worden ist (vgl. Kap 7). Dagegen wird die gelockerte Verbindung mit Hetzingen jüngeren Datums sein. Sie wurde sichtbar, als Johann von Monschau-Valkenburg den Johann Rummel von Hetzingen a.1351 zum Burgmann seines Tals Monschau bestellte. Die Sonderstellung des adligen Hofs Hetzingen mit dem zugehörigen Hof (Nidegger)Brück ist auch daran ablesbar, dass er einen eigenen Rechtsbezirk ausgebildet hat, aus dem ein zugehöriges Weistum (Feststellung der Rechtsbräuche) von a.1567 (nicht 1587!) und eine Grenzbeschreibung von a.1610 überliefert sind.[17] In diesem Weistum war u.a. das Asylrecht des Hofes Hetzingen festgeschrieben, wonach ein Missetäter gegen den dortigen Lehnsherren oder seine Lehnsleute drei Tage auf dem Boden der Herrschaft festgesetzt werden konnte, um das Monschauer Gericht zu benachrichtigen.

Anschließend wurde der Delinquent *auff den acker baußen den hoff* an den Monschauer Gerichtsboten ausgeliefert. Auf dem Grund des Hofes selbst konnte das Gericht nicht tätig werden.

Das Vogtgeding/Herrengeding

Das Gericht mit Schultheiß und 14 Schöffen trat zum einen mit regelmäßigen Tagungen als sog. ›Vogtgeding‹ (auch ›ungebotenes Ding‹, d.h. ohne ausdrückliche Einladung) dreimal im Jahr zusammen (*der vogtdinglicher tag sein 3 im jahr*),[18] zum anderen bei gegebenem Anlass mit eigener Einladung (›gebotenes Ding‹). Die festen Tage waren der Montag nach St. Johannistag im Sommer (24. Juni), der Tag nach Dreikönigstag (6. Januar) und am Tag nach Ostern. Der Tagungsort Konzen war eine Erinnerung an den ursprünglichen Zentralort des Bezirks, von wo das Gericht auf ehemaligem Königsgut seinen Ausgang genommen hatte. Während dieser Zeitrhythmus durch die Rentmeisterrechnung 1528/29 bestätigt wird und noch a.1549 in die Amtserkundigung eingegangen ist, meldete die Rechnung 1543/44 bereits, dass man jetzt nur noch einen einzigen Termin zum Dreikönigstag für ausreichend halte.[19] Das Kriegsjahr 1543 scheint auch in der Gerichtspraxis einen Einschnitt verursacht zu haben. Die Zeugen, die a.1612 über die Rechte der Stadtbürger aussagten, wussten dann von nur noch zwei *herrengedingen* zu sagen, dass sie nach ihrer Erinnerung in der Stadt Monschau stattfanden und dass die beiden Amtleute von Rolshausen (d.h. Christoph d. Ä. [1544–1585] und Christoph d.J. [1585–1609]) seit mehr als 30 Jahren – also ca. 1570–80 – diese Einrichtung überhaupt eingestellt hätten. Unter den Zeugen war auch der mehr als 100jährige Schultheiß Winand von der Hardt, der von sich aussagte, er *habe selbst vogtgedinger besessen* (›den Vorsitzend geführt‹). Diese Maßnahme der beiden Rolshausen ist wohl aus dem Fortschreiten eines »moderneren« Staatsverständnisses bei diesen Amtleuten zu verstehen, die in den Landsassen vor allem ›Untertanen‹ sahen, die zu Gehorsam verpflichtet waren, während ihnen nach der älteren Rechtstradition durchaus auch eine Reihe von eigenen Rechten zukam und die im Rahmen des Vogt- bzw. Herrengedings die zugehörige Gerichtsgemeinde bildeten. Deshalb waren die drei Gerichtstage für die Landsassen von Wichtigkeit. Alle Haushaltsvorstände (*yecklicher huyssman bynnen den pelen van Monjauwen* (›jeder Hausherr innerhalb der Grenzpfähle von Monschau‹) hatten nämlich dort ohne besondere Ladung unter Bußandrohung zu erscheinen, Rechtsverstöße anzuzeigen und alle im Gebrauch befindlichen Maße und Gewichte zur Kontrolle vorzuzeigen (*mit mäßen, naß und drug, gewicht und mullenvaß* ›mit den Maßen, nass und trocken, Gewichten und Mühlengefäßen‹). Diese (Getreide)maße waren eine eigene, speziell Monschauer Angelegenheit, so dass die Amtserkundigung a.1549 Umrechnungswerte in die entsprechenden Hohlmaße der Nachbarschaft verzeichnete. (Getreide wurde nicht nach Gewicht vermessen). So gingen z.B. auf den Monschauer Malter Roggen 5 Sümmer (*ßumber*), auf den Malter Hafer jedoch 6 Monschauer Sümmer. Dem Sümmer entsprachen dann 4 Viertel (*firtel*, als Kürzel geschrieben *fl.* oder *fr.*), dem Viertel wiederum 4 Müdden (*mutger*). Demgegenüber entsprachen dem Kölnischen oder Hofmalter bei Roggen und Hafer gleichermaßen 4 Kölnische oder Hofsümmer zu je 4 Vierteln. Dazu ist im Lagerbuch 1649 erklärt: *ist hoffmaaß unndt colnisch gleich groß*. Der Ausdruck *Sümmer* stand zunächst für den ›geflochtenen Korb‹ auch ›Bienenkorb‹; *Müdde* und *Mutt/Mütt* waren Fortsetzer des lateinischen Wortes *modius* für ein Getreidemaß von etwa 9 Litern. Von diesen Maßeinheiten, die seit der Jülicher Zeit (16. Jahrhundert) genauer bezeugt sind, ist (vor allem für die ältere Zeit, s. Kap. 4, 5, 6 und 8) die Aachener Müdde zu unterscheiden, die bei der Zehnterhebung des Marienstiftes zur Anwendung kam und die nach den Untersuchungen von Reiner Nolden etwa 235 Liter Hafer fasste.[20] Zusätzlich kam bei Haferabgaben eine weitere Monschauer Unterscheidung hinzu, nämlich in *gedout* gegenüber nicht *gedout*. Vor der Ablieferung an den Amtmann wurde der in Sümmern abgemessene Hafer *undergedout* ›zusammengedrückt‹ und erneut nachgemessen. Das Verfahren erbrachte bei einem härteren Getreidekorn ohne Spelze natürlich keinen Unterschied. Der Ausdruck entspricht dem in den rheinischen Mundarten geläufigen *däuen* ›(zusammen)drücken, pressen‹, wobei *jedäut* auch in der Bedeutung ›randvoll‹ vorkommt.[21] Zum Vogtgeding a.1600 hatten z.B. fünf Bäcker und Wirte ihre Maße nicht vorweisen können und wurden laut Eintrag in die Brüchtenliste beim Rentmeister *gebrüchtet* (›gebüßt‹).[22]

Der besondere Zweck der regelmäßigen Veranstaltungen lag darin, der versammelten Gerichtsgemeinde durch laut vernehmbaren mündlichen Vortrag, in einer stark ritualisierten Wechselrede zwischen Schultheiß und Schöffen, das gültige Gewohnheitsrecht »einzutrichtern«. Denn nach dem Wortlaut des Weistums von a.1600 forderte der Schultheiß (reihum?) die Schöffen auf, die einzelnen Inhaltspunkte vorzutragen, worauf der entsprechende Schöffe antwortete: *Herr scholtheiß, Jhr ermahnt die scheffen – Jhr solt bescheiden werden* (› … Ihr sollt Antwort bekommen‹). Der Vortragende beendete seinen jeweiligen Teil mit der Wendung: *Damit habe ich auß, wofern der scheffen dabey pleibt* (d.h. den vorgetragenen Sachverhalt bestätigt). Darauf fragte der Schultheiß wieder die Schöffen auf der Gerichtsbank, *ob sie darbey pleyben. Geben dieselbe zur antwort: »Jae«*. Die so vorgetragenen Inhalte betrafen im wesentlichen den Umfang des Gerichtsbezirks, Dienstpflichten und Abgabeleistungen der Landsassen wie Wachdienste auf der Burg, Schatz- und Zehntabgaben, Mühlenordnung und Instandhaltung von Wegen und Brücken, wie es abschnittsweise in den Weisungen von a.1516 und a.1549 niedergelegt ist. Schließlich gehörten vermögensrechtliche Bestimmungen wie Land(ver)kauf und Erbteilung zum Themenkatalog. Deshalb mahnten die Zeugen a.1612 bei der Erhebung der städtischen Rechte die Verminderung der ständigen Termine an: Das sei ein Verstoß gegen die Interessen des Landesherren, *weilen bey den herrengedingen jrer furstlichen gnaden hochheit unnd grentzen mit den benachbarten abgelesen werden unnd die burger sich in allem desto baß darnach zu richten haben.*

Vor diesem Hintergrund wird ein weiterer Abschnitt des Landrechts, nämlich *die drye vryeheiden imme jaire* (›die drei Freiheiten im Jahr‹) besser verständlich: Gemeint waren damit die drei Zeitabschnitte, an denen die Landsassen von den üblichen Dienstleistungen frei waren, jeweils eine Woche lang, drei Tage vor und nach den genannten Daten: Montag nach St. Urban (25. Mai), um St. Johann (*sent Johans daich midsoemer*, 24. Juni) und Montag nach St. Remigius (4. Oktober). An den beiden unmittelbar auf Johannistag folgenden Tagen war nach Landrecht nacheinander Kirchweih in Simmerath und Konzen, am Remigiustermin war Markt in Monschau. (Dagegen nannte die erneuerte Marktverleihung von a.1575 den 21. September). Dienstfreie Tage eröffneten also allen die Teilnahme an diesen Ereignissen; und wenigstens der Sommertermin fiel mit einem der drei Vogtgedinge zusammen.

Der Oberhof und die ›Hauptfahrt‹

Für Rechtsauskünfte und Berufungen gehörte zum Gericht eine Appellationsinstanz, der sog. Oberhof in Aachen, der auch für 54 weitere Gerichte des nahen belgisch-niederländischen und niederrheinischen Raumes zuständig war. Im Falle des Monschauer Gerichts spiegelt sich darin noch die ursprüngliche Zugehörigkeit des Hofes Konzen zum Reichsgut um das Zentrum Aachen.[23] Das kam u.a. auch in Formulierungen des Landrechts von a.1516 darin zum Ausdruck, dass jemand, der das Monschauer Gericht anrief, wählen konnte bzw. musste, ob Entscheide nach Kaiserrecht oder nach Landrecht gefällt werden sollten. Da der Oberhof Aachen nach Kaiserrecht verfuhr, schloss eine Wahl des Landrechts eine ›Hauptfahrt‹ nach Aachen genau genommen aus. Im a.1516 festgeschriebenen Landrecht finden sich insgesamt ältere Rechtsgewohnheiten. Das kaiserliche Recht hatte zunehmend vom 13. Jahrhundert an Elemente des Römischen Rechts aufgenommen und trat zunächst nur ergänzend zum Landrecht hinzu, bis es schließlich seine Kodifizierung in der ›Carolina‹ (Constitutio Criminalis Carolina – Peinliche Gerichtsordnung) Kaiser Karls V. erfuhr, die vom Reichstag zu Regensburg 1532 als Reichgesetz verabschiedet wurde. Das Bestreben der Jülicher Regierung ging dahin, Hauptfahrten überhaupt einzuschränken, sie im eigenen Lande zu zentralisieren und studierte Juristen zu beteiligen. Aus einem Antwortschreiben der Stadt Aachen an Kaiser Ferdinand I. von a.1558 auf eine Beschwerde des Herzogs von Jülich geht hervor, dass der Herzog *den stetten Sitterd, Deuern, Monjau* [und weiteren]... *und derselben untergerichten ... ernstlich bevelhen lassen, hinfuro nit mer an scheffenmeister und scheffen zu Ach, dan in deren stat an ire f[urstliche] g[naden] oder irer f.g. rete zu appeliren.*[24] Daher rechnete Walther Schwabe in seiner groß angelegten Untersuchung des Aachener Oberhofs damit, dass die Monschauer Hauptfahrt nach Aachen um a.1550 zum Erliegen gekommen sei,[25] während die Amtserkundigung von a.1549 diese Möglichkeit durchaus noch vorsah. Die novellierte Jülicher Gerichtsordnung von a.1555 ersetzte ältere Konsultationswege durch einen regelrechten Instanzenzug innerhalb des Landes, was aber ältere Vorgehensweisen nicht ausschloss,[26] wie überhaupt in diesem Zeitraum vieles in schriftliche Ordnungen gefasst wurde, ihre Umsetzung an Ort und Stelle aber nicht mit gleicher Aufmerksamkeit verfolgt und durchgesetzt wurde, wie es dem Selbstverständnis des modernen Staates entspricht. Schon das Landrecht a.1516 ließ allerdings das Bestreben erkennen, Hauptfahrten an den Oberhof einzuschränken. Dennoch scheint das Prozessieren und Appellieren im Lauf der Jahre eher zugenommen zu haben. Die Gerichtsordnung von a.1649 mahnte deshalb an, dass, *große uncosten aufgewant ... werden mit den heufftfarten, auch in geringen sachen, den partheyen zu schaden.* Sie empfahl daher, vermehrt schriftliche Rechtsauskunft bei der Regierung oder in Aachen einzuholen. Eine regelrechte Appellation gegen ein ergangenes Urteil aber sollte nur an den Landesherren gerichtet werden.

Das Monschauer Gericht war seinerseits Oberhof für das Gericht des Landes Überruhr in Wollseifen, ein Indiz dafür, dass dieses Gebiet durch die Limburger im Zuge der Rodung um den Walberhof seit der 2. Hälfte des 12. Jahrhunderts erschlossen und dem schon bestehenden limburgischen Gericht im Hof Konzen zugeordnet worden war. Während diese Regelung laut der Amtserkundigung von a.1549 auch noch in Übung war, scheint sie doch zunehmend vernachlässigt worden zu sein, nachdem das Gebiet mit der Schönforster Erbteilung von a.1379 aus der Verbindung zum Monschauer Land ausgeschieden war. Im Weistum von a.1600 rügten die Schöffen diesen Befund im gleichen Wortlaut wie den viel älteren Verlust der Waldgebiete Wittscheid, Lindheld und Meuchelberg.[27]

Die Gerichtspersonen und die Gerichtskosten

Der Vorsitz des Schöffenkollegiums lag in Vertretung des Gerichtsherrn (d.h. des Landesherrn) bei seinem Vertreter an Ort und Stelle, dem Drost oder Amtmann bzw. dem von ihm delegierten Schultheißen. Seit dem Auftreten schriftlicher Rechnungsführung seit Beginn des 16. Jahrhunderts zeigt sich, dass Schultheißen- und Rentmeisteramt vielfach in einer Hand vereint waren. In den 1550–1560er Jahren amtierte der Forstmeister Arndt Bokop auch als Schultheiß. Der Schultheiß hatte auch für die Ausführung der Gerichtssprüche zu sorgen. Als »Honorar« standen dem Schultheiß aus der Schatzerhebung 4 Gulden und 4 Malter Hafer zu.

Große Bedeutung kam zweifellos dem Schöffenamt zu, weil ein Urteil letztlich auf dem Spruch des Schöffenkollegiums beruhte, wie es im angelsächsischen Rechtskreis noch üblich ist. Es berief sich dabei auf das überlieferte ›gute alte Recht‹ und verstand sich als Repräsentant der Gerichtsgemeinde. Daher ist es merkwürdig, wie spät erst – genau genommen erst nach dem hier im Zentrum stehenden Zeitraum – eine schriftliche Verlautbarung zur Frage der Bestellung von Schöffen im Amt selbst aufs Papier gekommen ist, nämlich in der Gerichtsordnung von a.1649. Zu diesem Amt sollten ohne Berücksichtigung ihres Vermögens die *scheffen auß den frombsten, geschicktesten unnd deinlichsten angestalt werden … allein daß sie gnugsam gesessen unnd bequem sein, daß scheffenambt zu bedienen.* Zur Vermeidung von Missverstehen müssen die hier verwendeten, scheinbar nach dem heutigen Wortgebrauch geläufigen Adjektive näher erläutert werden: *Fromm* bedeutet in älterer Verwendung ›tüchtig, ordentlich, ehrlich‹ ohne den modernen leichten »Nebengeschmack« von ›brav‹ bis ›devot‹ (vgl. *ein frommes Pferd*); *deinlich* entspricht ›dienlich‹ = ›geeignet‹ und *bequem* bedeutet so viel wie ›passend, geschickt‹.[28] Die Kandidaten mussten unbestechlich sein; und die verlangte Eigenschaft *gnugsam gesessen* zu sein, besagte, dass sie lange genug im Amt gelebt haben mussten, um mit den Rechtsbräuchen vertraut zu sein. Zugleich wurde a.1649 der ältere Brauch abgeschafft, dass Schöffen zur Anstellung dem Gerichtsherren *einen pfennigs zu geben pflegen.* Dieser Brauch wurde folgerichtig aufgeben, *damit man bequem unnd tugendtliche personen desto baß bekommen moege.* Eine Berufung zum Schöffen sollte nicht an fehlenden Geldmitteln scheitern und den Verdacht des Ämterkaufs zerstreuen. Über ihre Honorierung ist a.1516 noch nichts weiter bestimmt, erst a.1549 finden sich Aussagen dazu. Mit der Bestallung durch den Amtmann – üblicherweise auf Lebenszeit – gehörten die Schöffen zu den ›Freien‹ im Amt (wie auch die Förster), die von der Schatzerhebung, den allgemein üblichen Dienstleistungen und Haferabgaben befreit waren. Wenn der Schultheiß sie im Frühjahr und Herbst zur Schatzerhebung (Fachterminus: *die haber setzen*) aufbot, hatte er sie für diese Zeit zu beköstigen; dasselbe galt für die Tage des regelmäßigen Vogtgedings und für außerordentliche Gerichtstermine (*wanne eyn missdediger verordelt wirt*). Zusammen mit dem Schultheiß erhielten sie Anteile aus den Gerichtsgeldern. Laut der Gerichtsordnung von a.1649 hatten die Schöffen eine Eingabe an den neuen Landesherren gemacht *umb beßerung jrer underhaltung mit erbietung, trew, willig unnd fleißig zu sein, jederman recht zu dhoin unnd meineß gnedigen herren hocheit unnd gerechtigkeit verwahren zu helffen.* Darauf wurde ihre Entlohnung für einzeln aufgezählte Leistungen festgesetzt. Aufgrund der Siegelführung war das Schöffenkollegium auch Beurkundungsstelle, vergleichbar dem heutigen Notariat.

Zum Personal des Gerichts zählten weiter drei Land- oder Gerichtsboten und der Gerichtsschreiber – dieser wohl erst nach a.1516. Die Boten mit Sitz in Monschau, Kalterherberg und Kestenich bildeten ein polizeiähnliches Exekutivorgan des Gerichts. Sie hatten die jeweils fälligen Dienste und Abgaben in den Dörfern anzukündigen und einzufordern, aber auch Unregelmäßigkeiten und Straftaten anzuzeigen und Gerichtsbeschlüsse umzusetzen. Sie bezogen a.1516 eine Geldleistung aus den Schatzerhebungen (2 Gulden) und zwei Malter Hafer an Sachleistungen. Aus welchen Gründen der Bote aus Kalterherberg von der Haferleistung ausgenommen ist, bleibt unerkennbar. Laut der Ordnung von a.1549 gehörten auch sie zu den ›Freien‹, bezogen 2 Gulden aus der Schatzerhebung sowie *ein schur hews* ›eine Scheune voll Heu‹. Zusätzlich zahlte der Forstmeister den beiden Boten aus Kesternich und Monschau zehn Radermark, dem Kalterherberger aber fünf.

Für den Gerichtsschreiber schließlich führte das Landrecht a.1516 einen sehr umfangreichen Abschnitt auf, vermutlich deshalb, weil das Gericht bis anhin keinen Wert auf genauere Dokumentation gelegt hatte und diese Tätigkeit überhaupt neu zu regeln war. Als erster in diesem Amt ist Johann von Oloff nachgewiesen, der a.1553 das Weistum der Kirche zu Konzen aufgeschrieben hat.[29] Als Bezüge für den Schreiber wurden feste Tarife für einzeln aufgezählte Falltypen angesetzt, von einer Hauptfahrt (1 Goldgulden) über die Besiegelung einer Urkunde (½ Goldgulden) bis hin zu einem Antrag auf Behandlung einer Grundstückssache (*dat erffschafft aintrefft*), einer Strafanzeige (3 Schillinge) oder auf Eintragung in das Gerichtsbuch (4 Schillinge). Auch zum Umgang mit dem Siegel und den zugehörigen Kosten war ein eigener Paragraph eingefügt. Besiegelungen sollten möglichst an den Vogtgedingen stattfinden, weil dann alle Schöffen versammelt waren. Wer in einem dringenden Fall außerhalb eines solchen Termins eine Besiegelung verlangte, hatte über die regulären Siegelkosten hinaus für die Spesen des Schöffenkollegiums aufzukommen, das außer der Reihe zusammentreten musste.

Zur Neuregelung von Anwaltsfragen, die a.1516 bei Novellierung des Landrechts angemahnt worden waren, bestimmte ein Paragraph – jeweils eingeleitet mit der Formel *He sall der scheffen gemaynt werden ...* (›Hier soll der Schöffe darauf hingewiesen werden..‹) – dass Anwälte (*vurspreicher*) dem Gericht und der (Gerichts)gemeinde gegenüber vereidigt sein mussten. Zusätzlich legte er eine »Gebührenordnung« fest: bei einer Gerichtsklage in einer Grundstückssache, bei einer Klage wegen »Beleidigung« (*scheltwort, kyven*), »Körperverletzung« (*slaen* ›schlagen‹) und Ansprüchen auf verschuldeten Grundbesitz, dann auch auf nicht bediente Schulden und auf bewegliche Güter sollten Anwälte jeweils 2 Schillinge erheben dürfen. Die Streitparteien wurden zur Zahlung an Gerichtsschreiber und Anwälte verpflichtet.

Im Fall der Beantragung einer Hauptfahrt bestellte der Schultheiß die Parteien auf den nächsten Gerichtstag *myt schrifften ind gelde* (›mit entsprechenden Schriftsätzen und Geld‹) ein. Für eine Fahrt nach Aachen musste jede Partei 4 Goldgulden, nach Jülich 3 Goldgulden hinterlegen. Die siegreiche Partei konnte nach Abschluss des Verfahrens von der Gegenseite die ausgelegte Summe einfordern. Ähnlich sah die Regelung für einen offensichtlich Armen (*der kenlich arm is*) aus. Damit auch der Arme zu seinem Recht kommen könnte, sollten ihn alle Gerichtspersonen seine Sache bis zum Ende *umb goitz wille* (›kostenlos‹) durchfechten lassen. Falls er im Verfahren zum Erfolg kam, hatte die Gegenseite die Kosten zu tragen.

c. Das Schöffengericht als Strafgericht

Wie erwähnt, handeln die schriftlich festgehaltenen Abschnitte des Monschauer Landrechts von der Regelung des üblichen Alltags wie beispielsweise von Diensten gegenüber dem Landesherren und seinem Amtmann einschließlich der verschiedenen Abgaben, dann aber auch von eher privat- und familienrechtlichen Themen wie Vererbung o.ä. Was dagegen in diesen Aufstellungen fehlt, sind Ausführungen strafrechtlicher Art. Kenntnis darüber wurde stillschweigend für Schultheiß und Schöffen vorausgesetzt. Gleichwohl machten solche Fälle die am ehesten dokumentierte Gerichtstätigkeit aus neben der Aufzeichnung von Grundstücksübertragungen. Das Gericht verfügte nicht über eigenes Personal zur Untersuchung von Anzeigen und Verdachtsfällen. Nach Ausweis der Rentmeisterrechnungen wurde zur Vernehmung von Verdächtigen oder Beschuldigten in schweren Fällen der Scharfrichter von Jülich herbeigeholt. Wegen der dadurch (und ähnlichem Aufwand) entstandenen Kosten sind die genannten Beispielfälle überhaupt in diese Rechnungen geraten und können daraus erhoben werden, wobei zu beachten ist, dass auch Jahrgangsserien fehlen (z.B. 1511–1518).[30]

Das Auftreten des Scharfrichters als Untersuchungsrichter ist ein (weiterer) Hinweis auf die »Modernisierung« des Rechtswesens und den Einfluss studierter Juristen. Ursprünglicher Zweck der Gerichte waren Friedenswahrung und Streitschlichtung, so dass sich daraus die allgemeine Erfahrung ableitete »wo kein Kläger, da auch kein Richter«.

Der erste dokumentierte Fall ist a.1508/09 festgehalten, als der Scharfrichter einen Küchenjungen der Burg verhörte, der im Verdacht stand, vier Speckseiten gestohlen zu haben. Der Junge hatte jedoch zwei Wächter beschuldigt, worauf zunächst alle drei für einige Wochen festgesetzt wurden, bis der Scharfrichter aus Jülich eintraf. Der Küchenjunge wurde zweimal ›peinlich‹ (d.h. unter Folter) befragt und nach Schöffenspruch zu einer Prügelstrafe verurteilt (*hait der scharprichter den jongen mit roiden ußgeschlagen*). Wie man in ähnlichen Fällen vor a.1500 und vor schriftlichen Aufzeichnungen verfahren ist, muss offen bleiben. Aber auch bei einer Reihe von Fällen, zu denen der Scharfrichter herbeigeholt wurde, ist zur Sache selbst nur wenig bis gar nichts ausgeführt, so dass die tatsächlichen Ereignisse in der Regel kaum rekonstruierbar sind. Die Verhöre sind wohl durchweg mit Folter (Geißelung) verbunden gewesen; das wird a.1561/62 bestätigt, als der Scharfrichter zweimal zu Verhör und Geißelung herbeigeholt wurde. Wenn über die in den Rechnungen vermerkten Anlässe hinaus nicht wesentlich mehr schwere Strafrechtsfälle vorgefallen sind, dann sind das Gericht und die Amtsbewohner die meiste Zeit von schwerer Kriminalität verschont geblieben.

Eine Anklage auf Haferdiebstahl führte a.1522/23 zu einigen Verwicklungen. Der Delinquent, der vom Scharfrichter verhört worden war, hatte sich im Turm an seinem Hemd erhängt. Schultheiß und Schöffen hatten zum Umgang mit dem Fall keinen Rat gewusst und dazu eine Rechtsauskunft in Aachen verlangt, was den Rentmeister 4 Goldgulden kostete. Nach einigem Hin und Her ordnete der Landdrost die Rückerstattung der Gebühren an.

Auch einige Todesurteile mit Hinrichtung sind in den Rechnungen verzeichnet: so a.1508/09, dann a.1527/28 durch Enthauptung und a.1592/93 mit Vierteilung, ohne dass über die Urteilsursache etwas mitgeteilt wird. Ausnahme davon war a.1544/45 die Hinrichtung zweier Männer wegen Pferdediebstahls. Dieser Befund fehlender Nachrichten ergibt sich aus dem besonderen Zweck der Quellengattung. Einträge erfolgten, weil dem Rentmeister Ausgaben entstanden oder Einnahmen zu verbuchen waren; es ging nicht um Dokumentierung von Straftaten. Entsprechend fehlen bei notierten Inhaftierungen zusätzliche Nachrichten, selbst im Fall einer Mordanklage a.1519/20. In diesem Fall scheint das Ausbleiben einer Nachricht über Hinrichtung für einen Freispruch des Beschuldigten zu sprechen. Nur in dem Rentmeister besonders wichtig erscheinenden Fällen führte er die näheren Umstände aus.

Es fällt auf, dass bei den wenigen verzeichneten Hinrichtungen nicht der Galgen erwähnt ist. Das Verfahren, mit dem die Delinquenten vom Leben zum Tode gebracht wurden, war von der Art des Deliktes abhängig, und Hinrichtung am Galgen galt als besonders ehrenrührig. Insofern stand der Galgen vor allem als sichtbares Symbol der öffentlichen Gerichtsgewalt auf der Höhe zwischen den Dörfern.[31] Ein Pferdedieb, der 5 Wochen in Haft gehalten worden war, kam a.1569/70 recht »glimpflich« nach einer Geißelung mit einem Landesverweis durch den Amtmann davon.

Ein Kriminalfall, der vermutlich einiges Aufsehen verursacht hat, ist zu a.1524/25 verzeichnet: Eine Frau war mit ihren Töchtern verhaftet worden, weil sie zusammen mit ihrem Sohn den Ehemann erschlagen hatte. Bei ihrer Hinrichtung waren der Pfarrer, der Schultheiß und die Schöffen zugegen, die als Zeugen »Spesen« für ihre Anwesenheit kassierten. Da das Herbeiholen des Scharfrichters aus Jülich und Hinrichtungen mit einigem Kostenaufwand verbunden waren, wird man sich wohl allein schon deshalb mit übereiltem Aussprechen der Todesstrafe zurückgehalten haben.

Deutlich vom vorsätzlich geplanten Mord wurde der Totschlag unterschieden, der sich öfter aus einer alltäglichen Schlägerei ergab; er war nicht mit der Todesstrafe belegt. Daher kamen *Peter von Kesternich* und sein Kumpan a.1524/25 wegen eines Totschlags mit dem Leben davon und wurden zu 38 Mark Buße verurteilt. Dem Todesfall war eine Messerstecherei vorangegangen. Das Gewicht dieser Verurteilung kann man jedoch ermessen, wenn man sie in Vergleich stellt zu den drei Mark Buße, die a.1518/19 *Theiß Peit* zahlte; der hatte einen Zaun in eine öffentliche Straße gesetzt und den umzäunten Raum zu seinem *Erb* (›Privatbesitz‹) geschlagen. Ein Jahr später hatte ein Verurteilter Blei von den Bauarbeiten am Schloss gestohlen. Die Mehrzahl dieser ›Brüchten‹-Strafen lag aber wohl, da es bei den Brüchten in der Regel um weniger schwere Vergehen ging, unter der Mark-Grenze. Die Brüchten wurden wie die gleichbenannten Forstrechtsverstöße unter den Einnahmen verbucht. Zwei Frauen, Mutter und Tochter, die a.1526/27 des Kindsmordes beschuldigt worden waren, kamen dagegen nach Haft und peinlicher Befragung frei. Sie konnten glaubhaft darlegen, *dat dat kintgenn doyt geweyst. Innde hait edt heymlich buyssen wyssen alle erenn naberenn begraven* (›dass das Kindchen tot gewesen sei. Und habe es heimlich ohne Wissen der Nachbarn begraben‹). Offenbar lag eine Totgeburt vor. Angesichts des lieblosen Umgangs der Amtskirche mit derartigen Fällen, wonach ungetauften Kindern das Begräbnis auf dem geweihten Friedhof verweigert wurde, wird das Verhalten der beiden Frauen verständlich.

Gebrüchtet wurde *Johann Kull*, weil er a.1520 bei der Heiligtumsfahrt nach Aachen auf der Straße zu kleines Maß gezapft hatte. Vermutlich hatte er darauf gesetzt, dass sein Trick im allgemeinen Wallfahrtstrubel nicht auffallen würde. *Nellis up Voßnack* hatte im Streit ein Messer gezogen und wurde zu drei Mark und drei Pfennigen verdonnert. *Wylcken vam Zwyvell* hatte a.1528/29 bei einem handgreiflichen Disput seinem Gegenüber eine Wunde geschlagen. Ein erstes Gesamt-Brüchtenverzeichnis (gegenüber einzelnen Einträgen) erscheint in der Rechnung von a.1566/67. Danach hatte das Gericht den jungen *Kreinen*

Nellis wegen Trinkens, Gotteslästerung und Fluchens verurteilt. Ihm wurden die beiden ersten Finger der Rechten (die Schwurfinger) abgeschlagen, dazu wurde er an drei Sonntagen am *kack* (›Pranger‹) ausgestellt, verbunden mit Androhung der Todesstrafe bei Rückfall. Aus dem Fall kann womöglich die Einrichtung eines Prangers bei der Kirche in Konzen gefolgert werden. Bisher ist das Gerät nur für die Stadt Monschau belegt. Da aber die Schlosskapelle in der Stadt zu dieser Zeit noch nicht über den Status einer Pfarrkirche verfügte, diese Art von Strafe aber nur dann ihren ›Sinn‹ erfüllte, nämlich den Missetäter durch öffentliche Schaustellung zu brandmarken, kann die Geschichte durchaus in Konzen stattgefunden haben. Denn dort konnte die ganze Kirchspielsgemeinde das ›Schauspiel‹ beim sonntäglichen Messgang erleben, es sei denn, dem Gericht habe die Vorführung vor den Stadtbürgern ausgereicht. Denn es deuten auch mehrere Indizien darauf hin, dass um diese Zeit die Schlosskapelle kaum von den Pfarrkirchen unterschieden wurde und die Bürger sie wie eine solche zur sonntäglichen Messe besuchten (vgl. Kap. 13.b). Ähnlich wurde *Adam Keff* a.1598 wegen böser Scheltworte mit zwei Goldgulden gebrüchtet. Zwei Bäcker, die zu kleines Brot verkauft hatten, mussten je einen Gulden berappen. Mehrere Leute waren von den Amtsschützen ertappt worden, als sie ihre Pferde auf fremden Grundstücken weiden ließen. Brüchtengelder waren auch fällig bei Verstößen gegen den Mühlenzwang. Laut Brüchtenrechnung von a.1599/1600 hatten 9 Mann je einen Gulden zu zahlen, weil sie während der Gefahrenzeit, als sie zu Wachdiensten aufgeboten waren (*als man die Klock geschlagen*) nachlässig befunden worden waren. Fünf Bäcker und Bierwirte hatten beim Vogtgeding ihre Maße nicht vorzeigen können (s. oben).

Ein paarmal sind auch Brüchtenstrafen in Fällen verzeichnet, die eher unter die Rubrik ›Unfälle‹ gehören. Da waren einige Male Kinder zu Tode gekommen, als sie sich beim Sturz in einen Kessel mit heißem Wasser (einmal auch heißen Haferbrei) tödlich verletzt hatten. Ein andermal war ein Mädchen von einem Baumast erschlagen worden, den jemand – offenbar unachtsam – abgeschlagen hatte. Möglicherweise sollte in solchen Fällen eine gewisse Fahrlässigkeit gebüßt werden. Fälle dieser Art dokumentieren, dass Kinder, wenn sie denn das Säuglingsalter überlebt hatten, ständigen Gefahren ausgesetzt waren, da sie bei den alltäglichen Arbeiten unmittelbar zugegen waren und nicht eigens »verwahrt« wurden.

Besondere Aufmerksamkeit erfordern zwei Gerichtsfälle, bei denen das Ausbleiben näherer Nachrichten besonders schmerzlich ist. Zumindest der erste zu a.1524/25 fällt in das Kapitel ›Hexenprozesse‹, dem sich in den letzten Jahrzehnten die landesgeschichtliche Forschung mit Eifer gewidmet hat, der zweite von a. 1551/52 bleibt dagegen völlig im Dunkeln. Beim zuletzt genannten ist nur verzeichnet, dass der Pastor von Konzen mit seiner Magd in Monschau gefangengesetzt worden war. Der Scharfrichter kam zum Verhör – allerdings nur der Magd allein – und *treibt sie mit ruten aus,* d.h. Folter durch Schläge. Über die Anklagepunkte selbst und den Ausgang des Verfahrens verlautet nichts weiter, so dass viel Raum für Spekulation eröffnet ist. Im ersten Fall galt die Anklage gegen eine Frau auf Zauberei. So lautete noch über die erste Hälfte des 16. Jahrhunderts hinaus der gängige Anklagepunkt, ohne dass die Termini ›Hexe‹/›Hexerei‹ (wie später) gebraucht wurden. Auch Wahrsagerei konnte unter diesen Vorwurf gefasst sein, vor allem aber Schadenszauber. Entgegen der früheren Forschungsmeinung, dass das Herzogtum Jülich weitgehend frei von Hexenprozessen gewesen sei, hat Thomas P. Becker die tatsächliche Lage genauer dargelegt.[32] Zwar standen zu dieser Zeit Herzog Wilhelm V. (1539–1592) und seine Regierung, die Todesurteile bestätigen mussten, solchen Prozessen zurückhaltend bis ablehnend gegenüber. Auch später unter dem Nachfolger Johann Wilhelm (1592–1609), als vermehrt Prozesse vorkamen, erreichte das Treiben bei weitem nicht Ausmaße wie im benachbarten Kurköln oder im Trierischen, doch frei davon ist das Herzogtum nicht gewesen. Gewisse Schwerpunkte von Verfolgungen hat Th. Becker in den Ämtern bzw. Städten Bergheim, Düren, Grevenbroich und Heinsberg ausgemacht.[33] Insofern steht der Fall im Amt Monschau ganz vereinzelt da. In der Rechnung ist gesagt, dass sie *zu vyll zydenn offenberlich eynn zuverners gescholden gewest* (›oftmals eine offenkundige Zauberin gescholten wurde‹) ... *ind sy auch van elle erenn naberenn dar vur gehaldenn wyrt* (›und sie auch von all ihren Nachbarn dafür gehalten wird‹). Sie war 16 Tage in Haft gehalten worden; der Scharfrichter hatte sie sechsmal *versucht* (peinlich ›verhört‹), wozu man ihr eigens ein leinenes Kleid angefertigt hatte. Sie scheint aber der Folter widerstanden zu haben, die Sache ist offenbar nicht weiter verfolgt worden und es hat keine Hinrichtung stattgefunden.

In diesem Zusammenhang ist zu bedenken, dass die frühen Maßnahmen gegen angebliche Zauberinnen im gleichen Umfeld und aus denselben Motiven wie die Verfolgung von Täufern und anderen konfessionellen »Abweichlern« stattfanden. Der gesamte Zeitraum war schon länger von vielfältiger religiös beflügelter Unruhe erfasst. Die reformatorische Bewegung schritt allerorten voran, insbesondere aber hatten die Ereignisse um die Täuferherrschaft in Münster mit ihrem gewaltsamen Ende im Sommer 1535 dazu geführt, dass der Verdacht einer Zugehörigkeit zu diesen Kreisen die Strafverfolgung in Gang setzte. Für das Amt ist in der Rechnung 1544/45 erstmals von der Inhaftierung von Evangelischen die Rede, und es wurde im Amt nach Täufern gesucht, die spätestens seit Münster als gefährliche Unruhestifter galten.[34] Nach Auffassung der Zeit war es Aufgabe der Obrigkeit, für ›gute Ordnung‹ auch auf dem kirchlichen Felde zu sorgen, nicht zuletzt auch deshalb, um Strafen Gottes vom

Lande fernzuhalten. Gegenmaßnahmen zur Steuerung der religiösen Unruhe und reformatorischer Bestrebungen hatte sich Herzog Johann angelegen sein lassen, nicht zuletzt durch den Erlass seiner Kirchenordnung vom Jahr 1532.[35] Auf Grundlagen dieser Art konnten Obrigkeit und Gericht auf diesem Felde tätig werden. Die tatsächlich erfolgten Maßnahmen sollen jedoch in einem späteren Kapitel (Kap. 13.d) über die kirchlichen Verhältnisse insgesamt im Rahmen der reformatorischen Anfänge behandelt werden.

Vor diesem Hintergrund ist zu verstehen, dass sich das Gericht auch mit Fällen befasste, die sonst eher als Gegenstand des kirchlichen Sendgerichts galten bzw. gegolten hatten. Da hatte *Ruttgers Wilhelm* a.1598 in Vossenack mit der Tochter *Simon Gerhards* ›in verbotener Unzucht‹ ein Kind gezeugt und sich aus dem Staub gemacht. Die ledige Mutter wurde mit zwei Goldgulden gebrüchtet.[36] Ein anschauliches Beispiel dafür, dass die weltliche Obrigkeit sich zunehmend in Fragen der Kirchenzucht und öffentlichen Moral zuständig sah, lieferte a.1521 der Monschauer Amtmann Johann von Efferen mit einem Schreiben an seinen Herzog.[37] Darin klagte er über die Zunahme von Sittenlosigkeit im Lande (*oeverspil mit nichten ind neven* ›Ehebruch mit Nichten und Neffen‹) und das Ausbleiben des Dechanten von Zülpich als Sendrichter, *dat neit wonder en were, der almechtige Got mit sinem goetlichen zorn land ind luit dairumb moecht straffen* (›dass es nicht verwunderlich wäre, wenn Gott der Allmächtige im göttlichen Zorn Land und Leute deshalb strafen würde‹). Er bezweifelte die Gültigkeit des ihm vorgelegten alten Sendweistums von a.1415[38] als ›selbstgemacht‹, da es nicht von Papst, Kaiser, Bischöfen, Landfürsten oder den Herren des Aachener Kapitels *bewilliget noch conformeirt* [›bestätigt‹] sei. Darin kam die »modernere« Auffassung des Amtmanns über die staatliche Obrigkeit zum Ausdruck. Folgerichtig zog das Schöffengericht entsprechende Fälle an sich und machte den Send als Sittengericht zunehmend obsolet.

d. Die privatrechtlichen Regelungen

In einem letzten Abschnitt enthält das Landrecht von a.1516 eine Folge von 21 Unterpunkten zu privat-, speziell vermögensrechtlichen Regelungen.[39] Dazu sind noch einmal die Rechtsverbesserungen in Erinnerung zu rufen, die den Siedlern mit der Waldrodung zugewachsen waren (s. Kap. 2.d, 3.a, b). Als Grundgedanke zieht sich durch diesen Teil, dass die aufgeführten Ordnungen so gut wie ausschließlich für das Zusammenleben der Bewohner untereinander innerhalb des Gerichtsbezirks gedacht und auf diese abgestimmt waren. Ihnen wurde von Fall zu Fall *eyn uißlendiger* gegenübergestellt. Entsprechend sollte niemand einen Landsmann vor ein »ausländisches« Gericht ziehen.

Ein erster Themenkreis galt Schuldforderungen und ähnlichen Ansprüchen; dazu wurde die Selbsthilfe eines Gläubigers ausgeschlossen. Vielmehr sollte unter der Mitwirkung *mit zwen synen neisten naeberen* (›von zwei der nächsten Nachbarn‹) ein Schuldner zur Anerkennung der Schuldforderung gebracht werden. Lag diese vor, sollte der *schulder* (›Gläubiger‹) ein kleines (eher symbolisches) Pfand (*smaile pende*) für 14 Tage aussetzen, innerhalb derer die Schuld zu begleichen war. Blieb die Zahlung aus, ging das symbolische Pfand zurück und der Gerichtsbote konnte mit Zustimmung des Amtmanns eine Pfändung vornehmen. Dabei galt der Grundsatz, dass Pfändung von Grundbesitz (*erve*) ausgeschlossen war, solange sich bewegliches Gut (*gereidt guet*) vorfand. Ähnlich sollte niemand, weder *lantman* (›Einheimischer‹) noch *eyn uißlendiger*, einen *lantman* wegen Grund- und anderem Besitz, Schulden oder sonstigem Zwist *kommeren* (›in Haft nehmen, Beschlagnahme veranlassen‹)[40] oder vor Gericht ziehen, ehe nicht wieder zwei nächste Nachbarn vermittelnd eingeschaltet waren, den Streitfall abzuklären. Wer einen Fall vor Gericht brachte, hatte zur Bestätigung berechtigter Klage Bürgen zu stellen, es sei denn, das Gericht verzichtete darauf bis zum Ende der Verhandlung. Wenn aber jemandes Besitz beschlagnahmt (*gekommert*) oder ihm dieser gar abgesprochen (*verboiden*) wurde und die Schöffen darauf erkannten, dass der Anspruch darauf ohne Setzung eines Pfandes erfolgt war, dann sollte der Beschuldigte Bürgen stellen und den Besitz solange bis zum Abschluss des Falles in Gebrauch behalten. Regelungen dieser Art zeigen, dass das Landrecht von dem Grundgedanken der Wahrung des allgemeinen Rechtsfriedens unter den Gerichtsgenossen geleitet war, nicht unbedingt von einem generellen Gerechtigkeitsprinzip, indem Nachbarn als Mitglieder der Gerichtsgemeinde in die Streitschlichtung einbezogen wurden.

Ein zweiter, größerer Abschnitt galt dem Erbrecht. Alle Geschwister (*susteren ind brueder van eyner geburt*) waren am gesamten Nachlass, beweglich und unbeweglich, zu gleichen Teilen erbberechtigt, weil *eyne kynt vaider ind moider so nae is as dat ander* (›das eine Kind Vater und Mutter so nah ist wie das andere‹). Wenn Eltern erwachsenen verheirateten Kindern (*yre kinder bestait hetten*) Land zur Bewirtschaftung überlassen hatten, so konnten diese es dauernd nutzen. Beim Tod der Eltern aber mussten sie alles in einen Gesamtbestand zu gleicher Teilung einbringen. Bei einer solchen Teilung rückten Enkel zu gleichen Teilen in die Rechte ihrer Eltern ein. Wenn bei vorzeitigem Tod eines Ehegatten (*eyn bedde gebroichen werre*) Kinder hinterblieben waren, der überlebende Partner aber aus einer zweiten Ehe weitere Kinder hatte, dann sollten an seinem Nachlass auch die Nachkommen erster Ehe Anteil haben, weil *so eyne kynt aswaile dat ander gelich vaider aeder moeder roiffen* (›weil ein Kind wie das andere mit gleichem Recht »Vater« und »Mutter« ruft‹). Wenn zwei Verheiratete (*yre zweye mit bestaidoncgen vergaidert*) ohne Nachkommen auseinander gingen, sollten die aus ihren Familien mitgebrachten Vermögensanteile wieder an diese zurückfallen. Das gemeinsam Erwirtschaftete sollte *vruntdeillich syn* (›einvernehmlich geteilt werden‹). Ausgenommen davon aber war *der weddom* (›das der Braut ausgesetzte Heiratsgut‹). Schließlich bedarf der Fall des *lyffzuechter* ›Leibzüchter‹ eine Erläuterung, weil der Ausdruck so gut wie ganz aus dem geläufigen Wortschatz verschwunden ist. Das Wort gehört zu *Leibzucht* ›Lebensunterhalt‹ und bezeichnete eine Person, die auf Lebenszeit ihren Unterhalt aus einem ihr ausgesetzten Besitz bestritt.[41] Der Leibzüchter konnte diesen Besitz nur dann verkaufen oder in Geschäfte einbringen, wenn die rechtmäßigen Erben das Vorhaben erlaubten oder mittrugen. Dass die Realteilung auch durchgeführt worden ist und insbesondere auch die Töchter daran teilhatten, bestätigen die – allerdings nur selten erhaltenen – Hebezettel der Schatzerhebungen, bei denen Einträge wie *Kersten Klaisen tochter* oder *Johann Bongartz fraw* als Grundstückseigentümer nicht ungewöhnlich sind.

Zum Abschluss des Abschnitts folgt noch eine Reihe von Verfahrensregeln: Ein bewegliches (symbolisch gesetztes) Pfand (*gereidt pant*, vgl. oben) stand 14 Tage zur Auslösung. Wenn dagegen ein Grundstück (*erffpant*) als Sicherheit gesetzt war, dann stand es 6 Wochen und 3 Tage zur Auslösung und wurde dazu in der Kirche ausgerufen. Das Ausrufen vor der Gottesdienstgemeinde war seit Jahrhunderten das Verfahren, rechtswichtige Termine unters Volk zu bringen. Es ist für das Monschauer Land schon zu a.1238 für die Ansage des Forstgerichtes bezeugt. Ebenso war in der Kirche auszurufen, wenn jemand Grund- oder anderen Besitz an einen Besitzlosen übertragen wollte, damit die davon (als Erbberechtigte) möglicherweise Betroffenen Einspruch erheben konnten. Ein anschauliches Beispiel dazu ist aus dem Streitfall bezeugt, in dem a.1506 der Erbmarschall Hurt von Schöneck als Inhaber des freien Hofes Vossenack sich beim Herzog darüber beklagte, dass sein Hof widerrechtlich zur Schatzerhebung herangezogen worden sei, wobei es zur »Zwangsversteigerung« eines Grundstückes gekommen war (vgl. Kap. 3.a). Von amtlicher Seite wurde aber die ausstehende Schuld als eine ›Bede‹ (Sondersteuer) deklariert, die nicht das Freigut selbst, sondern drei zum Gut gehörige Hausstände betroffen hätten. Der Bede-Eintreiber hatte sich bei den Schöffen kundig gemacht, wie er korrekt nach Landrecht an den schuldigen Betrag kommen könne, und von ihnen erfahren: *ich sulle eine waese uisser degenen erf stechen, de dat bedegelt schuldich sint und an deme cruiz zu Monjoie verkoufen und vort 6 wechen und 3 dage in de kirche kont doin, as dat lantrecht dat vermach* (›ich solle ein Rasenstück aus dem Grundeigentum der Schuldner des Bedegeldes stechen und beim (Markt)kreuz zu Monschau zum Verkauf stellen, und das 6 Wochen und 3 Tage gemäß Landrecht in der Kirche bekannt machen‹), was er auch von einem *bent, gelegen up der Kallen*, unternommen habe.[42]

Ein Schöffenurteil in einem privatrechtlichen Streit konnte nur ergehen, wenn beide Parteien vor Gericht erschienen und ein Urteil verlangten. Einem Urteilsantrag ohne vorweisbare Gegenpartei durfte das Schöffenkollegium nicht stattgeben. Wenn jemand einen anderen bei Gericht verklagte, musste dieser als *wiedderdeill* zum nächsten Gerichtstag Antwort geben. Und wer auf seine Klage beim nächsten ordentlichen Gerichtstag ohne Spruch blieb, dem sollte danach kein weiterer Einspruch zustehen. Diese zuletzt genannten Regelungen und die weiter oben geforderte Beiziehung von Nachbarn in Schuldfällen fügen sich ein in die vordringlichen Aufgaben des Gerichtes, nämlich als einer Einrichtung zur Streitbeilegung und zur Friedenswahrung.

Anmerkungen

1 Protokollbuch Reichenstein (LAV NRW R, Reichenstein Rep. u. Hs. 1, fol. 11r–12r) und LAV NRW R, Reichenstein Urk. 3.

2 LAV NRW R, Jülich-Berg I 1175, fol. 25v.

3 Zitiert nach E. Neuß (Hg.): Weistümer, Nr. 11, 13, 18, 22, 23 und 24 wie bei den Quellen zum Forstrecht.

4 Zur »Modernisierung« im 16. Jahrhundert s. L. Schilling: Justiz und Gute Policey in den jülich-klevischen Ländern, in: G. von Büren u.a. (Hg.): Herrschaft, Hof und Humanismus, S. 193–210 und W. Janssen: »Gute Ordnung« als Element der Kirchenpolitik in den vereinigten Herzogtümern Jülich-Kleve-Berg, RhVB 61 (1997) S. 161–174.

5 Erstausgabe: [J.W.J.] Braun: Zur Geschichte des Landes Montjoie, AHVNRH 6 (1859) S. 19–32; zur Person des Herausgebers s. H. Tichelbäcker: Professor Josef Braun aus Gey - Gronau (1801–1863), in: Beiträge zur Geschichte von Hürtgenwald, S. 18–23.

6 Dazu L. Schilling (wie Anm. 4) und H. Schöningh: Der Einfluß der Gerichtsverfassung auf die Gestaltung der ländlichen Verhältnisse, AHVNRh 79 (1905) S. 28–137 sowie P. Robertz: Die Strafrechtspflege am Haupt- und Kriminalgericht zu Jülich, ZAGV 61 (1940) S. 1–9/62 (1949) S. 2–44.

7 S. auch den zusammenfassenden Überblick bei E. Münster-Schröer: Hexenverfolgung und Kriminalität, S. 73–97.

8 LAV NRW R, Jülich Gerichte, XIII Amt Monschau (I, 1603–1669); StaMON 1. Abt. G 18 und H 26 (II 1661–1764, III 1778–1793).

9 Dazu H. Eschbach: Die Erkundigung über die Gerichtsverfassung im Herzogtum Jülich von 1554 und 1555, DJB 17 (1902) S. 116–131, bes. S. 123; zur Unterherrschaft W. Janssen: Unterherrschaft, RhVB 76 (2012) S. 152–175.

10 W. Janssen: »Gute Ordnung« als Element der Kirchenpolitik in den vereinigten Herzogtümern Jülich-Kleve -Berg, RhVB 61 (1997) S. 161.

11 P. Johanek: Rechtsbücher, LMA VI, Sp. 519–521.

12 StaMON 1. Abt. G 2, fol. 26r.

13 REK VI Nr. 622.

14 Dazu besonders W. Janssen: Unterherrschaft, RhVB 76 (2012) S. 152–175.

15 A. Pauls: Die Beseitigung des Galgens im Kanton Montjoie, EHV 22 (1950) S. 11–13; H. Steinröx: Am Gericht, ML 9 (1981) S. 200–203.

16 LAV NRW R, Jülich Lehen, Generalia 46, fol. 15f.

17 E. Neuß (Hg.): Weistümer, Nr. 16 und 21; vgl. H. Tichelbäcker: Zur Geschichte der Herrschaft Hetzingen, DGB 80 (1991) S. 41–61.
18 Zu den zentralen Begriffen s. J. Weitzel: Ding (Thing), LMA III Sp. 1058 und J. Weitzel: Gericht, Gerichtsbarkeit, LMA IV Sp. 1322–1324; Gerichtsverfahren, ebd. Sp. 1333–1335.
19 W. Güthling: Zur Geschichte des Amtes Monschau, EHV 15 (1940) S. 83.
20 R. Nolden: Über den Konzener Haferzehnten, ML 13 (1985) S. 28.
21 RhWB I, Sp. 1279ff
22 W. Güthling: Zur Geschichte des Amtes Monschau, EHV 15 (1940 S. 91.
23 Dazu W. Schwabe: Der Aachener Oberhof, ZAGV 47 (1925) S. 82–159, 48/49 (1926/27) S. 61–120, hier 48/49, S. 95f. und 119f..
24 G. von Below: Streitigkeiten zwischen Aachen und Jülich im Jahre 1558, ZAGV 16 (1894) S. 3–11.
25 W. Schwabe: Der Aachener Oberhof, ZAGV 48/49 (1926) S. 95f.
26 W. Janssen: Neue Wege und Formen territorialer Verwaltung am Niederrhein, RhVB 58 (1994) S. 146.
27 Vgl. H. Hinsen: Das Land »Überruhr, ML 29 (2001) S. 24.
28 DWB IV. 1, Sp. 240ff. und DWB I Sp. 1481f.
29 E. Neuß (Hg.): Weistümer, Nr. 14.
30 Nachweise aus den Rechnungen bei W. Güthling: Zur Geschichte des Amtes Monschau, EHV 15 (1940) S. 81ff. und (ausführlicher) bei E. Münster-Schröer: Hexenverfolgung und Kriminalität, passim.
31 W. Schild: Galgen, LMA IV, Sp. 1084f.
32 Th. P. Becker: Hexenverfolgung im Herzogtum Jülich, NBJG 8 (1997) S. 54–75 und zuletzt ausführlich E. Münster-Schröer: Hexenverfolgung und Kriminalität, 2017.
33 Th. P. Becker (wie vorige Anm.) S. 59.
34 E. Münster-Schröer: Hexenverfolgung und Kriminalität, S. 204ff.
35 Druck bei O.R. Redlich: Jülich-Bergische Kirchenpolitik, I, Nr. 240; vgl. E. Münster-Schröer: Hexenverfolgung und Kriminalität, S. 82–90.
36 H. Tichelbäcker: Vossenack – vom Marschallhof zum Dorf im Amt Monschau, ML 32 (2004) S. 57.
37 O. R. Redlich: Jülich-Bergische Kirchenpolitik, I, Nr. 220 S. 223f.
38 E. Neuß (Hg.): Weistümer Nr. 7.
39 Wie vorige Anm., hier Nr. 11.
40 DWB V Sp. 2593ff. zu *Kummer* II, auch Sp. 2606f.
41 DWB VI Sp. 610.
42 G. von Below: Die landständische Verfassung, Nr. 24 S. 240.

11. Die allgemeinen Lebensverhältnisse im Amt: Dienste, Abgaben und Mühlenwesen

a. Die Sonderrechte der ›Freien‹ im Amt und der Bürger des Tals Monschau

Die ›Freien‹

Wie schon im Kapitel zur Gerichtsverfassung angesprochen, hielt das a.1516 aufgeschriebene Landrecht (Gewohnheitsrecht)[1] die allgemeinen Lebensverhältnisse der Amtsinsassen als Angehörige der Gerichtsgemeinde fest. Diese Rechtssammlung ist insofern auch im Sinne einer Feststellung der Alltagsverhältnisse, nicht allein als Vorschrift zu verstehen. Die Regelungen galten für alle Bewohner in gleicher Weise, ohne auf irgendwelche Sonderstellungen einzugehen. Darin dürfte sich ein Nachklang viel älterer Verhältnisse spiegeln. Denn das Jahr der Aufzeichnung (1516) darf nicht darüber hinwegtäuschen, dass im Kern inhaltlich weit vorausliegende Traditionen festgehalten sind. Die einzelnen, in den Ordnungen des 16. Jahrhunderts genauer umschriebenen Arten von Abgaben kommen z.B. als Namensnennungen schon bei dem umfangreichen Tauschakt des Jahres 1361 (vgl. Kap. 6.b) vor, wo sie unter den Einkünften der Herrschaft aufgelistet wurden. Über die ganze hier behandelte Zeit gesehen ist aber festzuhalten, dass die beschriebenen Verhältnisse sich im wesentlichen auf Quellenzeugnisse seit der Jülicher Zeit stützen, so dass die die a.1549 »zeitnah« aufgezeichnete Amtserkundigung neben dem alten Kern auch die inzwischen vorangeschrittenen Differenzierungen erfasste. Sie enthielt eben u.a. einen eigenen Absatz *Von den frein des ambts Monjoie* ›Von den Freien des Amtes‹.[2] Dabei bedeuten ›frei‹ und ›Freiheit‹ – anders als heute – nur so viel wie ›Befreiung/Freistellung von sonst allgemein geltenden Verpflichtungen‹, auch ›Bevorrechtung › (›Privilegierung‹ = ›Bevorzugung‹ im wörtlichen Sinn).

Der Text erläutert, *das die freien sein, dern gueter von dienst oder schatz, hoener, pechten und dergleichen frei sein*, also befreit sind von den üblichen Diensten und Abgaben (›Schatzerhebung, Hühnerabgaben, Pachten und dergleichen‹). Als zu dieser Gruppe gehörend wurden aufgezählt: der Schultheiß, 14 Schöffen, der Forstmeister und die Förster, die Gerichtsboten, die Lehngüter, die Freigüter mit ihren Höfen und Halfen, die Reidemeister von Zweifall, Mulartshütte und dem Velinxwerk, der Hermannshammer, die geistlichen Höfe (Höfe des Klosters Reichenstein) und derjenige, der die Kallbrücke instand halten musste. Übergangen (übersehen?) ist in diesem Zusammenhang der Status der Bürger von Monschau, die gegenüber den Landsassen der Dörfer im Umkreis ebenfalls über eigene ›Freiheiten‹ verfügten. Wegen der Bevorrechtung der Talrechtssiedlung tauchen sie z.B. nicht in den Listen der Schatzerhebungen auf, und ihre Dienstverpflichtungen waren anders als die der Landsassen auf die besonderen Umstände innerhalb der Burgmauern bezogen. Diese Sonderstellungen seien deshalb vorab behandelt. Die Personengruppen der Forstverwaltung und des Gerichts sind schon in den beiden vorangehenden Kapiteln angesprochen.

Über die Dienststellung bei der Forstverwaltung oder am Gericht hinaus war der Status der ›Freien‹ in der Regel mit einem größeren Wirtschaftshof verbunden. Eine Reihe von urkundlich verbrieften Ausstattungen mit solchen Höfen ist im Abschnitt über die Anfänge der Jülicher Zeit schon genannt (Lehn- bzw. Manngüter, Hafergüter; vgl. Kap. 8.a.), soweit Urkunden darüber erhalten sind. Aus der Aufzählung solcher Güter in der Amtserkundigung a.1549 und einem notariell beglaubigten Auszug aus Jülicher Lehnsbüchern (letzte Einträge aus den 1590er Jahren)[3] sind einige Veränderungen aus dem Lauf der Zeit abzuleiten. So war das Ackerland von wenigstens zweien der zu Haferlieferungen verpflichteten Höfe (das Gut auf Dierscheid, *jtzo uf der Schmitten gnant*, und das Urbans-Gut in Kalterherberg) mittlerweile zur Bewirtschaftung an die Nachbarn ausgetan. Von zwei Gütern der Kinder des Simon Engelbrecht von Aachen ist gesagt, dass sie nicht bewohnt bzw. (so der *Paeffen hoff*) nicht zu Lieferungen veranschlagt waren. In all solchen Fällen mit Zersplitterung des Grundbesitzes ist das genauere Wissen über die Lage dieser Höfe verloren gegangen. Außerdem fällt auf, dass die beiden seit a.1544 im Amte tätigen emsigen Amtleute von Rolshausen (Christoph d.Ä. [1544–1585], Christoph d.J. [1585–1609])[4] eine Anzahl dieser Höfe als Privateigentum an sich gebracht hatten. Einige Güter hatten in den Kriegswirren a.1543 schwer gelitten. Das waren bei Monschau die Höfe Lauscherbüchel und Stillbusch, in Konzen die Höfe Hardt und Lauterbach.[5] Den Hof Lauscherbüchel hatte Rentmeister Peter von der Hardt im Januar a.1493 von Herzog Wilhelm IV. als Freigut erhalten.[6] Die Rolshausensche Kaufurkunde vom Juli a.1586 hat sich in den Domänenakten zu Lauscherbüchel zufällig erhalten.[7]

Ein spezieller Zweck der letztgenannten Aufstellung war aber neben der Übersicht über die Lehngüter offenbar auch eine Ermittlung der »Transportkapazität« des Amtes, vermutlich als Vorsorge für Kriegszeiten. Es wurde nämlich die Zahl der verfügbaren Pferde ermittelt, auch über die Freien hinaus – allerdings *ungefehrlich*; insgesamt kam das Amt gemäß der Quelle auf 513 Tiere. Addiert man jedoch die Einzelangaben – es entfielen auf die Freien

116, auf das ›oberste Kirchspiel‹ (Konzen) 130, auf das ›niederste Kirchspiel‹ (Simmerath, meistens aber ›unterstes‹ genannt) 300 und, getrennt davon ausgewiesen, auf Kalterherberg 88 Pferde – dann kommt man bei einer Summe von 634 aus. Die Zahlenangaben aus Addition in solchen Quellen sind durchweg nur mit Vorbehalten zu verwenden und meistens irrig; sie müssen jedenfalls immer nachgerechnet werden. Die beachtlich große Zahl für ein einzelnes Dorf dürfte eine Folge davon sein, dass zu den speziellen Dienstpflichten von Kalterherberg allerlei Fuhrdienste für die Burg gehörten. Zusätzlich sind für einige Höfe wie den Hardthof in Konzen im Besitz des Amtmanns v. Rolshausen auch Ochsengespanne notiert.

Doch auch die Gruppe der ›Freien‹ unterlag durchaus einigen Einschränkungen. Waren die Landsassen verpflichtet, Proviantfuhren für den Amtmann in einem Umkreis von vier Meilen um die Burg zu besorgen, so kam diese Aufgabe den Freien im Fall von Weintransporten zu. Man scheint wohl befürchtet zu haben, die »einfachen Leute« als Begleitung bei dieser Aufgabe könnten sich am Wein schadlos halten und die vertrunkene Menge mit Wasser auffüllen.

Die Freien hatten auch die »Ehre«, der Frau des Amtmanns auf Reisen Geleit zu geben. Schließlich galt, dass es keine Ausnahmen gebe bei einer Bede, der allgemeinen Landsteuer, wenn sie von den vier Hauptstädten des Landes Jülich bewilligt war. In diesem Fall *sein die landsaßen semptlichen mit den freien darin mit andern lantsäßen jr burd zu tragen schuldig und niemantz frei*. Das war – a.1549 schriftlich festgehalten – ein Kennzeichen der Veränderungen, die aus der Mitwirkung der Stände und der zunehmend »moderneren« staatlichen Organisation des Herzogtums gegenüber den älteren Jahrhunderten folgten. Dieser Bestimmung war a.1503 ein charakteristischer Streitfall vorausgegangen, bei dem eine ältere, juristisch nicht genauer differenzierte Rechtsauffassung dem neueren Denken entgegengehalten wurde: Der damalige Inhaber des Hofes Vossenack, Engelbert Hurt von Schöneck, hatte sich beim Herzog bitter beklagt, dass der *rentmeister zo Monsau* sein freies Mannlehen mit Schatzerhebung belastet habe, wo der Hof doch nie *schatz oder deinst gegeven oder gedaen* habe. Die Monschauer Antwort an den Erbkämmerer führte dazu aus, dass es sich keineswegs um den Schatz, sondern um eine bekannte Bede gehandelt habe, bei der drei zum Hof gehörige Haustände mit je 2 Gulden herangezogen worden seien, aber bezogen auf die dort wirtschaftenden Leute *up ire winnen und werven* (›gemäß Tätigkeit und Gewinn‹), das Manngut selbst aber nicht. Der Amtmann hatte wegen Verweigerung der Zahlung eine »Zwangsversteigerung« zugehöriger Grundstücke angeordnet.[8] Nach Aussage des Gerichtsboten von Kesternich seien in früheren Jahren selbst von Bewohnern des Gutes Bedebeiträge geleistet worden (vgl. Kap. 10 d.).

Die Stadtbürger

Wie schon (Kap. 5.b.) erwähnt, liegt über den Anfang der bevorrechteten Stellung der Burgsiedlung Monschau gegenüber den Dörfern des Umlandes eine förmliche Rechtsverleihung nicht vor. Die faktische Wahrnehmung solcher Rechte geht aber zweifellos in die Tage der Valkenburger Herrschaft des 14. Jahrhunderts zurück, als die Siedlung mit Talrecht bezeugt ist. Im Laufe der Jahre trat diese Sonderrolle verstärkt in Erscheinung, wie sie in dem Privileg von a.1489 zum Marktrecht zum Ausdruck kam, aufgrund dessen eine Akzise (Marktsteuer) zur Pflege der Stadtmauern erhoben werden konnte. Deren Einnahme und Abrechnung erforderte ein gewisses Maß an interner Organisation und Selbstverwaltung, an deren Spitze zwei (wechselnde) Bürgermeister standen. Die Einrichtung ist zusammen mit einem Rat erstmals in der ersten Freiheitsbestätigung der Stadt von a.1476 bezeugt, dann auch in der Erneuerung des Marktprivilegs von a.1575, mit dem der Markt nach der Zerstörung von a.1543 und seiner Verlagerung nach Konzen wieder nach Monschau zurückverlegt worden war (vgl. auch Kap. 8.c).[9] Ob eine solche Einrichtung schon vor der Jülicher Zeit bestanden hat, ist unsicher. Als Zeugnis für die Ausbildung eines kommunalen Selbstverständnisses ist dann das Recht (gemäß Aussagen a.1612)[10] anzuführen, dass Grundstücke in Gemeinbesitz und -nutzung *binnen den schlagbeumen gelegen* nur mit Bewilligung der Bürgerschaft als Gesamtheit veräußert werden durften. Ähnliche Zeugnisse für Ansätze einer kommunalen Formierung aus den ländlichen Siedlungen kommen erst seit der Mitte des 17. Jahrhunderts nach der hier behandelten Zeit vor. Sie lassen erkennen, dass Aufgaben vergleichbarer Art, sofern sie überhaupt vorkamen, zunächst der gesamten Gerichtsgemeinde und ihren Schöffen zugekommen sind und die Organisation kommunaler Angelegenheiten aus der Gerichtsgemeinde erwachsen ist.

Gleichwohl bleibt dabei zu beachten, dass auch die Einwohner der Stadt in der gleichen Weise wie die der umliegenden Dörfer die übliche Feld-Wald-Wirtschaft betrieben. Das kommt schon in dem Erstzeugnis über das Bestehen des Talrechts, im Waldweistum vom Jahr 1342, zum Ausdruck. Dort ist die Befreiung vom Schweinezehnt ausdrücklich festgelegt: *die verghen uzer dem daele ensoelen engheynen dechtum gelden* (›die Schweine aus dem Tal brauchen keinen Dechtum zu zahlen‹).[11] Dieses Vorrecht wurde nach den Zeugenaussagen zum Sonderstatus der Stadt noch a.1612 bestätigt und dahin präzisiert, *daß die burger die kuer* (›Wahl‹) *haben, wohin daß sie ihre schwein zu treiben begehren.* Ebenso besaßen sie Weiderechte für das Rindvieh und Schafe *jn allen beuschen, hecken unnd gemeinden, jnsonderheit Breiderscheidt unnd Schwangenbach wie von alterß.*[12] Der Bezirk Breiderscheidt erstreckt sich nördlich von Kalterherberg über die Hänge zur Rur, der Schwangenbach mündet bei der

Blumenauer Mühle beim Sportplatz Flora in den Laufenbach und hat der gesamten Senke beim Gut Stillbusch vorbei nach Imgenbroich hin den Namen gegeben (mundartlich *Schwangelbisch*). Diese Grundform allgemeinen Wirtschaftens blieb noch weit in die Tage der Tuchmacherei hinein in Übung, so dass sich der Bürgermeister noch in den 1780er Jahren zu einer Aufforderung zur *Wegräumung der Misten Plätze* veranlasst sah. An die 90 davon können im Stadtgebiet nachgewiesen werden.[13] Diese Art des Wirtschaftens mit Viehhaltung im »Nebenbetrieb« war auch in größeren Städten wie Aachen. Düren oder Köln noch lange über das Mittelalter hinaus in Übung.[14] Als im Lauf des 16. Jahrhunderts immer mehr Bürger durch Erbe oder Kauf Grundbesitz in den Dörfern der Umgebung (besonders in Höfen, Mützenich und Imgenbroich) erworben hatten und dort auch wirtschafteten, kam es immer wieder zu Streitereien, wenn die Schöffen die Mai- und Herbstschätze erhoben, Bürger sich aber auf ihre alte Schatzfreiheit beriefen. Bei der Neuerhebung der Rechtslage in den Anfängen der Pfalz-Neuburger Zeit vermittelte der damit beauftragte *cammerrath und commissarius* Henrich Rhoedingen ausführliche Vergleiche zwischen den beteiligten Kommunen, die sich in den Schatzlisten des Lagerbuchs von a.1649 erhalten haben.

Weitere Vorrechte laut Zeugenverhör von a.1612 waren kostenfreie Entnahme von Brennholz (*noitbrandt*) und Bauholz (*noitbaw*) aus dem Wald nach Anweisung durch die Förster sowie Fischfang in kleineren Bächen und in der Schwalm (Perlbach) aufwärts (*oben dem wehr jn der Schwalmen*). Dagegen war die Rur herrschaftliches Banngewässer bis zum Schwarzbach. Als ein für die älteren Verhältnisse charakteristisches Beispiel von ›Freiheit‹ als Privilegierung galt in der Stadt in Strafrechtssachen eine Art »Asylrecht«, wie es ähnlich auch die freien Höfe Vossenack und Hetzingen besaßen. Auf deren Boden konnte das Schöffengericht nicht unmittelbar tätig werden. Eine ähnliche »Freiheit« genossen auch die Bürger des Tals Monschau, wie der über hundertjährige Schultheiß Winand von der Hardt bei seiner Aussage zu den Stadtrechten bestätigte. Danach konnte ein Missetäter sich einer Gefangennahme dadurch entziehen, dass er eine Art »Erklärung zu Buße/Entschädigung oder Wiedergutmachung« (*unserem gnedigen landsfursten undt herren abtragt zu thun*) abgab. Das Verfahren war streng ritualisiert und galt von *alterß mit dem creutz an der kirchpfortzen*. Winand sagte aus, er habe seinerzeit selbst gesehen, wie *Reingen Wollgemutth von mannen observirt unnd gehalten seye dergestalt, daß er dreymall umbs creutz an der kirch gefurt unnd jeder zeit geruffen, ob iemand sich vor jhn verburgen wolle*. Der Vorgang wird sich an der Schlosskapelle – kaum an der Kirche in Konzen – abgespielt haben, weil dieses Recht allein für Stadtbürger aufgrund des Talrechts galt, um diese Zeit die Schlosskapelle schon als »Quasi-Pfarrkirche« diente und das Gericht durchweg in Monschau tagte. Das Verfahren war nach heutiger Ausdrucksweise eine Art »Aussetzung von Untersuchungshaft gegen Kaution«.

Die abschließend noch aufgeführten Vorrechte sind zweifellos erst später aufgekommen und nennen als Auslöser die Ereignisse des Geldernschen Krieges von a.1543. Das ist vor allem die Frage von Unterbringung von Kriegsvolk (auch des eigenen) auf der Burg und Freihaltung der Stadt von Einquartierung. Dieses Thema sollte noch öfter im 17. Jahrhundert die Gemüter bewegen. Schließlich – auch das ein »moderneres« Thema – der Fall von Ausschreibungen einer allgemeinen Landsteuer (Bede), die es früher so nicht gegeben hatte. Dazu wurde bestimmt, dass dann, wenn sie *durch die scheffen distribuirt* (›verteilt‹) *und umbgesetzt werden*, die Bürger zu beteiligen seien, damit *die burger uber ihre gebeur damit nit belastet werden.*

Diesen Vorrechten standen Dienstpflichten gegenüber, die sich von denen der Landsassen unterschieden: An erster Stelle stand natürlich die Verteidigung der Befestigung im Kriegsfall und ihre Pflege in Friedenszeiten: *sein die burgere schuldig, bey jhren stattporten und freyheit zustehen und dieselbe zuverthedigen mit leib, gut und blut, wanne es die noit erfordert.* Der Fall trat zwar höchst selten ein, doch hatten die Ereignisse von a.1543 gezeigt, dass diese Forderung zum blutigen Ernst werden konnte. In den gleichen Aufgabenkreis gehörte die Instandhaltung der Befestigung (a.1612: *pfortten und grindlen jn noitbaw zu thun).* Unter *Grindeln* sind ›Schlagbäume‹ und andere Sperren auf den Zugangswegen zu verstehen. Auch Bauarbeiten an der Burg konnten erforderlich sein, wie sie für die Jahre nach a.1518 für den (jetzt abgetragenen) Saalbau über den Kellergewölben der Oberburg bezeugt sind[15] und wie es im Landrecht a.1516 auch gefordert ist: *allen neuwen bouwe up zo richten.* In diesem Zusammenhang ist aus der Liste der Freiheitsrechte erwähnenswert, dass der Haller, *ein thorn alhie zu Monioie auffm berge*, seit alters in die Sorge des Landesherren und nicht etwa der Bürger fiel, demnach also auch nicht als Teil der Stadtbefestigung galt.

Zum zweiten war Pflicht der Bürger, die (Gerichts)boten zu unterstützen und ihnen zu Hilfe zu eilen, wenn diese *zu schwach wehren, da den botten gewaldt geschehe*, also gewissermaßen als »Hilfspolizei« einzuspringen.

Die dritte und gewiss ständig anfallende Dienstpflicht bestand in Arbeiten an den Gärten am Schloss, und zwar *den ruebkamp under dem Eselßtorn, gnant der Bongart* und in einigen kleineren Gärten. Der *Bongart* war der Hang vor der nördlichen Stadtmauer; der Name ist noch im Gebrauch für den ehemaligen großen Tuchmacherbau am Treppenaufgang von der Kirchstraße zum Eselsturm. Diesen Garten galt es zu *grabenn unnd zu misten von jrer furstlichen gnaden oder eines zeittlichen ambtmanß mist.* Aus Formulierungen wie vom *ambtmanß mist* ist »im Vorbeigehen« zu erfahren, dass auch hohe Amtsträger wie der Amtmann einen landwirtschaftlichen »Nebenbetrieb« unterhielten. Das Landrecht differenzierte diese Arbeiten dahin, dass Inhaber von Gespannen das Mistfahren zu übernehmen hatten, während den anderen zukam, *so wes dae innen zo doin is, wie van alders gewoenlich*, also den Mist zu verteilen und umzugraben.

Als vierter Punkt ist unter den Aussagen von a.1612 zu den Pflichten eine Abgabe angeführt, die sich erst im Lauf der Zeit mit zunehmender verwaltungsmäßiger Organisation herausgebildet haben kann und die schwerlich allzu weit vor das 16. Jahrhundert zurück gereicht hat. Es war nämlich ein Zehnt auf Korn und Hafer sowie der Lämmerzehnt fällig, wenn die Bürger Erträge *bei den hausleuthen zu halbscheidt* im Pachtbetrieb erwirtschafteten, d.h. auf (grund)steuerpflichtigem Land in den nahen Dörfern. Grundeigentum von Bürgern in Dörfern der Umgebung (besonders Höfen, Mützenich und Imgenbroich) mitsamt Bewirtschaftung hatten im Lauf der Zeit solchen Umfang angenommen und bei der Schatzerhebung zu ständigen Streitereien geführt, so dass es in den 40er Jahren des 17. Jahrhunderts zu ausführlichen Ausgleichsverträgen zwischen der Stadt und den ›Nachbarschaften‹ zur Schatzberechnung kam, die unter den Hebezetteln im ›Neuen Rentlagerbuch‹ von 1649 erhalten sind.

Schließlich ist der nächtliche Wachtdienst (*Scharwacht*) zu nennen, der in der Amtserkundigung a.1549 geregelt ist. Diese Aufgabe wurde aber nicht unmittelbar von den Bürgern selbst – etwa reihum – wahrgenommen, sondern war gegen Bezahlung einem regulären, besoldeten Wachtdienst übertragen. Die dazu notwendigen Mittel kamen durch Umlage auf insgesamt 17 Grundstücke zustande, die zur Leistung von je 7 Sümmern Hafer verpflichtet waren, eine Naturalabgabe, die in dieser Form a.1549 wohl nur eine ältere Regelung fortschreibt und die aktuell eher durch Geld im Gegenwert entrichtet wurde. Dass in der schriftlich festgehaltenen Ordnung eine ältere durchscheint, ergibt sich aus der Beobachtung, dass zum einen Grundstücke darunter sind, die im Besitz von auch anderweitig bezeugten Amtsträgern standen und denen Wirtschaftsgüter auf benachbarten Dörfern entsprachen, die den Hafer lieferten, so beispielsweise der Hof Eschweide. Zum andern aber gab es a.1549 offenbar auch solche, die auf mehrere Inhaber (und wohl damit auch Gebäude) aufgeteilt waren. In den 17 Parzellen dürfte der ursprüngliche Grundstücksbestand der Stadt zu erkennen sein. Die Ordnung ist noch lange in Geltung geblieben und in erneuter, separater Abschrift von a.1684 ins Stadtarchiv geraten.[16] Über die Fortführung der Nachtwache bis in die französische Zeit unterrichtet eine Darstellung von Wilhelm Vogt.[17]

Da die Stadt – wie die nahen Dorfsiedlungen Höfen und Kalterherberg auch – außerhalb des Feldgeleits lag, wurden die Einwohner nicht zum Kirchenzehnt der Pfarrkirche in Konzen herangezogen, es sei denn, dass Bürger

Grundstücke in Dörfern des Feldgeleits besaßen, was wohl auch erst seit den letzten Jahrzehnten des 16. Jahrhunderts vorkam. Im übrigen aber hatten die jeweiligen Landesherren, spätestens zur Jülicher Zeit, dafür gesorgt, dass spürbare »Ungleichheiten« zwischen den Dörfern im Feldgeleit und im Waldgeleit nicht ins Gewicht fielen (vgl. unten zum Haferzehnten).

b. Dienste und Abgaben der Landsassen

Die Dienstpflichten

Den Auftakt der landrechtlichen Bestimmungen (a.1516) bildeten *des lantfursten hoicheyt, herlicheyt ind slandtz dienst* (›Hoheit, Herrschaft und Dienst für das Land‹) mit der Festlegung, dass allein dem Herzog und dem von ihm eingesetzten Amtleuten die Macht *zo gebieden ind zo verbieden* zustehe (›hoch und nieder, weit und breit, kurz und lang‹). Daraus folgten einerseits die Pflicht zur Verteidigungsbereitschaft bei Glockenschlag (*wanne unsser genedichster herre die clocke aen deyt slaenn* = bei Alarm), gültig für waffentüchtige Leute (*wer eynen koill* [›Brustpanzer‹] *gedraigen cann*), zum anderen die Stellung des Fürsten als oberster Gerichtsherr. Die Ausführungen zur Heeresfolge waren dann a.1549 abgeschwächt, nicht zuletzt wohl aufgrund der Erfahrungen mit den professionellen kaiserlichen Söldnern a.1543, denen ein ländliches Aufgebot nicht gewachsen war. Die Regelung verlangte jetzt nur in allgemeinen Worten eine Dienstpflicht, von der niemand ausgenommen war und wie sie in gleicher Weise galt, wenn sich der Fürst im Amt aufhielt (*das leger binnen ambts hat*). In der Regel galt die Dienstpflicht auch nur im Amt selbst und nicht in anderen Ämtern und Schlössern; sie bestand, *wanne des idt van mircklichen noeden bedarff*, in Wachdiensten.

Erwähnt war schon im Umfeld der Ausnahmen der ›Freien‹ die Durchführung und Begleitung von Proviantfuhren für den Amtmann. Eine ähnliche Geleitspflicht wurde eingefordert bei den Besuchen des Landdechanten oder eines Weihbischofs, wenn sie zum Send oder einer kirchlichen Weihehandlung an- oder abreisten (dazu Kap. 13). Landsassen ohne eigenes Gespann konnten zur Beförderung von Briefen oder anderen Botschaften *ein meil wegs oder zwo* herangezogen werden.

Die Dienstleistung, die wohl am längsten Bestand gehabt hat, war das Heumachen für die Amtsträger auf der Burg. Die Ausführungen dazu wurden im Laufe der Jahre immer detaillierter. Zunächst ist a.1516 nur verfügt, dass die vom niedersten Kirchspiel Simmerath (mundartlich noch lange *dr Ki-eschpel*) das Mähen übernehmen sollten, denen vom obersten Kirchspiel Konzen (a.1549 *die Overkerspeler*) fiel das Trocknen und Einfahren zu. Aus dieser recht allgemein gehaltenen Regelung sind im 17. Jahrhundert breite Anweisungen geworden, aus denen die in Frage kommenden Grundstücke und die jeweils verpflichteten Dörfer zu erkennen sind.[18]

Eine Sonderrolle kam den *naebern* (›Nachbarn‹ = ›Einwohner‹) von Höfen und Kalterherberg zu, soweit sie über ein Gespann verfügten. Sie wurden zu Fuhren von Brennholz für die Burg herangezogen. Dafür waren sie von der Abgabe des ›Jochhafers‹ (Haferabgabe bei Besitz eines Gespanns, eine Art »Kraftfahrzeugsteuer«) befreit. Stattdessen gaben sie zum Fastnachtsabend ein Huhn (*vastaeventz hoen*) auf die Burg (vgl. zu den Abgaben).

Das Landrecht von a.1516 enthielt auch einen längeren Abschnitt über Instandhaltung von Wegen und Brücken (*wie man wege und stege halden sall*), wobei aber nur die Brücken der Hauptwegeverbindungen erfasst sind (vgl. Kap. 12). Der Punkt ist a. 1549 nicht wieder aufgegriffen worden. Stattdessen gab es seit a.1555 eine landesweit gültige allgemeine Wegeordnung, deren Befolgung aber nicht im einzelnen nachgeprüft werden kann. Was die Brückenregelungen angeht, ist nicht zu verkennen, dass durchweg die Einwohner der nächstgelegenen Siedlungen zum Unterhalt herangezogen wurden. Entsprechend ist beispielsweise aus den fehlenden Nennungen von Anwohnern zu folgern, dass bei den Übergängen über die Kall am Weg nach Vossenack und über die Rur im Raum Einruhr keine größeren Siedlungen bestanden haben. Aufgeführt waren im Text nur Brücken an Hauptwegverbindungen und Wasserläufen einer gewissen Größe. Kleinere Wasserläufe dürfte man mit den Fuhrwerken einfach durchfahren haben. Der Übergang über die Weser beim Reinartzhof an der Hauptverbindung über das Venn nach Aachen, Kornelimünster und ins Limburgische fiel laut Landrecht in die Zuständigkeit der Stadt Aachen. Diese Regelung war im Monschauer Land über 100 Jahre später auch noch gut bekannt, als die Stadt Aachen an dieser Stelle schon längst alle Hoheitsrechte verloren hatte. Bei der allgemeinen Feststellung der Wegerechte a.1649 führten *burger unndt landleutth* heftige Klage über die Zerstörung dieser wichtigen Brücke und forderten Wiederherstellung durch die Baupflichtigen.[19] Im Amt selbst fiel die Pflege der Rurbrücke zwischen Reichenstein und Kalterherberg an der Fernverbindung über das Venn von Aachen über Mützenich nach Trier den Kalterherbergern zu. An der Rurbrücke oberhalb der Stadt (heute *Dreistegen*, a.1649 *die Drey Stege*, a.1516 aber *Esselsbrugge*) sollten Kalterherberg die Seitenmauern errichten und die Querbalken legen, Mützenich und Lauscheid aber als die ebenfalls Nächstbetroffenen die Fahrbahn machen. Für die beiden in Stadtnähe gelegenen Brücken, am südlichen Stadtausgang zum Burgau und am gegenüberliegenden nördlichen Ende (heute *Richters Eck*), waren die Bürger zuständig; dabei sollten die Höfener als »Anlieger« zu Hilfe kommen.

Die dritte Rurbrücke bei der Stadt (*ain Bruls huyssse*, heute *Friedrich-Wilhelm-Brücke*) ins Eschbachtal – zum Zeitpunkt der Regelung noch deutlich vor der Stadt gelegen – war Aufgabe der beiden Kirchspiele mit Ausnahme der schon genannten Stadtbürger und Dörfer. Eine Rurbrücke am (späteren) Aukloster bestand zu dieser Zeit noch nicht. Die Anlieger von Mulartshütte waren für den Übergang über die Vicht unter Berufung auf die Urkunde von a.1430 zuständig, mit der Johann II. von Schönforst ein Pilgerhospiz dort am Weg nach Kornelimünster gestiftet hatte. Die restlichen Fälle waren jeweils an einzelne Personen gebunden, die Erträge aus bestimmten Grundstücken für den Brücken- und Wegeunterhalt verwenden sollten. Diese Grundstücke waren ihnen dazu ausdrücklich übertragen. Das waren am Rurübergang beim heutigen Ausläufer des Obersees nahe Pleushütte und Einruhr, damals *Sent Nyclaesbrugge* genannt, ein Bend *in der Rockenbaich* bei Wollseifen, ein zweiter bei der Eisenhütte beim *Velynx*-Werk (vgl. oben Kap. 9). Der Inhaber von *Kraichs Beyndt* (Lage unbekannt) hatte sich um die Straße von Lammersdorf abwärts ins Kalltal (heute *Bergstraße*) und die Kallbrücke nach Witzerath zu kümmern. Ähnliches galt für die Umgebung des Fischbachs zwischen Witzerath und Simmerath. Zuständig war dort, *wer des dychs in die Vyschbaich gebruycht*. Das mit dieser Wendung Gemeinte ist wegen der Mehrdeutigkeit von *dych* (entsprechend nhd. *Deich*) nicht eindeutig zu entscheiden. Vielleicht ging es an dieser Stelle um einen aufgeworfenen Damm als Fahrdamm oder zum Stau von Wasser (Fischteich?) oder es ist ein Wassergraben zur Be- und Entwässerung gemeint, wie sie auch in den dorffernen Talwiesen zur Bewässerung angelegt wurden (vgl. den Ausdruck *Mühlenteich* für den Wasserzufluss bei Mühlrädern).[20] Ähnlich undeutlich für Heutige ist der konkrete Bezug der Aufgabe für den Inhaber des freien Hofs auf Dierscheid (*wer den vry Dierich hait*). Der nämlich *sall dat stroh an den poyll maichen* (›soll das Stroh an den Pfahl machen‹). Üblicherweise war ein Strohwisch ein Rechtssymbol zur Markierung von Grenzen, an Pfähle gebunden auch als Wegekennzeichnung in unübersichtlichem Gelände.[21] Doch bleiben im vorliegenden Fall der Zweck und die vorgesehene Stelle im Dunkeln. Schließlich sollte derjenige von der jährlichen Schatzerhebung ausgenommen sein, dem die Sorge um die Kallbrücke und ihre Geländer übertragen war. Hier muss es sich um die Kallbrücke auf dem Weg nach Vossenack, etwa der heutigen Lage entsprechend, gehandelt haben.

Die Abgaben (ohne Kirchenzehnt)

Die älteste/früheste Abgabe der Siedler an den Grund- und Gerichtsherren war der ›Schatz‹, (*schetzoncge*) eine Art Grundsteuer, die die Siedler im Wald als ›Gegenleistung‹ für die Überlassung von Waldfläche zur Umwandlung in fruchtbares Ackerland erbracht hatten. Anders als abhängige Bauern der älteren Grundherrschaft hatten sie ihre durch Rodung gewonnenen Grundstücke in Erbpacht (›Quasi-Eigentum‹), konnten sie also verkaufen oder – noch wichtiger – vererben. Über das Verfahren der Berechnung und Erhebung ist aus der vor-jülicher Zeit nichts bekannt geworden, so dass hier nur für die Schlussperiode der behandelten Zeit berichtet werden kann. Der Schatz (eigentlich ›Schätzung‹) wurde zweimal im Jahr, im Mai und im Herbst, durch die Schöffen festgestellt, und zwar – so der Wortlaut des Landrechts a.1516 – *yeder einer nae syner wyn ind werff* ›für jeden nach Gewinn und Gewerbe/Tätigkeit‹. Da alle außer den ›Freien‹ und den Stadtbürgern, unabhängig von der Lage ihrer Dörfer im Feld- oder Waldgeleit, dieser Einschätzung unterlagen, geben die daraus entstandenen Schatzlisten recht verlässliche Hinweise über Dorf- bzw. Bevölkerungsgrößen seit dem 16. Jahrhundert, auch wenn sie nicht gleichwertig mit neuzeitlichen statistischen Erhebungen auswertbar sind. Die ältesten Listen dieser Art von a.1551 hat Hans Steinröx – wenn auch mit überwiegend namenkundlichem Interesse – veröffentlicht.[22] Die Aufstellungen halten allerdings allerlei Deutungsprobleme bereit: Das erste betrifft die verwendete Bemessungsgrundlage *ort*, die, als bekannt vorausgesetzt, in den Listen nicht näher bestimmt wird. Schon von der Wortbedeutung her (*Ort:* ausgehend von Bedeutungen wie ›Spitze, Schneide‹ über ›vorderes/hinteres Ende‹ bis zu ›Stelle/Platz‹)[23] muss es sich um eine auf die Grundfläche bezogene Einheit handeln. Der Ausdruck taucht aber im Zusammenhang von Vermessungen nicht auf; dort heißt die übliche Grundeinheit ›Morgen‹, unterteilt in ›Viertel‹ und ›Ruten‹ (vgl. Kap. 9.d). Außerhalb des Zusammenhangs mit der Schatzerhebung ist die Bedeutung aber zweifelsfrei ›Stelle, Platz, Grundstück‹. Möglicherweise entsprach im Rahmen des Schatzes ein ›Ort‹ der durchschnittlichen Betriebsgröße einer Bauernstelle. Denn in einer Aufstellung von a.1629, später eingetragen im Lagerbuch a.1649,[24] sind u.a. auch die Schöffen und Förster erfasst, deren ermittelten Anteile als ›Freie‹ bei der Schlussabrechnung abgezogen wurden. Von den 26 genannten Schöffen und Förstern verfügten 13 über je 1 Ort, 9 über je 1,5 Ort und 4 über je 2 Ort (Schöffen insgesamt 15 Ort, Förster 23 Ort), wobei die Förster eher über größere Einheiten verfügten. Unter dieser Annahme würde die Berechnungseinheit ›Ort‹ eine größere Anzahl von ›Morgen‹ umfasst haben, wie u.a. die Vermessungen in der oberrurischen Hut der 1570er Jahre nahelegen (vgl. Kap. 9.d). In diesem Rahmen wiesen vermutlich erst die Rodungen von 20–50 Morgen Umfang auf die Neueinrichtungen ganzer Höfe, während Neurodungen von wenigen Morgen eher auf Erweiterung schon bestehender Betriebe zu weisen schienen. Andererseits könnten aber mit ›Ort‹ auch nur die wechselnden, jeweils zum Getreideanbau bestellten Flächen eines Betriebes gemeint sein. Eine solche Annahme würde die regelmäßig zweimal jährliche Inspektion der Schöffen und kleinere Schwankungen bei den Angaben zwischen Mai- und Herbstschatz eher erklären. Denn die (wenigen) Fälle, in denen die ›Hebezettel‹ der Schatzfestlegung erhalten sind, verzeichnen auch Bruchteile von *ort* für einzelne Steuerpflichtige in *firtel*. Daher kann man jedenfalls aus den ermittelten Summen in *ort* nicht auf die Anzahl der Steuerpflichtigen schließen. Die Schatzerhebungen bieten über die Verzeichnung der Hebestellen nur allgemeine Hinweise zur Bevölkerungsgröße (vgl. Kap. 12.a). Aus den Aufzeichnungen über die Beschlagnahme der Anwesen von Täufern seit den 1550er Jahren ist auch nur bruchstückhaft ein Eindruck von den bewirtschafteten Flächen zu gewinnen, eher schon über Viehbestand und bewegliche Güter. In den späteren Nachrichten der 1590er Jahre aus dem selben Themenkreis finden sich dann in der Regel allein Angaben in Geldwert aus dem Verkauf von Inventar und Verpachtungen.[25] Heuerträge (*heuwgewaß*) wurden dabei nach Anzahl der Wagenladungen angegeben und nicht auf Flächengrößen bezogen. Ackerflächen sind – wenn überhaupt – insgesamt mit nur wenigen Morgen festgehalten (2–6 Morgen, ein Fall mit 20 Morgen). Dazu ergibt sich eine zusätzliche Unsicherheit aus dem Verfahren der an Ort und Stelle notierten Hebezettel: diese nennen zur Einheit ›Ort‹ auch ›Viertel‹ (*firtel*), ohne zu klären, ob damit Bruchteile von ›Ort‹ oder die Untereinheiten des üblichen Flächenmaßes ›Morgen‹ gemeint sind. Wahrscheinlicher dürfte die erste Lesart sein, weil auch mehrfach *viert(h)e(i)l* geschrieben steht anstelle des für das Landmaß üblichen *firtel* und Notierungen nicht über den Wert 3 hinaus gehen; auch die Werte gelegentlicher Zwischensummen sprechen dafür. Eine Bestätigung, dass mit der besagten Einheit eine Flächengröße gemeint war, findet sich in Akten der Umbruchzeit unter der französischen Herrschaft nach 1794, wonach 1 *orth* 16 *quarden*, 1 *quard* seinerseits 4 *viertel* entsprach.[26] Doch bleibt unverändert offen, mit welchen Flächengrößen nach heute üblichen Vorstellungen zu rechnen ist.

Eine letzte Unsicherheit ergibt sich durch nicht genannte Dörfer. Bei der Liste von a.1551 dürften Steckenborn, Hechelscheid und Woffelsbach wohl bei Oberrollesbroich=Strauch (vgl. den zugehörigen Eintrag *Thonis am Steckelborn*), Rurberg (Breuershöfe, Merdersberg) bei Kesternich (vgl. die zugehörigen Einträge *Merders Jengen, der alt Merder sin sun* und der anderweitig identifizierte *Thonis uff den Steinen*) sowie Bickerath, Witzerath und Paustenbach bei Simmerath erfasst sein, Rott womöglich bei Roetgen; aber das Fehlen von Lammersdorf bleibt unerklärlich. (Die weitere Auswertung der Schatzaufzeichnungen erfolgt im nächsten Kapitel über die Dörfer). Während die Art der Leistungen sonst durchweg in Hafereinheiten gerechnet wird, sagte die Amtserkundigung a.1549 ausdrücklich: *Und jst alles rader geldt*. Dieses ›Radergeld‹ meinte den Rheinischen Weißpfennig (*albus*) als die Münzeinheit, die auf der Grundlage des Münzvereins der rheinischen Kurfürsten (die Erzbischöfe von Köln, Tier, Mainz und der Pfalzgraf bei Rhein) von 1385 lange Zeit die Währungsverhältnisse in den Ländern am Rhein bestimmte. (Aus einer 23karätigen Mark Kölner Gewichts sollten 66 Goldgulden à 3,5 Gramm geschlagen werden, der seinerseits 20 Albus Silbergeld entsprach)[27]. Der Namensbestandteil *Rader-* ging darauf zurück, dass auf Vertragsmünzen des Münzvereins u.a. das Rad des Mainzer Wappens geprägt war.[28] Die Ablösung der Naturalabgabe beim Schatz muss schon früh erfolgt sein. Bei der üblichen ersten Jahresschätzung im Mai lag ohnehin noch gar keine Ernte vor. Wahrscheinlich nahmen die Schöffen bei dieser Besichtigung erst einmal den Umfang der Frühjahrsaussaat in Augenschein. Die ältere Landrentmeisterrechnung von 1434/35 (noch ohne das Amt Monschau) listete die Schatzerträge in Geldwerten auf.[29]

Eine zweite Art von Leistung bestand in Haferabgaben, unterschieden nach Fronhafer, Jochhafer und Wachhafer. Hierfür galt generell, dass *eyn gebroichen huyyraedt* (›ein gebrochener Hausstand‹ d.h. ein durch Verlust eines Ehegatten »halbierter« Hausstand – Gegenbegriff: *das volbedt*) die Hälfte zahlte. Der Fronhafer wurde erhoben *nach eins jedern gewin und gewerb,* und zwar zwei Sümmer, dazu 2 Hühner oder Hähne zu Pfingsten. Bei der Ablieferung des Hafers kam ein Verfahren zur Anwendung, bei dem nach dem ersten Abmessen der Hafer *undergedout* (›zusammengedrückt‹) und danach neu gemessen wurde. Jochhafer war fällig von allen, die über ein Gespann verfügten, eine Art früher »Kraftfahrzeugsteuer«, nach späteren Aufzeichnungen mit je 2 Sümmer pro Pferd und 1 Sümmer je Ochse berechnet. Die Abgabe hat sich wahrscheinlich als Ablösung aus einer älteren allgemeinen Verpflichtung zu Fahrdiensten entwickelt, als noch erheblich weniger Gespanne im Land vorhanden waren. Weil die Gespannsinhaber von Höfen und Kalterherberg generell zu Fahrdiensten an der Burg, insbesondere für Brennholzfuhren, verpflichtet waren, zahlten sie den Jochhafer nicht, gaben aber stattdessen einmal jährlich das ›Fastnachtshuhn‹ (*vastaeventz hoen*) auf die Burg. An diesem Termin trafen sich dort nämlich die Lehnsleute der herzoglichen Manngüter zur Inspektion ihrer Ausrüstung und Demonstration ihrer Verteidigungsbereitschaft.

Der Wachhafer war wohl ähnlich als Ablösung älterer allgemeiner Wachdienste zustande gekommen. Die Amtserkundigung von a.1549 bestimmte das Aufkommen *zu einer stetigen und ewiger wacht des hauß* und verwies ausdrücklich auch auf die zu Haferlieferungen verpflichteten Lehngüter.

Wenn auch im Lauf der Zeit viele der ursprünglichen Naturalabgaben durch Geldzahlung abgelöst waren, blieb die Tradition bestehen, die Abgabeverpflichtung in Getreideeinheiten anzugeben. Das war im Monschauer Land durchweg Hafer als das überwiegend angebaute Getreide, auch wenn andere Arten in kleineren Mengen durchaus vorkamen.[30] Die im Zusammenhang der

Mühlenabgaben erhaltenen Nachrichten machen deutlich, dass auch Roggen als das wichtigste Brotgetreide angebaut wurde, zumal Roggenstroh auch in größeren Mengen zum Dachdecken gebraucht wurde. Doch gerade die drei Arten von Haferabgaben kamen bis ins 16. Jahrhundert in Getreide ein, weil nicht zuletzt für den herzoglichen Pferdebestand ausreichend Futter gebraucht wurde. Das erweisen u.a. Nachrichten über die Lagerkapazitäten im Dachgeschoss der Schlosskapelle, die Abgabe von Getreidevorräten an die Bevölkerung nach der Plünderung des Landes a.1543 oder ein Rechnungsvermerk (1587/88), wonach die große angelieferte Hafermenge wegen Gefahr der ›Verstickung‹ umgeschaufelt werden musste. Im Jahrhundert darauf wurden die drei Arten Haferabgabe unter dem Stichwort ›Burghafer‹ zusammengefasst. Diese Bezeichnung ergab sich daraus, dass die entsprechenden Getreideerträge bei der Burg abgeliefert und dort auch gelagert wurden.

Schließlich gab es noch eine meist mit *Bede* (entsprechend nhd. *Bitte*) benannte allgemeine Steuer, die erst durch die Mitwirkung der Landstände am Finanzwesen des Herzogtums aufgekommen war und von der es auch für die ›Freien‹ keine Ausnahme gab. Sie wurde nicht regelmäßig erhoben, sondern musste zu genauer umschriebenen Zwecken von einem Landtag bewilligt werden. An ihrem Vorkommen ist die fortgeschrittene Staatlichkeit des Landes abzulesen. Für dieses Verfahren sind a.1549 stellvertretend *die 4 heubt stedt des landts Gulich* (die ›Hauptstädte‹ Jülich, Düren, Euskirchen und Münstereifel) als Beschlussorgan angeführt. Als Beispiele dafür seien genannt: eine allgemeine Reichssteuer a. 1558, zu der das Amt 202,5 Reichstaler beizutragen hatte (das Kloster Reichenstein kam auf 18 Goldgulden), a.1574 waren 441 Goldgulden als Beisteuer zu den Hochzeitsfeierlichkeiten der Herzogstöchter Marie-Eleonore (vermählt mit Herzog Albert Friedrich in Preußen, a.1573) und Anna (vermählt mit Pfalzgraf Philipp Ludwig von Neuburg, a.1574) fällig. Schließlich verzeichnete der Rentmeister a.1577/78 die Umlage von 600 Reichstalern Türkensteuer.[31] Auch Auswärtige mit Grundbesitz (*erb*) im Amt wurden wie die Amtsbewohner zum Fronhafer und zu Beden herangezogen. Während die größeren finanzkräftigeren Städte getrennt von ihren Ämtern abgerechnet wurden, wurden die kleinen mit ihren Ämtern zusammen erfasst. Eine ausführliche Darstellung ist sinnvoll nur im größeren Rahmen des Herzogtums durchzuführen. Da in den ersten Jahrzehnten nach dem Anfall des Amtes an Jülich die Einkünfte durchweg an die Pfandinhaber zur Darlehenstilgung des Herzogs gingen, taucht Monschau bis zur Auslösung längere Zeit nicht in Gesamtrechrechnungen auf.[32] Nur ein knapper Hinweis als erster Eindruck von der Steuerleistung der unterschiedlich großen Ämter sei mit einigen Zahlen der Verteilung (*Repartition*) eines Steuerbeschlusses von 1539 mitgeteilt: Während »reiche« Ämter wie Nideggen und Kaster mit 1.400

bzw. 1.900 Goldgulden veranschlagt wurden, kamen kleine wie Heimbach und Schönforst mit 40 bzw. 20 davon. Im unteren Feld fand sich auch das Amt Monschau trotz recht beachtlicher Flächengröße mit 225 Goldgulden[33], doch wurde der Zentralort Monschau nicht getrennt erhoben, sondern im Rahmen des gesamten Amtes veranschlagt.

Eine letzte Art von Abgabe hat sich im Zusammenhang mit und (gleichsam als »Ausgleich«) gegenüber dem kirchlichen Zehnten entwickelt. Seit der Karolingerzeit war dieser Kirchenzehnt eine allgemein übliche Einrichtung, und – wie bei der Entstehung des Feldgeleits beschrieben – hatte ursprünglich der gesamte Forstbezirk Konzen als Zehntbezirk der dortigen Kirche gegolten. Das zeigte sich, als Walram II. von Monschau und seine Frau Jutta von Ravensberg a.1265 zwei Drittel dieses Zehnten vom Marienstift in Pacht nahmen. In der Folgezeit aber hatte das Stift wesentliche Teile davon verloren und bezog den Zehnten allein aus dem zuerst gerodeten Kernraum, dem Feldgeleit. (Einzelheiten zum Kirchenzehnt folgen im Kapitel über die kirchlichen Verhältnisse). Spätestens jedoch seit der Jülicher Zeit wird sichtbar, dass diese Einnahmequelle über das Waldrecht an den Jülicher als Waldgraf übergegangen war. Das ist aus den Bestimmungen des Landrechts (noch) nicht zu erkennen, die Amtserkundigung a.1549 kannte aber Abgaben von Hühnern/Hähnen und Lämmern. Die Herkunft dieser Art des Zehnten (insbesondere der Lämmerabgabe) als Bestandteil des Kirchenzehnten war festgeschrieben in einer Erklärung des Stifts von a.1289; indirekt ist sie noch im Konzener Kirchenweistum von a.1553 mit der Verpflichtung des Stifts enthalten, im Feldgeleit je einen schwarzen und einen weißen Widder zur Schafzucht zu unterhalten.[34] Die Geflügelabgabe war jetzt mit dem Fronhafer kombiniert, ein Lämmerzehnt wurde in Höfen und Kalterherberg erhoben, wodurch eine Art »Steuergerechtigkeit« gegenüber den Dörfern im Feldgeleit hergestellt wurde. Nach späteren Ausführungen (Lagerbuch a.1649) war der Lämmerzehnt auf das ganze Waldgeleit ausgedehnt (*alle dorffere unnd hoff im waldglait gelegenn geben … zehend lämmer, nemblich daß eilfte lamb*); Fastnachtshühner waren jetzt auch in Rohren fällig.[35] Allerdings ist festzustellen, dass das Aachener Stift die Einsammlung eines konkreten ›tierischen‹ Zehnten bald aufgegeben und allein den Lämmerzehnten in Geldwert erhoben hat.[36] Für den herzoglichen Lämmerzehnten wurde in Kalterherberg die Gesamtzahl der jährlich neugeborenen Lämmer ermittelt, jedes elfte fiel anschließend unter die Zehntabgabe. Für Höfen dagegen galt ein anderes Verfahren: Hier fand die Erhebung im Zweijahresabstand statt und verlangte dann aber von jedem, unabhängig von der Gesamtzahl der Lämmer, ein Stück. Die anderen ›weltlichen‹ Zehnteinnahmen bestanden vor allem aus Hafer. Aus den Bezeichnungen der Zehntbezirke geht hervor, dass sie außerhalb des Feldgeleits lagen, ihr genauerer Bezug zu den Forstrevieren

(›Huten‹) bleibt aber recht undeutlich. Es kann sogar der Eindruck entstehen, dass die Verwaltung nur einen eingeschränkten Überblick hatte. Die Amtserkundigung von a.1549 verzeichnete 8 solcher Zehntbezirke, zählte aber nur 6 mit Namen auf: Kesternicher-, Bouler- (d.i. Buhlert-), Widdauer-, Oberrurischer und Saalhegger-Zehnt sowie Hegkzehnt. In späteren Listen tauchen dann noch zusätzliche Namen wie Nachbaurzehnt, Hoffzehnt, Kanhäuser-, Eicherscheider-, Vossenacker- und Kalterherberger-Zehnt auf, so dass man die Herkunft eines Teils der Lieferanten und die Lage der bewirtschafteten Bezirke ungefähr verorten kann. Gemäß den Erhebungen zum Lagerbuch von a.1649 waren diese Bezirke des Haferzehnten an einzelne Pächter ausgetan, wie das im Feldgeleit von Seiten des Marienstiftes ebenfalls geschah. Bedenkt man zudem, dass diese Eintragungen im Lagerbuch in unmittelbarer Verbindung mit der Grenzbegehung und Markierung des Feldgeleits vom Jahr 1566 erfolgt sind, dann liegt die Annahme nahe, dass dieser Haferzehnt – ausschließlich im Waldgeleit erhoben – mit zunehmender »staatlicher« Organisation vom Landesherren nachträglich eingerichtet worden ist, um ungleiche Rechtsbezirke bezüglich des Haferzehnten zu vermeiden.

Bis zur der Mitte des 16. Jahrhunderts entstanden im Amt fünf Zollstellen, nämlich in Monschau, Kalterherberg, Lammersdorf, Strauch und Kesternich. Amtsbewohner waren davon allerdings nur indirekt betroffen, wenn sie Märkte besuchten. Denn Zölle wurden auf *kaufmans gut* (›Handelsware‹) erhoben. Die a.1599 erstellte Abrechnung über Erlöse und Ausgaben aus Verkauf und Verpachtung aus konfiszierten Gütern der Täufer hielt dazu ausdrücklich fest, dass unter den Zoll nur Wolle und Korn (d.i. Roggen) fielen. Die Lage der Zollstellen ergab sich offensichtlich aus den auswärtigen Straßenverbindungen als Handelswege, insbesondere ins »Ausland«: Kalterherberg mit Wegverläufen nach Bütgenbach, St. Vith und Malmedy im Süden, Monschau an der Nordverbindung über das Venn nach Aachen mit Abzweigung nach Eupen und weiter ins Limburgische, Kesternich am Weg nach Überruhr und Schleiden sowie Lammersdorf an der Nordverbindung (Hahnerstraße) nach Kornelimünster und Stolberg. Der Straucher Zoll beobachtete die Verbindung nach Düren.[37] Die Erhebung des Zolls wurde durchaus »modern« kostensparend durch Verpachtung an Zollpächter betrieben, die zusehen mussten, ihre an die herzogliche Kasse vorgestreckten Gelder wieder herein zu bekommen. Zu a.1559 ist eine Versteigerung des Landzolls ›bei brennender Kerze‹ bezeugt. Damit ist gesagt, dass zu Beginn einer solchen Versteigerung eine Kerze entzündet wurde und Gebote nur für diese Dauer abzugeben waren. (Daraus der Ausdruck *an die Kerze setzen* in der Bedeutung ›versteigern‹). In der Rechnung 1562/63 verbuchte der Rentmeister aus dieser Verpachtung 200 Gulden. Ein bescheidener Betrag davon (10 Gulden) ging als Besoldung an den Kaplan, der die Schlosskapelle bediente.

c. Mühlen und Mühlenzwang

Eine erste Nachricht über eine Wassermühle des Landes am Belgenbach (*ratione molendini nostri dicti Eygenscheyt* ›wegen unserer Mühle, genannt Eicherscheid‹) ist zum Jahr 1306 aus der Valkenburger Zeit überkommen.[38] Das war zu einer Zeit, als die Landeserschließung fortgeschritten und die Bevölkerung soweit angewachsen war, dass der technische und finanzielle Aufwand, den eine solche Anlage erforderte, dem Herrn von Valkenburg als Betreiber regelmäßige Einnahmen aus ihrer Verpachtung versprach. Bis dahin waren die Siedler weitgehend auf Handmühlen angewiesen.[39] In etwa dieselbe Zeit fiel auch die Errichtung einer zweiten Pfarrkirche in Simmerath als Zentrum des zweiten (›nieder[st]en/unter[st]en‹) Kirchspiels. Die Einrichtung der Mühle ist dokumentiert worden, weil sie im Waldgeleit lag und ein Fließgewässer nutzte. Die mit dem Forststatus verbundenen Wasserrechte waren seit a.1238 in die Zuständigkeit des Grafen von Jülich als Waldgraf gefallen (vgl. Kap. 4.c und 9.a). Reinald von Valkenburg-Monschau zeigte deshalb den Vorgang mit dieser Urkunde den Förstern des Hofes Konzen an und dokumentierte damit die Rechtmäßigkeit der Anlage. Deshalb ist es ziemlich ausgeschlossen, dass die Mühle schon »etliche Jahrhunderte früher bestanden«[40] haben soll; diese Annahme ist offenbar dadurch zustande gekommen, dass man die Rodung und Erschließung des Landes bei der dürftigen Quellengrundlage erheblich früher angesetzt hat, als sie tatsächlich stattgefunden hat. Für die waldgräfliche Konzession leistete Reinald jährlich, zahlbar zu Martini (11. November) in Nideggen, 33 Müdden Hafer und 12 Kapaune. Man kann also davon ausgehen, dass ein Vielfaches dieses Wertes von den Mühlennutzern einkam.

Ob in den Anfängen schon für die Siedler eine Verpflichtung zur Nutzung dieser Mühle (›Mühlenzwang‹) bestanden hat, ist mangels weiterer Nachrichten nicht sicher zu sagen. Als aber Reinhard I. von Schönforst a.1361 beim Tausch gegen das Amt Kaster die Herrschafts- und Forstrechte in Monschau erlangte (s. Kap. 6.b), waren in der zugehörigen Urkunde bei der Aufzählung der damit verbundenen Rechte auch ausdrücklich die Mühlen genannt. Die entsprechenden Rechtsfestsetzungen der Jülicher Zeit (Landrecht a.1516 und Amtserkundigung a.1549) gingen deshalb wie selbstverständlich von einer solchen Rechtslage aus und kannten vier solcher ›Bannmühlen‹[41] mit den daraus einkommenden herzoglichen Einnahmen. Das waren die vier Mühlen am Großen Laufenbach (Monschau), am Belgenbach, am Tiefenbach (bei Huppenbroich, zur Rur) und an der Kall. Im Landrecht ist irrtümlich anstelle der Belgenbachmühle ein zweites Mal der Tiefenbach als Standort genannt. Alle vier Mühlen sind an ihren Standorten nicht erhalten geblieben. Der einzige noch alte Bau mit Jahreszahl 1704, die ›Eicherscheider Mühle‹ am Belgenbach

(Abb. 22) Die 1914 abgebrannte Tiefenbachmühle bei Huppenbroich

zwischen Imgenbroich und Eicherscheid, ist Ergebnis einer Verlagerung bachabwärts. Die als erste genannte Anlage ist weiter bachaufwärts in der Nähe der B 399 nach Simmerath zu suchen; Hinweise darauf geben die Flurnamen *Mölleböchel* in der Umgebung der aufgegebenen Siedlung Fronrath (nahe *Am Gericht*), die der Neurodung Eicherscheid tiefer im Wald vorangegangen ist, und der *O-Wejer* in der Quellmulde der Zuflüsse zum Belgenbach.[42] Eine Verpachtung dieser Mühle zu a.1469 auf 24 Jahre zu einer Jahrespacht von 13 Malter Hafer an *Arndt von Dornscheit* ist in Jülicher Lehnsakten festgehalten.[43] Die Monschauer Mühle stand an der Stelle des Parkhauses Laufenstraße und hat bis zu ihrem Abriss für den Bau der Seidenfabrik verschiedene Umnutzungen erfahren, darunter auch zur Walkmühle.[44] Sie war die zweite schriftlich bezeugte Mahlmühle im Lande. Mit Urkunde vom 4. März 1475 verpachteten Herzog Gerhard II. und sein Sohn Wilhelm die Mühle zu Monschau an Johann Roeden gegen eine Pacht von 31 Malter Roggen zu Lichtmess (2. Februar). Die herzoglichen Amtsträger auf der Burg sollten vom Molter frei sein.[45] Gleichzeitig erhielt Roeden die Konzession für die Errichtung einer Ölmühle oberhalb der Mahlmühle.[46] Es folgte a.1508 eine neue Verpachtung an *Philipsen Peyr*, jetzt zu 35 Malter Roggen auf 30 Jahre.[47] Die Tiefenbach-Mühle (auch Huppenbroicher Mühle) lag bei der Einmündung des Weckelbachs in den Tiefenbach und ist a.1914 abgebrannt. Die Stelle ist als Gebäudewüstung noch im Gelände zu erkennen.[48] Die Kall-Mühle an der Stelle der heutigen Kläranlage, wo die Straße Rollesbroich-Lammesdorf das Kalltal quert, war in den ersten Nachkriegsjahren noch als Mühle (*Mathars-Mühle*) im Betrieb. Nimmt man diese vier Standorte gemeinsam in den Blick, dann wird erkennbar, dass sie in nicht übermäßiger Entfernung von den älteren Siedlungen rund um das Feldgeleit an den Rändern des Waldgeleits lagen. Die drei Standorte, die einige Zeit nach dem Erstzeugnis auftauchen und für die keine waldgräflichen Konzessionen bezeugt sind, werden vermutlich erst nach der ersten Erwerbung des Landes a.1354 durch Markgraf Wilhelm angelegt worden sein. Denn seitdem waren Herrschafts- und Waldrechte in einer Hand vereint und brauchten insofern keine eigenen waldgräflichen Konzessionen mehr. Wenn einige Dörfer vom Rande des Amtes im Waldgeleit längere Fahrwege aufweisen, verrät dieser Befund, dass diese Orte als jüngere Gründungen einem älteren, schon bestehenden System zugeordnet worden sind, ähnlich der kirchlichen Zuordnung jüngerer Siedlungen zu den beiden älteren Pfarrkirchen. Dabei galten folgende Zuordnungen (die jüngeren Siedlungen jeweils nach Bindestrich): Zur Monschauer Mühle waren *gedroncgen ind gezwongen*: Monschau, Mützenich, Lauscheid, Menzerath – Höfen (das ungenannte Rohren ist wohl mitgemeint), und weiter entfernt die Eschweide und der Reinartzhof; zur Belgenbach-Mühle gehörten Konzen, Imgenbroich, Eicherscheid – weiter entfernt Roetgen und Rott; zur Tiefenbach-Mühle gehörten Kesternich und Huppenbroich und zur Kall-Mühle gehörten Bickerath, Witzerath, Paustenbach, Lammersdorf, Nieder- und Oberrollesbroich (= Rollesbroich und Strauch) – z.T. extrem entfernt Woffelsbach, Berwinkel, Eschauel, Dierscheid (=Schmidt), Kommerscheidt, Froitscheidt, Vossenack, Zweifall und Mulartshütte. Kalterherberg, Simmerath und Rurberg (*in deme Berge*) waren nicht auf eine bestimmte Mühle gebannt, durften aber nicht »im Ausland« mahlen lassen. Zu diesen »Freien« kam a.1549 noch Witzerath hinzu. Für die Witzerather und Simmerather war der Weg zu den beiden Mühlen in der Kall und am Tiefenbach etwa gleich weit, woraus sich wohl die Wahlfreiheit erklärt. Für Kalterherberg dürfte schon früh die Gewohnheit zum Mahlen beim nahen Kloster Reichenstein bestanden zu haben. Offen bleibt, warum Rurberg a.1549 nicht mehr genannt wurde. In der Regelung von a.1516 (fortgeschrieben a.1549) fehlen noch Rohren und Widdau, die möglicherweise noch nicht bestanden oder – eher – nicht als eigene Siedlungen von hinreichender Größe wahrgenommen wurden. Die Amtserkundigung a.1549 begegnete dieser Unsicherheit jeweils mit dem Zusatz ›und die zugehörigen Höfe‹.

Das Landrecht bestimmte auch genauer den Mahllohn für den Müller (›Molter‹)[49], der die Mühle jeweils vom Landesherren in Pacht hatte. Ihm standen von je einem Malter Weizen oder Roggen ein ›Viertel‹ zu (zu den Maßen vgl. das vorangehende Kapitel). Die beiden weiteren Tarifbestimmungen bereiten Deutungsprobleme für die genannten Maße. Angelieferter Hafer war gerechnet in *schuyrmalder* ›Scheunenmalter‹ ? (der Ausdruck kommt sonst nicht mehr vor), der Molter dafür betrug *eyn gekort veirdel* ›ein gekürztes Viertel‹ ; bei einem Sack Malz von sechs Sümmern war *eyne boysche* fällig. Auch diese Maßeinheit kommt sonst nicht mehr vor. Es dürfte sich um dasselbe Wort handeln, das in der Mundart zur Bezeichnung für ein Bund Stroh (*Büüscht Strüe*) üblich ist, so dass der Molter der Menge Malz aus einem Getreidebündel entsprach. Das Wort ist auch als Bezeichnung eines Fruchtmaßes (›Ertrag einer Bausche‹) belegt.[50]

Die langen Mühlenwege, die viel Zeit verschlangen, die zur Erledigung dringender Arbeiten fehlte, waren unbeliebt und ein Hemmschuh der Wirtschaftsentwicklung. Nach den schlimmen Zerstörungen des Geldernschen Krieges a.1543, die gerade auch die Mühlen schwer mitgenommen hatten,[51] kam erste Bewegung in die Durchführung des Mühlenbanns, was in der Folgezeit auch zu Lockerungen und zum Bau weiterer Mühlen führte.

Anstelle der a.1543 zerstörten Mahlmühle in Monschau hatte Hubert von der Hardt die Konzession zu einem Neubau erhalten, den er am Kleinen Laufenbach, kurz vor seiner Mündung in die Rur errichtete. Die Lage ist auf dem Grund der früheren Brauerei zu suchen. Bei einer Inspektion des Amtes a.1558 wurde sie als im Betrieb befindlich beschrieben.[52] Wegen der Tiefe und des Wasserreichtums des Zuflusses unmittelbar neben dem Weg – das enge Tal ließ eine Verlegung nicht zu – empfahl die Besichtigungskommission den Bau von Geländern zum Schutz für Kinder und Betrunkene. Im Zusammenhang der Bannung auf eine bestimmte Mühle kam noch zu einem viel späteren Zeitpunkt, nämlich bei der Bestandsaufnahme zum Lagerbuch a.1649, eine noch ungenannte Einschränkung der ›freien‹ Höfe zur Sprache. Bei der Übereignung der Eschweide an den Schultheißen Manheuft vom Jahr 1495 war eine Mahlverpflichtung nach Monschau nicht ausdrücklich genannt, doch galt sie stillschweigend als selbstverständlich, wenn auch die Klostermühle Reichenstein erheblich günstiger lag. Beim hier genannten Eintrag von 1649 wurde nicht nur die Verpflichtung auf die Mahlmühle in Monschau bekräftigt, der aktuelle Hofinhaber Johann Wolter wurde auch verpflichtet, im Fall einer dringenden Mahlwerksreparatur in Monschau die notwendigen Holzfuhren zu übernehmen. Dieser Aufgabe konnte er sich durch keinerlei Entschuldigung entziehen, weder durch Berufung aufs Heu, die Früchte im Feld oder die Niederkunft seiner Frau, (in diesem Fall war ihm gerade Zeit zur Besorgung der Hebamme eingeräumt). Dafür erhielt er als »Ausgleich« das *privilegium*, dass er bei einer Mühlenfahrt nicht in der Reihe warten musste – entgegen dem alten Mühlen-

Grundsatz: ›Wer zuerst kommt, mahlt zuerst‹.[53] In die gleiche Gruppe waren fünf gleichartige Höfe rund um Monschau eingeordnet, darunter Lauscherbüchel und Stillbusch.

Im Dezember a.1545 kam es zu einer Neuverpachtung der Belgenbach-Mühle auf 24 Jahre an *Lucas von Luterbach* durch Herzog Wilhelm V.[54] Es handelt sich um einen Vorläufer der noch bestehende Anlage, die einen Türstein mit der Jahreszahl 1704 aufweist. Aus den Formulierungen ist zu erkennen, dass Lucas den Bau auf eigene Rechnung ins Werk gesetzt hatte; insbesondere erhielt er die Erlaubnis, ein neues Mühlenwerk (*eyn nuwe gewerff*) einzubauen. Aus den Vorleistungen Lucas' erklärt sich die zeitliche Staffelung seiner Pachtsumme. In den ersten 6 Jahren betrug sie 20 Malter Hafer, zahlbar *uff sanct Andries dagh* (30. November), danach waren 16 Malter Hafer und 4 Malter Roggen *guder reyner fruchten* fällig. Der Pächter Lucas Lauterbach war auch Inhaber des Lehngutes Straubershof in Konzen, wozu eine Lehnsurkunde von a.1541 überliefert ist.[55] Aus einem späteren Schriftwechsel seines Sohnes Lucas Theis mit der Regierung geht hervor, dass dieser Bau als ›Bei-Mühle‹, also zusätzlich oder anstelle einer älteren gedacht gewesen war. Der Nachfolger beantragte nun a.1569, auch das Wasser des Holzbaches (von Eicherscheid zum Belgenbach) zum Antrieb nutzen zu können. Damit ist die Lage der neuen Mühle an der heute bekannten Stelle gesichert[56] und gleichzeitig ein Hinweis auf die Anlage der zugehörigen Stauweiher (mundartlich *de Schluuse*) gewonnen.

Wenig später, zum 30. November 1546 folgte eine Übereinkunft zwischen dem Herzog und dem Konvent von Reichenstein, dass die Mühle des Klosters für 12 Jahre in die Nutzung des herzoglichen Mühlenbanns von Kalterherberg eintreten solle gegen 7 Malter Roggen *gudes reynen pachtkorns*, zahlbar 14 Tage vor oder nach Martini (11. November).[57] In einem Nachsatz ist zusätzlich die Vereinbarung festgehalten, dass die Kalterherberger nicht über altes Herkommen und Gebrauch belastet werden sollten. Damit gab die Regierung die ältere Kalterherberger Wahlfreiheit einer Mühle von a.1516 auf, doch hatte den Kalterherbergern mit Monschau allein keine gleichrangige Wahlmöglichkeit wie etwa den Simmerathern offen gestanden – es sei denn, die Regelung von a.1516 setzte von vornherein das Mahlen in Reichenstein voraus. Der Urkundentext ist das erste sicher datierte Zeugnis über das Bestehen einer eigenen Mahlmühle des Klosters. Als es dann nach Ablauf der Frist a.1570 zu einer zwölfjährigen Verlängerung kam, jetzt aber unter Verdopplung des Pachtzinses auf 14 Malter Roggen, ist aus dem Umfeld des Vorgangs über die Kalterherberger Mahlpraxis mehr zu erfahren.[58] Aus einer der Verlängerung vorangehenden Eingabe an den Herzog geht hervor, dass das Kloster die Mühle schon seit Jahrhunderten betrieben und Kalterherberg bedient habe. Nun habe zur Zeit des Geldernschen Kriegs (a.1543) der damalige Rentmeister Johann von Gladbach *sich understanden* (›den Versuch unternommen‹), das Dorf Kalterherberg der Reichensteiner Mühle zu *entfrembden* mit der Behauptung, es habe kein Mühlenzwang nach Reichenstein bestanden (was nach dem Landrecht auch zutraf). Daraufhin war das Abkommen von a.1546 zustande gekommen. Nun habe aber der neue Rentmeister Winand von der Hardt unter Berufung auf einen Befehl der Regierung eine Verdopplung der Pacht auf 14 Malter Roggen gefordert, verbunden mit der Drohung, sonst eine neue Mühle für Kalterherberg zu bauen. Es folgte eine wortreiche Klage über die Armut des Klosters und seine schreckliche Zerstörung. Ein Auszug aus den Notizen des zeitgenössischen Priors Johannes Heep (1533–1552), wonach schon der Rentmeister Johann von Gladbach mit dem Bau einer eigenen Mühle für Kalterherberg gedroht habe, bestätigt, dass das Kloster in der vorangehenden Zeit die Mühleneinnahmen von Kalterherberg für sich verwendet hatte.[59] Der Prior hatte schon beim ersten Vertrag dem staatlichen Druck nachgegeben, denn bei Entzug der Mahltradition des Klosters *wierenn wyr alles pachtz undt gewoenlijcher foeryger nüytzonge berofft gewest, also dat uns uns moell nüyst nüytz were gewest* (›wären wir aller Pacht und künftiger Nutzung beraubt gewesen, so dass uns unsere Mühle keinen Nutzen gebracht hätte‹). Angesichts der Knappheit und des hohen Preises von Roggen (s. unten) und der Beobachtung, dass die geforderte Menge offenbar doch ohne übermäßige Mühe erbracht wurde, kam dann die Verlängerung von a.1570 zustande. An der Verpachtungsurkunde des Jahres 1570 ist nicht zu übersehen, in welchem Maß »modernere« Staatsvorstellungen bei der herzoglichen Regierung um sich griffen, nach denen alles Recht vom Landesherrn ausging. Der Text spricht davon, dass *wir … auß gnaden … außthuen undt verpachten … unser gemäll uf der Kalderherberg*, während früher über einige hundert Jahre die Reichensteiner Mühle ungestört von den Kalterherbergern aufgesucht worden war. Damit war die Sache aber noch nicht beendet. Nach Ablauf der Pachtzeit bat das Kloster um Fortführung des Mühlenbanns für Kalterherberg – möglichst um 40 oder 50 Jahre – und Ermäßigung der Roggenpacht. Schließlich kam es (1604 Juli 9) unter Herzog Johann Wilhelm zu einem neuen sechsjährigen Vertrag gegen 10 Malter Roggen oder – alternativ dazu – 20 Malter Hafer.[60] Die Drohung mit einem herzoglichen Mühlenbau hat danach noch weiter geschwebt und ist in der Mitte des 18. Jahrhunderts sogar in konkrete Planungen übergegangen.

Dass an einem weit entwickelten »Industriestandort« mit verschiedenen Mühlenwerken wie Zweifall auch der Gedanke an die Einrichtung einer günstiger gelegenen Mahlmühle aufkam, kann nicht verwundern. Im Juni 1548 genehmigte Herzog Wilhelm V. dem Wilhelm Hennis bei seinem Hammerwerk *uff der Vicht* den Betrieb einer Korn- und Schleifmühle gegen eine jährliche Wasserpacht von 5 Goldgulden zusätzlich zur (älteren) Abgabe für das

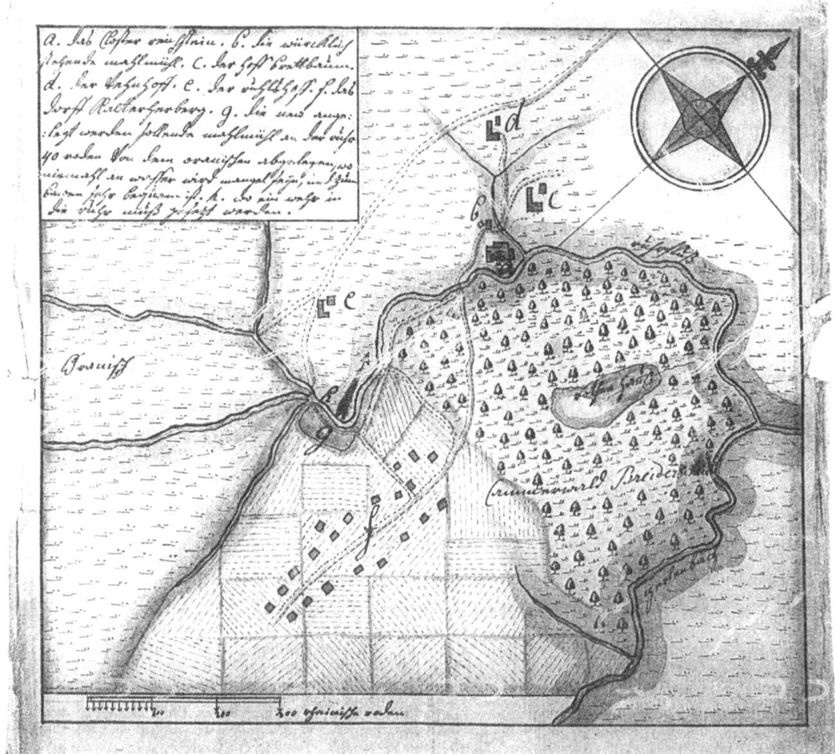

(Abb. 23) Kartenskizze zur Lage einer geplanten Mahlmühle an der Rur zwischen Reichenstein und Kalterherberg mit den folgenden Erläuterungen: *a. das closter Reichstein, b. die würcklich stehende mahlmühl, c. der hoff Brettbaum, d. der Vehnhoff, e. der Rühlshoff, f. das dorff Kalterherberg, g. die new angelegt werden sollende mahlmühl an der Ruhr, 40 roden von dem Oranischen abgelegen, wo niemahl an wasser wird mangel seyn, und zum bawen sehr bequem ist, h. wo ein wehr in die Ruhr muß gesetzt werden.*

Hammerwerk. Die Anlage gehörte wohl zum ›Alten Hammer‹ auf der Wehrmeistereiseite von Zweifall.[61] Über das weitere Schicksal und Nutzung ist aber nichts Näheres bekannt geworden. Wenig später (5. Mai 1556) erhielt Dietrich Korner eine ähnliche Konzession für eine Kornmühle mit Schleifstein *uf der Klapper* gegen 3 Gulden, zuzüglich der 24 Raderalbus aus der älteren Konzession des ehemaligen Klapper-Hammers.[62] Diese Mühle war keine ausdrückliche Bannmühle, konnte aber von der Wehrmeistereiseite genutzt werden. Schließlich wird von der Genehmigung einer Mahlmühle a.1591 *negst der Cronenhütte* auf der Monschauer Seite an der Vicht berichtet,[63] zu deren Betrieb es aber zu langen Verhandlungen des Müllers Johann Bocholt mit den Reidemeistern der Kirchenhütte kam. Erst in der Forstmeisterrechnung 1602/03 ist eine erste Zahlung von 2 Gulden Wasserkonzession bezeugt,[64] so dass vorher für die Zweifaller Einwohner auf der Monschauer Seite vielfältige Anreize zum »Schwarz-Mahlen« gegeben waren.

In einem weiteren Fall scheint eine Mühle geradezu mit dieser Absicht angelegt worden zu sein: die Lukasmühle am Tiefenbach zur Kall (nicht zu verwechseln mit dem Tiefenbach von Simmerath zur Rur).[65] Der Bach bildete die Grenze zwischen den Ämtern Monschau und Wehrmeisterei, die Mühle aber lag auf der Wehrmeisterei-Seite. Wilhelm von Bürvenich und Kirstgen Lukas hatten a.1567 die Konzession zum Bau einer Mahl- und Ölmühle erhalten. Die Einrichtung löste einen langandauernden Streit mit Inhaber und Pächter der Mühle von Zerkall aus, die den Mühlenbann für die nächstgelegenen Brandenburg und Bergstein beanspruchten. Die Mühle muss für die nahen Dörfer der Monschauer Seite (Vossenack, Schmidt und zugehörige Weiler) einen starken Anreiz geboten haben, bei der Lukas-Mühle »schwarz« mahlen zu lassen, zumal nach der nun schon langen Zugehörigkeit von Monschau als Amt im Herzogtum Jülich das angrenzende Amt Wehrmeisterei nicht mehr einfach »Ausland« war. Der ursprüngliche Zweck des Mühlenzwangs wurde also nicht ausgehöhlt; dasselbe galt für die Situation in Zweifall. Gleichwohl sind Pläne zu einer Mahlmühle an der unteren Kall erwogen worden, aus denen später die Mestrenger Mühle hervorgegangen ist.[66] Im Lauf der Zeit kam es zur Errichtung weiterer Mahlmühlen,[67] so dass die Mühlenfahrten für die entlegenen Siedlungen einfacher wurden. Die Einrichtung des Mühlenbanns aber wurde endgültig, zusammen mit vielen altehrwürdigen Traditionen, erst durch die Eingliederung des linken Rheinufers in den französischen Staat abgeschafft.

Die im Zusammenhang mit der Neueinrichtung der Mühle am Kleinen Laufenbach in Monschau genannte Erkundigungsaktion im Amt liefert u.a. auch einen Hinweis zur Erklärung der heftigen Reichensteiner Klage über die Höhe der verlangten Roggenabgabe. In der fraglichen Zeit muss Roggen als wichtigstes Brotgetreide im Herzogtum knapp und entsprechend teuer gewesen sein. So erhielten z.B. a.1580/81 die Müller der Monschauer und der Tiefenbach-Mühle wegen eines merklichen Bevölkerungsrückgangs und großer Dürre Pachtnachlässe von 12 bzw. 4 Malter Roggen.[68] Und die Verpachtungsurkunde für die Reichensteiner Mühle von a.1604 führte als Gründe für die Minderung der Roggenabgabe an, dass *bei wehrenden diesen unruhigen kriegßleuffen, da die unterthanen berurtes unsers dorffs auff der Kalderherbergen mehrentheilß zu großen unvermögenheit undt armuet, theilß auch zum bettelstab gerathen undt ir brod außerhalb in den stetten und dorfferen suechen müsten*. Es wirkten sich gerade im Umkreis der überregionalen Nord-Süd-Verbindung die seit den letzten Jahrzehnten des 16. Jahrhunderts nicht endenden Militäraktionen aus dem spanisch-niederländischen Krieg aus (vgl. Kap. 8.d). Außerdem wurde als Begründung für den Rückgang der Roggenerträge angeführt, dass eine größere Anzahl von Einwohnern als Fuhrleute und Köhler *außer irer heußlicher wohnung die cost gewinnen müßen*. Die Jülicher Regierung begegnete dem knappen Angebot mit Ausfuhrverboten. Die Kommissonäre sollten nun erkunden, was von dem a.1552 durch einen solchen Erlass konfiszierten Getreide *baussen befelch ... ad außlendich gefuert soll sein worden* (›außerhalb des Befehl ins Ausland geschafft worden sein soll‹).[69] Dabei ergab sich, dass bei den sieben kontrollierten Stellen statt der 23 deklarierten Malter Roggen tatsächlich 32 Malter verschoben worden waren. Roggenschmuggel scheint demnach ein einträgliches Geschäft gewesen zu sein. Die Zollpächter führten 1565/66 heftige Klage darüber, dass der Herzog nicht lange nach der Zollverpachtung (vgl. oben) die Roggenausfuhr erneut verboten hatte.[70] Die Ausfuhrverbote standen in einer langen Tradition. Aus dem Jahr 1475 ist z.B. ein Schreiben Herzog Wilhelms IV. an einige seiner Amtleute, darunter in Monschau, erhalten, in dem er anordnete, die Erträge von Gütern der Geistlichkeit von dem generellen Verbot auszunehmen.[71] Auch in der Folgezeit sind Ausfuhrsperren dieser Art immer wieder vorgekommen.[72] Die Bedeutung des Roggenbrotes als wichtigstes regionales Grundnahrungsmittel neben dem Haferbrei hob noch für die Zeit um 1800 der Arzt Dr. Jonas in seiner Landesbeschreibung hervor.[73]

Anmerkungen

1 Alle Quellenzitate mit Jahreszahl 1516 s. E. Neuß (Hg.): Weistümer, Nr. 11.

2 Nachweise aus dieser Quelle: E. Neuß (Hg.): Weistümer, Nr. 13; zu den Dienstverpflichtungen überhaupt s. auch E. Neuß: Die Burg Monschau, S. 120–126.

3 StaMON 1.Abt. E 8a.

4 Zur Familie in Monschau s. U. Schuppener: Die Herren von Rolshausen, ML 32 (2004) S. 5ff.

5 H. Steinröx: Höfe, Mühlen, Schiefersteine, S. 73ff., 101ff. und H. Steinröx, ín: 1100 Jahre Konzen, S. 101ff.

6 StaMON 1. Abt. G 2, Abschrift im Lagerbuch 1649, fol. 300.

7 LAV NRW R, Reg. Aachen, Domänen-Sachen Nr. 18554, Vol. I, Bl. 45.

8 Quellenabdruck: G. von Below: Die landständische Verfassung, S. 239f Nr. 24. Zum Fall auch: H. Tichelbäcker Der Hof Vossenack und seine auswärtigen Lehnsbeziehungen, ML 27 (1999) S. 93 und H. Tichelbäcker: Vossenack – vom freien Marschallhof zum Dorf im Amt Monschau, ML 32 (2004) S. 51.

9 Nachweise auch RhStA Monschau, Kap. III Nr. 2.

10 E. Neuß (Hg.) Weistümer, Nr. 22.

11 E. Neuß (Hg.): Weistümer, Nr. 4, Absatz 27.

12 Ebd. Nr. 22; vgl. auch Nr. 25 *Statt unnd thalß Monioie weidtgängh.*

13 W. Vogt: »Wegräumung der Misten Plätze. Gemeinde Montjoie«, EHV 7 (1931/32) S. 89–93.

14 Vgl. E. Schubert: Alltag im Mittelalter, S. 99ff.

15 E. Neuß: Die Burg Monschau, S. 116ff.

16 StaMON 1. Abt. G 8.

17 W. Vogt: Die Nachtwache im alten Montjoie, EHV 9 (1934) S. 33–38.
18 Aufstellung bei E. Neuß: Die Burg Monschau, S. 122–124.
19 E. Neuß (Hg.): Weistümer, Nr. 26.
20 RhWB I, Sp. 1305f.
21 Vgl. W. Vogt: Wegebezeichnungen in früherer Zeit, EHV 8 (1932/33) S. 63.
22 H. Steinröx: Steuerlisten des Amtes Monschau aus dem Jahre 1551, EHV 31 (1959) S. 24–32, 62–68.
23 DWB VII, Sp. 1350–1361.
24 StaMON 1. Abt. G 2, fol. 30v–32v.
25 LAV NRW R, Jülich-Berg III 980, fol. 10ff.
26 Freundlicher Hinweis von Dr. Toni Offermann.
27 M. van Rey: Einführung in die rheinische Münzgeschichte, S. 167.
28 P. Berghaus: Raderalbus, LMA VII, Sp. 387f.
29 H. Dinstühler: Die Jülicher Landrentmeisterrechnung von 1434/35, S. 35–37.
30 Dazu R. Nolden: Über den Konzener Haferzehnten, ML 13 (1985) S. 28.
31 W. Güthling: Zur Geschichte des Amtes Monschau, EHV 15 (1940) S. 87f.
32 So z. B. bei G. von Below: Aktenstücke über die Steuer im Herzogtum Jülich vom Jahre 1447, ZBGV 24 (1888) S. 36–55.
33 G. von Below: Landtagsakten, I, Nr. 29.
34 E. Neuß (Hg.): Weistümer, Nr. 2 und 14.
35 StaMON 1.Abt. G 2, Lagerbuch fol. 265r und 271r.
36 R. Nolden: Über den Konzener Haferzehnten, ML 13 (1985) S. 27.
37 Ausführlich H. Tichelbäcker: Limburger und Jülicher Zölle im Monschauer Land, ML 25 (1997) S. 39–45, hier S. 42–44.
38 Ch. J. Kremer: Akademische Beiträge, III, S. 246.
39 K. Elmshäuser u.a.: Mühle, Müller, LMA VI, Sp. 885–891
40 So J. Kreitz: Die Mühlen, in: Das Monschauer Land, S. 370.
41 S. auch H. Steinröx: Zur Geschichte einiger Mühlen, in: Höfe, Mühlen, Schiefersteine, S. 283–288.
42 S. dazu H. Steinröx: Ergänzungen zur Geschichte der Bann-Mühlen, ML 11 (1983) S. 51f.
43 M. Brixius: Bausteine, EHV 17 (1942) S. 32 mit Archivhinweis.
44 T. Offermann: Monschaus ältester Gewerbestandort, ML 19 (1991) S. 38–49.
45 LAV NRW R, Jülich-Berg I 1366, fol. 11r.
46 Abschriften LAV NRW R, Jülich-Berg II 4877, fol. 75 und StaMON 1. Abt G 2, fol. 255.
47 Wie Anm. 42.
48 H. Steinröx: Zur Geschichte einiger Mühlen, in: Höfe, Mühlen, Schiefersteine, 286–289.
49 DWB VI, Sp. 2481.
50 RhWB I, Sp. 561.
51 W. Güthling: Zur Geschichte des Amtes Monschau, EHV 15 (1940) S. 84.
52 LAV NRW R, Jülich-Berg III 980, fol. 3r und 7v. Vgl. H. Steinröx: Alte Mühlen am Kleinen Laufenbach in Monschau, EHV 29 (1957) S. 27–29.
53 StaMON 1. Abt. G 2, Lagerbuch 1649, fol. 294v–295r .
54 LAV NRW R, Jülich-Berg III 916, fol. 53r.
55 P. Schreiber: Zwei Jülicher Lehnshöfe in der Lutterbach zu Konzen, EHV 36 (1964) S. 111 und H. Steinröx, in: 1100 Jahre Konzen, S. 110.
56 H. Steinröx: Ergänzungen zur Geschichte der Bann-Mühlen, ML 11 (1983) S. 50f.
57 LAV NRW R, Reichenstein, Rep. u. Hs. 1, fol. 209ff.
58 Wie vorige Anmerkung, fol. 211ff.
59 Ebd. fol. 209r–209v.

60 Ebd. fol. 216r–217v.

61 Druck der Konzession bei H. Koch (Bearb.): Zweifall, Anlage Nr. 9; zur Lage s. ebd. S. 423 und 439f.

62 Wie vorige Anmerkung, Anlage Nr. 11 und S. 479f.

63 Ebd. S. 479f. und 423.

64 W. Güthling: Zur Geschichte des Amtes Monschau, EHV 15 (1940) S. 106.

65 Dazu ausführlich H. Tichelbäcker: Von der Lukasmühle, ML 33 (2005) S. 91–96.

66 H. Steinröx: Zur Geschichte einiger Mühlen, in: ders.: Höfe, Mühlen, Schiefersteine, S. 310ff. zur Mestrenger Mühle.

67 H. Steinröx: Ergänzungen zur Geschichte der Bannmühlen, ML 11 (1983) S. 52f.

68 W. Güthling: Zur Geschichte des Amtes Monschau, EHV 15 (1940) S. 89.

69 LAV NRW R, Jülich-Berg III 980, fol. 5v.

70 W. Güthling: Zur Geschichte des Amtes Monschau, EHV 15 (1940) S. 87.

71 O. R. Redlich: Jülich-Bergische Kirchenpolitik, I, Nr. 48 S. 46.

72 Dazu H. Koch: Fruchtsperren im Jülicher Land in der 2.Hälfte des 18.Jahrhunderts, EHV 40 (1968) S. 74–82.

73 E. Neuß - T. Offermann (Hg.): Der Arzt und Aufklärer Johann Christian Jonas, S. 123f.

12. Die Lage auf den Dörfern und das Verkehrsnetz

a. Die Dorfsiedlungen und ihre Entwicklung

Im Kapitel über die Rodungsvorgänge im Forst von Konzen-Monschau war schon angemerkt, dass es dabei nicht zu zentral geplanten Siedlungsgründungen gekommen ist. Der Ausbau war durch die Jahrhunderte weiter vorangeschritten und hatte zu einem bemerkenswerten Ergebnis geführt: Nach dem Übergang zum Schriftgebrauch in Verwaltungsdingen ergab sich für den Fall einer Auflistung des Siedlungsbestandes oder der amtsweiten Erfassung von Abgaben wie dem Schatz die eigenartige Schwierigkeit, dass die Zuordnung von kleineren Siedlungsflecken mit je eigenen Namen zu größeren Dorfeinheiten nicht verbindlich geregelt war, vielmehr wechselnden Traditionen folgte. Bei der pfalz-neuburgischen Bestandsaufnahme zum Lagerbuch a.1649 ging die Aufnahmekommission so vor, dass sie zunächst als Ordnungseinheiten Monschau (mit Burg und Stadtrecht) als Zentralort des Gerichtsbezirks und zwei Pfarrbezirke (sog. ›Kirchspiele‹) zugrundelegte: *Monjoie ist ein gericht/Semeratth ist ein kirspell/Contzen ist ein kirspell* und ließ dann nach der Wendung *jn daß kirspell … gehoren nachbenente dorpfere* eine Aufzählung der jeweiligen Dörfer folgen, nämlich zum (untersten/niederen) Kirchspiel Simmerath: *Kesternich, Brewershove, Merderßberg* (= Rurberg), *Plußhutt, der Diedenborn, Hoppenbroch, Witzerott, Bickerott, Paustenbach, Lamerstorpff, Niederrolleßbroch* (= Rollesbroich), *Oberrolleßbroch* (= Strauch), *Steckelborn, Scheffenborn, Hechelscheidt, Woufelsbach, Fosnacken, Comscheidt, Haarscheidt, Dierichscheidt* (= Schmidt), *Hetzingen, der Zweifell unndt Maulartzhutt;* das (oberste/obere) Kirchspiel Konzen umfasste *Contzen, Lauterbach, Mutzenich, Lauscheidt, Jmgenbroch, Mentzerott, Eicherscheidt, Hermeßhammer, Hove, Schuttlerßradern* (= Rohren), *Kalderherberg, Reichstein, daß Röttgen unndt Schwärtzell.*[1] Die Breuershöfe sind im Rurstausee untergegangen und wurden Rurberg zugerechnet. Einige Namen sind als Ortsteilbezeichnungen erhalten geblieben: Scheffenborn zu Steckenborn, Lutterbach zu Konzen, Lauscheid zu Mützenich und Schwerzfeld zu Roetgen. Auffällig bleibt das Fehlen von Germeter, Widdau und Rott, die wohl zur nächst größeren Siedlung gerechnet worden sind. Sie haben zur Zeit der Aufzeichnung jedenfalls bestanden. Für diese Aufnahme wurden als sachverständige Zeugen für die beiden Kirchspiele die neun Schöffen (*Theisen Johann auff den Hoffen* [Höfen], *Johann Henn zu Kalderherberg, Peterß Claiß zu Muetzenich, Thomaß Reuter zu Contzenn,*

Theiß Drimborn zu Eicherscheidt, Quirin Brewer zu Kesternich, Arnold Stollenwerck zu Semerott, Kirst Leuchen in den Merderßbergen [Rurberg] und *Steffen der jung zu Foßnack*) und 13 sog. *gemeinßleuthe* (*Theisen Klaiß zu Kalderherberg, Hermanß Peter uff den Hoven, Claiß Zimmerman zu Jmgenbroch, Claiß Becker zu Contzenn, Theiß Lauterbach zu Contzenn, Nelleß Strauch zu Oberrolleßbroch* [Strauch], *Merten Stollenwerck zu Semerotth, Leonahrtz Johann uffm Haarscheidt* [zu Schmidt], *Hein Ronnig zu Niederrollesbroch* [Rollesbroich], *Heck Johann in Eicherscheidt, Gerhardt gemeinßman in der Wouffelsbach, Pauluß Weidenawell uffm Diedenborn* und *Johann Brewer zu Kesternich*) zu den Fragen des Kommissars Henrich Rhoedingen gehört, der die Untersuchung leitete.[2] Von den Schöffen waren nach einer Aufstellung von a.1629 *Theiß Johann* und *Kirstgenn Leuchen* schon im Amt und konnten also auf langjährige Erfahrung zurückblicken. Die ›Gemeinsleute‹ entsprachen in etwa heutigen ›Ortsvorstehern‹, so dass die mit ihnen genannten Orte wohl als die Bezugsgrößen für kleinere Flecken im Umkreis gelten können, also Harscheidt z.B. für die Weiler um Schmidt, Woffelsbach für die Umgebung von Steckenborn und Dedenborn für die benachbarten Siedlungsgruppen. Zwei ›Gemeinsleute‹ für Konzen dürften wohl die Ortsteile Konzen und Lutterbach/Lauterbach vertreten haben; und Bickerath und Witzerath könnten von den beiden Simmerather »Amtspersonen« mit vertreten worden sein. Dennoch ist auffällig, dass ein Repräsentant für Lammersdorf fehlt. Die Bezeichnung dieser Personen als *gemeinßman/geneinßleute* und die Mitwirkung der Schöffen ist so zu verstehen, dass letztlich die Zugehörigkeit zur Gerichtsgemeinde des Landgerichts, die das ganze Amt umfasste, die Grundlage für die allmähliche Herausbildung einer kommunalen Organisation auf dem Land gebildet hat (vgl. Kap. 3.a). Demgegenüber hatte dieser Vorgang in der Stadt mit Talrecht (1. Hälfte 14. Jahrhundert), landesherrlicher Freiheitsbestätigung (a.1476), Marktrecht und Bürgermeistern deutlich früher begonnen. Zur Zeit der pfalz-neuburgischen Landeserkundigung a.1649 – also schon ein Stück über die hier thematisierten Tage hinaus – war dieser Prozess bei den ländlichen Siedlungen erkennbar noch im Gange: In Streitigkeiten zwischen Stadtbürgern und Dorfbewohnern von Mützenich und Imgenbroich sowie Höfen und Rohren vermittelte der landesherrliche Kommissar Henrich Rhoedingen einige Vergleiche in Konflikten, die sich daran entzündet hatten, dass ursprünglich von der Schatzerhebung befreite Bürger durch Erbe, Kauf oder Pacht zu Grundbesitz auf den Dörfern gekommen waren und dort zum Schatz veranlagt wurden, was diese in Zweifel zogen. Während bei solchen Vertragsabschlüssen auf Seiten der Stadt die beiden Bürgermeister mit einigen ›Ratsverwandten‹ (evtl. einigen weiteren Bürgern) als Repräsentanten der städtischen Kommune auftraten, waren es für die ›Nachbarschaften‹ als Vertragspartner jeweils ein Schöffe, einige ›Deputierte‹ und eine (unbestimmte) Zahl von Dorfbewohnern, die die Vereinbarungen als verbindlich bezeugten. Eine Landgemeinde als Gebietskörperschaft mit einem eigenen Oberhaupt – in anderen rheinischen Gebieten unter Bezeichnungen wie ›Zender‹, ›Honne‹ o.ä. – gab es im Monschauer Land offenbar nicht. Das scheint eine Folge der vergleichsweise späten Rodung und Erschließung des Landes gewesen zu sein. In den demgegenüber »alten« Gemeinden (sog. Quartieren) des ›Aachener Reichs‹ (s. Kap. 1.b), die bis in die karolingischen Tage zurückreichten, gab es die Funktion des Honnen, der örtliche Aufgaben im Zusammenwirken mit den Sendschöffen und Förstern regelte.[3] Insgesamt aber bestätigen die Beobachtungen die Lehre von Franz Steinbach, dass die Einrichtung der Landgemeinde (wenigstens im Rheinland) ihren Ursprung von der Gerichtsgemeinde genommen habe.[4] Hier bildete die gesamte Gerichtsgemeinde bis zum ausgehenden 16. Jahrhundert die Landgemeinde, deren ›Nachbarschaften‹ in Fällen handelnd tätig werden konnten, die sie unmittelbar betrafen wie Wegerechte oder die Weidgänge. In den genannten Verträgen (und weiteren Quellen) zeichnet sich ab, dass jetzt um die Mitte des 17. Jahrhunderts unter den Begriff der ›Nachbarschaft‹ mehrere Siedlungen unter der Leitung eines Schöffen zusammengefasst auftraten. Bis zum zusammenfassenden Abschlussverzeichnis der Maischatz-Erhebung von a.1649 hatten sich die folgenden ›Nachbarschaften‹ herausgebildet:

1. Mützenich, Lauscheid, Menzerath, Widdau, Imgenbroich,
2. Konzen, Roetgen, Rott,
3. Eicherscheid, Hammer,
4. Höfen, Rohren und
5. Kalterherberg im ›oberen/obersten Kirchspiel, wobei Kalterherberg als einzige Siedlung allein eine ›Nachbarschaft‹ bildete. Im › unteren/niedersten Kirchspiel‹ folgten
6. (Nieder)Rollesbroich, Vossenack,
7. Oberrollesbroich (Strauch), Steckenborn, Scheffenborn, Hechelscheidt, Woffelsbach, Kommerscheidt, Harscheidt, Dierscheidt (Schmidt),
8. Kesternich, Breuershöfe, Merdersberg (Rurberg), Dedenborn, Pleushütte und
9. Simmerath, Bickerath, Paustenbach, Lammersdorf, Witzerath, Huppenbroich.

Man kann wohl davon ausgehen, dass bis dahin die vergleichsweise späte Landerschließung und die bescheidene Größe der Siedlungen mit überschaubaren Bevölkerungszahlen die Bildung einer Landgemeinde mit eigenen Organen entbehrlich gemacht hatte. Die Einrichtung von Verwaltungsstrukturen auf dem Lande mit einem Bürgermeister (frz. *maire*) an der Spitze, wie sie heute als selbstverständlich erscheinen, brachte erst die französische ›Munizipalordnung‹ seit a.1800.[5] Dass Siedlungsflecken im heutigen Raum Steckenborn und Rurberg in früherer Zeit bei der Schatzerhebung mehrfach zu Kesternich und Strauch gezählt worden sind, ist schon in vorangehenden Kapiteln erwähnt. Der neue Ansatz zur Zusammenfassung von mehreren Flecken als einer eigenen Einheit zeichnet sich auch bei der Aufzeichnung der Weidgänge ab, wo diese für *Woufelsbach, Hechelscheid, Held, Scheffenborn und Steckelborn* unter einer einzigen Überschrift zusammengefasst sind; ebenso ist bei der Aufzeichnung des Wegenetzes verfahren worden.[6] Aus der Beobachtung aber, dass Mützenich und Lauscheid über je eigene Weidgänge verfügten – die Lauscheider trieben über den Steling ins Venn und dann weiter auf den Getzbach zu, die Mützenicher nach Westen ins Venn in Richtung Hahnheister und Hargart – ist zu folgern, dass sie ursprünglich noch lange als Dörfer für sich gegolten haben. Wenn Monschau in der Siedlungsaufzählung nicht noch einmal eigens genannt ist, wird das im Bestehen einer eigenen Pfarrgemeinde seit 1639/40 und der Stellung unter Stadtrecht begründet sein, auch wenn das Gericht auch für die Stadtbürger zuständig war. Die skizzierten Unsicherheitsfaktoren sind bei den folgenden Überlegungen zur Größe der Dörfer immer in Rechnung zu stellen.

Auch wenn generell davon auszugehen ist, dass alle Dorfbewohner die übliche Wald-Feld-Wirtschaft betrieben, fehlen für eine genauere Beschreibung des Wirtschaftens auf dem Dorf im einzelnen weitgehend passende Quellenzeugnisse. Für die frühen Jahrhunderte bis in die Anfänge der Jülicher Zeit gibt es überhaupt keine Nachrichten, die die Skizzierung eines anschaulichen Bildes erlauben könnten. Man muss sich die Verhältnisse vor dem 16. Jahrhundert um einige Nummern bescheidener vorstellen als sie nach den ersten Quellenhinweisen des 16. Jahrhunderts gezeichnet werden. Eine auffallend eigene Stellung nahmen die Siedlungen der jüngsten Rodeperiode in den größeren Tälern (Rur, Vicht, Kall) ein, die dort aufgrund der Nutzung der Wasserkraft zur Eisenverhüttung und -verarbeitung entstanden waren. Auch hier fehlte die landwirtschaftliche Selbstversorgung nicht, doch war das Ausmaß der landwirtschaftlichen Flächen deutlich kleiner als in den älteren Siedlungen auf der Höhe, in denen ausschließlich Landwirtschaft betrieben wurde. Ohne dass ausreichend Einzelzeugnisse zur Zeichnung eines genaueren Bildes der Wirtschaftsweise im Amt vorliegen, kann festgehalten werden, dass bis zum hier noch erfassten ausgehenden 16. Jahrhundert im Erwerbsleben der Bevölkerung seit der Rodezeit erste Differenzierungen eingetreten waren. Die Eisenverhüttung zog neue Beschäftigungsweisen nach sich: im Zusammenhang der Nachlässe von Mühlenabgaben (Kap. 11.c) war von neuen Tätigkeiten in der Köhlerei und im Fuhrwesen die Rede. Schon vor den Zerstörungen des Geldernschen Kriegs hat nach Aussage der späteren Betreiber in Monschau eine Vollmühle (Walkmühle) bestanden. Demnach muss die Wolltuchherstellung so viel an Umfang gewonnen haben, dass sich die Einrichtung einer solchen Anlage gelohnt hat.

Hinweise auf die durchschnittliche Lage auf den Dörfern sind erst von der Mitte des 16. Jahrhunderts an zu gewinnen, als unter den Nachrichten über erste Regungen der Reformation und über Aufspüren und Verfolgung der Täufer durch die Obrigkeit in den Jülicher Ämtern auch Befunde über deren Grundbesitz erfasst worden sind. Ihre Vertreibung, verbunden mit Einziehung ihres Besitzes, wird noch eine ausführliche Behandlung im Kapitel über die kirchlichen Verhältnisse weiter unten finden. An dieser Stelle sollen zunächst allein die Hinweise ausgewertet werden, die Auskunft über die durchschnittliche Situation der bäuerlichen Betriebe auf den Dörfern in der Mitte des 16. Jahrhunderts geben können. Vom März a.1555 datiert nämlich eine Aufstellung über die *erbguter von der widerteuferen*, die einige Schöffen im Auftrag des Amtmanns Christoph von Rolshausen erhoben hatten. Drei Jahre später war eine Regierungskommission im Amt, die nicht allein den Stand der Behebung von Kriegsschäden von a.1543 ermitteln, sondern auch erkunden sollte, wie mit den konfiszierten Gütern von Täufern verfahren worden war oder noch wurde (*mit den erbguteren als hauß, hoff, landt, benden unnd anders*).[7] Mit einiger Vorsicht müssen Angaben daraus mangels flächendeckenden Quellenangaben als Bild der durchschnittlichen Verhältnisse bei den bäuerlichen Anwesen dieser Zeit verallgemeinert werden. Spätere Aufstellungen vom Ende der 1590er Jahre aus dem gleichen Zusammenhang, die von Verkauf und Verpachtung solcher Güter handeln, sind für die hier verfolgte Frage über das Aussehen und Größe der Betriebe nicht verwendbar, weil sie fast alle Resultate allein in Geldwerten ausdrücken.

Bei jeder konfiszierten Hofstelle wurde Vieh gehalten und Getreide angebaut, doch lassen die Einzelangaben einigen Spielraum zur Auslegung. Üblicherweise bestand ein Anwesen aus *hauß und hoff*, gelegentlich auch als *widomb an hauß und hoff* (›Haus und Hof als Heiratsgut der Frau‹), aus Heuwiesen und Ackerland. Der Anteil an Heuwiesen wurde nicht in Flächengrößen verzeichnet; stattdessen wurden die Heuerträge in Wagenladungen, z.B. *ungefehrlich 3 wagen heuwaß* (auch *heugewaß* oder *heugewachs*) angegeben, Ackerland dagegen in Morgen. Bei 10 erfassten Anwesen verzeichnete das größte von *Niessen Johan* acht Wagen Heu und 20 Morgen Ackerland. Die Mehrzahl ist aber deutlich kleiner. Entsprechend bescheiden und überschaubar waren unter den beweglichen Gütern (*gereide gueter*) die Viehzahlen: bis zu 7 Stück Rindvieh, in der Regel 3–4 Milchkühe (*3 schone melckende khoe*), einige Schafe (die größte notierte Herde umfasste 26 Stück), gelegentlich ein Pferd oder Fohlen. Auffallend ist, dass angesichts des nach den Forstquellen üblichen beachtlichen

Schweineauftriebs im Wald im vorliegenden Umfeld kaum Schweine genannt werden (einmal 1 Schwein, 2 Ferkel); nur einmal sind 10–11 Hühner aufgeführt. Aus der Erhebung der Wegerechte (vgl. unten) geht hervor, dass zu dieser Zeit auch Bewässerung von Heubenden in den Tälern und Streugewinnung im Venn stattfand. Torf aus dem Venn als Brennmaterial hat man aber, anders als in der Wallonie, vor der Mitte des 17. Jahrhunderts nicht gewonnen.[8] Ein ganz vereinzeltes Zeugnis von a.1334, eine Schuldurkunde der Eheleute Johan Payzsche und Aleidis aus Kalterherberg[9] gibt zu erkennen, dass sich die Verhältnisse einige Jahrhunderte früher kaum anders darstellten: demnach war die Hofstelle mit Zäunen umgeben, man betrieb Ackerbau und hielt Milchvieh, die Heuwiesen lagen weiter außerhalb als die Ackerstücke, Heuertrag wurde nach Wagenladungen berechnet und auch das Venn wurde genutzt und gemäht. Aus der Zusicherung der Schuldurkunde, das Anwesen ungeteilt zu erhalten darf wohl gefolgert werden, dass schon in frühesten Zeiten die Realteilung des Erbes den Normalfall darstellte (vgl. Kap. 10.d).

Überaus ärmlich macht sich der aus den Häusern sichergestellte und nach Monschau zum Amtmann überführte Hausrat aus; er bestand durchweg aus dem (eisernen) Kochgerät (*kesselen, pötte, roester, eiserne düppen, pfannen*), dem Kesselhaken über dem Herdfeuer (*hael, haal*) und Feuerzangen (*klucht*). Gelegentlich sind Bettzeug und Leinenvorräte notiert, so dass man das wohl als die notwendigste Ausstattung eines Hauses ansehen kann. Tische und Bänke als hölzernes Gerät waren wohl der Aufzählung nicht wert. Die betroffenen Anwesen von Täufern wurden z.T. abgerissen, einige auch von Verwandten übernommen, allerdings nicht einfach als Familiengut, sondern gegen Bezahlung oder Pachtgebühr. Wenn Näheres genannt ist, gehörten zu einer Hofstelle Haus, Wirtschaftshof (mundartlich *Wannhoff*), Scheune, Stall (*huiss, hoff, schuir und stallung*) und Garten. Damit ergibt sich über die schon genannten Bauforschungen von R. Lückmann hinaus[10] auch eine schriftliche Bestätigung, dass der Bautyp der großen Einheitshäuser, bei denen Wohnbereich, Kuhstall und Scheune unter einem Dach vereint waren, wie sie noch in größerer Zahl bis in die Schlussmonate des zweiten Weltkriegs im Monschauer Land bestanden, nicht vor das 17. Jahrhundert zurückgereicht hat. Vielmehr setzten sich die Anwesen aus einer Anzahl kleinerer Gebäude zusammen. Ähnliche Befunde ergeben auch Beschreibungen aus dem a.1649 erhobenen Lagerbuch, die den aktuellen Stand von schon früher verlehnten herzoglichen Höfen erfassen sollten, indem dazu zunächst die ursprüngliche Lehnsurkunde abschriftlich mitgeteilt wurde (vgl. Kap. 8). Zum a.1461 vergebenen Reimersgut bei Lammersdorf stellte die Lagerbuchkommission fest, dass ein wesentlicher Teil des Landes *versplissen* war, das Gut selbst bestand aus *hauß, hoff, stell, scheuren, backhauß unnd moeß garten.*[11]

Für die Schlussphase der hier behandelten Zeit können bezüglich der Wohnhäuser und der Wohnverhältnisse noch andere Aufstellungen aus dem Lagerbuch des Amtes herangezogen werden. Sie sind zwar erst a.1649 in dieses Buch eingetragen worden, geben aber in manchen Wendungen zu erkennen, dass ihre Nachrichten bis in das 16. Jahrhundert zurückreichen. Erfasst wurden Häuserverluste (*abgebrandte, niedergefallene unnd sonsten abgebrochene häußer, so . . . in undergang gerahten und kommen sein*) wie auch Neu- und Umbauten (*newe und ungewonliche feur- und solstedte, wie dieselbe vor wenig jahren hero in- und wider ingenohmmen, auffgefuhrt und erbawet worden*).[12] Beispielsweise ist für Simmerath und einige andere Dörfer notiert, dass seit a.1584 keine neuen Häuser errichtet worden seien. In zwei Fällen (Rollesbroich, Eicherscheid) wurden Brand und Zerstörung eines Hauses den ›Kaiserlichen‹ zugeschrieben; damit können nur die Ereignisse des Geldernschen Krieges von a.1543 gemeint sein. Verlust von Häusern durch Brand ging jedoch in der Mehrzahl der genannten Fälle auf Unglücksfälle zurück. Über Ursachen, die zu dem so ermittelten Zustand insgesamt geführt haben könnten, ist in den Aufstellungen leider nichts gesagt. Das wäre vor allem für den Fall der ungewöhnlich großen Zahl von verfallen oder auch leer stehend gemeldeten Häusern hilfreich (z.B. 7 in Höfen, 8 in Kalterherberg, 10 in Eicherscheid und Hammer). Setzt man diesen Befund in Beziehung zu Nachrichten über gewährte Nachlässe bei den Mühlenabgaben, wie sie seit den letzten Jahrzehnten des 16. Jahrhunderts mitsamt den dazu angeführten Begründungen vorkommen (vgl. Kap. 11.c), dann spricht einiges dafür, dass es in den unruhigen Kriegszeiten des spanisch-niederländischen Krieges und den Folgeereignissen zeitweilig zu einem Bevölkerungsrückgang gekommen ist. In den 30er Jahren des 17. Jahrhunderts haben auch Pestwellen das Monschauer Land erreicht.[13]

Andererseits bezeugen die Aufstellungen ebenfalls rege Bauaktivität im fraglichen Zeitraum, was auf einen gewissen Aufschwung seit den ersten Jahrzehnten des 17. Jahrhunderts zu deuten scheint. Insgesamt sind 27 Neubauten auf *eine ungewohnliche platz* (d.h. auf bisher unbebauter Stelle) notiert. Davon waren einige, *so bei deß obristen Kettelerß zeiten aufgericht sein*, d.h. nach a.1609, dem Todesjahr des letzten Herzogs aus dem Hause Jülich-Kleve-Berg und der zeitweiligen Besitzergreifung des Amts durch Kurbrandenburg. Als Gegenbegriff zur *ungewonliche platz* wird bei Haus(ver)käufen und -errichtungen eine zugehörige *gerechtigkeit* erwähnt, die auch unabhängig vom Haus den Besitzer wechseln konnte. Offenbar waren allgemeine Nutzungsrechte wie z.B. auf Feuerholz als an der Feuerstelle »klebend« gedacht (vgl. Kap. 9. c) und mussten für neue Bauplätze erst geltend gemacht werden.

Anstelle von Neubauten fällt zunächst der mehrfache Umbau zu Wohngebäuden auf. Von 15 Personen ist festgehalten, dass sie in einem Backhaus (in einem Fall in einer Schmiede) wohnten, wobei einige von ihnen zu einem Umbau geschritten waren (*Michelß Gerhard zu Paustenbach wohnet in einem backhauß und understehet sich* [›unternimmt es‹], *ein wohnhauß darauß zu machen.*) Auch andere Gebäude wie Scheunen oder Ställe wurden durch Einbau (*aufgespannen*) eines Kamins zu Wohnzwecken umgebaut (16 Fälle). Die Erwähnung solcher Umbauten bestätigt ebenfalls das Fehlen großer Einheitshäuser. Entscheidendes Kennzeichen eines Wohnhauses war das Vorkommen einer Feuerstelle. Auch die Herrichtung eines Hauses für zwei Wohnungen ist belegt: *Engelß Kirstgen* und *Zeimeß Peter* bewohnten **e i n** Haus, sie hatten den Schornstein *underschlagen* (›unterteilt‹) *unndt stochen zwey feur.* Fälle dieser Art sind jedoch als etwas Besonderes eigens hervorgehoben. Am auffälligsten und ungewöhnlich für heutige Vorstellungen aber ist die Nachricht, dass Häuser gekauft oder verkauft, anschließend zerlegt und in ein anderes Dorf versetzt wurden (30 Fälle) – durchaus auch über weitere Entfernungen (etwa von Kesternich nach Dedenborn oder nach Lammersdorf).[14] Nur zwei Fälle von Wechsel in nächster Nähe sind festgehalten: einer von Lauscheid nach Mützenich, der andere innerhalb von Woffelsbach. In der Regel gingen die Umsetzungen nicht über die Kirchspielsgrenze hinaus. Es könnte demnach so gewesen zu sein, dass Planungen oder Absprachen zu solchen Aktionen beim sonntäglichen Treffen in der Kirchspielskirche zustande gekommen sind. Allein Eicherscheid fällt aus dieser Eingrenzung heraus, wenn z.B. *Gerhartz Johan* in Kesternich ein altes Haus gekauft hatte, das er in Eicherscheid wieder aufbaute (weitere Fälle: Eicherscheid – Dedenborn und Eicherscheid – Paustenbach). Ein Grund für dieses Verfahren dürfte sehr wohl gewesen sein, dass sich zu dieser Zeit die Knappheit von Bauholz durch den Raubbau am Wald aufgrund der Köhlerei bereits stark bemerkbar machte und frisch geschlagenes Bauholz selten und teurer geworden war. Bei einigen Bauten ist auch ausdrücklich erwähnt, dass sie aus *altem und newen holtz auffgericht* seien. Das Verfahren des Umsetzens war umso eher praktikabel, je kleiner die umzusetzenden Gebäude waren. Schließlich sind durch die Erhebung auch aufschlussreiche Fälle von Nachbarschaftshilfe festgehalten worden: laut der Rubrik ›Neubauten‹ bekam die von Almosen lebende *Jacoben Gerten* (wohl: *Greten*) in Mützenich mit Hilfe ihrer Nachbarn ein Häuschen *umb gotteßwillen*, ähnlich *Jakobß Peterß* (ohne eindeutige Ortsangabe) *ein heußgen mit stelgen* (›Ställchen‹); und in Roetgen hatte *Theiß Schreiber uf anhalten bei der obrigkeit* die Möglichkeit erhalten, *ein klein haußgen uf zubawen sambt der fewrbrandts gerechtigkeit* (›zusammen mit dem Recht auf Brennholz‹).

Alles in allem betrachtet ist festzuhalten, dass die Amtsbewohner auf den Dörfern in recht bescheidenen Verhältnissen lebten. Doch reichen insgesamt gesehen die überlieferten Daten nicht aus, ein vollständig abgesichertes Bild der wirtschaftlichen Verhältnisse und der Bevölkerungsentwicklung zu zeichnen, zumal aus der hier behandelten Zeit noch keine Kirchenbücher vorliegen, die Auswertungen zur Bevölkerungsdichte in größerem Rahmen möglich machen könnten, wie sie Günter Krings in vergleichender Betrachtung von Konzen und Imgenbroich seit a.1640 vorgelegt hat.[15] Gleichwohl aber kann angenommen werden, dass es trotz zeitweiligem Bevölkerungsverlust an der Wende vom 16. zum 17. Jahrhundert von der Mitte des 16. Jahrhunderts bis zur Aufzeichnung des Lagerbuchs 1649 insgesamt zu einer Vergrößerung der Dörfer und Zunahme der Einwohnerzahlen gekommen ist. Dieses Bild jedenfalls vermittelt ein Vergleich der Zahlen, wenn man die erste dokumentierte Schatzerhebung von a.1551 mit einer Reihe späterer tabellarisch darstellt. Die Fragen, die sich mit den Zahlen der Schatzerhebungen bezüglich der zugrunde gelegten Rechnungseinheit ›Ort‹ auftun, sind schon im Kapitel über Abgaben (vgl. Kap. 11.c) umrissen worden. Die Menge dieser Schatzeinheiten (nach *ort*) bleibt erst einmal ganz außer Betracht, da die Größe in heutigen Maßen ohnehin nicht sicher bestimmt werden kann; zudem unterlag die einzelne Erhebung Schwankungen zwischen 4 ort (selten) und 1 Viertel ort pro Hebestelle, so dass diese Listen nur etwas zur Gesamtzahl der zum Schatz veranlagten Anwesen eines Dorfes aussagen können. Solchen Überblicksresultaten galt in der Regel das Interesse der Amtsrechnungen. Die zugehörigen Notizen über die Erhebung an Ort und Stelle sind meist nicht aufbewahrt worden. Umso erfreulicher ist die erhaltene Dokumentierung der Schatzerhebung 1648/49 bei der Aufstellung des Lagerbuchs,[16] die noch einmal die Anzahl der erfassten Hebestellen pro Dorf erkennen lässt. In den durchschnittlichen Fällen wird das jeweils einem Haushalt entsprechen, doch bleiben genügend unklare Fälle, die an dieser Stelle aber auf sich beruhen können. Es bleibt durchweg zu bedenken, dass eine Aufstellung wie die folgende nur angenäherte Werte mitteilen kann. Sie nimmt ihren Ausgang bei den Zahlen der ersten ausführlich dokumentierten Schatzerhebung von a. 1551.[17] Diese Orte sind hier nach der Zahl von Schatzpflichtigen von a.1551 in eine Rangfolge gebracht, bei der aber zu berücksichtigen ist, dass sich wohl hinter einigen hohen Zahlenwerten auch nicht ausdrücklich genannte (Teil)Siedlungen in der Nähe verbergen, vor allem bei Kesternich, Oberrollesbroich/Strauch und auch Simmerath. Diese werden in jüngeren Auflistungen ausdifferenziert. Monschau als Talrechtsort und die Hüttenstandorte Mulartshütte und Zweifall fielen als ›Freie‹ nicht unter die Schatzerhebung. Nach Möglichkeit sind die heute gebräuchlichen Ortsnamen aufgeführt. Die zweite Spalte enthält die Schatzpflichtigen von a.1648/49. Kleine Schwankungen zwischen den beiden Schatzerhebungen von Frühjahr und Herbst (1–3 Positionen) haben nicht viel zu besagen, die größeren dagegen (Kesternich, Breuershöfe, Höfen) klären sich anhand beigefügter Texte des Lagerbuch-Commissarius Rhoedingen. In Höfen verfügten mittlerweile so viele Monschauer Bürger über Grundbesitz, dass es zu einer Vertragsregelung über deren Schatzbeteiligung gekommen war, ihre Namen erweiterten die Höfener Liste. Im Raum Kesternich hatte der Kommissar ältere Unregelmäßigkeiten festgestellt und die Aufgabenbereiche der Schöffen neu geregelt, der dorthin »versetzte« Schöffe Krein Brewer aber hatte sich gegen eine neue Zuständigkeit mit dem Argument verwahrt, dass ihn die Leute nicht kennen und er mit den örtlichen Gepflogenheiten nicht vertraut sei. Für ihn war der Kesternicher Amtsbote Henrich Breidenich »eingesprungen«.

Zu weiterem Vergleich sind in der Tabelle die erfassten Haushalte/Hebestellen, beim Burghafer a.1623/24 und diejenigen bei den Brennholzwrogen a.1649/50 hinzugefügt.[18] Beim Hafer fehlen Kalterherberg und Höfen, die wegen ihrer Fahrdienste davon befreit waren (vgl. Kap. 11.c). Der markante Unterschied in Höfen von mehr als 30 Hebestellen zwischen den kurz aufeinander folgenden Erhebungen ergibt sich daraus, dass bei der älteren Erhebung die Schatzgüter der Monschauer Bürger nicht mitgezählt worden sind.

Rang 1551		*Schatz 1551*	*Schatz 1648/49*		*Hafer 1623*	*Wrogen 1649*
			Herbst	*Mai*		
(1)	Kesternich	91	90	91	72	59
	Merdersberg		52	51	38	57
	Breuershöfe		26	26	17	
	Dedenborn		46	43	25	38
	Pleushütte		10	10		
(2)	Kalterherberg	83	128	125		109
(3)	Simmerath	66	21	20	22	23
	Bickerath		17	17	13	
	Witzerath		13	13	12	14
	Paustenbach		18	18	15	30
	Lammersdorf		32	32	23	30
(3)	Höfen	66	70	104		82
(4)	Strauch	58	38	38	39	39
	Steckenborn		16	14	11	9
	Scheffenborn		11	11	14	18
	Hechelscheid/Heldt		25	25	14	13
	Woffelsbach		26	26	23	24
(4)	Eicherscheid	58	90	89	85	76
	Hammer		18	18		13
	Huppenbroich		30	38	22	27
(5)	Konzen	36	95	93	74	80
(6)	Imgenbroich	32	51	49	53	38

Menzerath		12	12		11
Widdau		5	5		4
(7) Rollesbroich	28	55	55	42	51
(8) Vossenack	23	57	56	48	53
(9) Mützenich/	22	34	34	42	33
Lauscheid		19	19		
(10) Roetgen	15	27	27	29	38
Rott		11	11		
(11) Harscheidt/Dierscheidt	14	33	33	23	29
(12) Kommerscheidt	9	22	22	18	11
(13) Rohren	8	16	16		16

Bei einer vergleichenden Durchsicht der Hebezettel der Schatzerhebung ergibt sich, dass bei den bevölkerungsreicheren (und auch früher besiedelten) Orten wie Konzen, Kalterherberg oder Höfen gegenüber jüngeren Gründungen wie Rohren oder den Breuershöfen bei weitem mehr (wenn nicht überwiegend) Schatzerhebungen in Bruchteilen oder nur bis 1 ›Ort‹ festzustellen sind. Das kann wahrscheinlich als Niederschlag der im Lande üblichen Realerbteilung gedeutet werden (vgl. oben Kap. 10 d zum Landrecht). Diese Annahme wird erhärtet durch die Beobachtung, dass die Gesamtmenge der ermittelten *ort* einer Erhebungskampagne mit 1.100 bis 1.200 ort durch ein Jahrhundert recht konstant bleibt, während die Zahl der Erhebungsstellen deutlich zugenommen hat. In dieselbe Richtung weist eine weitere Aufstellung aus den auf a.1621 folgenden Jahren[19] – und damit auch schon über den gewählten Zeitausschnitt hinaus. Diese Liste erfasste, gegliedert nach den Forstrevieren (*Huten*), die Verkäufe von Gemeindeland zu Privatbesitz (*zu erb*), wobei die Käufer und die erlösten Geldsummen (in Talern) festgehalten sind. Die Preise waren allerdings nicht einheitlich, doch sind einmal bei Simmerath 12 Taler pro Morgen genannt, was zu einer ungefähren Orientierung dienen kann. Im Umfeld der Verkäufe in Dedenborn werden auch Gulden genannt. Mit solchen Zukäufen werden die Käufer ihren durch Erbteilung verminderten Besitz wieder »aufgebessert« haben. Die Aktion erbrachte von insgesamt 85 Käufern 1.910,5 Taler:

Konzen 2 (Käufer)/217 (Taler)
Lauscheid 3/47,5
Mützenich 8/74
Lammersdorf 3/56,5
Simmerath 8/100
Paustenbach 4/33
Rollesbroich, 4/? [keine Angabe]

Witzerath 3/46 (unter Witzerath ist auch Simonskall erfasst, denn es erscheint auch *Bartholomeuß Schobinger in der Kallen*; er hatte dort gerodet *zu garten, jetzt zu Simon Kremer*)
Strauch 11/257
Kesternich 3/59
Eicherscheid und Hammer 6/143
Dedenborn mit Pleushütte 10/105
Huppenboich 8/134,5
Imgenbroich 2/65
Monschau 10/573

Insgesamt kann aus den Aufstellungen wohl die Annahme abgeleitet werden, dass trotz gelegentlicher Einbrüche von Kriegsereignissen oder Pestwellen selbst in den ersten Jahrzehnten des 17. Jahrhunderts eine Bevölkerungszunahme anzunehmen ist. In die gleiche Richtung weist die Erhebung der Rodungen in der Überrurischen Hut in den Jahrzehnten davor (a.1574 und folgende), die 1.436 Morgen Neurodung von 302 Siedlern verzeichnete (vgl. Kap. 9.c). Ergänzend ist allerdings dazu anzumerken, dass der überwiegende Teil dieser Roder zum Land Überruhr um Wollseifen und der Herrschaft Dreiborn gehörte.

b. Das Wegenetz

Die Wegeklassen

Ähnlich wie bei den Weidgängen der Siedlungen wurde für die Landesaufnahme des Lagerbuches a.1649 auch die Wegesituation aufgeschrieben.[20] Ihre Auswertung zur Erfassung des älteren Wegenetzes erfordert aber ein höheres Maß an Interpretationsaufwand als eine Verortung der Weidgänge in der Umgebung der Siedlungen. Die fraglichen Weidebezirke lassen sich mit Hilfe von noch gebräuchlichen Flurnamen in der Umgebung der Dörfer in groben Umrissen wiederfinden. Die Ausgangslage und das Darstellungsziel bei den Wegeaufzeichnungen aber verfolgten andere Gesichtspunkte, als heutige Leser von einer solchen Aufzeichnung erwarten. Es ging primär nicht um einen Überblick der weiterführenden Verbindungen nach auswärts, sondern zunächst um eine klassifizierende Beschreibung der einzelnen Verbindungen aus der strikten Sicht des jeweils einzelnen Dorfes, weil damit Unterhalts- und Nutzungsrechte verbunden waren. Das zeigt sich am deutlichsten an der Wegeklasse der ›Not- oder Erntewege‹ (*hew weg, notweg, arntsweg* o.ä.), die nicht als ständige Durchgangswege dienten, oft genug irgendwo im Feld endeten und womöglich auch über Grundstücke verschiedener Eigentümer führten. Solche Wege konnten entsprechend nicht beliebig befahren werden und wurden nur zu bestimmten Zeiten oder nach Absprachen genutzt. Der Autor kennt diese Praxis noch in eigener Anschauung aus den Jahren nach dem 2. Weltkrieg. Die dann zunehmende Motorisierung der Landwirtschaft und der Ausbau von Wirtschaftwegen haben dem ein Ende gesetzt. Dazu ein paar Beispiele: ein *arntsweg* in die *Weidenbach* bei den Breuershöfen, *dahr die nachbarn ihr hew uber fahren*; ein Notweg in Pleushütte *durch Merteß Johanß und Jengenß Heinen wanhoff wie auch uber Jengenß Heinen ackerfeld, wadurch die nachbahrn berechtiget, ihren mist zu fahrn*; in Vossenack ist bei einem solchen Notweg ausdrücklich vermerkt: *kein erbweg .... mit einer kohe oder kalb zu leiten* – man konnte also einzelne Stücke Vieh dort entlang führen; die zur Beschreibung verwendeten Verben *leiten* oder *fahren mit* entsprechen dem Gebrauch in der Mundart; oder: *der halffman auf dem hoff mag selbigen weg mit einem pferdt nach der müllen reiten oder leiten, dahe seine mitnachbarn hinthreiben ... sonder iemandts schaden*. Oberste Bedingung der Benutzung solcher Notwege war, dabei keinen Schaden anzurichten, also nicht in einen frisch bestellten Acker oder eine heureife Wiese zu fahren. Ähnlich berührten die vielen Fußpfade, die im Normalfall allein von Fußgängern anstelle der unbefestigten und daher oft morastigen Fahrwege genutzt wurden, private Grundstücke und querten Hofstellen (zwei Beispiele aus Kalterherberg: *giehet auß dem dorff inß felt ein fußpfat uber Arnolten Henn gut .../giehet noch ein fueßpaet uber Jutten Gielen hoffrecht zue biß uff die Rur bruck nacher dem Reuetz hoff zue*). Daher müssen diese ortsbezogenen Beschreibungen in ein heutiges Interesse »übersetzt« werden, wenn man einen Überblick über die zwischenörtlichen Verbindungen und die Einbettung in weiterreichende Beziehungen gewinnen möchte – dazu weiter unten. Mit der Beschreibung der Wege war eine Klassifizierung verbunden. Einen Maßstab dafür bot die für die vereinigten Herzogtümer a.1554 erlassene Wegeordnung. In der Zunahme solcher Regelungen (a.1532 Kirchenordnung, a.1555 Gerichtsordnung, a.1559 Amtleuteordnung) kam die allgemeine »Modernisierung« zu einer verwaltungsmäßigen Durchdringung und auch Normierung des öffentlichen Lebens nach bis dahin eher unüblichen Vorstellungen von ›Staatlichkeit‹ zum Ausdruck,[21] auch wenn die allgemeine Durchsetzung solcher Regulierungen bei Fehlen einer ausgebauten Bürokratie noch nicht zu hoch veranschlagt werden darf.

Die oberste Gruppe bildeten die »Fernverbindungen« unter den Bezeichnungen *lantstraß, zollstraß* oder auch *herrstraß*. Dieser letztgenannte Ausdruck hat sich in Konzen als Straßenname erhalten. Diese »Straßen« waren in der Regel 2 Ruten oder mehr breit (ca. 8 m); so konnten sich begegnende Gespanne problemlos ausweichen. Anders als für den Sonderfall Brücken/

Flussquerungen, die früher schon im Landrecht ausdrücklich geregelt waren (vgl. Kap. 11), ist zu Fragen des Unterhalts nichts weiter ausgeführt. Durchweg waren die nächsten Anwohner gehalten, grobe Schäden zu beheben. Die »Fahrbahnen« waren auch nicht systematisch befestigt, auch wenn zuweilen Hinweise auf Verpflichtungen zur Instandhaltung erwähnt wurden wie bei der Zollstraße von Monschau über Höfen nach Dreiborn und Schleiden, *welche ... die burger im baw zu halten schuldig biß an die ketten*. Das war die Strecke, ausgehend vom heutigen Marktplatz über den Mühlenberg bis auf die Höhe bei der heutigen Kapelle oberhalb des Friedhofs, wo der Zugang zur Stadt mit Ketten abgesperrt war. Der anschließende Abschnitt kam den Bewohnern von Höfen zur Bearbeitung zu, *wohe eß die notturfft erfordert*. Je nach Lage musste man bei starken Störungen seitwärts ausweichen. So war die Zollstraße aus dem Rurtal bei Pleushütte nach Kesternich (d.i. im modernen Verlauf die B 366) *durch große sturtz regen verfloßen und verdorben, dergestalt, daß wir nachbahren uf der Hutten alsolche zolstraß uber und durch unsere erben gehen laßen, daß niemandt deßwegen zu clagen*. Hinsichtlich der Verläufe dieser Zoll- oder Landstraßen muss man weitgehend von den heutigen Streckenführungen absehen, die im erwähnten Beispiel von Einruhr/Pleushütte aufwärts heute zur Vermeidung starker Steigungen in weiten Kehren am rurseitigen Talhang entlang Höhe gewinnt. Vorher verlief sie vielmehr auf der Dedenborner Seite des Höhenrückens steil bergauf in die Umgebung des ehemaligen Gasthauses ›Zur schönen Aussicht‹. In diesem Raum traf ein Weg von Seifenauel herkommend *biß ahn die zollstraß uff die Roeßrhaderen und so nacher Kesternich* ein. Die Stellenbezeichnung bewahrt noch den Namen einer wüst gewordenen Siedlung Rösrath, die a.1369 noch als *Ruesenrot* im Testament des Reinard I. von Schönforst unter den Dörfern der Herrschaft Monschau aufgezählt wurde. Ähnlich »kurzschlüssig« verliefen die Zollstraßen von Monschau *nacher Drimborn unnd graffschafft Schleiden* den Mühlenberg hinauf über das Heidgen hoch nach Höfen oder die *nacher Kalderherberg, nach deß prinxen vonn Oranien wie auch Welschland* (d.i. St. Vith und Malmedy) nach Überquerung der Rur bei Dreistegen steil bergan auf kürzestem Weg nach Kalterherberg (*et Zelt erop*), jeweils ohne die weit ausholenden Schleifen der preußischen Ausbauten am Talhang der Schwalm/Perlbach.

Eine zweite Klasse bildeten die Fuhrwege (*foer-*, *fohr-*, *fohour-*), auch *kahrweg* und *gaß* genannt, für den innerörtlichen Fuhrverkehr. *Karweg* ist u.a. in Imgenbroich als Straßenname eines Stücks der B 399 nach Simmerath erhalten geblieben. Für diese Wege galt eine Breite von meist einer Rute (*solle ... so weit sein, daß ein wagen dem andern weichen kann* [Kalterherberg]; oder *dem kahrspor sechs fueß an maßen*, oder einfach *wie daß kahrspor weißet*). Anschaulich-handgreifliche Kennzeichnungen wie mit der Karrenspur anstelle einer abstrakten Maßangabe waren besonders in Weistumstexten beliebt. So verfügte z.B. a.1567 das Weistum über die Höfe Hetzingen und (Nidegger)Brück, *dat die Rhorgaß langß dem dorfbenden so weit oder gerumpt soll sein, dat ein mullenpferdt mit einem sack kornß oder maltz dadurch auff und ab kann gahn.*[22] Gelegentlich wurde für einen solchen Weg der »Fern- und Durchgangsverkehr« auch ausdrücklich ausgeschlossen: *sollen sich keine auserwendige fohr- oder kauffleuten in dießem wege finden lassen, mehr als die fruchten, hew, mist und dergleichen mehr zur geburender zeit auß und ein zue fuhern haben.* [Kalterherberg]; oder aus Konzen: *gemeiner fourweg, welcher mit fahren und beesten* (›Kühe‹) *weidtgänge gebraucht wirdt* … oder *so mit beestendrifften, hew und haber fahrtten gebraucht ist worden.*

In diesem Rahmen sind mehrfach einige Spezialwege genannt, allen voran die Mühlenwege.[23] Gerade an diesem Beispiel wird noch einmal der Rechtscharakter der Aufzeichnung sichtbar: die Einwohner von Woffelsbach, Hechelscheid, Heldt und Scheffenborn sagten von ihrem Mühlenweg *durch den Steckelborn und Straucher erbschafft biß auf die landstraß: wird unser weg unß gesperret und zugeschlagen von den nachbahrn zu Niederrolleßbroch und Gielen am Strauch zu Oberrolleßbroch also, daß wir unser Kall zwangmullen mit einigkeit nicht erreichen konnen. Pitten deßwegen alsolchen wegß eroffnung.* Auch in Strauch klagte man, den Mühlenweg, der über die Grundstücke (*durch die erben gehend*) verlief, nicht gebrauchen zu können *wegen der hecken, so der forster Peter Paustenbach gesetzt.* Die Mühlen scheinen wegen kleinerer Mahlmengen häufig auch ohne Fuhrwerk nur zu Fuß aufgesucht worden zu sein, wie Bezeichnungen des Typs ›Mühlenpfad‹ nahelegen. Dann wurden die entsprechenden Getreidesäcke den Pferden auf den Rücken gepackt. Bei fast allen Dörfern sind Kirchen- bzw. Messepfade oder -wege für den sonntäglichen Kirchgang bezeugt (in Strauch: *unser missenweg und fußpat … durch die erben biß nach Witzerotth, durch die Fischbach biß zue Simmerhat in die kirch*). In Kalterherberg ist der Straßenname *Messeweg* für die Strecke nach Reichenstein bis heute im Gebrauch. Aufgrund des bei Dierscheid (Schmidt) aufgeführten *meeß paet nacher Bergstein uber Jorißen felt biß in die kirch* lässt sich erkennen, dass man in Schmidt an Sonntagen lieber die Kirche im näheren Bergstein aufsuchte anstelle der eigentlich »zuständigen« Pfarrkirche in Simmerath. Neben den Messewegen bzw. -pfaden gab es auch besondere ›Leichenwege‹ (so in Imgenbroich, Paustenbach, Lammersdorf und Dedenborn), auf denen die Verstorbenen zum Friedhof bei den Pfarrkirchen gebracht wurden.

Schließlich sind *stroh(e)foder-/strewfoder-wege* einiger Dörfer zu erwähnen, die in der Regel ins Venn führten. Sie belegen, dass man schon seit alters das Venn zur Heu- und Streugewinnung genutzt hat, was den Heidecharakter der Landschaft über weite Strecken hervorgebracht hat. Das Lammersdorfer

Wegekapitel sagt dazu kurz und knapp: *durch welchen weg die nachbahre ihr streußels, mist, haber und hew fuhren, wie dann auch ihr viehe zur weiden auß- unnd inngetrieben wirdt nach dem Venn.* Unter den Wegerechten findet sich unerwartet (am Beispiel Kalterherberg) auch eine Regelung zum Bewässern von Talwiesen (*Benden*). Zur Steigerung der Heugewinnung wurden dort parallel zum Hang Wassergräben (mundartlich *Diesch*) angelegt,[24] die ständig gepflegt und offen gehalten werden mussten (*die erbdeichen sollen rießt* [›bereit, in Ordnung‹] *gehalten werden*). Der Punkt findet sich im Umkreis der Wegerechte, weil die Wassernutzer verpflichtet waren, auch die Anfahrtswege instand zu halten.

Eine eigens angeführte Gruppe von Verbindungen bildeten die (Vieh)Triften, ungewöhnlich breite Verläufe in die Feldmark, die zum Austrieb der Viehherden (Wortbildung zum Verb *treiben* wie *Schrift* zu *schreiben*), aber auch als Fahrwege benutzt wurden, der privaten Bewirtschaftung jedoch entzogen waren. In der Höfener Flur aus der Umgebung von Alzen sind zwei Triften von 6 und mehr Ruten Breite (mehr als 20 m) genannt. Die Bezeichnung hat sich in Höfen im Namen der *Triftstraße* erhalten. Soweit aus den Triften in späterer Zeit nicht reguläre Fahrwege wurden, sind sie aus dem heutigen Wegenetz verschwunden. Ältere Verläufe solcher Triften kann man aber noch im intakten Eichenscheider Heckenland beobachten, wo extrem breite Räume zwischen Heckenzeilen verlaufen, nun allerdings durchweg mit regulären Wegen in der Mitte wie im Fall der heute noch in Eicherscheid entsprechend genannten *lang Dröft*.

Da auf den älteren Dörfern die Fuhrwerke nur zum Lastentransport angespannt wurden, waren die überwiegend genutzten und am dichtesten verknüpften Wegeverbindungen die Fußpfade, in der Regel ein Fuß, höchstens zwei Fuß breit. Sie waren nicht allein der kurzen direkten Verbindungen wegen beliebt, sondern waren auch bei längerem Regenwetter, wenn unbefestigte Fuhrwege bodenlos morastig wurden, gut begehbar. Sie stellten die im Alltag am meisten genutzten Verbindungen dar. Im Fall langgestreckter Siedlungen wie Kalterherberg stellte ein solcher Fußpfad das »Gegenstück« zur Landstraße dar und zog sich um das ganze Dorf: *giehet auß dem oberen dorff ein fueßpat, so runtz umb ahn der lincken seiten deß dorfs, giehet langß den Borschborn biß in den kammerwald, Breiterscheiter busch genant.* Ähnlich führte der alte ›Rohrener Kirchenpfad‹ kilometerweit zur Kirche nach Konzen (bis a.1639) nach Überquerung der Rur beim *Jmgerstegh* (so in der Wegebeschreibung, späterer Flurname: *am Böömsche*) unterhalb der Kluckbachbrücke und nach steilem Anstieg durch das Schluchttal des Leisbaches über die Felder auf der östlichen Flanke von Imgenbroich entlang nach Konzen. Noch bis in das erste Nachkriegsjahrzehnt waren derartige Fußpfade beliebte innerörtliche Verkehrswege. Da sie durchweg über eingefriedete Grundstücke mit Zäunen oder Hecken verliefen, waren sie mit einer speziellen Art von gewinkelten Durchlässen (sog. *Steejel*) versehen, die den Fußgänger (nicht aber Reiter) bequem passieren ließen, in denen aber das Weidevieh wegen des schmalen winkligen Verlaufs bei einem »Ausbruchsversuch« hoffnungslos stecken geblieben wäre. Dieses Fachwort ist schon a.1567 im Weistum der Herrschaft Hetzingen dokumentiert,[25] wo von einem Pfad ausdrücklich verlangt ist, dass er *soll unbeschloßen sein mit zeunen oder stehelen, dat der lehenherr von dem hoff zu Hetzingen oder seine diener dahin gereiten konnen.* Die etymologische Grundlage des Wortes zum Verb *steigen* verrät im übrigen, dass am Anfang der Konstruktionen eine Art von Überstieg an Zäunen und Hecken gestanden hat.[26]

Die zwischenörtlichen und auswärtigen Verbindungen

Zur Beschreibung der zwischenörtlichen und auswärtigen Verbindungen ist es zunächst unumgänglich, das gleichsam selbstverständlich gewordene Bild heutiger ausgebauter Straßenverbindungen hinter sich zu lassen. Dieses als gegeben vertraut gewordene Bild, das die heutige Raumvorstellung prägt, hat sich erst seit den letzten Jahrzehnten des 18. Jahrhunderts in einigen Ausbauschüben schrittweise ergeben. Begonnen hatten Bestrebungen dazu seit den 1760er Jahren durch Monschauer Tuchfabrikanten, denen an verbesserten Verkehrsanbindungen gelegen war, was 1779–82 zum Ausbau der Poststraße nach Düren führte. Für das Monschauer Land betrifft das besonders die Rolle der napoleonischen Landstraße (heute B 258) von Aachen aus, die mit ihrer Streckenführung im einzelnen die heutige Nord-Süd-Achse des Monschauer Landes bestimmt und die ältere räumliche Orientierung des Landes grundlegend verändert hat. Weitere Einschnitte in die zwischenörtlichen Verbindungen brachte seit der Mitte des 19. Jahrhunderts dann der preußische Ausbau von Chausseen mit teilweise neuen Streckenführungen. Schließlich hat der vollständige Ausbau zu autogerechten zwischenörtlichen Verbindungen nach dem zweiten Weltkrieg (z.B. die Rurtalstraße von Hammer über Grünenthal nach Imgenbroich)[27] das ältere Bild an vielen Stellen verdunkelt.

Die Aufzeichnung von a.1649 vermittelt einen Stand, wie er sich bis zum Ende des Mittelalters herausgebildet hatte, wobei die Hauptverbindungen (insbesondere die beiden in Süd-Nord-Erstreckung) mit einiger Sicherheit für die Zeit vor der Siedlungserschließung des Forstbezirks seit dem 12. Jahrhundert angesetzt werden können. Über sie muss die Zuwanderung der Siedler im Forst stattgefunden haben. In dieses Bild einzubeziehen ist zusätzlich, dass am Südrand des Forstbezirks auf dem Streckenabschnitt von St. Vith nach Zülpich schon seit Jahrhunderten die römerzeitliche Fernstraße von Reims nach Köln verlief, die in Zülpich auf die Fernstraße von Trier traf. Diese Verkehrsader ist das ganze Mittelalter hindurch in Benutzung geblieben. Die Nord-Süd-Achsen des Monschauer Landes fanden dort Anschluss nach Süden bzw. ihre Ausgangspunkte nach Norden. Nach Gründung der Burg Monschau, ihrer Entwicklung zu einer stadtwertigen Siedlung nach Talrecht und Ausbildung als Verwaltungsschwerpunkt hatten sich die Hauptwegeverbindungen zunehmend an Monschau bzw. von Monschau aus orientiert. Das geht nicht zuletzt auch daraus hervor, dass das Kapitel *Statt unnd thaalß Monioie zollstraßen, fohrweg unnd fueßpätt* unter den anderen der Aufzeichnung die ausführlichsten Angaben zu weiterführenden Anschlüssen enthält. In Monschau trafen zusammen bzw. nahmen ihren Ausgang die Zollstraßen über Höfen nach Dreiborn und Schleiden sowie nach Kalterherberg *nach des prinxen vonn Oranien wie auch Welschlandt* (vgl. oben), dann noch zwei weitere in nördliche Richtung, die erste *uber daß Venn nach dem Reich vonn Achen, Munster unnd dem landt von Limburg*, die zweite durch das Eschbachtal, über Menzerath und Imgenbroich *nach dem ambt Nydeggen, Heimbach unnd Duiren*. Die erste stieg auf kurzem Weg über Lauscherbüchel, an Lauscheid vorbei über den Steling und durchquerte das Venn über den Reinartzhof weiter zur Weserbrücke vor Raeren. Dieser Verlauf über das Venn entsprach dem uralten Verlauf des Pilgerweges von Aachen nach Trier,[28] der weit vor die Zeit der zentralörtlichen Rolle von Monschau zurückreichte und seit jeher weiter in südlicher Richtung, von der Vennhöhe absteigend, an Reichenstein vorbei weiter über die Höhe von Kalterherberg verlief. Entsprechend notierte die Kalterherberger Beschreibung aus ihrer Sicht am südlichen Ortsausgang die *Butgenbacher straß ... so nach Malmendier, Stafloe und so fernerer hinein nach Welschlant giehet* (Malmedy, Stavelot), während für das nördliche Ende im Unterdorf die Verbindung nach Aachen notiert ist. Dazu trat jedoch – Folge der späten Aufzeichnung zum Ende des Mittelalters – der Vermerk einer Verzweigung *ahm kreutz unter dem dorff* nach Monschau; diese Strecke ist demnach als Verlaufsvariante der Gesamtstrecke hinzugekommen. Von der Vennhöhe bei Mützenich aus erreichte man von der Aachener Strecke nach Westen Eupen, die *welsche quartieren und Luiker* (Lütticher) *lant, auch Limburger lant*. Abweichend von heutiger Raumorientierung ist zusätzlich die frühere Gewohnheit anzumerken, Verbindungen auf kurzem direkten Wege zu bewerkstelligen, während im modernen Verständnis der Ausbaustand der Straßen die zu fahrenden Strecken bestimmt. Eine heutige Fahrt von Höfen oder Monschau nach Konzen führt »selbstverständlich« über Imgenbroich. Die Wegebeschreibungen von a. 1649 aber belehren darüber, dass etwa der übliche Weg von Monschau nach Konzen ein *karweg/fohurweg* von 6 Fuß Breite durch das Laufenbachtal, am Gut Stillbusch vorbei zur Konzener Kirche auf der Hardt war, nicht die erwähnte Zollstraße über Imgenbroich nach Düren. Ähnlich führte die *Rheißgaß* oder *Alserstraß* aus Kalterherberg nach Osten *nacher Eiffell und Schleidener dall* hinaus ohne den Umweg über Monschau und Höfen. Dieser Verlauf muss im Zuge der K 25 über die Höfener Mühle gesucht werden, die für den Autoverkehr erst nach dem 2. Weltkrieg eingerichtet wurde. Parallel dazu registrierte die Höfener Aufstellung: *kompt ein straß von dem Schleider thall oben den Hoven langs, den Wolfferseiff ab, gehet nach Kalderherberg.*

So sind durch spätere Veränderungen und Umgewichtungen ältere »Hauptverbindungen« auch regelrecht in Vergessenheit geraten wie etwa ein *lantstraß auß Jmgenbroch, durch Mentzeraet uber die Rhoeur nacher den Hoven.* Das Stück zwischen Imgenbroich und Menzerath fiel dabei mit der schon genannten Zollstraße von Monschau in Richtung Düren zusammen. Die weitere »Direktverbindung« nach Höfen scheint aber auf Dauer keinen Bestand gehabt zu haben. Aus Höfener Sicht ist die Strecke auch nicht als Landstraße, sondern als *viehe drifft* klassifiziert, aber die dazu ausdrücklich genannte Rurüberquerung *auf Mentzefort* unterhalb des Monschauer Rosenthals lässt keinen Zweifel am früheren Bestehen. Ebenso zweigte von derselben Menzerather Strecke eine weitere *lantstraß* ab *nacher dem Hargart und Lauscheit und Mutzenichen.* Während das Teilstück von Menzerath zum Hargard (an der Monschauer Jugendherberge vorbei) längerfristig zum Feldweg wurde, folgte man a.1844 beim Ausbau der Chaussee nach Monschau vom Hargard bis zur Querung des Laufenbachs (›Haus Flora‹) dieser älteren Trasse.

In besonderem Maße hat die Streckenführung der napoleonischen Landstraße von Aachen (B 258) und die damit verbundene »Still-legung« der Strecke über den Reinartzhof und das Venn tiefgreifende Folgen für die Ortschaft Roetgen gehabt, die seitdem fest in den Streckenverlauf nach Konzen eingebunden ist, was aber vorher durchaus nicht so war. Es ist zwar unter den Konzener Wegen auch ein Fußpfad *uber das Rottvenn … biß aufs Roettgen* notiert, in der Roetgener Wahrnehmung wurde dieser aber gar nicht erwähnt, und das »alte« Roetgen lag ein deutliches Stück abseits der heutigen »Hauptstraße« nach Aachen weiter im Tal. Dagegen kam eine für Roetgen wichtigere Verbindung von Lammersdorf her, vom *Rackerscheider berg*, verlief aufwärts durch das Dorf, wo sie sich verzweigte, zum einen zum *Stockleger und fort nach dem Munsterlandt*, zum anderen *nach der Rommel hinauff nach dem Limburger landt.* Ähnlich kam in der Aufzeichnung der Rotter Wege der Nachbar Roetgen überhaupt nicht in den Blick. Erwähnung fand die *straß oder kahrweg* aus dem *Munsterbusch* zum oberen Ende des Dorfes *biß in den Monioyer waltt* mit dem Zusatz: *wird wenig gebraucht.*

Dieser westlichen Nord-Südachse über das Hohe Venn ist in den ersten Jahrhunderten des Monschauer Landes erhöhte Bedeutung zugekommen, weil von ihr die Verbindungen ins Limburgische und Luxemburgische abzweigten, wohin sich die mit der Burg Monschau verbundenen Adelshäuser bis hin zu den Schönforstern überwiegend orientierten. Letzte Auswirkungen dieser Verbindung waren die immer wieder vorkommenden Überfälle, Plünderungen und Belästigungen der straßennahen Dörfer durch spanisches und niederländisches Militär in den letzten Jahrzehnten des 16. Jahrhunderts (vgl. Kap. 8).

Die zweite wichtige Süd-Nord-Achse des Landes zweigte von der römischen Fernstraße etwa beim Walberhof ab, verlief an der Mineralquelle des Sauerbrunnens[29] vorbei zur Rur und erreichte – ohne dass der römerzeitliche Verlauf in allen Einzelheiten dokumentiert wäre – auf der Höhe der gegenüber liegenden Rurseite Kesternich, wo sie sich verzweigte: einerseits zum ebenfalls römerzeitlichen Konzen, zum andern in Richtung Kornelimünster und Aachen. Für die hier interessierenden mittelalterlichen Verhältnisse sind die Beobachtungen hervorzuheben, die einiges Licht auf das Kirchspielzentrum Simmerath werfen. Auch wenn Simmerath mit seiner zweiten Pfarrkirche für die zugeordneten älteren Siedlungen des Feldgeleits zentral gelegen war und die Kirchenwege dorthin im Durchschnitt nicht über 4 km hinausgingen, war der Ort selbst noch nicht der Straßenknotenpunkt, zu dem er im Zuge des neuzeitlichen Chaussee-Ausbaus geworden ist.[30] Die erwähnte *gemeine landtstrass unnd zollstraß von St. Niclaiß brugck* (Einruhr/Pleushütte) *durch daß dorff Kesternich* bog nämlich ohne Berührung von Simmerath nach Norden über Witzerath und Lammersdorf ab und erreichte im Verlauf der heutigen Hahnerstraße den Raum von Kornelimünster und Aachen. Dieser Straßenzug hat erst in jüngerer Zeit durch Ausbau zur L 12 wieder an die ältere Bedeutung anknüpfen können. Der andere Zweig hinter Kesternich verlief als *eine gemeine herrstraß* südlich an Simmerath vorbei nach Konzen und weiter nach Monschau.

Zu den beiden Nord-Süd-Achsen traten die Straßenverläufe, welche die Verbindung nach (Nord)osten, auf Städte wie Düren und insbesondere Köln zu, herstellten. Mit der Einbeziehung des Landes in den Jülicher Territorialstaat wird die Bedeutung dieser Verbindung noch zugenommen haben. Auch für diese Streckenführung sind Abweichungen vom heute Vertrauten in Rechnung zu stellen. Wenn für die Zollstraße von Monschau aus nach Nideggen, Heimbach und Düren in der Monschauer Beschreibung als erste Etappen das Eschbachtal und Imgenbroich genannt sind, muss gleichwohl gemäß den Einträgen bei den Orten für den Streckenverlauf festhalten werden, dass der Weg zunächst über Menzerath und die *Arrißgaß/Orrißgaß* (heute *Erlenweg* in Imgenbroich) auf die Höhe von Imgenbroich (*biß an die lindt*) und weiter unter der Bezeichnung *Herstraß* in Richtung Konzen führte. Dort bog sie aber (unter dem noch heute üblichen Namen) über den Ortsteil *Lauterbach* ab *nach dem*

Gericht und Simmerath. Im Verlauf der stattdessen vertrauten heutigen Abzweigung von Imgenbroich als B 399 bestand laut den Konzener Wegeinträgen zwar von Lauterbach her durchaus auch eine Verbindung *biß inn die Belgenbach unnd vort langß daß dorff Contzen biß auff Bewell, gnant der Kahrwegh* (so noch heute bei Weiss-Druck vorbei), aber zur regulär als Poststraße ausgebauten Verbindung wurde dieses Teilstück erst in den ausgehenden 70er Jahren des 18. Jahrhunderts, als dort eine regelmäßige Postkutschenlinie von Düren nach Monschau verkehrte, die an zwei Tagen der Woche bis nach Luxemburg weitergeführt wurde.[31] Der weitere Verlauf über Simmerath band Witzerath und Rollesbroich in die Strecke nach Düren ein, in Rollesbroich mündete aber auch die Straße von Dierscheidt (Schmidt) aus dem Raum Heimbach – Nideggen aus dem Buhlert, deren Hauptzweig allerdings über Strauch nach Kesternich führte. Der Strecke nach Düren von Rollesbroich aus mit Durchquerung des Kalltals muss aber seit jeher hohe Bedeutung zugekommen sein. Dafür sprechen das Vorkommen der Kallbrücke im Landrecht (1516) und die Beobachtung, dass Vossenack zum Ausgang der Jülicher Zeit zur Nachbarschaft Niederrollesbroich zählte.

Eine andere, als Landstraße klassifizierte Verbindung schließlich wirft eine Reihe ungelöster Fragen auf. Sie scheint später vollständig in Vergessenheit geraten zu sein und hat, möglicherweise auch durch den Bau der Rurtalsperre, ältere Spuren eingebüßt. Das Dedenborner Wegekapitel verzeichnete nämlich eine Landstraße, *so von Heimbacher furstlichem schloß die Rour herauß biß uff daß schloß Monioie einen freien bahn weg giehet*. Über den genaueren Verlauf dieses Verkehrsweges kann gerätselt werden (über den Kermeter? durch das Rurtal? wie ist ein Verlauf von Dedenborn bis Monschau zu denken?).

Nimmt man den Gesamtbestand der Siedlungen und ihre Lage zu den wichtigen Verkehrsachsen in den Blick, dann fällt auf, dass die als jüngste entstandenen, überwiegend in Rur-Nähe gelegenen Ortschaften auch die größte Verkehrsferne aufwiesen. Sie hatten die weitesten Strecken zur nächsten Landstraße/Zollstraße zurückzulegen, was auch ausdrücklich für Merdersberg (Rurberg) festgestellt wurde (*weilen alsolch dorffgen weitt beseits gelegen*); Anschluss an die nächste Zollstraße bestand erst in Pleushütte mit Fortsetzung nach Kesternich. Es gab also noch keine höherrangige Direktverbindung nach Kesternich. Zusammengefasst sind es die Dörfer/Weiler im Rurtal selbst oder in nächster Nähe: nämlich rechts der Rur Rohren und Widdau, im Tal selbst oder mit Orientierung auf die linke Rurseite Hammer, Dedenborn, Seifenauel, Rauchenauel, Merdersberg, die Breuershöfe, Woffelsbach, auf der Höhe Hechelscheidt, aber auch die Einzelhöfe der Talsohle wie z.B. Eschauel. Nur Pleushütte am Rurübergang verfügte über einen »Direktanschluss« an die Fernstraße. (Das rechts der Rur benachbarte Einruhr, zeitgenössisch meist ›auf der Rur‹ [*op der Rur*] genannt, gehörte noch zum ›Land Überruhr‹ in der Grafschaft Schleiden). Nimmt man die im Lauf des 15. Jahrhunderts aufgebenen Siedlungen Fronrath (a.1334 *Vroinradt*), Meisenbroich und Rösroth (a.1369 *Meysenbroech, Ruesenrot*) in der Nähe des alten Straßenverlaufs Kesternich – Konzen hinzu – sie fanden tiefer in den Wald verlagert als Eicherscheid und Huppenbroich ihre Fortsetzung – dann zeichnet sich recht klar ab, dass der Zustrom von Siedlern seit dem 12. Jahrhundert entlang den skizzierten Hauptachsen erfolgt sein wird. In deren Nähe haben sie auf der Rurhochfläche ihre ersten Rodungen angesetzt (vgl. Kap. 3), während der Rurtalbereich länger abseits blieb.

Anmerkungen

1 Lagerbuch 1649 des Amtes, fol. 26r (StaMON 1. Abt. G 2).

2 Dazu: E. Neuß: Kommissar Henrich Rhoedingen über die Schulter geschaut, in: V. Honemann u.a.(Hg.): Sprache und Literatur in den *Nideren Landen*, S. 181–193.

3 M. Nikolay-Panter: Würselen zwischen Mittelalter und Neuzeit, in: M. Wensky – F. Kerff (Hg): Würselen, S. 37f.; vgl. auch G. Droege: Landrecht und Lehnrecht im hohen Mittelalter, S. 135f.

4 F. Steinbach: Ursprung und Wesen der Landgemeinde nach rheinischen Quellen, in: F. Petri – G. Droege (Hg.): Collectanea Franz Steinbach, S. 566ff.

5 S. Graumann: Französische Verwaltung am Niederrhein, S. 73–92.

6 E Neuß (Hg.): Weistümer Nr. 25, 26.

7 LAV NRW R, Jülich-Berg III 980.

8 E. Neuß (Hg.): Weistümer, Nr. 27 und F. Toussaint: Seit wann brennt man Torf? EHV 11 (1936) S. 189f.

9 Protokollbuch Reichenstein I (LAV NRW R, Reichenstein RuH 1, fol. 11r–12r).

10 R. Lückmann: Vennhäuser, Kap. 5ff.; vgl. Kap. 3.c.

11 Lagerbuch I, fol. 263r (StaMON 1. Abt. G 2).

12 Lagerbuch II, fol. 67–70 und 75–86 (StaMON 1. Abt. G 2a).

13 P. Schreiber: Die Pest im Jülicher Amt Monschau, EHV 34 (1962) S. 80f.

14 Erste Hinweise dazu E. Neuß: Simmerath (Teil 2), ML 34 (2006) S. 32.

15 G. Krings: Bevölkerungsentwicklung in Konzen und Imgenbroich 1640–1970, 2016.

16 Lagerbuch I, fol. 33–128 (StaMON 1. Abt. G 2).

17 W. Güthling: Zur Geschichte des Amtes Monschau, EHV 15 (1940) S. 86 und H. Steinröx: Steuerlisten des Amtes Monschau aus dem Jahre 1551, EHV 31 (1959) S. 24-32.

18 W. Güthling (wie vorige Anm.) S. 67f. und S. 99.

19 Lagerbuch II, fol. 61ff. (StaMON 1. Abt. G2a)

20 E. Neuß (Hg.): Weistümer Nr. 26.

21 W. Janssen: Neue Wege und Formen territorialer Verwaltung am Niederrhein, RhVB 58 (1994) S. 133–148 mit grundlegenden Beobachtungen.

22 E. Neuß (Hg.): Weistümer Nr. 16.

23 Vgl. für die folgenden Zeit J. Kreitz: Das Verkehrsnetz, in: H. Prümmer (Red.): Das Monschauer Land, S. 367f.

24 H. Karthausen: Diesch – Flüx – Abissage, ML 36 (2008) S. 146f.

25 Wie Anm. 22.

26 RhWB VIII Sp. 690.

27 Vgl. auch K. Kirch: Die Rurtalsstraße – ein Jahrhundertprojekt in drei Phasen, ML 43 (2015) S. 91–112.

28 Weiteres dazu bei H. Steinröx: Reinartzhof und Hattlich, S. 20ff.

29 Dazu H. .Lauscher: Zur Geschichte der Heilsteinquelle bei Einruhr, ML 33 (2005) S. 10–22.

30 E. Neuß: Simmerath, ML 34 (2006) S. 30f.

31 H. Schiffers: Die erste Postwagen-Verbindung Düren – Monschau, EHV 14 (1939) S. 61–63.

13. Die kirchlichen Verhältnisse

a. Anfänge des Schulwesens

Mit dem Zusammenbruch der römischen Zivilisation links des Rheins und der Herrschaft der fränkischen Barbaren – so die zeitgenössische Bezeichnung aus Sicht der römischen Reichsbevölkerung – war auf dem Lande fern von Städten auch die Verbreitung von Kulturtechniken wie Lesen und Schreiben und damit auch ein gewisses Bildungsniveau geschwunden. Allein in Klöstern wurde das Erbe der Antike bewahrt und weiter überliefert, indem man die bedeutendsten Texte der Tradition auf den dauerhaften Beschreibstoff Pergament übertrug. Erst in den Tagen Karls des Großen, der sich dezidiert als Herrscher der westlichen Christenheit verstand, wurde das als schwerwiegender Mangel, insbesondere für die Heranbildung von Priestern erkannt. Auf seine Initiative kam es jetzt vermehrt zur Einrichtung von Schulen verschiedenster Art an Domkirchen, Stiften und in Klöstern, so dass Schule durch das ganze Mittelalter hindurch als selbstverständliche Angelegenheit der Kirche und ihrer Einrichtungen begriffen wurde. Es brauchte noch Jahrhunderte bis solche Ideen in ländlichen Regionen fern von größeren Städten angekommen waren und in breiterem Umfang wirksam wurden. Noch bei der herzoglichen Kirchenvisitation von a.1559 heißt es zu Monschau: *Haben weder broderschaft, spital noch schul.*[1] Umso weniger waren Schulen in den Landgemeinden zu erwarten. Ob bei den Stiftsdamen in Reichenstein im Kloster der ersten Jahrhunderte Lese- und Schreibkünste gepflegt wurden, ist möglich, aber nicht sicher überliefert; wohl aber liegen Schriftzeugnisse vor, die von Mitgliedern des a.1487 eingerichteten Männerkonvents verfasst sind. Da für die hier behandelten Jahrhunderte Zeugnisse über eine nennenswerte Kontaktpflege in geistlichen Fragen zwischen dem Kloster und den Bewohnern des Umlandes nicht überliefert sind, kann die Klostergeschichte im vorliegenden Zusammenhang beiseite bleiben.

Ziel der herzoglichen Erkundigungen der 1550er Jahre war u.a. auch, den Bildungsstand der Geistlichen und der Bevölkerung zu erforschen und zu heben. So kam es auf Anordnung des Herzogs Johann Wilhelm (1592–1609) im ausgehenden Jahrhundert dazu, aus den Pacht- und Verkaufseinnahmen der konfiszierten Güter der Täufer den Geistlichen an der Monschauer Schlosskapelle und einen Schullehrer zu finanzieren.[2] Dadurch sollte auch den täuferischen Predigern entgegen gewirkt werden, die nach wie vor im Lande auftraten. Als erster Schullehrer im ganzen Amt ist für Monschau, kurz vor dem Ende der hier behandelten Zeit, in der vom Forstmeister Mattheis Brewer zu 1597/98 erstellten Rechnung, der ›Schulmeister‹ Heinrich Aldenhoven bezeugt,[3] der seinem Familiennamen nach aus dem »bildungsnäheren« Jülicher Land stammte. Gemäß der herzoglichen Anweisung an den Amtmann, die der Rechnung beiliegt, wurde für ihn ein Jahresgehalt von 120 Talern bestimmt, worin der Dienst als *offerman* (Küster) an der Schlosskapelle eingeschlossen war. Die Regelung galt unverändert für seinen Nachfolger weiter, den a.1600 aus Linnich herbeigeholten Wilhelm Braun. Als der Forstmeister den Umzug für den neuen ›Schulmeister‹ und seine Familie organisierte, musste er feststellen, dass die alte Schule *klein und verfallen* war, so dass er die Neuankömmlinge im Haus bei ›Efferens Turm‹ (späteres ›Richters Eck‹) unterbrachte. Erst mit dem neuen Jahrhundert kam das Schulwesen im Lande schrittweise in Gang, dichter dann im 18. Jahrhundert, wie die kirchlichen Visitationsberichte ergeben, so dass dieses Thema hier nicht weiter zu verfolgen ist. Es dürfte aber mit diesen wenigen Hinweisen hinreichend erklärt sein, wieso sich die herzoglichen Räte a.1516 bei der Novellierung und Kodifizierung des Monschauer Landrechts veranlasst gesehen haben, Protokollierung von Verhandlungen und Eintragung von Gerichtsbeschlüssen in ein Gerichtsbuch zu verlangen oder dass noch lange Jahre hindurch bei Zeugenaussagen eigens vermerkt ist, wer den Eintrag beglaubigt hat, da der Zeuge *Lesens und Schreibens unkundig*.

b. Der Forstbezirk Konzen als Pfarrsprengel

Der Forsthof Konzen verfügte wohl schon von frühesten Zeiten der Forstorganisation an über eine Kirche, sicher aber seit den Tagen Karls des Großen. Mit seinem Namen ist die im Aachener Marienstift gepflegte Tradition verbunden, dass mit der Einrichtung einer Kanonikergemeinschaft (Stift) an der Pfalzkirche auch die Schenkung der Konzener Kirche an das Stift auf den Kaiser zurückgehe und die Verbindung mit Aachen daher schon vor die Nonenschenkung König Lothars II. zurückreiche. Das war in der Geschichtsforschung lange Zeit eine breit erörterte Streitfrage, die sich im Kern am Rechtsstatus des Stifts bei der Pfalzkirche entzündet hatte. Sie kann aber mittlerweile nach den Untersuchungen von Ludwig Falkenstein und Rainer Nolden[4] als nicht mehr in Frage gestellt und allgemein anerkannt gelten.[5] Aus dieser engen Verbindung der Konzener Kirche zu Karl dem Großen und Aachen ergeben sich zwei wichtige Folgerungen, von denen die erste schon im ersten Kapitel angesprochen worden ist.

Diese betrifft den Bau selbst, der – den wenigen Indizien nach, die ohne Schriftüberlieferung noch greifbar sind – mit hoher Wahrscheinlichkeit noch als Rest im Gemäuer des Chors der Pankratiuskapelle auf dem Konzener Friedhof erhalten ist.[6] Ihre heute vorliegende Gestalt hat die Kapelle zwar erst als Gedenkstätte für die Gefallenen des Gefechtes bei Konzen von a.1400 erhalten (vgl. Kap. 1.b und 6.d), der Ostchor hat aber noch einem Vorgängerbau angehört, dessen nach Westen anschließender Grundriss kurz nach 1904 ergraben worden ist. Ein Bauwerk aus Stein statt – wie üblich – aus Holz muss aber für die Zeit der Wende vom 8. zum 9. Jahrhundert, zudem fern einer Stadt im tiefen Forst, als außergewöhnliche Besonderheit gelten. Derartiges konnte nur von einem machtvollen und finanzkräftigen Bauherrn ins Werk gesetzt werden. Bei diesem äußerst ungewöhnlichen Sachverhalt drängt sich die Vermutung auf, zugleich mit der Kirchenschenkung auch einen Zusammenhang mit dem Ausbau der Pfalz Aachen durch Karl den Großen anzunehmen. Dem passionieren Jäger Karl, der auch nach dem Zeugnis seines Biographen Einhard regelmäßig morgens die Messfeier besuchte,[7] hätte auf diese Weise für seine Jagdaufenthalte im nahen Forsthof Konzen auch eine angemessene Kirche zur Verfügung gestanden (vgl. Kap. 1.b).[8]

Die andere Konsequenz ergibt sich aus der Schenkung als solcher. Durch sie war die weitere kirchliche Entwicklung im Forstbezirk festgelegt. Die Kirche gehörte als sog. ›Eigenkirche‹ dem Marienstift[9] und war ihm als dem Eigentümer unterstellt. Sie war dadurch, solange dieses Eigenkirchenwesen bestimmend blieb, in mehreren Hinsichten der vollen bischöflichen Gewalt entzogen. Insbesondere bestimmte ein Eigenkirchenherr – hier also das Marienstift – Auswahl und Einsatz des Geistlichen an der Eigenkirche, was in Fällen von weltlichen Eigenkirchenherren oft genug zur Anstellung von mangelhaft ausgebildeten Priestern führte. Aus dieser Rechtslage folgten die Widerstände, die das Marienstift noch im 16. Jahrhundert und später allen Bestrebungen nach ortsnaher seelsorgerischer Betreuung durch vollberechtigte Kirchen mit ständigem Seelsorger entgegensetzte, durch die der Rechts- und Einkünftebereich des Stiftes geschmälert worden wäre. Wichtig für die Folgezeit ist außerdem festzuhalten, dass die Inkorporierung in das Marienstift die Bistumszugehörigkeit von Konzen nicht beeinträchtigte: Während Aachen zum Bistum Lüttich gehörte, fiel Konzen nach dem traditionellen Territorialprinzip in das Erzbistum Köln, woraus sich Folgen für die Einrichtung des Send ergaben.

Nachdem im *capitulare de villis* bestimmt worden war (s. Kap. 1.b), dass der übliche kirchliche Zehnte jeweils der Kirche des zugehörigen Hofes zufließen sollte, stand dieser Zehnte folgerichtig wie auch der Neunte aus der Lotharschenkung (vgl. Kap. 1.b) dem Marienstift als Eigentümer zu. Die zu einer Zehntleistung herangezogene Gemeinde bei der Kirche wird allerdings noch lange Zeit überschaubar klein geblieben sein, solange sie im wesentlichen allein aus dem Personal des Königshofes bestand und der Forst der Umgebung noch kaum erschlossen war. Das änderte sich mit dem Burgenbau, der Aneignung und zunehmenden Erschließung des Forstbezirks durch die Grafen/Herzöge von Limburg vom ausgehenden 11. Jahrhundert an, als mit den angeworbenen Siedlern auch die Bevölkerungszahl ständig anwuchs. Nun wurde die Kirche zur Pfarrkirche im vollen Sinn, deren zugehöriger Pfarrsprengel den ganzen Forstbezirk umfasste.[10] Rodung und Siedlung müssen im Kernraum des Forstbezirks bis kurz nach der Mitte des 12. Jahrhunderts so weit vorangeschritten gewesen sein, dass der Bau einer neuen, größeren Kirche erforderlich wurde (vgl. Kap. 2.d), die man wenige Schritte neben der karolingischen Kapelle aufführte. Ihre Errichtung wird nach dem Urteil von Kunsthistorikern »spätestens um das Jahr 1160« angesetzt.[11] Dieser Zeitansatz scheint durch das Gussdatum einer verlorenen Glocke (a.1166) motiviert gewesen zu sein. Deren Weg nach Konzen aber dürfte im Zusammenhang mit der Kanonisierung Karls des Großen a.1165 stehen, die auf Betreiben des Kaisers Friedrich I. Barbarossa zustande gekommen war, wenn dieses Ereignis nicht überhaupt den Anstoß für den Kirchenneubau gegeben hat.[12] Der Annahme eines um einige Jahrzehnte früheren Kirchenbaus stehen aber auch

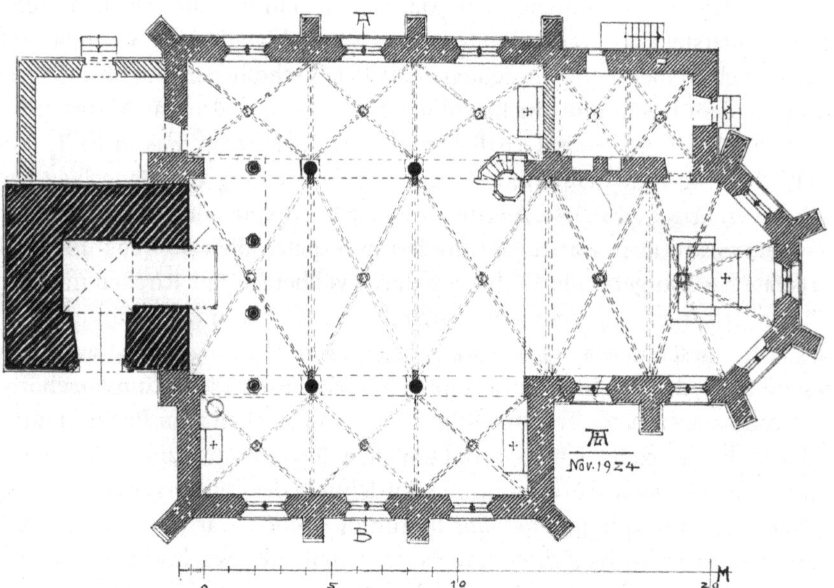

(Abb. 24) Grundriss der spätmittelalterlichen Pfarrkirche von Konzen mit Kennzeichnung der älteren Bauteile des 12. Jahrhunderts.

keine ernsthaften Argumente entgegen. Einige Bauteile der heutigen spätgotischen Kirche des 15. Jahrhunderts, deren Außenmauern auf der Südseite und im Chor erhalten sind, stammen noch aus diesem ersten Bau des 12. Jahrhunderts. Dazu gehören insbesondere die unteren Turmgeschosse und das Taufbecken.[13] Durch den Kirchenbau wird die andere Komponente der Stiftsrechte neben der Zehnterhebung unmittelbar anschaulich, der sog. ›Patronat‹.[14] Danach oblagen dem Eigentümer Bau und Instandhaltung der zugehörigen Gebäude sowie die Einsetzung und der Unterhalt eines Geistlichen. Daher soll im Folgenden Näheres zur konkreten Ausgestaltung der beiden Komponenten Zehnt und Patronat durch das Marienstift als Eigentümer der Kirche zur Sprache kommen. Genauer muss es dann allerdings mit Blick auf den Forstbezirk in seiner Gesamtheit besser ›der Kirchen‹ in der Mehrzahl heißen, denn die Einrichtung einer zweiten Pfarrkirche in Simmerath fiel noch unter eben dieselbe Rechtstradition und teilte nun das ursprüngliche Pfarrgebiet = Forstbezirk auf zwei Pfarrkirchen auf, wie die weitere Geschichte des Zehnten zeigt. Dieser blieb nämlich als Gesamtgröße unverändert bestehen. Über die mit der Aufgliederung verbundenen Vorgänge in der ersten Hälfte des 14. Jahrhunderts sind keinerlei Nachrichten erhalten. Die für eine Datierung entscheidenden Jahrzehnte lassen sich jedoch dadurch eingrenzen, dass der ›Liber valoris‹,[15] ein Verzeichnis der Kirchen im Erzbistum Köln bis a.1308, aus dem hier infrage kommenden Dekanat Zülpich allein die Kirchen von Konzen und Reichenstein kennt, dass aber ein Rundschreiben vom Oktober 1346 an eine Reihe von Pfarrern, erlassen vom Offizial (Leiter der bischöflichen Gerichtsbehörde) der Kölner Kurie, gleich nach dem Pfarrer *in Cumptze* auch den *in Semenrot* als Adressaten aufführte.[16] Als Folge des Schweigens der Quellen über diese Einrichtung einer weiteren Pfarrkirche ist bisher nicht genügend gewürdigt worden, dass auch diese zweite Kirche mit ihrem Pfarrbezirk unter der gleichen Zuordnung und Abhängigkeit vom Marienstift stand und der Gesamtsprengel der Anfänge unverändert gleich geblieben ist. Deshalb wird auch diese zusätzliche Pfarrei so »geräuschlos« zustande gekommen sein; denn anders als die Abtrennung von Simmerath als zweiter Pfarrkirche riefen regelmäßig spätere Ansätze zur Einrichtung neuer Kirchen mit dem Rechtsstatus von Pfarrkirchen seit der Reformation heftige Widerstände von Seiten des Stifts gegen alle Versuche hervor, diese aus der altüberlieferten Pfarrorganisation zu entlassen. Allerdings ist ein gewisser Vorrang von Konzen gegenüber der neuen Pfarrkirche in Simmerath geblieben, der nicht zuletzt darin zum Ausdruck kam, dass der Send für den ganzen ursprünglichen Pfarrbezirk mit Einschluss von Simmerath in der Konzener Kirche stattfand. Auch kam die a.1475 von Herzog Wilhelm IV. erneuerte Armenspende am Gründonnerstag an der Kirche in Konzen zur Verteilung (vgl. Kap. 8.c).

Die beiden Pfarrbezirke (zeitgenössisch *kirspel* ›Kirchspiele‹ genannt) wurden durchweg als ›unterstes/niederstes‹ (Simmerath) und ›oberstes‹ (Konzen) gekennzeichnet.

Der Kirchenzehnt und das Zehntgebiet

Der Kirchenzehnt bestand in den ersten Jahrhunderten als Naturalabgabe.[17] Anlässlich eines Sends, des geistlichen Rügegerichts, in der Konzener Kirche im Juli 1289 bestimmten Dekan und Kapitel der ›Christianität‹ (Dekanat) Zülpich auf Antrag von Dekan und Kapitel des Marienstiftes in einer lateinischen Erklärung,[18] woraus diese Zehntabgaben bestehen sollten: nämlich aus ›allem beweglichen Zuwachs, der durch Wind und Regen beeinflusst‹ wird, also dem üblichen Erntegut an Getreide und Heu. Zusätzlich sind aber auch genannt junge Hühner, Lämmer, Gänse, Kälber und Fohlen, schließlich Flachs und Hanf. Die letztgenannten Feldfrüchte fielen genau genommen schon unter die erste Rubrik; sie wurden aber wohl nicht regelmäßig angebaut und deshalb eigens genannt. Zum Verfahren der Erhebung ist weiter nichts gesagt. Im Fall von Getreide war es einfach, die geernteten Garben abzuzählen und jede zehnte einzuziehen, ähnlich im Fall von Haustieren mit einer größeren Zahl von Nachkommen aus einem Wurf oder einer Brut. Die Berechnung bei Kälbern und Fohlen machte eher Spezialregelungen nötig (vgl. Kap. 11.b). Das Erhebungsverfahren samt seinen Veränderungen und das Zehntaufkommen durch die Jahrhunderte hat Reiner Nolden ausführlich auf der Grundlage der Kellnereirechnungen des Marienstiftes berechnet und mitgeteilt,[19] wie sie von a.1366/67 an vorliegen. Erhebungsgebiet war ursprünglich der gesamte Forstbezirk, was u.a. daraus zu folgern ist, dass a.1265 Walram II. von Monschau und seine Frau Jutta von Ravensberg zwei Drittel des Rodezehnten und der Eichelnutzung vom Marienstift in Pacht nahmen. Aus den Modalitäten des Abkommens ergibt sich, dass zu dieser Zeit im Forst erkennbar gerodete Gebiete vorkamen (das spätere ›Feldgeleit‹), deren Zehnten (Feldwirtschaft) unverändert nach Aachen gingen, und Waldstrecken (das spätere ›Waldgeleit‹), deren charakteristische Zehnten (Rodung, Eichelmast) der Herr von Monschau in Pacht genommen hatte. Von diesem weiterreichenden Rechtsanspruch auf die Waldstrecken als Zehntgebiet ist aber von Seiten des Stiftes später nirgends mehr die Rede, so dass sich im Verlauf des 14. Jahrhunderts als Zehntgebiet der beiden Pfarrkirchen das ›Feldgeleit‹ im Gerichts- und (älteren) Forstbezirk gegenüber dem restlichen ›Waldgeleit‹ herausbildete (vgl. Kap. 3.c). Es handelte sich – grob skizziert – um die von einigen Bachtälern (Kall, Tiefenbach, Belgenbach) zerschnittene Hochfläche zwischen dem Vennrücken und dem Lauf der Rur.[20] Eine früher gern vorgenommene Rückdatierung dieser Unterscheidung bis in die karolingische Zeit lässt sich nicht stichhaltig begründen; sie kann erst im Gefolge der von den Limburgern in Gang gesetzten großräumigen Waldrodung entstanden sein. Trotz des Verlustes von Rode-und Schweinezehnt muss sich im Stift aber einiges Wissen über die Ausdehnung des ursprünglichen Sprengels und seiner Geltung für die Pfarrorganisation gehalten haben, denn bei allen späteren Bestrebungen nach zusätzlichen Kirchen sah sich das Stift veranlasst, seine älteren Rechte als Pfarrherr einzufordern, auch wenn solche Neubauten weit außerhalb des Siedlungskerns im Waldgeleit lagen wie Kalterherberg und Zweifall. In diesem Zusammenhang ist bemerkenswert, dass der Raum ›zwischen Kall und Rur‹ im Nordosten des Landes unterhalb Nideggen, der seit dem 14. Jahrhundert unter dieser Bezeichnung erfasst wurde, ganz aus dem Blick des ursprünglichen Zentrums Konzen und damit auch des Marienstiftes geraten war (vgl. Kap. 8). Denn die herzogliche Visitation von a.1550 führte eine Kapelle ohne Rechte zur Sakramentenspende in Hetzingen auf: *gehoren under die moderkirch Berg vor Nideggen. Ob paupertatem* [›aus Armut‹] *blift si unbedient.* Nur gelegentlich finanzierten die *nachbarn* einen Geistlichen für eine Messfeier. *Niemantz nimpt sich der collation* [›der dauerhaften Einsetzung und Finanzierung eines Geistlichen‹] *an.*[21] Die Inhaber der Herrschaft mit den Höfen Hetzingen und Brück haben auf Einrichtung und Nutzung der Kapelle offenbar keinen Einfluss genommen.[22]

Bis zum Einsetzen schriftlicher Rechnungsführung im Marienstift waren im Erhebungsverfahren Veränderungen eingetreten. Der Lämmerzehnt wurde in Geld erhoben, andere Nutztiere sind gar nicht mehr genannt, wohl aber erscheinen solche Tierzehnte später unter den herrschaftlichen Abgaben (vgl. Kap. 11.b). Pflanzlichen Zehnt erhob das Stift zur Zeit schriftlicher Rechnungsführung aus dem Feldgeleit allein in Hafer als dem nach Klima und Bodenbeschaffenheit gängigen Getreide. In Zehntscheunen einzelner Orte wurden die Hafergarben gesammelt, in der Winterzeit ausgedroschen und das Getreide in Teilen nach Aachen geschafft. Die beim Stift gebräuchliche Maßeinheit war – anders als der ›Malter‹ im Umkreis der Jülicher Herrschaft – die ›Müdde‹ (aus lat. *modius*), die etwa 235 Liter fasste. Die dokumentierten Erträge schwanken im hier thematisierten Zeitraum stark, die Werte konnten bis zu 600 Müdden (selten) betragen oder auf 90 Müdden »abstürzen«. Über längere Zeiträume gesehen kann man mit ca. 200–300 Müdden im Jahresdurchschnitt rechnen. Im Lauf der Zeit ging das Stift dazu über, die mit der Abwicklung verbundenen Arbeitsschritte auszulagern und Zehntpächtern zu übertragen, die eine vorher ausgehandelte Geldsumme dafür vorstreckten, ein Verfahren, das auf herrschaftlicher Seite bei der Erhebung von Zöllen im Gebrauch war, den Missbrauch begünstigte und schon in neutestamentlicher Zeit den miserablen Ruf der Zöllner begründete (Markus 2, 15f.; Lukas 15, 1f.). Die Erträge wurden nicht alle nach Aachen geschafft; aus Erlösen des Verkaufs waren nämlich auch die nicht unbedeutenden Kosten zu bestreiten, die sich durch die Verpflichtungen aus dem Patronat ergaben.

Das Marienstift als Kirchenpatron

Die gesammelten Verpflichtungen des Stifts sind in den Bestimmungen des Weistums der Konzener Kirche niedergelegt, das a.1553 auf Veranlassung des Amtmannes Christoph von Rolshausen d.Ä. von den Sendschöffen und den Gerichtsschöffen gewiesen wurde.[23] Die einzelnen Inhalte sind zweifellos nach dem gleichen Muster wie beim Vogtgeding des Landgerichts durch Jahrhunderte mündlich weitergereicht worden. Ob schon ältere Aufzeichnungen vorgelegen haben, ist nicht bekannt, aber durchaus möglich. Im einleitenden Abschnitt ist vermerkt, dass in den Zerstörungen des Geldernschen Kriegs a.1543 *alle rollen und schriftliche bescheit davon verruckt und verlohren ist worden*. Die Schöffen beriefen sich auf Nachrichten, die sie vor etwa 50 Jahren (d.h. ca. a.1500) beim Send zu Konzen gehört hätten Die inhaltlichen Bestimmungen galten, ohne dass sie ausdrücklich mit Namen genannt wird, durchweg auch für die Simmerather Kirche, wie die dort geübte Praxis erweist.[24] Ein eigenes Weistum für die Simmerather Pfarrkirche scheint es nicht gegeben zu haben. Allerdings wird regelmäßig der Hinweis auf den Verlust aller schriftlichen Unterlagen im Geldernschen Krieg bei passender Gelegenheit wiederholt, so auch in Simmerath bei der Visitation a.1550 von Nicolaus de Vucht, dem Benediktiner, der als Beauftragter (*mercenarius*) des Marienstiftes die Pfarre bediente.[25] Die Patronatspflichten bestanden in folgenden Aufgaben:

1. Das Kapitel bestellt und besoldet einen *wolgeleirten* [›wohlgelehrten‹] *weltlichen priester zu Contzen off den widdenhof... do die gemein kirßpels leude wohl mit zu frieden sein*. Angesichts der erschreckenden Mängel an theologischer Elementarbildung vieler Pfarrgeistlichen, wie sie bei den herzoglichen Visitationen von a.1550 und den folgenden Jahren allenthalben zutage traten,[26] war die Forderung keine leere Floskel. Der Pastor sollte jederzeit zur Sakramentenspendung auf dem *widdenhof/wydom hoff* (Pfarrhaus) erreichbar sein. Da er vom Stift besoldet wird, haben seine (religiösen) Dienstleistungen kostenfrei zu sein.
2. Das Kapitel unterhält das ›Ewige Licht‹ (*eyn brennende lamp zu haldenn alle zeit*) in der Kirche. Dazu muss der Verantwortliche notfalls auch *umb die halff nacht* aufstehen und es von neuem anzünden.
3. Das Kapitel stattet den Hochaltar mit Leuchtern und Gerät aus, *dergestalt, das gott damitt geehrett werde.*

4. Das Kapitel hält das Kirchenschiff in gutem Bauzustand.
5. Das Kapitel ist zuständig für das Geläut.
6. Das Kapitel hält das Pfarrhaus (*denn widemhouff*) in gutem Bauzustand.
7. Das Kapitel unterhält in jeder Gemeinde (*naberschaff*) im Feldgeleit einen Zuchtstier (*eynen neuttell oder reidtsteyrenn*) sowie einen weißen und einen schwarzen Widder.
8. Für diese genannten Leistungen erhält das Kapitel den Zehnten aus dem Feldgeleit.

Der Punkt 8 stellte ausdrücklich die Verbindung von Zehnt und Patronatspflichten her. Gemäß Punkt 7 war das Kapitel in gewisser Weise an der Erwirtschaftung des Zehnten mit beteiligt, soweit es um Zehnten aufgrund der Tierhaltung ging. Zum Punkt 5 (Geläut) gibt es einen aufschlussreichen Beleg für einen tatsächlichen Vollzug: Beim Brand der Konzener Kirche a.1869 ist eine Glocke mit dem Wappen des Stiftskapitels vernichtet worden, die laut Inschrift aus dem Neuguss einer Glocke von a.1166 hervorgegangen war.[27]

Besonders anzumerken ist, dass das Weistum in zwei Fassungen überkommen ist, einer ausführlicheren, die Interessen des Kirchenvolks stärker hervorhebenden Konzener Version und einer demgegenüber eher wortkargen Aachener Fassung. Die breite Darlegung der Gemeindeinteressen dürfte sich als eine Folge der recht spät erfolgten Aufzeichnung erklären, als Gedanken der reformatorischen Bewegungen im Lande umliefen und sich vertiefte religiöse Bedürfnisse vermehrt zu erkennen gaben. Denn was die Einsetzung eines Geistlichen angeht, verlangte die Konzener Fassung zu seiner Person nicht nur, dass die *kirßpels leude* mit ihm zufrieden sein sollten, ein Punkt, der regelmäßig zum Fragenkatalog der herzoglichen Visitatoren der 50er Jahre gehörte. Die Schöffen verlangten auch für den gegenteiligen Fall: *moegen sey den selben wiederumb gegen Aichen schicken umb einen anderen*. Dieser Satz fehlt – wenig verwunderlich – in der Aachener Fassung. Er wäre in der Zeit vor den Ereignissen der Reformation wohl auch schwerlich geäußert worden; er verdeutlicht das gestiegene Selbstbewusstsein gegenüber der kirchlichen Hierarchie. Außerdem wird deutlich, dass die Gemeindemitglieder besonderen Wert auf verlässliche Seelsorge, insbesondere Versehgänge bei Krankheiten und drohendem Todesfall (*undt soll gemelter pastor von stondt dem krancken zu folgen bereit sein undt ihme sein sacramente zu reichen*) zur Sicherung ihres Seelenheils legten, was die ständige Erreichbarkeit des Geistlichen erforderlich machte. Bei der Ausdehnung der Pfarrbezirke war jedoch eine zufriedenstellende Durchführung auch bei bestem Willen nicht zu bewerkstelligen. Es zeichneten sich damit im Weistum die auch anderwärts aufkommenden Bestrebungen ab, die noch über das folgende Jahrhundert hinaus die Einrichtung näher gelegener und vollberechtigter Kirchen mit ständigen Geistlichen verlangten. Das wiederum beförderte die Widerstände des Stifts, das sich gegen die Abtrennung weiterer Pfarreien sperrte. Außerdem enthält das Weistum Indizien dafür, dass mit zunehmender »staatlicher« Verwaltung und Organisation die weltlichen Obrigkeiten sich vermehrt in kirchlichen Angelegenheiten zuständig sahen. So verlangte der Schlussabschnitt (in beiden Fassungen!) das Eingreifen des Amtmanns für den Fall, dass das Stift seinen Verpflichtungen nicht oder nicht ausreichend nachkommen würde. Er sollte die Zehntleistungen bis zu einer Klärung von Streitigkeiten beschlagnahmen, was dem Verfahren der forstrechtlichen Pfändung entsprach. In derselben Weise wurde der Amtmann durch einen eigenen Paragraphen (nur in der Konzener Version) ermächtigt, Druck auf den Pastor auszuüben, wenn dieser der Vereinbarung über eine zusätzliche Messe in der Woche über die Sonntagsmesse hinaus, in der Regel mittwochs, nicht nachkommen sollte. Als Lohn dafür war nämlich eine angemessene Ladung Heu gestiftet worden, woraus zu ersehen ist, dass noch in der hier behandelten Zeit der Pastor einen bäuerlichen »Nebenbetrieb« führte. Im Streitfall sollte das Heu *der oberkeit verfallen*. Nach Auskunft der Visitation von a.1550 war eine solche »Mittwochsmesse« auch in Simmerath aus dem Ertrag des *Eschbends* eingerichtet gewesen, über den zur Zeit der Visitation noch gestritten wurde.[28]

Eine eher kuriose Sonderregelung der Konzener Weistumsversion besagte schließlich für den Fall, dass die Gemeinde eine größere Glocke als die bisher vom Stift gestellte anschaffen sollte, von Aachen wieder eine noch größere zu besorgen sei, damit *genante herren daß oberste geleuth haben*.

Die Kirchen in Monschau, Zweifall und Kalterherberg

Schon im Jahrhundert vor der Aufzeichnung des Konzener Kirchenweistums war offenkundig geworden, dass die in der Karolingerzeit mit Konzen grundgelegte, im 14. Jahrhundert um Simmerath erweiterte, danach aber nicht mehr angepasste Pfarrorganisation den tatsächlichen Siedlungs- und Bevölkerungsverhältnissen nicht mehr gerecht wurde.[29] Auch wenn keine unmittelbaren Zeugnisse über die religiösen Vorstellungen und Wünsche der Bevölkerung im Monschauer Land überkommen sind, so ist doch so viel erkennbar, dass im späteren Mittelalter das Verlangen nach »ortsnaher« Seelsorge zunahm. Dazu gehörte vor allem die Sorge um einen rechtzeitigen Empfang der Sterbesakramente vor dem Tod. Dem standen gerade im Monschauer Land die weiten Entfernungen der beiden Pfarrkirchen von den meisten Siedlungen entgegen. So verfügte auch der einzige Stadtrechtsort und Verwaltungssitz des Amtes, erst im Lauf der Jahrhunderte zum neuen Zentralort anstelle von Konzen aufgestiegen, nicht über eine »richtige« Kirche. Zwar gehörte zu einer Burg von Anfang an eine Kapelle, und in den 60er Jahren des 14. Jahrhunderts war sie durch die große Kapelle in der Vorburg ersetzt worden (Erstzeugnis 1369). Sie war jedoch zuerst für die Burginsassen gedacht; wie weit sie für die Bewohner des Tals offenstand, ist nicht überliefert. Sie verfügte jedenfalls nicht über die pfarrkirchlichen Rechte, gemäß denen nur in bzw. bei der Pfarrkirche Amtshandlungen, insbesondere Sakramentenspendung wie Messfeiern, Taufen, Eheschließungen, Taufwasserweihen oder Beerdigungen vorgenommen werden konnten. Denn die Rechte dazu (und die damit verbundenen traditionellen Einnahmen der Pfarrer, die sog. ›Stolgebüren‹) standen dem Inhaber der Pfarre zu. Ob das Kirchenvolk die spitzfindige Unterscheidung nachvollzogen hat, wonach für derartige geistliche Leistungen keine »Bezahlung« verlangt werden dürfe, dass aber die Gläubigen im Nachhinein zum Unterhalt der Geistlichen beitragen sollten, darf bezweifelt werden.[30] Gleichwohl dürfte die Schlosskapelle als recht großes Gebäude spätestens seit der Jülicher Zeit von den Amtsträgern und Stadtbewohnern als Regelkirche genutzt worden sein. Diese Gewohnheit wurde mit einer Urkunde Herzog Wilhelms IV. vom 15. Juni 1486 (zehn Jahre nach der ersten Jülicher Stadtrechtsbestätigung!) abgesichert,[31] indem er die Hälfte der Zolleinkünfte in Kalterherberg für die Schlosskapelle stiftete. Die andere Hälfte ging zu gleichen Teilen an die Pfarrkirchen von Konzen und Simmerath. Deren alter Vorrang wurde damit – gewissermaßen als »Trostpflaster« – anerkannt, gleichzeitig aber auch eingeschränkt; denn die Stiftung diente der dauerhaften Anstellung eines Geistlichen für sonntägliche Messfeiern zugunsten der Einwohner *der statt unnd dalß Monioie*. Zur Begründung führte der Landesherr an, dass die zuständige Pfarrkirche *fast* [›sehr‹] *weitt unnd fern gelegen ist,* Schloss und Tal aber unbewacht blieben, wenn die gesamte Einwohnerschaft zur sonntäglichen Messe nach Konzen unterwegs sei. Zur Schenkung gehörte außerdem ein Haus (*under dem Haller gelegen*), das einem verstorbenen Priester namens Winand gehört hatte und das für den neuen ständigen Geistlichen gedacht war. Offenbar hatte die mit der Schenkung auf Dauer gestellte Lösung schon Vorläufer. Sie hatte Bestand bis zur Einrichtung einer selbständigen Pfarre Monschau/Höfen a.1639 in der hier nicht mehr behandelten Zeit. Sie wird bestätigt durch die herzoglichen Visitationen der Jahre 1550, 1559 und 1582 und die Rentmeisterrechungen 1565/66, als dem Kaplan Peter von Boisseler, ehemaligem Aachener Karmelitermönch, 10 Gulden aus dem Zoll angewiesen wurden, und 1579/80, als Matheis Eysser, früherer Pastor in Berg (zwischen Maastricht und Valkenburg), sein Amt antrat. Gemäß den Visitationsberichten steuerten die Bürger zum Unterhalt des Geistlichen bei. Es ist anzunehmen, dass man aus Monschauer Sicht diese Lösung wie eine reguläre Pfarrkirche angesehen hat (vgl. oben Kap. 10.b und 11.a). Nachweise dafür, dass Chorherren aus Reichenstein vor der Gründung einer Pfarre Monschau (a.1639) den Dienst an der Schlosskapelle versehen hätten, liegen – trotz beliebter ständig wiederholter Behauptung[32] – nicht vor, dürften auch schwerlich noch auftauchen, denn das Recht zur Besetzung der Stelle lag beim Landesherren. Es scheint aber auch zu Unterbrechungen dieser Stellenbesetzung gekommen zu sein. Als Herzog Johann Wilhelm a.1598 den Amtmann Rolshausen anwies, ein Jahresgehalt von 200 Talern an den Kaplan der Schlosskapelle und 120 Taler für den Schulmeister zu zahlen, der auch die Küsteraufgaben versehen sollte, war nach seiner Aussage die Stelle schon länger verwaist. Die Mittel dazu kamen aus den Erträgen von Verpachtungen und Verkauf von Jahresernten der konfiszierten Güter von Täufern, über die der Forstmeister Abrechnungen erstellte (Erstzeugnis 1597/98).[33] Aus dem gleichen Aufkommen wurde 1601 eine aufwändige Renovierung der Schlosskapelle ins Werk gesetzt, dokumentiert durch eine lange Liste des beschafften Baumaterials und vergebener Arbeiten (Bauholz und Bretter aus St.Vith und Schleiden, Kalk aus Walheim, mehr als 10.000 Nägel für Dachleien u.a.m.). Das Gebäude scheint ziemlich verkommen gewesen zu sein. Über die Dacherneuerung hinaus wurden auch größere Fensteröffnungen gebrochen, mit Hausteinen gefasst, was einem Maurer aus Nideggen übertragen war. Ein großes Glasfenster wurde vom Meister Anton Truwe aus Köln bezogen, das drei Leute in einem Fußmarsch aus Köln abholten. Herbert Glasmecher aus Monschau baute es in der Kapelle ein. Ebenfalls aus Köln besorgte der Forstmeister allerlei Gerät (Leuchter u.a.) sowie vier Messbücher. Den Höhepunkt bildeten sechs in Aachen beim Meister Anton Dammethage angefertigte Bildtafeln zum Schmuck des Altars mit Darstellungen von Leben und Sterben des hl. Antonius. Offensichtlich ging das Bestreben dahin, dem Zentralort und Verwaltungssitz des Amtes auch eine »vorzeigbare« Kirche zu verschaffen. Das Recht, den Geistlichen an der Kapelle zu präsentieren, nahm der Landesherr wahr, nicht das Marienstift und auch nicht der zuständige Bischof. Der Vorgang macht deutlich sichtbar, wie selbstverständlich sich in dieser Zeit der Landesherr in einer solchen kirchlichen Angelegenheit zuständig sah und vollendete Tatsachen schuf.

Nicht lange nach der Schenkung für Monschau dotierte der Herzog (10. Oktober 1489) die Kirchengemeinde zu Simmerath (*pastor, brodermeistere unnd unse gemeine undersaßen unnd kirspelßleute unser kirchen unnd kirspelß Semerott*) durch Übertragung der Einkünfte aus einem Grundstück *am Jsenborn*.[34] Erträge daraus sollten der Förderung der vielgestaltigen, an der Kirche gepflegten Bruderschaft zugute kommen. Genannt werden für die Bruderschaft zur Verehrung der Hl. Dreifaltigkeit als Patrone die hl. Anna, die Gottesmutter Maria, dazu die Heiligen *Mattheus*, Antonius und Sebastianus sowie Barbara und Luzia. Mit *Mattheus* ist hier wohl kaum der Evangelist Matthäus gemeint, der im Rheinland keine besondere Verehrung erfahren hat, sondern eher der Apostel Matthias, dessen Grab in Trier das ganze Mittelalter hindurch ein Magnet von Pilgerreisen gewesen ist. Eine Matthias-Pilgerbruderschaft bei der Kirche zu Konzen und die Namen ihrer Mitglieder sind schon aus den letzten Jahrzehnten des 12. Jahrhunderts überliefert (vgl. Kap. 2.d). Entsprechend belegte der Rufname *Matthias* (*Theis, Thijs*) nach *Johannes* und *Peter/Petrus* durch Jahrhunderte den dritten Rang unter den beliebtesten Männernamen,[35] was im Familiennamen *Theissen* u.ä bis heute nachklingt.

Bruderschaften waren eine verbreitete und beliebte Form der religiösen Heilsfürsorge, hervorgegangen aus den mönchischen Gebetsverbrüderungen der Karolingerzeit. In Pfarreien fanden sich Bruderschaften zur gemeinsamen Verehrung eines oder mehrerer Heiligen als Patrone, zu gegenseitiger Unterstützung, zur Begräbnisbegleitung und zum Gebetsgedenken zusammen.[36] Zugleich mit der Schenkung band sich der Herzog selbst in die Bruderschaft ein, *auff daß … wir der gueter wercken theilhafftig vur unß, unßer liever haußfrawen unnd gemahll unnd unß vorfahren, erben unnd nakomlingen ewige memory unndt gedechtnuß darin gebetten werden.* Die Schenkung wird dem Herzog nicht schwer gefallen sein, denn nach seinem Bekunden war das Grundstück *unß ungelegen unnd mit allen nit nutzlich noch rentlich gewest.* Die herzoglichen Urkunden liefern wie das Konzener Kirchenweistum eine Fülle von Hinweisen darauf, wie sich vom ausgehenden 15. Jahrhundert an die landesherrliche Obrigkeit für das Seelenheil ihrer Untertanen in der Pflicht sah und auf kirchliche Belange zugriff, die eigentlich (nach Kirchenrecht) dem Bischof zustanden. So spricht die Simmerather Urkunde auch ganz selbstverständlich von *kirspelßleuten* unser *kirchen und kirspelß Semerott*, ähnlich auch bei der Bestätigung der Armenspende a.1475 bei unser *kirspelß kirchen zu Contzen*, wo der Herzog die ordentliche Durchführung dem Pastor befahl,[37] eine Redeweise, die korrekt nach Kirchenrecht allein dem Bischof zugestanden hätte. Entsprechend bildete die ausführliche Kirchenordnung, die Herzog Johann in den frühen Jahren der um sich greifenden Reformation unter dem 11. Januar 1532 erließ,[38] in der Folgezeit einen allgemeinen amtlichen Rahmen für das Handeln der Obrigkeiten in Religionsfragen ohne Einbeziehung des Erzbischofs von Köln, der eher als Landesherr des Kurstaates denn als geistliche Instanz gesehen wurde.

Seit den ersten Jahrzehnten des neuen Jahrhunderts entwickelten die Gläubigen eigene Initiativen, um über eine ortsnahe Kirche verfügen zu können. Kalterherberg und Zweifall gingen voran. In Zweifall dürfte seine Eigenschaft als »Industriestandort« der Eisenverhüttung und -bearbeitung eine Rolle gespielt haben. Es muss auffallen, dass es in großem Maße die unternehmerisch Tätigen waren, vorzugsweise auch in Städten, die neben Adelsfamilien auch

(Abb. 25) Zeichnung der ersten Kirche von Zweifall aus dem Jahr 1521.

den reformatorischen Ideen gegenüber aufgeschlossen waren und sie vorangetrieben haben. Die Zweifaller hatten aus eigenen Mitteln a.1521 eine Kapelle gebaut und einen Ordensgeistlichen gewonnen, an einem Tragaltar Messe zu halten. Der regulär zuständige Pfarrer in Konzen und das Marienstift aber sahen ihre originären Rechte verletzt. Aus einer dazu vom Marienstift ergangenen Urkunde vom 1. Oktober 1522 ist zu ersehen,[39] was den Initianten schließlich zugestanden wurde unter der Voraussetzung, den Unterhalt eines ständigen Geistlichen sicherzustellen: Die Kapelle wurde Filialkirche von Konzen mit eingeschränkten Rechten zur Sakramentenspende. Das Taufrecht verblieb bei Konzen, und zur Osterzeit mussten die Zweifaller die Kirche in Konzen zum Sakramentenempfang aufsuchen. Die Urkunde ist als gönnerhafter Gnadenerlass »von oben herab« formuliert, der Kirchenbau sei – so die Versicherung der Zweifaller Bittsteller – nicht aus Missachtung des Stiftes und seiner Rechte, sondern aus Unkenntnis der Rechtslage geschehen und müsse ihrer bäuerlichen/ländlichen Einfalt (*hoc agresti simplicitati sue condonari*) zugerechnet werden. Spuren der Reformation sind in diesem Vorgang noch nicht zu erkennen. Wenige Jahre später, bei der herzoglichen Visitation von a.1559, war Zweifall jedoch der Kirche Simmerath mit denselben Einschränkungen zugeordnet (*Zweyvel capella under Symmenrode*), was aber an dem alten Problem der langen Wege nichts wesentlich änderte. In etwa die gleiche Zeit wird der Bau einer Kapelle in Kalterherberg zurückführen, von der es bei den Visitationen von a.1550 und a.1559 hieß, dass sie auf Kosten der Dorfbewohner errichtet sei und unterhalten werde, worüber sie dem Amtmann Rechnung legten. Auch sie war Konzen als Pfarrkirche zugeordnet, verfügte aber – anders als Zweifall – weder über Rechte zur Sakramentenspendung noch über Begräbnisrecht. Wohl aber war mit dem Prior von Reichenstein vereinbart, *das er alle wochen ein mal binnen Kalterherberg kumbt und in der capellen das wort Gottes predigt und mess thut*. Wahrscheinlich aber haben Kalterherberger schon früher zur sonntäglichen Messe den Weg nach Reichenstein gefunden, wie der Straßenname *Messeweg* nahelegt.[40]

Zweifall und Kalterherberg wiesen zweifellos die weitesten Entfernungen zu den Pfarrkirchen auf, so dass das Argument des langen Kirchenweges nicht weiter zu erörtern ist. Es muss jedoch auffallen, dass dieses Wegeargument regelmäßig über die weitläufigen Pfarren des Monschauer Landes hinaus auch im ganzen Erzbistum stereotyp zur Begründung von Abpfarrungen angeführt wurde. Damit wurde nämlich auf eine allgemeine Vorschrift des Kirchenrechts abgestellt, wonach der Weg zur Kirche nicht zu weit sein sollte.[41] Insgesamt aber spiegelt sich in den Vorgängen eine veränderte Einstellung des Kirchenvolks mit dem Wunsch nach ungefährdetem Zugang zu den Sakramenten und Sicherung des Seelenheils, Motive, die auch die allgemeine Ausbreitung der reformatorischen Bewegungen befördert hatten, die aber vielfach in den etablierten kirchlichen Institutionen nicht erkannt oder gewürdigt wurden. So erklärten zwei Kanoniker des Aachener Stifts noch a.1664 bei Verhandlungen über die Einrichtung einer Kirche in Eicherscheid, es gebe genug Kirchen im Amt, und die Entfernung der Orte dorthin sei auch nicht größer als vor hundert und mehr Jahren, als sich niemand beschwert habe.[42] Bei derartigem Beharren auf den altüberlieferten Verhältnissen haben zweifellos – wenn auch nicht ausdrücklich genannt – die Sicherung von Besitzstand und Einkünften und kaum religiöse Erwägungen eine Rolle gespielt.

c. Der Send

Eine spezifische Einrichtung der mittelalterlichen Kirche war der Send (aus griech./lat. *synodus* ›Versammlung‹), der gegen Ende der hier behandelten Zeit (um 1600) kaum noch gepflegt und von einer weiter gefassten ›Visitation‹ abgelöst wurde.[43] Seinem Ursprung nach war auch der Send aus der bischöflichen Visitation hervorgegangen, war aber inzwischen zu einem kirchlichen Gericht über öffentliche Sünden/Sünder geworden, nachdem sich die Bußpraxis vom öffentlichen Schuldbekenntnis und der ebenfalls öffentlichen Absolution zur individuellen Beichte gewandelt hatte.[44] Es ging um Ahndung von Verstößen, die in der Gemeindeöffentlichkeit allgemein bekannt waren, die aber den Gemeindemitgliedern nicht ungeahndet zum Ärgernis werden sollten. Entsprechend behandelte das Sendgericht vor allem Verstöße gegen die öffentliche Moral (Ehebruch, wilde Ehen, außerehelicher Geschlechtsverkehr u.ä.) und kirchliche Pflichten (Sonn- und Feiertagsarbeit, Aberglaube, Zauberei u.ä.). Zuständig in dieser Aufgabe war der Dechant von Zülpich als *verus archidiaconus in territorijs Coemptzen et Oestlynck* (›wahrer Archidiakon in den Gebieten Konzen und Östling).[45] Zu diesem weiträumigen Gebiet zählten die Kirchen von Konzen, Malmedy, Amel, Büllingen und Bütgenbach. Die Ausbildung der internen Organisation in Dekanate, entsprechende Ämter und Aufgaben und die die faktische Ausübung des Sendrechtes ist in der Überlieferung regional unterschiedlich dicht und zeitlich verschoben. Dazu sei generell auf die überregionale Literatur verwiesen.[46] Solange noch nicht eine hinreichende Zahl von Siedlern den Konzener Forst durch Rodung erschlossen hatte, wird es nicht zu Veranstaltungen gekommen sein, wie sie im Sendweistum von a.1415 beschrieben sind. Ein erstes Zeugnis über einen Send in der Konzener Kirche (*celebrantibus sacram synodum in ecclesia de Cůmpz* ›zur Feier des heiligen Sends in der Kirche zu Konzen‹) liegt vom Sommer 1289 vor, als u.a. die Zehntleistungen an das Marienstift näher umschrieben wurden[47] (vgl. oben).

Nimmt man die Übersichtskarte *Die Erzdiözese Köln um 1300* der Bände I und II.1 der »Geschichte des Erzbistums Köln«[48] in den Blick, dann springt im Bezirk VI (Dekanat Zülpich) der scharfe Kontrast zwischen der altbesiedelten Zülpicher Börde im Osten mit eng benachbarten Kirchen gegenüber dem weiten Raum um Konzen und den Ösling im Westen mit gerade einmal einem halben Dutzend Kirchen ins Auge. Besser lässt sich die späte Siedlungserschließung des Raumes kaum veranschaulichen. Am Vorsitz des Dechanten von Zülpich beim Send in Konzen zeigt sich, dass das alte, am Territorium der Bischofskirche orientierte Recht durch die Inkorporation in das Aachener Stift nicht aufgehoben war. Von alters her gehörte der nördliche Eifel-Ardennen-Raum, der Raum um Konzen (später Monschau) und der sog. ›Ösling‹ mit dem Raum nördlich von St.Vith einschließlich Malmedy, zur Erzdiözese Köln, das nach Nordwesten anschließende Gebiet dagegen mit Stavelot und Aachen aber zum Bistum Lüttich. Die Zuständigkeit des Kölner Metropoliten und damit des Zülpicher Dechanten in geistlichen Fragen war mit dem Eigentumsrecht des Marienstiftes an der Konzener Kirche nicht aufgehoben. Dieser Gegensatz trat allerdings erst im Lauf von Jahrhunderten klarer zutage, als einerseits der Forstbezirk Konzen durch Rodung erschlossen und besiedelt wurde, andererseits die Bistumsorganisation langsam mit Dekanaten in den ländlichen Regionen deutlichere Gestalt annahm.

Auch wenn zum Send an der Mutterkirche Konzen für den Gesamt-Pfarrbezirk mit Einschluss von Simmerath ein umfangreiches Weistum vom Jahr 1415 erhalten ist,[49] das ausführliche Regelungen zum äußeren Aufwand und Ablauf der Veranstaltung mit allem äußeren Drum und Dran regelt (s.u.), ist zum Gerichtsverfahren selbst nichts Genaueres gesagt, anders als etwa bei Aussagen des Jahres 1331 zum Send in St.Foillan in Aachen.[50] Gegenstand des Verfahrens sollten in allgemeiner Umschreibung ›alle geistlichen Gebrechen‹ (*alle geystlich gebrech*) oder ›was sonst unter das geistliche Gericht fällt‹ sein (*eynich ander sach, die geystlich zo richten steyt*). Wenn wie in Konzen keine Fälle protokolliert sind, kann man analoge Verfahrensweisen annehmen, wie

(Abb. 26) Ausschnitt aus einer Karte des Dekanates Zülpich (VI) in der Erzdiözese Köln um das Jahr 1300. Deutlich wird die nur schwache Erschließung und Besiedlung des Berglandes um Konzen und den Öslinger Distrikt.

sie Franz Kerff für Würselen als einer nahegelegenen Sendkirche beschrieben hat, zu der reichere Quellennachrichten erhalten sind.[51] Den vor dem Sendrichter Beschuldigten fiel selbst die Beweislast zu. Sie konnten sich in den frühen Jahrhunderten durch Eidesleistung von einer Anschuldigung ›reinigen‹ (sog. ›Reinigungseid‹) oder mussten sich einem Gottesurteil stellen (z. B. ein glühendes Eisen anfassen), wenn öffentlich bekannte Sachverhalte kaum zu bestreiten waren. Die reguläre Kirchenstrafe bestand im (zeitweiligen) Ausschluss aus der Gemeinschaft der Gläubigen (Exkommunikation); es konnten aber Bußleistungen zunehmend auch durch öffentliche Zurschaustellung (Auftreten im Büßerhemd vor der Gemeinde, Tragen von sog. ›Schandsteinen‹) und schließlich mit Geldbußen abgegolten werden. In jedem Falle aber brauchte das Verfahren Ankläger aus der Gemeinde selbst, die sog. ›Sendschöffen‹, die gleichzeitig als Zeugen auftraten. Es versteht sich, dass dieses Amt überaus unbeliebt war und sich niemand gern dem Ruf eines Denunzianten seiner Nachbarn aussetzen mochte. Zum Verfahren, wie die Sendschöffen in ihr Amt kamen, schweigt sich das Weistum ebenfalls aus. Das Weistum von a.1415 wiesen *Lodwych, Johan Harpestill, Johan van Poystenbach, Phylipus Starckmann jnd Thys Buschoff, gekoeren ind geswoeren seend scheffen* (›gewählte und geschworene Sendschöffen‹) *des hylgen seentz des gantzen lantz van Monnjoij in unser moder kyrchen zo Coemptz.* Die im Dekanat Zülpich praktizierte Ordnung (nach a.1478) enthält auch den Wortlaut der zugehörigen Eidesformeln, für die Schöffen auf Deutsch, für die Geistlichen auf Lateinisch.[52] Ein Sendschöffe schwor demnach, *nae mynem besten synnen* (›nach bestem Wissen‹) gerecht zu urteilen und *zu wroegen jnd vort in den hylgen seynd zo brengen alle die sachen, die wydder got jnd die hylge ee syn jnd wydder uns moeder, die hyllich kyrch, die jch weyss ind vernemen kann, jnd dat neyt zo layssen* (›zu rügen [d.i. anzuzeigen] und vor den heiligen Send zu bringen alle Dinge, die gegen Gott und das heilige Gesetz ?/die heilige Ehe ? und gegen unsere Mutter, die heilige Kirche [sind], die mir bekannt sind – und das nicht zu unterlassen‹). Der Übersetzung stellt sich ein nicht sicher zu lösendes Problem im Wort der *hylgen ee*: althochdeutsch êwa, mhd. êwe bedeuteten ursprünglich soviel wie ›altüberliefertes (göttliches) Recht, Rechtsbund o.ä.‹, so dass man z.B. einen lateinischen Ausdruck wie *novum testamentum* (›das Neue Testament‹) mit *die niuwe ee* wiedergeben konnte. Im Laufe der Zeit wurde der Gebrauch des Ausdrucks immer mehr auf die Bedeutung ›rechtsverbindliche Heiratsverbindung, Ehe‹ eingeschränkt.[53] Daher hier die zweifache Wiedergabe. Angesichts der Beobachtung, dass der Amtmann Johann von Efferen a.1521 das Ausbleiben des Sends wegen Eherechtsverstößen beklagte (Kap. 10.c), muss die Eidformel wohl so ausgelegt werden, dass das Konzener Sendgericht vornehmlich Fragen der Sexual- und Ehemoral zum Thema machte. Eine Bestätigung findet sich in den Instruktionen, die Herzog Wilhelm V. im September 1559 seinen Beauftragten für die nächste landesweite Visitation mit auf den Weg gab. Bezüglich des Send sollten sie nachforschen nach *sunden und laster als ehebruch, zwifache ehe, ergerlich unerlich beiwonen, wichelei* [›Hexerei‹], *warsagen, beschweren* [›beschören, besprechen‹] *und andere dergleichen unchristliche hendel*; ähnlich äußerten sich a.1550 die Schöffen bei der Visitation in Monschau.[54] Als Abschluss des Eides folgte eine Bekräftigungsformel, wie sie auch anderwärts zum Vollzug feierlicher Rechtshandlungen gehörten (vgl. den Förstereid

Kap. 9.a): *dat neyt zo layssen umb lyeff noch umb leyt,/umb vrunt off maych,/ sylver off goult/noch umb alle die dynck, die niend genant synt* (›das nicht zu unterlassen, weder um Liebe noch um Leid, um Freunde oder Verwandte, Silber oder Gold, noch um alle Dinge, die nicht eigens genannt sind‹). Schließlich folgte noch zweimal das Versprechen, alles korrekt einzuhalten *so myr gott helff jnd al syne hylgen*. Die Geistlichen gelobten nur in knappen Worten Gehorsam gegenüber dem Sendrichter und die Beachtung der Dekanatsstatuten. Im Verlauf der Zunahme staatlicher Strukturen mit Ausbau des Rechtswesens sowie der Aneignung originärer kirchlicher Aufgabenfelder durch die weltliche Obrigkeit verlor das Sendgericht an Bedeutung und das Landgericht trat vielfach an seine Stelle (vgl. Kap. 10.c), jedenfalls griff die herrschaftliche Obrigkeit immer mehr in Bereiche ein, die traditionell kirchliche Angelegenheit gewesen waren. So wies Herzog Johann, der sich in hohem Maß einer Erneuerung und Verbesserung des kirchlichen Lebens verpflichtet sah, den Amtmann Johann von Efferen auf dessen Anzeige vom ausbleibenden Send an, den Betreffenden *von unser wegen zo bevelen ind zo gebieden, de ungotlige ind uneirige handelonge afzostellen ind na raide ihres pastoers ind gesetze der hillger kirchen boiss ind penitencie darvur zo entfangen* (›zu befehlen, die gottlosen und unehrenhaften Handlungen abzustellen und nach Rat ihres Pastors und der Gesetze der heiligen Kirche Buße und Bestrafung zu empfangen‹). Sollte das nicht geschehen, dann wolle er *unsen lantdechen zo Zulpge dahin verordenen*, mit Hilfe des Amtmanns die Sünder entsprechend zu bestrafen.[55] In der Folgezeit orientierten sich die Landdechanten vielfach mehr an ihrem weltlichen Landesherren als an ihrem Diözesanbischof.[56] Wie einige im Kap. 10 zum Gerichtswesen behandelten Strafgerichtsfälle zeigen, insbesondere der a.1524/25 verhandelte Fall von Zauberei (*wichelei*), hatte das herzogliche Landgericht in den Jahrzehnten des ausgefallenen Sends eine Anzahl von Delikten an sich gezogen.

Wenn sich die Erinnerung an den Send bzw. die Bewahrung dieses Wortes in manchen Regionen tiefer in das allgemeine Gedächtnis eingegraben hat, dann war das durchweg Folge eines damit verbundenen öffentlichkeitswirksamen allgemeinen Spektakels. Mancherorts waren mit seinen Terminen Jahrmärkte verbunden, weil das Zusammenströmen der Pfarrangehörigen bei der Mutterkirche günstige Marktbedingungen schuf, ähnlich den Terminen der Vogtgedinge. In Münster/Westfalen werden z.B. die drei jährlichen Sendtermine (März – Juni/Juli – Oktober) mit mehrtägigem Schausteller-Rummel, Karussell und Feuerwerk bis heute von Jung und Alt sehnlichst erwartet. Die Anlage zu einem solchen, aufwändig zur Schaustellung neigenden Betrieb verrät auch das erwähnte Konzener Sendweistum von a.1415. Nach einer sechs Wochen voraufgehenden Ankündigung in der Konzener Kirche brach der Zülpicher Dechant als Sendrichter an einem Samstag mit einem vielköpfigen Tross nach

Konzen auf, wie er ähnlich vorgesehen war, wenn der Waldgraf, wie a.1342 beschrieben, loszog, um die Rur von Hindernissen für den Laichzug der Lachse zu säubern (Kap. 9.a) oder die Förster des Forsthofes Konzen zum Festessen beim Abt von Kornelimünster anrückten (Kap. 9.b). Die Send-Delegation bewegte sich in prächtigem Zug mit 24 Pferden und einem Maultier für das Gepäck des Dechanten (*des dechens kamer- off waytsack* [›Kleidersack‹ zu mhd. *wât* ›Kleidung(sstück]‹) – im Weistum als Rätsel formuliert: ›mit mehr als 24 Pferden und mit weniger als 25 Pferden, das sind 24 Pferde und ein Maultier‹ (*eyn muyll*). Mit dem Dechanten und seinem Kaplan traten den Weg an: sechs Geistliche vom Dekanatskapitel, ein Ritter mit Knappe, ein Jäger mit zwei weißen Windspielen und ein Falkner mit seinen Beizvögeln und Hunden. Die restlichen noch freien Plätze konnte der Dechant nach Gutdünken vergeben, es sollten jedoch 24 Teilnehmer sein – *neyt mee noch myn* (›nicht mehr noch weniger‹). Der Landesherr bzw. sein Amtmann sollten den Dechanten bei Abenden (*enboven Abenden*) an der Rur in Empfang nehmen und nach Konzen geleiten und ebenso auch wieder zurück – ein zweifelsfreier Hinweis auf die ursprünglich an der Rur gelegene Grenze des Forstbezirkes Konzen (vgl. Kap. 7). Die ganze Gruppe sammelte sich an der Hohe in Konzen (*up dem Hoesten zo Coemptz by dem cruytz*) und zog dann geschlossen ohne Absitzen feierlich über die Hohestraße hinab zum Pfarrhaus. Der große Aufwand, dann auch die kostspielige Bewirtung (s.u.), das alles ist zweifellos dem Rang des Marienstifts als Herrn der Kirche geschuldet, das als eines der bedeutendsten Stifte im Reich galt, das den Thron Karls des Großen in Obhut hielt und wo die deutschen Könige gekrönt wurden. Auf diesen Bezug spielten auch die Sendschöffen im Weistum an, wenn sie das alte Herkommen des Brauchs *van deme hylligen konynck Karll* anführten. Mehrfach wiesen sie darauf hin, dass die Inszenierung *op cost der heren van Aych* stattfinde. Diese Auslegung findet eine Bestätigung darin, dass in der zeitgleichen Sendweisung für die tiefer im Öslinger Distrikt gelegene Kirche in Amel, die dem Kloster Malmedy unterstand, der Dechant bescheiden mit nur 3 Pferden und einem Maultier anreiste, wenn auch hier mit zwei Windspielen und Beizvögeln. Von Festessen ist keine Rede mehr. Der prachtvolle Aufzug verursachte beachtliche Kosten für das Marienstift als Herrn der Kirche, allein schon für Unterbringung und Futter der Pferde (*yren perden voders jnd heuwes genoich* ›für ihre Pferde genügend Futter und Heu‹). Dazu kamen Mengen an Kerzenwachs zur Beleuchtung der Vesper *in der kyrchen off dae in buyssen* (›oder draußen‹, *dobusse* in der Mundart). Am folgenden Sonntagmorgen fand zunächst ein feierlich gesungenes Hochamt statt. Danach begab sich der Dechant mit seinem Anhang vor die Kirche und kehrte nach zweimaligem Glockengeläut als Zeichen der Sendeinladung wieder in feierlicher Prozession in die Kirche zurück, *dat yn der gemeinen lantman ouch see*

(›sehen, zu Gesicht bekommen sollte‹). Dann begann der eigentliche Send bis zum Mittagessen. Bei dem breiten Raum, den die Ausführungen im Weistum über die Mahlzeiten einnehmen, drängt sich der Eindruck auf, dass den weisenden Sendschöffen diese Angelegenheit ähnlich wichtig gewesen ist wie den Förstern ihr Conreit beim Abt. Immerhin waren sie mit zur Tafel geladen und erhielten damit ein »Trostpflaster« für ihre unbeliebte Aufgabe. Zum genannten Mittagessen gab es Gesottenes und Gebratenes (*gesoeden ind gebraeden*) mit Wein und Brot. Zum Festessen am Vorabend gehörten Lachs (*goeden salmen – jnd des genoech !* ›und davon genug‹!), eine ausreichende Menge besten Elsässer Weins, andere übliche Speisen und bestes Weißbrot. Wie lange nach diesem Regelwerk verfahren worden ist, muss mangels Folgenachrichten offen bleiben. Jedenfalls beklagte a.1521 der Amtmann Johann von Efferen das Ausbleiben des Sendrichters seit langen Jahren (s.o.). Die Schöffen des Kirchenweistums von a.1553 beriefen sich für ihre Aussagen auf Nachrichten, die sie vor etwa 50 Jahren beim Send gehört hätten, der also schon recht lange zurück lag. Und auf einer Versammlung der Landdechanten des Herzogtums, die Herzog Wilhelm V. im April 1551 u.a. zu Fragen des Send einberufen hatte, meldete der Zülpicher Dechant, *der send sei wenig gehalten, also das im nit vil davon kundig* (›so dass er davon nicht viel wisse‹). Unter den nicht besuchten Kirchen nannte er ausdrücklich *Coenzen, Symerod, Malevelt etc.* Er habe die Sendrechtsprechung nicht gehalten, vielmehr den Leuten, *de irthumb gehat, wol gesagt, »ziehet fur uwere obericheit und sprecht die erst an«* (›den Leuten, die Fragen gehabt, gesagt: »Geht zu eurer Obrigkeit und sprecht sie an«).[57]

Im Marienstift wird man das längere Ausbleiben angesichts der Kosten nicht vermisst haben. Jährlicher Send dürfte eine rein theoretische Forderung geblieben sein. Deshalb sind die Aussagen bei den Visitationen der 1550er Jahre zum Send mit einiger Skepsis zu bewerten. In Konzen und Simmerath hieß es zu a.1559, der Send werde jährlich gehalten, die Monschauer aber sagten a.1550 vorsichtig nur, der Dechant von Zülpich sei verpflichtet, jährlich Send zu halten. In der Abrechnung a.1597/98 über Gelder aus Verkauf und Verpachtung der Güter von Täufern taucht mit *Churstgen Hergarden* noch einmal der Name eines Sendschöffen auf, was wohl im Zusammenhang mit der Wiederbelebung der Sendpraxis durch Erzbischof Ferdinand von Wittelsbach (1595–1650) zu sehen ist.[58] Letzte Sendakten sind für unseren Bezirk aus den Jahren 1673 und 1680 überkommen.[59]

Ein Abschnitt gegen Ende des Weistums deutet an, dass es gelegentlich zu Misshelligkeiten gekommen ist. Dort war nämlich bestimmt, dass der Landesherr eingreifen sollte, wenn der Dechant in seinen Sendrechten eingeschränkt worden war. Wenn das Stift als Verursacher galt, sollte er auf den Zehnt zugreifen können, war es dagegen der *lantman*, dann durch Verhängen von Bußen.

Nur der letzte Passus des Weistums lässt ein wenig die Probleme des Gemeindevolks aufscheinen. Da wurde bestimmt, dass der Sendrichter so wohlinformiert anreisen solle, dass er in der Lage sei, Fragen bezüglich des Sends und des geistlichen Gerichts zu beantworten. Im anderen Fall müsse möglich sein, eine ungeklärte Angelegenheit gefahrlos auf einen *achter seend* (›Nach-Send‹) vierzehn Tage später zu vertagen. Dazu musste der Dechant aber auf eigene Rechnung anreisen.

d. Frühe reformatorische Bestrebungen und die Anfänge der Reformation

In Heinrich Paulys ›Beiträgen‹ (1862–1876) war das Thema ›Reformation‹ noch nicht zur Sprache gekommen, so dass das nachhaltigste Bild dieser Zeit für das Monschauer Land durch die Arbeiten von Walter Scheibler (zuletzt 1955) gezeichnet worden ist.[60] Das entsprechende Kapitel bei Heinrich Laumans[61] kann als wenig hilfreich übergangen werden. Allerdings gilt auch für das »Standardwerk« von Scheibler, dass nach dem mittlerweile erreichten Stand der Reformationsforschung für eine historisch angemessene Darstellung – gerade die Anfänge im 16. Jahrhundert betreffend und die hier im Mittelpunkt stehende Region am Niederrhein – weitere Untersuchungen berücksichtigt werden müssen, die Scheibler noch nicht zur Verfügung standen. Das betrifft insbesondere Vorgänge, die im Vergleich mit Regionen der Mitte und des Südens Deutschlands einen deutlich anderen Verlauf genommen und das Ergebnis bestimmt haben.[62] Dazu ist sowohl der Blick vermehrt mach Westen auf die Niederlande zu richten wie auch das Jahrhundert stärker ins Auge zu fassen, das der Reformation voraufging. Denn es ist zu berücksichtigen, dass schon Jahrzehnte vor dem öffentlichen Auftretens Luthers und einer Zahl weiterer bedeutender Reformatoren in Oberdeutschland (Huldrych Zwingli, Martin Bucer, Johannes Calvin u.a.), als an vielen Orten eine Welle bisher ungeahnten religiösen Aufbruchs losbrach, bereits weite Kreise von religiöser Unruhe und Aufmerksamkeit erfasst waren. Das fand nicht zuletzt auch darin seinen Ausdruck, dass sich die weltlichen Obrigkeiten veranlasst sahen, anstelle der eigentlich zuständigen kirchlichen Hierarchie für das Seelenheil ihrer Untertanen Sorge zu tragen und in kirchliche Angelegenheiten einzugreifen. Schon die wenigen oben angeführten Beispiele von Herzog Wilhelm IV. aus dem 15. Jahrhundert sind als Auswirkungen dieser veränderten Situation zu verstehen. Sein Nachfolger Johann (seit a.1511 in Jülich, seit a.1521 vereinigt mit Kleve) setzte verstärkt die Politik der Erneuerung tradierter kirchlicher Verhältnisse fort, und das nicht erst als Reaktion auf die inzwischen allenthalben um sich greifenden Auswirkungen der reformatorischen Bewegungen seit dem öffentlichen Auftreten Luthers.[63] Beispielhaft dafür stehen die von den Jülich-Klever Herzögen von den 30er Jahren an veranlassten ausgedehnten Visitationen der Kirchen und der Geistlichen ihrer Ämter anstelle des dafür eigentlich zuständigen Erzbischofs von Köln. Für die Besuche an Ort und Stelle ließ die Regierung umfangreiche Fragelisten vorbereiten.[64] Ziel dabei war, den – teilweise erschreckend dürftigen – Bildungsstand der Geistlichen festzustellen und zu verbessern, damit sie in der Lage seien, *streitige lehren oder artickel in irer predig zu meiden, auch sich scheldens und lasterens zu enthalden*, d.h. im Sinne der Friedenswahrung der *via media* (s.u.) zu wirken und nicht den konfessionellen Streit zu schüren. Zum anderen richtete sich die Aufmerksamkeit auf die Finanzausstattung der Pfarrstellen, damit ihre Inhaber ein sicheres Auskommen hätten und nicht in Versuchung gerieten, für seelsorgerische Leistungen Geld zu verlangen. Eine solche Erhebung war geboten, weil oft genug Pfarrstellen von ohnehin nur bescheidener Ausstattung, meist als Folge des Eigenkirchenwesens, von ihren regulären Inhabern gar nicht selbst bedient wurden, sondern an »Mietlinge« (*mercenarii*) ohne angemessene Dotierung weitergegeben wurden. Als eines von vielen Beispielen sei die Visitation von a.1550 in Berg vor Floisdorf genannt: Pastor war dort *her Lenhart, izt zo Monjoye wonhaftig*. Der hatte einen *verlauffen munch*, einen ehemaligen Augustiner aus Köln dort als Vertreter eingesetzt, von dem es hieß: *jst dem dronk zugethan und hat ein concubin*. Bei den für das Monschauer Land dokumentierten Visitationen der Jahre 1550, 1559 und 1582 bezeichneten sich die Geistlichen in Konzen und Simmerath als *mercenarii* des Stiftskapitels zu Aachen. Auch wenn in der finanziellen Versorgung an den beiden Pfarrkirchen dadurch schwerwiegenden Mängel nicht auftraten (wie anderwärts oft genug festgestellt), sei als ein Beispiel aus den Instruktionen der Visitatoren erwähnt, mit welchen Zuständen offenbar ansonsten gerechnet wurde: So sollten Geistliche nicht eine Gastwirtschaft oder einen Kaufladen betreiben. Weiter hatten die Visitatoren sich auch um Themen zu kümmern, die eigentlich unter die Aufgaben des Send fielen und eine allgemeine Sozialdisziplinierung befördern sollten: *Das die megde mit den knechten zu bier und win gain* (›gehen‹) *und drinken sich drunken und machen kinder, wissen dan nit, wem die zugehoeren*. Dieses mit der Visitation dokumentierte landesherrliche Selbstverständnis bildete letztlich auch die Grundlage für das verbreitet geübte Verfahren einer Reformation ganzer Territorien oder Städte durch die Landesherrschaft »von oben«.

Ein deutlich regionalspezifisches Kennzeichen war gegen Ende der 1520er Jahre das Auftreten von Wanderpredigern in der niederländisch-maasländischen Grenzzone, oft ehemaligen Geistlichen, die von verschiedensten reformatorischen Strömungen beeinflusst waren. Das betraf im Herzogtum Jülich vorzugsweise die Ämter Wassenberg, Heinsberg, Millen und Born. Sie fanden

Duldung, wenn nicht ein gewisses Wohlwollen bei den örtlichen Amtleuten vom niederen Adel.[65] Sie sind in der (nieder)rheinischen Reformationsgeschichte unter der Bezeichnung ›Wassenberger Prädikanten‹ bekannt geworden. Sie entsprachen in ihren theologischen Meinungen durchaus nicht Luthers Verständnis von Kirchenreform und seiner Theologie. Manche von ihnen schlossen sich bald auch den Täufern in Münster/Westfalen an. Doch schon vor den Ereignissen von Münster und der gewaltsamen Zerschlagung des ›Täuferreiches von Münster‹ (Sommer 1535),[66] worüber Schreckensgeschichten umliefen, die oft genug über die tatsächlichen Ereignisse hinausgingen, verfielen alle mit dem Schimpfnamen ›Wiedertäufer‹ belegten Gruppierungen der Acht und scharfer Verfolgung. Sie galten – auch in protestantischen Territorien – generell als gefährliche Aufrührer, ungeachtet ihrer jeweiligen Glaubensvorstellungen und ihres Verhaltens. Tatsächlich aber hatten sich in der Täuferbewegung zu verschiedenen Zeitabschnitten und in wechselnden Regionen höchst unterschiedliche Gruppierungen zusammengefunden.[67] Die hiesigen Täufer waren durchweg weder radikalisierte Aufrührer noch stand bei ihnen die Erwachsenentaufe im Vordergrund ihrer Lehre. Vielmehr wandten die niederrheinischen Prediger sich gegen die überlieferte Abendmahls- und Messopferlehre und die Rolle des Klerus; sie galten im lutherischen Verstande als ›Sakramentierer‹.[68] Gleichwohl fielen auch sie unter das Verdikt strenger Verfolgung des Speyrer Reichstags von 1529. In dieser Situation wies Herzog Johann im Juli 1530 seine Amtleute an, wobei seine Sorge um das Seelenheil seiner Untertanen und um den öffentlichen Frieden und ›gute Ordnung‹ unentwirrbar miteinander verquickt waren, darauf zu achten, dass bei aller Berechtigung von Klagen über kirchliche Missstände die Prediger nicht *in dem schin* (›unter dem Anschein, Vorwand‹) *des evangeliums und des wort Gotz den gemeinen man zu ufroir* (›Aufruhr‹), *ungehorsam und ungeburlicher nuwerung understain zu bewegen* (›zu bewegen versuchen‹), vielmehr *das evangelium und wort Gotz klar zu der sielen heil, besserong des levens und erhaldong des fridddens und guder ordnung aen* (›ohne‹) *einich ufroir, schelden und eigennutz verkondigen, unse underdanen mit verkauffung der hilligen sacramenten und anderer ungeburlicher uflegongen nit bedrengen.*[69] Es folgte 1534 eine eigene Verordnung gegen ›Wiedertäufer und Sektierer‹ zur Durchführung des Reichstagsbeschlusses von 1529.

Damit muss noch ein weiterer wichtiger Gesichtspunkt zur Sprache kommen, der lange Zeit nicht ausreichend gewürdigt worden ist: Das Bild klar umrissener Konfessionen gemäß theologischer Lehre und liturgischen Bräuchen, wie es sich in längerer Tradition bis in die Anfänge des 17. Jahrhunderts herausgebildet hatte, kann nicht vorschnell wie selbstverständlich einzelnen Anhängern der reformatorischen Bewegungen beigelegt werden. ›Konfessionen‹ nach heutigem Verständnis waren noch im Entstehen begriffen und die Zuordnung einzelner Personen und neuer Gemeinden blieb noch länger unbestimmt (vgl. auch Abschnitt e.). Dieser Prozess einer zunehmend klareren Abgrenzung von Konfessionen nach Lehrinhalten und praktizierten Zeremonien wird üblicherweise unter den Begriff der ›Konfessionalisierung‹ gefasst, der, auf altkirchlicher Seite vorangetrieben durch das Konzil von Trient (1545–63), schließlich im nachfolgenden Jahrhundert zum Abschluss kam. In Jülich als Teil der Vereinigten Herzogtümer kam es in dieser Hinsicht im Lauf des 16. Jahrhunderts zu einer eigenartig »zwiespältigen« kirchenpolitischen Situation, abweichend von manch anderen Territorien: Herzog Johanns Nachfolger, Herzog Wilhelm V., betrieb seit a.1539 in Fortführung der Politik seines Vorgängers unter dem Einfluss von Vorstellungen des Erasmus von Rotterdam einerseits, zum anderen im Anschluss an Ausführungen Melanchthons, selbst eine eigene Art »Reformierung«, die gern als *via media*, als ›mittlerer Weg‹ zwischen strikter Tradition und neueren Reformbestrebungen beschrieben wird.[70] Insbesondere übte die Jülicher Regierung Duldung gegenüber reformatorischen Richtungen, soweit sie schließlich dem Augsburger Frieden vom September 1555 entsprachen und Frieden zwischen den verschiedenen Gruppierungen wahrten. Ausgeschlossen davon waren allein Täufer, Sektierer und auch Anhänger Calvins (Reformierte). Gleichwohl blieb das Land insgesamt unter kaiserlichem Druck nach der Niederlage im Geldernschen Krieg und den Folgen des Friedens von Venlo 1543 (vgl. Kap. 8.d) im altkirchlichen Lager.[71] Dieser Verlauf der Ereignisse hatte zur Folge, dass aus dem Monschauer Land gleichzeitige und öffentlich dokumentierte Nachrichten über reformatorische Prozesse so gut wie ausschließlich allein von den Täufern als von Amts wegen Verfolgten überkommen sind. Über das Aufkommen anderer reformatorischer Richtungen stehen durchweg nur erheblich spätere Quellennachrichten zur Verfügung, in der Regel erst nach a.1609 (d.i. der brandenburgischen Besitzergreifung in Monschau) und noch später aufgezeichnete private Erinnerungen, die im Rückblick wie selbstverständlich von den mittlerweile gültigen konfessionellen Einteilungen Gebrauch machten. Insofern trug auch die offizielle Jülicher Kirchenpolitik der *via media* zur unentschiedenen konfessionellen Situation bei. So konnte es dazu kommen, dass Historiker vor 1950 noch darüber streiten konnten, welchem Lager der eine oder andere Prediger oder eine Gemeinde zuzuordnen seien. Beispielhaft dafür steht der Schleidener Pastor Servatius Hyrth/Hirt (1538–1569), Prämonstratenser aus Steinfeld. Während Wilhelm Günther energisch dafür plädierte, der Pastor und seine Gemeinde seien »zum Luthertum« übergetreten, konnte Nikola Reinartz einsichtig machen, dass Hyrth als ›Erasmianer‹ diesen Schritt schwerlich vollzogen hat.[72] Jedenfalls zeigt sich bei ihm wie vielfach bei Geistlichen seiner Zeit eine charakteristische Unbestimmtheit bezüglich konfessioneller Zuordnung und Bestreben nach Ausgleich, auch wenn er zuletzt wieder als »der erste evangelische Pfarrer in Schleiden« bezeichnet worden ist.[73] Eine Einordnung nach heutigen Vorstellungen von Konfession kann nicht einfach getroffen werden und wird auch der historischen Situation nicht gerecht. Folgte man allein den »amtlichen« Visitationsberichten, dann wären das ganze Jahrhundert hindurch im Monschauer Land, abgesehen von den Täufern, weitere Anhänger reformatorischer Richtungen (welcher Provenienz auch immer) nicht vorgekommen. Das ist aber nach allem, was aus der Nachbarschaft (Aachen, Stolberg, Schleiden) bekannt geworden ist, überaus unwahrscheinlich, weil besonders die Handel und Gewerbe Treibenden die neuen Lehren bald kennengelernt haben.[74] Doch stammen die das Monschauer Land betreffenden Quellenzeugnisse aus einem Jahrzehnte späterem Rückblick und sind nur eingeschränkt verlässlich. Vor allem muss die gern angeführte Nachricht der Schmitz-Offermann-Wernerschen Familienchronik vom Übertritt des Christian Schmitz aus Monschau und seiner Frau Anna Breuer zur neuen Lehre a.1543 in Stolberg[75] verworfen werden, nachdem Bernd Nickel diesen Zweig der Chronik als Fälschung erwiesen hat.[76] Deren Hauptpersonen, die mit protestantischen Unternehmerfamilien aus dem Aachen-Stolberger Raum versippt gewesen sein sollen, sind gut erfunden. Die Schmitz zählen zwar in der Tat zu den Begründerfamilien der Monschauer Tuchmacherei, und ihre Nachkommen sind sehr wohl als lutherisch verbürgt. Genau diese Tatsache hat aber der Fiktion ihre hohe Glaubwürdigkeit verschafft. Doch lässt sich die Familie nicht über die Jahrhundertwende weiter zurückverfolgen. Eher verwendbare Hinweise ergeben sich aus den Familienaufzeichnungen des Johann Leonard Nikolai (1712–1772).[77] Demnach haben vor a.1600 *Evangelische* außer in Monschau auch in Höfen, Kalterherberg und Kesternich gelebt, was durchaus zutreffen wird, wozu aber Genaueres nicht gesagt werden kann. Aus der Rückschau des Leonard Nikolai mussten diese Leute Anhänger der lutherischen Lehre gewesen sein, auch wenn über ihr Selbstverständnis keine gleichzeitigen Zeugnisse überkommen sind. Sicher gilt nur, dass sie sich gewiss nicht als Altgläubige verstanden haben. In Monschau und Kesternich wenigstens könnten jedoch auch Anhänger der reformierten Lehre darunter gewesen sein, wie Nachrichten nach 1611 nahelegen.[78]

Insgesamt gesehen sind vom unauffälligen Leben dieser Menschen im Untergrund ohne amtliche Anerkennung ihres Bekenntnisses keine dauerhaften Spuren übrig geblieben, zumal die beide Amtmänner von Rolshausen (Christoph der Ältere [1543–1585] und Christoph der Jüngere [1585–1609])[79] sich äußerst energisch der altkirchlichen Sache verpflichtet sahen, wie nicht zuletzt ihr rigoroses Vorgehen gegen die Täufer im Amt bezeugt. Entsprechend bleibt insbesondere die religiöse Praxis all solcher Gruppen im Dunkeln, und ebenso muss offen bleiben, wie die ›Evangelischen‹ einzuordnen waren, die a.1544/45 *in hafftong* waren und deretwegen der Rentmeister seinen Sohn nach Jülich schickte.[80] Ähnlich unklar bis verwirrend stellt sich die Lage für Zweifall dar. Gemäß der Literatur wird das Jahr 1575 für das Bestehen einer protestantischen Gemeinde Zweifall angesetzt. Als Beleg dafür gilt das Zeugnis einer in Amsterdam a.1664 erschienenen Druckschrift.[81] Der Zeitansatz kann durchaus ohne Einwände angenommen werden, denn bei dem hohen Anteil des Eisengewerbes im Ort mit den weitreichenden regionalen Beziehungen seiner Betreiber ist mit ihrer Hinwendung – wie auch anderwärts – zu den umlaufenden Neuerungen zu rechnen. Im gleichen Zusammenhang aber sprach Walter Scheibler[82] ohne Quellennachweis von der »Erbauung einer Kapelle, zu der damals auch die Evangelischen von Junkershammer, Mulartshütte und Romerich gehörten«, ohne im Folgenden den Widerspruch zu bemerken, dass er im Zusammenhang mit dem Bau der evangelischen Kirche in Zweifall zu a.1683 ausführte: »Wie schon erwähnt, hatten die Evangelischen bis dahin kein eigentliches Kirchengebäude gehabt, sondern das erste Stockwerk des Pfarrhauses wurde als Kirche benutzt«. Der für 1575 angesetzte Bau findet keine Erwähnung mehr. Wohl aber notierte Heinrich Koch in seiner Ortsgeschichte, dass seit a.1548 Anhänger der neuen Lehre die a.1521 errichtete Kirche (s.o. Abschnitt b.) für sich in Anspruch genommen hätten. Der Amtmann von Rolshausen habe sie ihnen aber a.1553 gewaltsam wieder weggenommen und den Reichensteiner Prämonstratenser Hilger von Monjoye dort als Geistlichen eingesetzt.[83] Prüft man die dazu angeführte Literatur der Reihe nach durch, stellt sich die Geschichte von der »Besetzung« bzw. »Wegnahme« der Kirche als Fabel heraus, die von ihrem ersten Auftauchen an im Weiterverbreiten schrittweise reichhaltiger, dadurch aber nicht wahrer geworden ist.[84] Sie hat offenbar ihren Ausgang genommen von einer Erzählung in der berüchtigten *Copia originis Monioyensis desumpta ex antiquis scriptionibus tempore Caroli Magni* (›Gesammelte Nachrichten von den Monschauer Anfängen aus alten Schriften der Zeit Karls des Großen‹)[85] aus dem Reichensteiner Protokollbuch, in der (auch anderweitig) gut verbürgte Nachrichten mit Erfindungen in heilloser Mischung dargeboten sind und die bis in die jüngste Zeit unkritische Benutzer genarrt hat.[86] Auf diese »Quelle« geht z.B. auch die Fabel von der Gründung des Dorfes Rott durch den »Wiedertäufer Johannes Stöot« (in anderen Wiedergaben auch »Stört«) zurück, und der genannte Hilger von Monjoye hat dadurch über seine sicher bezeugte Tätigkeit in Bergstein hinaus auch einen fragwürdigen Platz unter den Pfarrgeistlichen von Konzen und Zweifall gefunden.[87] Dieser Erzählung der ›Copia‹ (aufgeschrieben nach 1730) scheinen dunkle Erinnerungen an das Jahrzehnt vor der spanischen Besetzung der Burg

Monschau a.1622 zugrunde zu liegen, als sich in der Amtszeit des reformierten Brandenburger Amtmanns Ketteler in Zweifall und Monschau heftige (auch handgreifliche) Auseinandersetzungen um Kirchen und Durchführung von Gottesdiensten abgespielt haben. Vielleicht aber spiegelt sich in dieser Sage auch eine simultane Nutzung der 1521 auf örtliche Initiative errichteten Zweifaller Kirche durch neu-und altgläubige Einwohner.

Insgesamt ist davon auszugehen, dass von den 1540er Jahren an außer Täufern auch andere Anhänger der neuen reformatorischen Lehren im Amt gelebt haben, am ehesten Lutherische (im skizzierten Sinn), doch sind Detailangaben bis zum Auftauchen stichhaltiger Quellenzeugnisse nicht möglich. Hinweise auf Reformierte/Calvinisten sind im Amt Monschau vor der Jahrhundertwende noch nicht sicher zu erkennen. Mit der zunehmenden Verschärfung des spanisch-niederländischen Krieges waren jedoch am Niederrhein, insbesondere in Wesel, aber auch in Aachen immer mehr Flüchtlinge auch reformierten Glaubens aufgetaucht, die jedoch eher in Städten, kaum aber auf dem Lande Zuflucht suchten. Mit dem Erlöschen des Kleve-Jülicher Herzogshauses a.1609 und dem unmittelbar darauf einsetzenden Eingreifen der konkurrierenden Nachfolgemächte Brandenburg und Pfalz-Neuburg verschärften sich konfessionelle Gegensätze. Denn mit deren bald darauf vollzogenen Konfessionswechseln der Landesherren (Kurbrandenburg reformiert, Pfalz-Neuburg katholisch) traten protestantische Gemeindebildungen offener hervor, jetzt auch nach reformiertem Bekenntnis. Konfessionell geprägte Nachrichten darüber werden erst seit dieser Zeit präziser und verlässlicher.

e. Die Verfolgung der Täufer

Seit den 1540er Jahren haben Prediger aus der Gefolgschaft der Wassenberger Prädikanten auch im Monschauer Land gewirkt und eine beachtlich große Zahl von Anhängern gefunden. In älteren Abhandlungen wie etwa bei Wilhelm Günther heißt es dazu, dass »die täuferische Bewegung in unserer Gegend … der Reformation den Boden, gerade bei den kleinen Leuten, vorbereitet hat«.[88] Ein solches Verständnis von ›Reformation‹ nimmt den Begriff jedoch aus einer Jahrhunderte späteren Sicht allein für eine heutige ›Evangelische Kirche‹ in Anspruch und schließt davon aus, was sich an reformatorischen Richtungen nicht unter diesem Dach zusammengefunden hat. Dem gegenüber versteht das heutige Konzept einer ›Konfessionalisierung‹ in der Perspektive des 16. Jahrhunderts treffender unter ›Reformation‹ einen vielgestaltigen und umfassenden religiösen Veränderungsprozess in der westeuropäischen Christenheit, der schließlich in den heute geläufigen Konfessionen von Katholiken, Lutheranern und Reformierten (Calvinisten) eine abschließende Form gefunden hat. Die Täuferbewegung aber hat ihre Fortsetzung u.a. in den heutigen Freikirchen gefunden. Insofern dürfte eher eine Einschätzung angemessen sein, nach der die Täuferbewegung die charakteristische Erscheinungsform dieses reformatorischen Prozesses für das Monschauer Land gewesen ist, der zur Auflösung der bis dahin selbstverständlichen Einheit der Christenheit in Westeuropa führte. Allein schon die erkennbar große Zahl ihrer Anhänger und die Dauer im Amt rechtfertigt eine solche Einordnung. Entsprechend hatte Walter Scheibler dem Thema auch die notwendige Aufmerksamkeit gewidmet, auch wenn es als ein Kapitel in den Rahmen einer ›Geschichte der Evangelischen Gemeinde Monschau‹ eingebunden ist.[89] Allerdings hätten sich die Täufer selbst nur schwerlich in diesen Rahmen eingeordnet.

Eine erste Nachricht aus diesem Umkreis wird greifbar, als der Rentmeister a.1547/48 verzeichnete, dass der Schultheiß, die (Gerichts- bzw. Land)boten und Stadtbürger (als »Hilfspolizei«) im Amt nach ›Wiedertäufern‹ suchten.[90] Danach nehmen die Nachrichten zu. Allerdings ist von den Glaubensvorstellungen der Leute auf dem Lande selbst so gut wie nichts berichtet. Die hiesigen Gruppen der recht vielgestaltigen Täuferbewegung werden am ehesten der Richtung des niederländischen Predigers Menno Simons (1466–1561) zuzuordnen sein. Aus einer knappen Bemerkung jedoch der Visitation des Jahres 1559 in Bergstein (b. Nideggen) wird schlagartig erkennbar, worauf es den Leuten – Täufer oder nicht – offensichtlich angekommen ist. Dort berichtete der Pastor: *sobald er das wort Gottes verkundigt hat, sollen die nachburen wie ein kad* (›Schwarm‹) *velthuener us der kirchen laufen und der messen nit erwarten* bzw. nach *gehorter predig irer gescheft nach heimgehen.*[91] Für diese Leute war demnach die Wortverkündigung entscheidend, verbunden mit Ablehnung der im Ablauf der Messe folgenden, durch den geweihten Priester vollzogenen Handlungen.

Schon immer ist aufgefallen, dass sich die größte Zahl von Täufern im Kirchspiel Simmerath fand. Darin dürfte sich der Zugangsweg der frühesten Prediger spiegeln, nämlich ruraufwärts von Heimbach her und über das Schleidener Tal sowie das Land Überruhr mit Wollseifen, wo sie bei Einruhr mit der Rurgrenze das Amt Monschau erreichten. Ein Prediger Thönis von Hastenrath berichtete von einer Missionsreise um 1550, bei der auch Einruhr (*uff der Ruren boven Hembach*) berührt wurde.[92] In der nah benachbarten Jülicher Unterherrschaft Dreiborn sind schon seit a.1539 und weiter in den Folgejahren Täufer in größerer Zahl bezeugt.[93]

Bei der Visitation von 1550 klagte der Pastor von Olef, dass sich etliche seiner Pfarrangehörigen (*kirspelskinder*) aus Wollseifen und Einruhr den Täufern zugewandt hätten und nicht zu den Sakramenten kämen.[94]

Auch Einheimische haben sich als eifrige Prediger betätigt. Im Rahmen der ersten Visitation von a.1550 nannten die Schöffen in Konzen als solchen den *Pauwelss Snyder,* ein *los lediger*, der nicht zur Kirche und zum Sakrament komme. Der Amtmann wollte nach ihm fahnden lassen. Es heißt von ihm: *Gait hin und widder* (›zieht hin und her‹), *lert widderwerdich, verirret vil guder lude mit sinen predigen.* Vielfach ist übersehen, dass dieser *Philipps Pauwels Snider* (wobei *Snider* wohl als Berufsbezeichnung zu verstehen ist) nahe Bergstein beheimatet war. Dort wurde er bei der Visitation der Pfarrkirche Bergstein genannt (vgl. oben), dass er zusammen mit *Peter Muss* und *Jacob van Auw mit sinem huisgesinde* der Kirche und dem Sakrament fernbleibe, *und wird gesagt, das dieselbige widdergetuft. Machen vil widderwerdigheit under gotzdiensten und predicaten mit claeffen und vagieren* (›mit Reden und Umherlaufen‹). *Pauwels Snider* scheint demnach ein lebhaftes Temperament gewesen zu sein, der auch durch Provokationen beim Gottesdienst Anhänger zu werben versuchte. Als Vorleser oder Lehrer sind in einer Aufstellung vom April 1554, die die geflohenen Täufer aus dem Kirchspiel Simmerath auflistete, vier Personen genannt,[95] von denen *Philips van Foißnaich* und *Nelis uf dem Harscheit* nach Ausweis der Namen sicher Einheimische waren; *Kryn Pawels* ist nicht zu verorten, wohl aber *Zillis Jacobs Zyllis,* der sich mit Frau, Kindern (*ein ongeteufft kind*) und Hausgesinde abgesetzt hatte; seine Verwandtschaft ist im Umkreis von Simmerath bezeugt (s.u.). In ihm wird allgemein der Prediger vermutet, der unter dem Namen *Zelis aus der Eifel* in Köln aktenkundig geworden ist. Als nicht in ihrer engeren Heimat wirkend sind noch zu nennen *Jan van Kestrich, Hennes von Imbroch* und *Jan Heep* (wohl aus Monschau).[96] Wurde bei der Visitation a.1550 in Konzen bezüglich Fahndung nach »Verdächtigen« allein *Pauwels Snyder* genannt, waren es in Simmerath deutlich mehr, von denen es hieß, dass sie nicht zum österlichen Sakramentenempfang gekommen seien, darunter auffällig in der Mehrzahl Frauen. Als Paare waren es *Peter Hep und sine huisfrauwe mit 2 megden* und *Thoenis uf dem Stein* (Rurberg) *mit siner huisfrauwen*, die wenig später hingerichtet wurde. Die anderen Frauen sind ausdrücklich allein genannt: *Jennickens Geritz dochter die elste, Stocklaiss huisfrauwe Barbara, Thiss Brochers huisfrau Marie, Straissen Peters huisfrau Tryn*, die ein einjähriges Kind nicht zur Taufe gebracht hatte, und die *apostolin Bernhartz Maria*, aus Rollesbroich. Sie hatte gesagt, *wie sie in den dritten himmel ufgehaben* (›erhoben‹) sei. Sie wird die Kennzeichnung als ›Apostolin‹ wegen ihrer Visionen erhalten haben; vielleicht hat sie auch bei Versammlungen der Gemeinde gepredigt. Auch von *Marie Brocher* hieß es einige Jahre später: *ist ein van den apostolinnen, deren man doit ist, und hait ein kindt, damit sie jetzt buissen landts.* Unter den a.1554 als geflohen Verzeichneten waren 29 Männer und 32 Frauen, davon wiederum mindestens 20 alleinstehende Ehefrauen und

Unverheiratete. Endgültige Zahlenangaben sind wegen der pauschalen Einträge *mit huisgesinde* oder *mit kinderen* (davon mehrere ungetauft) nicht möglich. Im Falle von *Zillis Jacobs huisgesinde* (s.o.) heißt es ausdrücklich: *behalven* (›ausgenommen‹) *Gillis der vader, willicher zu kirchen kumpt.* So wie hier ist auch sonst das ganze Jahrhundert hindurch zu beobachten, dass der Anschluss an die neue Lehre quer durch die Familienverbindungen verlief.

Bald nach der Visitation von 1550 muss eine Welle der Verfolgung eingesetzt haben, die offenbar zu einer stärkeren Fluchtbewegung geführt hat, aus der heraus auch die erwähnte Liste entstanden ist. Dazu datiert vom April 1554 ein Kanzlei-Entwurf einer Empfehlung (*raitslaich* ›Ratschlag‹), wie mit den Täufern *jm lande und ampt Monjauwe* zu verfahren sei. Demnach sollten aufgegriffene Täufer dem Schöffengericht übergeben werden. Widerrufende, die *umb genade gepetenn, versichert unnd verburcht* (›Sicherheit und Bürgschaft geleistet‹), *sich vorthin gehoirsam zo habenn* (›zu verhalten‹), sollten begnadigt werden. In einem Nachtrag dazu sind bereits 7 Namen von »Rückkehrern« genannt. Dagegen sollten die Güter der ›Halsstarrigen‹ eingezogen und ihre Häuser abgebrochen werden. In der Regel nahmen sich die Verwandten zurückgelassener Kinder und der Habe an, soweit von den Beständen nicht verkauft wurde. Zum Abriss der Häuser ist es nicht generell gekommen. Wenn jemand geflohen war, jedoch Frau und Kinder zurückgelassen hatte, sollten diese die Möglichkeit erhalten, ihren Unterhalt vom konfiszierten Gut zu bestreiten. Der gleiche Aktenvorgang enthält eine Anweisung des Herzogs an die Amtleute von Millen und Born zur Fahndung nach Täufern, die in den *Jsenbroech* zwischen beiden Ämtern geflüchtet seien; auf eine beigefügte Namenliste ist verwiesen (s.o.). Von den wichtigsten Leuten (*de principalen*) aber hieß es, dass sie beim adligen Herrn Reinhard Beissel von Gymnich in Schmidtheim Unterschlupf gefunden hätten. Dessen Burgsitz stand sowohl in Lehnsbeziehungen zur Grafschaft Schleiden wie auch zu Jülich und war insofern eine Art »neutrales Ausland«. Die Maßnahmen sind dann auch bald darauf in Gang gesetzt worden. Im März 1555 hatte der Rentmeister mit einigen Schöffen eine Liste von 12 beschlagnahmten Anwesen erstellt (vgl. Kap. 12.a), über deren weiteres Schicksal in Nachträgen bis 1558 berichtet ist. Die Vorgänge sind nur mit eingeschränkter Sicherheit rekonstruierbar, weil die Aktenüberlieferung unvollständig und chronologisch gestört ist. Zudem sind nur Teile des Ablaufs erfasst. In der »Flüchtlingsliste« sind die Namen von 3 Hofinhabern gar nicht enthalten. Mehr aber verwundert die Beobachtung, dass eine deutliche Mehrheit von etwa 60 Personen der Liste (das ›Hausgesinde‹ nicht mitgerechnet) keinen Besitz zurückgelassen haben sollte. Zunächst scheint zur Erklärung die Annahme weiter zu helfen, dass man bei der Bewirtschaftung der üblichen Anwesen größere Personenzahlen über eine Kernfamilie hinaus annehmen muss und dass wohl auf den Hofstellen größere Verwandtschaftsverbände lebten. Hinzu käme dann noch das vielfach genannte ›Hausgesinde‹. Daneben scheint aber noch ein anderer Faktor im Spiel gewesen sein: Einige Abschnitte des genannten *Raitslaich* lassen erkennen, dass überhaupt eine Zahl von »Verdächtigen« im Lande vagabundierte, vielleicht auch auf den Weg gebracht infolge der Erschütterungen durch die Heerzüge des noch nicht lange zurückliegenden Geldernschen Kriegs (vgl. Kap. 8.d). Ein Teil solcher Leute sei festgesetzt worden (als Verwahrorte wurden dazu Nideggen, Düren, Jülich und Linnich genannt), damit die *goidt hertzichen einfeldige jm lande zo Monjauwe neit verjrt noch geargert wurden* (›damit die von Herzen guten und einfachen Leute im Monschauer Land nicht verwirrt und verführt würden‹). Dazu gehörte der Vorschlag, einige zuverlässige Leute zur *erforssongh und erfaronghe durch die berge und busschen* zu schicken, um *die ausfluchtigen, durchsleuffende unbekanten* zu fassen. Damit würde auch die schon einige Zeit zurückliegende Suchaktion von 1547/48 eine Einordnung in einen größeren Zusammenhang finden. Jedenfalls haben die weiten Waldstrecken manchen Täufergruppen als versteckte Versammlungsorte gedient. Als die Regierung a.1558 einer Erkundigungskommission einen Aufgabenkatalog mit auf den Weg gab, die u.a. auch den Stand der Täuferverfolgung erfassen sollte, wusste der Forstmeister zu berichten, dass er *noch newlich uff einem ort jn den bergen eine gar heimlich hutt funden*. Dort hatte er vergeblich einer erwarteten Versammlung aufgelauert und vermutete daher, dass die Leute gewarnt worden seien. Die Hütte hatte er in Brand gesteckt. (Mit *in den bergen* könnte auch der Siedlungsname und damit der Raum Rurberg gemeint gewesen sein). Schließlich könnte eine so verstandene Gesamtlage eine Erklärung dafür bieten, wieso sich Flüchtende aus dem Monschauer Land in den *Jsenbroich* zwischen Millen und Born gewandt haben. Wenn die von dort stammenden ersten Prediger ihnen diesen Ausweichraum angeraten oder gar gezeigt haben sollten, wäre das Fluchtziel durchaus plausibel. Andererseits scheint in der Literatur[97] die Zahl solcher Flüchtlinge aus benachbarten Städten in den Wäldern reichlich hoch angesetzt. Die Namen der in der genannten Liste Erfassten weisen nämlich durchweg auf Einheimische. Unter den im April 1554 verzeichneten Geflohenen waren auch *Thoenis uf dem Steine* und seine Frau Maria. Beide müssen bald darauf gefasst und dem Schöffengericht übergeben worden sein. Die Frau hat einen Widerruf standhaft verweigert und ist zum Tod durch Ertränken verurteilt worden. *Thoenis* dagegen scheint widerrufen zu haben, denn von seinem und seiner vier kleinen Kinder Schicksal ist a.1558 noch berichtet. Das durch eine umfangreiche niederländische Veröffentlichung vom Jahr 1660 mitgeteilte Hinrichtungsjahr 1552 der *Maria uf dem Steine* kann nach den genannten Zeugnissen nicht zutreffen,[98] denn die Flüchtlingsliste und der Eintrag des Rentmeisters über den Besuch des Scharfrichters in Monschau mit Hinrichtung einer Frau führen eindeutig in das Jahr 1554 bzw. 1555. Die im gleichen Eintrag vermerkte Überstellung eines Täufers nach Jülich bezieht sich womöglich auf *Thoenis.*[99] Der etwa ein Jahrhundert später in der Rurberger Schatzliste von 1649 genannte *Thoniß ufm Stein* wird ein Nachkomme dieser Familie gewesen sein.

Der wahrscheinlich am weitesten bekannt gewordene Märtyrer aus den örtlichen Täuferkreisen war der gemäß seinem Namen aus Imgenbroich stammende Buchdrucker *Thomas von Imbroich*. Er hat allerdings nicht im Monschauer Land gewirkt, war vielmehr nach einer Buchdruckerlehre in Antwerpen in Köln tätig, wo er sich den Täufern angeschlossen hatte. Walter Scheibler hat eines der von Thomas vor seiner Hinrichtung 1558 verfassten Gedichte mitgeteilt.[100] Mit mehr als 30 Fällen erreichte im Herzogtum Jülich die Zahl von Hinrichtungen ihren Höhepunkt unter Herzog Johann[101](†1539) und übertraf damit die Fälle der Hexenverfolgung; unter der Regierung Herzog Wilhelms V. ging die Zahl deutlich zurück.

Die Inventarliste vom Jahre 1555 erwies sich jedoch als ungenau und unvollständig, wie weitere Aktenstücke des Vorgangs ergeben, und a.1558 sah sich die Regierung veranlasst, die erwähnte Kommission unter Leitung des Secretarius Claß Wick und des Wehrmeisters Matthys Wolff zu einer ›Erkundigung‹ nach Monschau zu schicken. Mit Unterstützung örtlicher Beamter (Forstmeister Arndt Bokop und Rentmeister Winand von der Hardt) sollten sie über die Täuferfragen hinaus auch den Bearbeitungsstand der Kriegsfolgen von a.1543 erkunden. Bei dieser Gelegenheit wurde der Gerichtsbote Bonus aus Kesternich einem strengen Verhör mit Strafandrohungen unterzogen. Der Amtmann Rolshausen hatte nämlich seinen Bedienten Arndt Loerer und den Boten Bonus mit der Abwicklung des Täufervermögens bevollmächtigt, wozu u.a. auch gehörte, gegen Bezahlung in zwei verlassene Anwesen als »Hauswächter« einzuziehen, um zu verhindern, dass wiederkehrende Täufer sich dort versammelten. Wie die ›Erkundigung‹ zeigt, hatten beide diesen Auftrag eifrig zu Eigenmächtigkeiten und zur Bereicherung genutzt. Arndt Loerer war zur Zeit der Erkundigung schon verstorben. Über die Tätigkeit der beiden muss es zu einer Kontroverse zwischen dem Rentmeister Winand von der Hardt und dem Boten Bonus gekommen sein, worin allem Anschein nach eine der Ursachen für die ›Erkundigung‹ gelegen hat. Daher ging die Kommission daran, über eine Befragung von Verwandten der Geflohenen hinaus auch dem beweglichen Gut (*gereide guder*) nachzuforschen, dem sich Bonus bevorzugt gewidmet hatte, meist in Form von Vieh, Getreide und Hausrat, seltener auch Karren und Arbeitsgerät. Darüber war bei der ersten Erfassung in der Regel nur vermerkt, dass es zum Amtmann nach Monschau geschafft worden sei. Mit der ›Erkundigung‹ kam nun Genaueres auch zum Schicksal Einzelner in den Blick. Die Nachfragen erbrachten zunächst, dass doch eine deutlich größere Zahl von Grundbesitzern unter den Geflüchteten von a.1554 gewesen ist. Mehrfach sind eigenmächtige und dubiose Geschäfte von Arndt Loerer und Johann Bonus notiert: So hatte *Goebels Hupert* als einziger im Lande gebliebener Nachkomme des geflohenen, jetzt verstorbenen *Claiß Goebels,* einen Teil der beschlagnahmten Heu- und Getreidevorräte *seiner noiturfft nach* zurückkaufen müssen; 7 Stück Rindvieh und ein Pferd mit Karre sowie ein Bett hatte Arndt weggeführt. *Hupert* hatte sich aber zu helfen gewusst: *Und damit er zulest zu fridden mocht sitzen bliven, hait er obgemelten Arndten eine gude khoe geschenkt.* Von den Getreide- und Futtervorräten heißt es meist: *hait der bodt Bonus zu sich genomen.* Als Fluchtziele sind Köln (beim Huppenbroicher Zimmermann *Joeriss Hupert* mit Familie) und Maastricht (*Niessen Jan mit weiff und kinderen*) verzeichnet. Die zwei Brüder und zwei Schwestern des *Jan Niessen* hatten das Gut unter sich geteilt. Als dann auch der erste der Brüder sich abgesetzt hatte, *so hait der bod Bonus das vierdt gedeils zu sich geschlagen;* nach der Flucht des zweiten Bruders und als die Schwestern seinen Teil übernehmen wollten, schritt der Amtmann ein und verbot die Übernahme. Stattdessen sollten sie eine Rückkehr des Bruders veranlassen und ihm einschärfen, *sich gleich andern christlich zu halten.* Am Fall des *Jan Voß* (auch *Johan Voyß*) wird zum einen der Verfolgungseifer des Gerichtsboten sichtbar, dann auch zum andern, dass die Zwangsmaßnahmen nicht einfach widerstandlos abgelaufen sind. *Voß* gehörte a.1554 laut ›Ratschlag‹ zu den Täufern, die abgeschworen und 2 Gulden Buße erlegt hatten, sich nach einem halben Jahr aber erneut abgesetzt hatten. Einer Beschlagnahme seines Viehs hatte er jedoch vorgebeugt und eine Zahl Rinder (*schoene beesten*), die auf dem Reinartzhof in der Weide waren, *bey nechtlicher weill hinweggenomen*, als der Amtmann für einige Wochen mit Aufgaben nach Kleve unterwegs war. Bonus hatte herausgefunden, dass einiges Vieh bei einem Verwandten von *Voß* untergestellt war und zwei Kühe und 10 Schafe zum Amtmann gebracht. Und *Pleuss Kerstgen*, der unter der Beschuldigung der Täuferei 9 Wochen in Monschau in Haft gehalten worden war, hatte seine Frau freigekauft, indem sie Freunde und Verwandte mobilisiert hatte. Sie hatten die Summe von 30 Talern zusammengebracht, wobei die Frau dazu – *wie sie angetzeigt* – eine Kuh, ein Rind und 15 Gulden beigetragen hatte. Die Kommissionäre ließen eine gewisse Kritik an manchen Vorkommnissen durchblicken: Als *Schroeders Nellis* als nächster Verwandter sich um die zurückgelassenen vier kleinen Kinder des *Peter Hepen* gekümmert und die Getreide- und Futtervorräte übernommen hatte, *umb die kindergen damit zu ertziehen*, hatte er alles teuer bezahlen müssen. Die Kommission empfahl die Kinder ausdrücklich der herzoglichen Gnade in der Meinung, *das den kinderen nit sehr gutlich geschehen.* Als Ansatz einer verdeckten Kritik wird man auch den Bericht von der Wegführung der letzten Milchkuh des *Thoniss uff den Steynen* und seiner vier Kinder lesen können, zumal die Überlassung eines Rindes als »Gnadenakt« des Amtmanns als »Ersatz« für die Kuh eher wie Hohn anmutet, denn mit einem Jungtier ohne Milch war der Familie kaum geholfen. Es heißt, *das die arme kindergen so jemerlich gebeden und umb die koe gefallen, sie bei dem swantz gegriffen und getzogen und reden* (›retten‹) *wollen, dweill jnen damit alle jre narung entzogen, dan das eldiste metgen die ander 3 kindergen mit der milch, auch den vader und sich selbst gefoedert und erhalten.*

Nachrichten darüber, wie die nichttäuferischen Nachbarn zu diesen Vorgängen gestanden haben, sind in den entsprechenden Akten nicht festgehalten. Zustimmung wird es schwerlich gegeben haben, eher schweigende Abwendung. Mehrfach ist belegt, dass die Aufforderung zur Übernahme von Vieh abgelehnt wurde. Der in diesem Zusammenhang geäußerte Hinweis auf fehlendes Winterfutter war kaum eine bloße Ausflucht, sondern eher ein willkommen glaubhaftes Argument, um sich aus dem Geschehen heraushalten zu können. Und bei einer erneuten Kirchenvisitation a.1559 hieß es überall im Amt einhellig: *wissen von keinen widderteuffern*. Das war, wie die weitere Entwicklung über das Ende des Jahrhunderts hinaus lehrt, eine Schutzbehauptung wider besseres Wissen, vermutlich um von weiteren Maßnahmen nicht behelligt zu werden. In den letzten Jahrzehnten der Regierung Herzog Wilhelms V. († 1592) hatte zunächst der Druck der Verfolgung nachgelassen. Ein Teil der ›Entwichenen‹ scheint wieder zurückgekehrt zu sein, die Zahl an Täufern hat aber insgesamt offenbar weiter zugenommen. Als dann der Nachfolger Johann Wilhelm (1592–1609) in einer »zweiten Welle« wieder zu den früheren Maßnahmen zurückkehrte und in den letzten Jahren des ausgehenden Jahrhunderts eine erneute Bestandsaufnahme des Vermögens *ausgewichener* Täufer erstellen ließ, nannte das zum Protokoll dieser Erhebungen erstellte Register 63 Namen,[102] von denen 22 auf ein Verwandtschaftsverhältnis zu Personen von Listen der 50er Jahre hindeuten. So dürfte der *Johan Vaßen* aus Konzen, der mit seiner Frau *Barbara* des *Hupertz Bongartz confiscirte erbguttere* in Kesternich in Pacht hielt und der vorab mehrere Absprachen mit *Bongart* getroffen hatte, ein »bekehrter« Nachfahr des *Jan Voß* gewesen sein, der sein Vieh in nächtlicher Aktion vom Reinartzhof in Sicherheit gebracht hatte. Immer noch lag der Schwerpunk im Kirchspiel Simmerath, die meisten Vorkommen sind verzeichnet für Kesternich und das Rurtal mit Dedenborn und Pleushütte, wo sich jenseits der Rurgrenze in Einruhr (*auf der Rur*) im Schleidener Ausland bis ins 18. Jahrhundert hinein eine Täufergemeinde erhalten hat. Es fällt auf, dass jetzt mit der Verwaltung und jährlichen Abrechnung dieser Vermögen der Forstmeister Mattheis Brewer zusammen mit den in den Dörfern zuständigen Schöffen, nicht aber der eigentlich zuständige Rentmeister und Schultheiß Winand von der Hardt betraut war (vgl. auch oben 12.b zur Kirche in Monschau). Die Schöffen waren dabei offenkundig an »praktischen« Lösungen »ihrer« Fälle interessiert, die für sie nicht ohne Risiko waren, insofern sie sich für die von ihnen befürworteten Kandidaten verbürgen mussten. Zwei Fälle seien als Beispiele genannt, die auch den zugehörigen Verwaltungsaufwand belegen mögen: Da war der bescheidene Besitz von wenigen Morgen des geflohenen und kürzlich verstorbenen *Lentzen Drieß* aus Imgenbroich, der von seiner Frau *Mergen* (›Maria‹) herrührte, *so catholisch gelebt und christlich abgestorben. Drieß* (›Andreas‹) hatte Schulden auf diesen Besitz gemacht. Zurückgeblieben war der 16jährige Sohn *Steffen, so jederzeit zu kirchen gangen.* Die Schöffen empfahlen, *den armen jungen bey dem geringen guitgen zu laßen, damit die schulden desto baß zalt werden und das ubrig dem armen jungen zu deßen leibs underhaltungh verpleiben mögte.* Dazu aber mussten sie sich verbürgen, dass der Junge nicht zu den Täufern überlief und der Besitz nicht ohne Zustimmung der Obrigkeit heimlich verkauft würde. Schließlich hatte er für diese »Begnadigung« jährlich 4 Gulden Pacht zu erbringen. In Roetgen war *Catharina Muller* ihrem vor einigen Jahren geflohenen Mann *Heinrich* nicht gefolgt, *sonder sich gleichs anderen nachparn christlich unnd catholisch gehalten.* Sie und ihre Tochter gelobten *handttastlich*, sich gemäß der herzoglichen Ordnung zu verhalten und setzten ihr Gut als Pfand. Der Schöffe Johann Lauterbach verbürgte sich für sie mit seinem Vermögen. Als ein Jahr darauf im November 1599 *Heinrich Müller wider einkommen, seinen jrthumb bekent und widderruffen, sich seithero fleißig bey den kirchen embteren finden laßen*, wurde der Fall mit Zustimmung des Schöffen zu einem jährlichen Pachtbetrag von 6 Gulden anstelle einer Buße abgeschlossen.

Noch weit in das folgende Jahrhundert hinein haben trotz aller Widrigkeiten Täufer im Amt gelebt. Von der langen Dauer der Gemeinde in Einruhr hat schon Walter Scheibler berichtet.[103] Von der Mitte des 17.Jahrhunderts an motivierte die tolerante Religionspolitik des Grafen Friedrich von Wied beim Aufbau seiner neuen Residenzstadt Neuwied viele Täufer aus dem Monschauer Land zur Auswanderung, wo sie seit a.1680 unter verbürgter Religionsfreiheit regelrecht als ›Mennoniten‹ anerkannt wurden.[104] Andere schlossen sich im Lauf der Zeit reformierten Gemeinden an bzw. bildeten solche. Wie ein fernes Echo daran ist die Nachricht zu verstehen, dass auf der reformierten Jülicher Provinzialsynode a.1697 in Düren die *Reformirte in der Woffelsbach* verlangten‹ beim Begräbnis außer einem Gebet auch ein Kapitel aus dem Neuen Testament (1.Kor., 15) öffentlich lesen zu dürfen, *wie sie es von langen Jahren hero solches ohne Hindernüß haben verrichtet.*[105] Diesen Brauch konnten sie auf ihre täuferische Herkunft zurückführen.

Anmerkungen

1 O. R. Redlich: Jülich-Bergische Kirchenpolitik, II, S. 530. Alle folgenden Nachweise aus Visitationsberichten des Monschauer Landes nach dieser Edition S. 526–535.
2 LAV NRW R, Jülich-Berg III 981; danach die folgenden Nachweise.
3 Vgl. weiter E. Neuß: Die Anfänge des Elementarschulwesens im Monschauer Land, ML 21 (1993) S. 84.
4 L. Falkenstein: Karl der Große und die Entstehung des Aachener Marienstiftes,1981 und R. Nolden: Besitzungen und Einkünfte des Aachener Marienstiftes, ZAGV 86/87 (1979/80) S. 1–456; speziell für das Monschauer Land: R. Nolden: Das Aachener Marienstift und seine Besitzungen im Monschauer Land, ML 11 (1983) S. 36–35, bes. S. 27f.
5 J. Fleckenstein: Über das Aachener Marienstift als Pfalzkapelle Karls des Großen, in: Festschrift für Berent Schwineköper, 1982, S. 18–28 und R. Schieffer: Hofkapelle und Aachener Marienstift bis in staufischer Zeit, RhVB 51 (1987) S. 1–21.
6 P. Schönhofen: Die Pankratius-Kapelle in Conzen bei Montjoie, EHV 3 (1929/28) S. 197–198 (Erstdruck 1914).
7 Einhardi vita Karoli, in: Quellen zur karolingischen Reichsgeschichte, I, cap. 26, S. 198.
8 E. Neuß: Mutmaßungen über die Pankratiuskapelle in Konzen, ML 50 (2022) S. 31–38.
9 R. Schieffer: Eigenkirche, LMA III, Sp. 1705–1708.
10 Zur historischen Entwicklung der Territorialpfarre s. J. Semmler: Zehntgebot und Pfarrtermination, in: H. Mordek (Hg.): Aus Kirche und Reich, S. 33–44; auch R. Puza: Pfarrei, Pfarrorganisation, LMA VI, Sp. 2021–2026.
11 KDM S. 16.
12 Einzelheiten dazu bei E. Neuß: Kaiser Karl der Große im Monschauer Land, ML 43 (2015) S. 50–52.
13 KDM S. 16f.; vgl. H. Huppertz: Aus der Baugeschichte der St. Peters-Kirche in Konzen, EHV 30 (1958) S. 81ff.
14 A. Kazhdan – R. Puza: Patronat, -srecht, LMA IX, Sp. 1808–1810.
15 F.W. Oediger (Hg.): Die Erzdiözese Köln um 1300. 1. Heft: Der liber valoris, 1967, S. 51.
16 UB Steinfeld Nr. 274.
17 Zum Zehnten überhaupt R. Puza: Zehnt, LMA IX, Sp. 499–501.
18 Druck in E. Neuß (Hg.): Weistümer Nr. 2.
19 Das Folgende nach R. Nolden: Das Aachener Marienstift und seine Besitzungen im Monschauer Land, ML 11 (1983) S. 26–35 und R. Nolden: Über den Konzener Haferzehnten vom 14. bis 18. Jahrhundert, ML13 (1985) S. 27–33.
20 Zum genaueren Grenzverlauf und seiner Ermittlung E. Neuß – H.M. Hörnchen: Versuch einer Rekonstruktion des Feldgeleits des Aachener Stiftszehnten, ML 48 (2020) S. 41–52.
21 O. R. Redlich: Jülich-Bergische Kirchenpolitik, II, S. 614; vgl. auch II, S. 596 zu Berg vor Nideggen 1559.
22 E. Neuß (Hg.): Weistümer, Einleitung S. 70–72.
23 E. Neuß (Hg.): Weistümer Nr. 14.
24 Zeugnisse auch KDM S. 118
25 O. R. Redlich: Jülich-Bergische Kirchenpolitik, II, S. 531.
26 S. die zusammenfassenden Überblicke bei R. Pohl: Religiöse Lebensformen im Herzogtum Jülich, S. 14–54.
27 KDM S. 23.
28 Diese und die folgenden Visitationsnachrichten nach O. R. Redlich: Jülich-Bergische Kirchenpolitik, II, S. 526–532.

29 Vgl. zu dieser generellen Situation W. Janssen: Beobachtungen zum Verhältnis von Pfarrorganisation und Stadtbildung in der spätmittelalterlichen Erzdiözese Köln, AHVNRh 188 (1985) S. 61–90 und W. Janssen: Die Differenzierung der Pfarrorganisation in der spätmittelalterlichen Erzdiözese Köln, RhVB 55 (1991) S. 58–83.

30 R. Puza: Stolgebühren, LMA VIII, Sp. 190f.

31 Abschrift im Lagerbuch a.1649 (StaMON 1. Abt. G 2, fol. 13); aus anderer Überlieferung auch O. R. Redlich: Jülich-Bergische Kirchenpolitik, II, S. 529 Anm. 1.

32 Beispielweise H. Arens: Die katholische Kirche im Monschauer Land, S. 335 entgegen S. 30f.

33 LAV NRW R, Jülich-Berg III 981.

34 Abschrift im Lagerbuch a.1649 (StaMON 1. Abt. G 2, fol. 15–16r; aus anderer Überlieferung auch O. R. Redlich: Jülich-Bergische Kirchenpolitik, II, S. 531 Anm. 1.

35 E. Neuß: Johannes ist sein Name … ML 32 (2004) S. 161f.

36 Ausführlich s. A. Angenendt: Geschichte der Religiosität im Mittelalter, passim und W. Janssen: Geschichte des Erzbistums Köln, II.2, S. 500–512.

37 Vgl. E. Neuß: Die Entstehung der Pfarrgemeinde Monschau, in: 350 Jahre Pfarrgemeinde, S. 14f.

38 Druck in O.R. Redlich: Jülich-Bergische Kirchenpolitik, I, Nr. 240, S. 246ff.

39 Druck in H. Koch (Bearb.): Zweifall, Anlage 8 S. 538–541 mit deutscher Übersetzung; Abbildung S. 199.

40 Vgl. zusammenfassend auch J. Conrads: Das Venndorf Kalterherberg, S. 126f.

41 S. auch W. Janssen: Die Differenzierung der Pfarrorganisation in der spätmittelalterlichen Erzdiözese Köln, RhVB 55 (1991) S. 60.

42 H. Laumans: Geschichte des Montjoier Landes, S. 212.

43 H. Arens: Die katholische Kirche im Monschauer Land, S. 199ff.

44 H. Zapp: Send, -gericht, LMA VII, Sp. 1147f.; Einzelheiten zum Erzbistum Köln bei W. Janssen: Beobachtungen zum Pfarrsend in der spätmittelalterlichen Erzdiözese Köln, in: W. Ehbrecht u.a. (Hg.): Der weite Blick des Historikers, S. 317–336 und W. Janssen: Das Erzbistum Köln im späten Mittelalter, II, S. 131–156.

45 E. Neuß (Hg.): Weistümer Nr. 7.

46 Kurz und präzise erläutert bei W. Janssen: Kleine Rheinische Geschichte, S. 146ff.; s. auch den Literaturkommentar.

47 E. Neuß (Hg.): Weistümer, Nr. 2.

48 Literaturverzeichnis Nr. 103, 166, 310.

49 Druck bei E. Neuß (Hg.): Weistümer Nr. 7; s. auch P. Schreiber: Wie der Send in Conzen abgehalten wurde, EHV 11 (1936) S. 40–43.

50 RRA II Nr. 510.

51 F. Kerff: Das Würselener Sendgericht in: M. Wensky – F. Kerff (Hg.): Würselen, S. 63–88; zum Herzogtum überhaupt R. Pohl: Religiöse Lebensformen, S. 64–70.

52 Druck bei E. Neuß (Hg.): Weistümer Nr. 9.

53 DWB III Sp. 39 und die folgenden Komposita.

54 O. R. Redlich: Jülich-Bergische Kirchenpolitik, II, S. 13 und 529.

55 Wie vorige Anm., I, S. 224.

56 W. Janssen: Kleine Rheinische Geschichte, S. 147.

57 O. R. Redlich: Jülich-Bergische Kirchenpolitik, I, Nr. 336 S. 388.

58 Th. P. Becker: Von der Gegenreformation zur katholischen Reform, AHVNRh 194 (1991) S. 70.

59 H. Arens: Die katholische Kirche im Monschauer Land, S. 202.

60 W. Scheibler: Geschichte der Evanelischen Gemeinde Monschau, 1939, Neudruck 1998 und W. Scheibler: Geschichte der drei evangelischen Eifelgemeinden des Kreises Monschau,

1955 ; (kürzer auch in: H. Prümmer (Red.): Das Monschauer Land, 1955. Vgl. auch den Literaturkommentar.

61 H. Laumans: Geschichte des Montjoier Landes, S. 189–204.

62 Dazu J.F.G. Goeters: Die Entstehung des rheinischen Protestantismus und seine Eigenart, RhVB 58 (1994) S. 149–201; vgl. auch F. Petri: Im Zeitalter der Glaubenskämpfe, in: F. Petri – G. Droege (Hg.): Rheinische Geschichte, II, S. 16ff.

63 Überblick bei H. Smolinsky: Kleve – Jülich – Berg, in: A. Schindling – W. Ziegler (Hg.): Die Territorien des Reichs im Zeitalter der Reformation und Konfessionalisierung, S. 86–106; weiteres im Literaturkommentar.

64 Zitate nach der grundlegenden Edition: O. R. Redlich: Jülich-Bergische Kirchenpolitik, II, bes. S. 526–535; zur landesweiten Auswertung R. Pohl: Religiöse Lebensformen im Herzogtum Jülich, 1989.

65 E. Krumme: Die frühreformatorischen Bewegungen im Jülicher Land, MEKGRh 43 (1994) S. 63–92, bes. S. 71ff; E. Münster-Schöer: Hexenverfolgung und Kriminalität, S. 206.

66 Neuere Darstellung: E. Laubach: Reformation und Täuferherrschaft, in: F.-J. Jakobi (Hg.): Geschichte der Stadt Münster, I, S. 145–216

67 Ausführlich H.-J. Goertz: Die Täufer. Geschichte und Deutung, 1988.

68 J.G.F. Goeters, Die Rolle des Täufertums in der Reformationsgeschichte des Niederrheins, RhVB 24 (1959) S. 224; E. Krumme: Die frühreformatorischen Bewegungen, MEKGRh 43 (1994) S. 72.

69 O. R. Redlich: Jülich-Bergische Kirchenpolitik, I, Nr. 235 S. 242f.

70 S. dazu zuletzt die Arbeiten von S. Becker, A. Flüchter und R.-P. Fuchs in: G. von Büren u.a. (Hg.): Herrschaft, Hof und Humanisus, S. 251–305. Zur Person des Herzogs s. G. Bers: Wilhelm Herzog von Kleve-Jülich-Berg (1516–1592), BJG 31 (1970) S. 2–18.

71 Vgl. oben H. Smolinsky (wie Anm. 63) S. 93ff.

72 W. Günther: Die Reformation, S. 9 und N. Reinartz: Servatius Hyrth. Pastor in Schleiden, passim.

73 H. Hinsen: Die Reformation in Schleiden im Lichte bisher unbekannter Quellen, MEKGRh 43 (1994) S. 57.

74 Zu Aachen überblicksweise zusammenfassend H. Molitor: Reformation und Gegenreformation in der Reichsstadt Aachen, ZAGV 98/99 (1992/93) S. 185–203.

75 W. Scheibler: Geschichte der Evangelischen Gemeinde Monschau, S. 35, 37f.

76 B. Nickel: Chronik der Familie Werner, ML 35 (2007) S. 67ff.

77 Wie Anm. 76; daneben auch eine Abschrift von W. Nickel im Archiv des Geschichtsvereins.

78 H. Koch (Bearb.): Das Dorf Zweifall im Vichttale, S. 274.

79 E. Neuß: Vermischte Notizen über die Amtleutefamilien von Rolshausen, ML 25 (1997) S. 33f.; zu den genealogischen Daten U. Schuppener: Die Herren von Rolshausen, ML 32 (2004) S. 95ff.

80 W. Güthling: Zur Geschichte des Amtes Monschau, EHV 15 (1940) S. 86; vgl. E. Münster-Schröer: Hexenverfolgung und Kriminalität, S. 209.

81 Nachgewiesen bei J. Bendel: Zweifall, S. 98 Anm. und H. Koch (Bearb.): Das Dorf Zweifall im Vichttale, S. 271 Anm. 3; längerer Textabdruck ebd. S. 276.

82 W. Scheibler: Geschichte der drei evangelischen Eifelgemeinden des Kreises Monschau, S. 33 und 38.

83 H. Koch (Bearb): Das Dorf Zweifall im Vichttale, S. 200f. mit Anm. 13 und 14.

84 Vgl. dazu auch den Literaturkommentar.

85 Maßgeblicher Druck bei W. Vogt: Beschreibung des Montjoier Landes, EHV 1 (1925/26) S. 46–49; ältere Teiledition bei W. Ritz (Hg.): Urkunden und Abhandlungen, Kap. III, S. 95–97.

86 Ausführlich dazu auch H. Steinröx: Reinartzhof und Hattlich, S. 160–170.

87 H. Arens: Die katholische Kirche im Monschauer Land, S. 326, 374. Zu Hilger auch W. Herborn: Die Geistlichen im Jülicher Amt Nideggen, in: Gesammelte Aufsätze, S. 109ff.

88 W. Günther: Die Reformation, S. 5.

89 W. Scheibler: Geschichte der Evangelischen Gemeinde Monschau, S. 15–33; zuletzt auch F. Broicher: Die Wiedertäufer im Monschauer Land, RhHP NF 31 (1994) S. 133–136.

90 W. Günther: Zur Geschichte des Amtes Monschau, EHV 15 (1940) S. 85.

91 Wie Anm. 1, Visitationsberichte nach O. R. Redlich, II.

92 H. Blaß: Ein Apostel der Täufer missioniert in der nordwestlichen Eifel, Kreis Euskichen. Jahrbuch 1975. S. 70–82, hier S. 74; s. auch H. Blaß: Einruhr – eine Kultstätte im Gemünder Gebiet ? Kreis Euskirchen. Jahrbuch 1976, S. 89–97 und H. Hinsen: Das Land »Überruhr«, ML 21 (2001) S. 29.

93 W. Günther: Die Reformation, S. 6.

94 O. R. Redlich (wie Anm. 1) S. 813.

95 Alle folgenden im Wortlaut zitierten Passagen nach LAV NRW R, Jülich-Berg III 980 und 981, teilweise auch im Druck bei O. R. Redlich: Jülich-Bergische Kirchenpolitik, II (wie Anm. 1) wiedergegeben.

96 J. Janssen: Wiedertäufer im Montjoier Land, EHV 6 (1930/31) S. 8f., 11.

97 So z.B. E. Münster-Schröer: Hexenverfolgung und Kriminalität, S. 143

98 So noch W. Scheibler: Die Wiedertäuferin Maria von Monschau, EHV 15 (1940) S. 82f., H. Steinröx: Maria auf dem Stein, eine Rurberger Märyrerin, ML 26 (1998) S. S. 40 und RhStA X, Nr. 56 mit Druckfehler 1522.

99 W. Güthling: Zur Geschichte des Amtes Monschau, EHV 15 (1940) S. 86.

100 W. Scheibler: Geschichte der Evangelischen Gemeinde Monschau, S. 2.

101 E. Münster-Schöer: Hexenverfolgung und Kriminalität, S. 223

102 LAV NRW R, Jülich-Berg II 254; Abdruck bei W. Scheibler: Geschichte der Evangelischen Gemeinde Monschau, S. 26–28.

103 W. Scheibler: Geschichte der Evangelischen Gemeinde Monschau, S. 33.

104 St. Volk: Peuplierung und religiöse Toleranz, RhVB 55 (1991) S. 209ff. mit weiterer Literatur.

105 H. Kelm: Protokolle der reformierten Synoden des Herzogtums Jülich 1677 bis 1700, S. 321.

Anhang

Politische Zugehörigkeit des Königsgutes/Forstbezirks Konzen, der Herrschaft und des Amtes Monschau

ca. 800 – ca. 1100: Krongut (unter pfalzgräflicher Aufsicht?)

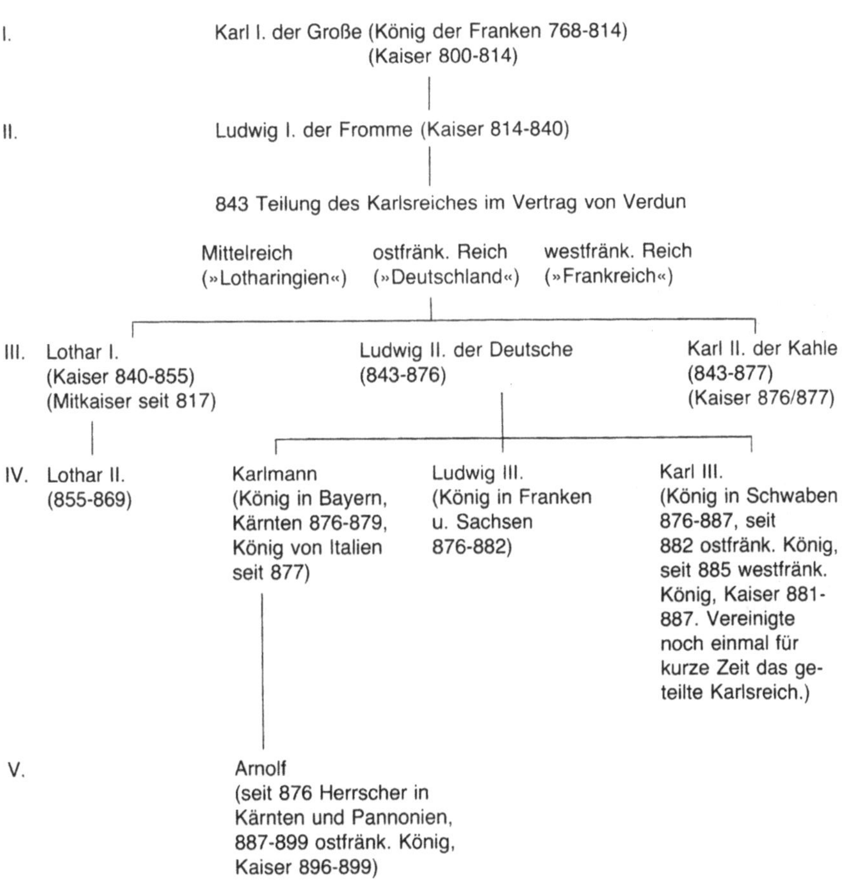

(Abb. 27) Die karolingischen Könige des 9. Jahrhunderts

ca. 1100 –1226: Usurpation des Königshofs und Forstbezirks Konzen durch die Grafen/ Herzöge von Limburg.

Heinrich I., Graf von Limburg (1081–1119), Herzog von Niederlothringen (1101–1106)
Walram II. Paganus, Graf von Limburg (1119–1139), Herzog von Niederlothringen (1128–1139)
Umwandlung der Burg Reichenstein in ein Prämonstratenserkloster.
Heinrich II., Graf von Limburg (1139–1155), Herzog von Limburg (1155–1167)
Heinrich III., der Alte, Herzog von Limburg und Markgraf von Arlon (1167–1221)
Das Land Konzen dient mit der Errichtung der Burg Monschau zur Ausstattung des Zweitgeborenen des Hauses Limburg (Sekundogenitur)
Ca. 1190–1226: Walram von Limburg-Monschau, Graf von Luxemburg (1214–1226) = Walram III., Herzog von Limburg (1221–1226)
1221–1226: Heinrich, Herr von Monschau, Graf von Berg (1225–1247) = Heinrich IV., Herzog von Limburg (1226–1247)

1226–1266: Die Herrschaft Monschau als eigenes Territorium.

Walram I. der Lange (1226–1242), Herr von Monschau, Bütgenbach, Poilvache und Sittard, oo Elisabeth von Bar
Walram II. (1242–1266), Herr von Monschau, Bütgenbach, Poilvache, Marville und Arrancy, oo Jutta von Ravensberg

1269/70–1352: Die Herrschaft Monschau als Teil der Herrschaft Valkenburg-Monschau.

Walram (III.) der Rote, Herr von Valkenburg-Monschau (1269/70–1302)
Dietrich (Dirk) III. (1302–1305)
Reinald II. (1305–1333)
Dietrich (Dirk) IV. (1333–1346)
Johann (1346–1352)

Valkenburger Erbfolgestreit: Reinhard I. von Schönau/Schönforst und Markgraf/Herzog Wilhelm von Jülich erwerben Rechte am Valkenburger Erbe, darunter die Herrschaft Monschau.

1354–1361: Das Haus Jülich nimmt Besitz von der Herrschaft Monschau und setzt einen Amtmann ein. In Verbindung mit dem schon seit a.1238 ausgeübten Waldrecht beginnt der Ausbau zur vollen Landesherrschaft.

Wilhelm V., Graf von Jülich (1328–1336) = Wilhelm I., Markgraf/Herzog von Jülich (1336/1356–1361)
Wilhelm II., Herzog von Jülich (1361–1393)

1361–1434: Der Herr von Schönau/Schönforst erwirbt im Tausch gegen das Jülicher Amt Kaster die Herrschaft Monschau, in Jülicher Sicht als Pfandverwaltung.

Reinhard I., Herr von Monschau und Schönforst (1361–1375/76)
Johann I., Burggraf von Monschau (1369–1380)
(1381 – Vormundschaft für Johann II. durch Reinhard II., den älteren Bruder Johanns I.)
Johann II., Burggraf von Monschau (spätestens 1399–1434)

1435–1609: Das Monschauer Land wird endgültig als Amt dem Herzogtum Jülich angeschlossen.

Adolf I., Herzog von Jülich (seit 1423) und Berg (1408–1437)
Gerhard II., Herzog von Jülich-Berg (1437–1475)
Wilhelm IV., Herzog von Jülich-Berg (1475 –1511)
Johann, ältester Sohn von Kleve, Herzog von Jülich-Berg (ab 1511) = Johann III., Herzog von Kleve – Jülich – Berg (1521–1539)
Wilhelm V. der Reiche, Herzog von Kleve – Jülich – Berg (1539–1592)
Johann Wilhelm, Herzog von Kleve – Jülich – Berg (1592–1609)

Amtsträger

(1) Drosten/Amtleute

(Die Listen beruhen auf Nennungen beim Durchgang durch die in den Verzeichnissen angeführten Quellen und die Literatur, nicht auf systematisch gezielter Suche und erheben daher nicht Anspruch auf Vollständigkeit. Die Dauer von Amtszeiten kann nur in wenigen Fällen genau angegeben werden. In den ersten Jahrzehnten der Jülicher Herrschaft sind Ernennungen zu Amtleuten mehrfach nur nominell gegen Darlehen an den Herzog erfolgt ohne Amtstätigkeiten an Ort und Stelle. Die konkreten Amtsaufgaben wurden von den Rentmeistern, Schultheißen und Forstmeistern wahrgenommen.
Die Namenschreibungen sind normalisiert und vereinheitlicht. Schreibvarianten nach den Quellen erscheinen im Text in Kursivschrift.)

Limburgische Herrschaft
1198 – Godfridus, dapifer domini Walerami (d.i. Walram von Limburg-Monschau, 1221–1226 Herzog von Limburg)

Monschau-Valkenburger Herrschaft
1324 – Mathias Mattelion, *armiger* (›Knappe‹) *de Eynatten, dapifer* der Lande von *Monyoie* und *Valkenborch*
1342 – her Frepont, *ridder, droyssit van Monyoye*
1348 – Jhan Crompvoes (›Krummfuß‹)

Erste Jülicher Inbesitznahme
1356 – Mathys Eveltz, *amptman zu Munyawe*
1361 – Henrich van Barmen, *ritter, zer zyt amptman zu Monyoie*

Schönforster Pfandverwaltung
1364 – Simon van den Broeghe
1366 – Mattelion von Teuven, *drussesse zo Monioe*
1370 – Mathys Yvels, *drosseis zo Monyoe*
1381 – Johan van Eychtz, *amptman*
1430 – Pauwyn van Nechtersheym, *amptman zerzyt zo Moynsauwe*

Amt im Herzogtum Jülich
1435 – Frambach von Birgel
1436 – Wilhelm von Linzenich
1438–1440 – Thijs von Heisteren
1443 – Johann von Geisbusch
1444 – Johann von Palant
1451 – Wilhelm von Vlatten
1461–1473 – Thonis von Palant
1473–1475 – Wilhelm von Nesselrode
1478 – Heinrich von Hompesch
1494–1499 – Dietrich von Halle
1500 – Vincentius von Efferen
1501–1504 – Johann von dem Bongart
1507? – 1526 – Johann von Efferen
1526–1544 – Johann von Jülich (Bastard Herzog Wilhelms IV.)
1544–1585 – Christoph von Rolshausen d.Ä.
1585–1609 – Christoph von Rolshausen d.J.

(2) Forstmeister

1238 – Gerardus Melcop
[1306–1336] – Johannes de Cuika dictus Spreise, Gobelinus Bule, Nicolaus de Ponte
1348 – Jhan Rummel von Hetzingen
1370 – Andryes
1436 – Thys von Heimbach genannt Knouff (auch Rentmeister)
1437–1444 – Johann von der Hardt (auch Rentmeister)
1463–1468 – Heinrich van der Baillen
1468 – Peter von Geyffenych
vor 1488 – Arnould van Adenauwe
1488–1499 – Thonis van Adenauwe
1493 – Geirhart von Berg
1499–1507 – Ge(i)rhardt Lunynck
1508–1513 – Johann Royst
1515 – Peter Roesen (Roist)
1521 – Thonis am Rychpade
1523 – Thonis Ruffer
1527 – Peter Roißt

1527/28 – Jan Royßt
1531/31 – Geratz Soynn (Sunn, Zun)
1534/35–1569 – Arndt Bokop (1565/66–1569 auch Schultheiß)
1570/71 – Johann Vlecke
1575/76 – Johann Vlecke (Sohn des Vorigen)
1576/77 – Johann Sproers (Spören)
1577/78 – Johann von Efferen
1581–1606 – Matteiß Brewer

(3) Rentmeister

1436 – Thys von Heimbach genannt Knouff (auch Forstmeister)
1438–1442 – Johann von der Hardt (auch Forstmeister)
1493 – Peter von der Hardt (auch Schultheiß)
1543/44 – Johann von Gladbach
1551/52 – Thonis von der Hardt
1557–1608 – Winand von der Hardt (ab 1572 auch Schultheiß)

(4) Schultheißen

1248 – Wilhelmus de Husen
1439 – Dries *der schoultess van Monyauwen*
1463–1476 – Peter von der Hardt (auch Rentmeister)
1479–1513 – Hermann von Loen, genannt Maenheufft
1550/51 – Marx von Gymnich
1566–1572 – Arndt Bokop (auch Forstmeister)
1572–1612 Winand von der Hardt (auch Rentmeister)

(5) Schöffen (in Auswahl)

Ca. 1190 – Wichman schabinus

1366 – Willem Busschof, Johann ver Cunegund son (›Sohn der Frau Kunigunde‹), Dummais van Inghembroich, Claijs Smijtghin, Clais Voigel, Clais Fidelre, scheffen des hoifs zo *Cumptze*

1479 – Johan Michel, Arnoilt up dem Daeynscheit, Gerart yn dem Berghe, Micheill van Wytzenroede, Peter van Bickenroede, Huppert van Kesternich, Johan Tzuye van Rollesbroich, Reynart van Mutzenich, Berthried up Lamerscheit, Dreis an der Eich, Johan Schmyt van Semelroede, Lentz von Wyztzenroede, Gerard Geiksman in Eichenscheit, Dreis Vynk van Rollesbroich

1575 – Franz Pin, Joris Hep, Nellis Schreiber, Peter Graeff, Hermans Gilles, Johann zu Mutzenich, Hermans Theiß, Hennen Clais, Johann Keuer, Peter Francis, Theiß Pier

Literaturkommentar

Die Endnoten nach jedem Kapitel nennen möglichst nur die unmittelbaren Quellennachweise bzw. die maßgebliche Literatur, die der Darstellung für den jeweiligen Abschnitt zugrunde liegen. Sie versuchen, »Nebenschauplätze« mit Diskussion anderer Forschungsmeinungen oder Verweise auf Interessantes am Rande zu vermeiden. Diese Aufgabe ist vielmehr dem folgenden Literaturkommentar zugedacht. Forschungsliteratur neben den unmittelbaren Quellennachweisen ist in der Regel nur dann genannt, wenn der thematische Zusammenhang lockerer erscheint und aus ihr die Quellengrundlage nachvollziehbar ist. Zu urkundlichen Quellen sind in Einzelfällen (ohne systematische Durchführung) Paralleleditionen oder Regestenwerke nachgewiesen, wenn sie als heutige, vielbenutzte Standardwerke gelten können. Die Endnoten richten sich daher vor allem an diejenigen, die die Grundlagen der Darstellung nachvollziehen oder daran weiter arbeiten möchten. Im Interesse einer zügigen Lektüre können sie durchaus übergangen werden.

Aufgrund des skizzierten Zweckes kommt im Kommentar auch Literatur zur Sprache, die zwar benutzt und in das Literaturverzeichnis aufgenommen ist, in den Endnoten aber nicht erscheint. Das sind zum einen Titel, die als Hintergrundinformation oder Weiterführung für die jeweiligen Kapitel zu empfehlen oder zum andern dagegen überholt oder auch irreführend sind, jedenfalls nicht erneut hervorgeholt werden sollten. Gerade in den letzteren Fällen ist kurz zu begründen, warum der vorgetragenen Darstellung nicht gefolgt wird. Die eingeklammerte(n) Ziffer(n) bei Autorennamen verweisen in das Literaturverzeichnis. Zusätzlich ist dem Kommentar ein Glossar zu unumgänglichen Fachausdrücken angefügt, die z.T. auch im laufenden Text erläutert sind. Generell sei auf die reichhaltigen Erläuterungen im »Lexikon des Mittelalters« (238) hingewiesen.

Wegen des engen Bezugs zur vorangegangenen »Geschichte der Burg Monschau« von 1998 (272), sei die Gelegenheit zur Berichtigung einiger Versehen und zum Nachtrag knapper Hinweise genutzt. Die im dort angefügten Literaturkommentar gegebenen Wertungen behalten weiter Gültigkeit:

Zu S. 1: Der erste Herr und anzunehmende Erbauer der Burg Monschau, Walram von Limburg-Monschau, war nicht der älteste, sondern der zweitgeborene Sohn Herzogs Heinrich III. von Limburg und daher zunächst nicht zur Nachfolge im Herzogsamt vorgesehen. Durch den vorzeitigen Tod seines älteren Bruders Heinrich rückte er als Herzog Walram III. von Limburg nach. Nach den genealogischen Untersuchungen von Tobias Weller (487) muss die

Zählung der Limburger Herzöge mit Namen Walram um den Wert 1 reduziert werden, weil der üblicherweise als Walram-Udo als erster in dieser Reihe Gezählte in die Familie der Markgrafen von Arlon gehöre. Zur Sicherung der Vergleichbarkeit mit der vorliegenden Literatur wird die traditionelle Zählung hier aber beibehalten.

Zu S. 18: Der letzte Abschnitt der Seite könnte den Eindruck erwecken, der Hof Konzen sei erst zur Zeit Karls des Großen entstanden; die *villa* als solche ist jedoch Jahrhunderte älter. Wohl aber geht die Schenkung der Kirche an das Marienstift auf Karl zurück (vgl. Kap. 1 der Darstellung).

Zu S. 38: Walram war vor seiner Kreuzzugsteilnahme von 1197 auch schon 1189 mit Kaiser Friedrich Barbarossa zum Kreuzzug aufgebrochen und nach dessen Unfalltod bis 1192 mit dem englischen König Richard Löwenherz im Heiligen Land; in dessen Aufgebot war er wahrscheinlich beim *mons gaudii* vor Jerusalem.

Zu S. 45: Die bergische Heirat Heinrichs von Limburg-Monschau, des späteren Herzogs Heinrich IV. von Limburg, mit Irmgard von Berg liegt wohl schon vor 1217.

Zu S. 106: Nach der jüngeren Untersuchung von Paul Hoffmann (147) ist die Ortsangabe *apud Monsayum* beim Feldzug König Karls VI. von Frankreich gegen Jülich nicht auf Monschau, sondern auf Mouzay an der oberen Maas südl. Stenay zu beziehen. Der Aufsatz bietet darüber hinaus viele bislang unbekannte Einzelheiten zum Ereignis.

Zu S. 221/224: Ein Textbuch zum Spiel »Land in Not« liegt in der Bibliothek des Geschichtsvereins vor.

Zu S. 253: Als Graf von Luxemburg amtierte Walram von Limburg-Monschau seit 1214. Die Vereinigung der Burgherrschaft Monschau mit Valkenburg datiert genauer auf 1269/70 (vgl. das Kapitel 5.a zu den Valkenburgern). Die Zählung der Herren von Valkenburg mit Namen Dietrich ist um den Wert 1 zu erhöhen.

Zu S. 254: Das Todesjahr des Burggrafen Johann I. von Schönforst ist 1380.

Zur Einleitung

Das Zustandekommen der Gebietseinheit durch die Jahrhunderte erörtert ausführlich das Kapitel 7. Über die Erscheinungen, die die staatlichen Verhältnisse im Mittelalter für Heutige fremd vorkommen lassen, unterrichtet generell, über hier behandelte typische Fälle hinaus, kurz und prägnant der Abschnitt zum Mittelalter von Hanna Vollrath (476) im neubearbeiteten Handbuch von Rassow. Was die ältere regionale Literatur betrifft, gelten unverändert die Anmerkungen von 1998 im Literaturkommentar im Buch zur Burg Monschau (272, S. 278–287). Mit der vorliegenden Darstellung sollten insbesondere die Mittelalter-Abschnitte mit Zusammenfassung des Wissensstandes von 1955 durch Ludwig Mathar (247, 248) überholt sein und künftig auf sich beruhen bleiben. Ihre Resultate waren weitgehend schon zur Zeit des Erscheinens überholt, werden leider jedoch immer wieder gern in örtlichen Heimatbüchern neu verbreitet. Auch die Überblicke von Hans Steinröx (429, 431) aus den Jahren 1956 und 1966 sind inzwischen in manchen Einzelheiten zu berichtigen und nicht ohne Einschränkung zur weiteren Benutzung zu empfehlen.

Zu Kapitel 1: Die Anfänge: Karolingische Zeit (9. Jahrhundert)

Für den gesamten Zeitabschnitt sei als Wissens- und Verständnishintergrund generell die Gesamtdarstellung von Eugen Ewig im Band I.2 (1980) der »Rheinischen Geschichte« von Franz Petri/Georg Droege (76) empfohlen. Ein neuerer Stand über die Ausbreitung des Christentums Rheinland, vornehmlich aus archäologischer Sicht, ist zusammengefasst bei Sebastian Ristow (350, 351). Zur christlichen Mission in der hier behandelten Zeit unterrichtet zuletzt gründlich ein Aufsatz von Josef Semmler (405). Da der hier behandelte Raum um Konzen in den Tagen Karls des Großen als christianisiert gelten kann, gehen ältere Meinungen, die das erst in den 30er Jahren des 12.Jahrhunderts begründete Kloster Reichenstein in den Rahmen von Missionierung stellen wollen, an der historischen Wirklichkeit vorbei. Eine Übersichtskarte römerzeitlicher Fundstellen im Raum Germeter-Vossenack-Schmidt bietet Heinrich Tichelbäcker (443). Die Erschließung des Monschauer Landes vor der fränkischen Zeit nach dem bisher bekannt gewordenen Fundmaterial und den Folgerungen daraus ist dringend neu darzustellen, nicht zuletzt deshalb, weil immer noch allerlei Fabeleien aus den Tagen der Keltomanie durch örtliche Arbeiten geistern. Über die Probleme, die mit den Merowingerurkunden für Stablo-Malmedy verbunden sind, informiert der Herausgeber Theo Kölzer (203) abschließend.

Bezüglich des Wirkens Karls des Großen in Konzen ist Hans Steinröx in seinem Beitrag zum Jubiläumsbuch »1100 Jahre Konzen« (432) ein Missverständnis unterlaufen: Die Forschungen von Reiner Nolden (308) und Ludwig Falkenstein (83), auf die er sich dabei bezog, gelten der Schenkung der Konzener Kirche an das Marienstift durch Karl den Großen, nicht der Einrichtung des Königshofes als solchem. Daher ist ihm entgangen, dass Nolden (309) die Pankratiuskapelle vor das Jahr 800 datiert und die Überlegungen dazu von Z.A. Huisman (152) und nachfolgend Heinrich Schiffers (380) hinfällig gemacht hat. Dass der Errichtung der Pankratiuskapelle durch König Arnulf keine Wahrscheinlichkeit zukommt, ist zuletzt 2022 dargelegt (283). Den aktuellen Forschungsstand zur Pfalz Aachen und der Bautätigkeit Karls des Großen behandeln Werner Jacobsen (155) und Frank Pohle (331). Der Hof Konzen selbst geht mit Sicherheit vor die Tage Karls zurück. Die frühen Zeugnisse über die mittelalterliche Siedlungserschließung im Ardennenraum, besonders der a. 888 aufgezählten *villae* sind zusammengestellt, identifiziert und kommentiert (in zeitlicher Abfolge) von Guido Rotthoff (361), Eugen Ewig (75), Helga Müller-Kehlen (264) und Manfred van Rey (348), Ergänzungen und Korrekturen dazu haben zuletzt Erich Meuthen (UB Aachen), Reiner Nolden (308) und Heinrich Tichelbäcker (453) beigebracht. Wie man sich die Versorgung der Aachener Pfalz auf der Grundlage näher gelegener Wirtschaftshöfe auf dem Reichsgut (anders als z.B. im tiefen Forst wie in Konzen) zu denken hat, ist am Beispiel Würselen beschrieben von Marlene Nikolay-Panter (307). Zum Forstbegriff, der im Kontext der Gründung von Malmedy-Stablo (Stavelot) erstmals auftritt, ist der Hinweis wichtig, dass den überwiegend rechtsdogmatischen Ausführungen über das ältere Forstrecht von Heinrich Kaspers (189) die historisch begründeten Untersuchungen von Sönke Lorenz und Thomas Zotz (242, 507) vorzuziehen sind, was sich u.a. an den Beobachtungen zur Waldgrafschaft (Kap. 2.b) bestätigt.

Zu Kapitel 2: Die Grafen/Herzöge von Limburg: Burgenbau und Siedlung im Forst Konzen (12./13.Jh)

Analog zur Darstellung von Eugen Ewig (76) als Hintergrundinformation zum ersten Kapitel sind für Kapitel 2 die Handbuch-Abschnitte von Egon Boshof (28) und Rudolf Schieffer (378) als Überblick zu empfehlen, auch wenn sie die ältere Lehre von der Waldgrafschaft noch unmodifiziert weitergeben. Eine weitere knappe, aktuelle und prägnante Alternative bietet die »Kleine Rheinische Geschichte« von Wilhelm Janssen (169). Um sich ein realistisches Bild von der Herausbildung der mittelalterlichen Adelsherrschaften zu verschaffen, seien die Arbeiten von Wilhelm Janssen, insbesondere (172) empfohlen, weiter auch Georg Droege (61, S. 152ff. u. 62) und Manfred Groten (119). Die Ausführungen zur Waldgrafschaft im Raum Konzen von Hermann Aubin von 1920/1961 (6) sind schon deshalb irreführend, weil sie fälschlich die Schenkung des gesamten Fiscus an das Marienstift annehmen und das Wirken der Limburger in diesem Raum nicht registriert haben. Der Beitrag von Ludwig Mathar (248) samt seinen Gewährsleuten J.W. J. Braun und Josef Nießen (304) zu den Stichwörtern ›Ober-/Unterwald‹ und ›Waldgrafschaft‹ sollte keinesfalls wieder hervorgeholt werden. Die Bezeichnung *Reichswald* ist allerdings nicht allein für den Forst um Konzen und den späteren sog. *Oberwald* im Gebrauch gewesen, sondern fand auch für Walddistrikte im Umkreis von Würselen Verwendung, s. Jörg Wiesemann (490), und bestätigt auch diese Distrikte als ursprüngliches Königsgut. Alle älteren Arbeiten setzen die ältere Lehre von der Waldgrafschaft voraus und verlegen die Unterscheidung der Forstbereiche in Unterwald und Oberwald schon in die älteste Zeit. Aber schon a.1963 hatte Severin Corsten (49) gezeigt, dass die traditionelle Lehre von der Waldgrafschaft für den Forstbezirk Konzen nicht zutreffen kann, was aber lange nicht zur Kenntnis genommen worden ist. Überhaupt sind die frühen Aktivitäten der Limburger Dynasten im Konzener Raum und die Rolle von Reichenstein als limburgischer Burg vor ihrer Umwandlung zum Kloster nicht wahrgenommen und in ihrer Bedeutung gewertet worden. Diese Situation hat auch noch über die Untersuchungen von Dietmar Flach (91) zu Aachen und das Reichsgut im Aachener Raum hinaus angehalten. Beispielhaft steht das Übersehen der Burg Reichenstein und des Wirkens der Limburger im Forstbezirk Konzen (Flach, Nr. 88), wo im Zusammenhang mit Walram von Limburg-Monschau und der Reichsburg Berenstein zum Jahr 1198 von Walram als dem »nachmaligen Erbauer der Burg Monschau« die Rede ist, als sich Walram selbst schon nach seiner Burg Monschau benannte, diese demnach schon bestanden haben sein muss. (Vgl. auch Dietmar Flach: Pfalz. Fiscus und Stadt Aachen im Lichte der neuesten Pfalzenforschung, ZAGV 98/99 [1992/93] S. 31–56, nicht im Literaturverzeichnis). Die Namengebung der Burg folgt zweifellos aus der zweifachen Kreuzzugsteilnahme des Erbauers. Alle älteren Spekulationen zum Ortsnamen, angefangen bei Heinrich Pauly (322), sind von der irrigen Voraussetzung ausgegangen, dass bereits vor der hochmittelalterlichen Burg eine Siedlung dieses Namens bestanden hätte. Schließlich hat Pejo Weiß (481) bezüglich der Motive der Namengebung die Dinge auf den Kopf gestellt: Nicht dem spanischen Ritterorden »unserer lieben Frau von Montjoie« verdankt Walrams Burg ihren Namen, sondern auch der Orden benannte sich nach der Marienkirche bei diesem markanten Pilgerpunkt, die die ersten Kreuzfahrer um 1100 dort gegründet hatten (s. P. Thorau Nr. 442). Der fragliche Artikel sollte auch wegen arger chronologischer Fehler schleunigst dem Vergessen anheimfallen.

Über das Geschlecht der Ezzonen als rheinische Pfalzgrafen, das schließlich den Limburgern den Weg in die Wälder des Venngebietes frei gemacht hat, unterrichten ausführlich die Arbeiten von Franz Steinbach (412) und Ursula Lewald (236), zuletzt Klaus Gereon Beuckers (19). Die frühe Geschichte der Grafen von Limburg und ihre Verbindungen zu Adelsfamilien der Eifel hat Ute Bader (8) aufgehellt und auf einen neuen Stand gebracht. Dass die Errichtung von Burgen ein königliches Regal darstellte und der Genehmigung bedurfte, war (nach Rudolf Schieffer [376]) mehr Anspruch als tatsächlich durchgesetztes Recht. Wenn gelegentlich in der örtlichen Literatur spekuliert wurde, der Bau der Burg Monschau sei zum »Schutz des Klosters Reichenstein« erfolgt, ist das edel gedacht, geht aber völlig am Denken der Zeit vorbei und verkennt, dass Burgen zur Beherrschung des umgebenden Landes gebaut wurden.

Über den Status der Prämonstratenser als ›Regularkanoniker‹ gegenüber ›Mönchen‹ ist Näheres schon im Artikel über den Alltag in Reichenstein (295) ausgeführt. Zum Ordensgründer sei zusätzlich auf weitere Arbeiten von Kaspar Elm (67, 68) und Stefan Weinfurter (479, 480) hingewiesen, einen nützlichen Überblick über die Prämonstratenser im gesamten Erzbistum Köln hat Wilhelm Janssen (103, Bd. II,1 S. 515ff) geliefert. Was die Anfänge von Reichenstein als Kloster betrifft, hatte Matthias Brixius (30) in einer anerkannt wichtigen Arbeit die lange Zeit übliche Datierung (um a.1200) wohlbegründet in die 30er Jahre des 12. Jahrhunderts vorverlegt. Wenn die Dissertation von Ingrid Ehlers-Kisseler (66) dieses Ergebnis einschränkt (»plausibel, nicht gesichert«), ist allerdings dazu zu sagen, dass 1. die ältere, vorher angenommene Datierung mit Sicherheit nicht zutrifft und 2. eine schlüssigere Lösung als die von Brixius erst noch gefunden werden muss. Wenn in Arbeiten zur mittelalterlichen Geschichte als »gesichert« allein das gelten sollte, was in einem gleichzeitigen, ausdrücklichen und überprüfbaren Zeugnis belegt ist, müsste der größte Teil der als »Tatsachen« gebuchten Phänomene gestrichen werden. Schließlich sei zu den Anfängen von Reichenstein und dem Wirken der Grafen/Herzöge von Limburg im Forst von Konzen ein ausführlicher Aufsatz von Arsène Buchet (35) vom Jahr 1968 genannt, der – vielleicht wegen seiner Abfassung auf Französisch – im deutschsprachigen Raum zu wenig beachtet worden ist. Ihm kam zwar das Verdienst zu, frühzeitig die richtige Richtung gewiesen zu haben, durch seinen recht engen Anschluss an die bis dahin vorliegende Literatur sind ihm aber Forschungslücken und Irrtümer nicht aufgefallen, so dass er für den heutigen Stand nicht mehr hervorgeholt werden sollte.

Zu Kapitel 3: Rodung und Siedlung. Grundlagen und Verlauf

Über alle Fragen, die sich im Anschluss an die ins Deutsche übersetzte Ausgabe des Prümer Urbars ergeben, das beispielhaft für das bäuerliche Leben angeführt ist, unterrichtet präzise ein gründlicher Artikel von Ludolf Kuchenbuch (222). Empfehlenswert zum Begriff der ›Grundherrschaft‹ sei auch der Artikel von Klaus Schreiner (390) genannt. Alle älteren Arbeiten zur Siedlungserschließung des Konzen-Monschauer Forstes gehen, trotz aufschlussreicher Beobachtungen im Einzelnen von der irrigen Vorannahme aus, dass sie ein kontinuierlicher Prozess von der Karolingerzeit an gewesen sei (Karl Georg Faber [79, 80 mit vielen Einzelirrtümern!!], Josef Kreitz (210, 211), Hans Pilgram (328, 329), Heinrich Winter (495); Walter Scheibler (374) und Ludiwg Mathar (248) gehen dabei sogar noch weiter zurück. Die von den meisten Autoren angenommene Rodeperiode »zwischen etwa 800 bis ca. 1350« wird dabei speziell für das Monschauer Land einerseits zu früh angesetzt und hat andererseits noch deutlich länger angedauert. Gerade auch die dabei gern beschworenen Überreste an Keltischem gehören ins Reich der Legende. Bei diesem Thema hat sich die hohe Wertschätzung und weite Verbreitung des Werkes von Franz Cramer (50) verheerend ausgewirkt, das zu allem Überfluss durch Nachdruck erneut verbreitet worden ist. Vor allem aber macht erstaunen, mit welch unbefangener Selbstverständlichkeit noch in Arbeiten der 50er Jahre (Faber Nr. 80, Pilgram Nr. 329) ein »rassekundliches« Machwerk wie die Kölner »Dissertation« von H. Rübel als ernsthafte geschichtswissenschaftliche Untersuchung herangezogen worden ist, selbst wenn gleichzeitig ein paar distanzierende Einschränkungen formuliert werden. Verwiesen sei dafür allein auf die treffende Wertung bei Klaus Pabst (317). Entsprechend sind die genannten älteren Arbeiten nur mit großer kritischer Aufmerksamkeit zu benutzen. Auch die in Sachen Bauforschung heute maßgebliche Untersuchung von Rudolf Lückmann (243) folgt für das Mittelalter nur der älteren vorliegenden Literatur und sollte für entsprechende Abschnitte unberücksichtigt bleiben. Am ehesten haben noch die Ausführungen von Heinrich Winter (495) Bestand. Er hat auch treffend hervorgehoben, dass der Rodungsprozess nicht nach einer zentralen obrigkeitlichen Steuerung stattgefunden haben kann, wie der Vergleich der Siedlungsformen mit denen in den weiter östlichen Rodegebieten ergibt. Das von allen Autoren nicht bemerkte recht späte Einsetzen der Rodung unter den Limburgern vom ausgehenden 11. Jahrhundert an hat weitreichende Folgen für das Monschauer Land nach sich gezogen, insbesondere für die Ausbildung des Landes als Gerichtsbezirk durch das Roderecht. Dabei kommt Josef Kreitz (214) das Verdienst zu, als erster den Umfang des Feldgeleits ermittelt zu haben, auch wenn ihm entgangen ist, dass anhand der Unterscheidung in Feldgeleit und Waldgeleit eine chronologische Abfolge der Rodungsvorgänge rekonstruiert werden kann. Die Geleitsgrenze hat immer auf der Höhe an den Talkanten gelegen und ist nicht im Raum Woffelsbach an die Rur hinabgestiegen (Kreitz, Winter). Diese Annahme beruhte auf einem Schreib- bzw. Lesefehler in der als Grundlage benutzten Abschrift des Textes. Tatsächlich aber steht im Original *langs die voir* ›entlang der Fuhr (Grenzfurche)‹ an der Stelle, wo die von Heinrich Pauly genommene Abschrift irrig *langs die Roer* liest. Kreitz hatte schon richtig vermutet, dass dieser Fehler vorliegen könnte. Aufgrund der Daten einer Vermessung von 1718 ist es Hans-Martin Hörnchen

(301) als Vermessungsfachmann gelungen, den genaueren Verlauf der Feldgeleitsgrenze für den Eintrag in eine moderne topographische Karte zu rekonstruieren. Der Katalog von Wüstungen in dem als Standardwerk geltenden Buch von Walter Janssen (161) ist für das Monschauer Land weitgehend unbrauchbar. Dort werden früher erwähnte Siedlungsplätze (z.B. *Dierscheid*), die einen Namenwechsel erfuhren und/oder als Ortsteile in benachbarte Dörfer aufgegangen sind, als Wüstungen gedeutet. Echte Ortswüstungen (d.h. aufgegebene Siedlungsplätze) dagegen wie Fronrath, Meisenbroich und Rösrath fehlen. Was die Erstbezeugungen und grundlegende Daten zu den Siedlungen des Landes betrifft, sind anstelle der Tabellen in einem frühen Aufsatz im Jahrbuch 1988 (276) und ihrer Wiederholung bei Herbert Arens (4) die Ortsartikel auf der Homepage der Geschichtsvereins (www.gv-mon.de) zu empfehlen, die laufend mit Ergänzungen und Korrekturen aktualisiert werden.

Zu Kapitel 4 bis 6: Die Zeit der nacheinander folgenden Adelsdynastien.

Die Grundlage für den Artikel von Werner Schoppmann im Kreiskalender (389) bildete mit allen Nachweisen im einzelnen seine Bonner Dissertation zum Herzogtum Limburg (388), die auch in französischer Übersetzung vorliegt. Sie ist in einer Reihe von Fällen korrigiert und überholt. Solange die Lehre von einer übergreifenden Waldgrafschaft zwischen Maas und Rhein (zuletzt Heinrich Kaspers Nr. 189) unbezweifelt galt, ist die Bedeutung des Abkommens von Kornelimünster a.1238 nicht hinreichend für den weiteren geschichtlichen Verlauf des Monschauer Landes gewürdigt worden. Tatsächlich aber fasste erst damit der Graf von Jülich Fuß in dem gleichen Bezirk, in dem der Inhaber der Burg Monschau eine Gerichtsherrschaft aufgebaut hatte, auch wenn aus Jülicher Sicht ältere Rechtsansprüche bestanden.

Alle älteren Darstellungen gehen wie selbstverständlich, aber fälschlich davon aus, dass nach dem Tod Walrams II. von Monschau 1266 die Herrschaft an die Valkenburger Verwandtschaft habe fallen müssen, haben dabei aber das Selbstzeugnis der Witwe Jutta von Ravensberg und die Nachrichten der Luxemburger Urkunden außer Acht gelassen und sind überholt. Bedenken, die G.H.A.Venner (466) wegen einer Bezeugung Walrams als ›Herr von Monschau‹ vom Jahr 1266 ins Spiel gebracht hatte, sind nicht stichhaltig, weil darin keine Selbstnennung Walrams vorliegt, der Beleg in einer späteren Abschrift steht und überhaupt das Selbstzeugnis Juttas von 1292 nicht berücksichtigt ist. Einzelheiten zur Herkunft und der westfälischen Zeit Juttas behandelt ein kaum bekannter Aufsatz von Pagenstecher (316, Separatdruck im Archiv des Geschichtsvereins). Als ältestes Zeugnis für den ›Markt St.Vith‹ wird immer wieder mit a.1157 ein Versehen in den als Autorität geltenden »Kunstdenkmälern von Eupen-Malmedy« (344, S. 471) angeführt. Die Jahreszahl gilt tatsächlich aber für eine andere Urkunde, die in der Nähe der zitierten Stelle abgedruckt ist. Ein irreführender Zahlendreher (1325 statt 1352) ist auch im Artikel von P. Weiß (482) über Johann II. von Valkenburg als St. Vither Münzherr unbemerkt stehen geblieben. Zu den verschiedenen Typen mittelalterlicher Städte, die die Städteforschung herausgearbeitet hat, empfiehlt sich eine Arbeit von Wolfgang Herborn (136). In dem von Peter von Kronenburg ausgelösten Streit um das Schönforster Erbe werden neben Wollseifen zum Land Überruhr gehörig einige nicht (mehr?) identifizierbare Stellen (Höfe?, Weiler?) genannt. Heinz Renn (345 Anm. 302) hat dafür Orte im Kreis Daun vorgeschlagen, was aber nicht zur Lage in Überruhr passt. Im Anschluss an H. Pauly (322) werden die Burggrafen aus dem Hause Schönforst gelegentlich als Johann (II.) und Johann (III.) gezählt. Damit sollte offenbar eine Verbindung mit dem letzten Herrn aus dem Hause Valkenburg-Monschau mit Namen Johann († 1352) als Herrscher auf der Burg Monschau hergestellt werden.

Zu Kap. 7: Grenzen

Die Zurückverlegung der Südgrenze des Monschauer Landes bis in die Zeit der Völkerwanderung geht letztlich auf die Arbeiten von Leo Dohmen (58) und Matthias Brixius (31) zurück, deren Autorität diese Meinung wie eine Art gesicherten Wissensbestandes hat erscheinen lassen. Zusammen mit dem Glauben an die »Keltenursprünge« von Kalterherberg ist sie durch Walter Scheibler (374, 375) und Ludwig Mathar (248 u.ö.) noch bis 1966 (429) immer wiederholt und festgeschrieben worden. Alle haben nicht den Widerspruch bemerkt, dass dann einerseits die Anfänge der als Grenzpunkte genannten Siedlungen Kalterherberg und Elsenborn bis in die Zeit der Franken (oder gar Kelten) reichen müssten, die Waldrodung aber insgesamt nachkarolingisch angesetzt ist, ohne dass Indizien für eine Siedlungskontinuität erkennbar wären. Die in Anm. 1 des Kapitels genannten eigenen älteren Arbeiten zum Thema (291, 296) sind an einigen Stellen überholt und sind zu modifizieren; stattdessen bietet das vorliegende Kapitel den aktuellen Stand.

Zu Kapitel 8: Jülich

Wilhelm Stüwer (439) standen für seine Darstellung zum Übergang an Jülich noch nicht alle die Quellen zur Verfügung, die T. Klaversma (194, 195) auswerten konnte; daher sind dessen Resultate maßgeblich. Dazu gehört auch die Korrektur des Todesjahrs des Johann II. von Schönforst zu 1434 statt 1433 bei Mathar und Stüwer (248, 440). Dass Frambach von Birgel den Hof Vossenack vom Herzog als Dank für seine Bemühungen um Monschau erhalten haben könnte, wie Heinrich Tichelbäcker (456) vermutete, hat angesichts der deutlich früheren Aktivitäten der Birgels in diesem Raum keine Wahrscheinlichkeit für sich.

Kap. 9: Forst

Der Artikel zur Waldgeschichte von Heinrich Aretz im Sammelband des Geschichtsvereins von 1955 (5) ist ausgesprochen dürftig und für die mittelalterliche Periode unbrauchbar, weil er zum Übergang der Forsten aus der Hand des Königs an Adelsherrschaften nichts sagt, die Rodezeit viel zu früh ansetzt und sie dann schon mit Ende des 13.Jahrhunderts abschließen lässt. Es ist gerade charakteristisch für das Monschauer Land, dass die Waldrodung recht spät begonnen wurde und noch lange weiter gegangen ist. Auch die Abrisse der Waldgeschichte von Willy Förster (98) und Georg Landschütz (226) sind für das Mittelalter ungenau und insgesamt überholt; sie werden präziser und brauchbar erst für die Zeit vom 17. Jahrhundert an. Die Rechte des Klosters Kornelimünster am Reichswald aufgrund der Weistümer sind auch von Franz Mainz (244) behandelt. Bezüglich der späten Rodungen etwa des 16.Jahrhunderts und der damit verbundenen Vermessungen ist Franz Cores (43) trotz der treffenden Beobachtungen im einzelnen die ursprüngliche Rechtslage offenbar nicht bekannt geworden. Die ausführliche Arbeit von Werner Schwind (403) zum Eifelwald gilt vornehmlich der Zentraleifel; ihre Beobachtungen können aber in vielem auf das Monschauer Land übertragen werden. Über die einzelnen Arbeitsschritte der Köhlerei und auch ihre Spuren in den Wäldern der Umgebung unterrichtet anschaulich mit Abbildungen ein Aufsatz im Eifeljahrbuch von Annegrt Zebedies/Paul Marx (506).

Zu Kap. 10: Rechtswesen

Als Hintergrundinformation über die im 16. Jahrhundert ausgreifende Modernisierung der staatlichen Strukturen, gerade auch im Rechtswesen sei auf die einschlägigen Arbeiten von Wilhelm Janssen (u.a.174, 178) und den Sammelband von Guido von Büren (36) hingewiesen. Entgegen seiner Titelankündigung enthält der Aufsatz von Hans Bongard (25) nichts Konkretes zur »Rechtspflege im Monschauer Ländchen«, sondern referiert das geltende Reichsrecht.

Zu Kapitel 11 : Dienste und Abgaben

Das Mühlenkapitel in »Das Monschauer Land« (212) von Josef Kreitz ist wegen der Vernachlässigung der Schriftquellen weitgehend überholt und teilweise auch irreführend; es sollte nicht mehr als maßgebliche Auskunft herangezogen werden. (So entspricht z.B. die Stillbusch-/Blumenauer-/Effenbergmühle keineswegs der ersten Monschauer Mahlmühle.) Viele aufschlussreiche Einzelheiten zum älteren Mühlenwesen hat Hans Steinröx (z.B. 419, 421, 425) zusammengetragen.

Zu Kap. 13: Kirchliche Verhältnisse

Zustimmend zu den Ergebnissen der Forschungen von Ludwig Falkenstein (83) zum Status der Aachener Pfalzkapelle (13.b Anm. 5) auch D. Flach (ZAGV 98/99 [1992/93] S. 42f. Reichensteiner Prämonstratenser als reguläre Geistliche an der Schlosskapelle ab 1486 (so noch Herbert Arens (4), S. 55, 335 im Widerspruch zu S. 31) sind nicht nachweisbar. Die nach der herzoglichen Dotierung an der Schlosskapelle bekannt gewordenen Geistlichen waren von je verschiedener Herkunft, zumal das Besetzungsrecht beim Herzog lag. Gemäß den Nachrichten des Reichensteiner Protokollbuchs II sind erst in den ersten Jahrzehnten des 17. Jahrhunderts mit dem Ende der brandenburgischen Herrschaft in Monschau Verhandlungen zwischen der Stadt und dem Konvent über eine ständige gottesdienstliche Versorgung an der Schlosskapelle in Gang gekommen.

Über die Ausbildung der Landdekanate im Erzbistum Köln, der damit verbundenen Ämter sowie den Pfarrsend unterrichten ausführlich und grundlegend die Darstellungen von Friedrich Wilhelm Oediger (311) und Wilhelm Janssen (167), so dass die Vorstellung älterer Autoren von einer Zurückführung bis auf die karolingische Zeit nicht zutreffen kann. Eine Zusammenfassung für die zum Monschauer Land wichtigen Punkte bietet H. Arens (4, S. 31ff.)

Bezüglich der Reformationsgeschichte bleibt Walter Scheibler (370) für viele Details nach a.1600 wichtig, ist aber zur historischen Einordnung und den Besonderheiten der reformatorischen Bewegungen am Niederrhein inzwischen zu ergänzen. Seine Broschüre (373) zum Thema ist entgegen dem Vorwort nicht ein einfacher Sonderdruck der Beiträge zum Sammelband von 1955 (332), sondern enthält veränderte Texte, die zu berücksichtigen sind. Wenn allerdings im Vorwort der Broschüre (373, S. 5) der »Beginn ersten evangelischen Lebens im Amt Monschau« auf das Jahr 1524 datiert wird, bestätigen die darauf folgenden Texte diese Aussage nicht. Eine systematische Auswertung der Quellenedition zu den Visitationen des 16.Jahrhunderts von Oswald Redlich für das Herzogtum Jülich hat Regina Pohl (330) vorgenommen; speziell für den Klerus im Amt Nideggen sei auf die Untersuchung von Wolfgang Herborn (106) hingewiesen.

Bezüglich des Streits um die Zweifaller Kirche und das Eingreifen des Amtmannes enthielt die Reichensteiner ›Copia‹ allein den Namen des Hilger von Monjoye und keine weiteren Daten. Die Erzählung wurde erweitert von Heinrich Laumans (231, S. 196), der sie auf die ominöse Kapelle von 1575 bezog, als Handelnden den Amtmann von Rolshausen mitsamt den Daten 1555 und 1560 einführte und Hilger als Pastor in Konzen bezeichnete. Das wiederum wurde – offenbar ungeprüft – »bestätigt« durch die Autorität von Pfarrer Joseph Jansen (159) u.a. durch einen Hinweis auf die Quellenedition von O. Redlich, wo aber weder von einer Tätigkeit Hilgers in Konzen noch der Episode von Zweifall die Rede ist, vielmehr sein Werdegang als Priester und sein Verhalten in Bergstein verzeichnet sind. Das Beispiel mag als Warnung dienen, Nachrichten aus der Literatur nicht ohne Nachprüfung zu übernehmen, auch wenn sie von vermeintlich »seriösen« Autoren stammen.

Glossar

(Die Ziffern in Klammern am Artikelende verweisen auf ausführlichere Erörterung im entsprechenden Kapitel. Maß- und Geldeinheiten sind nur eingeschränkt aufgenommen; sie lassen sich nicht einfach in heutige Größen umrechnen und bleiben daher unverändert im Text stehen. Ihre relative Größe bleibt gleichwohl abschätzbar.)

Ablativ Spezieller Kasus (›Fall‹) bei Substantiven des Lateinischen ohne Entsprechung in den germanischen Sprachen wie dem Deutschen.

Akzise Verbrauchssteuer, insbesondere auf Handelsware. Wenn eine Siedlung über das Recht zur Erhebung einer Akzise verfügte, kann das Bestehen eines Marktes gefolgert werden.

Allod Voll verfügbarer Familienbesitz, vor allem an Grund und Boden, der im Gegensatz etwa zu Besitz aus Lehen in keinerlei Abhängigkeit stand. Im Fall adliger Inhaber war damit gleichzeitig die Verfügungsgewalt über die dort sitzenden abhängigen Leute gegeben, denen der Grundherr Schutz und Schirm zu geben verpflichtet war.

Amt Verwaltungsbezirk eines spätmittelalterlichen Territorialstaats. Ämter dieser Art weisen in der Regel recht unterschiedliche Größe auf. Die Gliederung in Ämter folgte nicht planend von oben, sondern spiegelt das schrittweise Zusammenkommen von Komplexen verschiedenster Herkunft. Daher können einzelne Ämter auch eigene Rechtstraditionen aufweisen (3.a, 7).

Amtmann Oberster Verwaltungsbeamter und Repräsentant des Herzogs in Ämtern des Herzogtums Jülich. In der Bezeichnung kommt der Auftrags- und Amtscharakter der Aufgabe stärker zum Ausdruck als in benachbarten Territorien, wo der Titel ›Drost(e)/Drossard‹ (mhd. *truh(t)saeze*, nhd. *Truchsess*) üblich war, der auf die Bezeichnungen der königlichen Hofämter zurückgeht (lat. *dapifer*).

Bede Sondersteuer aus bestimmten Anlässen, die durch Landtagsbeschluss zu genehmigen war, benannt nach dem Antrag an den Landtag (*bede* ›Bitte‹).

Bend Heuwiese, ursprünglich im Tal am Bach, oft bewässert; Benden waren vor der Heuernte als Weidegründe gesperrt.

Blutgericht Gericht, das auch die Todesstrafe verhängen konnte; s. auch **Hochgericht** (10.b).

Brüchte Buße/Strafzahlung bei kleineren Vergehen gegen die geltende Rechtsordnung (10.b,c).

Burglehen Rechtsinstitut, das die Verteidigungsfähigkeit einer Befestigung (Burg und/oder Stadt) absichern sollte. Gegen Ausstattung mit einem steuerfreien Wirtschaftshof von Seiten des Burgherren verpflichteten sich ritterbürtige Leute, ihren ständigen Wohnsitz in der Befestigung zu nehmen und deren Verteidigung abzusichern; vgl. auch **Mannlehen** (5.c, 6.b).

Chorherr Angehöriger des geistlichen Konventes einer Stiftskirche; für die Mitglieder galt eine weniger strenge Gemeinschaftsregel als für Mönche im Kloster (2.c).

Conreit Bewirtung, Festschmaus, den ein (Lehns)herr seinen Leuten zukommen lässt; Wortableitung von mlat. *conredium* ›Fürsorge‹ (9.b).

Dachleyen Dachschiefer, Schieferplatten zur Dachdeckung.

Dechtum Zehnt (abgeleitet von lat. *decem* ›zehn‹), speziell gesagt vom Schweinezehnt, der für die Schweinemast mit Eicheln und Bucheckern erhoben wurde (1.b, 9.c).

Dendrochronologie Archäologisches Verfahren zur Altersbestimmung von Hölzern aufgrund des Musters der Jahresringe, die wegen der jährlichen Wetterschwankungen nicht gleichmäßig ausfallen.

Drost s. **Amtmann**

Eigenkirche Kirchenrechtlicher Begriff, wonach eine Kirche dem Grundherren unterstand, auf dessen Grund sie errichtet und dem zuständigen Ortsbischof weitgehend entzogen war. Der Eigenkirchenherr war zuständig für den Bau sowie Auswahl und Unterhalt des Geistlichen (s. auch **Patronat**) (1, 13.b, d).

Fehde Rechtsinstitut, das ursprünglich den Gemeinfreien, im Hochmittelalter Adligen, das Recht auf Selbsthilfe außerhalb des Gerichtes, insbesondere bei Ehrverletzungen, zuerkannte. Als Mittel dazu galt entscheidend, dem Befehdeten und seinen Leuten größtmöglichen Schaden zuzufügen. Gewalttaten in diesem Rahmen galten nicht als Verbrechen. Zur Eindämmung des schnell ausufernden Fehdewesens waren zunehmend Verfahrensregelungen wie Fehdeansage, Schlichtung u.a. eingeführt worden (6.d).

Forst Rechtsbezirk, in dem ›Unland‹ (Urwald, Ödland) außerhalb von privatem Besitz unter (ursprünglich) königliche Verfügung (sog. Köngsbann) gestellt war, vornehmlich zur Jagd auf Hochwild. Doch auch andere Nutzungen wie Fischfang, Weide, Bergbau, Steinbruch usw. fielen unter das Forstrecht, das auf Dauer jedoch nicht allein beim König verblieb (1.a, 4.c, 5.d, 9).

Forstmeister Verwaltungschef des Forstbezirks und Vorgesetzter der Förster, dazu Vorsitzender des Forstgerichts. Schriftliche Rechnungsführung für das Amt Monschau ist von 1502/03 an (mit Unterbrechungen) bezeugt (4.c, 9).

Freiung Erklärung der Befreiung/Freiheit von sonst allgemein geltenden Verpflichtungen durch den Landesherren, beispielsweise der Erhebung einer Siedlung zur Stadt oder Einladung abhängiger Bauern zur Waldrodung. Für die Betroffenen war damit eine Verbesserung ihrer Rechtsstellung verbunden.

Frondienst Arbeiten, die die Landsassen ohne Entlohnung, allein gegen Beköstigung, dem Landesherren zu leisten verpflichtet waren. Die Regelung folgte letztlich aus der Freigabe der Verpflichteten nach Roderecht in einen für sie besseren Rechtsstand. Im Wort erscheint noch der alte Bestandteil ahd. *frô* ›Herr, Herrscher‹. Im Gegenzug hatte der Landesherr seinen Landsassen Schutz und Schirm zu gewähren (1.b, 11.b).

Gewann Große Ackerflur, die eine Vielzahl von Parzellen verschiedener Inhaber umfasst.

Grundherrschaft Fachterminus (auch: Villikation) für die frühmittelalterliche Wirtschaftsweise auf größeren Landkomplexen von Klöstern und adligen Grundbesitzern bis hin zum König (1.b, 3a).

Halfe auch ›Halbwinner‹; Pächter eines Herrengutes, der den Hof für die Hälfte des Ertrages bewirtschaftet.

Herr Edelfreier Inhaber einer Herrschaft. Herrschaft konnte im frühen Mittelalter ein Freier ausüben, wenn er in der Lage war, seinen Untersassen Schutz und Schirm zu gewähren. Nach Verfestigung einer Rangfolge innerhalb des Adels wurde der Ausdruck zur Bezeichnung des untersten Adelsranges. Die Benennung einer Person erfolgte nach einem ›Haus‹ als Stammsitz der Familie.

Herrschaft Bezirk, in dem ein adliger Herr die wichtigsten Hoheitsrechte, insbesondere die Gerichtsrechte vereinigt hatte und faktisch die Regierung ausübte.

Hochgericht Gericht mit Befugnis zur Aburteilung von Fällen, die als schwere Kriminaltaten gewertet wurden wie Mord, Totschlag und Körperverletzung, Diebstahl, Brandstiftung u.ä. (10.b, c)

Honne Ältere, regional verteilte Bezeichnung für den Vorsteher einer Bauernschaft oder Siedlung, auch **Hunne**. Vgl. **Zender** (12.1)

Hufe Bäuerlicher Betrieb einer (Groß)familie, Bauernstelle (ahd. *huoba*, lat. *mansus*), besonders im früheren Mittelalter als Bestandteil einer Grundherrschaft, diente auch zur Ausstattung der Förster (1.b, 3.a, 9.a).

Immunität Bezirk, der aus der allgemeinen Gerichtsbarkeit des Grafengerichts der frühen Jahrhunderte ausgenommen war und über eigene Gerichtshoheit verfügte. Sie wurde bei kirchlichen Immunitäten wie Klöstern (z.B. Kornelimünster) in der Regel durch einen adligen Vogt wahrgenommen. Auch das Königsgut wie Konzen stand außerhalb des Grafengerichtes (1.b, 2.b); s. auch **Vogt/Vogtei.**

Inkorporation Abgeleitet von lat. *incorporare* ›einverleiben‹, kirchenrechtlicher Status einer Kirche, die durch Schenkung einem Stift oder Kloster übereignet worden war. Damit fielen Vermögen und Einkünfte der Empfängereinrichtung zu (1.b, 13.b).

Kanoniker Angehöriger eines Stiftes, vgl. auch **Chorherr** (2.c).

Kanonisierung Offizielle kirchliche Heiligsprechung.

Landsassen Die weit überwiegende Zahl der allgemein kleinbäuerlichen Landbewohner im Gegensatz zu den sog. ›Freien‹ (Stadtbewohnern und anderen Abgabenfreien (11.a).

Lehnswesen Neben dem als Gewohnheitsrecht überlieferten Landrecht bildete das Lehnsrecht die zentrale Form der »staatlichen« Organisation, die auf einem besonderen Treueverhältnis zwischen einem Lehnsherren (als Lehensgeber) und seinem Vasallen (als Lehensnehmer) gründete. Gegen das Gelöbnis von Gefolgschaft und Treue (›Rat und Hilfe‹) von Seiten des Vasallen gelobte der Lehnsherr ›Schutz und Schirm‹ und setzte dazu ein dingliches Unterpfand zur Nutzung. Mit der zunehmenden Erblichkeit von Lehen und der Zunahme von Lehnsbindungen an verschiedene Lehnsherren wurden die Verbindlichkeiten des Rechtsinstituts zunehmend ausgehöhlt. Die Lehnsverhältnisse bestanden aber der Form nach fort und lösten immer wieder Rechtsstreitigkeiten aufgrund älterer Lehnsbindungen aus.

Lehnsrevers Urkunde, in der ein Lehensnehmer gegenüber dem Lehnsherren den Empfang eines Lehens bestätigt.

Mannlehen Einrichtung der Herzöge von Jülich zur Sicherung der Landesverteidigung. Gegen die Vergabe eines herzoglichen Wirtschaftshofes verpflichtete sich ein Lehnsmann, im Kriegsfall mit Pferd und Harnisch für das herzogliche Heer bereitzustehen. Mit der Zunahme von Söldnerheeren im späten Mittelalter überlebte sich der ursprüngliche Zweck, vgl. auch **Burglehen** (8.c).

Mandat Königliche Verfügung/Anweisung, vielfach in Form einer Urkunde (2.d).

Ministeriale Dienstmann eines adligen Herren (lat. *ministerialis*), vielfach aus unfreiem Stand hervorgegangen. Aus der Zunahme solcher für die Adelsherrschaft unentbehrlichen Helfer entstand mit der Zeit ein regelrechter sozialer Stand. Der niedere Verwaltungsadel des späteren Mittelalters geht wesentlich auf diese soziale Schicht zurück.

Molter Mahllohn, der vom Müller aus dem angelieferten Getreide zurückbehalten wird.

Müdde Hohlmaß für Getreide, Wortbildung aus lat. *modius* ›Scheffel‹. Dabei sind zu unterscheiden die Aachener Müdde (ca. 235 Liter), in der das Marienstift seine Zehnten im Feldgeleit erhob, und einer Untereinheit von ca. 9 Litern in der Jülicher Zeit. [1 Monschauer Malter = 4 bzw. 5 Sümmer *(ßumber)*, 1 Sümmer = 4 Viertel (*firtel*), 1 Viertel = 4 Müdden (*mutger*)].

Mühlenbann Verfügung des Landesherren darüber, dass die Landsassen eines Gebietes nur eine bestimmte Mühle zum Mahlen ihres Getreides aufsuchen durften, wodurch ein gewisses Maß an Ertragskontrolle möglich wurde (11.c).

Non Abgabe des neunten Teils vom landwirtschaftlichen Ertrag, daher faktisch ein zweiter Zehnt (s. **Zehnt**); der Kirche von Konzen durch König Lothar II. geschenkt.

Patronat Begriff des Kirchenrechts. Recht eines Eigenkirchenherrn zur Auswahl und Einsetzung eines Geistlichen bei seiner Kirche; tritt im Fall einer Eigenkirche an die Stelle des Bischofs, vgl. **Eigenkirche** (13.a).

Pfalz Standquartier des Königs und seines Anhangs für längere Aufenthalte beim Fehlen einer ständigen Residenz. Der König regierte im ständigen Umherziehen in seinem Reich und demonstrierte damit seine Gegenwart, insbesondere als Richter (1.a).

Plaggen Ausgestochene Rasenstücke.

Reid(e)meister Betreiber/Inhaber von Eisenhütten (11.a).

Rentmeister Der nach dem Amtmann der wichtigste, für die Finanzverwaltung zuständige Bedienstete im Amt, in anderen Jülicher Ämtern auch unter der Bezeichnung ›Kellner‹ tätig, mehrfach in Verbindung mit den Aufgaben des Schultheiß bezeugt. Schriftliche Rechnungsserien liegen für das Amt Monschau seit a.1507/08 vor.

Rodezehnt, Rott- Zehnt, der auf die Anlage einer Rodung im Forst fällig war, auch ›Neubruchzehnt‹ genannt. In den frühen Jahrhunderten war vielfach umstritten, ob dieser Zehnt an den Waldherren oder an die Kirche zu leisten war (2.d, 3.c).

Romania Geltungsraum der romanischen Sprachen, die aus dem Lateinischen hervorgegangen sind.

Schöffe Mitglied des Vogtgedings als Vertreter der Gerichtsgemeinde. Die Schöffen als Kundige der überlieferten Rechtsgewohnheiten bildeten als Rechtsfinder das Beschlussgremium des Gerichts. Sie nahmen durch Führung eines Siegels auch die heutigen Aufgaben von Notaren mit Beglaubigungen wahr. In der jüngsten hier behandelten Zeitphase treten Schöffen auch als Vertreter von ›Nachbarschaften‹ (Gruppen benachbarter Siedlungen) auf (10, 12.a).

Schultheiß Lat. *scultetus*, herrschaftlicher Beamter, Vorsteher des Schöffengerichtes, in der Jülicher Zeit öfters mit dem Amt des Rentmeisters verbunden. Der Schultheiß führte auch zusammen mit den Schöffen die Schatzerhebung durch (3.a, 10.b, 11.b, 12.a).

Seelgerät Stiftung bei einer geistlichen Einrichtung zum liturgischen Totengedenken.

Send Kirchliches Rügegericht, hervorgegangen aus der bischöflichen Visitation (13.c).

Sester Hohlmaß, auch *Sechter*, aus lat. *sextarius*, ursprünglich der sechste Teil einer größeren Einheit.

Stift Gemeinschaft/Korporation von (Welt)geistlichen, die nach einer weniger strengen Gemeinschaftsegel als Mönchsorden an Dom-und Stiftskirchen leben. Insbesondere fehlt die Verpflichtung zum gemeinsamen Leben mit Tischgemeinschaft u.ä. Männliche Mitglieder heißen ›Kanoniker‹ oder ›Chorherren‹, weibliche ›Chorfrauen‹ oder ›Stiftsdamen‹. Bei stärkerer Orientierung am Mönchsleben mit strengeren Regeln wie den Prämonstratensern spricht man von ›Regularkanonikern‹ (1.a, 2.c).

Suffix Sprachmittel aus einer oder mehrerer Silben zur Wortbildung, das selbst nicht frei als Wort vorkommt, sondern gebunden als zweiter Bestandteil einer Neubildung an eine Wortbasis angefügt ist (z. B. *-ingen* bei Namen in *Hetzingen* oder *-lich* in *freundlich* u.ä.) und die grammatischen Eigenschaften des neugebildeten Wortes festlegt. Suffixe begründen den Wortbildungstyp der ›Ableitung‹ (auch ›Derivation‹) gegenüber der ›Zusammensetzung/Komposition‹ mit Zweitbestandteilen, die auch frei als Wörter vorkommen (z.B. *-dorf* in *Lammersdorf* u.ä.).

Urbar Bestandsverzeichnis an Grundbesitz, Erträgen, Wirtschaftshöfen, Personal etc. von Grundherrschaften, bes. von Klöstern im früheren Mittelalter (3.a).

Tal Rechtsform für Siedlungen, die sich von bäuerlichen Dorfsiedlungen unterschieden, aber die Kriterien für eine vollwertige Stadt nur ansatzweise erfüllten. Gerade in der Eifel sind derartige ›Minderstädte‹ öfters in die Befestigungsanlagen von Burgen einbezogen. Andere Benennung auch: Freiheit (5.c).

Turnose Verbreitete Silbermünze (frz. *Gros tournois*, lat. *Grossus Turonenis*), benannt nach dem Stadtsymbol von Tours auf der Vorderseite.

Vasall Lehnsmann/Lehensnehmer (s. **Lehen**)

Villikation s. **Grundherrschaft**

Vogt/Vogtei Aus lat. *advocatus* ›Sachwalten, Anwalt‹. Im Einzelfall können mit der Bezeichnung sehr verschiedene Aufgaben gemeint gewesen sein, gemeinsam ist allen Verwendungen das Merkmal der ›Handlung im Auftrag‹. Im Vordergrund steht die Kirchenvogtei, die Vertretung kirchlicher Immunitäten nach außen (s. **Immunität**).

Vogtgeding Dreimal jährlich stattfindende Versammlung der Gerichtsgemeinde zu feststehenden Terminen unter Vorsitz des Schultheißen (Vogtes) und im Beisein der Schöffen (3.a, 10.b).

Waldgraf Amt, das im Ursprung vom lothringischen Pfalzgrafen zur Aufsicht und Pflege der königlichen Forsten als Lehen vergeben wurde. Vom Ende des 12.Jahrhunderts an lag es für den hier behandelten Raum dauerhaft bei den Grafen/Herzögen von Jülich. Welche Walddistrikte im einzelnen vor dieser Zeit zu dieser Waldgrafschaft gehört haben, ist nicht überliefert und muss offen bleiben (2.b, 4.c).

Weistum Feststellung des landesüblichen Gewohnheitsrechtes, wie es auf den Vogtgedingen von den Schöffen festgestellt (›gewiesen‹), erklärt und weitergegeben wurde (4.c, 5.d, 9.a,b, 10.b).

Wildbann Gebiet, auf dem durch die königliche Banngewalt die Ausübung der Jagd an einen Begünstigten übertragen und für Dritte verboten war.

Wroge Nutzungsgebühr für die Entnahme von Brennholz aus dem Wald, von den Förstern berechnet nach der Anzahl von Haushalten/Feuerstellen eines Dorfes (9.c).

Zehnt Abgabe in Höhe des zehnten Teils der Berechnungsgrundlage, ursprünglich landwirtschaftlicher Erträge, vor allem angewandt auf die traditionelle Abgabe an die Pfarrkirche; wird schließlich zur Bezeichnung von Abgaben überhaupt (1.b, 13.b).

Zender Ein ursprünglich im westmoselfränkischen (Trierer) Mundartraum verbreitetes Wort aus lat. *centenarius* ›Anführer einer Hundertschaft‹, gebraucht zur Bezeichnung des Vertreters einer Dorfgemeinschaft, vergleichbar einem heutigen Ortsvorsteher; kommt noch als Familienname vor (12.a).

Abkürzungen und Siglen

Spezielle Textkürzel

a.	anno ›im Jahre‹ (vor Jahreszahlen)
ahd.	althochdeutsch
frz.	französisch
lat.	lateinisch
mhd.	mittelhochdeutsch
mlat.	mittellateinisch
mnl.	mittelniederländisch
nhd.	neuhochdeutsch
nl.	niederländisch

Quellen und Literatur

AGNrh	Archiv für die Geschichte des Niederrheins
AHVNRh	Annalen des Historischen Vereins für den Niederrhein
BJG	Beiträge zur Jülicher Geschichte
BDLG	Blätter für deutsche Landesgeschichte
BGHF	Blätter zur Geschichte Hahns und Friesenraths
BSVAH	Bulletin de la société Verviétoise d'archéologie et d'histoire
CDL	Codex diplomaticus Limburgensis, s. S. P. Ernst: Histoire de Limbourg
CDV	Codex diplomaticus Valkenburgensis, s. S. P. Ernst: Histoire de Limbourg
D	Diplom. Urkundennummer in der Reihe Diplomata der MGH mit Angabe des jeweiligen Herrschers
DA	Deutsches Archiv für Erforschung des Mittelalters
DGB	Dürener Geschichtsblätter
DJB	Düsseldorfer Jahrbuch. Beiträge zur Geschichte des Niederrheins
DWB	s. J. Grimm/W. Grimm: Deutsches Wörterbuch
EHV	Der Eremit am Hohen Venn. Mitteilungen des Geschichtsvereins des Kreises Monschau (Montjoie) (Jg. 1–3, 1925/26–1927/28 unter dem Titel »Heimatblätter des Kreises Monschau«)
GE	Geschichtliches Eupen
GiKE	Geschichte im Kreis Euskirchen
HAStK	Historisches Archiv der Stadt Köln. HUA: Haupturkundenarchiv
HKM	Heimatkalender des (Land)kreises Monschau (mit leicht variierenden Titeln)

HRG	s. Handwörterbuch zur deutschen Rechtsgeschichte
JBEMV	Jahrbuch Eupen – Malmedy – St. Vith
JBWLG	Jahrbuch für Westdeutsche Landesgeschichte
KDM	s. K. Faymonville (Bearb.): Die Kunstdenkmäler des Kreises Monschau
KDEM	s. H. Reiners (Hg.): Die Kunstdenkmäler von Eupen-Malmedy
LAV NRW R	Landesarchivverwaltung Nordrhein-Westfalen, Abt. Rheinland, Duisburg
LMA	s. Lexikon des Mittelalters
LThK	s. Lexikon für Theologie und Kirche
MEKGRh	Monatshefte für Evangelische Kirchengeschichte des Rheinlandes
MGH	Monumenta Germaniae historica (in verschiedenen Serien)
ML	Das Monschauer Land. Jahrbuch (des Geschichtsvereins des Monschauer Landes)
MStAK	Mitteilungen aus dem Stadtarchiv von Köln
MWB	s. M. Lexer: Mittelhochdeutsches Handwörterbuch
NBJG	Neue Beiträge zur Jülicher Geschichte
ND	Neudruck
NF	Neue Folge
PGRhGK	Publikationen der Gesellschaft für Rheinische Geschichtskunde
PSHAL	Publications de la société historique et archéologique dans le durché de Limbourg
REK	s. Die Regesten der Erzbischöfe von Köln im Mittelalter
RhGB	Rheinische Geschichtsblätter
RhHP	Rheinische Heimatpflege
RhStA	Rheinischer Städteatlas
RhUB	s. Rheinisches Urkundenbuch
RhVB	Rheinische Vierteljahrsblätter
RhWB	s. Müller, Josef/Heinrich Dittmaier (Bearb.) Rheinisches Wörterbuch
RRA	Regesten der Reichsstadt Aachen
StaAC	Stadtarchiv Aachen
StKaDN	Stadt- und Kreisarchiv Düren
StaMON	Stadtarchiv Monschau
TA	Trierisches Archiv
UB	Urkundenbuch
UB Aachen	s. Aachener Urkunden
UB Altenberg	s. Urkundenbuch der Abtei Altenberg
UB Dt.Orden	s. Urkundenbuch des Deutschen Ordens
UB Düren	s. Urkundenbuch der Stadt Düren
UB Duisburg	s. Urkundenbuch der Stadt Duisburg
UB Köln	s. Leonhard Ennen – Gottfried. Eckertz (Hg.): Quellen zur Geschichte der Stadt Köln
UB Luxbg	s. Urkunden- und Quellenbuch zur Geschichte der altuxemburgischen Territorien
UB Malmedy	s. Recueil des Chartes de l'Abbaye de Stavelot-Malmedy

UBNrh	s. Urkundenbuch für die Geschichte des Niederrheins
UB Osnabrück	s. Osnabrücker Urkundenbuch
UB Siegburg	s. Urkunden und Quellen zur Geschichte von Stadt und Abtei Siegburg
UB S.Lambert	s. Cartulaire de l'église Saint-Lambert de Liége
UB S.Trond	s. Cartulaire de l'abbaye de Saint-Trond
UB Steinfeld	s. Urkundenbuch der Abtei Steinfeld
UB Westfalen	s. Westfälisches Urkundenbuch
WMU	s. Wörterbuch der mittelhochdeutschen Urkundensprache
ZAGV	Zeitschrift des Aachener Geschichtsvereins
ZBGV	Zeitschrift des Bergischen Geschichtsvereins
ZVS	ZwischenVenn und Schneifel. Zeitschrift des Geschichts- und Museumsvereins [St. Vith]

Abbildungsverzeichnis

Verzeichnis der Archive und archivalischen Quellen

Landesarchivverwaltung NRW Abt. Rheinland, Duisburg (LAV NRW R)
Aachen, Marienstift, Urkunde Nr. 595; Akten Nr. 19
Heinsberg, Urkunde Nr. 243
Jülich, Gerichte XIII Amt Monschau
Jülich, Lehen Generalia 46; Lehen Specialia 128/160
Jülich, Urkunden Nr. 41
Jülich-Berg I 1028/1175/1177/1366 (JB)
Jülich-Berg II 254/4877 (JB)
Jülich-Berg III 916/980/981/IIIR Rechnungen. Amt Monschau: Rentmeisterei/Forstmeisterei
Jülich-Berg, Urkunden Nr. 247/310/311/355/443a/674/855/1152/1175/1195/1197
Monschau-Schönforst, Urkunden Nr. 6/8/10/13–15/17/19–22/27/28/32/33/39/44/46
Regierung Aachen, Domänen-Sachen Nr. 18554
Reichenstein, Urkunde Nr. 3; Rep. u. Hs. 1/2

Düren, Stadt- und Kreisarchiv (StKaDN)
Urkunden D 15a/34a

Köln, Historisches Archiv der Stadt Köln (HAStK)
HUA 286a GB

Monschau Stadtarchiv (StaMON)
1. Abt B 1; C 3/4; D 1; E 5/8/8a/10; F 1; G 2/2a/8/17–19; H 26/53/

Verzeichnis der gedruckten Quellen und der Literatur

Quellen

Acta imperii inedita saeculi XIII et XIV, hg. v. E. Winkelmann, II, Innsbruck 1885

Günter Aders: Regesten aus dem Urkundenarchiv der Herzöge von Brabant, ca. 1190–1382, DJB 44 (1947) S. 17–87

Georg von Below: Aktenstücke über die Steuer im Herzogtum Jülich vom Jahre 1447, ZBGV 24 (1888) S. 36–55

Georg von Below (Hg.): Landtagsakten von Jülich-Berg. Erste Reihe (1400–1610), I/II, Bonn 1895/1907 (= PGRhGK. 11)

Günter Bers (Hg.): Die Rechnung des Zolls in der Stadt Jülich von 1554/1555, Jülich 1983 (= Veröffentlichungen des Jülicher Geschichtsvereins. 2)

[Bruder Hermann] Bruder Hermanns Leben der Gräfin Jolande von Vianden, mit Einleitung und Anmerkungen hg. v. John Meier, Breslau 1889 (= Germanistische Abhandlungen. 7)

Matthias Brixius: Bausteine, EHV 17 (1942) S. 32

Carlrichard Brühl – Theo Kölzer (Hg.): Das Tafelgüterverzeichnis des römischen Königs (Ms. Bonn S. 1559), Köln – Wien 1979

[Caesarius von Heisterbach] Die Wundergeschichten des Caesarius von Heisterbach, hg. v. Alfons Hilka, II, Bonn 1937 (darin: Leben, Leiden und Wunder des heiligen Engelbert, Erzbischofs von Köln, bearb. v. Fritz Zschaeck, S. 223–328) (= PGRhGK. 43)

Übersetzung ins Deutsche: Caesarius von Heisterbach: Leben, Leiden und Wunder des heiligen Erzbischofs Engelbert von Köln, übs. v. Karl Langosch, Münster/Köln 1955

Capitulare de villis et curtis imperialibus, in: Quellen zur Geschichte des deutschen Bauernstandes im Mittelalter. Gesammelt und hg. v. Günther Franz, Darmstadt 1974, Nr. 22, S. 38–59 (= Freiherr vom Stein Gedächtnisausgabe. 31)

Hermann Cardauns: Urkunden des 13. Jahrhunderts, ZAGV 3 (1881) S. 219–239

Cartulaire de l'église Saint-Lambert de Liége, publ. par S. Bormans et E. Schoolmeesters, I, Bruxelles 1893 (= Collection de chroniques belges inédites. 28) (UB S.Lambert)

Cartulaire de l'abbaye de Saint-Trond, publ. par Charles Piot, II, Bruxelles 1874 (= Collection de chroniques belges inédites. 14) (UB S.Trond)

M. de Chestret de Haneffe: Histoire de la seigneurie impériale de Reckheim, PSHAL 10 (1873) S. 5–96

Luise von Coels von der Brügghen: Der Beitritt der Ritterschaft des Herzogtums Limburg zum Landfrieden zwischen Maas und Rhein, ZAGV 62 (1949) S. 77–82

Copia originis Monioyensis desumpta ex antiquis scriptionibus tempore Caroli magni, in: W. Vogt: Beschreibung des Montjoier Landes, EHV 1 (1925/26) S. 46–49

Tillmann Cremer: Der Bürger in Waffen am Ausgange des Mittelalters, RhGB 7 (1904) S. 225–233

[Edmont de Dynter] Chronique des ducs de Brabant par Edmont de Dynter en six livres, publ. par P. F. X. de Ram, III, Bruxelles 1857

[Einhard] Einhardi vita Karoli Magni, in: Quellen zur karolingischen Reichsgeschichte, 1. Teil, hg. v. Reinhold Rau, Darmstadt 1966, S. 163–211 (= Freiherr vom Stein Gedächtnisausgabe. 5)

Leonhard Ennen – Gottfried Eckertz (Hg.): Quellen zur Geschichte der Stadt Köln, I – VI, Köln 1860–1879, ND Aalen 1970 (UB Köln)

Siegfried Epperlein: Bäuerliches Leben im Mittelalter. Schriftquellen und Bildzeugnisse, Köln-Weimar-Wien 2003

Simon Peter Ernst: Histoire de Limbourg, suivie de celle des comtés de Daelhem et de Fauquemont, des annales de l'abbaye de Rolduc, publiée par Edouard Lavalleye, VI: Codex diplomaticus Valkenburgensis/Codex diplomaticus Limburgensis, Liége 1847 (CDV/CDL)

H. Eschbach: Ordnung für die Schützen des Herzogs von Jülich-Cleve-Berg, 1571 Januar, DJB 19 (1905) S. 244–247

Jörg Füchtner (Bearb.): Inventar des Archivs der Stadt Nideggen bis 1794, Köln/Bonn 1973 (= LVR. Inventare nichtstaatlicher Archive. 15)

Hans Goldschmidt: Landtagsakten von Jülich-Berg. 1400–1610. Nachtrag zu Band I und II, ZBGV 46 (1913) S. 33–126

Wilhelm Güthling: Zur Geschichte des Amtes Monschau. Die Rechnungen der Rent- und Forstmeister, EHV 15 (1940) S. 17–30, 65–74, 81–91, 97–108

J. A. K. Haas: Inventaris van het archief van het Norbertinessenklooster van Sint-Gerlach, Maastricht 1971 (= Rijksarchief in Limburg. 4)

Joseph Hansen (Hg.): Westfalen und Rheinland im 15. Jahrhundert, I: Die Soester Fehde, Leipzig 1888 (= Publikationen aus den K. Preußischen Staatsarchiven. 34)

[Johann Heep] Plünderung des Klosters Reichenstein (bei Montjoie) durch kaiserliche Truppen im Geldrischen Kriege 1543, geschildert von dem Prior des Klosters Johann Heep, ZBGV 22 (1886) S. 80

Wolfgang Herborn/Klaus J. Mattheier (Bearb.): Die älteste Rechnung des Herzogtums Jülich. Die Landrentmeisterrechnung von 1398/1399, Jülich 1981 (= Veröffentlichungen des Jülicher Geschichtsvereins. 1)

Konstantin Höhlbaum: Zur Geschichte der Aachenfahrt, ZAGV 6 (1884) S. 239–243

Inventar des herzoglich arenbergischen Archivs in Edingen/Enghien (Belgien),

II, Die Urkunden der deutschen Besitzungen, bearb. v. Christian Renger †, zum Druck gebracht v. Johannes Mötsch, Koblenz 1997 (= Veröffentlichungen der Landesarchivverwaltung Rheinland-Pfalz. 75) (Inventar Arenberg Edingen)

Hermann Kelm: Protokolle der reformierten Synoden des Herzogtums Jülich 1677 bis 1700, Köln 1986 (= Schriftenreihe des Vereins für Rheinische Kirchengeschichte. 86)

Leonhard Korth: Volkskundliches aus dem Kreise Jülich, AHVNRh 14 (1892) S. 72–130

Leonhard Korth: Wipperfürth, AHVNRh 51 (1891) S. 27–103, Anhang S. 99–103

Thomas R. Kraus (Bearb.): Die Aachener Stadtrechnungen des 15. Jahrhunderts, Düsseldorf 2004 (= PGRhGK. 72)

Theodor Joseph Lacomblet: Erkundigung über die Hofesgerichte und Latbänke im Fürstentume Jülich, AGNRh 3 (1861) S. 300–374

Karl Langosch (Übs.) s. Caesarius

J. Laurent (Hg.): Aachener Stadtrechnungen aus dem 14. Jahrhundert, nach den Stadtarchiv-Urkunden mit Einleitung, Registern und Glossar, Aachen 1866

Frans van Mieris (Hg.): Groot Charterboek der Graaven van Holland, van Zeeland en Heeren van Vriesland ...,II, Leyden 1754

MGH (nach Abfolge der Serien)

Legum sectio II

Capitularia regum Francorum, I, ed. Alfred Boretius, Hannover 1883

Legum sectio IV

Constitutiones et acta publica imperatorum et regum, X (1350–1353), bearb. v. Margarete Kühn, Weimar 1979–81

Diplomata

Diplomata regum Francorum e stirpe Merovingica:

Die Urkunden der Merowinger. Nach Vorarbeiten von Carlrichard Brühl (†) hg. v. Theo Kölzer unter Mitwirkung von Martin Hartmann und Andrea Stieldorf, I, Hannover 2001

Diplomata Karolinorm/Die Urkunden der Karolinger

II: Die Urkunden Ludwigs des Frommen, bearb, v. Theo Kölzer, Wiesbaden 2016

III: Die Urkunden Lothars I. und Lothars II., bearb. v. Theodor Schieffer, Berlin 1966

Diplomata regum Germaniae ex stirpe Karolinorum/Die Urkunden der deutschen Karolinger

III: Die Urkunden Arnolfs, bearb. v. Paul Kehr, Berlin 1940

Diplomata regum et imperatorum Germaniae/Die Urkunden der deutschen Könige und Kaiser

IV: Die Urkunden Konrads II. Mit Nachträgen zu den Urkunden Heinrichs II. hg.v. Harry Bresslau, Berlin 1909

VI: Die Urkunden Heinrichs IV., bearb. v. Dietrich von Gladiss, I/II/III, Berlin 1941/1959/1978

VIII: Die Urkunden Lothars III. und der Kaiserin Richenza, hg. v. Emil von Ottenthal u. Hans Hirsch, 1927

IX: Die Urkunden Konrads III. und seines Sohnes Heinrich, bearb. v. Friedrich Hausmann, Wien u.a. 1969

X: Die Urkunden Friedrichs I., bearb. v. Heinrich Appelt..., 1–5, Hannover 1975–1990

XIV: Die Urkunden Friedrichs II., bearb. v. Walter Koch ..., 1/2, Hannover 2002/2007

Scriptores

Scriptores rerum Germanicarum in usum scholarum

XVIII: Chronica regia Coloniensis (Annales maximi Colonienses) cum continuationibus in monasterio S.Pantaleonis scriptis aliisque historiae Colonienisis monumentis partim ex monumentis Germaniae historicis recusa, rec. Georgius Waitz, Hannover 1880

Johannes Mötsch (Bearb.): Regesten des Archivs der Grafen von Sponheim 1065–1437, I – III, Koblenz 1987–1989 (= Veröffentlichungen der Landesarchivverwaltung Rheinland-Pfalz. 41) (Regesten Sponheim)

Elmar Neuß (Hg.): Die Weistümer des Amtes Monschau und der Herrschaft Hetzingen, Wien/Köln/Weimar 2019 (= PGRhGK. 18, 4. Abt. 2)

Elmar Neuß – Toni Offermann (Hg.) Der Arzt und Aufklärer Johann Christian Jonas (1765–1834). Seine medizinische Topographie des Kantons Monschau und weitere Schriften, Köln/Weimar/Wien 2017 (= Beiträge zur Geschichte des Monschauer Landes. 16)

Isaak Anne Nijhoff (Hg.): Gedenkwaardigheden uit de Geschiedenis van Gelderland, door onuitgegevene oorkonden ophgeheldert en bevestigt, II, Arnhem 1833

Reiner Nolden (Hg.): *»anno verbi incarnati DCCCXCIII conscriptum«* Im Jahre des Herrn 893 geschrieben. 1100 Jahre Prümer Urbar. Festschrift im Auftrag des Geschichtsvereins »Prümer Land« e.V. herausgegeben, Trier 1993

Friedrich Wilhelm Oediger (Hg.): Der Liber valoris = Erläuterungen zum Geschichtlichen Atlas der Rheinlande, IV.1: Die Erzdiözese Köln um 1300, Bonn 1967 (= PGRhGK. 12)

Ernst von Oidtman: Memorienbuch des Klosters Wenau, ZAGV 4 (1882) S. 251–317

Emil Pauls: Kleinere Mitteilungen, ZAGV 26 (1904) S. 383–384

Richard Pick: Zur Geschichte der Burgen und Rittergüter in der Aachener Gegend, ZAGV 12 (1890) S. 320–328

Eberhard Quadflieg: Die St.Matthias-Bruderschaft zu Konzen 1150/1200, EHV 28 (1956) S. 54–58

Eberhard Quadflieg: III. Urkunden und Regesten Nr. 1–345, S. 69–151, in: ders.: Monschaus Stadtwerdung 1352 und der Monschau-Valkenburger Erbfolgestreit, EHV 28 (1956) Sonderheft, S. 47–152

Vom Rechte, in: Kleinere Gedichte des 11. und 12. Jahrhunderts. Nach der Auswahl von Albert Waag neu hg. v. Werner Schröder, II, Tübingen 1972 (= Altdeutsche Textbibliothek. 72) S. 112–131

Recueil des chartes de l'abbaye Stavelot-Malmedy, publ. par Jos. Halkin et R. G. Roland, I, Bruxelles 1909 (= Collection de chroniques belges inédites. 39)
(UB Malmedy)

Otto R. Redlich (Bearb.): Jülich-Bergische Kirchenpolitik am Ausgange des Mittelalters und in der Reformationszeit,

I: Urkunden und Akten 1400–1553, Bonn 1907

II: Visitationsprotokolle und Berichte. 1: Jülich (1533–1589) mit urkundlichen Beiträgen von 1424–1559, Bonn 1911 (= PGRhGK. 28)

Ravensberger Regesten, I, 765–1346, Texte, bearb. v. Gustav Engel, Bielefeld u.a. 1985 (= 7. Sonderveröffentlichung des Historischen Vereins für die Grafschaft Ravensberg)

Regesten der Reichsstadt Aachen, einschließlich des Aachener Reiches und der Reichsabtei Burtscheid, I - II, bearb. v. Wilhelm Mummenhoff, III - VII, bearb. v. Thomas R. Kraus, Köln - Bonn - Düsseldorf 1937–2012 (= PGRhG. 47) (RRA)

Die Regesten der Erzbischöfe von Köln im Mittelalter, I, bearb. v. Friedrich Wilhelm Oediger, II - III, bearb. v. Richard Knipping, IV, (1304–1332) bearb. v. Wilhelm Kisky, V - VII, bearb. v. Wilhelm Janssen, VIII–XII. 1/2, bearb. v. Norbert Andernach, Bonn - Köln - Düsseldorf 1901–2001 (= PGRhGK. 21) (REK)

Wilhelm Ritz (Hg.): Urkunden und Abhandlungen zur Geschichte des Niederrheins und der Niedermaas, I.1, Aachen 1824

F. W. E. Roth: Eine Briefsammlung des Propstes Ulrich von Steinfeld aus dem 12.Jahrhundert, ZAGV 18 (1896) S. 242–311

August Schoop (Bearb.): Quellen zur Rechts- und Wirtschaftsgeschichte der rheinischen Städte. D. Jülichsche Städte I: Düren, Bonn 1920 (= PGRhGK. 29)

[August Schoop]: Stadtarchiv zu Düren, AHVNRh 64 (1897) S. 264–363

Werner Schröder (Hg.): Kleinere deutsche Gedichte des 11. und 12. Jahrhunderts, II, Tübingen 1972 (= Altdeutsche Textbibliothek. 72)

Hans Steinröx: Steuerlisten des Amtes Monschau aus dem Jahre 1551, EHV 31 (1959) S. 24–32, 62–68

Joseph Strange: Beiträge zur Genealogie der adligen Geschlechter, Heft 4/9, Köln 1867/1869

Aachener Urkunden. 1101–1250, bearb. v. Erich Meuthen, Bonn 1972 (= PGRhGK. 58) (UB Aachen)

Urkunden und Quellen zur Geschichte von Stadt und Abtei Siegburg, (948) 1065–1399, bearb. v. Erich Wisplinghoff, Siegburg 1964 (UB Siegburg)

Urkunden- und Quellenbuch zur Geschichte der altluxemburgischen Territorien bis zur burgundischen Zeit, von Camille Wampach, I – VII, Luxemburg 1935–1949 (UB Lxbg)

Urkundenbuch der Abtei Altenberg, bearb. v. Hans Mosler, I, Bonn 1912 (UB Altenberg)

Urkundenbuch des Deutschen Ordens, insbesondere der Balleien, Coblenz, Altenbiesen, Westphalen und Lothringen, hg. v. Johann Heinrich Hennes, Mainz 1861 (UB Dt.Orden)

Urkundenbuch der Stadt Düren 748–1500. I. 1/2, bearb. v. Walter Kaemmerer, Düren 1971–1974 (= Beiträge zur Geschichte des Dürener Landes. 12; 13) (UB Düren)

Urkundenbuch der Stadt Duisburg, I: 904–1350, in Zusammenarbeit mit Joseph Milz bearb. v. W. Bergmann, H. Budde, G. Spitzbart, Düsseldorf 1989 (= PGRhGK. 67) (UB Duisburg)

Urkundenbuch für die Geschichte des Niederrheins … (oder des Erzstifts Cöln, der Fürstenthümer Jülich und Berg, Geldern, Meurs, Cleve und Mark, und der Reichsstifte Elten, Essen und Werden …) hg. v. Theodor Joseph Lacomblet, I – IV, Düsseldorf 1840–1858 (UBNrh)

(V) Theodor Josef Lacomblet: Urkundenbuch für die Geschichte des Niederrheins. Nachweis der Überlieferung, bearb. v. Wolf Rüdiger Schleidgen, Siegburg 1981 (= Veröffentlichungen der staatlichen Archive des Landes Nordrhein-Westfalen. C. 10)

Osnabrücker Urkundenbuch …, II, bearb. u. hg. v. F. Philippi, II, Osnabrück, 1896 (UB Osnabrück)

Rheinisches Urkundenbuch. Ältere Urkunden bis 1100, I/II, bearb. v. Erich Wisplinghoff, Bonn – Düsseldorf 1972/1994 (= PGRhGK. 57) (RhUB)

Urkundenbuch der Abtei Steinfeld, bearb. v. Ingrid Joester, Köln – Bonn 1976 (= PGRhGK. 60) (UB Steinfeld)

Westfälisches Urkundenbuch. (Fortsetzung von Erhard's Regesta Historiae Westfaliae) hg. v. Verein für Geschichts- und Alterthumskunde Westfalens, III: Die Urkunden des Bistums Münster von 1201–1300, bearb. v. Roger Wilmans u.a., Münster 1871 (UB Westfalen)

Alphonse Verkooren: Inventaire des chartes et cartulaires des duchés de Braband et Limbourg et des Pays d'Outremeuse. Première partie: Chartes originales et vidimées, II/IV, Bruxelles 1911/1912 (Verkooren Braband)

Alphonse Verkooren: Inventaire des chartes et cartulaires du Luxembourg (comté puis duché), III, Bruxelles 1915 (Verkooren Luxemburg)

Literatur

(1) Heinz Andermahr: Einige ausgewählte Aspekte der Geschichte Nideggens im Mittelalter, NBJG 23 (2011) S. 13–36

(2) – : Landesburgen in der Grafschaft, Markgrafschaft und im Herzogtum Jülich vom 12. bis zum 16. Jahrhundert, Bergheim 2018 (= Schriften zur Bergheimer Geschichte. Veröffentlichungen des Bergheimer Geschichtsvereins. 9)

(3) Arnold Angenendt: Geschichte der Religiosität im Mittelalter, Darmstadt 1997

(4) Herbert Arens: Die katholische Kirche im Monschauer Land. Von den Anfängen bis in die Gegenwart, Aachen 2016 (= Beiträge zur Geschichte des Monschauer Landes. 15)

(5) Heinrich Aretz: Die Waldgeschichte des Kreises Monschau, in: Hermann Prümmer (Red.): Das Monschauer Land, 1955, S. 373–376

(6) Hermann Aubin: Die Entstehung der Landeshoheit nach niederrheinischen Quellen. Studien über Grafschaft, Immunität und Vogtei, 1920. Neudruck Bonn 1961

(7) Aus Geschichte und Landeskunde. Forschungen und Darstellungen. Franz Steinbach zum 65. Geburtstag gewidmet von seinen Freunden und Schülern, Bonn 1960

(8) Ute Bader: Geschichte der Grafen von Are bis zur Hochstadenschen Schenkung 1246, Bonn 1979 (= Rheinisches Archiv. 107)

(9) Max Bär: Die Behördenverfassung der Rheinprovinz seit 1815, Bonn 1919 (= PGRhGK. 35)

(10) Hans-Jürgen Becker: Landfrieden, LMA, V, Sp. 1657–1658

(11) Hans- Jürgen Becker – Ludwig Hödel: Friede, LMA, IV, Sp. 919–921

(12) Susanne Becker: Theologie am jülich-klevischen Hof nach dem Epochenjahr 1555. Die hohe Bedeutung der *confessio Augustana*, in: Guido von Büren u.a. (Hg.): Herrschaft, Hof und Humanismus, 2018, S. 251–262

(13) Thomas P. Becker: Hexenverfolgung im Herogtum Jülich, NBJG 8 (1997) S. 54–75

(14) – : Von der Gegenreformation zur katholischen Reform. Frühneuzeitliche Visitationslisten als Indikatoren für den Fortschritt der katholischen Erneuerung in der Erzdiözese Köln, AHVNRh 194 (1991) S. 54–74

(15) Georg von Below: Die Streitigkeiten zwischen Aachen und Jülich im Jahre 1558, ZAGV 16 (1894) S. 1–11

(16) – : Die landständische Verfassung in Jülich und Berg, Düsseldorf 1885–1891, ND Aalen 1965

(17) Johann Bendel: Das Dorf Zweifall im Vichttale. Beschreibung, Geschichte und Erzählungen, Zweifall 1922

(18) Peter Berghaus: Raderalbus, LMA, VII, Sp. 187–188

(19) Klaus Gereon Beuckers: Die Stiftungen der Ezzonen. Manifestationen politischer und geistlicher Stellung unter den späten Ottonen und frühen Saliern in Lothringen, in: Jens Lieven u.a. (Hg.): Verortete Herrschaft, 2014, S. 255–285

(20) Günther Binding: Donjon, LMA, III, Sp. 1248–1249

(21) Heinrich Blaß: Ein Apostel der Täufer missionierte in der nordwestlichen Eifel, Kreis Euskirchen. Jahrbuch 1975, S. 70–82

(22) – : Einruhr – eine Kultstätte im Gemünder Gebiet ? Kreis Euskirchen. Jahrbuch 1976, S. 89–97

(23) Matthias Böck: Die Auseinandersetzungen zwischen Wilhelm V. von Jülich-Kleve und Kaiser Karl V. im geldrischen Erbfolgekrieg, in: G. von Büren u.a. (Hg.): Herrschaft, Hof und Humanismus, 2018, S. 149–170
(24) – : Herzöge und Konflikt. Das spätmittelalterliche Herzogtum Geldern im Spannungsfeld von Dynastie, ständischen Kräften und territorialer Konkurrenz (1359–1543), Geldern 2013 (= Veröffentlichungen des Historischen Vereins für Geldern und Umgegend. 110)
(25) Hans Bongard: Aus der Rechtspflege im Monschauer Ländchen im 16. Jahrhundert, EHV 30 (1958) S. 39–51
(26) Hartmut Boockmann: Fehde, Fehdewesen, LMA, IV, Sp. 331–334
(27) Michael Borgolte: Graf, LMA, IV, Sp. 1633–1635
(28) Egon Boshof: Ottonen- und frühe Salierzeit (919–1056), in: Franz Petri – Georg Droege (Hg.): Rheinische Geschichte, I.3, 1983, S. 1–119
(29) Günter Breuer: Die Ortsnamen des Kreises Düren. Ein Beitrag zur Namen- und Siedlungsgeschichte, Aachen 2009
(30) Matthias Brixius: Die Anfänge des Prämonstratenserklosters Reichenstein, EHV 13 (1938) S. 161–173
(31) – : Die Grenzen des Kreises Monschau, EHV 19 (1944/47) S. 50–52 (Neudruck ML 3 (1975) S. 118–120)
(32) Franz Broicher: Rott – Erinnerungen V. Rodungsinsel im Monschauer Reichswald, 1503–1794, Rott 1993
(33) – : Die Wiedertäufer im Monschauer Land in der zweiten Hälfte des 16. Jahrhunderts, RhHP NF 31 (1994) S. 133–136
(34) Carlrichard Brühl: Deutschland – Frankreich. Die Geburt zweier Völker, 2.verb. Auflage Köln 1995
Bernd Schneidmüller, RhVB 56 (1992) S. 359–363
(35) Arsène Buchet: Les origines Limbourgeoises de Montjoie en Eifel, BSVAH 55 (1968) S. 119–167
(36) Guido von Büren – Ralf-Peter Fuchs – Georg Mölich (Hg.): Herrschaft, Hof und Humanismus. Wilhelm V. von Jülich-Kleve-Berg und seine Zeit, Bielefeld 2018 (= Schriftenreihe der Niederrhein-Akademie/Academie Nederrijn. 11)
(37) Bürger als Schützer der Heimat. Festschrift und Programm zur 600-Jahr-Feier der Bürgerschützen Montjoie 1361 e.V. vom 7. bis 12. September 1961, Monschau 1961= EHV 33 (1961) Heft IV
(38) Leo Caals: Prämonstratenser, -innen, LMA, VII, Sp. 146–152
(39) Heinrich Candels: Das Prämonstratenserinnenstift Wenau. Conventus sancte Katerine de Wenowe, Mönchengladbach 1974 (= Veröffentlichungen des Diözesanarchivs Aachen. 33)
(40) Chlodwig und die »Schlacht bei Zülpich« – Geschichte und Mythos 496–1996 – Begleitbuch zur Ausstellung in Zülpich 30.08.–26.10. 1996, Euskirchen 1996
(41) Luise Freiin von Coels von der Brügghen: Der Beitritt der Ritterschaft des Herzogtums Limburg zum Landfrieden zwischen Maas und Rhein 1369, ZAGV 62 (1949) S. 77–82
(42) Josef Conrads: Das Venndorf Kalterherberg mit dem Kloster Reichenstein, Aachen 1938, Neudruck Aachen 1988 nebst einem Geleitwort des Herausgebers und

einem Textkommentar von Elmar Neuß (= Veröffentlichungen des Bischöflichen Diözesanarchivs. 7)
(43) Franz Cores: Die Flurnamen der Gemarkungen Eicherscheid, Hammer und Huppenbroich. Ein Beitrag zur geschichtlichen Auswertung der Flurnamen, Bonn 1940
(44) Severin Corsten: Der limburgische Erbfolgekrieg an Maas und Rur. Das Herzogtum Limburg und seine Nachbarn vor und nach der Schlacht bei Worringen, in: Wilhelm Janssen - Hugo Stehkämper (Hg.): Der Tag bei Worringen. 5. Juni 1288, 1988, S. 211–266
(45) – : Der Forstbezirk Vlatten-Heimbach. Ein Beitrag zur Geschichte der nordöstlichen Eifel, in: Aus Geschichte und Landeskunde, 1960, S. 184–209
(46) – : Die Herren von Sittard bis 1400, in: Sittard uit bronnen geput, I, 1993, S. 75–96
(47) – : Die Herren von Valkenburg (ca. 1000–1364), PSHL 120 (1984) S. 162–200
(48) – : Die Residenzen des Herzogtums Jülich, in: Klaus Flink - Wilhelm Janssen (Hg.): Territorium und Residenz am Niederrhei, 1993, S. 97–117
(49) – : Vom Forstbezirk zum Territorium. Wie die Herrschaft Monschau entstand, EHV 35 (1963) S. 74–93
(50) Franz Cramer: Rheinische Ortsnamen aus vorrömischer und römischer Zeit, Düsseldorf 1901, Nachdruck Wiesbaden 1970
(51) Wilhelm Crecelius: Der Geldrische Erbfolgestreit zwischen Kaiser Karl V. und Herzog Wilhelm von Jülich, Berg und Cleve (1538- 1543), ZBGV 23 (1887) S. 50–155
(52) Wilhelm Cürten: Die Organisation des jülich-klevischen Landesverwaltung vom Beginne des Erbfolgestreites bis zur Abdankung des Markgrafen Ernst (1609–13), DJB 24 (1912) S. 205–262
(53) Clemens Dasler: Forst und Wildbann im frühen deutschen Reich. Die königlichen Privilegien für die Reichskirche vom 9. bis zum 12. Jahrhundert, Köln-Weimar-Wien 2001 (= Dissertationen zur mittelalterlichen Geschichte. 10)
(54) Valerie Dejardin: Die Bank Baelen im 15. Jahrhundert, GE 52 (2018) S. 109–132
(55) Horst Dinstühler: Die Jülicher Landrentmeisterrechnung von 1434/1434. Beobachtungen zur Wirtschafts- und Verwaltungsgeschichte eines Territoriums im 15. Jahrhundert, Bonn 1989 (= Schriften zur rheinischen Geschichte. 9)
(56) Heinrich Dittmaier: Rheinische Flurnamen, Bonn 1963
(57) Heinz Doepgen: Die Abtretung des Gebietes von Eupen–Malmedy an Belgien im Jahre 1920, Bonn 1966 (= Rheinisches Archiv. 60)
(58) Leo Dohmen: Beiträge zur Geschichte des Kreises Monschau, EHV 1 (1925/26) S. 27–36
(59) Hans J. Domsta: Die Kölner Außenbürger. Untersuchungen zur Politik und Verfassung der Stadt Köln von der Mitte des 13. Jahrhunderts bis zur Mitte des 16. Jahrhunderts, Bonn 1973 (= Rheinisches Archiv. 84)
(60) – : Geschichte der Fürsten von Merode im Mittelalter, I: Genealogie der Familie, II: Die Besitzungen – Politische Tätigkeit – Geistliche Ämter und fromme Stiftungen -Verschiedenes, Düren 2.A. 1981/1981 (= Beiträge zur Geschichte des Dürener Landes. 15/16)
(61) Georg Droege: Landrecht und Lehnrecht im hohen Mittelalter, Bonn 1969
Severin Corsten, AHVNRh 173 (1971) S. 231–233

(62) – : Pfalzgrafschaft, Grafschaften und allodiale Herrschaften zwischen Maas und Rhein in salisch-staufischer Zeit, RhVB 26 (1961) S. 1–21
(63) – : Die rechtliche Stellung der Bauern in den Rheinlanden während des Mittelalters, in: Willi Hirdt (Hg.): Der Bauer im Wandel der Zeit, Bonn 1986, S. 65–72
(64) Immo Eberl: Pfalzgraf, LMA, VI, Sp. 2011–2013
(65) Matthias Egeler: Kontinuitäten, Brüche und überregionale Verflechtungen. Kult und Religion in der antiken *Germania*, in: germanen. eine archäologische bestandsaufnahme [Katalog der Ausstellungen Berlin und Bonn] Darmstadt 2020, S. 195–211l
(66) Ingrid Ehlers-Kisseler: Die Anfänge der Prämonstratenser im Erzbistum Köln, Köln-Weimar-Wien 1997 (= Rheinisches Archiv. 137)
(67) Kaspar Elm (Hg.): Norbert von Xanten. Adliger – Ordensstifter – Kirchenfürst, Köln 1984
(68) – : Norbert von Xanten (1080/85–1134), in: Rheinische Lebensbilder, XV, Köln-Bonn 1995, S. 7–21
(69) Konrad Elmshäuser/Dieter Hägermann/Andreas Hedwig/Karl-Heinz Ludwig: Mühle, Müller, LMA VI, Sp. 885–891
(70) Odilo Engels: Die Stauferzeit, in: Franz Petri – Georg Droege (Hg.): Rheinische Geschichte, I.3, 1983, S. 199–296
(71) Wilhelm Engels: Die Instandsetzung und Ergänzung der Landwehren im Herzogtum Jülich zur Zeit des Spanisch-Niederländischen Krieges (1586), ZAGV 60 (1939) S. 189–199
(72) Siegfried Epperlein: Rodung, LMA, VII, Sp. 933–935
(73) Franz Reiner Erkens: Zur verfassungsrechtlichen Stellung der Herzöge von Limburg im 12. und 13. Jahrhundert, RhVB 43 (1979) S. 169–195
(74) H. Eschbach: Die Erkundigung über die Gerichtsverfassung im Herzogtum Jülich von 1554 und 1555, DJB 17 (1902) S. 116–131
(75) Eugen Ewig: Les Ardennes au haut-moyen-âge, in: Eugen Ewig: Spätantikes und fränkisches Gallien. Gesammelte Schriften (1952–1973), I, hg. v. Hartmut Atsma, 1976, S. 523–552
(76) – : Frühes Mittelalter (Die Rheinlande in fränkischer Zeit. 451–919/31), in: Franz Petri und Georg Droege (Hg.): Rheinische Geschichte, I.2, 1980
(77) – : Zum lothringischen Dukat der Köln Erzbischöfe, in: Aus Geschichte und Landeskunde, 1960, S. 210–246
(78) – : Résidence et capitale pendant le haut moyen age, in: Eugen Ewig: Spätantikes und fränkisches Gallien. Gesammelte Schriften (1952–1973), I, hg. v. Hartmut Atsma, 1976, S. 362–408
(79) Karl-Georg Faber: Die ländliche Besiedlung des Kreises Monschau, HKM 4 (1956) S. 32–40
(80) – : Abschnitte 1-3 im Kapitel III: Geschichtliche Grundlagen, in: Hans Pilgram (Bearb.): Der Landkreis Monschau, 1958, S. 43–59
(81) Kurt Fagnoul: Moneta Sancti Viti, ZVS 7 (1971) S. 138
(82) Friedrich Bernward Fahlbusch: Minderformen, städtische, LMA,VI, Sp. 633–634
(83) Ludwig Falkenstein: Karl der Große und die Entstehung des Aachener Marienstiftes. Paderborn 1981 (= Quellen und Forschungen aus dem Gebiet der Geschichte. NF. 3) Dietmar Flach, RhVB 47 (1983) S. 388–390

(84) Karl Faymonville (Bearb.): Die Kunstdenkmäler des Kreises Monschau, Düsseldorf 1927 (=Die Kunstdenkmäler der Rheinprovinz. 11.1) (KDM)
(85) Heinz Finger: Der hl. Erzbischof Engelbert von Köln und die Diskussion über seinen gewaltsamen Tod, AHVNRh 216 (2013) S. 17–39
(86) Thorsten Fischer: Herrschaft und Herrschaftspraxis Lothars III. im Rhein-Maas-Raum, AHVNRh 213 (2010) S. 55–81
(87) Dietmar Flach: Herrschaftliche Gliederungen im Sittarder Raum. Fragen nach Sittards Herkommen aus dem Reichsgut des Maaslandes, in: Sittard, uit bronnen geput, I, 1993, S. 49–73
(88) – : Pfalz und Reichsgut. Frühformen der Territorienbildung am Niederrhein, in: Klaus Flink – Wilhelm Janssen (Hg.): Territorium und Residenz am Niederhein, 1993, S. 9–31
(89) – : Das Reichsgut im Aachener Raum. Versuch einer vergleichenden Übersicht, RhVB 51 (1987) S. 22–51
(90) – : Das Reichsgut im Düren-Vlattener Raum. Versuch einer Bestandsaufnahme, RhVB 52 (1988) S. 43–89
(91) – : Untersuchungen zur Verfassung und Verwaltung des Aachener Reichsgutes von der Karlingerzeit bis zur Mitte des 14. Jahrhunderts, Göttingen 1976 (= Veröffentlichungen des Max-Planck-Instituts für Geschichte. 46)
L. Falkenstein – R. Nolden, ZAGV 84/85 (1977/78) S. 947–959
(92) – : Zur Geschichte des Dürener Reichsgutes, DGB 71 (1982) S. 5–20
(93) Josef Fleckenstein: Ordinatio imperii, LMA, VI, Sp. 1434–1435
(94) – : Über das Aachener Marienstift als Pfalzkapelle Karls des Großen. Zugleich als Besprechung einer neuen Untersuchung über die Entstehung des Marienstifts, in: Helmut Maurer – Hans Patze (Hg.): Festschrift für Berent Schwineköper. Zu seinem siebzigsten Geburtstag, Sigmaringen 1982, S. 18–28
(95) Klaus Flink: Gerichtsorganisation und Siedlungsentwicklung im vorstädtischen Euskirchen (13. Jh.). Ergebnisse der Arbeit am Rheinischen Städteatlas, RhVB 38 (1974) S. 301–314
(96) Klaus Flink – Wilhelm Janssen (Hg.): Territorium und Residenz am Niederrhein. Referate der 7. Niederrhein-Tagung des Arbeitskreises niederrheinischer Kommunalarchivare für Regionalgeschichte (25.–26. September 1992 in Kleve), Kleve 1993 (= Klever Archiv. 14)
(97) Antje Flüchter: Religionspolitik in Jülich-Kleve-Berg unter Herztog Wilhelm V. Tradition und Weiterentwicklung der *via media*, in: Guido von Büren u.a. (Hg.): Herrschaft, Hof und Humanismus, 2018, S. 263–285
(98) Willi Förster: Die waldgeschichtliche Entwicklung des Kreises Monschau, HKM 4 (1956) S. 71–88
(99) Ralf-Peter Fuchs: Bekenntnis und Ambiguität. Überlegungen zur religiösen Positionierung am Hof und in den Territorien Herzog Wilhelms V. in den 1550er Jahren, in: Guido von Büren u.a. (Hg.): Herrschaft, Hof und Humanismus, 2018, S. 287–305
(100) Adolf Gauert: Zur Struktur und Topographie der Königspfalzen, in: Deutsche Königspfalzen. Beiträge zu ihrer historischen und archäologischen Erforschung, II, Göttingen 1965, S. 1–60

(101) Karl Ernst Georges: Ausführliches lateinisch-deutsches Handwörterbuch ... I/II, 11. Aufl. 1962
(102) Gelre – Geldern – Gelderland. Geschichte und Kultur des Herzogtums Geldern, hg. v. Johannes Stinner und Karl-Heinz Tekath, Geldern 2001 [Ausstellungskatalog Bd. 1]
(103) Geschichte des Erzbistums Köln I-III s. unter F. W. Oediger/W. Janssen/H. Molitor
(104) Viktor Gielen: Raeren und die Raerener im Wandel der Zeiten, Eupen 1967
(105) Willy Gillessen: Vom Waldweiderecht und seiner Ablösung. Ein Kapitel aus der Raerener Waldgeschichte, GE 6 (1972) S. 115–123
(106) Florian Gläser: Reinhard von Schönau (um 1305–1376), in: Rheinische Lebensbilder, XVIII, Köln-Bonn 2000, S. 49–75
(107) – : Schönau-Schönforst. Eine Studie zur Geschichte des rheinisch-maasländischen Adels im Spätmittelalter (http://ubt.opus.hbz-nrw.de/volltexte/2005/313) 2005
(108) Caroline Göldel: Servitium regis und Tafelgüterverzeichnis. Untersuchung zur Wirtschafts- und Verfassungsgeschichte des deutschen Königtums im 12. Jahrhunderts, Sigmaringen 1997 (= Studien zur Rechts-, Wirtschafts- und Kulturgeschichte. 16)
Theo Kölzer, DA 53 (1997) S. 627–629
(109) J. F. Gerhard Goeters: Die Entstehung des rheinischen Protestantismus, RhVB 58 (1994) S. 149–201 = J. F. Gerhard Goeters: Studien ... 2002, S. 127–186
(110) – : Die Rolle des Täufertums in der Reformationsgeschichte des Niederrheins, RhVB 24 (1959) S. 217–236 = J. F. Gerhard Goeters: Studien ... 2002, S. 64–90.
(111) – : Studien zur niederrheinischen Reformationsgeschichte, hg. v. Dietrich Meyer, Köln 2002 (= Schriftenreihe des Vereins für Rheinische Kirchengeschichte. 153)
(112) Hans-Jürgen Goertz: Die Täufer. Geschichten und Deutung, Berlin 1987
(113) Hans-Werner Goetz: Herzog, Herzogtum, LMA, IV, Sp. 2189–2193
(114) F. Grass – G. Schreiber: Bruderschaft, LThK², II, Sp. 719–721
(115) Sabine Graumann: Französische Verwaltung am Niederrhein. Das Roerdepartement 1798–1814, Essen 1990 (= Düsseldorfer Schriften zur neueren Landesgeschichte und zur Geschichte Nordrhein-Westfalens. 27)
(116) Jacob und Wilhelm Grimm: Deutsches Wörterbuch, I-XVII, Leipzig 1854–1971, ND München 1984 (DWB)
(117) Wilhelm Grotelüschen: Rodungssiedlungen der nordwestlichen Eifel, RhVB 4 (1934) S. 72–83
(118) Manfred Groten: Die Erforschung des hochmittelalterlichen Adels im Rheinland. Bilanz und Perspektiven, in: Jens Lieven u.a. (Hg.): Verortete Herrschaft, 2014, S. 191–210
(119) – : Die Stunde der Burgherren. Zum Wandel adliger Lebensformen in den nördlichen Rheinlanden in der späten Salierzeit, RhVB 66 (2002) S. 74–110
(120) Ralf Günther: Der Arnsberger Wald im Mittelalter. Forstgeschichte als Verfassungsgeschichte, Münster 1994 (= Veröffentlichungen der Historischen Kommission für Westfalen. XXII. 20)
(121) Wilhelm Günther: Die Reformation und der Kampf um ihren Bestand in der Nord-Eifel, vornehmlich in den Kreisen Schleiden und Monschau, Schleiden 1933
(122) – : Die mittelalterlichen Territorien im Nordwesten des Kreises Schleiden und die Anfänge Gemünds, Schleiden 1956 (= Beiträge zur Geschichte des Kreises Schleiden. 2)

(123) Dieter Hägermann: Die Grundherrschaft des 13. Jh. im Spiegel des Frühmittelalters. Caesarius von Prüm und seine kommentierte Abschrift des Urbars von 893, RhVB 45 (1981) S. 1–34
(124) Dieter Hägermann/Andreas Hedwig: Kolone, LMA, V, Sp. 1271–1272
(125) – : Liten, LMA, V, Sp. 2016–2017
(126) Handbuch der Historischen Stätten Deutschlands. III: Nordrhein-Westfalen, hg. v. Franz Petri – Georg Droege – Klaus Flink – Friedrich von Klocke† – Johannes Bauermann, 2.neubearb. Auflage, Stuttgart 1970
Nordrhein-Westfalen, hg. von den Landschaftsverbänden Rheinland und Westfalen-Lippe durch Manfred Groten, Peter Johanek, Wilfried Reininghaus, Margret Wensky, 3., völlig neu bearb. Auflage, Stuttgart 2006 (= Handbuch der Historischen Stätten)
(127) Handwörterbuch zur deutschen Rechtsgeschichte 2., völlig überarb. u. erw. Auflage hg. v. Albrecht Cordes, Heiner Lück, Dieter Werkmüller u. Ruth Schmidt-Wiegand, I 2008; II 2012 [noch nicht abgeschlossen] (HRG)
(128) Irmgard Hantsche: Niederländische Glaubensflüchtlinge am Niederrhein im 16. Jahrhundert und die reformierten Gemeinden in Wesel und Düren, AHVNRh 213 (2010) S. 127–151
(129) Gabriele Harzheim: 500 Jahre Steckenborn. Notizen aus der Geschichte, ML 34 (2006) S. 22–28,
(130)Heinrich Haupts: Warum wurde der Pastor von Konzen, Nikolaus Beer, in Monschau gefangengesetzt? EHV 27 (1955) S. 100–102
(131) – : Zur Geschichte der Waldbienenwirtschaft im Monschauer Land, EHV 24 (1952) S. 52–63
(132) Alfred Haverkamp: Die Judenverfolgungen zur Zeit des Schwarzen Todes im Gesellschaftsgefüge deutscher Städte, in: Alfred Haverkamp (Hg.): Zur Geschichte der Juden im Deutschland des späten Mittelalters und der frühen Neuzeit, Stuttgart 1981, S. 27–93
(133) – : Studien zu den Beziehungen zwischen Erzbischof Balduin von Trier und König Karl IV., in: Hans Patze (Hg.): Kaiser Karl IV. 1316–1378, 1978, S. 463–503
(134) Wolfgang Herborn: Gesammelte Aufsätze zur Jülicher Territorialgeschichte. Dem Autor dargebracht aus Anlass seines 65. Geburtstages von der Joseph-Kuhl-Gesellschaft, Jülich 2005 (= Forum Jülicher Geschichte. 39)
(135) – : Die Geistlichen im Jülicher Amt Nideggen um die Mitte des 16. Jahrhunderts, in: Wolfgang Herborn: Gesammelte Aufsätze zur Jülicher Territorialgeschichte, 2005, S. 109–127
(136) – : Reichs-, Abtei- und Territorialstadt im Rheinland während des Spätmittelalters, in: Wilhelm Janssen – Margret Wensky (Hg.): Mitteleuropäisches Städtewesen in Mittelalter und Frühneuzeit. Edith Ennen gewidmet, Köln/Weimar/Wien 1999, S. 167–200
(137) Paul Heusgen: Das Dekanat Zülpich, Siegburg 1958 (= Geschichte der Pfarreien der Erzdiözese Köln. Zweite Folge. 3)
U. Lewald, RhVB 24 (1959) S. 149–153
(138) – : Das alte Landdekanat Zülpich (um 1060 bis 1801), AHVNRh 151/152 (1952) S. 154–181
(139) Franz-Josef Heyen: Balduin von Luxemburg (1285–1354), in: Rheinische Lebensbilder, IV, Düsseldorf 1970, S. 23–36

(140) J. A. Hillebrand: Montjoie dem Herrn von Limburg a.L. Johann I. zum Pfandbesitz übertragen und die Herren von Montjoie und Falkenburg im 13. Jahrh., Nassauische Annalen 38 (1908) S. 198–221
(141) Rudolf Hiestand: Waldluft macht frei, in: Josef Semmler (Hg.): Der Wald in Mittelalter und Renaissance, Düsseldorf 1991, S. 45–68
(142) Hermann Hinsen: Herrschaft, Schloß und Stadt Schleiden 1593–1513. Ein Beitrag zur politischen und konfessionellen Geschichte der Eifel am Vorabend des Dreißigjährigen Krieges, GiKE 2 (1988) S. 7–50
(143) – : 800 Jahre Schloß Schleiden. Schleiden 1108–1998, o.O. [1998]
(144) – : Das Land »Überruhr«. Eine Schleidener Enklave im Herzogtum Jülich, ML 29 (2001) S. 24–37
(145) – : Die Reformation in Schleiden im Lichte bisher unbekannter Quellen, MEKGRh 43 (1994) S. 51–62
(146) Frank G. Hirschmann: *Secundam regulam vivere*? Zur Instabilität – und Stabilität – mittelalterlicher Frauenklöster im Rheinland, RhVB 71 (2007) S. 101–131
(147) Paul Hoffmann: Die Fehdeansage des französischen Königs Karl VI. an Wilhelm II., Herzog von Jülich [1388], NBJG 28 (2015) S. 30–50
(148) Ludger Horstkötter: Die Prämonstratenser und ihre Klöster am Niederrhein und in Westfalen, in: Kaspar Elm (Hg.): Norbert von Xanten. Adliger – Ordensstifter – Kirchenfürst, Köln 1984, S. 247–265
(149) Rainer Hülsheger: Rott-Erinnerungen, VI: Der Rotter Feuerbrand, unser Gemeindewald, 1823–1933, Rott 1996
(150) – : 500 Jahre Rott. 1503–2003, Heimatblätter des Kreises Aachen 2003
(151) – : Viehläger in den Wäldern der Nordeifel, ML 49 (2021) S. 20–27
(152) A. Z. Huisman: Die Verehrung des heiligen Pancratius in West- und Mitteleuropa, Haarlem 1939 (= Nederlandsche bijdragen op het gebied van germaansche philologie en linguistiek. 11)
(153) Heinrich Huppertz: Aus der Baugeschichte der St. Peters-Kirche in Konzen, EHV 30 (1958) S. 81–95
(154) Franz Irsigler: Reinhard von Schönau – financier gentilhomme. Eine biographische Skizze, in: Friedhelm Burgard u.a. (Hg.): Hochfinanz im Westen des Reiches 1150–1500, Trier 1996, S. 281–305 (= Trierer Historische Forschungen. 31)
(155) Werner Jacobsen: Die Pfalzen Karls des Großen. Revisionen und neue Fragen, Mainz-Stuttgart 2017 (= Akademie der Wissenschaften und der Literatur [Mainz]. Abhandlungen der Geistes – und sozialwissenschaftlichen Klasse. Jg. 2017 Nr. 1)
(156) Helmut Jäger: Flur, – form, -system, LMA, IV, S. 597–600
(157) 1100 Jahre Konzen. 888 bis 1988, Monschau 1988
(158) Richard Jansen: Aus Eschauels Vergangenheit, ML 14 (1986) S. 38–48
(159) Joseph Janssen: Pfarrer von Conzen, EHV 1 (1925/26) S. 49–55
(160) – : Die Wiedertäufer im Montjoier Land, EHV 6 (1930/31) S. 5–13
(161) Walter Janssen: Studien zur Wüstungsfrage im fränkischen Altsiedelland zwischen Rhein, Mosel und Eifelnordrand, I: Texte, II: Katalog, Köln/Bonn 1975 (= Beihefte der Bonner Jahrbücher. 35)
W. Krings, RhVB 41 (1977) S. 333–339

(162) Wilhelm Janssen: Beobachtungen zum Pfarrsend in der spätmittelalterlichen Erzdiözese Köln, in: Wilfried Ehbrecht u.a. (Hg.): Der weite Blick des Historikers. Einsichten in Kultur-, Landes- und Stadtgeschichte. Peter Johanek zum 65.Geburtstag, Köln – Weimar – Wien 2002, S. 137–335

(163) – : Beobachtungen zur Struktur und Finanzierung des kurkölnischen Hofes im späten 14. und frühen 15. Jahrhundert, RhVB 69 (2005) S. 104–132

(164) – : Beobachtungen zum Verhältnis von Pfarrorganisation und Stadtbildung in der spätmittelalterlichen Erzdiözese Köln, AHVNRh 188 (1985) S. 61–90

(165) – : Burg und Territorium am Niederrhein im späten Mittelalter, in: Hans Patze (Hg.): Die Burgen im deutschen Sprachraum. Ihre rechts- und verfassungsgeschichtliche Bedeutung, I, Sigmaringen 1976, S. 283–324

(166) – : Die Differenzierung der Pfarrorganisation in der spätmittelalterlichen Erzdiözese Köln. Bemerkungen zum Verhältnis von »capella dotata«, »capella curata«und »ecclesia parochalis«, RhVB 55 (1991) S. 58–83

(167) – : Das Erzbistum Köln im späten Mittelalter. 1191–1515, erster Teil/zweiter Teil, Köln 1995/2003 (= Geschichte des Erzbistums Köln, II. 1/2)

(168) – : Die Geschichte Gelderns bis zum Traktat von Venlo (1543). Ein Überblick, in: Gelre – Geldern – Gelderland. Geschichte und Kultur des Herzogtums Geldern, Geldern 2001, S. 13–28

(169) – : Kleine Rheinische Geschichte, Düsseldorf 1997

(170) – : Karl IV. und die Lande an Niederrhein und Untermaas, in: Hans Patze (Hg.): Kaiser Karl IV. 1316–1378. Forschungen über Kaiser und Reich = BDLG 114 (1978) S. 203–241

(171) – : »Gute Ordnung« als Element der Kirchenpolitik in den vereinigten Herzogtümern Jülich-Kleve-Berg, RhVB 61 (1997) S. 161–174

(172) – : Niederrheinische Territorialbildung. Voraussetzungen, Wege, Probleme, in: Edith Ennen – Klaus Flink (Hg.): Soziale und wirtschaftliche Bindungen im Mittelalter am Niederrhein, 1981), S. 95–113

(173) – : Die niederrheinischen Territorien in der zweiten Hälfte des 14. Jahrhunderts, RhVB 44 (1980) S. 47–67

(174) – : Die niederrheinischen Territorien im Spätmittelalter. Politische Geschichte und Verfassungsentwicklung 1300–1500, RhVB 64 (2000) S. 45–167

(175) – : Unterherrschaft. Anmerkungen zu einem Strukturmerkmal niederrheinischer Territorien in der frühen Neuzeit, RhVB 76 (2012) S. 152–175

(176) – : Landesherrliche Verwaltung und landständische Vertretung in den niederrheinischen Territorien 1250–1350, AHVNRh 173 (1971) S. 85–122

(177) – : Walram von Jülich (1304–1349), in: Rheinische Lebensbilder, IV, Düsseldorf 1970, S. 37–56

(178) – : Neue Wege und Formen territorialer Verwaltung am Niederrhein, RhVB 58 (1993) S. 133–148

(179) – : Wilhelm von Jülich (um 1299–1361) in: Rheinische Lebensbilder, VI, Köln-Bonn 1975, S. 29–54

(180) – : Wilhelm von Jülich (um 1300–1361). Graf, Markgraf und Herzog, NBJG 19 (2007) S. 123–131

(181) Wilhelm Janssen – Hugo Stehkämper (Hg.): Der Tag bei Worringen. 5. Juni 1288, Düsseldorf 1988 (= Veröffentlichungen der staatlichen Archive des Landes Nordrhein-Westfalen. C. 27)

(182) Hubert Jenniges: Die »Moneta Sancti Viti« in ihrer geschichtlichen Umwelt, ZVS 8 (1972) S. 11–12, 26–27, 43–45, 62–63, 78–79

(183) – : Spuren ältester Vergangenheit, in: Altes Land an der Work. Der Königshof Büllingen im Rückspiegel der Zeit. Eine Veröffentlichung anläßlich des Jubiläums 1200 Jahre Büllingen, St.Vith 1990, S. 50–79

(184) Wolfgang Jenniges (Hg): Gestalten und Entwicklungen. Historische Streifzüge zwischen Rhein und Maas. Hubert Jenniges zum 70.Geburtstag als Festgabe gewidmet, Löwen/St. Vith 2004

(185) Peter Johanek, Rechtsbücher, LMA, VII, Sp. 519–521

(186) Reinhold Kaiser: Aachen und Compiègne: Zwei Pfalzstädte im frühen und hohen Mittelalter, RhVB 43 (1979) S. 100–119

(187) Karl der Große. Werk und Wirkung [Katalog der Ausstellung unter den Auspizien des Europarats], Aachen 1965

(188) Heinz Karthausen: Diesch – Flüx – Abissage. Drei Namen für historische Bewässerungsgräben in den Talauen des wallonischen Raumes und der Nordeifel, ML 36 (2008) S. 146–147

(189) Heinrich Kaspers: Comitatus nemoris. Die Waldgrafschaft zwischen Maas und Rhein Untersuchungen zur Rechtsgeschichte der Forstgebiete des Aachen-Dürener Landes einschließlich der Bürge und Ville, Düren-Aachen 1957 (= Beiträge zur Geschichte des Dürener Landes. 7/ZAGV Beiheft. 2)

(190) Alexander P. Kazhdan – Richard Puza: Patronat, -srecht, LMA, VI, S. 1993, Sp. 1808–1810

(191) Franz Kerff: Das Würselener Sendgericht von der Karolingerzeit bis zum 16. Jahrhundert, in: M. Wensky – F. Kerff (Hg.): Würselen, I, 1989, S. 63–88

(192) Karl Kirch: Die Rurtalstraße – Ein Jahrhundertprojekt in drei Phasen, ML 43 (2015) S. 90–112

(193) Klaus Dieter Klauser: St. Vith, Bütgenbach und Vianden: Zum Ursprung der gemeinsamen Geschichte, in: Wolfgang Jenniges (Hg.): Gestalten und Entwicklungen. [Festschrift Hubert Jenniges], Löwen/St.Vith 2004, S. 183–196

(194) T. Klaversma: De Heren van Cranendonk en Eindhoven +/- 1200–1460, Eindhoven 1969

(195) – : Johann II. von Schönforst, Burggraf von Monschau, Herr von Diepenbeek, Cranendonk und Eindhoven, EHV 37 (1965) S. 36–43; 38 (1966) S. 71–83

(196) – : Streit um Monschau im 15. und 16. Jahrhundert, EHV 43 (1971) S. 83–88

(197) Otto Klemm: Fachwerkbauernhäuser in der Nordwesteifel. Ein Beitrag zur Geschichte des Deutschen Bauernhauses, Aachen 1932 (= Aachener Beiträge zur Heimatkunde. 12)

(198) Heinrich Koch: Fruchtsperren im Jülicher Land in der 2. Hälfte des 18. Jahrhunderts und ihre Auswirkungen in unserer engeren Heimat, EHV 40 (1968) S. 74–82

(199) – : Zweifall. Wald- und Grenzdorf im Vichttal. Als zweite erweiterte Auflage des Zweifaller Heimatbuches von Johann Bendel …neu bearb., Zweifall 1968

(200) Gernot Kocher: Rechtssymbolik, LMA, VII, Sp. 523–524

(201) Michel Kohnemann: Hundert Raerener Flurnamen erzählen, JBEMV 1 (1966) S. 115–128
(202) Köln und Westfalen 1180–1980. Landesgeschichte zwischen Rhein und Weser [Katalog der Ausstellung Münster und Köln 1980/81], II, [1980]
(203) Theo Kölzer: I. Die Merowingerurkunden für Stablo-Malmedy, in: Theo Kölzer: Merowingerstudien I, Hannover 1998, S. 1–95 (= MGH – Studien und Texte. 21)
(204) Manfred Konrads: Die Belagerung der Burg Reifferscheid im Jahre 1385, EJB 81 (2012) S. 153–163
(205) – : Walebure. Ein königliches Geschenk für Kloster Steinfeld, Kreis Euskirchen Jahrbuch 2020, S. 105–113
(206) Raymund Kottje: II. Kirchlicher Zehnt, LThK², X, Sp. 1319–1321
(207) Thomas R. Kraus: Die Entstehung der Landesherrschaft der Grafen von Berg bis zum Jahre 1225, Neustadt a.d. Aisch 1981 (= Bergische Forschungen. 16)
(208) – : Jülich, Aachen und das Reich. Studien zur Entstehung der Landesherrschaft der Grafen von Jülich bis zum Jahre 1328, Aachen 1987 (= Veröffentlichungen des Stadtarchivs Aachen. 5)
Severin Corsten, RhVB 53 (1989) S. 315–317
(209) – : Stationen auf dem Weg zur Jülicher Landesherrschaft, RhVB 63 (1999) S. 90–123
(210) Josef Kreitz: Geographische Betrachtung der ländlichen Siedlungen des Monschauer Landes, in: Arbeiten aus dem Geographischen Institut der Technischen Hochschule. Gabe für Herrn Professor Dr. Max Eckert-Greifendorff zu seinem Abschied vom Akademischen Lehramt, Aachen 1937, S. 18–37 (= Aachener Beiträge zur Heimatkunde. 18)
(211) – : Die Kulturlandschaft, in: Hermann Prümmer (Red.): Das Monschauer Land, 1955, S. 337–364
(212) – : Die Mühlen, in: Hermann Prümmer (Red.): Das Monschauer Land, 1955, S. 370–373
(213) – : Das Verkehrsnetz, in: Hermann Prümmer (Red.): Das Monschauer Land, 1955, S. 364–369
(214) – : Versuch einer Rekonstruktion des Feldgeleits des Aachener Stiftszehnten, EHV 19 (1944/47) S. 57–64, Nachtrag EHV 21 (1949) S. 48
(215) – : Die Weid- und Schweidgänge im Amte Montjoie, EHV 21 (1949) S. 2–7
(216) Christoph Jacob Kremer: Akademische Beiträge zur Gülch- und Bergischen Geschichte, III: Geschichte der Grafen von Gülch, hg. v. Andreas Lamey, Mannheim 1781
(217) – : Vom comitatu nemoris als einem kurpfälzischen lehen der herzöge von Gülch, in: Acta Academiae Theodoro Palatinae 3 (1773) S. 284–304
(218) Günter Krings: Bevölkerungsentwicklung in Konzen und Imgenbroich 1640–1970, o.O. 2016
(219) Karl Kroeschell: Deutsche Rechtsgeschichte 1 (bis 1250)/2 (1250–1659), Opladen ⁷1985/⁵1983
(220) Ekkehard Krumme: Die frühreformatorischen Bewegungen im Jülicher Land. MEKGRh 43 (1994) S. 63–92
(221) Hans Erich Kubach – Albert Verbeek: Romanische Baukunst an Rhein und Maas. Katalog vorromanischer und romanischer Denkmäler, I-III, Berlin 19876

(222) Ludolf Kuchenbuch: Rund ums Jubiläum: 1100 Jahre *Prümer Urbar* von 893, RhVB 61 (1997) S. 287–297
(223) Norbert Kühn: Die Reichsabtei Kornelimünster im Mittelalter. Geschichtliche Entwicklung, Verfassung, Konvent, Besitz, Aachen 1982 (= Veröffentlichungen des Stadtarchivs Aachen. 3)
(224) Jean- Louis Kupper: Limburg (Limbourg), LMA, V, Sp. 1986–1988
(225) Land im Mittelpunkt der Mächte. Die Herzogtümer Jülich-Kleve-Berg [Ausstellungskatalog], Kleve 2. Aufl. 1984
(226) Georg Landschütz: Zur Waldgeschichte des Kreises Monschau, EHV 30 (1958) S. 22–31, 35–39
(227) Hermann Lange: Geschichtliches zum Namen »Montjoie«, EHV 9 (1934) S. 17–23
(228) – : Gräfin Jutta von Ravensberg-Vechta als Frau von Montjoie, EHV 2 (1926/27) S. 49–51, 57–60, 75–80, 83–88, 91–98
(229) Ernst Laubach: Reformation und Täuferherrschaft, in: Franz-Josef Jakobi (Hg.): Geschichte der Stadt Münster, I, Münster 1993, S. 145–216
(230) Bernd Läufer: wie dieselbe von uralterß hero gewesen. Historische Straßen in und um Lammersdorf, ML 45 (2017) S. 52–76
(231) Heinrich Laumans: Geschichte des Montjoier Landes speziell des ehemaligen fränkischen Königshofes Conzen in politischer und kirchlicher Beziehung, Montjoie o.J. [1908]
(232) Hans Gerd Lauscher: Das Amt Monjoye und Deurener Wehrmeisterey 1779. Natur-, Siedlungs- und Wirtschaftsraum auf Karten des Johann Peter Müller und anderer Landmesser, Düren 2019 (= Beiträge zur Geschichte des Monschauer Landes. 19)
(233) – : Zur Geschichte der Heilsteinquelle bei Einruhr, ML 33 (2005) S. 10–22
(234) François Letocart: Les domaines forestiers dans le duché de Limbourg: limites, evolution et gestion des origins au XVe siècle, Lizentiatsarbeit Universität Lüttich 1988/89 (maschinenschriftlich)
(235) Ursula Lewald: Burg, Kloster, Stift, in: Hans Patze (Hg.): Die Burgen im deutschen Sprachraum. Ihre rechts- und verfassungsgeschichtliche Bedeutung, Bd. 1, Sigmaringen 1976, S. 155–180
(236) – : Die Ezzonen. Das Schicksal eines rheinischen Fürstengeschlechtes, RhVB 43 (1979) S. 120–168
(237) Matthias Lexer: Mittelhochdeutsches Handwörterbuch, I-III, Leipzig 1872–1878 (MWB)
(238) Lexikon des Mittelalters, I-IX, München – Zürich 1980–1998 (LMA)
(239) Lexikon für Theologie und Kirche, 2. völlig neu bearb. Aufl. hg. v. Karl Rahner u. Josef Höfer, I-X, Freiburg 1957–1965 (LThK)
(240) Jens Lieven: Die Geißlerbewegung im Rhein-Maasraum. Beobachtungen zu ihrer sozialen Gruppenbildung und deren Wahrnehmung im späteren Mittelalter, in: Uwe Ludwig – Thomas Schilp (Hg.): Mittelalter an Rhein und Maas. Beiträge zur Geschichte des Niederrheins. Dieter Geuenich zum 60. Geburtstag, Münster u.a. 2004, S. 125–136
(241) Jens Lieven – Bert Thissen – Ronald Wientjes (Hg.): Verortete Herrschaft. Königspfalzen, Adelsburgen und Herrschaftsbildung in Niederlothringen während des

frühen und hohen Mittelalters, Bielefeld 2014 (= Schriften der Heresbach Stiftung Kalkar. 16)
(242) Sönke Lorenz: Der Königsforst (*forestis*) in den Quellen der Merowinger- und Karolingerzeit. Prolegomena zu einer Geschichte mittelalterlicher Nutzwälder, in: Dieter R. Bauer u.a. (Hg.): Mönchtum - Kirche - Herrschaft. 750–1000, Sigmaringen 1998, S. 261–285
(243) Rudolf Lückmann: Vennhäuser, Neuss 1991 (= Beiträge zur Heimatpflege im Rheinland. 1)
(244) Franz Mainz: Die Reichsabtei Kornelimünster und der Monschauer Reichswald, BGHF 8 (1999) S. 44–61
(245) Michel Margue: Ermesinde Gräfin von Luxemburg (1186 –1247), in: Rheinische Lebensbilder, XV, Köln-Bonn 1995, S. 23–41
(246) Helmut Marquet: Die sogenannten »Waldfrevel« unserer Vorfahren, ZVS 45 (2009) S. 167–171
(247) Ludwig Mathar: Das Land Montjoie als Jülicher Amt und unter den Pfälzern (1473–1794), in: Hermann Prümmer (Red.): Das Monschauer Land, 1955, S. 75–81
(248) – : Von den Karolingern bis zu den Jülichern, in: Hermann Prümmer (Red.): Das Monschauer Land, 1955, S. 15–58
(249) – : Wann ist Monschau Stadt geworden? Eine geschichtliche Untersuchung, EHV 24 (1939) S. 65–80
(250) J. J. Merlo: Zur Geschichte der Stadt Düren, AHVNRh 18 (1857) S. 263–270
(251) Norbert Mertes: Die Herrschaft St.Vith im Ancien Régime. Ein Beitrag zur geschichtlichen Entwicklung der Herrschaft, ZVS 19 (1983) S. 6–16, 20–24
(252) Wolfgang Metz: Das karolingische Reichsgut. Eine verfassungs- und verwaltungsgeschichtliche Untersuchung, Berlin 1960
(253) – : Zur Erforschung des karolingischen Reichsgutes, Darmstadt 1971 (= Erträge der Forschung. 4)
(254) Gisela Meyer: Die Familie von Palant im Mittelalter, Göttingen 2004 (= Veröffentlichungen des Max-Planck-Instituts für Geschichte. 202)
(255) – : Graf Wilhelm V. von Jülich (Markgraf und Herzog) (1328–1361), Diss. Bonn 1968
(256) Johannes Mötsch: Der Erwerb der Herrschaften St.Vith und Bütgenbach durch die Grafen von Sponheim, JBWLG 19 (1993) S. 255–270
(257) – : Die Grafen von Sponheim und die Schlacht von Baesweiler (1371), RhVB 52 (1988) S. 90–106
(258) Hansgeorg Molitor: Das Erzbistum Köln im Zeitalter der Glaubenskämpfe. 1515–1688, Köln 2008 (= Geschichte des Erzbistums Köln. III)
(259) – : Reformation und Gegenreformation in der Reichsstadt Aachen, ZAGV 98/99 (1992/93) S. 185–203
(260) Hubert Mordek: Kapitularien, LMA, V, Sp. 943–946
(261) Mathilde Müller: Das Haus zum Turm in Monschau, ML 7 (1979) S. 92–96
(262) Jörg P. Müller: Juden und Burgen im Mittelalter – eine nur scheinbar marginale Beziehung, in: G. Ulrich Grossmann – Hans Ottomeyer (Hg.): Die Burg. Wiss. Begleitband zur Ausstellung ›Burg und Herrschaft‹ und ›Mythos Burg‹, Dresden 2010, S. 110–125.

(263) Josef Müller – Heinrich Dittmaier (Bearb.): Rheinisches Wörterbuch, I – IX, Bonn – Berlin 1928–1971 (RhWB)

(264) Helga Müller-Kehlen: Die Ardennen im Frühmittelalter. Untersuchungen zum Königsgut in einem karolingischen Kernland, Göttingen 1973 (= Veröffentlichungen des Max-Planck-Instituts für Geschichte. 38)

(265) Lothar Müller-Westphal: Notizen zur Geschichte der Familie von Birgel im 13. Jahrhundert und zum Erbgang des jülichschen Marschallamtes, DGB 71 (1982) S. 21–23

(266) Erika Münster-Schröer: Hexenverfolgung und Kriminalität. Jülich-Kleve-Berg in der Frühen Neuzeit, Essen 2017

(267) Claudia Naumann: Der Kreuzzug Kaiser Heinrichs VI., Frankfurt a.M. 1994

(268) Heinrich Neu: Der »Markt St.Vith« und seine Entwicklung zur Stadt. Eine Studie zu den Anfängen von St.Vith und seiner Stadtwerdung, ZVS 9 (1973) S. 125–130, 149–153

(269) Elmar Neuß: Die Anfänge des Elementarschulwesens in Stadt und Land Monschau, ML 21 (1993) S. 83–96

(270) – : Die Anfänge der Orte im Kerngebiet des Monschauer Landes, ML 41 (2013) S. 58–72

(271) – : Die Eroberung Monschaus im Jahre 1543, ML 18 (1990) S. 27–33

(272) – : Die Burg Monschau 1198–1998. Bauentwicklung und Rolle in der Geschichte des Monschauer Landes, Monschau 1998 (= Beiträge zur Geschichte des Monschauer Landes. 4)

(273) – : Neue Datierungen der ersten Siegel des Monschauer Landes, ML 35 (2007) S. 53–57

(274) – : Die Entstehung der kath. Pfarrgemeinde Monschau im Rahmen der Stadtwerdung, in: Pejo Weiß (Red.): 350 Jahre Pfarrgemeinde St. Mariä Geburt Monschau, 1990, S. 7–24

(275) – : Festvortrag zur 650-Jahrfeier der Nennung von Monschau als *stat*, in: 650 Jahre »*stat zu Monyoe*«. Heimatblätter des Kreises Aachen 56/57 (2003) S. 9–19

(276) – : Grundzüge der frühen Siedlungsgeschichte des Monschaue Landes, ML 16 (1988) S. 80–101

(277) – : Die Herren von Monschau-Valkenburg und die Stadterhebung von Euskirchen, in: Kreis Euskirchen. Jahrbuch 2003, S. 14–23

(278) – : Johannes ist sein Name… (Lukas 1,63). 300 Jahre Namengebung im ländlichen Raum. Hans Steinröx zum Gedenken, ML 32 (2004) S. 150–165

(279) – : Kaiser Karl der Große im Monschauer Land. Die Sagentradition und ihre historische Grundlage, ML 43 (2015) S. 36–54

(280) – : Kommissar Henrich Rhoedingen über die Schulter geschaut. Vom Zeugniswert des Überlieferungsträgers, in: Volker Honemann – Helmut Tervooren – Carsten Albers – Susanne Höfer (Hg.): Sprache und Literatur in den *Nideren Landen*. Gedenkschrift für Hartmut Beckers, Köln u.a. 1999 (= Niederdeutsche Studien. 44) S. 181–193

(281) – : Der angebliche Kreuzfahrer Ludwig von Monschau und andere Geschichtsirrtümer. Zur Geschichte des Monschauer Landes im frühen und hohen Mittelalter, ML 11 (1983) S. 38–49

(282) – : Lammersdorf -Lammerscheid. Zur Frage der Erstbezeugung des Ortes und zur Namengeschichte, ML 12 (1984) S. 26–41

(283) – : Mutmaßungen über die Pankratiuskapelle in Konzen, ML 50 (2022) S. 31–38

(284) – : Vermischte Notizen über die Amtleutefamilien von Rolshausen/von Palant und das »Haus Rolshausen« in Monschau, ML 25 (1997) S. 27–38

(285) – : Historische Raumbildung im St.Vither und im Monschauer Land im Vergleich, in: Wolfgang Jenniges (Hg.): Gestalten und Entwicklungen. Historische Streifzüge zwischen Rhein und Maas. Hubert Jenniges zum 70.Geburtstag als Festgabe gewidmet, Löwen/St.Vith 2004, S. 227–252

(286) – : Rodung und Siedlung im Monschauer Land im Mittelalter und der frühen Neuzeit, ML 42 (2014) S. 42–59

(287) – : Das Schöffensiegel des Landgerichts im ehemaligen Jülicher Amt Monschau, ML 14 (1986) S. 32–37.

(288) – : Simmerath. Von den Anfängen bis zum Ende des Alten Reiches (1794), ML 33 (2005) S. 31–41; ML 34 (2006) S. 29–40

(289) – : Sprachraumbildung am Niederrhein und die Franken. Anmerkungen zu Verfahren der Sprachgeschichtsschreibung, in: Dieter Geuenich (Hg.): Die Franken und die Alemannen bis zur »Schlacht bei Zülpich« (496/97), Berlin – New York 1998, S. 156–192 (= Ergänzungsbände zum Reallexikon der Germanischen Altertumskunde. 19)

(290) – : Der Übergang der Herrschaft Monschau an die Herren von Valkenburg in den Jahren 1269/70, AHVNRh 200 (1997) S. 23–37

(291) – : Umfang und Grenzen des Monschauer Landes. Bestand und Wandel in der Geschichte, ML 27 (1999) S. 16–30

(292) – : Die Urkunde König Arnolfs vom Jahre 888, ML 16 (1988) S. 26–32

(293) – : Die alte Verbindung zwischen Monschau und Bütgenbach und die Herausbildung der Grenze zum St.Vither Land, ZVS 31 (1995) S. 78–85, 103–110

(294) – : Zu den Anfängen von Schmidt im späten Mittelalter, ML 18 (1990) S. 39–51

(295) – : Zum Alltag im Kloster Reichenstein, ML 24 (1996) S. 24–38

(296) – : Zum territorialen Bestand und zur Ausbildung der Grenzen des Monschauer Landes, DGB 84 (1997) S. 127–145

(297) – : Zum Wildbann der Erzbischöfe von Köln im Osning, ZVS 44 (2008) S. 34–36

(298) – : Zur Grundlage der 650-Jahrfeiern im Monschauer Land im Jahre 2011. Das Tauschgeschäft zwischen Herzog Wilhelm II. von Jülich und Reinhard I. von Schönau, Herrn zu Schönforst, vom Jahre 1361, ML 39 (2011) S. 42–54.

(299) – : Zur Datierung des »genagelten Steins« am Wolfsbach, ZVS 38 (2002) S. 47–49

(300) – : Zwischen Mittelalter und Neuzeit. Dorfstreitigkeiten von einer höheren Warte betrachtet, ZVS 41 (2005) S. 235–239

(301) Elmar Neuß – Hans Martin Hörnchen: Versuch einer Rekonstruktion des Feldgeleits des Aachener Stiftszehnten im Monschauer Land, ML 48 (2020) S. 41–52

(302) Bernd Nickel: Chronik der Familie Werner, ML 35 (2007) S. 65–76

(303) Manfred Niemeyer (Hg.): Deutsches Ortsnamenbuch, Berlin/Boston 2012

(304) Josef Nießen: Die Waldgrafschaft im Osning und die Wehrmeisterei, EHV 5 (1929/30) S. 10–14 (Erstdruck EVB 30 (1929)

(305) – : Die Waldnutzung in den Wehrmeistereiwaldungen, EHV 5 (1929/30) S. 90–95 (Erstdruck EVB 30 (1929)

(306) Marlene Nikolay-Panter: Königin Richeza (um 1000–1063), in: Rheinische Lebensbilder, XII, Köln – Bonn 1991, S. 25–46
(307) – : Würselen zwischen Mittelalter und Neuzeit, in: Margret Wensky – Franz Kerff (Hg): Würselen,I, 1989, S. 21–62
(308) Reiner Nolden: Besitzungen und Einkünfte des Aachener Marienstifts von seinen Anfängen bis zum Ende des Ancien Régime, ZAGV 86/87 (1979/80) [1981] S. 1–456
(309) – : Das Aachener Marienstift und seine Besitzungen im Monschauer Land bis zum Ende des Alten Reiches, ML 11 (1983) S. 26–35
(310) – : Über den Konzener Haferzehnten vom 14. bis 18. Jahrhundert, ML 13 (1985) S. 27–33
(311) Friedrich Wilhelm Oediger: Das Bistum Köln von den Anfängen bis zum Ende des 12. Jahrhunderts, 2. neubearb. Aufl. Köln 1972 (= Geschichte des Erzbistums Köln. I)
(312) Otto Gerhard Oexle: Das entzweite Mittelalter, in: Gerd Althoff (Hg.): Die Deutschen und ihr Mittelalter. Themen und Funktionen moderner Geschichtsbilder vom Mittelalter, Darmstadt 1992, S. 7–28
(313) Toni Offermann: Monschaus ältester Gewerbestandort im Laufental. Zur ›Vorgeschichte‹ des neuen Parkhauses, ML 19 (1991) S. 38–49
(314) – : Wo wohnte Johann Heinrich Scheibler in Monschau? Neue Erkenntnisse über die Vorgeschichte des Roten Hauses, ML 44 (2026) S. 34–45
(315) Arnold Ortmanns: Der fränkische Königshof Büllingen, Aachen 1904
(316) [ ] Pagenstecher: Jutta, die letzte Gräfin von Ravensberg-Vechta, Heimatblätter. Zeitschrift des »Heimatbundes für das Oldenburger Münsterland« 13 (1931) S. 17–23
(317) Klaus Pabst: »Blut und Boden« auf rheinische Art. Gerhard Kallen, der Nationalsozialismus und der ›Westraum‹, in: Burkhard Dietz – Helmut Gabel – Ulrich Tiedau (Hg.): Griff nach dem Westen. Die »Westforschung« der völkisch-nationalen Wissenschaften zum nordwesteuropäischen Raum (1919–1960), Teil II, Münster u.a. 2003, S. 945–978
(318) Marcel Paquet (in Zusammenarbeit mit Guy Bragard): An den entlegenen Rändern der Herrschaften Montjoie und Bütgenbach. Die Grenze zwischen den Herzogtümern Jülich und Luxemburg 1791, St.Vith/Waimes 2004
(319) Werner Paravicini: Guy de Brimeu. Der burgundische Staat und seine adlige Führungsschicht unter Karl dem Kühnen, Bonn 1975 (= Pariser Historische Studien. 12)
(320) – : Rasse de la Rivière, Antoine de Palant et la place de Montjoie, Annuaire d'Histoire Liégoise 15 (1974) S. 127–139
(321) Hans Patze (Hg.): Die Grundherrschaft im späten Mittelalter, I, Sigmaringen 1983 (= Vorträge und Forschungen. 27)
(322) Heinrich Pauly: Beiträge zur Geschichte der Stadt Montjoie und der Montjoier Lande, Köln 1862–1876
(323) August Pauls: Die Beseitigung des Galgens im Kanton Montjoie zu Ende Mai 1795, EHV 22 (1950) S. 11–13
(324) Emil Pauls: Ein Festmahl zu Cornelimünster im 14. und 15. Jahrhundert, ZAGV 1 (1879) S. 235–247
(325) Franz Petri: Im Zeitalter der Glaubenskämpfe (1500 –1648), in: Franz Petri – Georg Droege (Hg.): Rheinische Geschichte, II, 1976, S. 1–217

(326) Franz Petri – Georg Droege (Hg.): Collectanea Franz Steinbach. Aufsätze und Abhandlungen zur Verfassungs-, Sozial- und Wirtschaftsgeschichte, geschichtlichen Landeskunde und Kulturraumforschung, Bonn 1967
(327) Franz Petri – Georg Droege (Hg.): Rheinische Geschichte, I – IV, Düsseldorf 1976–1983
I.2 Eugen Ewig: Frühes Mittelalter, 1980
I.3 Hohes Mittelalter, mit Beiträgen von Egon Boshof, Odilo Engels und Rudolf Schieffer, 1983
II Neuzeit. Mit Beiträgen von Franz Petri, Max Braubach, Karl Georg Faber u. Horst Lademacher, 1976
(328) Hans Pilgram: Die Landwirtschaft des Monschauer Landes einst und jetzt, in: Hermann Prümmer (Red.): Das Monschauer Land, 1955, S. 387–409
(329) Hans Pilgram (Bearb.): Der Landkreis Monschau. Regierungsbezirk Aachen = Die Landkreise in Nordrhein-Westfalen. Reihe A: Nordrhein, Bd. 3, Bonn 1958 (= Die deutschen Landkreise. Handbuch für Verwaltung, Wirtschaft und Kultur)
(330) Regina Pohl: Religiöse Lebensformen im Herzogtum Jülich. Zur Interpretation landesherrlicher »Visitationsberichte« l530–1560, Jülich 1989 (= Forum Jülicher Geschichte. 1)
(331) Frank Pohle (Hg.): Karl der Große – Charlemagne – Orte der Macht [Katalog der Ausstellung Aachen 2014], Dresden 2014
(332) Hermann Prümmer (Red.): Das Monschauer Land, historisch und geographisch gesehen, hg. v. Geschichtsverein des Kreises Monschau, Monschau 1955
(333) Richard Puza: Pfarrei, Pfarrorganisation, LMA, VII, Sp. 2021–2026
(334) – : Zehnt, LMA, X, Sp. 499–501
(335) Eberhard Quadflieg: Der Anfall Stolberg an Jülich, ZAGV 77 (1965) S. 51–64
(336) – : Die St. Matthias-Bruderschaft zu Konzen 1150/1200, EHV 28 (1956) S. 54–58
(337) – : Monschaus Stadtwerdung 1352 und der Monschau-Valkenburger Erbfolgestreit, EHV 28 (1956) Sonderheft »Monschau 1356–1956. Stadtwerdung und Bürgerhäuser« S. 47–152 [darin: ÍII. Urkunden und Regesten S. 69–152 = E. Quadflieg: Regesten u. Nr.]
(338) – : Thonis von Palant. Pfandherr von Monschau 1461–1472, HKM 12 (1964) S. 62–69
(339) – : Über das Verfahren der Landfriedensbünde zwischen Maas und Rhein im 14. Jahrhundert, ZAGV 77 (1965) S. 30–50
(340) – : Zur Geschichte von Nothberg, ZAGV 77 (1965) S. 17–29
(341) Winfried Reichert: *Hominum dura cervix.* Agrarische Konflikte und Konfliktlösungen an der Mosel und in der Eifel während des hohen Mittelalters, RhVB 75 (2011) S. 70–107
(342) [ ] Reimer: Verfall der Deutschordensballei Koblenz im 15. Jahrhundert, TA 11 (1907) S. 1–42
(343) Nikolaus Reinartz: Servatius Hyrt. Pastor in Schleiden 1539–1569. Eine reformationsgeschichtliche Studie, Euskirchen o.J. [1941]
(344) Heribert Reiners (Bearb.): Die Kunstdenkmäler von Eupen -Malmedy (unter Mitarbeit von Heinrich Neu), Düsseldorf 1935 (KDEM)

(345) Heinz Renn: Die Geschichte des Kronenburger Landes in der Frühzeit und das erste Kronenburger Edelgeschlecht, RhVB 19 (1954) S. 499–555
(346) Th. Jacques van Rensch: Licht op het zonneleen Gronsveld. Ontwikkeling en instellingen van het rijksonmiddelijke grafschap Gronsveld, elfde eeuw tot circa 1795, o.J. [2017] (= Werken uitgegeven door Koninklijk Limburgs Geschied- en Oudheidkundig Genootschap. 23)
(347) Manfred van Rey: Einführung in die rheinische Münzgeschichte des Mittelalters, Mönchengladbach 1983 (= Beiträge zur Geschichte der Stadt Mönchengladbach. 17)
(348) – : Die Lütticher Gaue Condroz und Ardennen im Frühmittelalter. Untersuchungen zur Pfarrorganisation, Bonn 1977 (= Rheinisches Archiv. 102)
(349) – : Von mancipia zu cerocensuales. Zur früh- und hochmittelalterlichen Wachszinsigkeit im rheinischen Raum, RhVB 83 (2019) S. 32–79
(350) Sebastian Ristow: Frühes Christentum im Rheinland. Die Zeugnisse der archäologischen und historischen Quellen an Rhein, Maas und Mosel, Köln – Münster 2007
(351) – : Forschungsstand und Forschungsstandpunkte zu den Anfängen der christlichen Religion im Rheinland, RhVB 77 (2013) S. 1–24
(352) Peter Robertz: Die Strafrechtspflege am Haupt- und Kriminalgericht zu Jülich von der Karolina bis zur Aufklärung (1540–1744). Ein Beitrag zur Rechtsgeschichte des Niederrheins, ZAGV 61 (1940) S. 1–63; 62 (1940) S. 2–44
(353) Johann Röntgen: Abteiliche Förster im Reichswald, EHV 35 (1965) S. 125–128
(354) Werner Rösener: Bauern im Mittelalter, München 1985
(355) – : Einführung in die Agrargeschichte, Darmstadt 1997 (Die Geschichtswissenschaft)
(356) – : Frondienste, LMA, IV, Sp. 986–989
(357) – : Fronhof, LMA, IV, Sp. 989–990
(358) – : Villikation, LMA,VIII, Sp. 1694–1695
(359) Werner Rösener – Jean-Pierre Devroey – Erik Thoen: Grundherrschaft, LMA, IV, Sp. 1739–1748
(360) F. W. E. Roth (Hg.): Eine Briefsammlung des Propstes Ulrich von Steinfeld aus dem 12. Jahrhundert, ZAGV 18 (1896) S. 242–311
(361) Guido Rotthoff: Studien zur Geschichte des Reichsguts in Niederlothringen und Friesland während der sächsisch-salischen Kaiserzeit. Das Reichsgut in den heutigen Niederlanden, Belgien, Luxemburg und Nordfrankreich, Bonn 1953 (= Rheinisches Archiv. 44)
(362) Claudia Rotthoff-Kraus: Die politische Rolle der Landfriedenseinungen zwischen Maas und Rhein in der zweiten Hälfte des 14. Jahrhunderts, Aachen 1990)(= Beihefte der ZAGV. 3)
(363) Heinrich Rubner – Friederike von Gadow: Forst, HRG, I[2,] Sp. 1630–1638
(364) Andreas Rutz: »…dan mir beide zeitgenoissen gewesen, war scheir zwei jar alter dan ich« Hermann Weinsbergs Nachruf auf Wilhelm V. von Jülich-Kleve-Berg, in: Guido von Büren u.a. (Hg.): Herrschaft, Hof und Humanismus, 2018, S. 29–52
(365) Walter Sage: Spuren von römischer Besiedlung in Kesternich, EHV 37 (1965) S. 80–82
(366) Walter Sage – Hans Steinröx: Römische Ausgrabungen im Kesternich und Rurberg, EHV 39 (1967) S. 120–122

(367) Meinrad Schaab: Geleit, LMA, IV, Sp. 1204–1205
(368) – : Geschichte der Kurpfalz, I, Mittelalter, 2.verb. Aufl. 1999
(369) – : Pfalzgrafschaft bei Rhein, LMA,VI, Sp. 2013–2018
(370) Walter Scheibler: Geschichte der Evangelischen Gemeinde Monschau. 1520–1939, Aachen 1939, unveränderter Neudruck 1998
(371) – : Geschichte der evangelischen Gemeinde Monschau, in: Hermann Prümmer (Red.): Das Monschauer Land, 1955, S. 302–312
(372) – : Geschichte der evangelischen Gemeinde Zweifall, in: Hermann Prümmer (Red.): Das Monschauer Land, 1955, S. 315–317
(373) – : Geschichte der drei evangelischen Eifelgemeinden des Kreses Monschau. Monschau-Menzerath-Imgenbroich – Zweifall – Roetgen, Monschau 1955
(374) – : Meine schöne Heimat. Von Wachsen, Bauen und Leben in der Nordeifel, o.O. 1955
(375) – : Die fränkische Zeit, in: Hermann Prümmer (Red.): Das Monschauer Land, 1955, S. 14–15l
(376) Rudolf Schieffer: Burgen als Problem vergleichender Landesgeschichte. Bericht über eine neue Publikation, RhVB 42 (1978) S. 489–503
(377) – : Hofkapelle und Aachener Marienstift bis in staufische Zeit, RhVB 51 (1987) S. 1–21
(378) – : Die Zeit der späten Salier (1056–1125), in: Franz Petri – Georg Droege (Hg.): Rheinische Geschichte, I.3, 1983, S. 121–198
(379) Heinrich Schiffers: Die Jülicher Fehde und das Monschauer Land, EHV 18 (1943) S. 53–59
(380) – : Geschichte der katholischen Kirche im Monschauer Land, in: Hermann Prümmer (Red.): Das Monschauer Land, 1955, S. 259–301.
(381) – : Die erste Postwagen-Verbindung Düren – Monschau, EHV 14 (1949) S. 61–63
(382) Wolfgang Schild: Galgen, LMA, IV, Sp. 1084–1085
(383) Lothar Schilling: Justiz und Gute Policey in den jülich-klevischen Ländern, in: G. von Büren u.a. (Hg.): Herrschaft, Hof und Humanismus, 2018, S. 193–210
(384) Matthias Schmandt: *Judei, cives et incole*. Studien zur jüdischen Geschichte Kölns im Mittelalter, Hannover 2002 (= Forschungen zur Geschichte der Juden. A.11)
(385) Bernd Schneidmüller: Regnum und Ducatus. Identität und Integration in der lothringischen Geschichte des 9. bis 11. Jahrhunderts, RhVB 51 (1987) S. 80–114
(386) Peter Schönhofen: Die Pankratiuskapelle in Conzen bei Montjoie, EHV 3 (1927/28) S. 173–176 (or. 1914)
(387) Heinrich Schöningh: Der Einfluß der Gerichtsverfassung auf die Gestaltung der ländlichen Verhältnisse in den niederrheinischen Territorien Jülich und Köln im 14. und 15. Jahrhundert, AHVNRh 79 (1905) S. 28–137
(388) Werner Schoppmann: Entstehung und territoriale Entwicklung des Herzogtums Limburg vom 11. Jahrhundert bis zum Jahre 1288, Diss. Bonn 1957 (Maschinenschrift)
(389) – : Die geschichtliche Stellung des Monschauer Landes im Mittelalter, HKM 4 (1956) S. 45–56
(390) Klaus Schreiner: »Grundherrschaft«. Entstehung und Bedeutungswandel eines geschichtswissenschaftlichen Ordnungs- und Erklärungsbegriffs, in: H. Patze (Hg.): Die Grundherrschaft, S. 11–74.

(391) Peter Schreiber: Zwei Jülicher Lehnshöfe in der Lutterbach zu Konzen, EHV 32 (1964) S. 109–114
(392) – : Die Pest im Jülicher Amt Monschau, EHV 34 (1962) S 80–81
(393) – : Unsere heimatlichen Waldungen im 17. und 18. Jahrhundert, EHV 15 (1940) S. 177–189
(394) Ernst Schubert: Alltag im Mittelalter. Natürliches Lebensumfeld und menschliches Miteinander, Darmstadt 3.Aufl. 2019
(395) – : Forst, LMA, IV, Sp. 658–661
(396) Bernd Schütte: König Philipp von Schwaben. Itinerar – Urkundenvergabe – Hof, Hannover 2002 (= MGH Schriften. 51)
(397) Aloys Schulte (Hg.): Tausend Jahre deutscher Geschichte und deutscher Kultur am Rhein…bearb. v. Max Braubach, Paul Clemen, Wilhelm Poethen, Aloys Schulte, Franz Steinbach und Alexander Wirminghaus, Düsseldorf 1925
(398) Walter Schulten: Die Ermordung des Kölner Erzbischofs Engelberg von Berg (1182–1225), in: Köln und Westfalen 1180–1980. Landesgeschichte zwischen Rhein und Weser [Ausstellungskatalog] II, Münster – Köln 1981, S. 209–213
(399) Ulrich Schuppener: Die Herren von Rolshausen. Wappen, Herkunft und Bezug zu Monschau, ML 32 (2004) S. 90–106
(400) – : René von Oranien, der Belagerer Monschaus im Jahre 1543, ML 21 (1993) S. 39–45
(401) Walther Schwabe: Der Aachener Oberhof, ZAGV 47 (1925) S. 82–159, 48/49 (1926/27) S. 61–120
(402) Fred Schwind: Tal, LMA, VIII, Sp. 440
(403) Werner Schwind: Der Eifelwald im Wandel der Jahrhunderte, ausgehend von Untersuchungen in der Vulkaneifel, Düren 1984
(404) Josef Semmler: Der Forst des Königs, in: Josef Semmler (Hg.): Der Wald in Mittelalter und Renaissance, 1991, S. 130–147
(405) – : Die Friesenmission und der Eintritt der in der alten Provincia Germania II gelegenen Bistümer in die karolingische Reichskirche, AHVNRh 212 (2009) S. 1–43
(406) – : Zehntgebot und Pfarrtermination in karolingischer Zeit, in: Hubert Mordek (Hg.): Aus Kirche und Reich. Studien zu Theologie, Politik und Recht im Mittelalter. Festschrift für Friedrich Kempf zu seinem fünfundsiebzigsten Geburtstag und fünfzigjährigen Doktorjubiläum, Sigmaringen 1983, S. 33–44
(407) Sittard, uit bronnen geput, I, Sittard 1993
(408) Heribert Smolinsky: Jülich – Kleve – Berg, in: Anton Schindling – Walter Ziegler (Hg.): Die Territorien des Reichs im Zeitalter der Reformation und Konfessionalisierung. Land und Konfession 1500–1650. 3: Der Nordwesten, Münster 1991, S. 86–106
(409) Karl-Heinz Spieß: Zur Landflucht im Mittelalter, in: H. Patze (Hg.): Die Grundherrschaft, S. 157–204
(410) Rheinischer Städteatlas, Lfg. II Nr. 8 Euskirchen. Bearb. (Text): Klaus Flink – Kartographie: Martin Müller, Bonn 1974 (RhStA)
(411) Rheinischer Städteatlas, Lfg. X Nr. 56 Monschau. Bearb. (Text): Elmar Neuß – Kartographie: Esther Weiss – Redaktion: Margret Wensky, Köln – Bonn 1992 (RhStA)
(412) Franz Steinbach: Die Ezzonen, in: Franz Petri – Georg Droege (Hg.): Collectanea Franz Steinbach, 1967, S. 64–81 (orig. 1964)

(413) – : Ursprung und Wesen der Landgemeinde nach rheinischen Quellen, in: Franz Petri – Georg Droege (Hg.): Collectanea Franz Steinbach, 1967, S. 559–607 (orig. 1960)
(414) Hans Steinröx: Am Gericht, ML 9 (1981) S. 200–203
(415) – : Der Anfang der Orte Dedenborn, Rauchenauel, Seifenauel und Pleußhammer, ML 12 (1984) S. 42–46
(416) – : Eine Ausgrabung in Eicherscheid, EHV 36 (1964) S. 126–127
(417) – : »Bußgeldbescheide« in alter Zeit, ML 13 (1985) S. 52–55
(418) – : Die Dachschiefer-Brüche im Monschauer Land, in: Hans Steinröx: Höfe – Mühlen – Schiefersteine, 1994, S. 229–280
(419) – : Ergänzungen zur Geschichte der Bannmühlen im Amte Monschau, ML 11 (1983) S. 50–53
(420) – : Die alten Grab- und Gedenksteine in der Konzener Kirche, ML 21 (1993) S. 46–52
(421) – : Höfe – Mühlen – Schiefersteine. Aufsätze zur Geschichte des Monschauer Landes. Festschrift zum 80. Geburtstag des Verfassers, im Auftrag des Geschichtsvereins des Monschauer Landes bearb. u. hg. v. Elmar Neuß, Monschau 1994 (= Beiträge zur Geschichte des Monschauer Landes. 3)
(422) – : Konzen und die Römerstraßen, HKM 9 (1961) S. 85–90
(423) – : Lauscherbüchel. Die Geschichte eines freiadligen Rittersitzes, in: Hans Steinröx: Höfe, Mühlen, Schiefersteine, 1994, S. 73–100
(424) – : Maria auf dem Stein, eine Rurberger Märtyrerin, ML 26 (1998) S. 39–44
(425) – : Alte Mühlen am kleinen Laufenbach in Monschau, EHV 29 (1957) S. 27–29
(426) – : Notizen zu den Weid- und Schweidgängen in Akten des Düsseldorfer Staatsarchivs, EHV 43 (1971) S. 74–82
(427) – : Reinartzhof und Hattlich. Zwei alte Kulturstätten im Hohen Venn. Unter Mitwirkung von Franz Wilhelm Hermanns bearb. u. hg. v. Elmar Neuß, Eupen 2014 (= Beiträge zur Geschichte des Monschauer Landes. 13)
(428) – : Stillbusch. Geschichte eines alten Gutshofes, in: Hans Steinröx: Höfe, Mühlen, Schiefersteine, 1994, S. 101–116
(429) – : [Geschichtlicher Überblick], in: Landkreis Monschau. Herausgegeben zum 150-jährigen Bestehen, 1966 [unpaginiert]
(430) – : Das Velinx-Werk. Eine unbekannte Eisenhütte in der Gegend von Einruhr, ML 19 (1991) S. 50–51
(431) – : Vom Königshof zum Kreisgebiet, EHV 28 (1956) S. 70–84
(432) – : Von den Römern bis zur Neuzeit. 888 bis 1944, in: 1100 Jahre Konzen. 888 bis 1988, 1988, S. 9–184
(433) – : Die Waldfrevler und ihre Bestrafung im Jahre 1647/48, EHV 32 (1960) S. 29–32, 43–48
(434) – : Zur Geschichte von Menzerath und Umgebung, in: Hans Steinröx: Höfe, Mühlen, Schiefersteine, 1994, S. 159–199
(435) – : Zur Geschichte einiger Mühlen im Monschauer Land, in: Hans Steinröx: Höfe – Mühlen – Schiefersteine, 1994, S. 281–324
(436) – : Der Zustand der Waldungen im Amt Montjoie 1556–1665. Aktenband im Hauptstaatsarchiv Düsseldorf. Jülich-Berg III Nr. 916, ML 12 (1984) S. 47–48

(437) Andrea Stieldorf: Rheinische Frauensiegel. Zur rechtlichen und sozialen Stellung weltlicher Frauen im 13. und 14. Jahrhundert, Köln-Weimar-Wien 1999 (= Rheinisches Archiv. 142)
(438) Wilhelm Störmer: Arnulf »von Kärnten«, LMA, I, Sp. 1013–1015
(439) Wolfgang Stürner: Friedrich II. 1194–1250, 3. Aufl., Darmstadt 2009
(440) Wilhelm Stüwer: Jülich, Limburg, Schönforst und Burgund im Kampf um Montjoie, in: Hermann Prümmer (Red.): Das Monschauer Land, 1955, S. 58–75
(441) Bert Thissen: Het oudste stadsrechtprivileg van Sittard, in: Sittard, uit bronnen geput, I, Sittard 1993, S. 97–154.
(442) Peter Thorau: Montjoie, LMA, VI, Sp. 809
(443) Heinrich Tichelbäcker: Die römische Besiedlung des oberen Rurtales und der Schmidter Hochfläche. Zur Frühgeschichte des Monschauer Landes »zwischen Kall und Rur«, ML 16 (1988) S. 68–79
(444) – : Der Freiungsritt des Grafen von Jülich entlang der Rur zum Schutz des Laichzuges der Lachse, BJG 54 (1986) S. 3–17
(445) – : Die mütterliche Herkunft der Gräfin Alverade von Jülich, DGB 74 (1985) S. 5–16
(446) – : Der [!] Hochgerichtsbarkeit der Waldgrafschaft im Hürtgenwald, ML 8 (1980) S. 183–200
(447) – : Der Hof Vossenack und seine auswärtigen Lehnsbeziehungen, ML 27 (1999) S. 89–101
(448) – : 900 Jahre Bergstein, in: 900 Jahre Bergstein, 1991, S. 7–52
(449) – : Die Laufenburg (Gemeinde Langerwehe) und der Limburger Territorialbezirk zwischen Wehe und Wurm in Mittelalter und früher Neuzeit, NBJG 9 (1998) S. 37–73
(450) – : Professor Josef Braun aus Gey-Gonau, in: Beiträge zur Geschichte von Hürtgenwald, S. 18–23
(451) – : Die Reichsburg Berenstein – Bergstein und die Mühsal ihrer Erforschung, Hürtgenwald o.J. [1984]
(452) – : Die Reichsburg Berenstein (1090–1198) im territorialen Kräftefeld zwischen Aachen, Köln und Limburg, AHVNRh 191 (1988) S. 7–16
(453) – : Reichsgut, Forsthoheit und Zoll im Raum Düren (888–1794), Jülich 1996 (= Forum Jülicher Geschichte. 16)
Darin Nr. 1: Vom Königshof *Villare*/Derichsweiler über das pfalzgräfliche Echtz und die Grafschaft Maubach zur Jülicher Wehrmeisterei, S. 7–42
H. Domsta, AHVNRh 200 (1997) S. 241–242
S. Corsten, NBJG 8 (1997) S. 132–133.
(454) – : Von der Lukasmühle und dem Mahlen im Allgemeinwen, ML 33 (2005) S. 91–96
(455) – : Vossenack. Marschallhof und Dorf im Land Monschau, Hürtgenwald 1992
(456) – : Vossenack – vom freien Marschallhof zum Dorf im Amt Monschau, ML 32 (2004) S. 50–58
(457) – : Walram III. von Limburg-Monschau, die Reichsburg Bergstein und die Grafen von Jülich, ML 15 (1987) S. 31–40
(458) – : Limburger und Jülicher Zölle im Monschauer Land, ML 25 (1997) S. 39–45

(459) – : Zur Geschichte der Herrschaft Hetzingen. Vom Königshof Konzen zur Stadt Nideggen, DGB 80 (1991) S. 41–61
(460) Albrecht Timm: Die Waldnutzung in Nordwestdeutschland im Spiegel der Weistümer. Einleitende Untersuchungen über die Umgestaltung des Stadt-Land-Verhältnisses im Spätmittelalter, Köln – Graz 1960
(461) Jakob Torsy (Hg.): Lexikon der deutschen Heiligen, Seligen, Ehrwürdigen und Gottseligen, unter Mitarbeit v. R. Lill und P. Mittler, Köln 1959
(462) François Toussaint: Seit wann brennt man Torf? EHV 11 (1936) S. 187–191
(463) Matthias Untermann: Die Stammburg der Grafen von Berg bei Altenberg. Ergebnisse der archäologischen Untersuchungen im Jahre 1981, RhHP NF 19 (1982) S. 262–269
(464) André Uyttebrouck: Le gouvernement de duché de Brabant au bas moyen âge, I/II, Bruxelles 1975 (= Université Libre de Bruxelles. Faculté de Philosophie et lettres. 59)
(465) J. M. van de Venne: Geschiedenis van het kasteel van Valkenburg, zijn heren en hun drossarden, Valkenburg 1951
(466) G. H. A. Venner: Het erste ridderzegel van Walram, heer van Monschau en Valkenburg (1266/1268–1302), een bijzondere vondst, De Maasgouw 132 (2013) S. 55–65
(467) Wilhelm Vogt: Die Bruels-Brücke in Montjoie, EHV 7 (1931/32) S. 64–66
(468) – : Jahrmärkte in Montjoie, EHV 3 (1927/28) S. 111–112
(469) – : Die Nachtwache im alten Montjoie, EHV 9 (1934) S. 33–38
(470) – : Siegel und Wappen der Stadt Montjoie, EHV 4 (1928/29) S. 81–84
(471) – : Der Turm an der Rurpforte in Montjoie, EHV 4 (1928/29) S. 137–140
(472) – : Was ist bezüglich der Erhebung von Montjoie zur Stadt bekannt?, EHV 2 (1926/27) S. 45–46
(473) – : Wegebezeichnungen in früherer Zeit, EHV 8 (1932/33) S. 63
(474) – : »Wegräumung der Misten Plätze. Gemeinde Montjoie«, EHV 7 (1931/32) S. 89–93
(475) Stefan Volk: Peuplierung und religiöse Toleranz. Neuwied von der Mitte des 17. bis zur Mitte des 18. Jahrhunderts, RhVB 55 (1991) S. 204–231
(476) Hanna Vollrath: Deutsche Geschichte im Mittelalter, in: Martin Vogt (Hg.): Deutsche Geschichte. Begründet von Peter Rassow. Vollständig neu bearbeitete und illustrierte Ausgabe, Stuttgart 1987, S. 1–143
(477) Rudolf Weigand – Bernd Ulrich Hergemöller: Bruderschaft, LMA, II, Sp. 738–741
(478) Karl Weinand: Die Römerstraße Köln – Reims, ZVS 54 (20198) S. 147–148, 180–181, 202–203, 229–232, 251–253
(479) Stefan Weinfurter: Norbert von Xanten als Reformkanoniker und Stifter des Prämonstratenserordens, in: Kaspar Elm (Hg.): Norbert von Xanten, Köln 1984, S. 159–194
(480) – : Norbert von Xanten und die Entstehung des Prämonstratenserordens, in: Barbarossa und die Prämonstratenser, hg. v. d. Gesellschaft für staufische Geschichte, Göppingen 1989, S. 67–100 (= Schriften zur staufischen Geschichte und Kunst. 10)
(481) Pe(ter) Jo(sef) Weiß: Unsere liebe Frau von Montjoie – ein Kreuzritter-Orden als Namengeber für das heutige Monschau, EJB 71 (2002) S. 85–86
(482) – : Münzen des Johann von Monschau († 1325), EHV 31 (1959) S. 60–62
(483) – : Thomas Drucker von Imbroich, ML 5 (1977) S. 179–184

(484) Jürgen Weitzel: Ding (Thing), LMA, III, Sp. 1058
(485) Jürgen Weitzel: Gericht, Gerichtsbarkeit, LMA, IV, Sp. 1322–1324
(486) – : Gerichtsverfahren, LMA, IV, Sp. 1333–1335
(487) Tobias Weller: Die Heiratspolitik des deutschen Hochadels im 12. Jahrhundert, Köln-Weimar-Wien 2004 (= Rheinisches Archiv. 149)
(488) Margret Wensky: Die Eifel als Städtelandschaft, in: Wolfgang Schmid (Hg.): Die Eifel. Beiträge zu einer Landeskunde. Festschrift 125 Jahre Eifelverein (1888–2013), Düren 2013, S. 151–174
(489) Margret Wensky – Franz Kerff (Hg.): Würselen. Beiträge zur Stadtgeschichte, I, Köln 1989
(490) Jörg Wiesemann: Zur Geschichte des Würselener Waldes: Die Grenzen von Reichs- und Atscher Wald, in: Margret Wensky – Franz Kerff (Hg.): Würselen, I, 1989, S. 89–97
(491) Bernhard Willems: Die Herren von Falkenburg und Montjoie erwerben St. Vith und Neundorf (1271), JBEMV 2 (1967) S. 194–198
(492) – : Landeshoheit und Grundherrschaft im Gebiete der alten Herrschaften Bütgenbach und St.Vith, Folklore 5 (1927) S. 65–76
(493) – : Walram III. von Limburg, JBEMV 1 (1966) S. 65–76
(494) – : Walram der Rote, Herr von Falkenberg, Montjoie, Bütgenbach und St. Vith – Gründer eines Klosters in der Herrschaft Bütgenbach (vor dem Jahre 1300), JBEMV 1 (1966) S. 110–114
(495) Heinrich Winter: Die Entwicklung der Landwirtschaft und Kulturlandschaft des Monschauer Landes unter besonderer Berücksichtigung der Rodungen, Bad Godesberg 1965 (= Forschungen zur deutschen Landeskunde. 147)
(496) Erich Wisplinghoff: Engelbert I. von Berg. Erzbischof von Köln (etwa 1182–1225), in: Rheinische Lebensbilder, I, Düsseldorf 1961, S. 30–48
(497) – : Erzbischof Engelbert I. von Köln, RhHP NF 22 (1985) S. 242–246
(498) – (†): Schweinemast, Rinderhaltung und Holznutzung in den Wäldern der nordwestlichen Eifel und ihre wirtschaftliche Bedeutung, vornehmlich während des 16. Jahrhunderts, ZAGV 203 (2001) S. 51–83
(499) – : Zur Reihenfolge der lothringischen Pfalzgrafen am Ende des 11. Jahrhunderts, RhVB 28 (1963) S. 290–293
(500) Wörterbuch der mittelhochdeutschen Urkundensprache auf der Grundlage der altdeutschen Originalurkunden bis zum Jahr 1300. Unter Leitung von Bettina Kirschstein und Ursula Schulze erarbeitet von Sibylle Ohly und Peter Schmitt, I-III, Berlin 1994–2010 (WMU)
(501) Heinz Wolter: Kreuzfahrerburgen im westlichen Reichsgebiet, JBWLG 25 (1999) S. 109–139
(502) Dieter P. Wynands: Geschichte der Wallfahrten im Bistum Aachen, Aachen 1986 (= Veröffentlichungen des Bischöflichen Diözesanarchivs Aachen. 41)
(503) Annegret Zebedies – Paul Marx: Die Köhlerei – ein Handwerk mit ehrwürdigem Alter. Beiträge zu seiner Geschichte und seiner Technik, EJB 52 (1983) S. 58–64
(504) Matthias Zender: Drei Jungfrauen, LMA, III, Sp. 1381
(505) – : Die Matronen und ihre Nachfolgerinnen im Rheinlande, RhVB 10 (1940) S. 159–168

(506) Die Zisterzienser. Das Europa der Klöster [Begleitbuch zur Ausstellung Bonn 2017/2018], Stuttgart – Darmstadt 2017

(507) Thomas Zotz: Beobachtungen zu König und Forst im frühen Mittelalter, in: Werner Rösener: Jagd und höfische Kultur im Mittelalter, Göttingen 1997, S. 95–122 (= Veröffentlichungen des Max-Planck-Instituts für Geschichte. 135)